Diogenes Taschenbuch 20642

de
te
be

Meister Eckehart

Deutsche Predigten und Traktate

Herausgegeben und übersetzt von Josef Quint

Diogenes

Die Erstausgabe dieser Neuedition
erschien 1963 im
Carl Hanser Verlag, München
Lizenzausgabe mit freundlicher Genehmigung

Umschlagillustration: Masaccio,
›Resurrezione del figlio di Teofilo e
san Pietro in cattedra‹, 1427-1428
(Ausschnitt)

Veröffentlicht als Diogenes Taschenbuch, 1979

40/95/36/11
ISBN 3 257 20642 9

MEINER MUTTER

Wer diese Rede nicht versteht, der bekümmere sein Herz nicht damit. Denn solange der Mensch dieser Wahrheit nicht gleicht, solange wird er diese Rede nicht verstehen. Denn es ist eine unverhüllte Wahrheit, die da gekommen ist aus dem Herzen Gottes unmittelbar.

Meister Eckehart

EINLEITUNG

Die Mystik des deutschen Mittelalters ist eine späte Frucht der Überreife des Übergangs vom hohen zum späten Mittelalter, des Niedergangs der glanzvollen staufischen Ritterkultur, die langsam von einer heraufkommenden bürgerlichen Städtekultur abgelöst wird.[1] Es ist im wesentlichen das vierzehnte Jahrhundert, das zugleich mit den Domen der Spätgotik die vollreife Blüte der deutschen Mystik erstehen sieht. Es ist eine Zeit des Umbruchs und der Krisen, da die beiden mächtigen Gewalten des Papsttums und des Kaisertums nach dem Sieg der großen Päpste Innozenz III. und Gregors IX. über den letzten großen und machtvollen Staufer Friedrich II. (1212–1250) und nach der kaiserlosen, der »schrecklichen« Zeit des Interregnums (1256–1273) einen zersetzenden Endkampf miteinander führen, voll von Wirren und Wechselfällen, von Bann und Interdikt, wobei die Schwächung und Erschütterung auch der päpstlichen Macht in der sog. Babylonischen Gefangenschaft der Päpste in Avignon (1309–1377) nur zu deutlich sichtbar wird. Der machtvolle, hierarchisch gegliederte Bau der Kirche ist bedroht von Schäden und Rissen, von sektiererischen und ketzerischen Bewegungen und Bestrebungen, die immer stärker und unüberhörbarer nach einer Reform an Haupt und Gliedern rufen. Zugleich wird die Zeit erschüttert und erschreckt durch furchtbare Naturkatastrophen, durch Verwüstungen, Erdbeben und Überschwemmungen, durch das Gespenst des schwarzen Todes, das durch die Lande zieht und im Motiv des Totentanzes, das damals erstmalig in der Kunst gestaltet wird, so schauervoll an die Hinfälligkeit und Vergänglichkeit alles Irdischen gemahnt. Es war jene Zeit des »Herbstes des Mittelalters«, in der eine an Körper und Seele gefolterte Menschheit die Schauder des Todes und der Verwesung zutiefst erlebte und durchkostete. Die glanzvolle Entfaltung und der imponierende Ausbau des hochscholastischen Wissenschaftssystems, wie es seine Krönung in den großen Summen des Thomas von Aquin gefunden hatte, war vorbei. Neben dem die Hochscholastik tragenden und beherrschenden Realismus, für den das wahre und echte Sein der Dinge in ihrem Allgemeinen, Gattungsmäßigen steckt und dem menschlichen Denken in seinen Gattungsbegriffen faßbar wird, hatte der Nominalismus immer mehr an Boden gewonnen. Bei seiner starken Skepsis gegenüber der Gültigkeit und Reichweite menschlichen Erkennens hatte er die menschlichen Allgemeinbegriffe als bloße »flatus«, als bloßen Hauch, als reine »nomina« bezeichnet, denen keinerlei ontisches Sein in den Dingen entsprach. Das Sein war nur in den Individualdingen zu finden und nicht durch abstrakt-logisches Denken und Schlußfolgern, sondern nur auf Grund von Beobachtung, durch Messen und Wägen der Qualitäten und Verhaltensweisen der Individualdinge. Ein neuer Geist, der Geist des modernen naturwissenschaftlichen Denkens und Erkennens mittels des Experiments kündigte sich in diesem Nominalismus schon von ferne an. Im Kampf der spätscholastischen Schulen und Richtungen verlor das religiöse Gefühl und die religiöse Erfahrung um so mehr an Stärke des Empfindens und Erlebens, als sie in der spätscholastischen Theologie und Philosophie mehr und mehr Gegenstand einer begrifflichen und erkenntnistheoretischen Bestimmung und Zerfaserung wurden.

In dieser Zeit der Krise brach das religiöse Urbedürfnis nach unmittelbarer religiöser Erfahrung und Erschütterung in breitesten Schichten des Volkes mit elementarer Gewalt erneut auf und suchte das Heil im Sektenwesen und in der Mystik. Die deutsche Mystik erblühte in diesem 14. Jahrhundert als das Heilmittel für die zu spannungsvoll gewordene Disharmonie zwischen Diesseits und Jenseits, die die Zeit zerriß und die Menschen in qualvoller Angst vor den vermeintlich einmal wieder bevorstehenden Enddingen beunruhigte. Denn Mystik besagt die Überspannung und Befriedung dieser Disharmonie, besagt nicht Transzendenz, sondern Immanenz des Göttlichen, besagt das Innewerden Gottes in der eigenen Brust im Erlebnis der unio mystica.

Diese Mystik lag in der Luft, und sie hatte schon um die Mitte des 13. Jahrhunderts in der Magdeburger Begine Mechthild von Magdeburg (um 1210–1283?) und in der flämischen Mystikerin Suster Hadewich († um 1260) als Trägerinnen einer gefühlsstarken, Bernhardisch getönten Nonnenmystik einen starken dichterisch gestalteten Ausdruck gefunden, der vom deutschen Minnesang befruchtet wurde. In den Werken dieser beiden bedeutendsten Vertreterinnen einer in den Niederlanden, zumal aber im thüringischen Benediktinerinnenkloster Helfta erblühenden christozentrischen und auf weite Strecken visionär-prophetischen Frauenmystik macht sich hie und da schon ein schwacher Ansatz zu dem bemerkbar, was man mystische Spekulation oder spekulative Mystik nennt, etwas stärker schon in Mechthilds »Fließendem Licht in der Gottheit« als in den »Visioenen« der Hadewich. Vielleicht sind diese schwachen Ansätze zu einer mit scholastisch-wissenschaftlichen Denkmitteln arbeitenden Spekulation oder Reflexion über die mystische Erfahrung in der unio mystica schon Frucht dessen, was Denifle in seiner Abhandlung »Über die Anfänge der Predigtweise der deutschen Mystiker«[2] als den eigentlichen Anstoß zur Entstehung einer in zahlreichen deutschsprachigen Predigten und Traktaten sich niederschlagenden mystischen Bewegung angesehen hat: die Übertragung der cura monialium, d. h. der geistlichen Betreuung und Unterweisung der weiblichen Klosterinsassen des Dominikanerordens auf die fratres docti dieses Ordens. Insbesondere wohl als Folge der starken Ritter-Verluste der Kreuzzüge strömten in der zweiten Hälfte des 13. Jahrhunderts unzählige verwitwete und verwaiste Frauen, zumal des hohen und niederen Adels, in die wie Pilze aus dem Boden schießenden dominikanischen Frauenklöster. Diese Frauen der höheren Gesellschaftsschicht besaßen einen starken Bildungshunger, insbesondere nach religiös-theologischer Unterweisung, und überdies waren viele von ihnen von starker visionssüchtiger Erregbarkeit und oft exzentrisch übersteigerter Gefühlsinbrunst. Indessen hätte dies wohl kaum genügt, die magistri und lectores des Dominikanerordens, denen vom Ordensgeneral Hermann von Minden 1286/1287 und vom Papst Clemens IV. 1267 die cura monialium erneut übertragen und eingeschärft wurde, zur Entwicklung einer spezifisch mystischen und gar spekulativ-mystischen Predigtweise anzuregen, wenn Mystik nicht in der Luft gelegen hätte und wenn nicht die Prediger selbst jenen intuitus mysticus besessen hätten, der erst zum Mystiker macht. Dietrich von Freiberg (um 1250 – um 1310) soll der erste dieser fratres docti gewesen sein, wie berichtet wird, der in deutschsprachigen Predigten den »geistlichen kinden« die Weisheit des mystischen Nichtwissens verkündet habe. Jedoch sind uns solche Predigten von ihm nicht erhalten.

Der erste Dominikaner-Prediger, dessen hinterlassener mystischer deutscher Predigtschatz uns in großem Umfang überliefert und greifbar ist, ist zugleich der deutschen Mystik beredtester Verkündiger, ist ihr bei weitem überragender Geist und ihr tiefster Denker, ihr einziger wirklich schöpferisch begabter spekulativer Kopf: Meister Eckehart. Nur weniges ist uns über seinen äußeren Lebensgang bekannt, dessen Daten bis zur Höhe des reifen Mannesalters nur unsicher erschlossen werden können. Aber diese wenigen äußeren Daten sind Marksteine des meteorhaften Aufstiegs eines Großen und eines düsteren Mißgeschicks, das jäh über seinen Lebensabend hereinbrach.

Um 1260 ist Eckehart unweit Gotha in Hochheim in Thüringen aus ritterlichem Geschlechte geboren. In jungen Jahren trat er in den Konvent des Predigerordens der Dominikaner in Erfurt ein. Schon früh muß die Ordensleitung die überragende Begabung Eckeharts für das Lehr- und Führeramt erkannt haben, denn zwei wichtige Ämter zugleich hat er schon inne, als das früheste uns bekannte deutschsprachige Werk entsteht: die »Reden der Unterweisung«, »die der vicarius von türingen, der pryor von erdfortt, bruder eckhartt predierordens mit solchen kindern geredtt haud, die in diser rede fragten vil dings, da sie saßen in colaczionibus mit einander.«[3] Es sind Tischlesungen für die Angehörigen seines Konvents, und sie tragen bereits unverkennbar die Züge des Lese- und Lebemeisters in der zwingenden Gewalt seiner andringenden Sprache und dem verwegen unbeirrbaren Griff, mit dem die geheimsten Regungen in der Tiefe des seelischen Ich bloßgelegt werden: »Der Mensch soll sich nicht genügen lassen an einem gedachten Gott; denn, wenn der Gedanke vergeht, so vergeht auch der

Gott. Man soll vielmehr einen wesenhaften Gott haben, der weit erhaben ist über die Gedanken des Menschen und aller Kreatur.«[4] »Die Leute brauchten nicht soviel nachzudenken, was sie *tun* sollten; sie sollten vielmehr bedenken, was sie *wären*.«[5] »Denn die Werke heiligen nicht uns, sondern wir sollen die Werke heiligen.«[6] Sage nicht: »Ich möchte nächstens« sondern: »Ich will, daß es jetzo so sei!«[7] und in diesem kraftvollst gesammelten Willen einen einzigen Schritt nach vorn getan »wäre besser, als ohne ihn übers Meer gefahren«,[8] und solltest du in diesem Willen auch einmal straucheln, laß nicht ab, denn, »weil dann und wann Raden unter das Korn fallen, darum soll man das edle Korn nicht verwerfen.«[9]

Wann diese »Reden der Unterweisung« entstanden sind, läßt sich nicht mit Sicherheit sagen, wahrscheinlich gegen Ende des 13. Jahrhunderts, nachdem Eckehart vom studium generale des Ordens in Köln, wo er vielleicht noch den großen Albert den Deutschen als Lehrer gehört hat, in die thüringische Heimat zurückgekehrt war. Es ist kaum begreiflich, daß man die Echtheit dieser aus einzelnen Tischlesungen zusammengefügten »Reden« bezweifeln konnte. Nicht nur die Diktion, der Rhythmus und Stil dieses Werkes verraten schon unverkennbar den späteren gefeierten Prediger: auch die Kern- und Grundgedanken der »Reden« nehmen bereits vieles von dem vorweg, was Eckehart in seinen nachmaligen Predigten verkündigen wird; ja viele dieser Gedanken stehen schon in gleicher oder doch ähnlicher Formulierung in dem Erstlingswerk wie im »Büchlein der göttlichen Tröstung« als der bedeutendsten und reifsten deutschen Schrift des Mystikers.

Das Ohr der Ordensleitung war offen für die Töne eines genialen Seelenanalytikers und den mitreißenden Schwung seiner bannenden Rede. Man spürte, daß in diesen »Reden« ein kühner Geist seine Schwingen regte, und man entschloß sich, ihm den Raum zum Hochfluge freizugeben. Man sandte den Bruder Eckehart im Jahre 1300 an das studium generale St. Jaques an der Universität Paris als der geistigen Metropole des damaligen Abendlandes. Schon nach zwei Jahren erlangte Eckehart im Jahre 1302 den Magister-Titel, nachdem er als Baccalaureus pflichtgemäß an der Pariser

Universität Vorlesungen über die »Sentenzen« des Petrus Lombardus gehalten hatte. Nach seiner Rückkehr von Paris wählte das Ordenskapitel zu Erfurt im Jahre 1303 den »Meister«, wie er nun genannt wurde, zum ersten Provinzial der neu gegründeten sächsischen Ordensprovinz. Vier Jahre später übertrug man dem bewährten Provinzial neben seinem hohen Amt noch das eines Generalvikars der verwaisten böhmischen Provinz mit dem Auftrag, eine durchgreifende Reform der verwahrlosten böhmischen Ordenskonvente durchzuführen. Théry hat vor kurzem, wenn auch kaum überzeugende Gründe für die Annahme vorgetragen, daß Eckehart während der Zeit seines böhmischen Vikariats sein berühmtes »Trostbuch« für die leidgeprüfte Königin Agnes von Ungarn verfaßt hat nach der Ermordung ihres Vaters, König Albrechts I. von Österreich im Jahre 1308. Wer dieses »Büchlein der göttlichen Tröstung« zusammen mit dem in enger Beziehung zu ihm stehenden sog. Sermon »Vom edlen Menschen« liest, wird zumal in den Eingangspartien des »Trostbuches« überrascht und erstaunt sein darüber, daß eine Frau des beginnenden 14. Jahrhunderts durch äußerst subtile, abstrakte und ebenso schwer verständliche Spekulationen über das metaphysische Beziehungsverhältnis des Gerechten zur Gerechtigkeit und der übrigen perfectiones spirituales zu ihren irdischen Trägern, über Fragen der Trinitätsspekulation u. a. in ihrem Leid getröstet werden konnte. Er wird die Erklärung für diese uns Heutigen so seltsam und unbegreiflich erscheinende Tatsache darin finden, daß Eckehart in der großen Tradition des platonisch-neuplatonischen Denkens stand, wie es von Platon und Plotin über Proklus, Pseudo-Dionysius, Scotus Eriugena, die Viktoriner bis zu Albertus Magnus und seinen Schülern Hugo Riplin und Ulricus Engelberti sich fort- und umbildend lebendig geblieben war. Für diesen Realismus neuplatonischen Denkens war die Welt der platonischen Ideen, die Welt der ewigen Vorbilder irdisch-kreatürlichen Einzelseins, die unvergänglich-vollkommene Welt unzerstörbaren Seins und damit der unerschöpfliche Born göttlichen Trostes für den dem dauernden Werden und Vergehen und seinen Leiden ausgesetzten irdischen Menschen. Daß dieses köstliche »Trostbüchlein« nicht nur der Königin Agnes Trost gespendet hat und daß man seinen von schwierigen Spekulationen und Gedanken trächtigen Inhalt nur unzureichend und oft garnicht verstand, das zeigt der stark variierende Wortlaut und die Fehlerhaftigkeit der uns erhaltenen handschriftlichen Texte, zeigt aber auch deutlich der Umstand, daß man beim nachmaligen Inquisitionsprozeß Eckeharts eine Reihe von Stellen des »Trostbuches« zum besonderen Gegenstand der Anklage und Untersuchung gemacht hat.

Im Jahre 1310 hätte man dem schon berühmten Meister gern auch die süddeutsche, alemannische Ordensprovinz zur Führung anvertraut, wenn nicht die scharfe Rivalität mit den Franziskanern den scharfsinnigsten und kühnsten Kopf des Ordens auf den Lehrstuhl in Paris verlangt hätte. Und so bestätigte das General-Kapitel von Neapel die Wahl Eckeharts zum süddeutschen Provinzial nicht, sondern sandte den Meister zum zweiten Mal auf die Lehrkanzel an die Universität Paris. Während seines ersten Pariser Aufenthaltes hat Eckehart in einer seiner Quaestiones Parisienses eine ebenso eigenartige wie kühne und herausfordernde Auseinandersetzung mit dem Ordensgeneral der Franziskaner Gonsalvus de Vallebona durchgefochten. Man darf wohl annehmen, daß der Meister während seines zweiten Aufenthaltes in Paris, von dem wir nicht wissen, wie lange er sich erstreckte, den Grund gelegt hat zu seinem nur fragmentarisch auf uns gekommenen und wohl auch nie von ihm vollendeten lateinischen großen Opus tripartitum, dem »dreigeteilten Werk.«

Schon im Jahre 1314 finden wir Eckehart in Straßburg als Leiter des dortigen Dominikaner-Konvents im Zentrum der zu kräftigstem Leben erblühten deutschen Mystik als ihren unbestrittenen und schwärmerisch verehrten geistigen Führer. Hier in Straßburg hat der Meister als weit über die deutschen Grenzen hinaus gefeierter Prediger im Zenith seines Ruhmes und seines erfolggekrönten Wirkens gestanden. Sicher ist ein großer Teil seiner so aufwühlenden, ja aufreizenden Predigten während der Straßburger Zeit in den vielen Frauenklöstern des oberen Rheintals als den eigentlichen Pflanzstädten und Zentren mystischen Geistes und Lebens gehalten und erstmalig nach dem gesprochenen Wort in Nachschriften seiner Hörerinnen mehr oder weniger verständnisvoll oder unzulänglich und fehlerhaft aufgezeichnet worden.

Noch einmal – wir wissen wieder nicht, wann – gab der Orden dem Meister ein Vertrauensvotum, als man den Sechziger auf den Lehrstuhl am studium generale in Köln berief, den ehedem der große Albert der Deutsche innegehabt hatte. Hier aber sollte den berühmten Mystiker sein Schicksal ereilen und seinen Lebensabend umdüstern. Der Erzbischof von Köln, Heinrich von Virneburg, der die Verfolgung der damals weitverbreiteten Sekten, insbesondere der Begarden und der »Brüder vom freien Geiste« mit nachdrücklichem Eifer betrieb, eröffnete 1326 gegen Eckehart ein Inquisitionsverfahren wegen Verbreitung glaubensgefährlicher Lehren in deutschsprachigen Predigten vor dem Volke. Die Akten über das in Köln durchgeführte Verfahren sind uns in Abschrift in einer Handschrift der Soester Stadtbibliothek erhalten. Sie umfassen das Protokoll zweier Verhandlungen vor der vom Erzbischof berufenen Inquisitionskommission, in denen man Eckehart zunächst 49 aus seinen lateinischen Werken, aus dem »Büchlein der göttlichen Tröstung«, sowie aus seinen deutschen Predigten exzerpierte und inkriminierte Textstellen und späterhin noch einmal 59 beanstandete Exzerpte nur aus deutschen Predigten zur Stellungnahme, bzw. Verteidigung vorlegte. Eckehart hat in beiden Verhandlungen nicht nur auf die Angriffe und Beanstandungen im einzelnen geantwortet, sondern zugleich zu dem Inquisitionsverfahren im ganzen Stellung genommen. Wie er dies tut und was er seinen Untersuchungsrichtern entgegenhält, verrät das stolze Selbstbewußtsein des Genies, das sich von der Beschränktheit der kleinen Geister nicht verstanden sieht. Er stellt zunächst fest, daß er gemäß den Privilegien seines Ordens sich vor keinem Forum als dem der Pariser Universität und dem des Papstes zu verantworten brauche, ist aber freiwillig bereit, auch hier Rede und Antwort zu stehen, damit man nicht etwa glaube, er gehe feige einer Auseinandersetzung aus dem Wege. Er bezweifelt füglich, daß man etwas gegen ihn unternommen hätte, wenn sein Ruhm beim Volke und sein Eifer für die Gerechtigkeit geringer gewesen wären. Er wundert sich mit spürbarer Ironie, daß man ihm in seinen Schriften und Worten nicht viel mehr angekreidet habe, da er doch Hunderte von Äußerungen getan, die die Beschränktheit seiner Kritiker nicht verstehe. Zwar sei er sich bewußt, kühn und ungewöhnlich über Außerordentliches geschrieben und gesprochen zu haben; von hohen Dingen aber könne auch nur in hohen Worten, mit emphatischem Ausdruck und mit erhabener Seele gekündet werden. Gewiß zwar könne er irren, nicht aber Häretiker sein, da dies eine Sache des Willens sei. Als man ihm den Prozeß verschleppt, appelliert Eckehart am 24. Januar 1327 in einem Protestschreiben, das er durch seinen Mitbruder Konrad von Halberstadt vor der erzbischöflichen Inquisitionskommission verlesen läßt,[10] an den Papst in Avignon und wendet sich am 13. Februar mit einer öffentlichen Erklärung in der Predigerkirche in Köln nach der Predigt an das Volk.[11] Auch diese Erklärung läßt er zunächst durch Konrad von Halberstadt in lateinischer Sprache von der Kanzel herab verlesen und übersetzt sie dann Satz für Satz ins Deutsche. Feierlich ruft er darin Gott zum Zeugen dafür an, daß er in seinem ganzen Leben jeden Irrtum im Glauben und jeden Verstoß gegen die Sittlichkeit nach Kräften gemieden habe. Sollte es daher jemand gelingen, so erklärt er, ihm einen Irrtum nachzuweisen, den er geschrieben, gesprochen oder gepredigt habe, öffentlich oder geheim, wo und wann immer, direkt oder indirekt, so widerrufe er das Gesagte vor allem Volke. Wieder betont er, daß man vieles, was er gesagt, mißverstanden habe, daß man insbesondere seine wiederholten Äußerungen über ein »Etwas in der Seele«, das an sich ungeschaffen und unerschaffbar von göttlichem Adel sei, trotz seiner mehrmaligen Erläuterungen im grobpantheistischen Sinne mißdeutet habe. Das alles aber verfing nicht. Seine Appellation an den päpstlichen Stuhl verwies man ihm als unbegründet und weigerte sich, sie weiterzuleiten.[12] Zwar reiste der Meister nun selbst nach Avignon und verteidigte sich noch einmal vor einer vom Papst bestellten Untersuchungskommission, der das von Köln angeforderte Untersuchungsmaterial zur nochmaligen Überprüfung vorlag. Auch das von der päpstlichen Kommission in Avignon verfaßte »Gutachten« ist uns glücklicherweise erhalten. Die Kommission reduzierte wohl schon die große Anzahl von inkriminierten Artikeln der Kölner sog. »Rechtfertigungsschrift« auf die 28 Artikel der Bulle Johanns XXII. »In agro dominico« vom 27. März 1329,[13] von denen 17 als häretisch und 11 als häresieverdächtig, bzw. schlecht klingend verurteilt wurden. Gegen jeden, der diese Sätze weiterhin verbreitete, sollte wie gegen Häretiker vorgegangen werden. Am 15. April verfügte der Papst, daß der Erzbischof von Köln die Bulle im Bereich seines Erzbistums öffentlich bekannt gebe. Eckehart hat diese seine Verurteilung nicht mehr erlebt. Die Bulle spricht von ihm als von einem Verstorbenen und als von einem Manne, der vor seinem Tode einen Widerruf alles dessen geleistet habe, was in seinen Schriften und Predigten durch die Entscheidung des apostolischen Stuhles als ketzerisch, irrig oder glaubensgefährlich erwiesen werde. Man darf annehmen, daß der Meister zwischen 1327 und 1329 in Köln (oder in Avignon?) verstarb und begraben wurde.

Seitdem sind über sechshundert Jahre verflossen. Der Meister aber lebt heute, nachdem er Jahrhunderte lang fast völliger Vergessenheit anheimgefallen war, in der Urkraft seines hinterlassenen Werkes. Die Authentizität des unter seinem Namen überlieferten großangelegten lateinischen Opus tripartitum steht außer allem Zweifel. Dieses »Dreigeteilte Werk« zerfällt, wie sein Name sagt, in drei Teile: das Opus propositionum, das Opus quaestionum und das Opus expositionum. Auf uns gekommen ist im wesentlichen nur der dritte Teil, das Opus expositionum, das eine Reihe von Schriftkommentaren zu den Büchern Genesis, Exodus, Sapientia und zum Johannes-Evangelium, je zwei Sermones und Lectiones zu Ecclesiasticus (Jesus Sirach), sowie ein Opus sermonum enthält, d. h. eine Anzahl von mehr oder weniger ausgeführten Skizzen zu Predigten in lateinischer Sprache. Zu den beiden ersten Teilen des großen Werkes sind nur die Prologe erhalten neben dem Gesamtprolog, dem Prologus generalis in Opus tripartitum. Ob einige Quaestionen, die Eckehart während seiner beiden Pariser Aufenthalte und Lehrtätigkeit verfaßte und die in der Eigenart und Kühnheit seiner Spekulation ganz den Stempel des großen Mystikers tragen, in das Opus quaestionum aufgenommen werden sollten, bleibt ungewiß. Sicher ist, daß Eckehart weitere lateinische

Werke schuf, die als selbständige Arbeiten außerhalb des Rahmens des großen Hauptwerkes, des Opus tripartitum, stehen: eine Collatio in libros Sententiarum, also einen Eröffnungsvortrag der Sentenzenvorlesung, die Eckehart bei seinem ersten Aufenthalt in Paris zur Erlangung der Magisterwürde hielt, eine Auslegung des Vater-Unsers (Tractatus super Oratione Dominica) und eine Predigt zu Ehren des hl. Augustinus (Sermo die b. Augustini Parisius habitus), die uns in einer Nachschrift überliefert (reportatus) ist. Das lateinische Gesamtwerk Eckeharts ist ein imponierender Torso geblieben, das Opus tripartitum ist von dem Meister nicht vollendet worden. Und dieser Torso ist uns nur in wenigen Handschriften erhalten, Beweis dafür, daß das lateinische Werk des Pariser Magisters keine große Verbreitung und Auswirkung gefunden hat, wenn man einmal vom allerdings sehr tiefgehenden Einfluß dieses Opus tripartitum auf Nikolaus von Cues absieht.

Ganz anders das in deutscher Sprache gehaltene Werk Eckeharts. Auf ihm beruht der Ruhm und das Verhängnis des Meisters. Eine Fülle von weit über 200 Handschriften, deren Gesamtzahl gewiß durch weitere Funde noch vermehrt werden dürfte, bietet uns das dar, was an Predigten, Traktaten und kleineren spruchförmigen Überlieferungen sich so oder so als Werk Meister Eckeharts ausgibt oder in Anspruch genommen wurde. Eins der Hauptprobleme der Eckehartforschung ist die Frage der Authentizität dieser handschriftlichen Texte, deren Echtheit lange Zeit infolge übertriebener Skepsis und Hilflosigkeit fast für das ganze überlieferte deutsche Werk Eckeharts bezweifelt wurde. Je weiter die Arbeit an der großen Gesamtausgabe der lateinischen und der deutschen Werke voranschreitet, um so stärker und tragfähiger werden die Kriterien werden, auf Grund deren man das Echtheitsproblem der einzelnen überlieferten Texte, der Predigten wie insbesondere auch der Traktate, zu lösen hoffen darf, um so mehr aber auch wird das Vertrauen in die Authentizität dieser Überlieferungstexte wachsen. Und wachsen wird das Vermögen und die, wenn auch auf weite Strecken hin wohl immer nur relativ bleibende Sicherheit, die z. T. sehr verderbten deutschen Überlieferungstexte, zumal der Predigten, von ihren zahlreichen Verderbnissen aller Art zu heilen und die

Texte, wenn nicht in ihrem ganz ursprünglichen, so doch in einem Wortlaut wiederherzustellen, der den ursprünglichen Gedanken Eckeharts und weithin auch seine so charakteristische Prägung wiedergibt. Zwar sind uns die Predigten nur in Kopien von Nachschriften seiner Hörer nach dem gesprochenen Wort des berühmten Kanzelredners überkommen, durchsetzt mit bewußten und unwillkürlichen Entstellungen und Verderbnissen aller Art, von Auslassungen und Interpolationen, von Mißverständnissen und absichtlichen Änderungen der Formulierung und der Gedanken. Allein die unverwisch- und unverwechselbare Prägung des kühnen und tiefschürfenden Eckehartischen Wortes leuchtet noch in der grausamsten Entstellung und im hoffnungslosesten Mißverständnis.[14]

Schon lange, bevor man es dem Meister im Prozeß und in der päpstlichen Bulle rund heraus vorwarf, daß er »dogmatizavit multa fidem veram in cordibus multorum obnubilantia, que docuit quammaxime in suis predicationibus coram vulgo simplici«,[15] muß der Meister die Klage vernommen haben, er profaniere die hohe scholastische Schulgelehrsamkeit, indem er sie dem einfältig ungebildeten Volke von der Kanzel herunter darbiete. Er aber hatte am Schluß seines hochgeistigen »Büchleins der göttlichen Tröstung« auf den Vorwurf geantwortet: »Soll man nicht ungelehrte Leute lehren, so wird niemals wer gelehrt . . . Denn darum belehrt man die Ungelehrten, daß sie aus Ungelehrten zu Gelehrten werden. Gäbe es nichts Neues, so würde nichts Altes.«[16] Und wenn schon manch grober beschränkter Mensch äußere, daß vieles von dem, was er in diesem Trostbuch und auch anderswo geschrieben habe, nicht wahr sei, so erwidert er unter Berufung auf Augustinus im ersten Buch seiner »Beichte« (»Confessiones«): »Was kann ich dafür, wenn jemand das nicht versteht?«[17] »Und wiederum sagt er (d.h. Augustinus) anderswo, daß der Mensch sich gar zu offensichtlich selbst liebe, der andere Leute blenden wolle, auf daß seine Blindheit verborgen bleibe. Mir genügt's, daß in mir und in Gott wahr sei, was ich spreche und schreibe. Wer einen Stab in Wasser getaucht sieht, den dünkt der Stab krumm, wenngleich er ganz gerade ist, und das kommt daher, daß das Wasser gröber ist als die Luft; gleichviel ist der Stab sowohl an sich wie auch in den Augen dessen, der ihn nur in der Reinheit der Luft sieht, gerade und nicht krumm.«[18]

Der Meister war sich der Kühnheit seines Wortes und der Höhe seines Geistesfluges durchaus bewußt. Niemand brauchte ihm zu sagen, daß er über die Köpfe des einfältigen Volkes hinwegrede, daß er in diesen Köpfen beschränkter Fassungskraft Verwirrung stiften und daß er allenfalls von einigen wenigen kongenialen Geistern begriffen werden könne: »Könntet ihr mit meinem Herzen erkennen, so verstündet ihr wohl, was ich sage; denn es ist wahr, und die Wahrheit spricht es selbst«,[19] so sagt er in seiner »Bürgleinpredigt«, und mit demselben Gedanken, daß Gleiches nur von Gleichem erkannt werden könne, schließt er eine seiner tiefsinnigsten und kühnsten Predigten: »Wer diese Rede nicht versteht, der bekümmere sein Herz nicht damit. Denn solange der Mensch dieser Wahrheit nicht gleicht, solange wird er diese Rede nicht verstehen. Denn es ist eine unverhüllte Wahrheit, die da gekommen ist aus dem Herzen Gottes unmittelbar.«[20]

Und doch: so hoch und für die Menge unerreichbar auch sein Geistesflug sein mochte, so erregend und verwirrend seine unerhörten Worte auch in die Seelen seiner Hörer fielen, unwiderstehlich drängte es ihn, das Erkannte, die Wahrheit laut und weit zu verkünden, die Wahrheit, von der er sagte, daß sie so edel sei, daß, wenn »Gott sich von der Wahrheit abkehren könnte, ich wollte mich an die Wahrheit heften und wollte Gott lassen.«[21] Diese Wahrheit brach mit mächtigem Drang aus seinem Innern ins äußere, gesprochene und weittragende Wort seiner Predigt aus: »Wer diese Predigt verstanden hat, dem vergönne ich sie wohl. Wäre hier niemand gewesen, ich hätte sie diesem Opferstocke predigen müssen.«[22] Das aber, was der Meister in seinen deutschen Predigten den begeisterten Hörern vortrug, war keineswegs bloße scholastische Kathederweisheit, es war zugleich weniger und unendlich viel mehr.

Man hat von Eckehart gesagt, es mache seine Größe aus, daß er eigentlich nur einen einzigen Gedanken habe, einen Gedanken zwar, tief und erhaben genug zum Leben wie zum Sterben. Dieser eine Grund- und Kerngedanke Eckeharts, aus dem alle übrigen entwickelt, zu dem sie anderseits alle hin orientiert sind, ist der von der Geburt des Wortes in der Seele. Wer nicht erfaßt hat, daß die Geburt des Sohnes durch den göttlichen Vater im Seelenfunken den einzigen Anlaß, den Inhalt und das Ziel der Predigt Eckeharts ausmacht und seinen Ausführungen, fast möchte ich sagen, eine großartige Eintönigkeit gibt, der hat Eckehart verkannt. Ihm fehlt die bindende und orientierende Mitte in Eckeharts Geistesgut, dessen Sinn sich ihm nicht erschließt, das sich vielmehr für ihn in ein unentwirrbares Durcheinander von Widersprüchen und Unklarheiten verstrickt, so daß er vor lauter Bäumen den Wald nicht sieht. Er sieht nicht, daß Eckehart spekulativer Mystiker ist, daß er als in seinem Wesen zutiefst Veranlagtes den intuitus mysticus besaß, den Tiefenblick, der alle Mannigfaltigkeit im all-einen unendlichen Sein aufgehoben und zur Eins zusammengefaßt sah. Er sieht nicht, daß die Bahnen des spekulativen Denkens dieses Mystikers einem vorweg bestimmten Ziel zustreben: der unio mystica in der Geburt des Wortes. Seine mystisch-intuitive Schau gab Eckehart die Gewißheit, daß der Wesenskern der menschlichen Seele und der göttliche Seinsgrund irgendwie von gleicher Artung sein müßten, daß Mensch und Gott zutiefst in ihrem Sein auf eine in begrenztem Begriff nicht voll zu fassende und aussagbare Weise einander verbunden seien. Das Wie dieser Verbindung zu fassen ist zugleich Antrieb und Ziel seiner noch stark umstrittenen Seinsspekulation und seiner rätselvollen Lehre vom Seelengrund.

Ich kann mich im Zusammenhang dieser knappen Einleitung natürlich nicht unterfangen, das spekulative System Meister Eckeharts, insbesondere seine Metaphysik und Psychologie zum Gegenstand einer auch nur skizzenhaften Darstellung zu machen. Auch heute noch sind wir, wie mir scheint, weit entfernt von einer eindeutigen und verbindlichen Interpretation der spekulativen Grundlagen der Eckehartischen Mystik, und ich möchte nach wie vor bezweifeln, daß es je zu einer allgemein verbindlichen Gesamtauffassung des spekulativen Systems des Meisters kommen wird, auch dann nicht, wenn alle lateinischen und deutschen Werke in der großen kritischen Ausgabe der deutschen Meister Eckehart-Kommission zugänglich gemacht sein werden. Wenn die verschiedenen

Eckehartauffassungen und Deutungsversuche meist mit leidenschaftlicher Unbedingtheit, Einseitigkeit und Ausschließlichkeit vorgetragen werden, so läßt diese Antithetik des Kampfes um Eckeharts Verkündigung erkennen, wie scheinbar vieldeutig des Meisters Ideengut ist und wie weit entfernt wir noch von einer sichern Bestimmung seines geistigen Ortes sind. Und ich möchte meinen, daß, solange das gesamte lateinische und deutsche Werk Eckeharts nicht in zuverlässiger Ausgabe vorliegt und die sehr schwierigen Fragen der Chronologie der Werke nicht wenigstens annähernd gelöst sind, auch das immer wieder diskutierte Problem einer inneren gedanklichen Entwicklung und damit also einer Periodisierung des Eckehartischen Gesamtwerkes keine verläßliche Lösung finden kann.

Ich will hier nur kurz andeuten, wie und worin ich die metaphysische Grundlage sehe, aus der Eckeharts Ethik des Gerechten abgeleitet ist, um dann diese Ethik selbst in ihren Grundzügen knapp zu entwickeln. Ich werde dabei auf weite Strecken den Meister selbst zu Worte kommen lassen, denn keine noch so begeisterte und verständnisvolle Darstellung und Deutung seiner Lehre ist imstande, so unmittelbar und überzeugend einen Begriff von der Geistesgröße und Sprachgewalt dieses Mannes zu vermitteln wie die suggestive Kraft und der mitreißende Schwung seines eigenen Kernwortes.

Wenn Eckehart sagt: »Nicht davon bin ich selig, daß Gott gut ist ... Davon allein bin ich selig, daß Gott vernünftig ist und ich dies erkenne«,[23] und wenn er hinzufügt: im Sein ist Gott nur in seinem Vorhof, und in der Vernünftigkeit erst ist er in seinem Tempel,[24] so scheint mir darin der Kerngedanke seiner Seinsspekulation und die tiefste Bestimmung zugleich des göttlichen wie des menschlichen Wesens und ihrer Zuordnung zu liegen. Die hohe Geistigkeit seiner mystischen Intuition erfaßt das göttliche Sein als reines Erkennen: »Vernünfticheit ist der tempel gotes. Niergen wonet got eigenlîcher dan in sînem tempel, in vernünfticheit, als der ander meister sprach, daz got ist ein vernünfticheit, diu dâ lebet in sîn aleines bekantnisse, in im selber aleine blîbende, dâ in nie niht engeruorte, wan er aleine dâ ist in sîner stilheit. Got in sîn selbes bekantnisse bekennet sich selben in im selben.«[25] In der Pariser Quaestio »Utrum in deo sit idem esse et intelligere« sagt Eckehart, Gott sei reines Erkennen (intelligere), und dieses Erkennen sei das, was das göttliche Sein, dafern man von einem solchen überhaupt sprechen wolle, begründe und trage: »Und daher ist, was immer in Gott ist, über dem Sein selbst und ist ganz Erkennen ... Wenn du aber dieses (göttliche) Erkennen ein Sein nennen willst, so bin ich's zufrieden. Aber ich behaupte gleichviel, daß, wenn es in Gott etwas gibt, das du Sein nennen willst, es ihm nur kraft des Erkennens zukommt ... Gott also kommt kein Sein zu, dafern du nicht eine solche Lauterkeit ein Sein nennen willst.«[26] Und übereinstimmend heißt es im 29. Sermo (n. 301–304) des Opus sermonum in der Übersetzung: »Dein Gott ist eins, und es gibt außer ihm nichts, das wahrhaft eins ist, weil es nichts Geschaffenes gibt, das reiner und nach seinem ganzen Sein ausschließlicher Intellekt ist. Denn dann wäre es nicht erschaffbar ... Es ergibt sich also offensichtlich, daß Gott im eigentlichen Verstande einzig ist. Und da er Intellekt oder Erkennen ist, und zwar reines Erkennen ohne Beimischung irgendeines andern Seins, so ruft dieser einzige Gott durch sein Erkennen die Dinge ins Sein, eben weil in ihm allein das Sein Erkennen ist ... Soviel demnach irgend etwas an Erkenntnis oder Erkenntnismäßigem besitzt, soviel besitzt es von Gott und soviel vom Einen und soviel vom Einssein mit Gott ... Daher ist Gott nirgends und niemals als Gott vorhanden außer im Intellekt.« An einer Stelle des ersten Genesiskommentars sagt Eckehart: »Er wollte uns lehren, daß Gott reiner Intellekt sei, dessen ganzes Sein das Erkennen selbst ist.«[27]

Dieses alles Sein tragende und umfassende Erkennen ist die absolute Eins, »die stille Wüste« der Gott*heit*, aus der der trinitarische Gott bereits als Ausfluß und Abfall erscheint. Das aber, was das unendliche göttliche Erkennen erkennt, ist nichts anderes als sein Selbst, sein eigenes Sein, das es in seinem Spiegelbild, in seinem Wort, Logos oder Sohn erschaut und erfaßt. Wenn Eckehart in seiner Predigt über den guten Knecht, den der Herr über all sein Gut setzen will, dieses höchste Gut, die »Freude des Herrn«, in die der Mensch bei der unio mystica eingeht, genauerhin bestimmen und aussagen soll, so sagt er: »Diu fröide des herren daz ist der herre selber und enkein ander unde der herre ist ein lebende wesende istige vernünftikeit, diu sich selber verstêt, und ist und lebet selber in im selber und ist daz selbe.«[28]

In dem Spiegelbild seiner selbst nun erkennt das absolute göttliche Vernunftsein zugleich die ewigen Vorbilder der Kreaturen, das, was seit Platon die Ideen heißt. Als eine dieser Ideen aber bin auch ich in diesem Selbsterkennungsprozeß des göttlichen Erkennens von Ewigkeit her als Abbild göttlichen Vernunftseins geschaut: »In diesem Worte spricht der Vater meinen und deinen und eines jeglichen Menschen Geist als demselben Worte gleich. In demselben Sprechen bist du und ich ein natürlicher Sohn Gottes als dasselbe Wort. Denn, wie ich vorhin sagte, erkennt der Vater nichts als dieses selbe Wort und sich selbst und die ganze göttliche Natur und alle Dinge in diesem selben Worte, und alles, was er darin erkennt, das ist dem Worte gleich und ist dasselbe Wort naturhaft in der Wahrheit.«[29] »Hier habe ich ewiglich geruht und geschlafen in der verborgenen Erkenntnis des ewigen Vaters, innebleibend unausgesprochen. Aus dieser Lauterkeit hat er mich ewiglich geboren als seinen eingeborenen Sohn in das Ebenbild seiner ewigen Vaterschaft, auf daß ich Vater sei und den gebäre, von dem ich geboren bin . . . Ja, wer in diesem Lichte ein Stück Holz ansähe, es würde zu einem Engel und würde vernunftbegabt und nicht nur vernunftbegabt, es würde zu reiner Vernunft in der ersten Lauterkeit, die da eine Fülle aller Lauterkeit ist. So tut's Gott: Er gebiert seinen eingeborenen Sohn in das Höchste der Seele. Im gleichen Zuge, da er seinen eingeborenen Sohn in mich gebiert, gebäre ich ihn zurück in den Vater.«[30] So nun, wie Vernünftigkeit der Tempel göttlichen Wesens ist, so liegt auch in des Menschen Vernunftbegabtheit sein höchster Adel: »Homo id quod est, per intellectum est.«[31] (»Der Mensch ist das, was er ist, durch die Vernunft.«) »Daz hœhste teil der sêle«, der Gipfel und die ihr ganzes Sein einigende Mitte der Seele ist das, was der Meister die »oberste Vernunft« oder auch bildlich den »Seelenfunken« nennt. In dieser obersten Vernunft, in diesem Tempel der Seele liegt des Menschen Gottförmigkeit; hier hört der Mensch in der Stille das Wort des Vaters und vermag in ihm das jenseits aller kreatürlichen Zweckgebundenheit und Wandelbarkeit liegende wahre Sein der Kreaturen, ihre ewigen Ideen, sub specie aeternitatis zu erfassen, er vermag so die Gedanken der Gottheit nach- und mitzudenken, sich dem unendlichen Erkennen zu vermählen und mit ihm eins den ewigen Sohn in seiner Seele zu gebären.

Diesen Grund, diesen Kern des menschlichen Seins, der sich ebenso wie die stille Wüste des göttlichen Seinsgrundes jeder adaequaten Benennung und Aussage entzieht und in dem das göttliche und das menschliche Vernunftsein bei der Geburt des Wortes in der Seele zur Einheit ineinander fließen, auf daß »ich Vater werde und den gebäre, von dem ich geboren bin«, dieses Zentrum der Seele umkreist das Eckehartische Denken beständig. Dieses »Etwas in der Seele« zu ergründen und trotz seiner Unaussagbarkeit dem Ahnen seiner Hörer irgendwie näher zu bringen, setzt Eckeharts unbändiger Drang in die Tiefe immer wieder erneut an, um durch kühnste Aussagen, die ihm die hartnäckigsten Angriffe der Kölner Untersuchungskommission eintrugen, diesen stillen Grund der Seele zu loten: ». . . wie ich schon öfter gesagt habe, daß etwas in der Seele ist, das Gott so verwandt ist, daß es eins ist und nicht vereint. Es ist eins, es hat mit nichts etwas gemein, noch ist ihm irgendetwas von alledem gemein, was geschaffen ist. Alles, was geschaffen ist, das ist nichts. Nun ist dies aller Geschaffenheit fern und fremd. Wäre der Mensch ganz so geartet, er wäre völlig ungeschaffen und unerschaffbar; wäre alles das, was körperlich und bresthaft ist, so in der Einheit begriffen, so wäre es nichts anderes, als was die Einheit selbst ist. Fände ich mich nur einen Augenblick in diesem Sein, ich achtete so wenig auf mich selbst wie auf ein Mistwürmlein.«[39] »Dieses nämliche Licht pflege ich immerzu in meinen Predigten zu berühren. Und dieses selbe Licht nimmt Gott unmittelbar, unbedeckt entblößt auf, so wie er in sich selbst ist; . . . Wenn sich der Mensch abkehrt von sich selbst und von allen geschaffenen Dingen – so weit du das tust, so weit wirst du geeint und beseligt in dem Fünklein in der Seele, das weder Zeit noch Raum je berührte. Dieser Funke widersagt allen Kreaturen und will nichts als Gott, unverhüllt, wie er in sich selbst ist . . . es will in den einfaltigen

Grund, in die stille Wüste, in die nie Unterschiedenheit hineinlugte, weder Vater noch Sohn noch Heiliger Geist. In dem Innersten, wo niemand daheim ist, dort erst genügt es diesem Licht, und darin ist es innerlicher als in sich selbst. Denn dieser Grund ist eine einfaltige Stille, die in sich selbst unbeweglich ist; von dieser Unbeweglichkeit aber werden alle Dinge bewegt . . .«[33]

In diesem »Etwas«, das weder von Zeit noch von Raum berührt wird und das fern ist allen raum-zeit-gebundenen, geschaffenen Dingen, das im ewigen »Nun« so geartet ist, daß »si tota anima esset talis, tota esset increata et increabilis«, wie es in der Übersetzung der obigen Predigtstelle in der Bulle Johanns XXII., Appendix Art. 1, heißt – in diesem »Licht«, in dieser »obersten Vernunft« birgt der Mensch den göttlichen Funken in seiner Brust. Dieser Funke braucht nur zum Erglühen gebracht zu werden, auf daß sich das Leben des unendlichen göttlichen Vernunftseins in der Brust des Menschen entfaltet und sein ganzes Sein durchregt. Diese an sich mit dem göttlichen Intellekt einige »vernünfticheit«, die, wie Eckehart sagt, »gote alsô sippe ist, daz ez ein ist und niht vereinet«, ist aber nun in der Seelenkraft der menschlichen Vernunft an das geschöpfliche Sein der menschlichen Seele und damit auch an deren »Kerker«, den Leib, gebunden und hat als solche »ein zuosehen und ein zuohangen ze der zît, und dâ rüeret si geschaffenheit und ist geschaffen.[34] Nur weil das an sich ungeschaffene und unerschaffbare Erkennen als »oberste Vernunft« an das geschaffene Sein der Seele gebunden und als solches ein »esse concreatum« ist, ist es an die Kategorien Zeit und Raum, an das Hier und Nun und damit in die Geschaffenheit verstrickt. Der Seelenfunken liegt zunächst verdeckt und verschüttet unter den aufgetragenen Schichten des mit tausend Fasern in der Selbstsucht und in der Kreaturgebundenheit hängenden und gefangenen Ich. Wenn es dem Menschen aber gelingt, sich durch das mystische Sterben, durch das mystische »Entwerden« von der Bindung an die Zeit und den Raum, an den Kerker des eigenen Leibes, an die Ichsucht, an das »Mittel« und das »Warum« zweckgebundener Beziehungen zu den »Zufällen« der Kreaturen in ihrer zerstreuenden und hindernden »Mannigfaltigkeit« zu lösen, sich und die Welt zu »lassen« und das zu erreichen, was die Mystik mit ihrer eigenen sprachlichen Prägung als den Zustand der »Gelassenheit«, der »Abgeschiedenheit« bezeichnet, dann wird die oberste Vernunft, der göttliche Funke in der Tiefe des menschlichen Seelengrundes wieder »ledic und vrî und ungebunden«, dann erfährt die oberste Vernunft in ihrer »einicheit« und »glîcheit« mit dem göttlichen »intelligere« in der unio mystica den »învluz«, den »îndruc«, die »îngeberunge« des göttlichen Vernunftseins, es vollzieht sich die Geburt des Wortes oder des Sohnes in der Seele, und zwar »âne allen underscheit« genau so, wie diese Geburt im innertrinitarischen Prozeß im »ewigen Nun« geschieht. Soll also diese Geburt des Wortes in der Seele Ereignis werden, so gilt es zunächst, die den Seelengrund verdeckenden Schichten abzutragen.

Diese Geburt des Sohnes in der Seele ist das »innere Werk« und ist zugleich die Geburt des Gerechten aus der ewigen Gerechtigkeit. Sie vollzieht sich im innersten Kern des Menschen, in der stillen Wüste des Seelengrundes, im Tempel der Seele. Zu diesem »inneren Werk« aber muß der Tempel gesäubert sein von allen Käufern und Verkäufern, Feilschern und Maklern, d. h. von aller noch so versteckten Bindung an das selbstsüchtige und selbstgefällige Ich und von der Unzulänglichkeit und Hinfälligkeit bloß sinnlich-kreatürlichen Daseins. Abgeschiedenheit, Gelassenheit, Entwerdung lautet die sittliche Aufgabe des Menschen, »Stirb und werde!« fordert Eckeharts Imperativ. Leg' ab allen bloßen Schein, zerbrich die Schale, auf daß der Kern frei und fruchtbar werde, klebe nicht am selbstgefälligen Werk und an der »bezeichenunge«. Denn alles dies ist Teufelsspott. Solange du deine Werke wirkst um des Werkes willen, um Gut, Ehre, bequemes Leben, Lust, Innerlichkeit, Heiligkeit, Lohn oder Himmelreich, solange ist dein Tempel ein lärmender Jahrmarkt, voll von Händlern und Kaufleuten, die mit dem ewigen Gott ihr ichsüchtiges Kaufgeschäft betreiben wollen. Er aber ist für solche Krämer nicht zu Hause, er schweigt im Tempel, denn die Seele hat laute, fremde Gäste.[35] Er ist ein Gott der Ewigkeit. Du aber bist mit deinem selbstgefälligen Werk gebunden an Zeit und Ort, Zweck und Absicht, so wie die eheliche Frucht, die zeitgebunden ihre neun Monate zur Reife braucht. Du schaust

»mit eigenschaft« auf die Weise deines Werkes und suchst und willst etwas mit ihm: dich selbst und deinen Lohn. Du gibst nur vor, Gott zu suchen; in Wahrheit machst du aus Gott eine Kerze, mit der du etwas anderes suchst, und hast du es gefunden, so wirfst du die Kerze hinweg.[36] Du erniedrigst den unendlichen Gott zur melken Kuh, die man um der Milch und des Käses, um des eigenen Profits willen schätzt. »Isti faciunt capram de Deo, pascunt eum foliis verborum. Item faciunt Deum histrionem, dant sibi veteres et viles vestes suas«. (»Diese machen aus Gott eine Ziege, füttern ihn mit Wort-Blättern. Ebenso machen sie aus Gott einen Schauspieler, geben ihm ihre alten und schlechten Kleider.«)[37] Du tust so wie jene, die, wenn es ihnen gut geht, »Gott loben und ihm wohl vertrauen, wie denn etliche sagen: ‚Ich habe zehn Malter Korn und ebenso viel Wein in diesem Jahre, ich vertraue fest auf Gott!' Ganz recht, sage ich, du hast volles Vertrauen – zu dem Korn und dem Wein!«[38] Du marktest mit deinem Gott, gibst und wirkst, auf daß er dir das Tausendfache wiedergebe; dies Geben ist eher ein Heischen zu nennen.[39] Bei Gott! Solange du deine Werke wirkst aus äußerem Antrieb, um des Himmelreiches oder um Gottes oder um deiner ewigen Seligkeit willen, so ist es wahrlich nichts Rechtes mit dir. Man mag dich wohl leiden, aber es ist das Beste nicht. Denn, wahrlich, wer glaubt, Gottes mehr zu erlangen in Innerlichkeit, in Andacht und süßer Verzückung als bei dem Herdfeuer oder in dem Stalle, der tut wie einer, der seinen Gott nähme, ihm einen Mantel um das Haupt wände und ihn dann unter eine Bank schöbe.[40]

Eckehart wird nicht müde, die geheimsten Bindungen des menschlichen Tuns und Lassens, die verstecktesten Regungen der Ichsucht, der Absichtlichkeit und »Meinung« aufzudecken, das verzückte Schielen nach Dank und Gegengabe zu brandmarken. Sie verkaufen den Herrn wie Judas, und wenn sie ihren Lohn dahin haben, kümmern sie sich um ihren Gott nicht mehr.[41] Alles, was sich vermittelnd zwischen das innerste Ich und den stillen Grund der göttlichen Wüste drängt, verhindert ihrer beider Einswerdung. Und das gilt nicht nur von jenen Bindungen des Wollens und des Strebens, sondern auch von denen des Denkens, Vorstellens, Glaubens, Wähnens und Hoffens. Jedwede »Einbildung« von »Bildern« und

Vorstellungen, jedes Haften am äußeren Zeichen und genießende Schauen hindert dich am Erfassen des ganzen Gottes, sei es nun, daß du am äußeren Zeichen des Sakraments klebst oder in Lust Visionen des Menschen Christus genießt. Nein, der Tempel muß ledig und frei sein, wie das Auge frei und leer sein muß von allen Farben, soll es Farbe sehen.[42] Alle jene Bilder und Vorstellungen aber sind der Balken in deinem Auge. Drum wirf sie hinaus, alle Heiligen und Unsere Frau aus deiner Seele, denn sie alle sind Kreaturen und hindern dich an deinem großen Gott.[43] Ja, selbst deines gedachten Gottes sollst du quitt werden, aller deiner doch so unzulänglichen Gedanken und Vorstellungen über ihn wie: Gott ist gut, ist weise, ist gerecht, ist unendlich: Gott ist nicht gut, ich bin besser als Gott; Gott ist nicht weise, ich bin weiser als er, und Gott ein Sein zu nennen, ist so unsinnig, wie wenn ich die Sonne bleich oder schwarz nennen wollte.[44] Alles, was du da über deinen Gott denkst und sagst, das bist du mehr selber als er, du lästerst ihn, denn, was er wirklich ist, vermögen alle jene weisen Meister in Paris nicht zu sagen.[45] Hätte ich auch einen Gott, den ich zu begreifen vermöchte, so wollte ich ihn niemals als meinen Gott erkennen.[46] Drum schweig und klaffe nicht über ihn,[47], behänge ihn nicht mit den Kleidern der Attribute und Eigenschaften, sondern nimm ihn »ohne Eigenschaft«, als er »ein überseiendes Sein und eine überseiende Nichtheit«[48] ist in seinem »Kleidhaus«,[49] in der stillen »Wüste« seiner Gottheit namenlos.[50] In diesen göttlichen Abgrund aber führt nichts als geistige Armut, und in der Verkündung dieser paupertas spiritus erhebt sich die Ethik Eckeharts zum schlechthin Steilsten, Kühnsten und unübersteigbar Höchsten. Hier reichen sich der Metaphysiker und der Ethiker, der »Lese-« und der »Lebemeister« die Hand; hier liegt der Quell- und Angelpunkt seiner mystischen Spekulation wie seiner Lebenslehre.

Was heißt arm sein im Geiste? Gibt es da Leute, die sich dafür halten, wenn sie ein Leben der Askese und äußeren Frömmigkeitsübung führen. Sie sind nicht gerade schlecht daran, denn ihre Absicht ist gut; schenke ihnen denn der Herr in seiner Barmherzigkeit den Himmel. Aber daß man solche Menschen für groß erachtet, das erbarme Gott! In Wahrheit sind sie Esel, die nichts davon verstehen und keinen Hauch der wahren geistigen Armut verspürt haben. Geistig arm vielmehr ist der, der nichts will, nichts weiß und nichts hat und alles das so radikal, daß er nicht einmal so viel will, daß er den Willen Gottes erfüllen will; daß er nicht einmal weiß, daß Gott in ihm wirkt; daß er nicht einmal eine Stätte habe in sich, in der Gott wirken könnte; mit anderen Worten: mystisch arm ist der, der so ist, wie er war, da er noch nicht war.[51] »Als ich in meiner ersten Ursache stand, da hatte ich keinen Gott, und da war ich Ursache meiner selbst. Ich wollte nichts, ich begehrte nichts, denn ich war ein lediges Sein und ein Erkenner meiner selbst im Genuß der Wahrheit. Da wollte ich mich selbst und wollte nichts sonst; was ich wollte, das war ich, und was ich war, das wollte ich, und hier stand ich Gottes und aller Dinge ledig ... Darum bitte ich Gott, daß er mich Gottes quitt mache; denn mein wesentliches Sein ist oberhalb von Gott, sofern wir Gott als Beginn der Kreaturen fassen. In jenem Sein Gottes nämlich, wo Gott über allem Sein und über aller Unterschiedenheit ist, dort war ich selber, da wollte ich mich selber und erkannte mich selber (willens), diesen Menschen (= mich) zu schaffen. Und darum bin ich Ursache meiner selbst meinem Sein nach, das ewig ist ... In meiner (ewigen) Geburt wurden alle Dinge geboren, und ich war Ursache meiner selbst und aller Dinge; und hätte ich gewollt, so wäre weder ich noch wären alle Dinge; wäre aber ich nicht, so wäre auch ‚Gott' nicht: daß Gott ‚Gott' ist, dafür bin ich die Ursache; wäre ich nicht, so wäre Gott nicht ‚Gott'. Dies zu wissen ist nicht not«,[52] fügt der Meister zur Entspannung seiner erschreckt staunenden Hörer hinzu. Mit dieser rechten geistigen Armut schwingt sich der Mensch in sein wahres Wesen zurück, das er ewig gewesen ist und das er ewig bleiben wird. Und wenn ihm dies gelingt, daß er auf seinem Rückgang aus der Ich- und Kreaturgebundenheit durch sein eigenes innerstes ewiges Wesen bei seinem Gott nicht stehen bleibt, sondern auch durch ihn hindurchbricht in das ureine, ewige, göttliche Vernunftsein, in dem die obersten Engel und die Seelen und die Fliegen und Mücken eins sind, dann ist dieser Durchbruch und Rückfluß edler als des Menschen Ausgang in der Schöpfung.[53] Denn hier entsinkt er seinem kleinen und beschränkten Ich, hier stirbt der Konrad und Heinrich,[54] um in der wüsten Gottheit begraben zu werden.[55]

Auf dieses »Stirb!« aber folgt ein machtvolles »Werde!«; dem Tode des alten antwortet die Wiedergeburt des neuen Menschen, des neuen Adam. Der Mensch hat den innersten Adelskern seines wahren Wesens freigelegt und hat in seinem tiefsten Seelengrunde den Einfluß des göttlichen Wesensgrundes erfahren; denn, so wie die Sonne die Luft erleuchten muß, wenn sie frei von Wolken ist,[56] so wie der Stein die Neigung zum Fall nie verlieren kann,[57] wie ein ins Wasser fallender Stein Wellenkreise ziehen muß bis ins Unendliche,[58] so muß der göttliche Seinsgrund sich dem menschlichen vermählen, wenn dieser weit und frei entblößt daliegt: »wie wenn einer ein Roß laufen läßt auf einer grünen Heide, die völlig eben und gleich wäre; des Rosses Natur wäre es, daß es sich im Springen auf der Heide mit aller seiner Kraft gänzlich ausgösse«,[59] so auch ergießt sich das Göttliche in den Grund der Seele, wenn sie sich im reinen Adel ihres gottförmigen Seins weit und frei entdeckt. Denn Gleiches zieht Gleiches an[60]; hier aber sind Gottes Grund und mein Grund völlig eins,[61] und in diesem einigen Grund gebiert nun der Vater seinen Sohn, ja gebiert er mich als seinen Sohn, gebiert sich mich und mich sich, auf daß auch ich Vater werde und den gebäre, von dem ich ewig geboren wurde.[62] Aus dem Schoße der unendlichen und ewigen Gerechtigkeit werde ich als der Gerechte gezeugt und bleibe doch eines Seins mit der ewigen Gerechtigkeit: »daz ist ein gereht mensche, der in die gerehtikeit îngebildet und übergebildet ist. Der gerehte lebet in gote unde got in ime, wan got wirt geborn in dem gerehten unde der gerehte in gote . . .«[63]

Diesen Gerechten als den Wiedergeborenen in seinem ganzen Sein und Tun zu bestimmen und vorzuführen, ist das leidenschaftliche Bemühen unseres Meisters. Dieser Gerechte steht zunächst so fest auf dem Grunde der Gerechtigkeit, daß, wenn Gott nicht gerecht wäre, er nicht eine Bohne um diesen Gott gäbe; ja, stünde die Hölle am Wege der Gerechtigkeit, er führe freudig hinein.[64] »iustus iustitiae serviens plus eam amat quam se ipsum, ut si iustum portaret in se infernum vel diabolum, ipsum amaret, ipsi saperet, ipsum delectaret; et e contrario: si iniustum portaret secum paradisum, deum ipsum, ipsi non saperet.« (»Der Gerechte, der der Gerechtigkeit dient, liebt sie mehr als sich selbst, so daß, wenn das Gerechte die Hölle oder den Teufel in sich trüge, er es lieben, es ihm schmekken, es ihn erfreuen würde, und anderseits: wenn das Ungerechte das Paradies mit sich führte, ja, Gott selbst, so würde es ihm nicht schmecken.«)[65] Dieser Gerechte steht in der vollkommenen inneren Freiheit seines Adels; er ist nicht Knecht, sondern Sohn. »Ich habe euch nicht Knechte geheißen, sondern meine Freunde.«[66] Der Knecht kennt den Willen seines Herrn nicht,[67] denn zwischen Herrn und Knecht gibt es keinen Frieden, gibt es keine Freundschaft (»Inter servum et dominum non est amicitia, ut ait philosophus«[68]), da nur zwischen Gleichen Freundschaft möglich ist.[69] Der Gerechte aber ist nicht nur gleich, sondern völlig eins mit dem eingeborenen Sohn des Vaters, ja mit dem Vater und dem göttlichen Grunde selbst. Er braucht Gott um nichts zu bitten, er kann ihm vielmehr gebieten, denn er ist Gottes so gewaltig wie Gott seiner selbst gewaltig ist.[70] »Was irgend etwas vom andern begehrt, das ist ‚Knecht', und was da lohnt, das ist ‚Herr'. Ich dachte neulich darüber nach, ob ich von Gott etwas nehmen oder begehren wollte. Ich will es mir sehr wohl überlegen, denn wenn ich von Gott (etwas) nehmen würde, so wäre ich unter Gott wie ein Knecht und er im Geben wie ein Herr.«[71] Der Gerechte aber ist so gleich und eins mit Gott wie das Bild und das Urbild, die nicht zu unterscheiden und zu trennen sind: »Gott selber zum Trotz, den Engeln zum Trotz, den Seelen und allen Kreaturen zum Trotz (sage ich), daß sie die Seele, wo sie Bild Gottes ist, (von Gott) nicht zu trennen vermöchten!«[72] Und »Trutz Gott, ... Ich will Gott niemals dafür danken, daß er mich liebt, denn er kann's gar nicht lassen, ob er wolle oder nicht: seine Natur zwingt ihn dazu«.[73] So wie sich hier auf dem tiefsten Grunde der Demut im Gerechten ein titanischer Adelsstolz erhebt, so hat dieser Vollkommene alle Furcht überwunden, wenn er vor seinem Gotte steht. Denn die Furcht, die Schusterahle, bahnt zwar den Weg, aber nicht sie, sondern die nachfolgende Freundschaft und Liebe verbindet den Gerechten mit Gott, so wie erst der hinter der Ahle folgende Draht den Schuh bindet.[74] So radikal ist bei Eckehart das Knechtschaftsverhältnis von Mensch und Gott in der völligen

Einheit beider überwunden, daß er sagen kann: jede kleinste Regung, jedes kleinste Werk dieses Gerechten läßt einen Freudeschauer durch das Göttliche rieseln, so daß in seinem Grunde nichts bleibt, das nicht von Freude durchkitzelt werde.[75]

Wie aber steht dieser gottgeeinte Gerechte zum Leben? Scheint es doch, als tauge dieses leere Gefäß, das nichts will, nichts hat und nichts weiß in geistiger Armut, nur dazu, öde und tatenlos in die stille Wüste des Unendlichen zu starren. Doch nein, das ist es, was dieser Mystik Eckeharts den unverkennbaren Stempel des abendländischen Weltgefühls aufprägt, den Stempel unendlicher Werde- und Tatenlust, daß für Eckehart die ewige Ruh' in Gott dem Herrn nicht anders denk- und vorstellbar ist denn als ewiges Drängen und Werden. Die stille Wüste des unendlichen göttlichen Vernunftseins ist für das vitale Denken Eckeharts ein unendlich energiegefülltes Geschehen, das »wie ein aus sich selbst rollendes Rad seine Bewegung im Umschwung immerfort in die Ruhe zurücknimmt«,[76] sie ist für ihn vergleichbar einem unendlichen feurig flüssigen Erzfluß, der kochend sich selbst beständig mit sich selbst durchdringt, bevor er ausfließt in das geschöpfliche Sein: »Tertio notandum quod bis ait: *sum qui sum* puritatem affirmationis excluso omni negativo ab ipso deo indicat. Rursus ipsius esse quandam in se ipsum et super se ipsum reflexivam conversionem et in se ipso mansionem sive fixionem; adhuc autem quandam bullitionem sive parturitionem sui in se fervens, et in se ipso et in se ipsum liquescens et bulliens. Lux in luce et in lucem se toto se totum penetrans, et se toto super se totum conversum et reflexum undique, secundum illud sapientis: ‚monas monadem gignit vel genuit et in se ipsum reflexit amorem sive ardorem'. Propter hoc Ioh. I dicitur: ‚in ipso vita erat'. Vita enim quandam dicit exseritionem, qua res in se ipsa intumescens se profundit primo in se toto, quolibet sui quodlibet sui, antequam effundat et ebulliat extra«. (»Zum dritten ist zu bemerken, daß, wenn er zweimal sagt: ‚Ich bin, der ich bin', er die Reinheit der Bejahung unter Ausschluß alles Negativen von Gott selbst anzeigt, weiterhin sein Sein als eine gewisse auf sich selbst und über sich selbst zurückgebogene Hinwendung und ein In-sich-selbst-Ruhen und Feststehen, überdies aber ein gewisses Kochen oder Sich-selbst-Gebären, das in sich glüht und in sich selbst und über sich selbst verfließt und kocht, ein Licht, das im Licht und in's Licht mit sich ganz sich ganz durchdringt und das mit sich ganz über sich ganz überall gewandt und zurückgebogen ist gemäß jenem Wort eines Weisen: ‚Die Monade erzeugt oder erzeugte eine andere Monade und wandte auf sich selbst die Liebe oder Glut zurück'. Deshalb heißt es bei Johannes 1: ‚In ihm war das Leben'. Das Leben besagt nämlich ein Ausströmen, bei dem etwas in sich selbst schwellend sich zunächst in sich selbst ergießt mit jedem Teil seiner selbst in jeden Teil seiner selbst, bevor es sich ausgießt und überkocht nach draußen.«)[77]

Diese unendlichen Energien aber sind auch im Gerechten wirksam, da er ja doch in den Rhythmus der unendlich bewegten Gottesevolution eingeschwungen ist: »Ich habe schon manchmal gesagt, Gott erschaffe diese ganze Welt voll und ganz in diesem Nun. Alles, was Gott je vor sechstausend und mehr Jahren erschuf, als er die Welt machte, das erschafft Gott jetzt allzumal. Gott ist in allen Dingen; aber soweit Gott göttlich und soweit Gott vernünftig ist, ist Gott nirgends so eigentlich wie in der Seele und in den Engeln, wenn du willst: im Innersten der Seele und im Höchsten der Seele. Und wenn ich sage ‚das Innerste', so meine ich das Höchste; und wenn ich sage ‚das Höchste', so meine ich das Innerste der Seele. Im Innersten und im Höchsten der Seele: ich meine sie dort beide als in Einem. Dort, wo niemals Zeit eindrang, niemals ein Bild hineinleuchtete: im Innersten und im Höchsten der Seele erschafft Gott die ganze Welt. Alles, was Gott erschuf vor sechstausend Jahren, und alles, was Gott noch nach tausend Jahren erschaffen wird, wenn die Welt noch so lange besteht, das erschafft Gott im Innersten und im Höchsten der Seele. Alles, was vergangen ist, und alles, was gegenwärtig ist, alles, was zukünftig ist, das erschafft Gott im Innersten der Seele. Alles, was Gott in allen Heiligen wirkt, das wirkt Gott im Innersten der Seele. Der Vater gebiert seinen Sohn im Innersten der Seele und gebiert dich mit seinem eingeborenen Sohne als nicht geringer. Soll ich Sohn sein, so muß ich in demselben Sein Sohn sein, in dem er Sohn ist, und in keinem andern.«[78] Dieser Gerechte, der über die Kategorien Ort und Zeit erhaben ist, wirkt im Nu der Ewigkeit mit Gott die Werke, die er vor tausend Jahren wirkte, die er jetzt in diesem Augenblick wirkt und die er nach tausend Jahren wirken wird, denn in der Ewigkeit gibt es kein Vor und Nach: »Manche Menschen fragen, wieso der Mensch die Werke wirken könne, die Gott vor tausend Jahren gewirkt hat und nach tausend Jahren wirken wird, und verstehen's nicht. In der Ewigkeit gibt es kein Vor und Nach. Darum, was vor tausend Jahren geschehen ist und nach tausend Jahren geschehen wird und jetzt geschieht, das ist *eins* in der Ewigkeit. Darum, was Gott vor tausend Jahren getan und geschaffen hat und nach tausend Jahren tun wird und was er jetzt tut, das ist nichts als *ein* Werk. Darum wirkt der Mensch, der über die Zeit erhoben ist in die Ewigkeit, mit Gott, was Gott vor tausend und nach tausend Jahren gewirkt hat. Auch dies ist für weise Leute eine Sache des Wissens und für grobsinnige eine Sache des Glaubens.«[79] Man kann allen jenen Erscheinungen, die die Mystik im ganzen in Mißkredit gebracht haben, nicht skeptischer, nicht ablehnender begegnen, als es der Meister tut: jenen tränen- und rührseligen Verzückungen, dem schmeckenden Genießen frömmelnder Gefühle und entzückender Gesichte und Visionen. Wollen doch diese Menschen in ihrer Gefallsucht nichts anderes hören, als daß *sie* dem Herrn die Liebsten sind und an welchen Fehlern ihr lieber Mitmensch krankt.[80]

Nein! Eckeharts Mystik hat nichts mit beschaulichem Quietismus zu tun, sie kennt keine Wundersucht, keine ekstatischen Zustände und kein religiöses Genießertum. Das Innewerden des Gottes in der eigenen Brust, das lebensvolle »Ausquellen« und »Fließen« der »übervollen Fülle Gottes«[81] im Seelengrunde als Frucht der Geburt des Wortes ist nicht nur wenigen Auserwählten und mit ekstatischer Schau Begnadeten und Begabten, sondern jedem Sterblichen erfahrbar: »Und darum sage ich abermals, wie ich vorhin schon sagte: Kein Mensch hier ist so grobsinnig, so verständnislos und so untüchtig dazu, vermag er nur seinen Willen durch die Gnade Gottes lauterlich und ganz mit dem Willen Gottes zu vereinen, so braucht er in seinem Verlangen nur zu sprechen: ‚Herr weise mir deinen liebsten Willen, und stärke mich, den zu tun!‘, und Gott *tut* es so gewiß, wie er lebt, und Gott gibt ihm in ebenso reichlicher Fülle in jeder Weise vollkommen, wie er's nur irgend diesem Weibe gab. Seht, dies kann der Grobsinnigste und der Geringste unter euch allen von Gott empfangen, noch ehe er heute aus dieser Kirche kommt, ja, noch ehe ich heute zu Ende predige, in voller Wahrheit und so gewiß, wie Gott lebt und ich Mensch bin! Und darum sage ich: ,Erschrecket nicht! diese Freude ist euch nicht fern, wollt ihr sie nur verständig suchen.«[82] Der Gerechte ist gewiß ein Ausnahmemensch, und Eckehart gäbe freudig ein Münster voll Goldes und Edelgesteins für ein Huhn, das dieser Gerechte verzehrte.[83] »Wisset, daß das Königreich sich selig preisen kann, in dem dieser Menschen einer lebt; denn sie schaffen in einem Augenblick mehr ewigen Nutzens als alle äußeren Werke.«[84] Aber dieser Gerechte ist deshalb doch kein Übermensch; er ist ein Mensch wie alle Menschen, gebunden an ein sinnenhaft-leibliches Dasein. Auch ihm wird ein schmerzend schriller Ton niemals zum Ohrenschmaus eines süßen Saitenspiels,[85] auch er wird angefallen und bewegt von den Wechselfällen des Lebens; aber er steht fest, es wirft ihn nicht mehr aus der Bahn.

Diese innere Freiheit und innere Festigkeit aber ist kein Gnadengeschenk von oben, sie ist der Siegespreis eines harten Kampfes mit sich selbst um die völlige Gelassenheit. Jenen, die sich bequem auf ein Faulbett legen, indem sie sagen: Ich will einen guten Willen haben und ein guter Mensch sein, im übrigen aber meine Ruhe haben, denen ruft Eckehart zu: Euch wird nichts![86] »Man soll *laufen* in den Frieden, man soll nicht *anfangen* im Frieden,[87] d. h. die innere Ruhe und Ausgeglichenheit kann nur das Ergebnis eines beständigen Ringens bis zur völligen Selbstbeherrschung sein, so wie die Beherrschung einer Kunst, der Kunst des Schreibens oder Geigenspiels etwa, die schließlich wie von selbst und ohne bewußt gedächtnismäßige Kontrolle vom Künstler ausgeführt wird, nur die Frucht sauren und fleißigen Übens sein kann.[88] »Ein Gesinde lobte die Gewalt und den Reichtum seines Herrn. Der Herr aber sprach: ,Wahrlich, sie haben mich nicht gelobt, denn sie haben das Größte, um dessentwillen ich zu loben bin, vergessen, dies nämlich, daß ich die Gewalt habe, meinem Körper zu gebieten, was ich will'.«[89] Es lebt ein freudiger Kampfeswille in diesem Eckehart, in dessen Adern

Ritterblut floß: »Es ist ein Zeichen, daß der König oder ein Fürst einem Ritter wohl vertraut, wenn er ihn in den Kampf sendet«, so sagt der Meister und fügt hinzu: »Ich habe einen Herrn gesehen, der bisweilen, wenn er jemand in sein Gesinde aufgenommen hatte, diesen bei Nacht aussandte und ihn dann selbst anritt und mit ihm focht. Und es geschah einst, daß er beinahe getötet ward von einem, den er auf solche Weise erproben wollte; und diesen Knecht hatte er danach viel lieber als vorher.«[90]

Dieser Kampf und dieses Ringen um die innere Freiheit aber ist für Eckehart wiederum nicht ein Außergewöhnliches, und er ist insbesondere nicht an eine bestimmte und ausschließliche Weise gebunden: »Eines schickt sich nicht für alle«, es gibt der Weisen viele, die zur Vollkommenheit führen, und »nicht alle Menschen können nur einem Wege folgen.«[91] Denn die Menschen sind nun einmal verschieden, und »was oft des einen Leben ist, ist des andern Tod.«[92] Gott aber, der nicht ein Zerstörer, sondern ein Vollender der Natur ist,[93] will, daß einem jeden sein Rock nach eigenem Maß geschnitten werde, und so kommt es, daß der Rock, der dem einen paßt, dem andern ganz und gar nicht sitzt.[94] Was den neuen Menschen, den Gerechten kennzeichnet, ist nicht die äußere Weise, sondern die innere Haltung, die Gesinnung, die durch ausdauerndste Übung errungene innere Zucht und Ordnung, die durch kein Chaos mehr zerstreut und zerstört werden kann. Dieser recht gerichtete neue Adam kennt die innere Unsicherheit und Bedenklichkeit des Ungeübten nicht mehr: »Wan wolte ein mâler aller striche gedenken an dem êrsten striche, den er strîchet, dâ enwürde niht ûz. Solte einer an eine stat gân unde gedêhte, wie er den êrsten fuoz saste, dâ enwürde aber niht ûz. Dar umbe sol man dem êrsten volgen und gân alsô für sich hin, sô kumt man dâ hin, dar man sol, unt dem ist reht.«[95] Unbeirrbar ist sich der Gerechte des rechten Weges wohl bewußt, niemand wird ihn irre machen und behindern können: »Ich spriche, daz ein guoter mensche niht lîhte gehindert mac werden. Ergert er sich aber von dekeinen dingen, sô enist er niht vollekomen.«[96] Er setzt aus der unverrückbaren, sicheren Festigkeit seines innersten Richtpunktes an, und sein Tun und Lassen kann nicht anders als gerecht werden, so wie die Kreislinie gut werden muß, wenn der Zirkel fest seinen Drehpunkt innehält.[97] Die Gelassenheit dieses Gerechten ruht auf dem Grunde der Diszipliniertheit und Ordnung seiner inneren Struktur und seines Kräftespiels. So wie in einem Heer der Knecht unter den Ritter, der Ritter unter den Grafen und der Graf unter den Herzog geordnet stehen muß, wenn das Ganze Frieden haben will,[98] so auch sind die Kräfte der gerechten Seele organisch geordnet zu fruchtbarem Zusammenwirken: die unteren vegetativen und animalischen und Sinnenkräfte unter die oberen und diese unter die obersten Kräfte, Wille und Vernunft. Das Ganze aber ist beherrscht und regiert durch das Haupt, den Gipfel der Seele, jenes oberste und tiefste Namenlose, das Eckehart bildlich die Burg, den Funken, den Grund, den Wirbel oder auch die oberste Vernunft nennt. Mit diesem obersten Wipfel seines Seins aber ragt der Gerechte hinein in das unendliche göttliche Sein. Und wenn hier das Wort, der Sohn geboren wird, so ist diese Geburt, dieses innere Werk eine gewaltige Kraftquelle, die die untereinander geschichteten Seelenkräfte bis in die unterste durchstrahlt, so wie die Kraft eines Magneten noch die unterste an ihm hängende Nadel erfaßt.[99] In der untersten Seinsregion des Gerechten aber bricht diese göttliche Kraft des *inneren* Werkes mit Naturnotwendigkeit aus ins *äußere* Werk. *Dies* Werk aber kann nun nur gerecht und wesentlich sein, weil es ein organischer Ausfluß aus dem *Gerechtsein* des Gerechten ist: »Got sprach: ‚wir machen!' Die meister sprechent: war umbe sprach got niht: wir tuon oder wir wirken? Tuon daz ist ein ûzwendic werc, dâ der inner mensche niht zuo kumt. Wirken kumt von dem ûzern menschen unde von dem inneren, aber daz innerste der sêle kumt niht dar zuo. Dâ man ein dinc machet, dâ muoz daz allerinnerste in die ûzwendikeit komen des menschen.«[100] Dieses aus dem innersten Gerechtsein kommende Werk ist immer groß, ist immer ein echtes »Gewerbe«, kein bloß äußeres Tun,[101] denn es fließt absichtslos und »ohne Warum« aus dem Grunde der Gerechtigkeit, so wie das Leben absichtslos aus seinem Grunde entquillt: »Wer das Leben fragte tausend Jahre lang: ‚Warum lebst du?' – könnte es antworten, es spräche nichts anderes als: ‚Ich lebe darum, *daß* ich lebe' . . . und »Wer nun einen wahrhaftigen Menschen, der aus seinem eigenen

Grunde wirkt, fragte: ‚Warum wirkst du deine Werke?‘ sollte er recht antworten, er spräche nichts anderes als: ‚Ich wirke darum, *daß* ich wirke‘«[102], und fragtest du diesen Menschen: »Warum lebst du?«, er würde antworten: »Traun, ich weiß es nicht, ich lebe gerne!«[103]

Diese Werke des Gerechten sind immer *lebendig*, weil ihr Rang allein durch die große adlige Gesinnung bestimmt ist und ihr Impuls nicht aus der toten Schicht des ichgebundenen zeitlichen Konrad oder Heinrich, sondern aus dem lebendigen innersten ewigen Kern des gottgeeinten wesentlichen Menschen stammt: »Und darum geh in deinen eigenen Grund und wirke dort; die Werke aber, die du dort wirkst, die sind alle lebendig. Und darum sagt er: ‚Der Gerechte lebt‘. Denn deshalb, weil er gerecht ist, darum wirkt er, und seine Werke *leben.*«[104] »Und so, wie der Sohn dem Sein nach eins ist mit dem Vater, so bist du dem Sein und der Natur nach eins mit ihm und hast es alles in dir, wie es der Vater in sich hat. Du hast es von Gott nicht zu Lehen, denn Gott ist dein Eigen, und so nimmst du alles, was du nimmst, in deinem Eigenen, und was du an Werken nicht in deinem Eigenen nimmst, die Werke sind alle tot vor Gott. Das sind die, zu denen du außerhalb deiner durch fremde Dinge bewegt wirst, denn *sie* kommen nicht aus dem Leben: darum sind sie tot, denn nur *das* Ding *lebt*, das Bewegung aus seinem Eigenen empfängt. Und so denn: sollen des Menschen Werke *leben*, so müssen sie aus seinem Eigenen genommen werden, nicht von fremden Dingen her noch außerhalb seiner, sondern in ihm.«[105] Der kategorische Imperativ ist diesem Gerechten zum Habitus unverlierbarer Tugend und Tüchtigkeit geworden, der sich wie von selbst in jedem kleinsten wie in jedem größten Werk, in jeder Weise und an jedem Ort mit gleichem Adel auswirkt. Als man Eckehart fragte, ob es das Beste wäre, sich von den Leuten in den Frieden der Kirche zurückzuziehen, antwortete er: Nein! Der Gerechte hat Gott an allen Stätten, in der Straße unter der Menge der Leute sowohl wie in der Kirche oder in der Einsamkeit der Zelle. Und so wie Gott keine Mannigfaltigkeit zerstreuen kann, so kann diesen Menschen nichts zerstreuen und zersplittern. Wem aber Gott nicht so innewohnt, und wer ihn außen, bald in dem und bald in jenem suchen muß, den mögen wohl die Leute hindern, aber den hindert nicht nur die böse Gesellschaft, sondern auch die gute, nicht nur die Straße, sondern auch die Kirche, nicht allein böse Worte und Werke, sondern auch gute, denn das Hindernis liegt in ihm selbst, weil Gott in ihm nicht alle Dinge geworden ist.[106] »Ganz so, wie wenn einer in ein reines Gefäß, das völlig lauter und rein wäre, reines Wasser gösse und es still hielte und dann ein Mensch sein Antlitz darüber beugte, so sähe er es am Boden ganz so, wie es an sich selbst ist. Das kommt daher, weil das Wasser lauter und rein und still ist. Ebenso ist es mit allen den Menschen, die da stehen in Freiheit und in Einheit in sich selbst. Und wenn sie Gott empfangen in Frieden und in der Ruhe, so sollen sie ihn auch empfangen in Unfrieden und in der Unruhe; dann ist es völlig recht. Fassen sie ihn aber weniger im Unfrieden und in der Unruhe als in der Ruhe und im Frieden, so ist das unrecht.«[107] »Daß ein Mensch ein ruhiges oder rastliches Leben in Gott hat, das ist gut; daß der Mensch ein mühevolles Leben mit Geduld erträgt, das ist besser; aber daß man Ruhe habe *im* mühevollen Leben, *das* ist das Allerbeste. Ein Mensch gehe übers Feld und spreche sein Gebet und erkenne Gott, oder er sei in der Kirche und erkenne Gott: erkennt er *darum* Gott mehr, weil er an einer ruhigen Stätte weilt, so kommt das von seiner Unzulänglichkeit her, nicht aber von Gottes wegen; denn Gott ist gleicherweise in allen Dingen und an allen Stätten ...«[108], er ist im Stalle und am Herdfeuer wie in der Kirche. Wer eine Quelle durch seinen Garten leiten will, der fragt nicht danach, ob die Rinnen oder Röhren aus Eisen, Holz oder Stein sind, auf das Wasser allein hat er es abgesehen.[109]

So auch leuchtet das Göttliche im Gleichmut des Gerechten aus *jedem* seiner Werke, aus dem weltlichsten wie aus dem frömmsten: »Und da ist wol ein werck anders, dan das ander; aber der sine werck tåtte uss einem glichen gemůt, in der warheit, des werck werend och alle glich, und dem rechte were, in der warheit, dem lůchtett got als bloss in dem weltlichen, als in dem aller gỏtlichsten, dem got also wer worden.«[110] Ja, das Göttliche offenbart sich auch dann, wenn der Mensch, vom inneren Werk gefangen, das äußere gegen das kirchliche Gebot unterläßt: »Wenn der Mensch sich wohl geordnet findet zu echter Innerlichkeit, so lasse er kühnlich ab von allem äußeren Wirken, und sollten es selbst solche Werke sein, zu denen du dich mit Gelübden verbunden hättest, von denen dich selbst kein Papst und kein Bischof entbinden könnte.«[111] Findest du, daß dein Gelübde dich hindert und daß es dich näher in Gott führt, wenn du davon befreit bist, so laß kühnlich ab davon, denn jedes Werk, das dich Gott näher bringt, das ist das allerbeste.[112] »und darum mit allem recht und urteile mögen die wol essen, die als recht bereit weren zů dem vasten.«[113]

Und so verliert für die Sicht Meister Eckeharts selbst die Sünde, und noch die schwerste, ihren rein negativen Aspekt, ja sie enthält für den Gerechten ein durchaus positives Element: »In jedem Werk, auch im bösen ... offenbart sich und erstrahlt gleichermaßen Gottes Herrlichkeit«, so lautet der vierte Satz der Verurteilungsbulle, der aus Eckeharts Johanneskommentar entnommen wurde.[114] Für den Metaphysiker Eckehart ist die Sünde ein reines Nichts, der Abfall vom Sein, vom Einen in die Mannigfaltigkeit, in die Zahl. Trotzdem hat das Böse eine metaphysische Realität; es ist da, wir haben mit ihm zu kämpfen. Und darum ist es für den Ethiker die gottgewollte Folie, auf der das Sein steht, ist es die Finsternis, in der das Licht erst seine Leuchtkraft bewähren kann: »Und darum, da Gott in gewisser Weise will, daß ich auch Sünde getan habe, so wollte ich nicht, daß ich sie nicht getan hätte«.[115] Ja: »Gott vergibt lieber große Sünden als kleine, und je größer sie sind, um so lieber und schneller vergibt er sie.«[116] Die Neigung aber zur Sünde ist für Eckehart geradezu ein unentbehrlicher Faktor menschlichen Daseins, dessen eigentlicher Sinn sich erst im siegreichen Kampf gegen das Schlechte und Gemeine erfüllt: wenn der Gerechte zu wünschen hätte, der würde niemals wünschen wollen, »daß ihm die Neigung zur Sünde verginge, denn ohne die stünde der Mensch unsicher in allen Dingen ... der Ehre des Kampfes, des Sieges und des Lohnes ermangelnd« ... denn Tugend und Untugend liegen allein im Willen.[117]

Und so sind sie denn schwer zu erkennen, diese Gerechten und Vollkommenen Meister Eckeharts: wenn es ihnen Bedürfnis ist, so essen sie, während andere Leute fasten; sie schlafen, wenn andere wachen; sie schweigen, wenn andere beten: kurz gesagt, alle ihre Worte und Werke sind von der Menge unbegriffen,[118] denn diese Gerechten wissen, daß alle diejenigen, die viel fasten und wachen und große Werke verrichten, ohne dabei ihre Fehler und ihren Lebenswandel zu bessern, sich selber betrügen und des Teufels Spott sind.[119] An einem aber sind diese Gerechten für jedermann untrüglich zu erkennen: an ihrem Verhalten zum Nächsten, zur Gemeinschaft. Niemals entziehen sie sich der sozial-ethischen Pflicht und Tat. Denn so, wie ein solcher Gerechter in der Wiedergeburt das kleine ichbefangene Menschenindividuum Konrad und Heinrich abgelegt und mit dem Logos-Christus die ganze Menschheit, die umfassende Menschennatur angenommen hat, so kann man füglich sagen: dieser Mensch ist alle Menschen; er hat die Schranken des Ich und der Selbstgenügsamkeit durchbrochen, er kennt die Eigensucht, das Kernlaster dieser Welt, nicht mehr; die Ehre seines Nächsten, seine Freuden und seine Nöte sind seine eigenen.[120] »Wenn du hundert Mark bei dir mehr liebst als bei einem andern, so ist das unrecht«, wenngleich »es viele gelehrte Leute gibt, die das nicht begreifen.«[121] Und wenn die Leute sagen: »Ich habe meinen Freund, von dem mir Gutes geschieht, lieber als einen andern Menschen«, so ist das zwar natürlich und nicht eben zu verwerfen, denn »manche Leute fahren übers Meer mit halbem Winde und kommen auch hinüber«,[122] aber vollkommen ist das nicht. Und vollkommen sind die wahrlich nicht, die einen armen Freund verleugnen und ihn abtun mit »Behüt' dich Gott!«, den aber, der Geld und Geltung hat, laut bezeugen mit »Du bist mein Verwandter!«[123] Vollkommen vielmehr ist der Gerechte, der, wenn er von einem siechen Menschen hört, der eines Süppleins von ihm bedürfte, mitten aus seiner inneren Sammlung und Versunkenheit, und wäre sie so groß wie St. Pauls Verzückung, auffährt und hineilt, dem Bedürftigen helfend zu dienen.[124] So wie ein jedes Glied zunächst dem ganzen Körper und dann jedem einzelnen seiner Mit-Glieder wie sich selbst dient, so auch dient der Gerechte der Gemeinschaft. »Oculus non plus sibi videt quam pedi, sed sibi et singulis partibus aequaliter.«[125] (»Das Auge sieht nicht mehr für sich als für den Fuß, sondern gleichmäßig für sich und die einzelnen [Körper-]Teile.«) »Seht, die Natur verfolgt bei jedem Glied zweierlei Zwecke damit, daß es am Menschen wirkt. Der erste Zweck, den es in seinen Werken verfolgt, ist, dem Leibe insgesamt zu dienen und danach einem jeglichen Gliede gesondert wie sich selbst und nicht weniger als sich selbst, und es hat sich selbst in seinen Werken nicht mehr im Auge als ein anderes Glied ... Das erste Absehen deiner Liebe soll rein auf Gott und danach auf deinen Nächsten wie auf dich selbst und nicht minder als auf dich selbst gerichtet sein. Liebst du aber die Seligkeit in dir mehr als in einem andern, so liebst du dich selbst, und wo du dich liebst, da ist nicht Gott deine reine Liebe, und das ist unrecht.«[126] Gut und ein nützliches Glied ist nur das, was »sich gemeinet«, und in dieser Sicht kann ein Einsiedler nicht gut genannt werden, da er nicht »gemeine« und den Leuten nicht nütze ist.[127]

Und wenn nun Meister Eckehart seiner Weisheit letzten Schluß ziehen soll, wenn er sagen soll, wie er es denn im Tiefsten, Höchsten und Eigentlichsten meine mit seiner Lehre vom abgeschiedenen Gerechten, dann greift er zum Evangelium von Maria und Martha, um ihm eine ganz eigene Deutung zu geben.[128] Wenn er manche seiner kühnen Äußerungen in seinen Predigten begleitet mit ausdrücklicher Betonung seiner Abweichung von der Lehre oder Lehrmeinung der Meister, wenn er gelegentlich mit deutlich stolzem Selbstbewußtsein sogar betont: »dies ist wider alle die Meister, die jetzt leben!«,[129] so hätte er bei seiner völlig eigenwilligen Auslegung des Evangeliums von Maria und Martha sagen müssen: »Dies ist gegen die ganz und gar eindeutige Meinung des Meisters aller Meister selbst.« Denn Eckehart kehrt die Wertung der beschaulichen Maria und der tätigen Martha zunächst um: nicht Maria, die sinnend Insichgekehrte, sondern Martha, die Rührigrege hat den besten Teil erwählt oder vielmehr den höheren Grad der Vollkommenheit erreicht, denn auch Maria strebt der gleichen Vollendung zu, die Martha bereits erreicht hat. »Maria ist erst Martha gewesen, ehe sie Maria werden sollte«, denn damals, als sie noch zu Füßen des Herrn in der Schule saß und leben lernte, da war sie noch nicht die wahre Maria.[130] Denn diese Maria weiß noch nichts vom Leben; sie sitzt noch ahndevoll und begehrt, sie weiß nicht wie, und will, sie weiß nicht was. Er hege den leisen Verdacht, sagt unser Meister humorvoll, daß sie wohl mehr um der wohligsüßen Empfindungen willen zu des Herrn Füßen saß, als wegen der Bereicherung des Erkennens.[131] Martha durchschaute ihre Schwester, und deshalb sprach sie neckisch-liebevoll: »Herr, heiß sie aufstehen«, auf daß sie in der Schule des Lebens lerne wesentlich zu sein.[132] Denn dies ist es, was dieser Maria noch fehlt: die reife Geschlossenheit und innere Festigkeit der vollen Persönlichkeit, deren Wissen nicht bloß angelernt und innerlich genießerisch erschaut, sondern im harten Lebenskampf und tätiger Auseinandersetzung mit den Dingen dieser Welt zu einem echten und tiefen, erfahrungssicheren Wissen um das Wesen der Erscheinungen vertieft wurde. Solches Wissen aber und solche innere Festigkeit und Reife befähigt diese Martha zum sieg- und erfolggekrönten Wirken mitten im Strudel und in der Unruhe des tätigen Lebens. Denn der oberste Wipfel ihres Seins, der Kern ihrer reifen Persönlichkeit, wird nicht mehr überspült und überflutet durch die Wogen der Gefühlsaufwallung, er wird nicht mehr gefährdet durch die lärmende Unruhe des Lebens; er ragt vielmehr über all dies unerschütterlich fest und beherrschend hinaus. Diese reife Martha steht als die Gerechte *bei* der Sorge und *bei* den Dingen, nicht *in* der Sorge und *in* den Dingen.[133] Und dies ist nun das Wichtigste: sie ist fruchtbar geworden. Die bloße Anlage der Gebärfähigkeit der Jungfrau ist bei ihr zur wirklichen Geburt des Weibes gereift und vollendet. Denn Weib ist der edelste der Namen.[134] Einzig um der Frucht willen gibt man eine Jungfrau dem Manne, auf daß sie zum fruchtbaren Weibe reife.[135] So aber auch hat es Gott allein auf die Frucht unseres Wirkens abgesehen, denn »in der Schau dienst du allein dir selber, im tüchtigen Wirken aber dienst du der Gemeinschaft.«[136]

Maria und Martha jedoch sind keine Gegensätze, sie gehören vielmehr zusammen wie Potenz und Akt, wie Anfang und Ende, wie Knospe und Frucht, wie Werden und Sein. Wer nichts geworden ist, kann nichts sein; wer nicht auf der Schulbank gesessen hat, kann nichts wissen. Das Wissen aber des wesentlich gewordenen, des gerechten Menschen ist kein äußeres Wissen um die »Zufälle«, um die äußeren Merkmale des Seins und Geschehens an den

Dingen dieser Welt, es ist vielmehr ein Wissen um die Tiefen- und Hintergründe der Welt der Erscheinungen, um ihr innerstes Wesen und ihren wahren Sinn, um ihr Aufgehobensein im göttlichen Urgrund, um das innigste Durchdrungensein von Welt und Gott. Es ist das Wissen darum, daß diese Welt, so wie sie ist, nicht ein Abweg, nicht ein Irrweg von, sondern ein Weg zu Gott ist. Nur diejenigen, die die falsche Einstellung zu den Dingen dieser Welt haben, d. h., die sie ihren egoistischen und niedrigen Gelüsten und Zwecken dienstbar zu machen suchen, nur sie werden durch die Kreaturen behindert, nur sie »werdent irre in gotes wege, wan die crêatûre sint ein wec zuo gote.«[137]

Wenn dem so ist, wenn die Kreaturen ein Weg zu Gott sind, dann kann nicht Abkehr und Flucht vor der Welt zum wahren Erkennen des Ewigen führen, sondern nur der Durchbruch durch den wesenlosen Schein der Kreatur zu ihrem wesenhaften Kern: »Dies kann der Mensch nicht durch Fliehen lernen, indem er vor den Dingen flüchtet und sich von der Außenwelt weg in die Einsamkeit kehrt; er muß vielmehr eine innere Einsamkeit lernen, wo und bei wem er auch sei. Er muß lernen, die Dinge zu durchbrechen und seinen Gott darin zu ergreifen und den kraftvoll in einer wesenhaften Weise in sich einbilden zu können.«[138] »Jegliche Kreatur ist Gottes voll und ist ein Buch«, und wer dieses Buch recht studiert und zu echter Erkenntnis der Kreatur vordringt, der braucht keine Predigt.[139] Dieser Welt beste Schule und gründlichster Lehrmeister ist das Leben. Nichts führt zur letzten Selbsterkenntnis und zugleich zur wesentlichen Welterkenntnis als das Leben. Leben gibt das edelste Erkennen, denn Leben nur führt zur Selbst- und zur Gotteserkenntnis: »Martha kannte Maria besser als Maria Martha, denn *sie* hatte schon lange und recht *gelebt*; das Leben nämlich schenkt die edelste Erkenntnis. Das Leben läßt Lust und Licht besser erkennen als alles, was man in diesem Leben unterhalb Gottes erlangen kann, und in gewisser Weise reiner, als es das Licht der Ewigkeit zu verleihen vermag. Das Licht der Ewigkeit nämlich läßt uns immer nur uns selbst *und* Gott erkennen, nicht aber uns selbst *ohne* Gott. Wo man aber nur sich selbst im Blick hat, da nimmt man den Unterschied von Gleich und Ungleich schärfer wahr.«[140] Das

Leben aber, das zu solch edelstem Erkennen sowohl der Tiefe des eigenen Seelengrundes wie des Sinns und Seins der Welt führt, ist nicht die vita contemplativa der Zurückgezogenheit und Flucht, sondern die vita activa tätiger Auseinandersetzung mit den Dingen dieser Welt, ist das rührige Wirken des wesentlich gewordenen Gerechten im Dienste der Gemeinschaft: »Nun aber wollen gewisse Leute es gar *so weit* bringen, daß sie der Werke ledig werden. Ich aber sage: Das kann nicht sein! *Nach* dem Zeitpunkt, da die Jünger den heiligen Geist empfingen, da erst fingen sie an, Tugenden zu wirken. Daher: als Maria zu Füßen unseres Herrn saß, da *lernte* sie noch, denn noch erst war sie in die Schule genommen und lernte leben. Aber späterhin, als Christus gen Himmel gefahren war und sie den Heiligen Geist empfangen hatte, da erst fing sie an zu dienen und fuhr übers Meer und predigte und lehrte und ward eine Dienerin der Jünger. Wenn die Heiligen zu Heiligen werden, dann erst fangen sie an, Tugenden zu wirken; denn dann erst sammeln sie einen Hort für die ewige Seligkeit.«[141]

Und so sind Maria und Martha in der Sicht Eckeharts, des deutschen Mystikers, keine zwei verschiedenen und sich gegenseitig ausschließenden Seinsweisen menschlicher Existenz; sie sind vielmehr zwei einander zugeordnete, sich gegenseitig ergänzende, ja sich durchdringende Verhaltungsformen auf dem Wege zur Geburt des Gerechten aus dem ewigen Grunde der Gerechtigkeit. In der Geburt dieses Gerechten aber, in der Geburt des Wortes im Seelengrunde des Gerechten, schließt sich dieser Weg zum Kreise: schauendes und wirkendes Leben fordern einander, sie sind im Grunde eins, sie sind zusammen *das* Leben, das voll erfüllte Leben des Gerechten, der fest auf dieser Erde steht, der hier sich umsieht und durch dessen tätigen Dienst an der und in der Gemeinschaft alle Kreatur heimgebracht wird in den göttlichen Urgrund,[142] aus dem sie ausgeflossen: »Eines ist gar edel, das andere ist sehr nütze. Maria ward sehr gelobt, daß sie das Beste erwählt hätte. Wiederum war auch Marthas Leben gar nütze, denn sie diente Christo und seinen Jüngern. Der heilige Thomas sagt, das wirkende Leben sei dann besser als das schauende, wenn man in der Wirksamkeit in Liebe ausgießt, was man in der Schau eingebracht hat. Dabei liegt nur Eines vor, denn man greift nirgends hin als in den gleichen Grund der Schau und macht das fruchtbar im Wirken, und eben da wird der Sinn der Schau erfüllt. Wenn auch dabei Bewegung vor sich geht, so ist es doch nichts als Eines: es kommt aus einem Ende, das Gott ist, und kehrt wieder in dasselbe zurück. Wie wenn ich in diesem Hause von einem Ende zum andern ginge, das wäre wohl Bewegung und wäre doch nichts als Eines in Einem. Ganz so hat man in dieser Wirksamkeit nichts anderes als ein Schauen in Gott. Das eine ruht im andern und vollendet das andere. Denn Gott hat es in der Einheit der Schau auf die Fruchtbarkeit des Wirkens abgesehen, denn in der Schau dienst du allein dir selbst, aber in den Tugendwerken dienst du der Menge.«[143]

Eckeharts Imperativ »Stirb und werde!«, was besagt er nach alledem anderes als: »Mensch, werde wesentlich!«, erkenne dich selbst und werde, der du bist! d. h.: erfülle und vollende dein innerstes und wahrstes Wesen! Steig auf dem Wege der Abgeschiedenheit und der Gelassenheit hinab in die Tiefen deines eigenen Seinsgrundes, indem du die sterilen Hüllen und Schalen deines kleinen Ich durchbrichst. Dort unten aber in deinem Seelengrunde wohnt das Göttliche, liegt des Gottes eigne Kraft. In der Einigung mit dieser Gotteskraft aber erfährst du die mächtigen Antriebe zu wesentlichem Wirken, wirst du zum Schöpfer und von einer jeden deiner als des Gerechten Tugend wird Gott geboren und erfreut. »Und nicht nur durch eine jegliche Tugend, sondern auch durch jegliches Werk des Gerechten, wie gering es auch sein mag, das durch den Gerechten und in der Gerechtigkeit gewirkt wird, durch das wird Gott erfreut, ja durchfreut, denn nichts bleibt in seinem Grunde, was nicht von Freude durchkitzelt würde«.[144]

So wirbt Eckehart mit jedem Hauch um den ganzen, um den wesentlichen Menschen; der Hauch der Ganzheit, der Wesentlichkeit und »Gründlichkeit« weht uns aus jedem seiner kühnen, ja aufreizenden Worte an. Im fanatisch-unerbittlichen und unaufhaltsamen Drängen in die Tiefe bis in den Abgrund des Seelengrundes und durch den dreieinigen Gott hindurch bis in den Abgrund der stillen Wüste der Gottheit, wo ein Abgrund den andern ruft, scheint Eckehart zunächst den Menschen, die Welt und Gott ihrer Eigenexistenzen und ihrer Eigengehalte völlig bis zur unterschiedslosen Eins zu entleeren. Das Denken dieses gedanklichsten aller Mystiker scheint alles konkrete Einzelsein durch einen radikalen Abstraktionsprozeß im mystischen Tode erstarren, »entwesen« zu lassen, auf daß es in der Wüste der Gottheit sein Grab finde. Des Meisters unerhörte sprachschöpferische Kraft, die ihn nur mit den größten Sprachschöpfern unseres Volkes vergleichen läßt, entfaltet insbesondere bei diesem Abstraktionsprozeß ihr stärkstes Vermögen in der Fülle von Abstraktbildungen, in den Substantivierungen ungefähr aller nur denkbaren Wortarten, insbesondere der Infinitive von Verben aller Art.

Dieser denkerisch-sprachliche Abstraktionsprozeß, die radikale Entwerdung alles kreatürlich-sinnlichen Individualseins kann jedoch nicht als absolute Aufhebung und Vernichtung des Irdischen gemeint sein, im Gegenteil: »Daz ich aber gesprochen hân, got ensî niht ein wesen und sî über wesene, hie mite enhân ich im niht wesen abegesprochen, mêr: ich hân ez in im gehœhet«.[145] Damit, daß Eckehart den Menschen aufruft, seinem Ich, seinem Konrad oder Heinrich abzusterben und aller Dinge sowohl wie seines Gottes quitt und ledig zu werden, raubt und tötet er dem Menschen, der Kreatur und Gott nicht ihr Sein, sondern er macht es erst frei und erhöht es von einem bloß zufälligen Scheinsein zum wahren und wesentlichen Sein. Was er vernichtet, sind nur die durch des Menschen Ich- und Eigensucht gestifteten falschen Begriffe, die durch ein kleinlich-egoistisch oberflächliches »Warum« geknüpften äußeren Bindungen des unwesentlichen Menschen an die Kreatur, deren wesentliches Sein durch diese falschen und nichtigen Oberflächenbeziehungen mit einem Scheinsein umhüllt und verdeckt ist. Wenn die Geburt des Wortes im Seelengrunde Ereignis wird, wenn der Konrad oder Heinrich nach dem mystischen Tode als Gerechter zu wesentlichem Sein wiedergeboren wird, dann feiern in dieser Geburt auch die Kreaturen, die Dinge dieser Welt, ihre Auferstehung zu wesentlichem Sein, und wer im Lichte dieser Wiedergeburt eine Fliege, eine Mücke oder gar ein Stück Holz sähe, dem leuchtete aus ihnen das ewige all-eine göttliche Vernunftsein. Denn es ist des deutschen großen Mystikers sicheres

Wissen, daß alles Sein dieser Welt getragen ist vom und aufgehoben im unendlichen göttlichen Urgrund. Es ist die innerste Gewißheit von der Immanenz Gottes in der Welt und der Welt in Gott. Diese Immanenz, dieses gegenseitige Durchdrungensein von Gott und Welt gedankentief und bis ins letzte zu ergründen, ist das drängende und innerlichste Anliegen von Eckeharts spekulativ-philosophischem System, wie immer auch die philosophische Deutung der Seinslehre des Meisters im einzelnen gelingen mag. Den *wesentlichen* Menschen, den Gerechten zu *wesentlichem* Werk in einer zu ihrem *wesentlichen* Sein entbundenen Welt freizumachen, auf daß dieser Mensch ein tätig-nützlicher Diener der Gemeinschaft werde, das ist Eckeharts mit echt deutscher Gründlichkeit, mit unbeirrbarer leidenschaftlicher Entschlossenheit allen Widerständen zum Trotz ein langes Kämpferleben hindurch betätigtes Bemühen.

TRAKTATE

REDEN DER UNTERWEISUNG

Das sind die Reden, die der Vikar von Thüringen, der Prior von Erfurt, Bruder Eckhart, Predigerordens, mit solchen (geistlichen) Kindern geführt hat, die ihn zu diesen Reden nach vielem fragten, als sie zu abendlichen Lehrgesprächen beieinander saßen.

I

Vom wahren Gehorsam

Wahrer und vollkommener Gehorsam ist eine Tugend vor allen Tugenden, und kein noch so großes Werk kann geschehen oder getan werden ohne diese Tugend; wie klein anderseits ein Werk sei und wie gering, es ist nützer getan in wahrem Gehorsam, sei's Messelesen oder -hören, Beten, Kontemplieren oder was du dir denken magst. Nimm wiederum ein Tun, so geringwertig du nur willst, es sei, was es auch sei: wahrer Gehorsam macht es dir edler und besser. Gehorsam bewirkt allwegs das Allerbeste in allen Dingen. Fürwahr, der Gehorsam stört nie und behindert nicht, was einer auch tut, bei nichts, was aus *wahrem* Gehorsam kommt; denn *der* versäumt nichts Gutes. Gehorsam braucht sich nimmer zu sorgen, es gebricht ihm an keinem Gute.

Wo der Mensch in Gehorsam aus seinem Ich herausgeht und sich des Seinen entschlägt, ebenda muß Gott notgedrungen hinwiederum eingehen; denn wenn einer für sich selbst nichts will, für den muß Gott in gleicher Weise wollen wie für sich selbst. Wenn ich mich meines Willens entäußert habe in die Hand meines Oberen und für mich selbst nichts will, so muß Gott darum für mich wollen, und versäumt er etwas für mich darin, so versäumt er es zugleich für sich selbst. So steht's in allen Dingen: Wo ich nichts für mich will, da will Gott für mich. Nun gib acht! Was will er denn für mich, wenn ich nichts für mich will? Darin, wo ich von meinem Ich lasse, da muß er für mich notwendig alles das wollen, was er für sich selbst will, nicht weniger noch mehr, und in derselben Weise, mit der er für sich will. Und täte Gott das nicht, – bei der Wahrheit, die Gott ist, so wäre Gott nicht gerecht, noch wäre er Gott, was (doch) sein natürliches Sein ist.

In wahrem Gehorsam darf kein »Ich will so oder so« oder »dies oder das« gefunden werden, sondern nur vollkommenes Aufgeben des Deinen. Und darum soll es im allerbesten Gebet, das der Mensch beten kann, weder »Gib mir diese Tugend oder diese Weise« noch »Ja, Herr, gib mir dich selbst oder ewiges Leben« heißen, sondern nur »Herr, gib mir nichts, als was du willst, und tue, Herr, was und wie du willst in jeder Weise!« Dies übertrifft das erste (Gebet) wie der Himmel die Erde; und wenn man das Gebet so verrichtet, so hat man wohl gebetet: wenn man in wahrem Gehorsam aus seinem Ich ausgegangen ist in Gott hinein. Und so wie wahrer Gehorsam kein »Ich will so« kennen soll, so soll auch niemals von ihm vernommen werden »Ich will nicht«; denn »Ich will nicht« ist wahres Gift für jeden Gehorsam. Wie denn Sankt Augustin sagt: »Den getreuen Diener Gottes gelüstet nicht, daß man ihm sage oder gebe, was er gern hörte oder sähe; denn sein erstes, höchstes Bestreben ist zu hören, was Gott am allermeisten gefällt.«

2

Vom allerkräftigsten Gebet und vom allerhöchsten Werk

Das kräftigste Gebet und nahezu das allmächtigste, alle Dinge zu erlangen, und das allerwürdigste Werk vor allen ist jenes, das hervorgeht aus einem ledigen Gemüt. Je lediger dies ist, um so kräftiger, würdiger, nützer, löblicher und vollkommener ist das Gebet und das Werk. Das ledige Gemüt vermag alle Dinge.

Was ist ein lediges Gemüt?

Das ist ein lediges Gemüt, das durch nichts beirrt und an nichts gebunden ist, das sein Bestes an keine Weise gebunden hat und in nichts auf das Seine sieht, vielmehr völlig in den liebsten Willen Gottes versunken ist und sich des Seinigen entäußert hat. Nimmer kann der Mensch ein noch so geringes Werk verrichten, das nicht hierin seine Kraft und sein Vermögen empfinge.

So kraftvoll soll man beten, daß man wünschte, alle Glieder und Kräfte des Menschen, Augen wie Ohren, Mund, Herz und alle Sinne sollten darauf gerichtet sein; und nicht soll man aufhören, ehe man empfinde, daß man sich mit dem zu vereinen im Begriffe stehe, den man gegenwärtig hat und zu dem man betet, das ist: Gott.

3

Von ungelassenen Leuten, die voll Eigenwillens sind

Die Leute sagen: »Ach, ja, Herr, ich möchte gern, daß ich auch so gut zu Gott stünde und daß ich ebensoviel Andacht hätte und Frieden mit Gott, wie andere Leute haben, und ich möchte, mir ginge es ebenso oder ich wäre ebenso arm«, oder: »Mit mir wird's niemals recht, wenn ich nicht da oder dort bin und so oder so tue, ich muß in der Fremde leben oder in einer Klause oder in einem Kloster«.

Wahrlich, darin steckt überall dein Ich und sonst ganz und gar nichts. Es ist der Eigenwille, wenn zwar du's auch nicht weißt oder es dich auch nicht so dünkt: niemals steht ein Unfriede in dir auf, der nicht aus dem Eigenwillen kommt, ob man's nun merke oder nicht. Was wir da meinen, der Mensch solle dieses fliehen und jenes suchen, etwa diese Stätten und diese Leute und diese Weisen oder diese Menge oder diese Betätigung – nicht das ist schuld, daß dich die Weise oder die Dinge hindern: du bist es (vielmehr) selbst in den Dingen, was dich hindert, denn du verhältst dich verkehrt zu den Dingen.

Darum fang zuerst bei dir selbst an und *laß dich*! Wahrhaftig, fliehst du nicht zuerst dich selbst, wohin du sonst fliehen magst, da wirst du Hindernis und Unfrieden finden, wo immer es auch sei. Die Leute, die da Frieden suchen in äußeren Dingen, sei's an Stätten oder in Weisen, bei Leuten oder in Werken, in der Fremde oder in Armut oder in Erniedrigung – wie eindrucksvoll oder was es auch sei, das ist dennoch alles nichts und gibt keinen Frieden. Sie suchen völlig verkehrt, die so suchen. Je weiter weg sie in die Ferne schweifen, um so weniger finden sie, was sie suchen. Sie gehen wie einer, der den Weg verfehlt: je weiter der geht, um so mehr geht er in die Irre. Aber, was soll er denn tun? Er soll zuerst sich selbst lassen, dann hat er alles gelassen. Fürwahr, ließe ein Mensch ein Königreich oder die ganze Welt, behielte aber sich selbst, so hätte er nichts gelassen. Läßt der Mensch aber von sich selbst ab, was er auch dann behält, sei's Reichtum oder Ehre oder was immer, so hat er alles gelassen.

Zu dem Worte, das Sankt Peter sprach: »Sieh, Herr, wir haben alle Dinge gelassen« (Matth. 19, 27) – und er hatte doch nichts weiter gelassen als ein bloßes Netz und sein Schifflein –, dazu sagt ein Heiliger: Wer das Kleine willig läßt, der läßt nicht nur dies, sondern er läßt alles, was weltliche Leute gewinnen, ja selbst, was sie nur begehren können. Denn wer seinen Willen und sich selbst läßt, der hat alle Dinge so wirklich gelassen, als wenn sie sein freies Eigentum gewesen wären und er sie besessen hätte mit voller Verfügungsgewalt. Denn was du nicht begehren *willst*, das hast du alles hingegeben und gelassen um Gottes willen. Darum sprach unser Herr: »Selig sind die Armen im Geist« (Matth. 5, 3), das heißt: an Willen. Und hieran soll niemand zweifeln: Gäb's irgendeine bessere Weise, unser Herr hätte sie genannt, wie er ja auch sagte: »Wer mir nachfolgen will, der verleugne zuerst sich selbst« (Matth. 16, 24); daran ist alles gelegen. Richte dein Augenmerk auf dich selbst, und wo du *dich* findest, da laß von dir ab; das ist das Allerbeste.

4

Vom Nutzen des Lassens, das man innerlich und äusserlich vollziehen soll

Du mußt wissen, daß sich noch nie ein Mensch in diesem Leben so weitgehend gelassen hat, daß er nicht gefunden hätte, er müsse sich noch mehr lassen. Der Menschen gibt es wenige, die das recht beachten und darin beständig sind. Es ist ein gleichwertiger Austausch und ein gerechter Handel: So weit du ausgehst aus allen Dingen, so weit, nicht weniger und nicht mehr, geht Gott ein mit all dem Seinen, dafern du in allen Dingen dich des Deinen völlig entäußerst. Damit heb an, und laß dich dies alles kosten, was du aufzubringen vermagst. Da findest du wahren Frieden und nirgends sonst.

Die Leute brauchten nicht soviel nachzudenken, was sie *tun* sollten; sie sollten vielmehr bedenken, was sie *wären*. Wären nun aber die Leute gut und ihre Weise, so könnten ihre Werke hell leuchten. Bist *du* gerecht, so sind auch *deine Werke* gerecht. Nicht gedenke man Heiligkeit zu gründen auf ein Tun; man soll Heiligkeit vielmehr gründen auf ein Sein, denn die Werke heiligen nicht uns, sondern wir sollen die Werke heiligen. Wie heilig die Werke immer sein mögen, so heiligen sie uns ganz und gar nicht, soweit sie Werke sind, sondern: soweit wir heilig sind und Sein besitzen, soweit heiligen wir alle unsere Werke, es sei Essen, Schlafen, Wachen oder was immer es sei. Die nicht großen Seins sind, welche Werke die auch wirken, da wird nichts daraus. Erkenne hieraus, daß man allen Fleiß darauf verwenden soll, gut zu *sein*, – nicht aber so sehr darauf, was man tue oder welcher Art die Werke seien, sondern wie der Grund der Werke sei.

5

Beachte, was das Wesen und den Grund gut macht

Der Grund, an dem es liegt, daß des Menschen Wesen und Seinsgrund, von dem des Menschen Werke ihre Gutheit beziehen, völlig gut sei, ist dies: daß des Menschen Gemüt gänzlich zu Gott (gekehrt) sei. Darauf setze all dein Bemühen, daß dir Gott groß werde und daß all dein Streben und Fleiß ihm zugewandt sei in allem deinem Tun und Lassen. Wahrlich, je mehr du davon hast, desto besser sind alle deine Werke, welcher Art sie auch sein mögen. Hafte Gott an, sò hängt er dir alles Gutsein an. Suche Gott, so findest du Gott und alles Gute (dazu). Ja, fürwahr, du könntest in solcher Gesinnung auf einen Stein treten, und es wäre in höherem Grade ein gottgefälliges Werk, als wenn du den Leib unseres Herrn empfingest und es dabei mehr auf das Deinige abgesehen hättest und deine Absicht weniger selbstlos wäre. Wer Gott anhaftet, dem haftet Gott an und alle Tugend. Und was zuvor *du* suchtest, das sucht nun *dich*; wem zuvor *du* nachjagtest, das jagt nun *dir* nach; und was zuvor *du* fliehen mochtest, das flieht nun *dich*. Darum: wer Gott eng anhaftet, dem haftet alles an, was göttlich ist, und den flieht alles, was Gott ungleich und fremd ist.

6

Von der Abgeschiedenheit und vom Besitzen Gottes

Ich wurde gefragt: manche Leute zögen sich streng von den Menschen zurück und wären immerzu gern allein, und daran läge ihr Friede und daran, daß sie in der Kirche wären – ob dies das Beste wäre? Da sagte ich »Nein!« Und gib acht, warum.

Mit wem es recht steht, wahrlich, dem ist's an allen Stätten und unter allen Leuten recht. Mit wem es aber unrecht steht, für den ist's an allen Stätten und unter allen Leuten unrecht. Wer aber recht daran ist, der hat Gott in Wahrheit bei sich; wer aber Gott recht in

Wahrheit hat, der hat ihn an allen Stätten und auf der Straße und bei allen Leuten ebensogut wie in der Kirche oder in der Einöde oder in der Zelle; wenn anders er ihn recht und nur ihn hat, so kann einen solchen Menschen niemand behindern.

Warum?

Weil er einzig Gott hat und es nur auf Gott absieht und alle Dinge ihm lauter Gott werden. Ein solcher Mensch trägt Gott in allen seinen Werken und an allen Stätten, und alle Werke dieses Menschen wirkt allein Gott; denn wer das Werk verursacht, dem gehört das Werk eigentlicher und wahrhaftiger zu als dem, der da das Werk verrichtet. Haben wir also lauter und allein Gott im Auge, wahrlich, so muß er unsere Werke wirken, und an allen seinen Werken vermag ihn niemand zu hindern, keine Menge und keine Stätte. So kann also diesen Menschen niemand behindern, denn er erstrebt und sucht nichts, und es schmeckt ihm nichts als Gott; denn der wird mit dem Menschen in allem seinem Streben vereint. Und so wie Gott keine Mannigfaltigkeit zu zerstreuen vermag, so auch kann diesen Menschen nichts zerstreuen noch vermannigfaltigen, denn er ist eins in jenem Einen, in dem alle Mannigfaltigkeit Eins und eine Nicht-Mannigfaltigkeit ist.

Der Mensch soll Gott in *allen* Dingen ergreifen und soll sein Gemüt daran gewöhnen, Gott allzeit gegenwärtig zu haben im Gemüt und im Streben und in der Liebe. Achte darauf, wie du deinem Gott zugekehrt bist, wenn du in der Kirche bist oder in der Zelle: diese selbe Gestimmtheit behalte und trage sie unter die Menge und in die Unruhe und in die Ungleichheit. Und – wie ich schon öfter gesagt habe – wenn man von »Gleichheit« spricht, so meint man (damit) nicht, daß man alle Werke als gleich erachten solle oder alle Stätten oder alle Leute. Das wäre gar unrichtig, denn Beten ist ein besseres Werk als Spinnen und die Kirche eine würdigere Stätte als die Straße. Du sollst jedoch in allen Werken ein gleichbleibendes Gemüt haben und ein gleichmäßiges Vertrauen und eine gleichmäßige Liebe zu deinem Gott und einen gleichbleibenden Ernst. Traun, wärest du so gleichmütig, so würde dich niemand hindern, deinen Gott gegenwärtig zu haben.

Wem aber Gott nicht so wahrhaft innewohnt, sondern wer Gott

beständig von draußen her nehmen muß in diesem und in jenem, und wer Gott in ungleicher Weise sucht, sei's in Werken oder unter den Leuten oder an Stätten, der *hat* Gott nicht. Und es mag leicht etwas geben, was einen solchen Menschen behindert, denn er *hat* Gott nicht, und er sucht nicht ihn allein noch liebt noch erstrebt er ihn allein. Und darum hindert ihn nicht nur böse Gesellschaft, sondern ihn hindert auch die gute, und nicht allein die Straße, sondern auch die Kirche, und nicht allein böse Worte und Werke, sondern auch gute Worte und Werke. Denn das Hindernis liegt in *ihm*, weil Gott in ihm noch nicht alle Dinge geworden ist. Denn wäre dies so bei ihm, so wäre ihm an *allen* Stätten und bei *allen* Leuten gar recht und wohl; denn er *hat* Gott, und den könnte ihm niemand nehmen, noch könnte ihn jemand an seinem Werk hindern.

Woran liegt nun dieses wahre Haben Gottes, daß man ihn wahrhaft besitze?

Dieses wahrhafte Haben Gottes liegt am Gemüt und an einem innigen, geistigen Sich-Hinwenden und Streben zu Gott, nicht (dagegen) an einem beständigen, gleichmäßigen Darandenken; denn das wäre der Natur unmöglich zu erstreben und sehr schwer und zudem nicht das Allerbeste. Der Mensch soll sich nicht genügen lassen an einem *gedachten* Gott; denn wenn der Gedanke vergeht, so vergeht auch der Gott. Man soll vielmehr einen *wesenhaften* Gott haben, der weit erhaben ist über die Gedanken des Menschen und aller Kreatur. *Der* Gott vergeht nicht, der Mensch wende sich denn mit Willen von ihm ab.

Wer Gott so, (d. h.) im Sein, hat, der nimmt Gott göttlich, und dem leuchtet er in allen Dingen; denn alle Dinge schmecken ihm nach Gott, und Gottes Bild wird ihm aus allen Dingen sichtbar. In ihm glänzt Gott allzeit, in ihm vollzieht sich eine loslösende Abkehr und eine Einprägung seines geliebten, gegenwärtigen Gottes. Vergleichsweise so, wie wenn es einen in rechtem Durst heiß dürstet: so mag der wohl anderes tun als trinken, und er mag auch wohl an andere Dinge denken; aber was er auch tut und bei wem er sein mag, in welchem Bestreben oder welchen Gedanken oder welchem Tun, so vergeht ihm doch die Vorstellung des Trankes nicht, solange der Durst währt; und je größer der Durst ist, um so stärker und eindringlicher und gegenwärtiger und beharrlicher ist die Vorstellung des Trankes. Oder wer da etwas heiß mit ganzer Inbrunst so liebt, daß ihm nichts anderes gefällt und zu Herzen geht als (eben) dies, und er nur nach diesem verlangt und nach sonst gar nichts: ganz gewiß, wo immer ein solcher Mensch sein mag oder bei wem oder was er auch beginnt oder was er tut, nimmer erlischt doch in ihm das, was er so sehr liebt, und in allen Dingen findet er (eben) dieses Dinges Bild, und dies ist ihm um so stärker gegenwärtig, je mehr die Liebe stärker und stärker wird. Ein solcher Mensch sucht nicht Ruhe, denn ihn behindert keine Unruhe.

Dieser Mensch findet weit mehr Lob vor Gott, weil er alle Dinge als göttlich und höher erfaßt, denn sie in sich selbst sind. Traun, dazu gehört Eifer und Hingabe und ein genaues Achten auf des Menschen Inneres und ein waches, wahres, besonnenes, wirkliches Wissen darum, worauf das Gemüt gestellt ist mitten in den Dingen und unter den Leuten. Dies kann der Mensch nicht durch Fliehen lernen, indem er vor den Dingen flüchtet und sich äußerlich in die Einsamkeit kehrt; er muß vielmehr eine innere Einsamkeit lernen, wo und bei wem er auch sei. Er muß lernen, die Dinge zu durchbrechen und seinen Gott *darin* zu ergreifen und den kraftvoll in einer wesenhaften Weise in sich hineinbilden zu können. Vergleichsweise so wie einer, der schreiben lernen will. Fürwahr, soll er die Kunst beherrschen, so muß er sich viel und oft in dieser Tätigkeit üben, wie sauer und schwer es ihm auch werde und wie unmöglich es ihn dünke: will er's nur fleißig üben und oft, so lernt er's doch und eignet sich die Kunst an. Fürwahr, zuerst muß er seine Gedanken auf jeden einzelnen Buchstaben richten und sich den sehr fest einprägen. Späterhin, wenn er dann die Kunst beherrscht, so bedarf er der Bildvorstellung und der Überlegung gar nicht mehr, und dann schreibt er unbefangen und frei, und ebenso ist es auch, wenn es sich um Fiedeln oder irgendwelche Verrichtungen handelt, die aus seinem Können geschehen sollen. Für ihn genügt es völlig zu wissen, *daß* er seine Kunst betätigen will; und wenn er auch nicht beständig bewußt dabei ist, so vollführt er sein Tun doch, woran er auch denken mag, aus seinem Können heraus.

So auch soll der Mensch von göttlicher Gegenwart durchdrungen und mit der Form seines geliebten Gottes durchformt und in ihm verwesentlicht sein, so daß ihm sein Gegenwärtigsein ohne alle Anstrengung leuchte, daß er überdies in allen Dingen Bindungslosigkeit gewinne und gegenüber den Dingen völlig frei bleibe. Dazu gehört zu Beginn notwendig Überlegung und ein aufmerksames Einprägen wie beim Schüler zu seiner Kunst.

7

Wie der Mensch seine Werke am vernünftigsten wirken soll

Man findet's bei vielen Leuten, und leicht gelangt der Mensch dahin, wenn er will: daß ihn die Dinge, mit denen er umgeht, nicht hindern noch irgendeine haftende Vorstellung in ihn hineinsetzen; denn, wo das Herz Gottes voll ist, da können die Kreaturen keine Stätte haben noch finden. Daran aber soll's uns nicht genügen; wir sollen uns alle Dinge in hohem Maße zunutze machen, sei's was immer es sei, wo wir sein, was wir sehen oder hören mögen, wie fremd und ungemäß es uns auch sei. Dann erst sind wir recht daran und nicht eher. Und nimmer soll der Mensch darin zu Ende kommen; vielmehr kann er darin ohne Unterlaß wachsen und immer mehr erreichen in einem wahren Zunehmen.

Und der Mensch soll zu allen seinen Werken und bei allen Dingen seine Vernunft aufmerkend gebrauchen und bei allem ein einsichtiges Bewußtsein von sich selbst und seiner Innerlichkeit haben und in allen Dingen Gott ergreifen in der höchsten Weise, wie es möglich ist. Denn der Mensch soll sein, wie unser Herr sprach: »Ihr sollt sein wie Leute, die allzeit wachen und ihres Herrn harren« (Luk. 12, 36). Traun, solche harrenden Leute sind wachsam und sehen sich um, von wannen er komme, dessen sie harren, und sie erwarten ihn in allem, was da kommt, wie fremd es ihnen auch sei, ob er nicht doch etwa darin sei. So sollen auch wir in allen Dingen bewußt nach unserm Herrn ausschauen. Dazu gehört notwendig Fleiß, und man muß sich's alles kosten lassen, was man nur mit

Sinnen und Kräften zu leisten vermag; dann wird's recht mit den Leuten, und sie ergreifen Gott in allen Dingen gleich, und sie finden von Gott gleich viel in allen Dingen.

Wohl ist ein Werk anders als das andere; wer aber seine Werke aus einem gleichen Gemüt täte, wahrlich, dessen Werke wären auch alle gleich, und mit wem es recht stünde, wem Gott so (eigen) geworden wäre, fürwahr, dem leuchtete Gott ebenso unverhüllt im weltlichen wie im allergöttlichsten Werk. Traun, nun ist das aber nicht so (zu verstehen), daß der Mensch selbst etwas Weltliches oder Unpassendes tun solle; sondern was ihm von äußeren Dingen her im Sehen und Hören zufällt, das soll er zu Gott kehren. Wem Gott so in allen Dingen gegenwärtig ist und wer seine Vernunft im Höchsten beherrscht und gebraucht, der allein weiß vom wahren Frieden, und der hat ein rechtes Himmelreich.

Denn wer recht daran sein soll, bei dem muß je von zwei Dingen eines geschehen: entweder muß er Gott *in* den Werken zu ergreifen und zu halten lernen, oder er muß alle Werke lassen. Da nun aber der Mensch in diesem Leben nicht ohne Tätigkeit sein kann, die nun einmal zum Menschsein gehört und deren es vielerlei gibt, darum lerne der Mensch, seinen Gott in allen Dingen zu haben und unbehindert zu bleiben in allen Werken und an allen Stätten. Und darum: Wenn der anhebende Mensch unter den Leuten etwas wirken soll, so soll er sich zuvor kräftig mit Gott versehen und ihn fest in sein Herz setzen und all sein Trachten, Denken, Wollen und seine Kräfte mit ihm vereinen, auf daß sich nichts anderes in dem Menschen erbilden könne.

8

Vom steten Fleiss im höchsten Zunehmen

Der Mensch soll auch nie ein Werk so gut beurteilen noch als so recht ausführen, daß er je so frei oder so selbstsicher in den Werken werde, daß seine Vernunft je müßig werde oder einschlafe. Er soll sich ständig mit den beiden Kräften der Vernunft und des

Willens erheben und darin sein Allerbestes im höchsten Grade ergreifen und sich äußerlich und innerlich gegen jeden Schaden besonnen vorsehen; dann versäumt er nie etwas in irgendwelchen Dingen, sondern er nimmt ohne Unterlaß in hohem Grade zu.

9

Wie die Neigung zur Sünde dem Menschen allzeit frommt

Du mußt wissen, daß der Anstoß zur Untugend für den rechten Menschen niemals ohne großen Segen und Nutzen ist. Nun hör' zu! Da sind zwei Menschen: der eine sei so geartet, daß er von keiner Schwäche angefochten wird oder doch nur wenig; der andere aber ist solcher Natur, daß ihm Anfechtungen zustoßen. Durch das äußere Gegenwärtigsein der Dinge wird sein äußerer Mensch erregt, sei's etwa zu Zorn oder zu eitler Ehrsucht oder vielleicht zu Sinnlichkeit, je nachdem, was ihm entgegentritt. Aber in seinen obersten Kräften steht er völlig fest, unbewegt und will den Fehl nicht begehen, weder das Erzürnen noch irgendeine der Sünden, und ficht also kräftig gegen die Schwäche an; denn vielleicht handelt es sich um eine in der Natur liegende Schwäche, wie ja mancher Mensch von Natur zornig oder hoffärtig ist oder sonstwie und doch die Sünde nicht begehen will. Ein solcher soll weit mehr gelobt sein, und sein Lohn ist viel größer, seine Tugend edler als des ersten; denn Vollkommenheit der Tugend kommt nur aus Kampf, wie Sankt Paulus sagt: »Die Tugend wird in der Schwachheit vollbracht« (2 Kor. 12, 9).

Die Neigung zur Sünde ist nicht Sünde, aber sündigen *wollen*, das ist Sünde, zürnen *wollen*, das ist Sünde. Wahrlich, hätte der, um den es recht bestellt wäre, die Gewalt zu wünschen, er würde nicht wünschen wollen, daß ihm die Neigung zur Sünde verginge, denn ohne die stünde der Mensch unsicher in allen Dingen und in allen seinen Werken und unbesorgt gegenüber den Dingen und auch der Ehre des Kampfes, des Sieges und des Lohnes ermangelnd. Denn der Anstoß und die Erregung durch die Untugend bringen die Tugend und den Lohn für das Bemühen. Die Neigung nämlich macht den Menschen allwegs beflissener, sich in der Tugend kräftig zu üben, und sie treibt ihn mit Macht zur Tugend und ist eine scharfe Geißel, die den Menschen zur Hut und Tugend antreibt; denn je schwächer sich der Mensch findet, desto besser muß er sich mit Stärke und Sieg wappnen, liegt doch Tugend wie Untugend im Willen.

10

Wie der Wille alles vermag, und wie alle Tugenden im Willen liegen, wenn anders er recht ist

Der Mensch soll über nichts groß erschrecken, solange er sich in einem guten Willen findet, noch soll er sich betrüben, wenn er ihn nicht in Werken zu vollbringen vermag; wiederum soll er sich nicht als fern von der Tugend achten, wenn er einen rechten, guten Willen in sich findet, denn die Tugend und alles Gute liegt im guten Willen. Dir kann's an nichts gebrechen, wenn du einen wahren, rechten Willen hast, weder an Liebe noch an Demut noch an irgendwelcher Tugend. Vielmehr, was du kräftig und mit ganzem Willen willst, das hast du, und Gott und alle Kreaturen können dir das nicht wegnehmen, wenn anders der Wille ein ganzer und ein recht göttlicher Wille und auf die Gegenwart gerichtet ist. Nicht also: »Ich möchte nächstens«, das wäre noch erst zukünftig, sondern: »Ich will, daß es jetzo so sei!« Hör zu: Wäre etwas tausend Meilen weit weg, will ich es haben, so habe ich's eigentlicher als das, was ich in meinem Schoß habe und nicht haben will.

Das Gute ist nicht minder mächtig zum Guten als das Böse zum Bösen. Merk dir: Wenn ich auch nimmer ein böses Werk täte, dennoch: habe ich den Willen zum Bösen, so *habe* ich die Sünde, wie wenn ich die Tat getan hätte; und ich könnte in einem entschiedenen Willen so große Sünde tun, wie wenn ich die ganze Welt getötet hätte, ohne daß ich doch je eine Tat dabei ausführte. Weshalb sollte das Gleiche nicht auch einem guten Willen möglich sein? Fürwahr, noch viel und unvergleichlich mehr!

Wahrlich, mit dem Willen vermag ich alles. Ich kann aller Menschen Mühsal tragen und alle Armen speisen und aller Menschen Werke wirken und was du nur ausdenken magst. Gebricht's dir nicht am Willen, sondern nur am Vermögen, fürwahr, so hast du es vor Gott alles getan, und niemand kann es dir nehmen noch dich nur einen Augenblick daran hindern; denn tun *wollen*, sobald ich's vermag, und getan *haben*, das ist vor Gott gleich. Wollte ich ferner so viel Willen haben, wie die ganze Welt hat, und ist mein Begehren danach groß und umfassend, wahrhaftig, so habe ich ihn; denn was ich haben *will*, das habe ich. Ebenso: Wenn ich wahrhaft so viel Liebe haben wollte, wie alle Menschen je gewannen, und wenn ich Gott ebensosehr loben wollte, oder was du sonst ausdenken magst, das *hast* du wahrhaftig alles, wenn der Wille vollkommen ist.

Nun könntest du fragen, *wann* der Wille ein rechter Wille sei? Dann ist der Wille vollkommen und recht, wenn er ohne jede Ich-Bindung ist und wo er sich seiner selbst entäußert hat und in den Willen Gottes hineingebildet und -geformt ist. Ja, je mehr dem so ist, desto rechter und wahrer ist der Wille. Und in solchem Willen vermagst du alles, es sei Liebe oder was du willst.

Nun fragst du: »Wie könnte ich die Liebe haben, solange ich sie nicht empfinde noch ihrer gewahr werde, wie ich es an vielen Menschen sehe, die große Werke aufzuweisen haben und an denen ich große Andacht und wunders was finde, wovon ich nichts habe?«

Hier mußt du zwei Dinge beachten, die sich in der Liebe finden: Das eine ist das *Wesen* der Liebe, das andere ist ein *Werk* oder ein *Ausbruch* der Liebe. Die Stätte des Wesens der Liebe ist allein im Willen; wer mehr Willen hat, der hat auch mehr Liebe. Aber *wer* davon mehr habe, das weiß niemand vom andern; das liegt verborgen in der Seele, dieweil Gott verborgen liegt im Grunde der Seele. Diese Liebe liegt ganz und gar im Willen; wer mehr Willen hat, der hat auch mehr Liebe.

Nun gibt's aber noch ein zweites: das ist ein Ausbruch und ein Werk der Liebe. Das sticht recht in die Augen, wie Innigkeit und Andacht und Jubilieren, und ist dennoch allwegs das Beste nicht. Denn es stammt mitunter gar nicht von der Liebe her, sondern es kommt bisweilen aus der Natur, daß man solches Wohlgefühl und süßes Empfinden hat, oder es mag des Himmels Einfluß oder auch durch die Sinne eingetragen sein; und die dergleichen öfter erfahren, das sind nicht allwegs die Allerbesten. Denn, sei's auch, daß es wirklich von Gott stamme, so gibt unser Herr das solchen Menschen, um sie zu locken oder zu reizen und auch wohl, auf daß man dadurch von anderen Menschen recht ferngehalten wird. Wenn aber diese selben Menschen hernach an Liebe zunehmen, so mögen sie leicht nicht mehr soviel Gefühle und Empfindungen haben, und daran erst wird ganz deutlich, daß sie Liebe haben: wenn sie (auch) ohne solchen Rückhalt Gott ganz und fest Treue bewahren.

Gesetzt nun, daß es voll und ganz Liebe sei, so ist es doch das Allerbeste nicht. Das wird aus folgendem deutlich: Man soll nämlich von solchem Jubilus bisweilen ablassen um eines Besseren aus Liebe willen und um zuweilen ein Liebeswerk zu wirken, wo es dessen nottut, sei's geistlich oder leiblich. Wie ich auch sonst schon gesagt habe: Wäre der Mensch so in Verzückung, wie's Sankt Paulus war, und wüßte einen kranken Menschen, der eines Süppleins von ihm bedürfte, ich erachtete es für weit besser, du ließest aus Liebe von der Verzückung ab und dientest dem Bedürftigen in größerer Liebe.

Nicht soll der Mensch wähnen, daß er dabei Gnaden versäume; denn was der Mensch aus Liebe willig läßt, das wird ihm um vieles herrlicher zuteil, wie Christus sprach: »Wer etwas läßt um meinetwillen, der wird hundertmal soviel zurückerhalten« (Matth. 19, 29). Ja, fürwahr, was der Mensch läßt und was er aufgibt um Gottes willen, – ja, sei's auch, daß, wenn er heftig nach solchem Trostempfinden und nach Innigkeit verlangt und alles dazu tut, was er vermag, Gott es ihm aber *nicht* verleiht, er ihm dann entsagt und willig darauf verzichtet um Gottes willen, – fürwahr, er wird's genau so in ihm (d.h. in Gott) finden, wie wenn er alles

Gut, das es je gegeben hat, in vollem Besitz gehabt, sich aber willig seiner entäußert, entschlagen und begeben hätte um Gottes willen; er wird hundertmal soviel empfangen. Denn was der Mensch gern hätte, aber verschmerzt und entbehrt um Gottes willen, sei's leiblich oder geistig, das findet er alles in Gott, als wenn es der Mensch besessen und sich willig seiner entäußert hätte; denn der Mensch soll aller Dinge willig um Gottes willen beraubt sein und in der Liebe sich allen Trostes entschlagen und begeben *aus* Liebe.

Daß man solche Empfindung bisweilen aus Liebe lassen soll, das bedeutet uns der liebende Paulus, wo er sagt: »Ich habe gewünscht, daß ich von Christo geschieden werden möge um der Liebe zu meinen Brüdern willen« (Röm. 9, 3). Das meint er nach *dieser* Weise, nicht dagegen nach der ersteren Weise der Liebe, denn von *der* wollte er nicht einen Augenblick geschieden sein um alles, was im Himmel und auf Erden geschehen mag, er meint damit: den Trost.

Du mußt aber wissen, daß die Freunde Gottes nie ohne Trost sind; denn was Gott will, das *ist* ihr allerhöchster Trost, sei's nun Trost oder Untrost.

11

Was der Mensch tun soll, wenn er Gott vermisst und Gott sich verborgen hat

Du mußt ferner wissen, daß der gute *Wille* Gott gar nicht verlieren *kann*. Wohl aber vermißt ihn das Empfinden des Gemütes zuweilen und wähnt oft, Gott sei fortgegangen. Was sollst du dann tun? Genau dasselbe, was du tätest, wenn du im größten Trost wärest; dasselbe lerne tun, wenn du im größten Leiden bist, und verhalte dich ganz so, wie du dich dort verhieltest. Es gibt keinen gleich guten Rat, Gott zu finden, als ihn dort zu finden, wo man ihn fahrenläßt. Und wie dir war, als du ihn zuletzt hattest, so tu auch nun, da du ihn vermissest, so findest du ihn. Der gute Wille indessen verliert oder vermißt Gott nie und nimmer.

Viele Leute sagen: »Wir haben guten Willen«, sie haben aber nicht *Gottes* Willen; sie wollen *ihren* Willen haben und unsern Herrn lehren, es so oder so zu machen. Das ist kein guter Wille. Man soll bei Gott nach *seinem* allerliebsten Willen forschen.

Darauf zielt Gott in allen Dingen, daß wir den Willen aufgeben. Als Sankt Paulus viel mit unserm Herrn redete und unser Herr viel mit ihm, da trug das alles nichts ein, bis er den Willen aufgab und sprach: »Herr, was willst du, daß ich tue?« (Apg. 9, 6). Da wußte unser Herr wohl, was er tun sollte. Ebenso auch, als Unserer Frau der Engel erschien: alles, was sie und er auch immer reden mochten, das hätte sie nimmer zur Mutter Gottes gemacht; sobald sie aber ihren Willen aufgab, ward sie sogleich eine wahre Mutter des Ewigen Wortes und empfing Gott auf der Stelle; der ward ihr natürlicher Sohn. Nichts auch macht einen zum wahren Menschen als das Aufgeben des Willens. Wahrhaftig, ohne Aufgabe des Willens in allen Dingen schaffen wir überhaupt nichts vor Gott. Käme es aber so weit, daß wir unsern ganzen Willen aufgäben und uns aller Dinge, äußerlich und innerlich, um Gottes willen zu entschlagen getrauten, so hätten wir *alles* getan, und eher nicht.

Solcher Menschen findet man wenige, die, ob wissentlich oder unwissentlich, nicht gern möchten, daß es mit ihnen ganz *so* stünde, daß sie aber dabei Großes empfänden, und sie möchten gern die *Weise und das Gut* haben: das alles ist nichts als Eigenwille. Du solltest dich Gott mit allem ganz ergeben, und dann kümmere dich nicht darum, was er mit dem Seinigen tue. Es sind wohl Tausende von Menschen gestorben und im Himmel, die nie in ganzer Vollkommenheit sich ihres Willens entäußerten. Das allein (aber erst) wäre ein vollkommener und wahrer Wille, daß man ganz in Gottes Willen getreten und ohne Eigenwillen wäre. Und wer darin mehr erreicht hat, der ist um so mehr und wahrer in Gott versetzt. Ja, ein Ave Maria, gesprochen in dieser Gesinnung, wobei der Mensch sich seiner selbst entäußert, das ist nützer als tausend Psalter gelesen ohne sie; ja, ein Schritt darin wäre besser, als ohne sie über's Meer gefahren.

Der Mensch, der sich so gänzlich mit allem dem Seinen aufgegeben hätte, wahrlich, der wäre so völlig in Gott versetzt, daß, wo man den Menschen auch anrühren sollte, man zuerst Gott anrühren müßte; denn er ist rundum in Gott, und Gott ist um ihn herum, wie meine Kappe mein Haupt umschließt, und wer mich anfassen wollte, der müßte zuerst mein Kleid anrühren. Ebenso auch: Soll ich trinken, so muß der Trank zuerst über die Zunge fließen; dort empfängt der Trank seinen Geschmack. Ist die Zunge mit Bitterkeit überzogen, fürwahr, wie süß der Wein an sich auch sein mag, er muß stets bitter werden von dem, durch das hindurch er an mich gelangt. Fürwahr, ein Mensch, der sich des Seinen ganz entäußert hätte, der würde so mit Gott umhüllt, daß alle Kreaturen ihn nicht zu berühren vermöchten, ohne zuerst Gott zu berühren; und was an ihn kommen sollte, das müßte durch Gott hindurch an ihn kommen; da empfängt er seinen Geschmack und wird gotthaft. Wie groß ein Leiden auch sei, kommt es über Gott, so leidet zuerst Gott darunter. Ja, bei der Wahrheit, die Gott (selber) ist: Nimmer ist ein Leiden, das den Menschen befällt, so geringfügig, etwa ein Mißbehagen oder eine Widerwärtigkeit, daß es nicht, sofern man es in Gott setzt, Gott unermeßlich mehr berührte als den Menschen und es ihm nicht viel mehr zuwider wäre, als es dem Menschen zuwider ist. Erduldet Gott es aber um eines solchen Gutes willen, das er für dich darin vorgesehen hat, und bist du willens, das zu leiden, was Gott leidet und über ihn an dich kommt, so wird es naturgemäß gotthaft, Verachtung wie Ehre, Bitterkeit wie Süßigkeit und die tiefste Finsternis wie das klarste Licht: alles empfängt seinen Geschmack von Gott und wird göttlich, denn es artet sich alles nach ihm, was diesen Menschen ankommt, strebt er ja doch nach nichts anderem und schmeckt ihm ja nichts anderes; und darum ergreift er Gott in aller Bitterkeit wie in der größten Süßigkeit.

Das Licht leuchtet in der Finsternis, da wird man seiner gewahr. Wozu (sonst) soll den Leuten die Lehre oder das Licht, als daß sie's nützen? Wenn sie in der Finsternis oder im Leiden sind, dann werden sie das Licht sehen.

Ja, je mehr wir (uns) zu eigen sind, um so weniger sind wir (Gott) zu eigen. Der Mensch, der sich des Seinen entäußert hätte, der könnte Gott nie bei irgendwelchem Tun vermissen. Geschähe es aber, daß der Mensch fehlträte oder fehlspräche oder ihm Dinge, die unrecht wären, unterliefen, dann muß Gott, da er beim Beginn in dem Werke war, zwangsläufig auch den Schaden auf sich nehmen; du aber sollst darum keineswegs von deinem Werk ablassen. Dafür finden wir in Sankt Bernhard und in vielen anderen Heiligen ein Beispiel. Von solchen Vorfällen kann man in diesem Leben nie ganz verschont bleiben. Aber deshalb, weil dann und wann Rade unter das Korn fällt, darum soll man das edle Korn nicht verwerfen. Wahrlich, wer rechten Sinnes wäre und sich auf Gott wohl verstünde, dem gerieten alle solche Leiden und Vorfälle zu großem Segen. Denn den Guten schlagen alle Dinge zum Guten aus, wie Sankt Paulus (vgl. Röm. 8, 28) sagt und wie Sankt Augustin äußert: »Ja, selbst die Sünden«.

12

Dies handelt von den Sünden: wie man sich verhalten soll, wenn man sich in Sünden findet

Fürwahr, Sünden getan haben ist nicht Sünde, wenn sie uns leid sind. Nicht soll der Mensch Sünde tun *wollen*, nicht um alles, was in Zeit oder in Ewigkeit geschehen mag, weder tödliche noch läßliche noch irgendwelche Sünde. Wer recht zu Gott stünde, der sollte sich allwegs vor Augen halten, daß der getreue, liebende Gott den Menschen aus einem sündigen Leben in ein göttliches gebracht, aus einem Feind zum Freund gemacht hat, was mehr ist, als eine neue Erde zu erschaffen. Das wäre einer der stärksten Antriebe, der den Menschen ganz in Gott versetzen würde, und man sollte sich wundern, wie sehr es den Menschen in starker, großer Liebe entzünden müßte derart, daß er sich seiner selbst völlig entäußerte.

Ja, wer recht in den Willen Gottes versetzt wäre, der sollte nicht wollen, daß die Sünde, in die er gefallen, nicht geschehen wäre. Freilich nicht im Hinblick darauf, daß sie gegen Gott gerichtet war, sondern, sofern du dadurch zu größerer Liebe gebunden und du dadurch erniedrigt und gedemütigt bist, also nur deshalb nicht, weil er gegen Gott gehandelt hat. Du sollst aber Gott darin recht vertrauen, daß er dir's nicht hat widerfahren lassen, ohne dein Bestes daraus ziehen zu wollen. Wenn aber der Mensch sich völlig aus den Sünden erhebt und ganz von ihnen abkehrt, dann tut der getreue Gott, als ob der Mensch nie in Sünde gefallen wäre, und will ihn aller seiner Sünden nicht einen Augenblick entgelten lassen; und wären ihrer auch so viele, wie alle Menschen (zusammen) je getan: Gott will es ihn nie entgelten lassen; er könnte mit einem solchen Menschen alle Vertraulichkeit haben, die er je mit einer Kreatur unterhielt. Wenn anders er ihn nur jetzt bereit findet, so sieht er nicht an, was er vorher gewesen ist. Gott ist ein Gott der Gegenwart. Wie er dich findet, so nimmt und empfängt er dich, nicht als das, was du gewesen, sondern als das, was du jetzt bist. Alle Unbill und alle Schmach, die Gott durch alle Sünden widerfahren könnten, die will er gern erleiden und viele Jahre erlitten haben, auf daß nur der Mensch hernach zu einer großen Erkenntnis seiner Liebe komme und damit seine eigene Liebe und Dankbarkeit um so größer und sein Eifer um so feuriger werde, wie das ja natürlicherweise und oft nach den Sünden geschieht.

Darum duldet Gott gern den Schaden der Sünden und hat ihn schon oft geduldet und alleröftest über *die* Menschen kommen lassen, die er dazu ausersehen hat, sie nach seinem Willen zu großen Dingen emporzuziehen. Sieh doch: Wer war unserm Herrn je lieber und vertrauter als die Apostel? Keinem von ihnen blieb es erspart, in Todsünde zu fallen; alle waren sie Todsünder gewesen. Das hat er auch im Alten und im Neuen Bunde oft an denen bewiesen, die ihm nachmals bei weitem die Liebsten wurden; und auch heute noch erfährt man selten, daß die Leute es zu Großem bringen, ohne daß sie zuerst irgendwie fehlgetreten wären. Und damit zielt unser Herr darauf ab, daß wir seine große Barmherzigkeit erkennen und er uns mahne zu großer und wahrer Demut und Andacht. Denn wenn die Reue erneuert wird, wird auch die Liebe stark gemehrt und erneuert werden.

13

Von zweierlei Reue

Es gibt zweierlei Reue: die eine ist zeitlich oder sinnlich, die andere ist göttlich und übernatürlich. Die zeitliche zieht sich immerfort hinab in größeres Leid und versetzt den Menschen in solchen Jammer, als ob er gleich jetzt verzweifeln müsse, und dabei beharrt die Reue im Leid und kommt nicht weiter; daraus wird nichts.

Die göttliche Reue aber ist ganz anders. Sobald der Mensch ein Mißfallen empfindet, sogleich erhebt er sich zu Gott und versetzt sich in einen unerschütterlichen Willen zu ewiger Abkehr von allen Sünden. Und darin erhebt er sich zu großem Vertrauen auf Gott und gewinnt eine große Sicherheit. Und daraus kommt eine geistige Freude, die die Seele aus allem Leid und Jammer erhebt und sie fest an Gott bindet. Denn je gebrechlicher sich der Mensch findet und je mehr er gefehlt hat, desto mehr Ursache hat er, sich mit ungeteilter Liebe an Gott zu binden, bei dem es keine Sünde und Gebresten gibt. Die beste Stufe drum, auf die man treten kann, wenn man in voller Andacht zu Gott gehen will, ist: ohne Sünde zu sein kraft der göttlichen Reue.

Und je schwerer man (*selbst*) die Sünde anschlägt, um so bereiter ist Gott, die Sünde zu vergeben, zur Seele zu kommen und die Sünde zu vertreiben; ist doch ein jeder am meisten beflissen, das abzutun, was ihm am meisten zuwider ist. Und je größer und je schwerer die Sünden sind, um so unermeßlich lieber vergibt sie Gott und um so schneller, weil sie ihm zuwider sind. Und wenn dann die göttliche Reue sich zu Gott erhebt, sind alle Sünden bälder verschwunden im Abgrund Gottes, als ich mein Auge zutun könnte, und sie werden dann so völlig zunichte, als seien sie nie geschehen, dafern es nur eine vollkommene Reue wird.

14

Von der wahren Zuversicht und von der Hoffnung

Wahre und vollkommene Liebe soll man daran erkennen, ob man große Hoffnung und Zuversicht zu Gott hat; denn es gibt nichts, woran man besser erkennen kann, ob man ganze Liebe habe, als Vertrauen. Denn wenn einer den anderen innig und vollkommen liebt, so schafft das Vertrauen; denn alles, worauf man bei Gott zu vertrauen wagt, das findet man wahrhaft in ihm und tausendmal mehr. Und wie ein Mensch Gott nie zu sehr liebhaben kann, so könnte ihm auch nie ein Mensch zuviel vertrauen. Alles, was man sonst auch tun mag, ist nicht so förderlich wie großes Vertrauen zu Gott. Bei allen, die je große Zuversicht zu ihm gewannen, unterließ er es nie, große Dinge mit ihnen zu wirken. An allen diesen Menschen hat er ganz deutlich gemacht, daß dieses Vertrauen aus der Liebe kommt; denn die Liebe hat nicht nur Vertrauen, sondern sie besitzt auch ein wahres Wissen und eine zweifelsfreie Sicherheit.

15

Von zweierlei Gewissheit des ewigen Lebens

Zweierlei Wissen gibt es in diesem Leben vom ewigen Leben. Das eine kommt daher, daß Gott selber es dem Menschen sage oder es ihm durch einen Engel entbiete oder durch eine besondere Erleuchtung offenbare. Dies (jedoch) geschieht selten und nur wenigen Menschen.

Das andere Wissen ist ungleich besser und nützer und wird allen vollkommenen liebenden Menschen oft zuteil: das beruht darauf, daß der Mensch aus Liebe und vertraulichem Umgang, den er mit seinem Gott hat, ihm so völlig vertraut und seiner so sicher ist, daß er nicht zweifeln könne, und er dadurch so sicher wird, weil er ihn unterschiedslos in allen Kreaturen liebt. Und widersagten ihm alle Kreaturen und sagten sich unter Eidschwur von ihm los, ja, versagte sich ihm Gott selber, er würde nicht mißtrauen, denn die Liebe *kann* nicht mißtrauen, sie erwartet vertrauend nur Gutes. Und es bedarf dessen nicht, daß man den Liebenden und den Geliebten irgend etwas (ausdrücklich) sage, denn damit, daß er (= Gott) empfindet, daß er (= der Mensch) sein Freund ist, weiß er zugleich alles das, was ihm gut ist und zu seiner Seligkeit gehört. Denn, so sehr du ihm auch zugetan sein magst, des sei gewiß, daß er dir über die Maßen mehr und stärker zugetan ist und dir ungleich mehr vertraut. Denn er ist die Treue selber, des soll man bei ihm gewiß sein und sind auch alle die gewiß, die ihn lieben.

Diese Gewißheit ist weit größer, vollständiger und echter als die erste, und sie kann nicht trügen. Die Eingebung hingegen könnte trügen, und es könnte leicht eine falsche Erleuchtung sein. *Diese* Gewißheit aber empfindet man in allen Kräften der Seele, und sie *kann* nicht trügen in denen, die Gott wahrhaft lieben; die zweifeln daran so wenig, wie ein solcher Mensch an Gott (selber) zweifelt, denn Liebe vertreibt alle Furcht. »Die Liebe kennt keine Furcht« (1 Joh. 4, 18), wie Sankt Paulus sagt; und es steht auch geschrieben: »Die Liebe deckt die Fülle der Sünden zu« (1 Petr. 4, 8). Denn wo Sünden geschehen, da kann nicht volles Vertrauen sein noch Liebe; denn die Liebe deckt die Sünde völlig zu, sie weiß nichts von Sünden. Nicht so, als habe man gar nicht gesündigt, sondern so, daß sie die Sünden völlig austilgt und austreibt, als ob sie nie gewesen wären. Denn alle Werke Gottes sind so gänzlich vollkommen und reich im Überfluß, daß, wem er vergibt, er voll und ganz vergibt und viel lieber Großes als Kleines, und dies schafft ganzes Vertrauen. Dieses achte ich für weitaus und ungleich besser, und es bringt mehr Lohn und ist auch echter als das erstere Wissen; denn an ihm hindert weder Sünde noch sonst etwas. Denn wen Gott in gleicher Liebe findet, den beurteilt er auch gleich, ob einer nun viel oder gar nicht gefehlt habe. Wem aber mehr vergeben wird, der soll auch mehr Liebe haben, wie unser Herr Christus sprach: »Wem mehr vergeben wird, der liebe auch mehr« (Luk. 7, 47).

16

Von der wahren Busse und von seligem Leben

Es dünkt viele Leute, sie müßten große Werke in äußeren Dingen tun, wie Fasten, Barfußgehen und dergleichen mehr, was man Bußwerke nennt. Die wahre und allerbeste Buße (aber), mit der man kräftig und im höchsten Maße Besserung schafft, besteht darin, daß der Mensch sich gänzlich und vollkommen abkehre von allem, was nicht völlig Gott und göttlich an ihm selbst und an allen Kreaturen ist, und sich gänzlich und vollkommen seinem lieben Gott zukehre in einer unerschütterlichen Liebe, dergestalt daß seine Andacht und sein Verlangen zu ihm groß seien. In welchem Werk du mehr davon hast, in dem bist du auch gerechter; je mehr das zutrifft, um ebensoviel ist die Buße wahrer und tilgt um so mehr Sünden, ja, selbst alle Strafe. Ja, fürwahr, du könntest dich rasch in Kürze so kräftig mit solch echtem Abscheu von allen Sünden abkehren und dich ebenso kräftig Gott zuwenden, daß, hättest du alle Sünden getan, die von Adams Zeiten an je geschahen und hinfort je geschehen werden, dir das ganz und gar vergeben würde mitsamt der Strafe, so daß, wenn du jetzt stürbest, du hinführest vor das Angesicht Gottes.

Dies ist die wahre Buße, und die gründet insbesondere und am vollkommensten auf dem würdigen Leiden im vollkommenen Bußwerk unseres Herrn Jesu Christi. Je mehr sich der Mensch darein einbildet, um so mehr fallen alle Sünden und Sündenstrafen von ihm ab. Auch soll sich der Mensch gewöhnen, sich in allen seinen Werken allzeit in das Leben und Wirken unseres Herrn Jesu Christi hineinzubilden, in all seinem Tun und Lassen, Leiden und Leben, und halte hierbei allzeit ihn vor Augen, so wie er uns vor Augen gehabt hat.

Solche Buße ist (nichts anderes als) ein von allen Dingen fort ganz in Gott erhobenes Gemüt. Und in welchen Werken du dies am meisten haben kannst und durch die Werke hast, die tue ganz freimütig. Hindert dich aber ein äußeres Werk daran, sei's Fasten, Wachen, Lesen oder was es auch sei, so laß freiweg davon ab, ohne

Besorgnis, daß du damit irgend etwas an Bußwerk versäumest. Denn Gott sieht nicht an, welches die Werke seien, sondern einzig, welches die Liebe und die Andacht und die Gesinnung in den Werken sei. Ihm ist ja nicht viel an unseren Werken gelegen, als vielmehr nur an unserer Gesinnung in allen unseren Werken und daran, daß wir ihn allein in allen Dingen lieben. Denn *der* Mensch ist allzu habgierig, dem's an Gott nicht genügt. Alle deine Werke sollen damit belohnt sein, daß dein Gott um sie weiß und daß du ihn darin im Sinne hast; das sei dir allzeit genug. Und je unbefangener und einfältiger du ihn im Blick hältst, um so eigentlicher büßen alle deine Werke alle Sünden ab.

Daran auch magst du denken, daß Gott ein allgemeiner Erlöser der ganzen Welt war, und dafür bin ich ihm viel mehr Dank schuldig, als wenn er mich allein erlöst hätte. So auch sollst du (für dich) ein allgemeiner Erlöser alles dessen sein, was du durch Sünden an dir verderbt hast; und mit alledem schmiege dich ganz an ihn, denn du hast mit Sünden verderbt alles, was an dir ist: Herz, Sinne, Leib, Seele, Kräfte und was an und in dir ist; es ist alles ganz krank und verdorben. Darum flieh zu ihm, an dem kein Gebresten ist, sondern lauter Gutes, auf daß er ein allgemeiner Erlöser für alle deine Verderbnis an dir sei, innen und außen.

17

Wie sich der Mensch in Frieden halte, wenn er sich nicht in äusserer Mühsal findet, wie Christus und viele Heilige sie gehabt haben; wie er Gott (dann) nachfolgen solle

Die Leute kann wohl Furcht und Verzagtheit überkommen darüber, daß unseres Herrn Jesu Christi und der Heiligen Leben so streng und mühselig war, der Mensch aber nicht eben viel darin vermag und sich auch nicht dazu getrieben fühlt. Deshalb erachten sich die Menschen, wenn sie sich hierin so abweichend finden, oft als fern von Gott, als welchem sie nicht nachfolgen könnten. Das soll niemand tun! Der Mensch soll sich in keiner Weise je als fern von Gott ansehen, weder wegen eines Gebrestens noch wegen einer Schwäche noch wegen irgend etwas sonst. Und wenn dich auch je deine großen Vergehen so weit abtreiben mögen, daß du *dich* nicht als *Gott* nahe ansehen könntest, so solltest du doch *Gott* als *dir* nahe annehmen. Denn darin liegt ein großes Übel, daß der Mensch sich Gott in die Ferne rückt; denn, ob der Mensch nun in der Ferne oder in der Nähe wandele: *Gott* geht nimmer in die Ferne, er bleibt beständig in der Nähe; und kann er nicht drinnen bleiben, so entfernt er sich doch nicht weiter als bis vor die Tür.

So auch ist es mit der Strenge der Nachfolge. Achte darauf, in was deine Nachfolge darin bestehen kann. Du mußt erkennen und darauf gemerkt haben, wozu du von Gott am stärksten gemahnt seist; denn mitnichten sind die Menschen alle auf *einen* Weg zu Gott gerufen, wie Sankt Paulus sagt (1 Kor. 7, 24). Findest du denn, daß dein nächster Weg nicht über viele äußere Werke und große Mühsal oder Entbehrung läuft – woran schlechterdings soviel auch nicht gelegen ist, der Mensch werde denn eigens von Gott dazu getrieben und habe die Kraft, solches recht zu tun ohne Beirrung seiner Innerlichkeit – findest du davon also nichts in dir, so sei ganz zufrieden und laß dir nicht sehr daran gelegen sein.

Du könntest zwar sagen: Liegt nichts daran, weshalb haben's dann unsere Vorfahren, viele Heilige, so gemacht?

So bedenke: Unser Herr hat ihnen diese Weise gegeben, gab ihnen aber auch die Kraft, so zu handeln, daß sie diese Weise durchhielten, und eben darin fand er bei *ihnen* sein Wohlgefallen; darin sollten *sie* ihr Bestes erreichen. Denn Gott hat der Menschen Heil nicht an irgendeine besondere Weise gebunden. Was *eine* Weise hat, das hat die andere nicht; das Leistungsvermögen aber hat Gott *allen* guten Weisen verliehen, und keiner guten Weise ist es versagt, denn *ein* Gutes ist nicht wider das andere. Und daran sollten die Leute bei sich merken, daß sie unrecht tun: wenn sie gelegentlich einen *guten* Menschen sehen oder von ihm sprechen hören, und er folgt dann nicht *ihrer* Weise, daß dann (für sie) gleich alles als verloren gilt. Gefällt ihnen deren *Weise* nicht, so achten sie gleich auch deren *gute* Weise und ihre gute Gesinnung nicht. Das ist nicht recht! Man soll bei der Leute Weise mehr darauf achten, daß sie eine gute Meinung haben, und niemandes Weise verachten. Nicht kann ein jeglicher nur *eine* Weise haben, und nicht können alle Menschen nur *eine* Weise haben, noch kann ein Mensch *alle* Weisen noch eines *jeden* Weise haben.

Ein jeder behalte *seine gute* Weise und beziehe *alle* (anderen) Weisen darin ein und ergreife in *seiner* Weise *alles Gute* und *alle Weisen*. Wechsel der Weise macht Weise und Gemüt unstet. Was dir die *eine* Weise zu geben vermag, das kannst du auch in der anderen erreichen, dafern sie nur gut und löblich ist und Gott allein im Auge hat. Überdies können nicht alle Menschen *einem* Wege folgen. So ist es auch mit der Nachfolge des strengen Lebenswandels jener Heiligen. Solche Weise sollst du wohl lieben, und sie mag dir wohlgefallen, ohne daß du ihr doch nachzufolgen brauchst.

Nun könntest du sagen: Unser Herr Jesus Christus, der hatte allemal die höchste Weise; dem sollten wir von Rechts wegen stets nachfolgen.

Das ist wohl wahr. Unserm Herrn soll man billigerweise nachfolgen, und doch nicht in *jeder* Weise. Unser Herr, der fastete vierzig Tage; niemand aber soll es unternehmen, ihm darin zu folgen. Christus hat viele Werke getan in der Meinung, daß wir ihm geistig und nicht leiblich nachfolgen sollen. Darum soll man beflissen sein, daß man ihm in geistiger Weise nachfolgen könne; denn er hat es mehr abgesehen auf unsere Liebe als auf unsere Werke. Wir sollen ihm je auf *eigene* Weise nachfolgen.

Wie denn?

Hör zu: In *allen* Dingen! – Wie und in welcher Weise? – So wie ich's schon oft gesagt habe: Ich erachte ein geistiges Werk für viel besser als ein leibliches.

Wieso?

Christus hat vierzig Tage gefastet. Darin folge ihm damit, daß du darauf achtest, wozu du am meisten geneigt oder bereit bist: auf *das* verlege dich und achte scharf auf dich selbst. Es gebührt dir oft, *davon* mehr und unbekümmert abzulassen, als daß du dich ganz *aller* Speise enthältst. So auch ist's dir manchmal schwerer, ein Wort zu verschweigen, als daß man sich überhaupt aller Rede enthalte. Und so fällt es einem Menschen manchmal auch schwerer, ein kleines Schmähwort, das nichts auf sich hat, hinzunehmen, als vielleicht einen schweren Schlag, auf den er sich gefaßt gemacht hat, und es ist ihm viel schwerer, allein zu sein in der Menge als in der Einöde, und es ist ihm oft schwerer, etwas Kleines zu lassen als etwas Großes, und ein kleines Werk zu verrichten als eines, das man für groß erachtet. So kann der Mensch in seiner Schwachheit unserm Herrn recht wohl nachfolgen und kann noch braucht sich nicht für weit von ihm entfernt zu halten.

18

In welcher Weise der Mensch, wie sich's ihm fügt, hinnehmen mag feine Speise, vornehme Kleider und fröhliche Gesellen, wie sie ihm der Naturgewohnheit gemäss anhangen

Du brauchst dich nicht über Speise und Kleider in der Weise zu beunruhigen, daß sie dich zu gut dünken; gewöhne vielmehr deinen (innersten) Grund und dein Gemüt daran, weit darüber erhaben zu sein. Nichts soll dein Gemüt berühren zu Lust oder Liebe als Gott allein; über alle anderen Dinge soll es erhaben sein.

Warum?

Nun, weil es eine schwache Innerlichkeit wäre, die durch das äußere Kleid in's Rechte gesetzt werden müßte; das innere soll vielmehr das äußere recht bestimmen, soweit das allein bei dir steht. Fällt es (d.h. das äußere Kleid) dir aber anders zu, so kannst du's aus deinem innersten Grunde in *der* Weise als gut hinnehmen, daß du dich so darin erfindest, daß, wenn es wiederum anders ausfiele, du es ebenfalls gern und willig hinnehmen wolltest. So auch ist es mit der Speise und mit den Freunden und Verwandten und mit allem, was Gott dir geben oder nehmen möge.

Und so erachte ich dies als besser denn alles: daß sich der Mensch gänzlich Gott überlasse, so daß, wenn immer Gott irgend etwas ihm aufbürden wolle, sei's Schmach, Mühsal oder was es sonst für ein Leiden sei, er es mit Freuden und Dankbarkeit hinnehme und sich mehr von Gott führen lasse, als daß der Mensch sich selbst darein versetze. Und darum lernet gern von Gott in allen Dingen und folget ihm, so wird's recht mit euch! Und dabei kann man dann auch Ehre und Gemach hinnehmen. Befiele den Menschen aber Ungemach und Unehre, so würde man auch die ertragen und gern ertragen wollen. Und darum mögen dann die mit vollem Recht und Fug getrost essen, die ebenso recht bereit zum Fasten wären.

Und das ist wohl auch der Grund dafür, daß Gott seine Freunde großen und vielen Leidens enthebt; sonst könnte das seine unermeßliche Treue gar nicht zulassen, weil ja doch so viel und so großer Segen im Leiden liegt und er die Seinen nichts Gutes versäumen lassen will noch darf. Er aber läßt sich's wohl genügen an einem guten, rechten Willen; sonst ließe er ihnen kein Leiden entgehen um des unaussprechlichen Segens willen, der im Leiden liegt.

Dieweil es denn also Gott genügt, so sei (auch du) zufrieden; wenn ihm aber ein anderes an dir gefällt, so sei auch (dann) zufrieden. Denn der Mensch soll innerlich so völlig mit seinem ganzen Willen Gott angehören, daß er sich nicht viel mit Weisen noch mit Werken beunruhigen soll. Zumal aber sollst du alle Sonderlichkeit fliehen, sei's in Kleidung, in Speise, in Worten – wie etwa große Worte zu machen – oder Sonderlichkeit der Gebärden, die zu nichts nütze ist. Indessen sollst du doch auch wissen, daß dir nicht *jede* Besonderheit verboten ist. Es gibt viel Besonderes, was man zu manchen Zeiten und bei vielen Leuten einhalten *muß*; denn wer ein Besonderer *ist*, der muß auch viel Besonderes *tun* zu mancher Zeit auf vielerlei Weisen.

Der Mensch soll sich innerlich in allen Dingen hineingebildet haben in unsern Herrn Jesum Christum, so daß man in ihm einen Widerschein aller seiner Werke und göttlichen Erscheinung finde; und es soll der Mensch in vollkommener Angleichung, soweit er's vermag, alle seine (= Christi) Werke in sich tragen. *Du* sollst wirken, und *er* soll (Gestalt) annehmen. Tu du dein Werk aus deiner vollen Hingabe und aus deiner ganzen Gesinnung; daran gewöhne dein Gemüt zu aller Zeit und daran, daß du dich in allen deinen Werken in ihn hineinbildest.

19

Warum Gott oft gestattet, dass gute Menschen, die wahrhaft gut sind, oft von ihren guten Werken gehindert werden

Nur deshalb läßt der getreue Gott zu, daß seine Freunde oft in Schwachheit fallen, damit ihnen aller Halt abgehe, auf den sie sich hinneigen oder stützen könnten. Denn es wäre für einen liebenden Menschen eine große Freude, wenn er viele und große Dinge vermöchte, sei's im Wachen, im Fasten oder in anderen Übungen, sowie in besonderen, großen und schweren Dingen; dies ist ihnen eine große Freude, Stütze und Hoffnung, so daß ihnen ihre *Werke* Halt, Stütze und Verlaß sind. (Gerade) das (aber) will unser Herr ihnen wegnehmen und will, daß er allein ihr Halt und Verlaß sei. Und das tut er aus keinem anderen Grunde als aus seiner bloßen Güte und Barmherzigkeit. Denn Gott bewegt nichts (anderes) zu irgendeinem Werke als seine eigene Güte; nichts frommen *unsere Werke* dazu, daß Gott uns etwas gebe oder tue. Unser Herr will, daß seine Freunde davon loskommen, und deshalb entzieht er ihnen solchen Halt, auf daß er allein ihr Halt sei. Denn er will ihnen Großes geben und will's rein nur aus seiner freien Güte; und *er* soll ihr Halt und Trost sein, sie aber sollen sich als ein reines Nichts erfinden und erachten in all den großen Gaben Gottes. Denn je entblößter und lediger das Gemüt Gott zufällt und von ihm gehalten wird, desto tiefer wird der Mensch in Gott versetzt, und um so empfänglicher wird er Gottes in allen seinen kostbarsten Gaben, denn einzig auf Gott soll der Mensch bauen.

20

Von unseres Herrn Leib, dass man den oft empfangen soll und in welcher Weise und Andacht

Wer den Leib unseres Herrn gern empfangen will, der braucht nicht danach zu schauen, was er in sich empfinde oder spüre oder wie groß seine Innigkeit oder Andacht sei, sondern er soll darauf achten, wie beschaffen sein Wille und seine Gesinnung seien. Du sollst nicht hoch anschlagen, was du empfindest; achte vielmehr für groß, was du liebst und erstrebst.

Der Mensch, der unbekümmert zu unserm Herrn gehen will und kann, der muß zum ersten dies haben, daß er sein Gewissen frei von allem Vorwurf der Sünde finde. Das Zweite ist, daß des Menschen Wille zu Gott gekehrt sei, so daß er nach nichts strebe und ihn nach nichts gelüste denn nach Gott und nach dem, was völlig göttlich ist, und daß ihm mißfalle, was Gott ungemäß ist. Denn eben daran soll der Mensch auch erkennen, wie fern oder wie nah er Gott sei: gerade daran, wieviel er weniger oder mehr von diesem Verhalten hat. Zum dritten muß ihm dies eigen sein, daß die Liebe zum Sakrament und zu unserm Herrn dadurch mehr und mehr wachse und daß die Ehrfurcht dabei sich nicht mindere durch das häufige Hinzugehen. Denn was oft des einen Menschen Leben ist, das ist des andern Tod. Darum sollst du dein Augenmerk darauf in dir richten, ob deine Liebe zu Gott wachse und die Ehrfurcht nicht verlischt. Je öfter du dann zum Sakrament gehst, um soviel besser wirst du und um soviel besser und nützer ist es auch. Und darum laß dir deinen Gott nicht abreden noch abpredigen; denn je mehr, desto besser und Gott (nur) um so lieber. Gelüstet's doch unsern Herrn danach, daß er in dem und bei dem Menschen wohne.

Nun könntest du sagen: Ach, Herr, ich finde mich so leer und kalt und träge, darum getraue ich mich nicht, zu unserm Herrn hinzugehen.

Dann sage ich: Um so mehr bedarfst du's, daß du zu deinem Gott gehest! Denn in ihm wirst du entzündet und heiß, und in ihm wirst du geheiligt und ihm allein verbunden und vereint. Im Sakrament nämlich und nirgends sonst so eigentlich findest du *die* Gnade, daß deine leiblichen Kräfte durch die hehre Kraft der körperlichen Gegenwart des Leibes unseres Herrn so geeinigt und gesammelt werden, daß alle zerstreuten Sinne des Menschen und das Gemüt hierin gesammelt und geeinigt werden, und sie, die für sich getrennt zu sehr niederwärts geneigt waren, die werden hier aufgerichtet und Gott in Ordnung dargeboten. Und vom innewohnenden Gott werden sie nach innen gewöhnt und der leiblichen Hemmungen durch die zeitlichen Dinge entwöhnt und werden behende zu göttlichen Dingen; und, gestärkt durch seinen Leib, wird dein Leib erneuert. Denn wir sollen in ihn verwandelt und völlig mit ihm vereinigt werden (vgl. 2 Kor. 3, 18), so daß das Seine unser wird und alles Unsere sein, unser Herz und das seine *ein* Herz, und unser Leib und der seine *ein* Leib. So sollen unsere Sinne und unser Wille und Streben, unsere Kräfte und Glieder in ihn hineingetragen werden, daß man ihn empfinde und gewahr werde in allen Kräften des Leibes und der Seele.

Nun könntest du sagen: Ach, Herr, ich werde nichts von großen Dingen in mir gewahr, sondern nur der Armut. Wie könnte ich da wagen, zu ihm zu gehen?

Traun, willst du denn deine Armut ganz wandeln, so gehe zu dem fülligen Schatz alles unermeßlichen Reichtums, so wirst du reich; denn du sollst in dir gewiß sein, daß er allein der Schatz ist, an dem dir genügen und der dich erfüllen kann. »Darum«, so sprich, »will ich zu dir gehen, auf daß dein Reichtum meine Armut erfülle und deine ganze Unermeßlichkeit erfülle meine Leere und deine grenzenlose, unfaßbare Gottheit erfülle meine allzu schnöde, verdorbene Menschheit.«

»Ach, Herr, ich habe viel gesündigt; ich kann's nicht abbüßen.«

Eben darum geh zu ihm, er hat gebührend alle Schuld gebüßt. In ihm kannst du dem himmlischen Vater das würdige Opfer für alle deine Schuld wohl opfern.

»Ach Herr, ich möchte gern lobpreisen, aber ich kann's nicht.«

Geh (nur) zu ihm, er allein ist ein für den Vater annehmbarer Dank und ein unermeßliches, wahrgesprochenes, vollkommenes Lob aller göttlichen Güte.

Kurz, willst du aller Gebresten völlig entledigt und mit Tugenden und Gnaden bekleidet und wonniglich in den Ursprung geleitet und geführt werden mit allen Tugenden und Gnaden, so halte dich so, daß du das Sakrament würdig und oft empfangen kannst; dann wirst du ihm zugeeint und mit seinem Leibe geadelt. Ja, im Leibe unseres Herrn wird die Seele so nahe in Gott gefügt, daß alle Engel, sowohl die der Cherubim wie die der

Seraphim, keinen Unterschied zwischen ihnen beiden mehr wissen noch herausfinden können; denn wo sie Gott anrühren, da rühren sie die Seele an, und wo die Seele, da Gott. Nie ward so nahe Einung! Denn die Seele ist viel näher mit Gott vereint als Leib und Seele, die *einen* Menschen ausmachen. Diese Einung ist viel enger, als wenn einer einen Tropfen Wassers gösse in ein Faß Wein: da wäre Wasser *und* Wein; das aber wird so in eins gewandelt, daß keine Kreatur den Unterschied herauszufinden vermöchte.

Nun könntest du sagen: Wie kann das sein? Ich empfinde doch gar nichts davon!

Was liegt daran? Je weniger du empfindest und je fester du glaubst, um so löblicher ist dein Glaube, und um so mehr wird er geachtet und gelobt werden; denn ein ganzer Glaube ist viel mehr im Menschen als ein bloßes Wähnen. In ihm haben wir ein wahres Wissen. Fürwahr, uns gebricht's an nichts als an einem rechten Glauben. Daß uns dünkt, wir hätten viel mehr Gutes in dem einen als in dem andern, das rührt nur von äußeren Satzungen her, und doch ist in dem einen nicht mehr als in dem anderen. Wer daher gleich glaubt, der empfängt gleich und hat gleich.

Nun könntest du sagen: Wie könnte ich an höhere Dinge glauben, dieweil ich mich nicht in solchem Stande finde, sondern gebrechlich und zu *vielen* Dingen hingeneigt?

Sieh, da mußt du auf zweierlei Dinge an dir achten, die auch unser Herr an sich hatte. Auch er hatte oberste und niederste Kräfte, und die hatten auch zweierlei Werk: seine obersten Kräfte waren im Besitz und Genuß ewiger Seligkeit, die niedersten aber befanden sich zur selben Stunde im größten Leiden und Streiten auf Erden, und keines dieser Werke behinderte das andere an seinem Anliegen. So auch soll's in dir sein, daß die obersten Kräfte zu Gott erhoben und ihm ganz dargeboten und verbunden sein sollen. Mehr noch: alles Leiden, fürwahr, soll man ganz und gar dem Leibe und den niedersten Kräften und den Sinnen anbefehlen, wohingegen der Geist sich mit ganzer Kraft erheben und losgelöst in seinen Gott versenken soll. Das Leiden der Sinne aber und der niedersten Kräfte noch auch diese Anfechtung berühren ihn (= den Geist) nicht; denn je größer und je stärker der Kampf ist, um so größer und löblicher ist auch der Sieg und die Ehre des Sieges; denn je größer dann die Anfechtung und je stärker der Anstoß der Untugend ist und der Mensch (sie) doch überwindet, um so mehr ist dir auch die Tugend zu eigen und um so lieber deinem Gott. Und darum: Willst du deinen Gott würdig empfangen, so achte darauf, daß deine obersten Kräfte auf deinen Gott gerichtet seien, daß dein Wille seinen Willen sucht, und worauf du's bei ihm abgesehen hast und wie deine Treue zu ihm bestellt sei.

Nimmer empfängt der Mensch in solchem Stande den teuren Leib unseres Herrn, er empfange denn dabei sonderlich große Gnade; und je öfter, um so segensvoller. Ja, der Mensch vermöchte den Leib unseres Herrn in solcher Andacht und Gesinnung zu empfangen, daß, wenn der Mensch darauf hingeordnet wäre, in den untersten Chor der Engel zu kommen, er ihn bei einem einzigen Mal *so* empfangen könnte, daß er in den *zweiten* Chor erhoben würde; ja, in *solcher* Andacht vermöchtest du ihn zu empfangen, daß du des *achten* oder des *neunten* Chores wert erachtet würdest. Darum: wären zwei Menschen im ganzen Leben gleich, und hätte der eine nur *einmal* mehr unseres Herrn Leib mit Würdigkeit empfangen als der andere, so wird dieser Mensch dadurch vor dem anderen wie eine strahlende Sonne sein, und er wird eine besondere Einung mit Gott erlangen.

Dieses Empfangen und selige Genießen des Leibes unseres Herrn hängt nicht nur am äußeren Genuß, sondern liegt auch im *geistigen* Genuß mit begehrendem Gemüt und in andachtsvoller Einung. *Dies* kann der Mensch so vertrauensvoll empfangen, daß er reicher an Gnaden wird als irgendein Mensch auf Erden. Dies kann der Mensch tausendmal am Tag und öfter vollziehen, er sei, wo er wolle, ob krank oder gesund. Jedoch soll man sich wie zum Sakramentsempfang dazu bereiten und nach der Weise guter Verordnung und entsprechend der Stärke des Verlangens. Hat man aber kein Verlangen, so reize und bereite man sich dazu und halte sich dementsprechend, so wird man heilig in der Zeit und selig in der

Ewigkeit; denn Gott nachgehen und ihm folgen, das ist Ewigkeit. Die gebe uns der Lehrer der Wahrheit und der Liebhaber der Keuschheit und das Leben der Ewigkeit. Amen.

21

VOM EIFER

Wenn ein Mensch unseres Herrn Leib empfangen will, so mag er wohl ohne große Besorgnis hinzutreten. Es ist aber geziemend und sehr nützlich, daß man vorher beichte, selbst wenn man kein Schuldbewußtsein hat, (nur) um der Frucht des Sakramentes der Beichte willen. Wär's aber, daß den Menschen irgend etwas schuldig spräche, er aber vor Belastung nicht zur Beichte zu kommen vermag, so gehe er zu seinem Gott und gebe sich dem schuldig in großer Reue und sei's zufrieden, bis er Muße zur Beichte habe. Entfällt ihm inzwischen das Bewußtsein oder der Vorwurf der Sünde, so mag er denken, Gott habe sie auch vergessen. Man soll Gott eher beichten als den Menschen, und, wenn man schuldig ist, die Beichte *vor Gott* sehr ernst nehmen und sich scharf anklagen. Dies aber soll man, wenn man zum Sakrament gehen will, nicht leichtfertig übergehen und beiseite lassen um äußerer Buße willen, denn nur die *Gesinnung* des Menschen in seinen Werken ist gerecht und göttlich und gut.

Man muß lernen, mitten im Wirken (innerlich) ungebunden zu sein. Es ist aber für einen ungeübten Menschen ein ungewöhnliches Unterfangen, es dahin zu bringen, daß ihn keine Menge und kein Werk behindere – es gehört großer Eifer dazu – und daß Gott ihm beständig gegenwärtig sei und ihm stets ganz unverhüllt zu jeder Zeit und in jeder Umgebung leuchte. Dazu gehört ein gar behender Eifer und insbesondere zwei Dinge: das eine, daß sich der Mensch innerlich wohl verschlossen halte, auf daß sein Gemüt geschützt sei vor den Bildern, die draußen stehen, damit sie außerhalb seiner bleiben und nicht in ungemäßer Weise mit ihm wandeln und umgehen und keine Stätte in ihm finden. Das andere, daß sich der Mensch weder in seine inneren Bilder, seien es nun Vorstellungen oder ein Erhobensein des Gemütes, noch in äußere Bilder oder was es auch sein mag, was dem Menschen (gerade) gegenwärtig ist, zerlasse noch zerstreue noch sich an das Vielerlei veräußere. Daran soll der Mensch alle seine Kräfte gewöhnen und darauf hinwenden und sich sein Inneres gegenwärtig halten.

Nun könntes du sagen: Der Mensch muß sich (aber doch) nach außen wenden, soll er Äußeres wirken; denn kein Werk kann gewirkt werden, es sei denn in der ihm eigenen Erscheinungsform.

Das ist wohl wahr. Jedoch die äußeren Erscheinungsformen sind den geübten Menschen nichts Äußerliches, denn *alle* Dinge haben für die innerlichen Menschen eine inwendige göttliche Seinsweise.

Dies ist vor allen Dingen nötig: daß der Mensch seine Vernunft recht und völlig an Gott gewöhne und übe; so wird es allzeit in seinem Innern göttlich. Der Vernunft ist nichts so eigen und so gegenwärtig und so nahe wie Gott. Nimmer kehrt sie sich anderswohin. Den Kreaturen wendet sie sich nicht zu, ihr geschehe denn Gewalt und Unrecht, wobei sie geradezu gebrochen und verkehrt wird. Wenn sie dann in einem jungen oder sonst einem Menschen verdorben ist, dann muß sie mit großem Bemühen gezogen werden, und man muß alles daransetzen, was man vermag, das die Vernunft wieder hergewöhnen und herziehen kann. Denn so zu eigen und so naturgemäß Gott ihr auch sein mag: sobald sie erst einmal falsch gerichtet und auf die Kreaturen gegründet, mit ihnen bebildert und an sie gewöhnt ist, so wird sie in diesem Teil so geschwächt und ihrer selbst so unmächtig und an ihrem edlen Streben so behindert, daß dem Menschen aller Fleiß, den er aufzubringen vermag, immer noch zu klein ist, sich völlig wieder zurückzugewöhnen. Und setzt er auch das alles daran, so bedarf er selbst dann noch beständiger Hut.

Vor allen Dingen muß der Mensch darauf sehen, daß er sich selbst fest und recht gewöhne. Wollte sich ein ungewöhnter und ungeübter Mensch so halten und so handeln wie ein gewöhnter, der würde sich ganz und gar verderben, und es würde nichts aus ihm. Wenn sich der Mensch erst einmal aller Dinge selbst entwöhnt und sich ihnen entfremdet hat, so mag er hinfort dann umsichtig alle seine Werke wirken und sich ihnen unbekümmert hingeben oder sie entbehren ohne alle Behinderung. Hingegen: wenn der Mensch etwas liebt und Lust daran findet und er dieser Lust mit Willen nachgibt, sei's in Speise oder in Trank, oder in was immer es sei, so kann das bei einem ungeübten Menschen nicht ohne Schaden abgehen.

Der Mensch muß sich daran gewöhnen, in nichts das Seine zu suchen und zu erstreben, vielmehr in allen Dingen Gott zu finden und zu erfassen. Denn Gott gibt keine Gabe und hat noch nie eine gegeben, auf daß man die Gabe besitze und bei ihr ausruhe. Alle Gaben vielmehr, die er je im Himmel und auf Erden gegeben hat, die gab er alle nur zu dem Ende, daß er *eine* Gabe geben könne: die ist er selber. Mit allen jenen Gaben will er uns nur bereiten zu der Gabe, die er selber ist; und alle Werke, die Gott je im Himmel und auf Erden wirkte, die wirkte er nur, um *ein* Werk wirken zu können, d. h.: sich zu beseligen, auf daß er uns beseligen könne. So denn sage ich: In allen Gaben und Werken müssen wir Gott ansehen lernen, und an nichts sollen wir uns genügen lassen und bei nichts stehen bleiben. Es gibt für uns kein Stehenbleiben bei irgendeiner Weise in diesem Leben und gab es nie für einen Menschen, wie weit er auch je gedieh. Vor allen Dingen soll sich der Mensch allzeit auf die Gaben Gottes gerichtet halten und immer wieder von neuem.

Ich will kurz von einer erzählen, die wollte sehr gern von unserem Herrn etwas haben; ich aber sagte da, sie sei nicht recht bereitet, und wenn Gott ihr so unvorbereitet die Gabe gäbe, so würde diese verderben.

Nun fragt ihr: »Warum war sie nicht bereitet? Sie hatte doch einen guten Willen, und Ihr sagt doch, daß der alle Dinge vermöge und in ihm lägen alle Dinge und (alle) Vollkommenheit?«

Das ist wahr, (jedoch) muß man beim Willen zweierlei Bedeutungen unterscheiden: Der eine Wille ist ein zufälliger und unwesentlicher Wille, der andere ist ein entscheidender und schöpferischer und ein eingewöhnter Wille.

Traun, nun genügt's (aber) nicht, daß des Menschen Gemüt in einem eben gegenwärtigen Zeitpunkt, da man sich Gott (gerade) verbinden will, abgeschieden sei, sondern man muß eine wohlgeübte Abgeschiedenheit haben, die (schon) vorausgeht wie (auch) nachdauert; (nur) dann kann man große Dinge von Gott empfangen und Gott in den Dingen. Ist man aber unbereitet, so verdirbt man die Gabe und Gott mit der Gabe. Das ist auch der Grund, weshalb uns Gott nicht allzeit geben kann, wie wir's erbitten. An ihm fehlt's nicht, denn er hat's tausendmal eiliger zu geben als wir zu nehmen. Wir aber tun ihm Gewalt an und Unrecht damit, daß wir ihn an seinem natürlichen Wirken hindern durch unsere Unbereitschaft.

Der Mensch muß lernen, bei allen Gaben sein Selbst aus sich herauszuschaffen und nichts Eigenes zu behalten und nichts zu suchen, weder Nutzen noch Lust noch Innigkeit noch Süßigkeit noch Lohn noch Himmelreich noch eigenen Willen. Gott gab sich nie noch gibt er sich je in irgendeinen fremden Willen; nur in seinen eigenen Willen gibt er sich. Wo aber Gott seinen Willen findet, da gibt er und läßt er sich in ihn hinein mit allem dem, was er ist. Und je mehr wir dem Unsern *ent*werden, um so wahrhafter *werden* wir in diesem. Darum ist's damit nicht genug, daß wir ein einzelnes Mal uns selbst und alles, was wir haben und vermögen, aufgeben, sondern wir müssen uns oft erneuern und uns selber so in allen Dingen einfaltig und frei machen.

Auch ist es sehr von Nutzen, daß der Mensch sich nicht daran genügen lasse, daß er die Tugenden, wie Gehorsam, Armut und andere Tugend, (lediglich) im Gemüte habe; vielmehr soll sich der Mensch selbst in den Werken und Früchten der Tugend üben und sich oft erproben und (überdies) begehren und wünschen, durch die Leute geübt und erprobt zu werden, (denn) damit ist es nicht genug, daß man die *Werke* der Tugend wirke, Gehorsam leiste, Armut oder Verachtung auf sich nehme oder sich auf andere Weise demütig oder gelassen halte; man soll vielmehr danach trachten und nimmer aufhören, bis man die Tugend in ihrem Wesen und Grunde gewinne. Und *daß* man sie habe, das kann man daran erkennen: wenn man sich vor allen anderen Dingen zur Tugend geneigt findet und wenn man die Werke der Tugend wirkt ohne (besondere) Bereitung des Willens und sie ohne besonderen eigenen Vorsatz zu einer gerechten und großen Sache wirkt, sie sich vielmehr um ihrer selbst willen und aus Liebe zur Tugend und um keines Warum willen wirkt, – dann hat man die Tugend vollkommen und eher nicht.

Solange lerne man sich lassen, bis man nichts Eigenes mehr behält. Alles Gestürm und aller Unfriede kommt allemal vom Eigenwillen, ob man's merke oder nicht. Man soll sich selbst mit allem dem Seinen in lauterem Entwerden des Wollens und Begehrens in den guten und liebsten Willen Gottes legen und mit allem dem, was man wollen und begehren mag in allen Dingen.

Eine Frage: Soll man sich auch alles süßen Gottgefühls mit Willen entschlagen? Kann das dann nicht auch wohl aus Trägheit und geringer Liebe zu ihm herrühren?

Ja, gewiß wohl: wenn man den Unterschied übersieht. Denn, komme es nun von Trägheit oder von wahrer Abgeschiedenheit oder Gelassenheit, so muß man darauf achten, ob, wenn man innerlich so ganz gelassen ist, man sich in diesem Zustande so erfindet, daß man dann Gott genau so treu ist, wie wenn man im stärksten Empfinden wäre, daß man auch in diesem Zustande alles das tue, was man in jenem täte und nicht weniger, und daß man sich aller Tröstung und aller Hilfe gegenüber ebenso ungebunden halte, wie man's täte, wenn man Gott gegenwärtig empfände.

Dem rechten Menschen in solch vollkommen gutem Willen kann denn auch keine Zeit zu kurz sein. Denn, wo es um den Willen so steht, daß er vollends alles will, was er vermag – nicht nur jetzt, sondern, sollte er tausend Jahre leben, er wollte alles tun, was er vermöchte –, ein solcher Wille trägt soviel ein, wie man in tausend Jahren mit Werken leisten könnte: vor Gott *hat* er alles getan.

22

Wie man Gott nachfolgen soll und von guter Weise

Der Mensch, der ein neues Leben oder Werk beginnen will, der soll zu seinem Gott gehen und von ihm mit großer Kraft und mit ganzer Andacht begehren, daß er ihm das Allerbeste füge und das, was ihm am liebsten und würdigsten sei, und er wolle und erstrebe dabei nicht das Seine, sondern einzig den liebsten Willen Gottes und sonst nichts. Was immer ihm Gott dann zufügt, das nehme er unmittelbar von Gott und halte es für sein Allerbestes und sei darin ganz und völlig zufrieden.

Obzwar ihm auch späterhin eine andere Weise besser gefällt, so soll er doch denken: Diese Weise hat Gott dir zugewiesen, und so sei sie ihm die allerbeste. Darin soll er Gott vertrauen, und er soll alle guten Weisen in eben diese selbe Weise miteinbeziehen und alle Dinge darin und demgemäß nehmen, welcher Art sie auch sein mögen. Denn, was Gott *einer* Weise an Gutem angetan und mitgegeben hat, das kann man auch in *allen* guten Weisen finden. In *einer* Weise eben soll man *alle* guten Weisen und nicht die Sonderheit (eben) dieser Weise ergreifen. Denn der Mensch muß jeweils nur eines tun, er kann nicht alles tun. Es muß je Eines sein, und in diesem Einen muß man alle Dinge ergreifen. Denn, wenn der Mensch alles tun wollte, dies und jenes, und von *seiner* Weise lassen und eines anderen Weise annehmen, die ihm just gerade viel besser gefiele, fürwahr, das schüfe große Unbeständigkeit. Wie denn *der* Mensch eher vollkommen würde, der aus der Welt ein für allemal in einen Orden träte, als der je werden könnte, der aus einem Orden in einen andern überginge, wie heilig der auch gewesen wäre: das kommt vom Wechsel der Weise. Der Mensch ergreife *eine* gute Weise und bleibe immer dabei und bringe in sie alle guten Weisen ein und erachte sie als von Gott empfangen und beginne nicht heute eines und morgen ein anderes und sei ohne alle Sorge, daß er darin je irgend etwas versäume. Denn mit Gott kann man nichts versäumen; so wenig Gott etwas versäumen kann, so wenig kann man mit Gott etwas versäumen. Darum nimm Eines von Gott, und dahinein ziehe *alles* Gute.

Erweist sich's aber, daß es sich nicht vertragen will, so daß eines das andere nicht zuläßt, so sei dir dies ein gewisses Zeichen, daß es nicht von Gott herrührt. Ein Gutes ist nicht wider das andere, denn wie unser Herr sagte: »Ein jeglich Reich, das in sich selbst geteilt ist, das muß vergehen« (Luk. 11, 17), und wie er ebenfalls sagte: »Wer nicht mit mir ist, der ist wider mich, und wer nicht mit mir sammelt, der zerstreut« (Luk. 11, 23). So sei's dir ein gewisses Zeichen: Wenn ein Gutes ein anderes oder gar ein geringeres Gutes nicht zuläßt oder (gar) zerstört, daß es nicht von Gott herrührt. Es sollte (etwas) einbringen und nicht zerstören.

So lautete eine kurze Bemerkung, die hier eingeworfen wurde: daß kein Zweifel darüber bestehe, daß der getreue Gott einen jeglichen Menschen in seinem Allerbesten nimmt.

Das ist sicherlich wahr, und nimmer nimmt er einen Menschen liegend, den er ebenso hätte stehend finden können; denn die Gutheit Gottes hat es für alle Dinge auf das Allerbeste abgesehen.

Da wurde gefragt, warum dann Gott jene Menschen, von denen er weiß, daß sie aus der Taufgnade fallen werden, nicht so von hinnen nehme, daß sie in ihrer Kindheit stürben, ehe sie noch zum Gebrauch der Vernunft kämen, wo er doch von ihnen weiß, daß sie fallen und nicht wieder aufstehen werden: das wäre (doch) *ihr* Bestes?

Da sagte ich: Gott ist nicht ein Zerstörer irgendeines Gutes, sondern er ist ein Vollbringer. Gott ist nicht ein Zerstörer der Natur, sondern ihr Vollender. Auch die Gnade zerstört die Natur nicht, sie vollendet sie (vielmehr). Zerstörte nun Gott die Natur derart schon im Beginn, so geschähe ihr Gewalt und Unrecht; das tut er nicht. Der Mensch hat einen freien Willen, mit dem er Gutes und Böses wählen kann, und Gott legt ihm für das Übeltun den Tod und für das Rechttun das Leben (zur Wahl) vor. Der Mensch soll frei sein und Herr seiner Werke, unzerstört und ungezwungen. Gnade zerstört die Natur nicht, sie vollendet sie. Die Verklärung zerstört die Gnade nicht, sie vollendet sie, denn Verklärung ist vollendete Gnade. Es gibt also nichts in Gott, was etwas zerstörte, das irgendwie Sein hat; vielmehr ist er ein Vollender aller Dinge. Ebenso sollen (auch) wir kein noch so kleines Gutes in uns zerstören noch eine geringe Weise um einer großen willen, sondern wir sollen sie vollenden zum Allerhöchsten.

So wurde von einem Menschen gesprochen, der ein neues Leben von vorn beginnen sollte, und ich sprach in dieser Weise: daß der Mensch ein Gott in allen Dingen suchender und ein Gott zu aller Zeit und an allen Stätten und bei allen Leuten in *allen* Weisen findender Mensch werden müßte. Darin kann man allzeit ohne Unterlaß zunehmen und wachsen und nimmer an ein Ende kommen des Zunehmens.

23

Von den inneren und äusseren Werken

Gesetzt, ein Mensch wollte sich in sich selbst zurückziehen mit allen seinen Kräften, den inneren und den äußeren, und er stände in diesem Zustand doch (überdies auch noch) so da, daß es in seinem Innern weder irgendeine Vorstellung noch irgendeinen (ihn) zwingenden Antrieb (von Gott her zum Wirken) gäbe und er solchergestalt ohne jedes Wirken, inneres oder äußeres, dastände: – da sollte man (dann) gut darauf achten, ob es dabei (in diesem Zustande) nicht von selber (den Menschen) zum Wirken hindrängt. Ist es aber so, daß es den Menschen zu keinem Werk zieht und er nichts unternehmen mag, so soll man sich gewaltsam zwingen zu einem Werk, sei's ein inneres oder ein äußeres – denn an nichts soll sich der Mensch genügen lassen, wie gut es auch scheint oder sein mag –, damit, wenn er sich (ein andermal) unter hartem Druck oder Einengung seiner selbst (durch das Wirken Gottes) so befindet, daß man eher den Eindruck gewinnen kann, daß der Mensch dabei gewirkt *werde*, als daß er wirke, der Mensch dann mit seinem Gott mitzuwirken lerne. Nicht als ob man seinem Innern entweichen oder entfallen oder absagen solle, sondern gerade in ihm und mit ihm und aus ihm soll man so wirken lernen, daß man die Innerlichkeit ausbrechen lasse in die Wirksamkeit und die Wirksamkeit hineinleite in die Innerlichkeit und daß man sich so gewöhne, ungezwungen zu wirken. Denn man soll das Auge auf dieses *innere* Wirken richten und aus ihm heraus wirken, sei's Lesen, Beten oder – wenn es anfällt – äußeres Werk. Will aber das äußere Werk das innere zerstören, so folge man dem inneren. Könnten aber beide in Einem bestehen, das wäre das Beste, auf daß man ein Mitwirken mit Gott hätte.

Nun erhebt sich die Frage: Wie soll man da noch ein Mitwirken haben, wo der Mensch doch sich selbst und allen Werken entfallen ist und – wie ja Sankt Dionysius sagt: Der spricht am allerschönsten von Gott, der vor Fülle des inneren Reichtums am tiefsten von ihm schweigen kann – wo doch alle Bilder und Werke, Lob und Dank oder was einer sonst wirken könnte, entsinken?

Antwort: *Ein* Werk bleibt einem billig und recht eigentlich doch, das (aber) ist: ein Vernichten seiner selbst. Indessen mag dieses Vernichten und Verkleinern seiner selbst auch noch so groß sein, es bleibt mangelhaft, wenn Gott es nicht in einem selbst vollendet. Dann erst ist die Demut vollkommen genug, wenn Gott den Menschen durch den Menschen selbst demütigt; und damit allein wird dem Menschen und auch der Tugend Genüge getan und nicht eher.

Eine Frage: Wie soll denn aber Gott den Menschen durch sich selber vernichten? Es scheint (doch), als wäre dieses Vernichten des Menschen ein Erhöhen durch Gott, denn das Evangelium sagt: »Wer sich erniedrigt, der wird erhöht werden« (Matth. 23, 12; Luk. 14, 11).

Antwort: Ja und nein. Er soll sich selbst »erniedrigen«, und das eben kann nicht genugsam geschehen, Gott tue es denn; und er soll »erhöht werden«, nicht (aber), als ob dies Erniedrigen eines sei und das Erhöhen ein anderes. Vielmehr liegt die höchste Höhe der Erhöhung (gerade) im tiefen Grunde der Verdemütigung. Denn je tiefer der Grund ist und je niederer, um so höher und unermeßlicher ist auch die Erhebung und die Höhe, und je tiefer der Brunnen ist, um so höher ist er zugleich; die Höhe und die Tiefe sind eins. Darum, je mehr sich einer erniedrigen kann, um so höher ist er. Und darum sagte unser Herr: »Wer der Größte sein will, der werde der Geringste unter euch« (Mark. 9, 34). Wer jenes *sein* will, der muß dieses *werden*. Jenes *Sein* ist nur zu finden in diesem *Werden*. Wer der Geringste *wird*, der *ist* fürwahr der Größte; wer aber der Geringste *geworden ist*, der *ist* (schon) jetzt der Allergrößte. Und so (denn) bewahrheitet und erfüllt sich das Wort des Evangelisten: »Wer sich erniedrigt, der wird erhöht« (Matth. 23, 12; Luk. 14, 11). Denn unser ganzes wesenhaftes Sein liegt in nichts anderem begründet als in einem Zunichtewerden.

»Sie sind reich geworden an allen Tugenden« (1 Kor. 1, 5), also steht geschrieben. Fürwahr, das kann nimmer geschehen, man werde denn zuvor arm an allen Dingen. Wer alle Dinge empfangen will, der muß auch alle Dinge hergeben. Das ist ein gerechter Handel und ein gleichwertiger Austausch, wie ich lange vorauf einmal sagte. Darum, weil Gott sich selbst und alle Dinge uns zu freiem Eigen geben will, darum will er uns alles Eigentum ganz und gar benehmen. Ja, fürwahr, Gott will durchaus nicht, daß wir auch nur so viel Eigenes besitzen, wie mir in meinen Augen liegen könnte. Denn alle die Gaben, die er uns je gegeben hat, sowohl Gaben der Natur wie Gaben der Gnade, gab er nie in anderem Willen als in dem, daß wir nichts zu eigen besitzen sollten; und derart zu eigen hat er weder seiner Mutter noch irgendeinem Menschen oder sonst einer Kreatur etwas gegeben in irgendeiner Weise. Und um uns zu belehren und uns damit zu versehen, darum nimmt er uns oft beides, leibliches und geistiges Gut. Denn der Besitz der Ehre soll nicht unser sein, sondern nur ihm. Wir vielmehr sollen alle Dinge (nur so) haben, als ob sie uns geliehen seien und nicht gegeben, ohne jeden Eigenbesitz, es sei Leib oder Seele, Sinne, Kräfte, äußeres Gut oder Ehre, Freunde, Verwandte, Haus, Hof und alle Dinge.

Was beabsichtigt aber Gott damit, daß er darauf so sehr erpicht ist? Nun, er will selbst allein und gänzlich unser Eigen sein. Dies will und erstrebt er, und darauf allein hat er es abgesehen, daß er's sein könne und dürfe. Hierin liegt seine größte Wonne und Lust. Und je mehr und umfassender er das sein kann, um so größer ist seine Wonne und seine Freude; denn, je mehr wir von allen Dingen zu eigen haben, um so weniger haben wir ihn zu eigen, und je weniger Liebe zu allen Dingen wir haben, um so mehr haben wir ihn mit allem, was er zu bieten vermag. Darum, als unser Herr von allen Seligkeiten reden wollte, da setzte er die Armut des Geistes zum Haupt ihrer aller, und sie war die erste zum Zeichen dafür, daß alle Seligkeit und Vollkommenheit samt und sonders ihren Anfang haben in der Armut des Geistes. Und wahrlich, wenn es einen Grund gäbe, auf dem alles Gute aufgebaut werden könnte, der würde ohne dies nicht sein.

Daß wir uns frei halten von den Dingen, die außer uns sind, dafür will uns Gott zu eigen geben alles, was im Himmel ist, und den Himmel mit all seiner Kraft, ja alles, was je aus ihm ausfloß und was alle Engel und Heiligen haben, auf daß uns das so zu eigen sei wie ihnen, ja, in höherem Maße als mir irgendein Ding zu eigen ist. Dafür, daß ich um seinetwillen mich meiner selbst entäußere, dafür wird Gott mit allem, was er ist und zu bieten vermag, ganz und gar mein Eigen sein, ganz so mein wie sein, nicht weniger noch mehr. Tausendmal mehr wird er mein Eigen sein, als je ein Mensch ein Ding erwarb, das er in dem Kasten hat oder er je sich selbst zu eigen wurde. Nie ward etwas einem so zu eigen, wie Gott mein sein wird mit allem, was er vermag und ist.

Dieses Eigen sollen wir damit verdienen, daß wir hienieden ohne Eigenbesitz unserer selbst und alles dessen sind, was nicht Er ist. Und je vollkommener und entblößter diese Armut ist, um so mehr zu eigen ist dieses Eigentum. Auf dieses Entgelt aber darf man es nicht absehen noch je danach ausschauen, und das Auge soll sich nie auch nur einmal darauf richten, ob man je etwas gewinnen oder empfangen werde als einzig durch die Liebe zur Tugend. Denn: je ungebundener (der Besitz), um so eigener, wie der edle Paulus sagt: »Wir sollen haben, als ob wir *nicht* hätten, und doch alle Dinge besitzen« (2 Kor. 6, 10). Der hat keinen Eigenbesitz, der nichts begehrt noch haben will, weder an sich selbst noch an alledem, was außer ihm ist, ja, (und da) selbst weder an Gott noch an allen Dingen.

Willst du wissen, was ein wahrhaft armer Mensch ist?

Der Mensch ist wahrhaft arm im Geiste, der alles das wohl entbehren kann, was nicht nötig ist. Darum sprach der, der nackt in der Tonne saß, zum großen Alexander, der die ganze Welt unter sich hatte: »Ich bin«, sagte er, »ein viel größerer Herr als du bist; denn ich habe mehr verschmäht, als du in Besitz genommen hast. Was du zu besitzen für groß achtest, das ist mir zu klein, (es auch nur) zu verschmähen«. Der ist viel glücklicher, der alle Dinge entbehren kann und ihrer nicht bedarf, als wer alle Dinge mit Bedürfnis (nach ihnen) im Besitz hält. *Der* Mensch ist der beste, der das entbehren kann, was ihm nicht not tut. Darum: wer am allermeisten entbehren und verschmähen kann, der hat am allermeisten gelassen. Es erscheint als ein groß Ding, wenn ein Mensch tausend Mark Goldes um Gottes willen hingäbe und mit seinem Gut viele Klausen und Klöster erbaute und alle Armen speiste; das wäre eine große Sache. Aber der wäre viel glücklicher daran, der ebensoviel um Gottes willen verschmähte. *Der* Mensch hätte ein rechtes Himmelreich, der um Gottes willen auf alle Dinge verzichten könnte, was immer Gott gäbe oder nicht gäbe.

Nun sagst du: »Ja, Herr, wäre ich denn nicht eine (hemmende) Ursache und ein Hindernis dafür mit meinen Gebresten?«

Hast du Gebresten, so bitte Gott immer wieder, ob es nicht seine Ehre sei und es ihm gefalle, daß er sie dir abnehme, denn ohne ihn vermagst du nichts. Nimmt er sie (dir) ab, so danke ihm; tut er's aber nicht, nun, so erträgst du's um seinetwillen, jedoch (nun) nicht (mehr) als das Gebresten einer Sünde, sondern als eine große Übung, mit der du Lohn verdienen und Geduld üben sollst. Du sollst zufrieden sein, ob er dir seine Gabe gibt oder nicht.

Er gibt einem jeden nach dem, was sein Bestes ist und für ihn paßt. Soll man jemand einen Rock zuschneiden, so muß man ihn nach seinem Maß machen; und der dem einen paßte, der paßte dem andern gar nicht. Man nimmt einem jeglichen so Maß, wie's ihm paßt. So auch gibt Gott einem jeglichen das Allerbeste nach dem, wie er erkennt, daß es das ihm Gemäßeste ist. Fürwahr, wer ihm darin ganz vertraut, der empfängt und besitzt im Geringsten ebensoviel wie im Allergrößten. Wollte Gott mir geben, was er Sankt Paulus gab, ich nähme es, wenn er's wünschte, gern. Da er es mir nun aber nicht geben will – denn nur bei ganz wenigen Leuten will er, daß sie in diesem Leben (schon) zu solchem Wissen (wie Paulus) gelangen – wenn mir's also Gott nicht gibt, so ist er mir darum doch ebenso lieb, und ich sage ihm ebenso großen Dank und bin ebenso völlig zufrieden darum, daß er mir's vorenthält, wie darum, daß er mir's gibt; und mir ist daran ebenso genug, und es ist mir ebenso lieb, als wenn er's mir verliehe, wenn anders es recht um mich steht. Wahrlich, so sollte es mir am Willen Gottes genügen: In allem, wo Gott wirken oder geben wollte, sollte mir sein Wille so lieb und wert sein, daß mir das nicht weniger bedeutete, als wenn er *mir* diese Gabe gäbe oder dies *in mir* wirkte. So wären alle Gaben und alle Werke Gottes mein, und mögen dann alle Kreaturen ihr Bestes oder ihr Ärgstes dazu tun, sie können's mir nicht rauben. Wie kann ich dann klagen, da aller Menschen Gaben mein eigen sind? Wahrlich, so wohl genügt's mir an dem, was Gott mir täte oder gäbe oder nicht gäbe, daß ich (auch) nicht einen einzigen

Heller dafür zahlen wollte, das beste Leben führen zu können, das *ich* mir vorzustellen vermöchte.

Nun sagst du: »Ich fürchte, ich setze nicht genug Fleiß daran und hege ihn nicht so, wie ich könnte.«

Das laß dir leid sein, und ertrage es mit Geduld, und nimm es als eine Übung und sei zufrieden. Gott der leidet gern Schmach und Ungemach und will gern Dienst und Lob entbehren, auf daß die Frieden in sich haben, die ihn lieben und ihm angehören. Weshalb sollten denn *wir* nicht Frieden haben, was er uns auch gebe oder was wir auch entbehren? Es steht geschrieben, und es spricht unser Herr, daß die selig sind, die da leiden um der Gerechtigkeit willen (Matth. 5, 10). Wahrhaftig: könnte ein Dieb, den man zu hängen im Begriff stünde und der's mit Stehlen wohl verdient hätte, oder einer, der gemordet hätte und den man mit Recht zu rädern sich anschickte, könnten die in sich zur Einsicht finden: »Sieh, du willst dies leiden um der Gerechtigkeit willen, denn dir geschieht nur recht«, sie würden ohne weiteres selig. Fürwahr, wie ungerecht wir sein mögen, nehmen wir von Gott, was er uns täte oder nicht täte, als von ihm aus gerecht hin und leiden um der Gerechtigkeit willen, so sind wir selig. Darum klage nicht, klage vielmehr nur darüber, *daß* du noch klagst und kein Genügen findest; darüber allein magst du klagen, daß du (noch) zuviel hast. Denn wer rechten Sinnes wäre, der empfinge im Darben ebenso wie im Haben.

Nun sagst du: »Sieh doch, Gott wirkt so große Dinge in so vielen Menschen, und sie werden so mit göttlichem Sein überformt, und Gott (ist es, der) in ihnen wirkt, nicht aber sie.«

Dafür danke Gott in ihnen, und gibt er's *dir*, in Gottes Namen, so nimm's! Gibt er's dir nicht, so sollst du's willig entbehren; habe nur ihn im Sinn, und sei unbesorgt darum, ob Gott deine Werke wirke oder ob du sie wirkst; denn Gott *muß* sie wirken, wenn du nur ihn im Sinne hast, ob er (nun) wolle oder nicht.

Bekümmere dich auch nicht darum, welches Wesen oder welche Weise Gott jemandem gebe. Wäre ich so gut und heilig, daß man mich unter die Heiligen erheben müßte, so redeten die Leute und forschten wiederum, ob es sich um Gnade oder Natur handele, was darin stecke, und würden darüber beunruhigt. Darin tun sie unrecht. Laß Gott in dir wirken, ihm erkenne das Werk zu, und kümmere dich nicht darum, ob er mit der Natur oder übernatürlich wirke; beides ist sein: Natur wie Gnade. Was geht's dich an, womit zu wirken ihm füglich ist oder was er wirke in dir oder in einem andern? Er soll wirken, wie oder wo oder in welcher Weise es ihm paßt.

Ein Mann hätte gern einen Quell in seinen Garten geleitet und sprach: »Dafern mir nur das Wasser zuteil würde, so achtete ich gar nicht darauf, welcher Art die Rinne wäre, durch die es mir zuflösse, ob eisern, hölzern, knöchern oder rostig, wenn mir nur das Wasser zuteil würde«. So machen's die ganz verkehrt, die sich darum sorgen, wodurch Gott seine Werke in dir wirke, ob es Natur sei oder Gnade. Laß ihn dabei (nur allein) wirken, und habe du nur Frieden.

Denn so viel bist du in Gott, so viel du in Frieden bist, und so viel außer Gott, wie du außer Frieden bist. Ist etwas nur *in Gott*, so hat es Frieden. So viel in Gott, so viel in Frieden. Wieviel du in Gott bist, wie auch, ob dem nicht so sei, das erkenne daran: ob du Frieden oder Unfrieden hast. Denn wo du Unfrieden hast, darin *mußt* du notwendig Unfrieden haben, denn Unfriede kommt von der Kreatur und nicht von Gott. Auch ist nichts in Gott, das zu fürchten wäre; alles, was in Gott ist, das ist nur zu lieben. Ebenso ist nichts in ihm, über das zu trauern wäre.

Wer seinen vollen Willen hat und seinen Wunsch, der hat Freude. Das (aber) hat niemand, als wessen Wille mit Gottes Willen völlig eins ist. Diese Einung gebe uns Gott! Amen.

DAS BUCH DER GÖTTLICHEN TRÖSTUNG

Benedictus deus et pater domini nostri Jesu Christi etc.
(2 Kor. 1, 3 f.)

Der edle Apostel Sankt Paulus spricht diese Worte: »Gesegnet sei Gott und der Vater unsers Herrn Jesu Christi, ein Vater der Barmherzigkeit und Gott alles Trostes, der uns tröstet in allen unsern Betrübnissen.« Es gibt dreierlei Betrübnis, die den Menschen anrührt und bedrängt in diesem Elend. Die eine kommt aus dem Schaden an äußerem Gut, die andere aus dem Schaden, der seinen Verwandten und Freunden zustößt, die dritte aus dem Schaden, der ihm selbst widerfährt in Geringschätzung, Ungemach, körperlichen Schmerzen und Herzensleid.

Hierum bin ich willens, in diesem Buche etliche Lehre niederzuschreiben, mit der sich der Mensch trösten kann in allem seinem Ungemach, Trübsal und Leid. Und dies Buch hat drei Teile. In dem ersten findet man diese und jene Wahrheit, aus der und von der zu entnehmen ist, was den Menschen füglich und gänzlich trösten kann und wird in allem seinem Leid. Danach findet man hier etwa dreißig Stücke und Lehren, in deren jeglicher man recht und völlig Trost zu finden vermag. Hiernach findet man im dritten Teile dieses Buches Vorbilder in Werken und Worten, die weise Leute getan und gesprochen haben, als sie im Leiden waren.

I

Zum ersten muß man wissen, daß der Weise und die Weisheit, der Wahre und die Wahrheit, der Gerechte und die Gerechtigkeit, der Gute und die Gutheit aufeinander Bezug nehmen und sich wie folgt zueinander verhalten: Die Gutheit ist weder geschaffen noch gemacht noch geboren; jedoch ist sie gebärend und gebiert den Guten, und der Gute, insoweit er gut ist, ist ungemacht und ungeschaffen und doch geborenes Kind und Sohn der Gutheit. Die Gutheit gebiert sich und alles, was sie ist, in dem Guten: Sein, Wissen, Lieben und Wirken gießt sie allzumal in den Guten, und der Gute empfängt sein ganzes Sein, Wissen, Lieben und Wirken aus dem Herzen und Innersten der Gutheit und von ihr allein. Der Gute und die Gutheit sind nichts als *eine* Gutheit, völlig eins in allem, abgesehen vom Gebären (einerseits) und Geboren-Werden (anderseits); indessen ist das Gebären der Gutheit und das Geboren-Werden in dem Guten völlig *ein* Sein, *ein* Leben. Alles, was zum Guten gehört, empfängt er von der Gutheit in der Gutheit. Dort ist und lebt und wohnt er. Dort erkennt er sich selbst und alles, was er erkennt, und liebt er alles, was er liebt, und wirkt er mit der Gutheit in der Gutheit und die Gutheit mit und in ihm alle ihre Werke gemäß dem, wie geschrieben steht und der Sohn sagt: »Der Vater wirkt in mir bleibend und wohnend die Werke« (Joh. 14, 10). »Der Vater wirkt bis nun, und ich wirke« (Joh. 5, 17). »Alles, was des Vaters ist, das ist mein, und alles, was mein und des Meinen ist, das ist meines Vaters: sein im Geben und mein im Nehmen« (Joh. 17, 10).

Weiterhin muß man wissen, daß, wenn wir vom »Guten« sprechen, der Name oder das Wort nichts anderes bezeichnet und in sich schließt, u. zw. nicht weniger und nicht mehr, als die bloße und lautere Gutheit; jedoch meint man dann das Gute, sofern es die sich gebende (gebärende) Gutheit ist. Wenn wir vom »Guten« sprechen, so versteht man dabei, daß sein Gutsein ihm gegeben, eingeflossen und eingeboren ist von der ungeborenen Gutheit. Darum sagt das Evangelium: »Wie der Vater das Leben in sich selbst hat, so hat er dem Sohn gegeben, daß auch er das Leben in sich selbst habe« (Joh. 5, 26). Er sagt: »*in* sich selbst«, nicht: »*von* sich selbst«, denn der Vater hat es ihm gegeben.

Alles, was ich nun von dem Guten und von der Gutheit gesagt habe, das ist gleich wahr auch für den Wahren und die Wahrheit, für den Gerechten und die Gerechtigkeit, für den Weisen und die Weisheit, für Gottes Sohn und Gott den Vater, für alles das, was von Gott geboren ist und was keinen Vater auf Erden hat, in das sich auch nichts von allem dem gebiert, was geschaffen ist, was nicht Gott ist, in dem kein Bild ist als der bloße, lautere Gott allein. Denn so spricht Sankt Johannes in seinem Evangelium, daß »allen denen Macht und Vermögen gegeben ist, Gottes Söhne zu werden, die nicht vom Blute noch vom Willen des Fleisches noch vom Willen des Mannes, sondern von Gott und aus Gott allein geboren sind« (Joh. 1, 12f.).

Unter dem »Blut« versteht er alles, was am Menschen dem Willen des Menschen nicht untertan ist. Unter dem »Willen des Fleisches« versteht er alles, was im Menschen zwar seinem Willen untertan ist, aber doch mit einem Widerstreben und Widerstreit, und was der Fleischesbegierde zuneigt und was der Seele und dem Leibe zusammen angehört und sich nicht eigentlich nur in der Seele findet; und infolgedessen werden *diese* Seelenkräfte müde, schwach und alt. Unter dem »Willen des Mannes« versteht Sankt Johannes die höchsten Kräfte der Seele, deren Natur und Wirken unvermischt ist mit dem Fleisch und die in der Seele Lauterkeit stehen, von Zeit und Raum und von allem abgeschieden, was noch irgendein Absehen auf oder Geschmack hat nach Zeit und Raum, die mit nichts etwas gemein haben, in denen der Mensch nach Gott gebildet, in denen der Mensch von Gottes Geschlecht und Gottes Sippe ist. Und doch, da sie nicht Gott selbst sind und in der Seele und mit der Seele geschaffen sind, so müssen sie ihrer selbst entbildet und in Gott allein überbildet und in Gott und aus Gott geboren werden, auf daß Gott allein (ihr) Vater sei; denn so auch sind sie Söhne Gottes und Gottes eingeborener Sohn. Denn alles dessen bin ich Sohn, was mich nach sich und in sich als gleich bildet und gebiert. Soweit ein solcher Mensch, Gottes Sohn, gut als Sohn der Gutheit, gerecht als Sohn der Gerechtigkeit einzig *ihr* (d. h. der

Gerechtigkeit) Sohn ist, ist *sie* ungeboren-gebärend, und ihr geborener Sohn hat dasselbe eine Sein, das die Gerechtigkeit hat und ist, und er tritt in den Besitz alles dessen, was der Gerechtigkeit und der Wahrheit eigen ist.

Aus all dieser Lehre, die im heiligen Evangelium geschrieben steht und im natürlichen Licht der vernunftbegabten Seele mit Sicherheit erkannt wird, findet der Mensch wahren Trost für alles Leid.

Sankt Augustinus spricht: Für Gott ist nichts fern noch lange. Willst du, daß dir nichts fern noch lange sei, so füge dich zu Gott, denn da sind tausend Jahre wie der Tag, der heute ist. Ebenso sage ich: In Gott ist weder Traurigkeit noch Leid noch Ungemach. Willst du alles Ungemachs und Leids ledig sein, so halte dich und kehre dich in Lauterkeit nur zu Gott. Sicherlich, alles Leid kommt nur daher, daß du dich nicht allein in Gott und zu Gott kehrst. Stündest du ausschließlich in die Gerechtigkeit gebildet und geboren da, fürwahr, so könnte *dich* ebensowenig irgend etwas in Leid bringen wie die Gerechtigkeit Gott selbst. Salomon spricht: »Den Gerechten betrübt nichts von alledem, was ihm widerfahren mag« (Spr. 12, 21). Er sagt nicht: »den gerechten Menschen« noch »den gerechten Engel« noch dies oder das. Er sagt: »den Gerechten«. Was irgendwie dem Gerechten zugehört, insonderheit, was seine Gerechtigkeit zu der *seinigen* macht und daß *er* gerecht ist, das ist Sohn und hat einen Vater auf Erden und ist Kreatur und ist gemacht und geschaffen, denn sein Vater ist Kreatur, gemacht oder geschaffen. Aber reines Gerechtes, da dies keinen gemachten oder geschaffenen Vater hat und Gott und die Gerechtigkeit völlig eins sind und die Gerechtigkeit allein sein Vater ist, drum kann Leid und Ungemach in ihn (d. h. in d. Gerechten) so wenig fallen wie in Gott. Die Gerechtigkeit kann ihm kein Leid bereiten, denn die Gerechtigkeit ist nichts als Freude, Lust und Wonne; und ferner: Schüfe die Gerechtigkeit dem Gerechten Leid, so schüfe sie sich selbst solches Leid. Nichts Ungleiches und Ungerechtes noch irgendwelches Gemachte oder Geschaffene vermöchte den Gerechten in Leid zu versetzen, denn alles, was geschaffen ist, liegt weit unter ihm, ebenso weit wie unter Gott, und übt keinerlei Eindruck oder Einfluß auf den Gerechten aus und gebiert sich nicht in ihn, dessen Vater Gott allein ist. Drum soll der Mensch sich sehr befleißigen, daß er sich seiner selbst und aller Kreaturen entbilde und keinen Vater kenne als Gott allein; dann kann ihn nichts in Leid versetzen oder betrüben, weder Gott noch die Kreatur, weder Geschaffenes noch Ungeschaffenes, und sein ganzes Sein, Leben, Erkennen, Wissen und Lieben ist aus Gott und in Gott und (ist) Gott (selbst).

Und ein *Zweites* muß man wissen, das ebenfalls den Menschen tröstet in all seinem Ungemach. Das ist, daß der gerechte und gute Mensch sich sicherlich ungleich, ja unaussprechlich mehr am Werke der Gerechtigkeit erfreut, als er oder selbst der oberste Engel an seinem natürlichen Sein oder Leben Wonne und Freude hat. Darum auch gaben die Heiligen ihr Leben fröhlich hin für die Gerechtigkeit.

Nun sage ich: Wenn dem guten und gerechten Menschen ein äußerer Schaden widerfährt und er im Gleichmut und im Frieden seines Herzens unbewegt bleibt, so ist es wahr, was ich gesagt habe, daß den Gerechten nichts von alledem betrübt, was ihm widerfährt. Ist es hingegen so, daß er durch den äußeren Schaden betrübt wird, fürwahr, so ist es nur billig und recht, daß Gott zuließ, daß der Schaden dem Menschen widerfuhr, der da gerecht sein wollte und zu sein wähnte, während ihn doch so geringfügige Dinge zu betrüben vermochten. Ist es denn also Gottes Recht, fürwahr, so soll er sich nicht deswegen betrüben, sondern er soll sich dessen freuen viel mehr als seines eigenen Lebens, dessen sich doch jeglicher Mensch mehr freut und das ihm mehr wert ist als diese ganze Welt; denn was hülfe dem Menschen diese ganze Welt, wenn er nicht lebte?

Das *dritte* Wort, das man wissen mag und soll, ist dies, daß Gott allein natürlicher Wahrheit gemäß einziger Born und Quellader alles Gutseins, wesenhafter Wahrheit und des Trostes ist, und alles, was nicht Gott ist, das hat von sich selbst her natürliche Bitterkeit und Untrost und Leid und fügt der Gutheit, die von Gott stammt und Gott ist, nichts hinzu, sondern sie (d. h. die Bitterkeit) mindert und bedeckt und verbirgt die Süßigkeit, die Wonne und den Trost, den Gott gibt.

Nun sage ich weiter, daß alles Leid aus der Liebe zu dem kommt, was mir der Schaden genommen hat. Ist mir denn nun ein Schaden an äußeren Dingen leid, so ist dies ein wahres Zeichen dafür, daß ich äußere Dinge liebe und in Wahrheit also Leid und Untrost liebe. Was Wunder also, daß ich dann in Leid gerate, wenn ich Leid und Untrost liebe und suche? Mein Herz und meine Liebe eignet das Gutsein der Kreatur zu, das Gottes Eigentum ist. Ich kehre mich der Kreatur zu, von der naturgemäß Untrost kommt, und kehre mich von Gott ab, von dem aller Trost ausfließt. Wie kann es dann wundernehmen, daß ich in Leid gerate und traurig bin? Wahrlich, es ist Gott und aller dieser Welt wirklich unmöglich, daß der Mensch wahren Trost finde, der Trost sucht bei den Kreaturen. Wer aber Gott allein in der Kreatur liebte und die Kreatur allein in Gott, der fände wahren, rechten und gleichen Trost allerorten. Dies sei nun genug vom ersten Teil dieses Buches.

2

Nun folgen hiernach im *zweiten Teile* etwa dreißig Stücke, von denen ein jegliches für sich schon den verständigen Menschen in seinem Leide füglich trösten soll.

Das erste ist dies, daß kein Ungemach und Schaden ohne Gemach und kein Schaden bloßer Schaden ist. Drum sagt Sankt Paulus, daß Gottes Treue und Güte es nicht leiden, daß irgendwelche Prüfung oder Betrübnis unerträglich werde. Er schafft und gibt allzeit etwas Trost, mit dem man sich behelfen kann (vgl. 1 Kor. 10, 13); denn auch die Heiligen und die heidnischen Meister sagen, daß Gott und die Natur es nicht zulassen, daß es pures Böses oder Leid geben könne.

Nun setze ich den Fall, ein Mensch habe hundert Mark; davon verliert er vierzig und behält sechzig. Will der Mensch nun immerfort an die vierzig denken, die er verloren hat, so bleibt er ungetröstet und bekümmert. Wie könnte auch der getröstet sein und ohne Leid, der sich dem Schaden zukehrt und dem Leid und das in sich und sich in es einprägt und es anblickt, und es schaut wiederum ihn an, und er plaudert mit ihm und spricht mit dem Schaden, und der Schaden hinwiederum plaudert mit ihm, und beide schauen sich an von Angesicht zu Angesicht? Wäre es aber so, daß er sich den sechzig Mark zukehrte, die er noch hat, und den vierzig, die verloren sind, den Rücken kehrte und sich in die sechzig versenkte und die von Antlitz zu Antlitz anschaute und mit *ihnen* plauderte, so würde er sicherlich getröstet. Was etwas ist und gut ist, das vermag zu trösten; was aber weder ist noch gut ist, was nicht mein und mir verloren ist, das muß notwendig Untrost ergeben und Leid und Betrübnis. Darum spricht Salomon: »In den Tagen des Leids vergiß nicht der Tage des Gutseins« (Eccles. 11, 27). Das will sagen: Wenn du im Leid und Ungemach bist, so gedenke des Guten und des Gemaches, das du noch hast und behältst. Auch wird das hinwiederum den Menschen trösten, wenn er bedenken will, wie manches Tausend derer lebt, die, wenn sie die sechzig Mark besäßen, die du noch hast, sich für (große) Herren und Damen hielten und sich sehr reich dünkten und von Herzen froh wären.

Ein Weiteres aber gibt es, das den Menschen trösten soll. Ist er krank und in großem Schmerz seines Leibes, hat er jedoch seine Behausung und seine Notdurft an Speise und Trank, an Beratung der Ärzte und an Bedienung seines Gesindes, an Beklagung und Beistand seiner Freunde: wie sollte er sich da verhalten? Nun, was tun arme Leute, die dasselbe oder gar noch größere Krankheit und Ungemach zu ertragen und niemand haben, der ihnen (auch nur) kaltes Wasser gäbe? Sie müssen das trockene Brot suchen in Regen, Schnee und Kälte, von Haus zu Haus. Drum, willst du getröstet werden, so vergiß derer, denen es besser geht, und gedenk' immerzu derer, die übler daran sind.

Weiterhin sage ich: Alles Leid kommt her von Liebe und Zuneigung. Drum, habe ich Leid wegen vergänglicher Dinge, so habe ich und hat mein Herz noch Liebe und Hang zu vergänglichen Dingen und habe ich Gott nicht aus meinem ganzen Herzen lieb und liebe noch nicht das, was Gott von mir und mit sich geliebt wissen will. Was Wunder ist es dann, wenn Gott zuläßt, daß ich ganz zu Recht Schaden und Leid erdulde?

Sankt Augustinus sagt: »Herr, ich wollte dich nicht verlieren, ich wollte aber in meiner Gier mit dir (zugleich) die Kreaturen besitzen; und drum verlor ich dich, denn dir widerstrebt es, daß man mit dir, als der Wahrheit, die Falschheit und den Trug der Kreaturen besitze.« Er sagt auch an anderer Stelle, daß »der allzu gierig sei, dem an Gott allein nicht genüge.« Und wieder an anderer Stelle sagt er: »Wie könnte dem an Gottes Gaben in den Kreaturen genügen, dem an Gott selbst nicht genügt?« Einem guten Menschen soll nicht zum Trost, sondern zur Pein gereichen alles, was Gott fremd und ungleich und nicht ausschließlich Gott selbst ist. Er soll allzeit sprechen: Herr Gott und mein Trost! Weisest du mich von dir auf irgend etwas anderes, so gib mir einen andern Dich, auf daß ich von dir zu dir gehe, denn ich will nichts als dich. Als unser Herr dem Moses alles Gute verhieß und ihn in das Heilige Land sandte, womit das Himmelreich gemeint ist, da sprach Moses: »Herr, sende mich nirgends hin, du wolltest denn selber mitkommen« (vgl. 2 Mos. 33, 15).

Alle Neigung, Lust und Liebe kommt von dem, was einem gleich ist, denn alle Dinge neigen zu und lieben ihresgleichen. Der reine Mensch liebt alle Reinheit, der Gerechte liebt die und neigt zur Gerechtigkeit; der Mund des Menschen spricht von dem, was ihm innewohnt, wie denn unser Herr sagt, daß »der Mund von der Fülle des Herzens redet« (Luk. 6, 45), und Salomon sagt, daß »des Menschen Mühsal in seinem Munde sei« (Pred. 6, 7). Drum ist es ein wahres Zeichen, daß nicht Gott, sondern die Kreatur im Herzen des Menschen wohnt, wenn er noch draußen Neigung und Trost findet.

Deshalb sollte sich ein guter Mensch gar sehr vor Gott und vor sich selbst schämen, wenn er noch gewahr wird, daß Gott nicht in ihm ist und Gott der Vater nicht in ihm die Werke wirkt, sondern daß noch die leidige Kreatur in ihm lebt und seine Neigung bestimmt und in ihm die Werke wirkt. Darum spricht König David und klagt im Psalter: »Tränen waren mein Trost Tag und Nacht, solange man noch sagen konnte: Wo ist dein Gott?« (Ps. 41, 4). Denn das Hinneigen zur Äußerlichkeit und das Trostfinden an Untrost und das lustvoll eifrige und viele Reden darüber ist ein wahres Zeichen dafür, daß Gott in mir nicht sichtbar wird, nicht in mir wacht, nicht in mir wirkt. Und weiterhin auch sollte er (d. h. der gute Mensch) sich schämen vor guten Leuten, daß sie solches an ihm gewahr würden. Ein guter Mensch soll niemals über Schaden klagen noch über Leid; er soll vielmehr nur beklagen, *daß* er klage und daß er das Klagen und Leid in sich wahrnimmt.

Die Meister sagen, daß unmittelbar unterhalb des Himmels weit ausgedehntes und in seiner Hitze kraftvolles Feuer sei, und doch wird der Himmel ganz und gar in nichts von ihm berührt. Nun heißt es in einer Schrift, daß das Niederste der Seele edler sei als des Himmels Höchstes. Wie aber kann denn ein Mensch sich vermessen, er sei ein himmlischer Mensch und sein Herz sei im Himmel, wenn er noch betrübt und in Leid versetzt wird durch so kleine Dinge!

Nun spreche ich von etwas anderm. Ein guter Mensch kann der nicht sein, der nicht will, was Gott in jedem besondern Falle will, denn es ist unmöglich, daß Gott irgend etwas denn Gutes wolle; und insonderheit gerade darin und dadurch, daß es Gott will, wird es und ist es notwendig gut und zugleich das Beste. Und darum lehrte unser Herr die Apostel und uns in ihnen und beten wir alle Tage darum, daß Gottes Wille geschehe. Und doch, *wenn* Gottes Wille kommt und geschieht, so klagen wir.

Seneca, ein heidnischer Meister, fragt: Was ist der beste Trost im Leiden und im Ungemach? und antwortet: Es ist dies, daß der Mensch alle Dinge so hinnehme, als habe er's so gewünscht und darum gebeten; denn du hättest es ja auch gewünscht, wenn du gewußt hättest, daß alle Dinge aus Gottes, mit Gottes und in Gottes Willen geschehen. Es spricht ein heidnischer Meister: Herzog und oberster Vater und Herr des hohen Himmels, zu allem, was du willst, bin ich bereit; gib mir den Willen, nach deinem Willen zu wollen!

Ein guter Mensch soll darin Gott vertrauen, ihm glauben und gewiß sein und ihn als so gut kennen, daß es Gott und seiner Güte und Liebe unmöglich ist zuzulassen, daß dem Menschen irgendein Leiden oder Leid zustoße, ohne daß er entweder dem Menschen größeres Leid (dadurch) verhüten oder ihn auch auf Erden (schon) stärker trösten oder etwas Besseres davon und daraus machen wolle, worin Gottes Ehre umfassender und stärker in Erscheinung träte. Doch, wie dem auch sei: deshalb allein, weil es Gottes Wille ist, daß es geschehe, soll des guten Menschen Wille so ganz und gar mit Gottes Willen eins und geeint sein, daß der Mensch mit Gott dasselbe wolle, selbst wenn es sein Schaden und gar seine Verdammnis wäre. Darum wünschte Sankt Paulus, daß er um Gottes willen und um des Willens Gottes und um der Ehre Gottes willen von Gott geschieden wäre (vgl. Röm. 9, 3). Denn ein recht vollkommener Mensch soll sich so gewöhnt haben, sich selbst abgestorben, seiner selbst in Gott so entbildet und in Gottes Willen so überbildet sein, daß seine ganze Seligkeit darin liegt, von sich selbst und von allem (Sonstigen) nichts zu wissen, vielmehr nur Gott allein zu wissen, nichts zu wollen noch einen Willen zu kennen als Gottes Willen und Gott so erkennen zu wollen, wie Gott mich erkennt, wie Sankt Paulus sagt (vgl. 1 Kor. 13, 12). Gott erkennt alles, was er erkennt, liebt und will alles, was er liebt und will, in sich selbst in seinem eigenen Willen. Unser Herr sagt selbst: »Das ist das ewige Leben, Gott allein zu erkennen« (Joh. 17, 3).

Darum sagen die Meister, daß die Seligen im Himmelreich die Kreaturen erkennen ohne alle Bilder der Kreaturen, die sie (vielmehr) in dem *einen* Bilde erkennen, das Gott ist und in dem Gott sich selbst und alle Dinge weiß und liebt und will. Und dies lehrt uns Gott selbst beten und begehren, wenn wir sprechen: »Vater unser«, »geheiliget werde dein Name«, das heißt: dich erkennen ganz allein (vgl. Joh. 17, 3); »zukomme dein Reich«, auf daß ich nichts habe, was ich als reich erachte und wisse als dich (den) Reichen. Deshalb sagt das Evangelium: »Selig sind die Armen des Geistes« (Matth. 5, 3), das heißt: des Willens, und bitten wir Gott, daß sein »Wille geschehe« »auf Erden«, das heißt: in uns, »wie im Himmel«, das heißt: in Gott selbst. Ein solcher Mensch ist so einwillig mit Gott, daß er alles das will, was Gott will und in der Weise, wie es Gott will. Und darum, da Gott in gewisser Weise will, daß ich auch Sünde getan habe, so wollte ich nicht, daß ich sie nicht getan hätte, denn so geschieht Gottes Wille »auf Erden«, das ist in Missetat, »wie im Himmel«, das ist im Rechthandeln. In solcher Weise will der Mensch Gott um Gottes willen entbehren und von Gott um Gottes willen geschieden sein, und das ist allein rechte Reue meiner Sünden; so ist mir die Sünde leid ohne Leid, wie Gott alles Böse leid ist ohne Leid. Leid und das größte Leid habe ich wegen der Sünde – denn ich täte um alles, was geschaffen oder erschaffbar ist, auch wenn es in Ewigkeit tausend Welten geben könnte, keine Sünde –, jedoch ohne Leid; und ich nehme und schöpfe die Leiden in und aus Gottes Willen. Solches Leid ist allein vollkommenes Leid, denn es kommt und entspringt aus der lauteren Liebe der lautersten Güte und Freude Gottes. So wird wahr und wird man gewahr, was ich in diesem Büchlein gesprochen habe: daß der gute Mensch, insoweit er gut ist, in das ganze Eigensein der Gutheit selbst, die Gott in sich selbst ist, eintritt.

Nun merke, welch wundersames und wonnigliches Leben dieser Mensch »auf Erden« »wie im Himmel« in Gott selbst hat! Ihm dient Ungemach zu Gemach und Leid gleicherweise wie Liebes, und doch beachte dabei in ebendem noch einen besonderen Trost: denn, wenn ich die Gnade und die Gutheit habe, von der ich gerade gesprochen habe, so bin ich allzeit und in allen Dingen gleichmäßig völlig getröstet und froh; habe ich aber nichts davon, so soll ich's um Gottes willen und in Gottes Willen entbehren. Will Gott geben, wonach ich begehre, so habe ich es damit und bin in Wonne; will Gott hingegen nicht geben, nun, so empfange ich's entbehrend im gleichen Willen Gottes, in dem er eben *nicht* will, und so also empfange ich, indem ich entbehre und nicht nehme. Woran fehlt's mir dann? Und sicherlich, im eigentlicheren Sinne nimmt man Gott entbehrend als nehmend; denn, wenn der Mensch empfängt, so hat die Gabe das, weswegen der Mensch froh und getröstet ist, in sich selbst. Empfängt man aber nicht, so hat noch findet noch weiß man nichts, worüber man sich freuen könnte, als Gott und Gottes Willen allein.

Auch gibt's wieder einen andern Trost. Hat der Mensch äußeres Gut oder seinen Freund oder seinen Verwandten, ein Auge, eine Hand oder was es sei, verloren, so soll er dessen gewiß sein, daß, wenn er es um Gottes willen geduldig leidet, er zum mindesten alles das bei Gott zugute hat, um dessen Preis er jenes (den Verlust) nicht hätte erdulden wollen. (Zum Beispiel:) Ein Mensch verliert ein

Auge: hätte er nun dieses Auge nicht um tausend oder um sechstausend Mark oder mehr missen wollen, so hat er sich gewiß bei Gott und in Gott eben alles das (= jenen ganzen Gegenwert) zugute erhalten, um das er jenen Schaden oder jenes Leid nicht hätte erleiden wollen. Und dies meint wohl unser Herr, da er sprach: »Es ist besser, daß du mit einem Auge in das ewige Leben kommst, als mit zweien verloren zu gehen« (Matth. 18, 9). Und das meinte wohl auch Gott, wenn er sprach: »Wer da läßt Vater und Mutter, Schwester und Bruder, Hof oder Acker oder was es sei, der wird das Hundertfache und das ewige Leben empfangen« (Matth. 19, 29). Sicherlich wage ich in Gottes Wahrheit und bei meiner Seligkeit zu sagen, daß der, der um Gottes und um der Gutheit willen Vater und Mutter, Bruder und Schwester oder was es sei, verläßt, das Hundertfache empfängt, auf zweierlei Weise: die eine Weise ist die, daß ihm sein Vater, seine Mutter, Bruder und Schwester hundertfach lieber werden, als sie es jetzt sind. Die andere Weise ist die, daß nicht nur hundert, sondern alle Leute, insofern sie Leute und Menschen sind, ihm ungleich lieber werden, als ihm jetzt von Natur aus Vater, Mutter oder Bruder lieb sind. Daß der Mensch dessen nicht gewahr wird, das kommt einzig und allein daher, daß er noch nicht lauter nur um Gottes und der Gutheit willen allein gänzlich gelassen hat Vater und Mutter, Schwester und Bruder und alle Dinge. Wie hat *der* Vater und Mutter, Schwester und Bruder um Gottes willen gelassen, der sie noch auf Erden findet in seinem Herzen, der noch betrübt wird und (noch) das bedenkt und auf das sieht, was nicht Gott ist? Wie hat *der* alle Dinge um Gottes willen gelassen, der noch auf dies und das Gute achtet und sieht? Sankt Augustinus spricht: Nimm weg dies und das Gute, so bleibt die lautere Gutheit in sich selbst schwebend in ihrer bloßen Weite: das ist Gott. Denn, wie ich oben gesagt habe: Dies und das Gute fügt der Gutheit nichts hinzu, sondern es verbirgt und bedeckt die Gutheit in uns. Das erkennt und wird gewahr, wer es *in der Wahrheit* sieht und schaut, denn es ist in der Wahrheit wahr, und drum muß man es *dort* und nirgends anders gewahr werden.

Jedoch soll man wissen, daß Tugend-besitzen und Leiden-wollen eine gewisse Abstufungsweite hat, wie wir ja auch in der Natur sehen, daß ein Mensch größer ist und schöner in der Erscheinung, im Aussehen, im Wissen, in Künsten als ein anderer. So sage ich auch, daß ein guter Mensch wohl ein guter Mensch sein kann und doch von natürlicher Liebe zu Vater, Mutter, Schwester, Bruder mehr oder weniger berührt werden und schwanken, jedoch nicht von Gott noch von der Gutheit abfällig werden kann. Indessen ist er in dem Maße gut und besser, in dem er weniger und mehr getröstet und berührt wird von natürlicher Liebe und Zuneigung zu Vater und Mutter, Schwester und Bruder und zu sich selbst und sich ihrer bewußt wird.

Und doch, wie ich oben geschrieben habe: Wenn ein Mensch eben dies in Gottes Willen hinnehmen könnte angesichts dessen, daß es Gottes Wille ist, daß die menschliche Natur jenen Mangel insonderheit aus Gottes Gerechtigkeit im Hinblick auf die Sünde des ersten Menschen habe, und wenn er es anderseits doch auch wieder in Gottes Willen bereitwillig entbehren wollte, dafern es nicht so wäre, so stünde es ganz recht mit ihm, und er würde sicherlich im Leiden getröstet. Das ist gemeint, wenn Sankt Johannes sagt, daß das wahre »Licht in die Finsternis leuchtet« (Joh. 1, 5), und Sankt Paulus sagt, daß »die Tugend in der Schwachheit vollbracht wird« (2 Kor. 12, 9). Könnte der Dieb wahrhaft, völlig, lauter, gern, willig und fröhlich den Tod erleiden aus Liebe zur göttlichen Gerechtigkeit, in der und nach der Gott und seine Gerechtigkeit will, daß der Übeltäter getötet werde, sicherlich, er würde gerettet und selig.

Wieder ein anderer Trost ist: Man findet wohl niemand, der nicht jemand so gern leben sähe, daß er nicht willig für ein Jahr ein Auge entbehren oder blind sein wollte, wenn er hernach sein Auge wieder haben und seinen Freund so von dem Tode erlösen könnte. Wenn demnach ein Mensch ein Jahr sein Auge entbehren wollte, um einen Menschen, der nach kurzen Jahren doch sterben muß, vor dem Tode zu retten, so soll er wohl billigerweise und bereitwilliger zehn oder zwanzig oder dreißig Jahre, die er vielleicht noch leben könnte, entbehren, auf daß er sich selbst für ewig selig machte und ewig Gott in seinem göttlichen Licht und in Gott sich selbst und alle Kreaturen schauen werde.

Wiederum ein anderer Trost: Einem guten Menschen, soweit er gut und allein von der Gutheit geboren und ein Abbild der Gutheit ist, dem ist alles das, was geschaffen und dies und das ist, unleidlich, eine Bitternis und etwas Schädliches. Und dies verlieren heißt daher Leid und Ungemach und Schaden loswerden und verlieren. Wahrlich, Leid verlieren ist ein echter Trost. Darum soll der Mensch keinen Schaden beklagen. Er soll vielmehr beklagen, daß ihm Trost unbekannt ist, daß Trost ihn nicht zu trösten vermag, so wie der süße Wein dem Kranken nicht schmeckt. Er soll beklagen, wie ich oben geschrieben habe, daß er der Kreaturen nicht gänzlich entbildet und nicht mit seinem ganzen Sein der Gutheit eingebildet ist.

Auch soll der Mensch in seinem Leide daran denken, daß Gott die Wahrheit spricht und bei sich selbst als der Wahrheit Verheissungen macht. Fiele Gott von seinem Wort, seiner Wahrheit, ab, so fiele er von seiner Gottheit ab und wäre nicht (länger) Gott, denn er *ist* sein Wort, seine Wahrheit. Sein Wort (nun aber) ist, daß unser Leid in Freude verwandelt werden soll (vgl. Jer. 31, 13). Sicherlich, wüßte ich zuverlässig, daß alle meine Steine in Gold verwandelt werden sollten, je mehr Steine und je größere ich dann hätte, um so lieber wäre es mir; ja, ich bäte um Steine und, wenn ich könnte, erwürbe ich solche, die groß wären und ihrer die Menge; je mehr ihrer wären und je größer, um so lieber wären sie mir. Auf solche Weise würde der Mensch gewiß kräftig getröstet in allem seinem Leide.

Noch ein Weiteres, dem Ähnliches: Kein Gefäß kann zweierlei Trank in sich fassen. Soll es Wein enthalten, so muß man notgedrungen das Wasser ausgießen; das Gefäß muß leer und ledig werden. Darum: sollst du göttliche Freude und Gott aufnehmen, so mußt du notwendig die Kreaturen ausgießen. Sankt Augustinus sagt: »Gieß aus, auf daß du erfüllt werdest. Lerne *nicht* lieben, auf daß du lieben lernst. Kehre dich ab, auf daß du zugekehrt werdest.« Kurz gesagt: Alles, was aufnehmen und empfänglich sein soll, das soll und muß leer sein. Die Meister sagen: Hätte das Auge irgendwelche Farbe in sich, wenn es wahrnimmt, so würde es weder die Farbe, die es hätte, noch eine solche, die es nicht hätte, wahrnehmen; weil es aber aller Farben bloß ist, deshalb erkennt es alle Farben. Die Wand hat Farbe an sich, und drum erkennt sie weder ihre (eigene) Farbe noch irgendwelche andere Farbe und hat keine Freude an der Farbe, nicht mehr am Gold oder an Lasur als an der Farbe der Kohle. Das Auge hat keine (Farbe) und hat sie doch im wahrsten Sinne, denn es erkennt sie mit Lust und mit Wonne und mit Freude. Und je vollkommener und reiner die Kräfte der Seele sind, um so vollkommener und umfassender nehmen sie das, was sie erfassen, auf und empfangen um so mehr und empfinden um so größere Wonne und werden um so mehr eins mit dem, was sie aufnehmen, und zwar in dem Maße, daß (schließlich) die oberste Kraft der Seele, die aller Dinge bloß ist und mit nichts etwas gemein hat, nicht weniger als Gott selbst in der Weite und Fülle seines Seins aufnimmt. Und die Meister erweisen, daß dieser Einigung und diesem Durchfluß und dieser Wonne sich nichts an Lust und Wonne vergleichen kann. Darum sagt unser Herr gar bemerkenswert: »Selig sind die Armen im Geiste« (Matth. 5, 3). Arm ist der, der nichts hat. »Arm im Geiste« das heißt: So wie das Auge arm und bloß ist an Farbe und empfänglich für alle Farben, so ist der, der arm im Geiste ist, empfänglich für allen Geist, und aller Geister Geist ist Gott. Frucht des Geistes ist Liebe, Freude und Friede. Bloß, arm (sein), nichts haben, leer sein verwandelt die Natur; Leere macht Wasser bergauf steigen und noch manch anderes Wunder, wovon nun nicht gesprochen werden soll.

Darum: Willst du volle Freude und Trost haben und finden in Gott, so sieh zu, daß du ledig seist aller Kreaturen, alles Trostes von den Kreaturen; denn sicherlich, solange dich die Kreatur tröstet und zu trösten vermag, findest du niemals rechten Trost. Wenn dich aber nichts zu trösten vermag als Gott, wahrlich, so tröstet dich Gott und mit ihm und in ihm alles, was Wonne ist. Tröstet dich, was nicht Gott ist, so hast du weder hier noch dort Trost. Tröstet dich hingegen die Kreatur nicht und schmeckt sie dir nicht, so findest du sowohl hier wie dort Trost.

Wäre der Mensch imstande und könnte er einen Becher vollkommen leer machen und leer halten von allem, was zu füllen vermag, auch von Luft, der Becher würde zweifellos seine Natur verleugnen und vergessen, und die Leere trüge ihn hinauf bis zum Himmel. Ebenso trägt Bloß-, Arm- und Leersein von allen Kreaturen die Seele auf zu Gott. Auch zieht Gleichheit und Hitze hinauf in die Höhe. Gleichheit eignet man in der Gottheit dem Sohne zu, Hitze und Liebe dem heiligen Geist. Gleichheit in allen Dingen, insbesondere aber und zum ersten mehr noch in göttlicher Natur, ist Geburt des Einen, und Gleichheit von dem Einen, in dem Einen und mit dem Einen ist Beginn und Ursprung der blühenden, feurigen Liebe. Das Eine ist Beginn ohne allen Beginn. Gleichheit ist Beginn von dem Einen allein und empfängt dies, daß sie ist und daß sie Beginn ist, von und in dem Einen. Die Liebe hat dies von Natur aus, daß sie von Zweien als Eines ausfließt und entspringt. Eins als Eins ergibt keine Liebe, Zwei als Zwei ergibt ebenfalls keine Liebe; Zwei als Eins dies ergibt notwendig naturgemäße, drangvolle, feurige Liebe.

Nun sagt Salomon, daß alle Wasser, das heißt alle Kreaturen, in ihren Ursprung fließen und zurücklaufen (Pred. 1, 7). Darum ist es notwendig wahr, wie ich gesagt habe: Gleichheit und feurige Liebe ziehen hinauf und führen und bringen die Seele in den ersten Ursprung des Einen, das »Vater aller« ist »im Himmel und auf Erden« (vgl. Ephes. 4, 6). So sage ich denn, daß Gleichheit, geboren vom Einen, die Seele in Gott zieht, wie er das Eine ist in seiner verborgenen Einung, denn das ist mit Eins gemeint. Dafür haben wir ein sichtbares Anschauungsbild: Wenn das materielle Feuer das Holz entzündet, so empfängt ein Funke Feuersnatur und wird dem lauteren Feuer gleich, das ganz unmittelbar unten am Himmel haftet. Sofort vergißt und gibt er auf Vater und Mutter, Bruder und Schwester auf Erden und jagt hinauf zum *himmlischen* Vater. Vater des Funkens hienieden ist das Feuer, seine Mutter ist das Holz, seine Brüder und Schwestern sind die anderen Funken; auf sie wartet das erste Fünklein nicht. Es jagt schnell hinauf zu seinem rechten Vater, welches der Himmel ist; denn, wer die Wahrheit erkennt, der weiß wohl, daß das Feuer, sofern es Feuer ist, nicht ein rechter, wahrer Vater des Funkens ist. Der rechte, wahre Vater des Funkens und alles Feuerartigen ist der Himmel. Und fürder ist dies noch gar sehr zu beachten, daß dieses Fünklein nicht allein Vater und Mutter, Bruder und Schwester auf Erden verläßt; vielmehr verläßt, vergißt und verleugnet es auch sich selbst aus Liebesdrang, zu seinem rechten Vater, dem Himmel, zu kommen, denn es muß notgedrungen erlöschen in der Kälte der Luft; gleichviel will es die natürliche Liebe, die es zu seinem wahren, himmlischen Vater hat, bekunden.

Und wie vorhin vom Leersein oder Bloßsein gesagt wurde, daß die Seele, je lauterer, entblößter und ärmer sie ist und je weniger Kreaturen sie hat und je leerer an allen Dingen sie ist, die Gott nicht sind, um so reiner Gott und um so mehr in Gott erfaßt und mehr eins mit Gott wird und in Gott schaut und Gott in sie von Antlitz zu Antlitz, wie in einem Bilde überbildet, wie Sankt Paulus sagt, – ganz so sage ich's nun auch von der Gleichheit und vom Feuer der Liebe: denn, in dem Maße, in dem etwas einem andern mehr gleicht, in dem Maße jagt es zu diesem hin, ist es schneller und ist ihm sein Lauf beglückender und wonnevoller; und je weiter es von sich selbst und von allem dem wegkommt, was jenes nicht ist, zu dem es hinjagt, und je ungleicher es sich selbst und allem dem wird, was jenes nicht ist, in dem Maße wird es beständig dem gleicher, zu dem es hinjagt. Und da Gleichheit aus dem Einen fließt und durch die Kraft und in der Kraft des Einen zieht und lockt, drum wird Ruhe noch Genüge weder dem, das zieht, noch dem, das gezogen wird, bis daß sie in Eins vereint werden. Darum sagte unser Herr im Propheten Jesaia dem Sinne nach: daß keine hohe Gleichheit und kein Friede der Liebe mir genügt, bis daß ich selbst in meinem Sohne offenbar werde und ich selbst in der Liebe des Heiligen Geistes entbrannt und entzündet werde (vgl. Is. 62, 1). Und unser Herr bat seinen Vater, daß wir mit ihm und in ihm Eins würden, nicht nur vereint. Für dieses Wort und diese Wahrheit haben wir ein sichtbares Bild und ein anschauliches Zeugnis auch äußerlich in der Natur. Wenn das Feuer seine Wirkung tut und das Holz entzündet und in Brand setzt, so macht das Feuer das Holz ganz fein und ihm selbst ungleich und benimmt ihm Grobheit, Kälte, Schwere und Wässerigkeit und macht das Holz sich selbst, dem Feuer, mehr und mehr gleich; jedoch beruhigt, beschwichtigt noch begnügt sich je weder Feuer noch Holz bei keiner Wärme, Hitze oder Gleichheit, bis daß das Feuer sich selbst in das Holz gebiert und ihm seine eigene Natur und sein eigenes Sein übermittelt, so daß es alles *ein* Feuer ist, beiden gleich eigen, unterschiedslos ohne Mehr oder Weniger.

Und deshalb gibt es, bis es dahin kommt, immer ein Rauchen, Sich-Bekämpfen, Prasseln, Mühen und Streiten zwischen Feuer und Holz. Wenn aber alle Ungleichheit weggenommen und abgelegt ist, so wird das Feuer still und schweigt das Holz. Und ich sage weiterhin wahrheitsgemäß, daß die verborgene Kraft der Natur im Geheimen die Gleichheit, insoweit sie Unterschiedenheit und Zweiung in sich trägt, haßt und in ihr das Eine, das sie in ihr und allein um seiner selbst willen liebt, sucht, so wie der Mund im und am Weine den Geschmack oder die Süßigkeit sucht und liebt. Wenn Wasser den Geschmack, den der Wein hat, besäße, so würde der Mund den Wein nicht mehr als das Wasser lieben.

Und aus diesem Grunde habe ich gesagt, daß die Seele in der Gleichheit die Gleichheit haßt und sie nicht an sich und um ihrer selbst willen liebt; sie liebt sie vielmehr um des Einen willen, das in ihr verborgen ist und wahrer »Vater« ist, ein Beginn ohne jeden Beginn, »aller« »im Himmel und auf Erden.« Und darum sage ich: Solange noch Gleichheit zwischen Feuer und Holz gefunden wird und in Erscheinung tritt, gibt es nimmer wahre Lust noch Schweigen noch Rast noch Genügen. Und darum sagen die Meister: Das Werden des Feuers vollzieht sich mit Widerstreit, mit Erregung und Unruhe und in der Zeit; die Geburt des Feuers aber und die Lust ist ohne Zeit und ohne Ferne. Lust und Freude dünkt niemand lang noch fern. Alles, was ich nun gesagt habe, meint unser Herr, da er spricht: »Wenn die Frau das Kind gebiert, so hat sie Leid und Pein und Traurigkeit; wenn aber das Kind geboren ist, so vergißt sie Leid und Pein« (Joh. 16, 21). Darum sagt auch und ermahnt uns Gott im Evangelium, daß wir den himmlischen Vater bitten, daß unsere Freude vollkommen werde, und Sankt Philippus sprach: »Herr, weise uns den Vater, so genügt es uns« (Joh. 14, 8); denn »Vater« besagt Geburt und nicht Gleichheit und besagt das Eine, in dem die Gleichheit zum Schweigen kommt und alles das still wird, was Begierde nach Sein hat.

Nun kann der Mensch offen erkennen, warum und woher er in allem seinem Leide, Ungemach und Schaden ungetröstet ist. Das kommt stets und nur daher, daß er fern von Gott ist und nicht ledig der Kreatur, Gott ungleich und kalt an göttlicher Liebe.

Noch aber gibt's etwas anderes: wer das beachten und erkennen wollte, der würde zu Recht getröstet bei äußerem Schaden und Leid.

Ein Mensch zieht einen Weg hin oder verrichtet ein Werk oder unterläßt ein anderes und dabei widerfährt ihm ein Schaden: er bricht ein Bein, einen Arm oder verliert ein Auge, oder er wird krank. Will er dann beständig denken: Wärest du einen andern Weg gezogen oder hättest du ein anderes Werk verrichtet, so wäre dir das nicht widerfahren, so bleibt er ungetröstet und wird notwendig leidbedrückt. Und deshalb soll er denken: Wärest du einen andern Weg gezogen oder hättest du ein anderes Werk verrichtet oder unterlassen, so wäre dir leichtlich ein viel größerer Schaden und Kummer widerfahren; und auf solche Weise würde er zu Recht getröstet.

Und wieder ein anderes will ich annehmen: Du hast tausend Mark verloren; dann sollst du nicht die tausend Mark beklagen, die verloren sind. Du sollst Gott danken, der dir tausend Mark gegeben hat, die du verlieren konntest, und der dich durch die Übung der Tugend der Geduld das ewige Leben verdienen läßt, was vielen tausend Menschen nicht vergönnt ist.

Noch ein Weiteres, was den Menschen trösten kann: Ich setze den Fall, daß ein Mensch Ehre und Gemach manches Jahr besessen hat und dies nun durch Gottes Fügung verliert; so soll der Mensch sich weise bedenken und Gott danken. Wenn er des Schadens und des Ungemachs, das er nun hat, inne wird, dann weiß er erst, wieviel Vorteil und Geborgenheit er vorher hatte, und er soll Gott danken für die Geborgenheit, die er so manches Jahr genoß, ohne doch je recht zu erkennen, daß er wohl daran war, und er grolle nicht. Er soll bedenken, daß der Mensch seinem natürlichen Sein nach von sich selbst nichts als Bosheit und Gebresten hat. Alles, was gut und Gutheit ist, das hat ihm Gott geliehen und nicht zu eigen gegeben. Denn wer die Wahrheit erkennt, der weiß, daß Gott, der himmlische Vater, dem Sohn und dem Heiligen Geiste alles, was gut ist, übergibt; der Kreatur aber *gibt* er kein Gut, sondern er leiht es ihr (nur) auf Borg. Die Sonne gibt der Luft Wärme, Licht aber gibt sie ihr auf Borg; und darum: sobald die Sonne untergeht, so verliert die Luft das Licht, die Wärme aber bleibt ihr, denn die ist der Luft als zu eigen gegeben. Und darum sagen die Meister, daß Gott, der himmlische Vater, des Sohnes Vater und nicht Herr noch auch des Heiligen Geistes Herr ist. Aber Gott-Vater-Sohn-und-Heiliger-Geist ist ein Herr, und zwar ein Herr der Kreaturen. Und wir sagen, daß Gott ewig Vater war; aber von dem Zeitpunkt an, da er die Kreaturen schuf, ist er Herr.

Nun sage ich: Sintemalen dem Menschen alles das, was gut oder tröstlich oder zeitlich ist, ihm auf Borg geliehen ist, was hat er dann zu klagen, wenn der, der es ihm geliehen hat, es zurücknehmen will? Er soll Gott danken, der es ihm so lange geliehen hat. Auch soll er ihm danken, daß er es ihm nicht insgesamt wieder wegnimmt, was er ihm geliehen hat; und es wäre doch auch nur billig, daß Gott ihm alles das, was er ihm geliehen hat, wieder wegnähme, wenn der Mensch zornig wird darüber, daß er ihm ein Teil dessen, was nie sein und dessen Herr er nie ward, wieder nimmt. Und darum spricht Jeremias, der Prophet, ganz recht, da er in großem Leiden und Klagen war: »Mannigfaltig sind Gottes Erbarmungen, daß wir nicht gänzlich zunichte werden!« (Klag. 3,22). Wenn einer, der mir seinen Rock, Pelzrock und Mantel geliehen hätte, seinen Mantel zurücknähme und mir den Rock und den Pelzrock im Frost ließe, so sollte ich ihm sehr zu Recht danken und froh sein. Und man soll insonderheit erkennen, wie sehr ich unrecht habe, wenn ich zürne und klage, so ich irgend etwas verliere; denn, wenn ich will, daß das Gute, das ich habe, mir zu eigen gegeben und nicht (nur) geliehen sei, so will ich Herr sein und will Gottes Sohn von Natur und in vollkommenem Sinne sein und bin doch noch nicht (einmal) Gottes Sohn von Gnaden; denn Eigenschaft des Sohnes Gottes und des Heiligen Geistes ist es, sich gleich zu verhalten in allen Dingen.

Auch soll man wissen, daß zweifellos schon natürliche menschliche Tugend so edel und kräftig ist, daß ihr kein äußeres Werk zu schwer noch groß genug ist, sich daran und darin erweisen und sich darein einformen zu können. Und darum gibt es ein inneres Werk, das weder Zeit noch Raum umschließen noch umfassen kann, und in demselben ist etwas, das göttlich und Gott gleich ist, den (ja ebenfalls) weder Zeit noch Raum umschließt – er ist allenthalben und allzeit gleich gegenwärtig –, und es ist auch darin Gott gleich, daß ihn keine Kreatur vollkommen in sich aufzunehmen noch Gottes Gutheit in sich einzuformen vermag. Und deshalb muß es etwas Innerlicheres und Höheres und Ungeschaffenes geben, ohne Maß und ohne Weise, in das der himmlische Vater sich ganz einzuprägen und einzugießen und in dem er sich zu offenbaren vermag: das sind der Sohn und der Heilige Geist. Auch vermag jemand das innere Werk der Tugend so wenig zu hindern, wie man Gott hindern kann. Das Werk glänzt und leuchtet Tag und Nacht. Es lobt und singt Gottes Lob und einen neuen Gesang, wie David spricht: »Singet Gott einen neuen Gesang« (Ps. 95, 1). *Dessen* Lob ist irdisch und *das* Werk liebt Gott nicht, das äußerlich ist, das Zeit und Raum umschließt, das eng ist, das man hindern und bezwingen kann, das müde wird und alt durch Zeit und Ausübung. Jenes Werk aber ist: Gott lieben, ist Gutes und die Gutheit wollen, wobei alles das, was der Mensch mit lauterem und ganzem Willen in allen guten Werken tun will und tun möchte, (damit) bereits jetzt getan hat, auch darin Gott gleichend, von dem David schreibt: »Alles, was er wollte, das hat er jetzt getan und gewirkt« (Ps. 134, 6).

Für diese Lehre haben wir ein anschauliches Zeugnis am Steine: dessen äußeres Werk ist es, daß er niederfällt und auf der Erde aufliegt. *Dieses* Werk kann gehindert werden, und er fällt nicht jederzeit noch ohne Unterlaß. Ein anderes Werk (aber) ist dem Stein noch inniger: das ist die Neigung niederwärts, und dies ist ihm angeboren; das kann ihm weder Gott noch Kreatur noch irgendwer benehmen. Dies Werk wirkt der Stein ohne Unterlaß Tag und Nacht. Und wenn er tausend Jahre da oben läge, er würde nicht weniger noch mehr niederwärts neigen als am ersten Tage.

Genau so sage ich von der Tugend, sie habe ein *inneres* Werk: ein Streben und Neigen zu allem Guten und ein Fliehen und Widerstreben weg von allem dem, was böse und übel ist, der Gutheit und Gott ungleich. Und je böser das Werk ist und Gott unähnlicher, um so größer ist das Widerstreben; und je bedeutender und Gott ähnlicher das Werk ist, um so leichter, lieber und lustvoller ist ihr das Werk. Und ihre ganze Klage und ihr Leid ist es – dafern Leid sie überhaupt befallen kann –, daß dieses Leiden um Gottes willen und alles äußere Werk in der Zeit viel zu klein ist, als daß sie sich ganz darin offenbaren und voll erweisen und darin erbilden kann. Durch Übung wird sie kräftig, und durch Freigebigkeit wird sie reich. Sie möchte nicht Leid und Leiden (schon) gelitten und überstanden haben; sie will und möchte allzeit ohne Unterlaß leiden um Gottes und des Wohltuns willen. Ihre ganze Seligkeit liegt im Leiden, nicht im Gelitten-haben, um Gottes willen. Und darum sagt unser Herr gar beherzigenswert: »Selig sind, die da leiden um der Gerechtigkeit willen« (Matth. 5, 10). Er sagt nicht: »die gelitten haben.« Ein solcher Mensch haßt das Gelitten-haben, denn Gelitten-haben ist nicht das Leiden, das er liebt; es ist ein Überschreiten und ein Verlust des Leidens um Gottes willen, das allein er liebt. Und darum sage ich, daß ein solcher Mensch auch das Erst-noch-leiden-werden haßt, denn auch das ist nicht Leiden. Indessen haßt er weniger das Leiden-werden als das Gelitten-haben, denn das Gelitten-haben ist dem Leiden ferner und unähnlicher, da es gänzlich vergangen ist. Wenn aber jemand (erst noch) leiden *wird*, so beraubt ihn dies nicht völlig des Leidens, das er liebt.

Sankt Paulus sagt, daß er Gottes um Gottes willen entbehren wolle (Röm. 9, 3), auf daß Gottes Ehre gemehrt würde. Man sagt, Sankt Paulus habe dies in der Zeit geäußert, da er noch nicht vollkommen war. Ich hingegen meine, daß dies Wort aus einem vollkommenen Herzen kam. Man sagt auch, er habe gemeint, daß er (nur) für eine Weile von Gott geschieden sein wollte. Ich (aber) sage, daß ein vollkommener Mensch sich gleich ungern für eine Stunde wie für tausend Jahre von Gott trennen möchte. Wäre es jedoch Gottes Wille und Gottes Ehre, daß er Gott entbehrte, so fielen ihm tausend Jahre oder gar die Ewigkeit so leicht wie ein Tag, eine Stunde.

Auch ist das innere Werk darin göttlich und gottartig und verrät göttliche Eigenheit, daß, gleichwie alle Kreaturen, selbst wenn es tausend Welten gäbe, nicht um Haaresbreite den Wert Gottes allein übersteigen würden, – so sage ich und habe es schon vorhin gesagt, daß jenes äußere Werk, sein Umfang und seine Größe, seine Länge und seine Weite um ganz und gar nichts die Gutheit des inneren Werkes mehrt; es hat seine Gutheit in sich selbst. Darum kann das äußere Werk niemals klein sein, wenn das innere groß ist, und das äußere niemals groß oder gut, wenn das innere klein oder nichts wert ist. Das innere Werk hat allzeit alle Größe, alle Weite und Länge in sich beschlossen. Das innere Werk nimmt und schöpft sein ganzes Sein nirgends als von und in Gottes Herzen; es nimmt den Sohn und wird als Sohn geboren in des himmlischen Vaters Schoß. Nicht so das äußere Werk: vielmehr empfängt dies seine göttliche Gutheit vermittels des inneren Werkes als ausgetragen und ausgegossen in einem Abstieg der mit Unterschied, mit Menge, mit Teil umkleideten Gott*heit*: dies alles (aber) und dem Ähnliches, wie auch die Gleichheit selbst sind *Gott* fern und fremd. (Denn) dies alles haftet und verharrt und beruhigt sich in dem, was (einzeln) gut ist, was *erleuchtet* ist, was Kreatur ist, ganz und gar blind für *die Gutheit* und *das Licht an sich* und für *das Eine*, in dem Gott seinen eingeborenen Sohn gebiert und in ihm alle die, die Gottes Kinder, geborene Söhne sind. Da (d. h. in dem Einen) ist der Ausfluß und Ursprung des Heiligen Geistes, von dem allein. sofern er Gottes Geist und Gott selbst Geist ist, der Sohn in uns empfangen wird, und (da) ist (auch) dieser Ausfluß (des Heiligen Geistes) aus allen denen, die Gottes Söhne sind, je nachdem sie minder oder mehr rein nur von Gott allein geboren sind, nach Gott und in Gott überbildet und aller Menge entrückt, die man doch und selbst noch in den obersten Engeln ihrer Natur nach findet, ja selbst noch, will man's recht erkennen, entrückt der Gutheit, der Wahrheit und allem dem, was, und sei's nur im Gedanken und in der Benennung eine Ahnung oder einen Schatten irgendeines Unterschieds leidet, und anvertraut (nur) dem Einen, das frei ist von jederart Menge und Unterschied, in dem auch Gott-Vater-Sohn-und-Heiliger-Geist alle Unterschiede und Eigenschaften verliert und ihrer entblößt wird und Eins ist und sind. Und dieses Eine macht uns selig, und je ferner wir dem Einen sind, um so weniger sind wir Söhne und Sohn, und um so weniger vollkommen entspringt in uns und fließt von uns der Heilige Geist; hingegen, je nachdem wir dem Einen näher sind, um so wahrhaftiger sind wir Gottes Söhne und Sohn und fließt auch Gott, der Heilige Geist von uns aus. Das ist gemeint, wenn unser Herr, Gottes Sohn in der Gottheit, spricht: »Wer da von dem Wasser trinkt, das ich gebe, in dem entspringt ein Quell des Wassers, das da ins ewige Leben springt« (Joh. 4, 14), und Sankt Johannes spricht, er habe dies vom Heiligen Geist gesagt (Joh. 7, 39).

Der Sohn in der Gottheit gibt seiner Eigenheit gemäß nichts anderes als Sohn-Sein, als Gottgeboren-Sein, Quell, Ursprung und Ausfluß des Heiligen Geistes, der Liebe Gottes, und vollen, rechten, ganzen Geschmack des Einen, des himmlischen Vaters. Drum spricht des Vaters Stimme vom Himmel herab zum Sohn: »Du bist mein geliebter Sohn, in dem ich geliebt und wohlgefällig bin« (Matth. 3, 17), denn zweifellos liebt niemand, der nicht Gottes Sohn ist, Gott genugsam und lauter. Denn die Liebe, der Heilige Geist, entspringt und fließt aus dem Sohn, und der Sohn liebt den Vater um seiner selbst willen, den Vater in ihm selbst und sich selbst in dem Vater. Sehr recht sagt darum unser Herr: »Selig sind die Armen im Geiste« (Matth. 5, 3), das heißt: die nichts von eigenem und menschlichem Geist haben und entblößt zu Gott kommen. Und Sankt Paulus spricht: »Gott hat es uns geoffenbart in seinem Geiste« (Kol. 1, 8).

Sankt Augustinus sagt, daß *der* die Schrift am besten versteht, der alles Geistes entblößt, Sinn und Wahrheit der Schrift in ihr selbst, d. h. in dem Geiste sucht, darin sie geschrieben und gesprochen ist: in Gottes Geist. Sankt Peter sagt, daß alle die heiligen Leute im Geiste Gottes gesprochen haben (2 Petr. 1, 21). Sankt Paulus sagt: Niemand vermag zu erkennen und zu wissen, was in dem Menschen sei, als der Geist, der im Menschen ist, und niemand vermag zu wissen, was Gottes Geist und in Gott ist, als der Geist, der Gottes und Gott ist (1 Kor. 2, 11). Drum sagt eine Schrift, eine Glosse, sehr recht, daß niemand Sankt Pauls Schrift verstehen noch lehren kann, er habe denn den Geist, in dem Sankt Paulus sprach und schrieb. Und dies ist immerfort und meine ganze Klage, daß grobsinnige Leute, die Gottes Geistes bar sind und nichts davon besitzen, nach ihrem groben menschlichen Verstand beurteilen wollen, was sie hören oder lesen in der Schrift, die gesprochen und geschrieben ist vom und im Heiligen Geiste, und nicht bedenken, daß geschrieben steht: »Was unmöglich ist bei den Menschen, das ist möglich bei Gott« (Matth. 19, 26). Und (es gilt) auch gemeinhin und im natürlichen Bereich: Was der untern Natur unmöglich ist, das ist der obern Natur gewohnt und naturgemäß.

Darüber nehmt nun doch noch hinzu, was ich vorhin gesagt habe: daß ein guter Mensch, als Gottes Sohn in Gott geboren, Gott um seiner selbst willen und in ihm selbst liebt, und viele andere Worte, die ich im voraufgehenden gesprochen habe. Um es noch besser zu verstehen, muß man wissen, daß, wie ich denn auch öfter gesagt habe, ein guter Mensch, von der Gutheit und in Gott geboren, in alle Eigenart göttlicher Natur eintritt. Nun ist es nach Salomons Worten eine Eigentümlichkeit Gottes, daß Gott alle Dinge um seiner selbst willen wirkt, das heißt, daß er auf kein Warum außerhalb seiner selbst als vielmehr nur auf das Um-seiner-selbst-willen schaut; er liebt und wirkt alle Dinge um seiner selbst willen. Wenn daher der Mensch ihn selbst und alle Dinge liebt und alle seine Werke wirkt nicht um Lohn, um Ehre oder um Gemach, sondern nur um Gott und Gottes Ehre willen, so ist das ein Zeichen, daß er Gottes Sohn ist.

Mehr noch: Gott liebt seiner selbst wegen und wirkt alle Dinge um seiner selbst willen, das heißt: er liebt um der Liebe, und er wirkt um des Wirkens willen; denn zweifellos hätte Gott seinen eingeborenen Sohn in der Ewigkeit nie geboren, wäre das Geborenhaben nicht dem Gebären gleich. Darum sagen die Heiligen, daß der Sohn so ewiglich geboren *ist*, daß er doch ohne Unterlaß noch geboren *wird*. Auch hätte Gott die Welt nie geschaffen, wenn Geschaffen-sein nicht mit Erschaffen eins wäre. Drum: Gott hat die Welt in der Weise geschaffen, daß er sie immer noch ohne Unterlaß erschafft. Alles, was vergangen und was zukünftig ist, das ist Gott fremd und fern. Und darum: Wer von Gott als Gottes Sohn geboren ist, der liebt Gott um seiner selbst willen, das heißt: er liebt Gott um des Gott-Liebens willen und wirkt alle seine Werke um des Wirkens willen. Gott wird des Liebens und Wirkens nimmer müde, und auch ist ihm, was er liebt, alles *eine* Liebe. Und darum ist es wahr, daß Gott die Liebe ist. Und darum habe ich oben gesagt, daß der gute Mensch allzeit um Gottes willen leiden will und möchte, nicht gelitten haben; leidend (=indem er leidet) hat er, was er liebt. Er liebt das Um-Gottes-willen-Leiden und leidet Gottes wegen. Deshalb und darin ist er Gottes Sohn, nach Gott und in Gott gebildet, der um seiner selbst willen liebt, das heißt: er liebt um der Liebe, er wirkt um des Wirkens willen; und darum liebt und wirkt Gott ohne Unterlaß. Und Gottes Wirken ist seine Natur, sein Sein, sein Leben, seine Seligkeit. Ganz so in Wahrheit ist für den Gottessohn, für einen guten Menschen, soweit er Gottes Sohn ist, das Leiden um Gottes willen, das Wirken um Gottes willen sein Sein, sein Leben, sein Wirken, seine Seligkeit, denn so spricht unser Herr: »Selig sind, die da leiden um der Gerechtigkeit willen« (Matth. 5, 10).

Überdies sage ich weiterhin zum dritten, daß ein guter Mensch, soweit er gut ist, Gottes Eigenheit hat nicht allein darin, daß er alles, was er liebt und wirkt, liebt und wirkt um Gottes willen, den er da liebt und um dessentwillen er wirkt, sondern er, der da liebt, liebt und wirkt auch um seiner selbst willen; denn, *was* er liebt, das ist der ungeborene Gott-Vater, *wer* da liebt, ist der geborene Gott-Sohn. Nun ist der Vater im Sohn und der Sohn im Vater. Vater und Sohn sind Eins. Darüber, wie das Innerste und das Oberste der Seele Gottes Sohn und das Gottes-Sohn-Werden in des himmlischen Vaters Schoß und Herzen schöpft und empfängt, das suche hinter dem Schluß dieses Buches, wo ich schreibe »Vom edlen Menschen, der auszog in ein fernes Land, um ein Reich zu empfangen und wiederzukommen« (Luk. 19, 12).

Man soll überdies wiederum wissen, daß in der Natur der Eindruck und Einfluß der obersten und höchsten Natur einem jeglichen (Wesen) wonnesamer und lustvoller ist denn seine eigene Natur und Wesensart. Das Wasser fließt infolge seiner eigenen Natur niederwärts zu Tal, und darin liegt auch sein Wesen. Jedoch unter dem Eindruck und Einfluß des Monds oben am Himmel verleugnet und vergißt es seine eigene Natur und fließt bergan in die Höhe, und dieser Ausfluß ist ihm viel leichter als der Fluß niederwärts. Daran soll der Mensch erkennen, ob er recht daran sei: daß es ihm wonnesam und erfreulich wäre, seinen natürlichen Willen zu lassen und zu verleugnen und sich völlig seiner selbst zu entäußern in allem, von dem Gott will, daß es der Mensch leidet,

Und dies ist in rechtem Sinne gemeint, wenn unser Herr sprach: »Wer zu mir kommen will, der muß sich seiner selbst entäußern und sich verleugnen und muß sein Kreuz aufheben« (Matth. 16, 24), das heißt: er soll ablegen und abtun alles, was Kreuz und Leid ist. Denn sicherlich: Wer sich selbst verleugnet und sich gänzlich seiner selbst entäußert hätte, für den könnte nichts Kreuz noch Leid noch Leiden sein; es wäre ihm alles eine Wonne, eine Freude, eine Herzenslust, und ein solcher käme und folgte Gott wahrhaft. Denn so wie Gott nichts zu betrüben noch in Leid zu versetzen vermag, ebensowenig könnte einen solchen Menschen irgend etwas bekümmern oder in Leid bringen. Und wenn daher unser Herr sagt: »Wer zu mir kommen will, der verleugne sich selbst und hebe sein Kreuz auf und folge mir«, so ist das nicht nur ein Gebot, wie man gemeinhin sagt und wähnt: es ist (vielmehr) eine Verheißung und eine göttliche Anweisung, auf welche Weise dem Menschen sein ganzes Leiden, sein ganzes Tun, sein ganzes Leben wonnevoll und freudig wird, und es ist eher ein Lohn als ein Gebot. Denn der Mensch, der so geartet ist, hat alles, was er will, und will nichts Schlechtes, und das ist Seligkeit. Deshalb wiederum spricht unser Herr mit Recht: »Selig sind, die da leiden um der Gerechtigkeit willen« (Matth. 5, 10).

Zudem, wenn unser Herr, der Sohn, spricht: »der verleugne sich selbst und hebe sein Kreuz auf und komme zu mir«, so meint er dies: Werde Sohn, wie ich Sohn bin, geborener Gott, und (werde) dasselbe Eine, das ich bin, das ich innewohnend, innebleibend in des Vaters Schoß und Herzen schöpfe. Vater, spricht der Sohn, ich will, daß, wer mir folgt, wer zu mir kommt, dort sei, wo ich bin (vgl. Joh. 12, 26). Niemand kommt im eigentlichen Sinne zum Sohn, insofern dieser *Sohn* ist, als der, der (selbst) Sohn *wird*, und niemand *ist* dort, wo der Sohn ist, der in des Vaters Schoß und Herzen Eins in Einem ist, als der, der Sohn *ist*.

»Ich«, spricht der Vater, »will sie geleiten in eine Einöde und dort zu ihrem Herzen sprechen« (Hosea 2, 14). Herz zu Herzen, Eins in Einem, das liebt Gott. Alles, was *dem* fremd und fern ist, das haßt Gott; zum Einen lockt und zieht Gott. Das Eine suchen alle Kreaturen, selbst die niedersten Kreaturen suchen das Eine, und die obersten nehmen dieses Eine wahr; über (ihre) Natur hinausgezogen und überbildet suchen sie das Eine im Einen, das Eine in ihm selbst. Darum will der Sohn wohl sagen: In der Gottheit Sohn im Vater, wo ich bin, da soll sein, wer mir dient, wer mir folgt, wer zu mir kommt.

Noch gibt es aber einen weiteren Trost. Man muß wissen, daß es der gesamten Natur unmöglich ist, irgend etwas zu zerbrechen, zu verderben oder auch (nur) zu berühren, ohne daß sie damit für das, was sie anrührt, etwas Besseres anstrebt. Ihr genügt es nicht, daß sie ein gleich Gutes schaffe; sie will stets ein besseres machen. Wieso? Ein weiser Arzt berührt niemals den kranken Finger des Menschen, so daß er dem Menschen weh tut, wenn er nicht den Finger selbst oder den gesamten Menschen in einen besseren Zustand zu versetzen und ihm Erleichterung zu schaffen vermöchte. Vermag er den Menschen und auch den Finger zu bessern, so tut er's; ist dem nicht so, so schneidet er den Finger ab, auf daß er den *Menschen* bessere. Und es ist viel besser, den Finger allein preiszugeben und den Menschen zu erhalten, als daß sowohl der Finger wie der Mensch verderbe. Besser ist *ein* Schaden als zwei, insonderheit, wenn der eine ungleich größer wäre als der andere. Auch soll man wissen, daß der Finger und die Hand und ein jegliches Glied von Natur aus den Menschen, dessen es ein Glied ist, viel lieber hat als sich selbst und sich gern und unbedenklich freudig in Not und Schaden begibt für den Menschen. Ich sage zuversichtlich und wahrheitsgemäß, daß ein solches Glied sich selbst durchaus nicht liebt, es sei denn um dessen willen und in dem, von dem es ein Glied ist. Drum wäre es gar billig und wäre für uns naturgemäß das Rechte, daß wir uns selbst keinesfalls liebten, wenn nicht um Gottes willen und in Gott. Und wäre dem so, so wäre uns alles das leicht und eine Wonne, was Gott von uns und in uns wollte, zumal, wenn wir gewiß wären, daß Gott ungleich weniger irgendein Gebresten oder einen Schaden zu dulden vermöchte, wenn er nicht einen viel größeren Gewinn darin erkennte und anstrebte. Wahrlich, wenn iemand darin zu Gott nicht Vertrauen hegt, so ist es nur zu billig, daß er Leiden und Leid hat.

Noch gibt es einen anderen Trost. Sankt Paulus sagt, daß Gott alle die züchtigt, die er zu Söhnen annimmt und empfängt (vgl. Hebr. 12, 6). Es gehört, wenn man Sohn sein soll, dazu, daß man leide. Weil Gottes Sohn in der Gottheit und in der Ewigkeit nicht leiden konnte, darum sandte ihn der himmlische Vater in die Zeit, auf daß er Mensch würde und leiden könnte. Willst du denn Gottes Sohn sein und willst doch nicht leiden, so hast du gar unrecht. Im Buch der Weisheit steht geschrieben, daß Gott prüft und erprobt, wer gerecht sei, wie man Gold prüft und erprobt und brennt in einem Schmelzofen (vgl. Weish. 3, 5/6). Es ist ein Zeichen, daß der König oder ein Fürst einem Ritter wohl vertraut, wenn er ihn in den Kampf sendet. Ich habe einen Herrn gesehen, der bisweilen, wenn er jemand in sein Gesinde aufgenommen hatte, diesen bei Nacht aussandte und ihn dann selbst anritt und mit ihm focht. Und es geschah einst, daß er beinahe getötet ward von einem, den er auf solche Weise erproben wollte; und diesen Knecht hatte er danach viel lieber als vorher.

Man liest, daß Sankt Antonius in der Wüste einmal besonders schwer zu leiden hatte von den bösen Geistern; und als er sein Leid überwunden hatte, da erschien ihm unser Herr auch äußerlich sichtbar und fröhlich. Da sprach der heilige Mann: »Ach, lieber Herr, wo warst du eben, als ich in so großer Not war?« Da sprach unser Herr: »Ich war ganz so hier, wie ich es jetzt bin. Ich hatte aber den Wunsch, und es gelüstete mich zu schauen, wie fromm du wärest.« Ein Stück Silber oder Gold ist wohl rein; doch, wenn man daraus ein Gefäß machen will, aus dem der König trinken soll, so brennt man es ausnehmend stärker als ein anderes. Darum steht von den Aposteln geschrieben, sie hätten sich gefreut, daß sie würdig waren, Schmach um Gottes willen zu erdulden (Apg. 5, 41).

Gottes Sohn von Natur wollte aus Gnade Mensch werden, auf daß er um deinetwillen leiden könnte, und du willst Gottes Sohn werden und nicht Mensch, damit du nicht leiden mögest noch brauchst um Gottes noch um deiner selbst willen.

Wollte der Mensch sich auch bewußt halten und bedenken, wie große Freude fürwahr Gott selbst nach seiner Weise und alle Engel und alle, die Gott kennen und lieben, an der Geduld des Menschen haben, wenn er um Gottes willen Leid und Schaden erduldet, wahrlich, durch das allein schon müßte er sich von Rechts wegen trösten. Ein Mensch gibt doch sein Gut hin und leidet Ungemach, auf daß er seinen Freund erfreuen und ihm etwas Liebes erweisen könne.

Auch soll man wiederum bedenken: Hätte ein Mensch einen Freund, der um seinetwillen im Leiden wäre und in Schmerz und in Ungemach, so wäre es gewiß gar billig, daß er bei ihm wäre und ihn tröstete mit seiner eigenen Gegenwart und mit (aller) Tröstung, die er ihm bereiten könnte. Daher sagt unser Herr im Psalter von einem guten Menschen, daß er mit ihm sei im Leiden (Ps. 33, 19). Diesem Worte kann man sieben Lehren und siebenerlei Trostgründe entnehmen.

Zum ersten, was Sankt Augustinus sagt: daß Geduld im Leiden um Gottes willen besser, wertvoller und höher und edler ist als alles, was man dem Menschen gegen seinen Willen wegnehmen kann; das ist alles (bloß) äußerliches Gut. Weiß Gott, man findet (gleichviel) keinen noch so Reichen, der diese Welt liebt und nicht willig und gern großen Schmerz erleiden wollte und auch sehr lange erduldete, wofern er danach gewaltiger Herr dieser ganzen Welt sein könnte.

Zum zweiten leite ich es nicht nur aus jenem Worte, das Gott spricht, er sei mit dem Menschen in seinem Leiden, ab, sondern ich entnehme es (unmittelbar) aus und in dem Worte und sage so: Ist Gott mit mir im Leiden, was will ich dann mehr, was will ich dann sonst noch? Ich will doch nichts anderes, ich will nichts weiter als Gott, wenn es recht mit mir steht. Sankt Augustinus spricht: »Der ist gar gierig und unweise, dem es an Gott nicht genügt«, und er sagt anderswo: »Wie kann es dem Menschen an Gottes äußeren oder inneren Gaben genügen, wenn es ihm an Gott selbst nicht genügt?« Darum sagt er wiederum an anderer Stelle: »Herr, weisest du uns von dir, so gib uns einen andern Dich, denn wir wollen nichts als dich.« Darum sagt das Buch der Weisheit: »Mit Gott, der ewigen Weisheit, sind mir miteins alle Güter zusammen zugekommen« (Weish. 7, 11). Das bedeutet in *einem* Sinne, daß nichts gut ist noch gut sein kann, was ohne Gott kommt, und alles, was mit Gott kommt, das ist gut und nur deshalb gut, weil es mit

Gott kommt. Von Gott will ich schweigen. Benähme man allen Kreaturen dieser ganzen Welt das Sein, das Gott gibt, so blieben sie ein bloßes Nichts, unerfreulich, wertlos und hassenswert. Noch manch anderen köstlichen Sinn birgt das Wort, daß mit Gott alles Gute kommt, was auszuführen nun zu lang würde.

Es spricht unser Herr: »Ich bin mit dem Menschen im Leiden« (Ps. 90, 15). Dazu sagt Sankt Bernhard: »Herr, bist du mit uns im Leiden, so gib mir allzeit zu leiden, auf daß du allzeit bei mir seiest, auf daß ich dich allzeit besitze.«

Zum dritten sage ich: Daß Gott mit uns im Leiden ist, heißt, daß er selbst mit uns leidet. Fürwahr, wer die Wahrheit erkennt, der weiß, daß ich wahr spreche. Gott leidet mit dem Menschen, ja, er leidet auf seine Weise eher und ungleich mehr, als der da leidet, der um seinetwillen leidet. Nun sage ich: Will denn Gott selbst leiden, so soll *ich* gar billigerweise (auch) leiden, denn, steht es recht mit mir, so will ich, was Gott will. Ich bitte alle Tage, und Gott heißt's mich bitten: »Herr, dein Wille geschehe!« Und doch, wenn Gott (das) Leiden will, so will ich über das Leiden klagen; das ist gar unrecht. Auch sage ich für gewiß, daß Gott so gern mit uns und für uns leidet, wenn wir allein um Gottes willen leiden, daß er leidet ohne Leiden. Leiden ist ihm so wonniglich, daß Leiden für ihn nicht Leiden ist. Und darum, wäre es recht um uns bestellt, so wäre auch für uns Leiden nicht Leiden; es wäre uns Wonne und Trost.

Zum vierten sage ich, daß Freundes Mitleiden naturgemäß dies (eigene) Leiden mindert. Vermag mich denn also eines Menschen Leiden, das er mit mir empfindet, zu trösten, so wird mich um vieles mehr Gottes Mitleiden trösten.

Zum fünften: Sollte und wollte ich mit einem Menschen, den ich lieben und der mich lieben würde, leiden, so soll ich gern und gar billigerweise mit Gott leiden, der da mit mir und um meinetwillen leidet aus Liebe, die er zu mir hegt.

Zum sechsten sage ich: Ist es so, daß Gott früher leidet, ehe ich leide, und leide ich um Gottes willen, so wird mir leichtlich zu Trost und Freude all mein Leiden, wie groß und mannigfaltig es auch ist. Es ist von Natur aus wahr: Wenn der Mensch ein Werk um eines anderen (Werkes) willen verrichtet, so ist das (Ziel), um dessentwillen er es tut, seinem Herzen näher, und das, was er tut, ist seinem Herzen ferner und berührt das Herz nur im Hinblick auf das, zu dessen Ende und um dessentwillen er es tut. Wer da baut und das Holz zuhaut und den Stein metzt darum und zu dem Ende, daß er ein Haus gegen die Hitze des Sommers und den Frost des Winters herstelle, dessen Herz(ensanliegen) ist zum ersten und ganz und gar das Haus, und er würde nimmer den Stein behauen und die Arbeit verrichten, wenn nicht des Hauses wegen. Nun sehen wir wohl, wenn der kranke Mensch den süßen Wein trinkt, so dünkt ihn und sagt er, daß er bitter sei, und es ist wahr; denn der Wein verliert alle seine Süßigkeit draußen in der Bitterkeit der Zunge, ehe er nach innen kommt (dorthin), wo die Seele den Geschmack wahrnimmt und beurteilt. So ist, und zwar in ungleich höherem und wahrerem Sinne, wenn der Mensch alle seine Werke um Gottes willen wirkt, Gott dabei das Vermittelnde und das der Seele Nächstliegende, und nichts vermag die Seele und das Herz des Menschen zu berühren, das nicht durch Gott und Gottes Süßigkeit seine Bitterkeit verlöre und notwendig verlieren und lautere Süße werden müßte, ehe es des Menschen Herz je zu berühren vermöchte.

Auch gibt's ein anderes Zeugnis und Gleichnis: Die Meister sagen, daß unter dem Himmel Feuer sei, weithin ringsum, und darum kann kein Regen noch Wind noch irgendwelche Stürme noch Ungewitter von unten her dem Himmel so nahe kommen, daß es ihn auch nur zu berühren vermöchte; es wird alles verbrannt und vernichtet von der Hitze des Feuers, eh denn es an den Himmel komme. Ganz so, sage ich, wird alles, was man leidet und wirkt um Gottes willen, süß in Gottes Süßigkeit, ehe es zum Herzen *des* Menschen kommt, der um Gottes willen wirkt und leidet. Denn dies eben meint das Wort, wenn man sagt »um Gottes willen«, da denn nichts je an das Herz gelangt denn im Durchfluß durch Gottes Süßigkeit, in der es seine Bitterkeit verliert. Auch wird es verbrannt von dem heißen Feuer der göttlichen Liebe, die des guten Menschen Herz ringsum in sich beschlossen hält.

Nun kann man deutlich erkennen, wie füglich und auf wie vielerlei Weise ein guter Mensch allenthalben getröstet wird im Leiden, im Leid und im Wirken. Auf eine Weise ist's, wenn er leidet und wirkt um Gottes willen; auf eine andere Weise, wenn er in göttlicher Liebe steht. Auch kann der Mensch erkennen und wissen, ob er alle seine Werke um Gottes willen wirkt und ob er in Gottes Liebe stehe; denn sicherlich, soweit sich der Mensch leidvoll und sonder Trost findet, soweit geschah sein Wirken nicht um Gottes willen allein. Sieh, und insoweit steht er auch nicht beständig in göttlicher Liebe. »Ein Feuer«, spricht König David, »kommt mit Gott und vor Gott (her), das verbrennt ringsum alles, was Gott wider sich findet« (vgl. Ps. 96, 3) und ihm ungleich ist, das ist: Leid, Untrost, Unfrieden und Bitterkeit.

Noch bleibt der siebente (Trostgrund) in dem Worte, daß Gott mit uns ist im Leiden und mit uns mitleidet: daß uns Gottes Eigenart kräftig zu trösten vermag in Ansehung dessen, daß er das lautere Eine ist ohne jede hinzutretende Vielheit eines Unterschieds, und sei's nur eines gedanklichen, – daß alles, was in ihm ist, Gott selbst ist. Und da dies wahr ist, so sage ich: Alles, was der gute Mensch um Gottes willen leidet, das leidet er in Gott, und Gott ist mit ihm leidend in seinem Leiden. Ist mein Leiden in Gott und leidet Gott mit, wie kann mir dann das Leiden ein Leid sein, wenn das Leiden das Leid verliert und mein Leid in Gott und mein Leid Gott ist? Wahrhaftig, so wie Gott die Wahrheit ist und, wo immer ich Wahrheit finde, ich meinen Gott, die Wahrheit, finde, ebenso auch, nicht weniger und nicht mehr, finde ich, wenn ich lauteres Leiden um Gottes willen und in Gott finde, mein Leiden als Gott. Wer das nicht erkennt, der klage seine Blindheit an, nicht mich noch die göttliche Wahrheit und liebenswerte Güte.

In dieser Weise also leidet um Gottes willen, da es so überaus heilsam und die Seligkeit ist! »Selig sind«, sprach unser Herr, »die da leiden um der Gerechtigkeit willen« (Matth. 5, 10). Wie kann der die Güte liebende Gott es zulassen, daß seine Freunde, gute Menschen, nicht beständig ohne Unterlaß im Leiden stehen? Hätte ein Mensch einen Freund, der wenige Tage zu leiden auf sich nähme, auf daß er dadurch großen Nutzen, Ehre und Gemach verdienen und auf lange Zeit besitzen dürfte, und wollte er das verhindern, oder wäre es sein Wunsch, daß es von (sonst) jemand verhindert würde, so würde man nicht sagen, daß er jenes Freund wäre oder daß er ihn lieb hätte. Darum könnte wohl leichtlich Gott in keiner Weise dulden, daß seine Freunde, gute Menschen, je ohne Leiden wären, wenn sie nicht ohne Leiden zu leiden vermöchten. Alle Gutheit des äußeren Leidens kommt und fließt aus der Gutheit des Willens, wie ich oben geschrieben habe. Und darum: Alles, was der gute Mensch leiden möchte und zu leiden bereit ist und begehrt um Gottes willen, das leidet er (tatsächlich) vor Gottes Angesicht und um Gottes willen in Gott. König David spricht im Psalter: »Ich bin bereit zu allem Ungemach, und mein Schmerz ist mir allzeit gegenwärtig in meinem Herzen, vor meinem Angesicht« (Ps. 37, 18). Sankt Hieronymus sagt, daß ein reines Wachs, das ganz weich ist und gut dazu, alles daraus zu bilden, was man soll und will, alles das in sich beschlossen hält, was man daraus bilden kann, wenngleich auch äußerlich sichtbar niemand irgend etwas daraus bildet. Auch habe ich oben geschrieben, daß der Stein nicht weniger schwer ist, wenn er nicht äußerlich sichtbar auf der Erde aufliegt; seine ganze Schwere liegt vollkommen darin, daß er niederwärts strebt und in sich selbst bereit ist, abwärts zu fallen. So habe ich denn auch oben geschrieben, daß der gute Mensch bereits jetzt im Himmel und auf Erden alles das getan *hat*, was er tun *wollte*, auch darin Gott gleichend.

Nun kann man erkennen und einsehen die Grobsinnigkeit der Leute, die es gemeinhin wundernimmt, wenn sie gute Menschen Schmerz und Ungemach erleiden sehen und ihnen dabei oft der Gedanke und der Wahn einfällt, daß es von der heimlichen Sünde jener herkomme, und sie sagen denn auch bisweilen: »Ach, ich wähnte, daß jener Mensch gar gut sei. Wie kommt es, daß er so großes Leid und Ungemach erduldet, und ich glaubte doch, an ihm sei kein Fehl!« Und ich stimme ihnen zu: Gewiß, *wäre* es (wirkliches) Leid und wäre es *für sie* Leid und Unglück, was sie erdulden, so wären sie nicht gut noch ohne Sünde. Sind sie aber gut, so ist ihnen das Leiden kein Leid noch Unglück, sondern es ist ihnen ein großes Glück und (ist ihnen) Seligkeit. »Selig«, sprach Gott, die Wahrheit, »sind alle, die da leiden um der Gerechtigkeit willen«

(Matth. 5, 10). Drum heißt es im Buche der Weisheit, daß »der Gerechten Seelen in Gottes Hand sind. Törichte Leute deucht's und sie wähnen, daß jene sterben und verderben, doch sie sind in Frieden« (Weish. 3, 1), in Wonne und in Seligkeit. An der Stelle, wo Sankt Paulus schreibt, wie viele Heiligen mancherlei große Pein erduldet haben, da sagt er, daß die Welt dessen nicht würdig war (Hebr. 11, 36ff.). Und dieses Wort hat, wenn man's recht versteht, dreierlei Sinn. Der eine ist der, daß diese Welt des Daseins vieler guter Menschen gar nicht wert ist. Ein zweiter Sinn ist besser und besagt, daß die Gutheit dieser Welt verachtenswert und wertlos erscheint; Gott allein ist wert, drum sind sie für Gott wert und Gottes wert. Der dritte Sinn ist der, den ich jetzt meine, und will besagen, daß diese Welt, das heißt die Leute, die diese Welt lieben, nicht wert sind, daß sie Leid und Ungemach um Gottes willen leiden. Darum steht geschrieben, daß die heiligen Apostel sich darüber freuten, daß sie würdig waren, für Gottes Namen Pein zu erdulden (Apg. 5, 41).

Nun sei's der *Worte* genug. Im dritten Teile dieses Buches nämlich will ich von mancherlei Trost schreiben, mit dem sich ein guter Mensch in seinem Leide gleichfalls trösten soll und kann, wie er ihn findet in den *Werken*, nicht nur in den Worten guter und weiser Menschen.

3

Man liest im Buch der Könige, daß einer dem König David fluchte und ihm schwere Schmähung zufügte. Da sagte einer der Freunde Davids, er wolle den bösen Hund totschlagen. Da sprach der König: »Nein! denn vielleicht will und wird Gott mir durch diese Schmähung mein Bestes bewirken« (2 Könige 16, 5ff.).

Man liest im Buch der Väter, daß ein Mensch einem heiligen Vater klagte, daß er zu leiden habe. Da sprach der Vater: »Willst du, Sohn, daß ich Gott bitte, er möge dir's abnehmen?« Da sagte der andere: »Nein, Vater, denn es ist mir heilsam, das erkenne ich wohl. Bitte vielmehr Gott, er möge mir seine Gnade verleihen, auf daß ich's willig leide.«

Man fragte einst einen kranken Menschen, warum er Gott nicht bäte, er möchte ihn gesund machen. Da sagte der Mensch, das wolle er aus drei Gründen ungern tun. Der eine wäre, daß er dessen gewiß zu sein glaube, der liebevolle Gott könnte niemals zulassen, daß er krank wäre, wenn nicht zu seinem Besten. Ein anderer Grund wäre der, daß der Mensch, falls er gut ist, alles will, was Gott will, und nicht, daß Gott wolle, was der Mensch will; (denn) das wäre sehr unrecht. Und darum: will er, daß ich krank sei – denn, wollte er's nicht, so wäre ich's auch nicht –, so soll ich auch nicht wünschen, gesund zu sein. Denn ohne Zweifel, könnte es sein, daß mich Gott gesund machte ohne seinen Willen, so wäre es mir wertlos und gleichgültig, daß er mich gesund machte. Wollen kommt vom Lieben, Nichtwollen kommt vom Nichtlieben. Viel lieber, besser und nützer ist es mir, daß Gott mich liebe und ich dabei krank bin, als wenn ich gesund am Leibe wäre und Gott mich nicht liebte. Was Gott liebt, das ist etwas; was Gott nicht liebt, das ist nichts, so sagt das Buch der Weisheit (Weish. 11, 25). Auch liegt darin die Wahrheit, daß alles, was Gott will, eben darin und dadurch, daß Gott es will, gut ist. Wahrlich, um menschlich zu sprechen: Mir wäre es lieber, daß mich ein reicher, mächtiger Mensch, etwa ein König, liebte und mich doch eine Weile ohne Gabe ließe, als wenn er mir sogleich etwas geben ließe und mich dabei nicht liebte in aufrichtiger Weise; wenn er mir aus Liebe jetzt gar nichts gäbe, mir aber jetzt deshalb nichts schenkte, weil er mich hernach um so großartiger und reichlicher beschenken wollte. Und ich setze selbst den Fall, daß der Mensch, der mich liebt und mir nun nichts gibt, nicht vorhat, mir später etwas zu geben; vielleicht bedenkt er sich hernach eines Besseren und gibt mir. Ich werde geduldig abwarten, insbesondere, da seine Gabe von Gnaden ist und unverdient. Gewiß auch: Wessen Liebe ich nicht achte und wessen Willen der meine entgegen ist und bei wem ich es einzig nur auf seine Gabe abgesehen hätte, der tut ganz recht daran, daß er mir nichts gibt, mich überdies haßt und mich im Unglück läßt.

Der dritte Grund, weshalb es mir minderwertig und zuwider wäre, Gott bitten zu wollen, daß er mich gesund mache, ist der: daß ich den reichen, liebevollen, freigebigen Gott um so Geringfügiges nicht bitten will und soll. Gesetzt, ich käme zum Papst über hundert oder zweihundert Meilen hin und spräche dann, wenn ich vor ihn träte: »Herr, Heiliger Vater, ich bin wohl zweihundert Meilen beschwerlichen Weges unter großen Kosten hergekommen und bitte Euch – aus welchem Grunde ich denn auch zu Euch hergekommen bin –, daß Ihr mir eine Bohne gebet!«, fürwahr, er selbst und jeder, der das vernähme, würde sagen, und zwar ganz mit Recht, ich sei ein großer Narr. Nun ist es aber gewisse Wahrheit, wenn ich sage, daß alles Gut, ja die gesamte Schöpfung gegen Gott weniger ist als eine Bohne gegen diese ganze körperliche Welt. Darum müßte ich es mit Recht verschmähen, wenn ich ein guter, weiser Mensch wäre, Gott bitten zu wollen, daß ich gesund würde.

In diesem Zusammenhang sage ich weiterhin: Es ist das Zeichen eines schwachen Herzens, wenn ein Mensch froh oder bekümmert wird um vergängliche Dinge dieser Welt. Man sollte sich dessen recht von Herzen schämen vor Gott und seinen Engeln und vor den Menschen, wenn man's bei sich bemerkte. Man schämt sich ja so sehr eines Gesichtsmakels, den die Leute äußerlich wahrnehmen. Was will ich (noch) länger reden? Die Bücher des Alten und des Neuen Testaments wie die der Heiligen und auch der Heiden sind voll davon, wie fromme Menschen um Gottes willen und auch aus natürlicher Tugend ihr Leben hingegeben und sich selbst willig verleugnet haben.

Ein heidnischer Meister, Sokrates, sagt, daß Tugenden unmögliche Dinge möglich und zudem leicht und angenehm machen. Auch will ich dies nicht vergessen, daß jene fromme Frau, von der das Buch der Makkabäer berichtet, eines Tages vor ihren Augen entsetzliche und unmenschliche und grausenerregend anzuhörende Folter sah, die man ihren sieben Söhnen zufügte und antat, und dies frohen Mutes mit ansah und sie aufrecht erhielt und alle einzeln ermahnte, sich nicht zu erschrecken und willig Leib und Seele aufzugeben um der Gerechtigkeit Gottes willen. Dies sei der Schluß dieses Buches. Doch will ich noch zwei Worte hinzufügen.

Das eine ist dies: daß ein guter, göttlicher Mensch sich gar heftig und gründlich schämen sollte, daß ihn je Leid erschütterte, wenn wir sehen, daß der Kaufmann zur Erlangung eines kleinen Gewinstes und zudem aufs Ungewisse oft so fern über Land, so beschwerliche Wege, über Berg und Tal, Wildnisse und Meere zieht, (bedroht) durch Räuber und Mörder an Leben und Habe, und große Entbehrung an Speise und Trank (und) Schlaf und andere Unbill erleidet und doch das alles gern und willig vergißt um so kleinen, ungewissen Nutzens willen. Ein Ritter wagt im Kampfe Gut, Leben und Seele um vergängliche und sehr kurze Ehre, und uns dünkt es so bedeutend, daß wir ein Geringes leiden um Gott und die ewige Seligkeit!

Das andere Wort, das ich (noch) sagen will, ist dies, daß mancher grobsinnige Mensch sagen wird, viele Worte, die ich in diesem Buche und auch anderswo geschrieben habe, seien nicht wahr. Dem antworte ich mit dem, was Sankt Augustinus im ersten Buche seiner »Bekenntnisse« sagt. Er bemerkt (dort), daß Gott alles, was noch zukünftig ist, selbst über tausend und aber tausend Jahre, dafern die Welt so lange bestehen sollte, (schon) jetzt gemacht hat, und daß er alles, was schon manches Jahrtausend vergangen ist, noch heute machen wird. Was kann ich dafür, wenn jemand das nicht versteht? Und wiederum sagt er anderswo, daß *der* Mensch sich gar zu offensichtlich selbst liebe, der andere Leute blenden wolle, auf daß *seine* Blindheit verborgen bleibe. Mir genügt's, daß in mir und in Gott wahr sei, was ich spreche und schreibe. Wer einen Stab in Wasser getaucht sieht, den dünkt der Stab krumm, wenngleich er ganz gerade ist, und das kommt daher, daß das Wasser gröber ist als die Luft; gleichviel ist der Stab sowohl an sich wie auch in den Augen dessen, der ihn nur in der Lauterkeit der Luft sieht, gerade und nicht krumm.

Sankt Augustinus sagt: »Wer ohne vielfältige Begriffe, vielfältige Gegenständlichkeit und bildliche Vorstellungen innerlich erkennt, was kein äußeres Sehen eingetragen hat, der weiß, daß dies wahr ist. Wer aber davon nichts weiß, der lacht und spottet meiner; mich aber erbarmt es seiner. Indessen, solche Leute wollen ewige Dinge schauen und empfinden und göttliche Werke und im Lichte der Ewigkeit stehen, und dabei flattert ihr Herz noch im Gestern und noch im Morgen.«

Ein heidnischer Meister, Seneca, spricht: »Man soll von großen und hohen Dingen mit großen und hohen Sinnen sprechen und mit erhabener Seele.« Auch wird man sagen, daß man solche Lehren nicht für Ungelehrte sprechen und schreiben solle. Dazu sage ich: Soll man nicht ungelehrte Leute (be-)lehren, so wird niemals wer gelehrt, und so kann niemand (dann) lehren oder schreiben. Denn darum belehrt man die Ungelehrten, daß sie aus Ungelehrten zu Gelehrten werden. Gäbe es nichts Neues, so würde nichts Altes. »Die gesund sind«, sagt unser Herr, »bedürfen der Arznei nicht« (Luk. 5, 31). Dazu ist der Arzt da, daß er die Kranken gesund mache. Ist aber jemand, der dieses Wort unrecht versteht, was kann der Mensch dafür, der dieses Wort, das recht ist, recht äußert? Sankt Johannes verkündet das heilige Evangelium allen Gläubigen und auch allen Ungläubigen, auf daß sie gläubig werden, und doch beginnt er das Evangelium mit dem Höchsten, das ein Mensch über Gott hier auszusagen vermag; und oft sind denn auch seine sowie unseres Herrn Worte unrecht aufgefaßt worden.

Der liebreiche, barmherzige Gott, die Wahrheit (selbst), gebe mir und allen denen, die dies Buch lesen werden, daß wir die Wahrheit in uns finden und gewahr werden. Amen.

VOM EDLEN MENSCHEN

Unser Herr spricht im Evangelium: »Ein edler Mensch zog aus in ein fernes Land, sich ein Reich zu gewinnen, und kehrte zurück« (Luk. 19, 12). Unser Herr lehrt uns in diesen Worten, wie edel der Mensch geschaffen ist in seiner Natur und wie göttlich das ist, wozu er aus Gnade zu gelangen vermag, und überdies, wie der Mensch dahin kommen soll. Auch ist in diesen Worten ein großer Teil der Heiligen Schrift berührt.

Man soll zum ersten wissen, und es ist auch deutlich offenbar, daß der Mensch in sich zweierlei Naturen hat: Leib und Geist. Darum sagt eine Schrift: Wer sich selbst erkennt, der erkennt alle Kreaturen, denn alle Kreaturen sind entweder Leib oder Geist. Darum sagt die Schrift vom Menschen, es gebe in uns einen äußeren und einen anderen, den inneren Menschen.

Zu dem äußeren Menschen gehört alles, was der Seele anhaftet, jedoch umfangen ist von und vermischt mit dem Fleische, und mit und in einem jeglichen Gliede ein körperliches Zusammenwirken hat, wie etwa mit dem Auge, dem Ohr, der Zunge, der Hand und dergleichen. Und dies alles nennt die Schrift den alten Menschen, den irdischen Menschen, den äußeren Menschen, den feindlichen Menschen, einen knechtischen Menschen.

Der andere Mensch, der in uns steckt, das ist der innere Mensch; den heißt die Schrift einen neuen Menschen, einen himmlischen Menschen, einen jungen Menschen, einen Freund und einen edlen Menschen. Und der ist gemeint, wenn unser Herr sagt, daß »ein edler Mensch auszog in ein fernes Land und sich ein Reich gewann und wiederkam.«

Man soll fürderhin wissen, daß Sankt Hieronymus und auch die Meister gemeinhin sagen, ein jeglicher Mensch habe von Anbeginn seines menschlichen Daseins an einen guten Geist, einen Engel, und einen bösen Geist, einen Teufel. Der gute Engel rät und treibt beständig an zu dem, was gut ist, was göttlich ist, was Tugend und himmlisch und ewig ist. Der böse Geist rät und treibt den Menschen allzeit hin zu dem, was zeitlich und vergänglich ist und was Untugend, böse und teuflisch ist. Derselbe böse Geist hält beständig Zwiesprache mit dem äußeren Menschen, und durch ihn stellt er heimlich allzeit dem inneren Menschen nach, ganz so wie die Schlange mit Frau Eva plauderte und durch sie mit dem Manne Adam (vgl. 1 Mos. 3, 1ff.). Der innere Mensch ist *Adam*. Der *Mann* in der Seele ist der gute Baum, der immerfort ohne Unterlaß gute Frucht bringt, von dem auch unser Herr spricht (vgl. Matth. 7, 17). Er ist auch der Acker, in den Gott sein Bild und Gleichnis eingesät hat und darein er den guten Samen, die Wurzel aller Weisheit, aller Künste, aller Tugenden, aller Güte sät: den Samen göttlicher Natur (2 Petr. 1, 4). Göttlicher Natur Samen das ist Gottes Sohn, Gottes Wort (Luk. 8, 11).

Der äußere Mensch, das ist der feindliche Mensch und der böse, der Unkraut darauf gesät und geworfen hat (vgl. Matth. 13, 24ff.). Von dem sagt Sankt Paulus: Ich finde in mir etwas, was mich hindert und wider das ist, was Gott gebietet und was Gott rät und was Gott gesprochen hat und noch spricht im Höchsten, im Grunde meiner Seele (vgl. Röm. 7, 23). Und anderswo spricht er und klagt: »O weh mir unseligem Menschen! Wer löst mich von diesem sterblichen Fleische und Leibe?« (Röm. 7, 24). Und er sagt wieder anderswo, daß des Menschen Geist und sein Fleisch allzeit widereinander streiten. Das Fleisch rät Untugend und Bosheit; der Geist rät Liebe Gottes, Freude, Frieden und jede Tugend (vgl. Gal. 5, 17ff.). Wer dem Geiste folgt und nach ihm, nach seinem Rate lebt, dem gehört das ewige Leben (vgl. Gal. 6, 8). Der innere Mensch ist der, von dem unser Herr sagt, daß »ein edler Mensch auszog in ein fernes Land, sich ein Reich zu gewinnen«. Das ist der gute Baum, von dem unser Herr sagt, daß er allzeit gute Frucht bringt und nimmer böse, denn er will die Gutheit und neigt zur Gutheit, zur Gutheit, wie sie in sich selbst schwebt, unberührt vom Dies und Das. Der äußere Mensch ist der böse

Baum, der nimmer gute Frucht zu bringen vermag (vgl. Matth. 7, 18).

Vom Adel des inneren Menschen, des Geistes, und vom Unwert des äußeren Menschen, des Fleisches, sagen auch die heidnischen Meister Tullius und Seneca: Keine vernunftbegabte Seele ist ohne Gott; der Same Gottes ist in uns. Hätte er einen guten, weisen und fleißigen Ackerer, so würde er um so besser gedeihen und wüchse auf zu Gott, dessen Same er ist, und die Frucht würde gleich der Natur Gottes. Birnbaums Same erwächst zum Birnbaum, Nußbaums Same zum Nußbaum, Same Gottes zu Gott (vgl. 1 Joh. 3, 9). Ist's aber so, daß der gute Same einen törichten und bösen Ackerer hat, so wächst Unkraut und bedeckt und verdrängt den guten Samen, so daß er nicht ans Licht kommt noch auswachsen kann. Doch spricht Origenes, ein großer Meister: Da Gott selbst diesen Samen eingesät und eingedrückt und eingeboren hat, so kann er wohl bedeckt und verborgen und doch niemals vertilgt noch in sich ausgelöscht werden; er glüht und glänzt, leuchtet und brennt und neigt sich ohne Unterlaß zu Gott hin.

Die erste Stufe des inneren und des neuen Menschen, spricht Sankt Augustinus, ist es, wenn der Mensch nach dem Vorbilde guter und heiliger Leute lebt, dabei aber noch an den Stühlen geht und sich nahe bei den Wänden hält, sich noch mit Milch labt.

Die zweite Stufe ist es, wenn er jetzt nicht nur auf die äußeren Vorbilder, (darunter) auch auf gute Menschen, schaut, sondern läuft und eilt zur Lehre und zum Rate Gottes und göttlicher Weisheit, kehrt den Rücken der Menschheit und das Antlitz Gott zu, kriecht der Mutter aus dem Schoß und lacht den himmlischen Vater an.

Die dritte Stufe ist es, wenn der Mensch mehr und mehr sich der Mutter entzieht und er ihrem Schoß ferner und ferner kommt, der Sorge entflieht, die Furcht abwirft, so daß, wenn er gleich ohne Ärgernis aller Leute (zu erregen) übel und unrecht tun könnte, es ihn doch nicht danach gelüsten würde; denn er ist in Liebe so mit Gott verbunden in eifriger Beflissenheit, bis der ihn setzt und führt in Freude und in Süßigkeit und Seligkeit, wo ihm alles das zuwider ist, was ihm (= Gott) ungleich und fremd ist.

Die vierte Stufe ist es, wenn er mehr und mehr zunimmt und verwurzelt wird in der Liebe und in Gott, so daß er bereit ist, auf sich zu nehmen alle Anfechtung, Versuchung, Widerwärtigkeit und Leid-Erduldung willig und gern, begierig und freudig.

Die fünfte Stufe ist es, wenn er allenthalben in sich selbst befriedet lebt, still ruhend im Reichtum und Überfluß der höchsten unaussprechlichen Weisheit.

Die sechste Stufe ist es, wenn der Mensch entbildet ist und überbildet von Gottes Ewigkeit und gelangt ist zu gänzlich vollkommenem Vergessen vergänglichen und zeitlichen Lebens und gezogen und hinüberverwandelt ist in ein göttliches Bild, wenn er Gottes Kind geworden ist. Darüber hinaus noch höher gibt es keine Stufe, und dort ist ewige Ruhe und Seligkeit, denn das Endziel des inneren Menschen und des neuen Menschen ist: ewiges Leben.

Für diesen inneren, edlen Menschen, in den Gottes Same und Gottes Bild eingedrückt und eingesät ist, – wie nämlich dieser Same und dieses Bild göttlicher Natur und göttlichen Wesens, Gottes Sohn, zum Vorschein komme und man seiner gewahr werde, wie er aber auch dann und wann verborgen werde, – dafür trägt der große Meister Origenes ein Gleichnis vor: Gottes Bild, Gottes Sohn, sei in der Seele Grund wie ein lebendiger Brunnen. Wenn aber jemand Erde, das ist irdisches Begehren, darauf wirft, so hindert und verdeckt es (ihn), so daß man nichts von ihm erkennt oder gewahr wird; gleichviel bleibt er in sich selbst lebendig, und wenn man die Erde, die von außen oben darauf geworfen ist, wegnimmt, so kommt er (wieder) zum Vorschein und wird man ihn gewahr. Und er sagt, daß auf diese Wahrheit hingedeutet sei im ersten Buche Mosis, wo geschrieben steht, daß Abraham in seinem Acker lebendige Brunnen ergraben hatte, Übeltäter aber füllten sie mit Erde; danach aber, als die Erde herausgeworfen worden war, kamen die Brunnen lebendig wieder zum Vorschein (1 Mos. 26, 14ff.).

Noch gibt's dafür wohl ein weiteres Gleichnis: Die Sonne scheint ohne Unterlaß; jedoch, wenn eine Wolke oder Nebel zwischen uns und der Sonne ist, so nehmen wir den Schein nicht wahr. Ebenso auch, wenn das Auge in sich selbst krank ist und siech oder verschleiert, so ist ihm der Schein nicht erkennbar. Überdies habe ich gelegentlich ein deutliches Gleichnis vorgetragen: Wenn ein Meister ein Bild macht aus Holz oder Stein, so trägt er das Bild nicht in das Holz hinein, sondern er schnitzt die Späne ab, die das Bild verborgen und verdeckt hatten; er gibt dem Holze nichts, sondern er benimmt und gräbt ihm die Decke ab und nimmt den Rost weg, und dann erglänzt, was darunter verborgen lag. Dies ist der Schatz, der verborgen lag im Acker, wie unser Herr im Evangelium spricht (Matth. 13, 44).

Sankt Augustinus sagt: Wenn des Menschen Seele sich vollends hinaufkehrt in die Ewigkeit, in Gott allein, so scheint auf und leuchtet das Bild Gottes; wenn aber die Seele sich nach außen kehrt, und sei's selbst zu äußerlicher Tugendübung, so wird dies Bild vollkommen verdeckt. Und dies soll es bedeuten, daß die Frauen das Haupt bedeckt tragen, die Männer aber entblößt, nach Sankt Paulus' Lehre (vgl. 1 Kor. 11, 4ff.). Und darum: Alles das von der Seele, was sich niederwärts wendet, das empfängt von dem, zu dem es sich kehrt, eine Decke, ein Kopftuch; dasjenige der Seele aber, was sich emporträgt, das ist bloßes Bild Gottes, Gottes Geburt, unverdeckt bloß in entblößter Seele. Von dem edlen Menschen, wie (nämlich) Gottes Bild, Gottes Sohn, der Same göttlicher Natur in uns nimmer vertilgt wird, wenngleich er verdeckt werden mag, sagt König David im Psalter: Obzwar den Menschen mancherlei Nichtigkeit, Leiden und Schmerzensjammer befällt, so bleibt er dennoch im Bilde Gottes und das Bild in ihm (vgl. Ps. 4, 2ff.). Das wahre Licht leuchtet in der Finsternis, wenngleich man es nicht gewahr wird (vgl. Joh. 1, 5).

»Nicht achtet darauf«, meint das Buch der Liebe, »daß ich braun bin, ich bin doch schön und wohlgestaltet; aber die Sonne hat mich entfärbt« (Hohel. 1, 5). »Die Sonne« ist das Licht dieser Welt und meint, daß (selbst) das Höchste und Beste, das *geschaffen* und *gemacht* ist, das Bild Gottes in uns verdeckt und entfärbt. »Nehmt weg«, spricht Salomon, »den Rost von dem Silber, so leuchtet und glänzt hervor das allerlauterste Gefäß« (Spr. 25, 4), das Bild, Gottes Sohn, in der Seele. Und das ist es, was unser Herr in jenen Worten sagen will, da er spricht, daß »ein edler Mensch auszog«, denn der

Mensch muß aus allen Bildern und aus sich selbst ausgehen und allem dem gar fern und ungleich werden, wenn anders er (wirklich) den Sohn nehmen und Sohn werden will und soll in des Vaters Schoß und Herzen.

Jederart Vermittlung ist Gott fremd. »Ich bin«, spricht Gott, »der Erste und der Letzte« (Geh. Offenb. 22, 13). Unterschiedenheit gibt es weder in der Natur Gottes noch in den Personen entsprechend der Einheit der Natur. Die göttliche Natur ist Eins, und jede Person ist auch Eins und ist dasselbe Eine, das die Natur ist. Der Unterschied zwischen Sein und Wesenheit wird als Eins gefaßt und ist Eins. (Erst) da, wo es (d. h. dieses Eine) nicht (mehr) in sich verhält, da empfängt, besitzt und ergibt es Unterschied. Darum: Im Einen findet man Gott, und Eins muß der werden, der Gott finden soll. »*Ein* Mensch«, spricht unser Herr, »zog aus«. Im Unterschied findet man weder das Eine noch das Sein noch Gott noch Rast noch Seligkeit noch Genügen. Sei Eins, auf daß du Gott finden könnest! Und wahrlich, wärest du recht Eins, so bliebest du auch Eins im Unterschiedlichen, und das Unterschiedliche würde dir Eins und vermöchte dich nun ganz und gar nicht zu hindern. Das Eine bleibt gleichmäßig Eins in tausendmal tausend Steinen wie in vier Steinen, und Tausendmaltausend ist ebenso gewiß eine einfache Zahl, wie (die) Vier eine Zahl ist.

Ein heidnischer Meister sagt, daß das Eine aus dem obersten Gott geboren sei. Seine Eigenart ist es, mit dem Einen eins zu sein. Wer es unterhalb Gottes sucht, der betrügt sich selbst. Und zum vierten, sagt der gleiche Meister, hat dieses Eine mit nichts eigentlichere Freundschaft als mit Jungfrauen oder Mägden, wie denn Sankt Paulus spricht: »Ich habe euch keusche Jungfrauen dem Einen angetraut und verlobt« (2 Kor. 11, 2). Und ganz so sollte der Mensch sein, denn so spricht unser Herr: »*Ein* Mensch zog aus«.

»Mensch« in der eigenen Bedeutung des Wortes im Lateinischen bedeutet in einem Sinne den, der sich mit allem, was er ist und was sein ist, unter Gott beugt und fügt und aufwärts Gott anschaut, nicht das Seine, das er hinter, unter, neben sich weiß. Dies ist volle und eigentliche Demut; diesen Namen hat er von der Erde. Davon will ich nun nicht weiter sprechen. Wenn man »Mensch« sagt, so bedeutet dieses Wort auch etwas, was über die Natur, über die Zeit und über alles, was der Zeit zugekehrt ist oder nach Zeit schmeckt, erhaben ist, und das gleiche sage ich auch mit bezug auf Raum und Körperlichkeit. Überdies noch hat dieser »Mensch« in gewisser Weise mit nichts etwas gemein, das heißt, daß er weder nach diesem noch nach jenem gebildet oder verähnlicht sei und vom Nichts nichts wisse, so daß man in ihm nirgends vom Nichts etwas finde noch gewahr werde und daß ihm das Nichts so völlig benommen sei, daß man da einzig finde reines Leben, Sein, Wahrheit und Gutheit. Wer so geartet ist, der ist ein »edler Mensch«, fürwahr, nicht weniger und nicht mehr.

Noch gibt es eine andere Erklärungsweise und Belehrung für das, was unser Herr einen »edlen Menschen« nennt. Man muß nämlich auch wissen, daß diejenigen, die Gott unverhüllt erkennen, mit ihm zugleich die Kreaturen erkennen; denn die Erkenntnis ist ein Licht der Seele, und alle Menschen begehren von Natur nach Erkenntnis, denn selbst böser Dinge Erkenntnis ist gut. Nun sagen die Meister: Wenn man die Kreatur in ihrem eigenen Wesen erkennt, so heißt das eine »Abenderkenntnis«, und da sieht man die Kreaturen in Bildern mannigfaltiger Unterschiedenheit; wenn man aber die Kreaturen in Gott erkennt, so heißt und ist das eine »Morgenerkenntnis«, und auf diese Weise schaut man die Kreaturen ohne alle Unterschiede und aller Bilder entbildet und aller Gleichheit entkleidet in dem Einen, das Gott selbst ist. Auch dies ist der »edle Mensch«, von dem unser Herr sagt: »Ein edler Mensch zog aus«, darum edel, weil er Eins ist und Gott und Kreatur im Einen erkennt.

Noch auf einen andern Sinn dessen, was der »edle Mensch« sei, will ich zu sprechen kommen und eingehen. Ich sage: Wenn der Mensch, die Seele, der Geist Gott schaut, so weiß und erkennt er sich auch als erkennend, das heißt: er erkennt, daß er Gott schaut und erkennt. Nun hat es etliche Leute bedünkt, und es scheint auch ganz glaubhaft, daß Blume und Kern der Seligkeit in jener Erkenntnis liegen, bei der der Geist erkennt, *daß* er Gott erkennt; denn, wenn ich alle Wonne hätte und wüßte nicht darum, was hülfe mir das und was für eine Wonne wäre mir das? Doch sage ich mit Bestimmtheit, daß dem nicht so ist. Ist es gleich wahr, daß die Seele ohne dies wohl nicht selig wäre, so ist doch die Seligkeit nicht darin gelegen; denn das erste, worin die Seligkeit besteht, ist dies, daß die Seele Gott unverhüllt schaut. Darin empfängt sie ihr ganzes Sein und ihr Leben und schöpft alles, was sie ist, aus dem Grunde Gottes und weiß nichts von Wissen noch von Liebe noch von irgend etwas überhaupt. Sie wird still ganz und ausschließlich im Sein Gottes. Sie weiß dort nichts als das Sein und Gott. Wenn sie aber weiß und erkennt, daß sie Gott schaut, erkennt und liebt, so ist das der natürlichen Ordnung nach ein Ausschlag aus dem und ein Rückschlag in das Erste; denn niemand erkennt sich als weiß als der, der wirklich weiß ist. Darum, wer sich als weiß erkennt, der baut und trägt auf dem Weiß-Sein auf, und er nimmt sein Erkennen nicht unmittelbar und (noch) unwissend direkt von der Farbe, sondern er nimmt das Erkennen ihrer (d. h. der Farbe) und das Wissen um sie von dem ab, was da gerade weiß ist, und schöpft das Erkennen nicht ausschließlich von der Farbe an sich; vielmehr schöpft er das Erkennen und Wissen von Gefärbtem oder von Weißem und erkennt *sich* als weiß. Weißes ist etwas viel Geringeres und viel Äußerlicheres als das Weiß-Sein (oder: *die* Weiße). Etwas ganz anderes ist die Wand und das Fundament, darauf die Wand gebaut ist.

Die Meister sagen, eine andere Kraft sei es, mit Hilfe deren das Auge sieht, und eine andere, durch die es erkennt, *daß* es sieht. Das erstere: daß es *sieht*, das nimmt es ausschließlich von der Farbe, nicht von dem, was gefärbt ist. Daher ist es ganz einerlei, ob das, was gefärbt ist, ein Stein sei oder (ein Stück) Holz, ein Mensch oder ein Engel: einzig darin, daß es Farbe habe, liegt das Wesentliche.

So auch, sage ich, nimmt und schöpft der edle Mensch sein ganzes Sein, Leben und seine Seligkeit bloß nur von Gott bei Gott und in Gott, nicht vom Gott-Erkennen, -Schauen oder -Lieben oder dergleichen. Darum sagt unser Herr beherzigenswert treffend, ewiges Leben sei dies: Gott allein als den einen, wahren Gott zu erkennen (Joh. 17, 3), nicht (aber): zu erkennen, daß man Gott erkennt. Wie sollte (denn auch) der Mensch sich als Gott-erkennend erkennen, der *sich selbst* nicht erkennt? Denn sicherlich, der Mensch erkennt sich selbst und andere Dinge überhaupt nicht, vielmehr nur Gott allein, fürwahr, wenn er selig wird und selig ist in der Wurzel und im Grunde der Seligkeit. Wenn aber die Seele erkennt, *daß* sie Gott erkennt, so gewinnt sie zugleich Erkenntnis von Gott und von sich selbst.

Nun ist aber eine andere Kraft – wie ich ausgeführt habe –, vermöge deren der Mensch sieht, und eine andere, durch die er weiß und erkennt, *daß* er sieht. Wahr ist es zwar, daß jetzt, hienieden, *in uns* jene Kraft, durch die wir wissen und erkennen, *daß* wir sehen, edler und höher ist als die Kraft, vermöge deren wir sehen; denn die Natur beginnt ihr Wirken mit dem Geringsten, Gott aber beginnt bei seinen Werken mit dem Vollkommensten. Die Natur macht den Mann aus dem Kinde und das Huhn aus dem Ei; Gott aber macht den Mann vor dem Kinde und das Huhn vor dem Ei. Die Natur macht das Holz zuerst warm und heiß, und danach erst läßt sie das Sein des Feuers entstehen; Gott aber gibt zuerst aller Kreatur das Sein, und danach in der Zeit und doch ohne Zeit und (jeweils) gesondert alles das, was dazu (d. h. zum Sein) hinzugehört. Auch gibt Gott den Heiligen Geist eher als die Gaben des Heiligen Geistes.

So also sage ich, daß es zwar Seligkeit nicht gibt, ohne daß der Mensch sich bewußt werde und wohl wisse, *daß* er Gott schaut und erkennt; doch verhüte Gott, daß meine Seligkeit darauf beruhe! Wem's anders genügt, der behalte es für sich, doch erbarmt's mich. Die Hitze des Feuers und das Sein des Feuers sind gar ungleich und erstaunlich fern voneinander in der Natur, obzwar sie nach Zeit und Raum gar nahe beieinander sind. Gottes Schauen und unser Schauen sind einander völlig fern und ungleich.

Darum sagt unser Herr gar recht, daß »ein edler Mensch auszog in ein fernes Land, sich ein Reich zu gewinnen, und zurückkam«. Denn der Mensch muß in sich selber Eins sein und muß dies suchen in sich und im Einen und empfangen im Einen, das heißt: Gott lediglich *schauen;* und »zurückkommen«, das heißt: wissen und erkennen, *daß* man Gott erkennt und weiß.

Und alles hier Vorgetragene hat der Prophet Ezechiel vorausgesprochen, als er sagte, daß »ein mächtiger Adler mit großen

Flügeln, mit langen Gliedern voll mancherlei Federn zu dem lautern Berge kam und entnahm das Mark oder den Kern des höchsten Baumes, riß ab die Krone seines Laubes und brachte es herunter« (Ez. 17, 3 f.). Was unser Herr einen edlen Menschen heißt, das nennt der Prophet einen großen Adler. Wer ist denn nun edler, als der einerseits vom Höchsten und Besten, was die Kreatur besitzt, geboren ist und zum andern aus dem innersten Grunde göttlicher Natur und dessen Einöde? »Ich«, spricht unser Herr im Propheten Osee, »will die edle Seele führen in eine Einöde, und ich will dort sprechen in ihr Herz« (Hosea 2, 14). Eines mit Einem, Eines von Einem, Eines in Einem und in Einem Eines ewiglich. Amen.

PREDIGTEN

Wer weiter nichts als die Kreaturen erkennte, der brauchte an keine Predigt zu denken, denn jegliche Kreatur ist Gottes voll und ist ein Buch.

Meister Eckehart

Predigt 1

Intravit Jesus in templum et coepit eicere vendentes et ementes. Matthaei.
(Matth. 21, 12)

Wir lesen im heiligen Evangelium, daß unser Herr in den Tempel ging und hinauswarf, die da kauften und verkauften, und zu den anderen, die da Tauben und dergleichen Dinge feilhielten, sprach: »Tut dies fort, schafft dies hinweg!« (Joh. 2, 16). Warum warf Jesus hinaus, die da kauften und verkauften, und hieß die, die da Tauben feilhielten, wegräumen? Er meinte damit nichts anderes, als daß er den Tempel leer haben wollte, recht, als ob er hätte sagen wollen: Ich habe das Recht auf diesen Tempel und will allein darin sein und die Herrschaft darin haben. Was will das besagen? Dieser Tempel, darin Gott gewaltig herrschen will nach seinem Willen, das ist des Menschen Seele, die er so recht als ihm selbst gleich gebildet und geschaffen hat, wie wir lesen, daß unser Herr sprach: »Machen wir den Menschen nach unserm Bilde und zu unserm Gleichnis!« (1 Mos. 1, 26). Und dies hat er auch getan. So gleich ihm selber hat er des Menschen Seele gemacht, daß im Himmelreich noch auf Erden unter allen herrlichen Kreaturen, die Gott so wundervoll geschaffen hat, keine ist, die ihm so gleicht, wie einzig des Menschen Seele. Hierum will Gott diesen Tempel leer haben, auf daß denn auch nichts weiter darin sei als er allein. Das ist deshalb so, weil ihm dieser Tempel so wohl gefällt, da er ihm so recht gleicht und es ihm selber so wohl behagt in diesem Tempel, wenn immer er allein darin ist.

Wohlan, nun gebt acht! Wer waren die Leute, die da kauften und verkauften, und wer sind sie noch? Nun hört mir genau zu! Ich will jetzt ausnahmslos nur von guten Leuten predigen. Dennoch will ich diesmal aufzeigen, welches die Kaufleute waren und (heute) noch sind, die so kauften und verkauften und es noch tun, die unser Herr hinausschlug und hinaustrieb. Und dies tut er immer noch allen denen, die da kaufen und verkaufen in diesem Tempel; von denen will er keinen einzigen darin lassen. Seht, alle die sind Kaufleute, die sich hüten vor groben Sünden und wären gern gute Leute und tun ihre guten Werke Gott zu Ehren, wie Fasten, Wachen, Beten und was es dergleichen gibt, allerhand gute Werke, und tun sie doch darum, daß ihnen unser Herr etwas dafür gebe oder daß ihnen Gott etwas dafür tue, was ihnen lieb wäre: dies sind alles Kaufleute. Das ist im groben Sinn zu verstehen, denn sie wollen das eine um das andere geben und wollen auf solche Weise markten mit unserm Herrn. Bei solchem Handel sind sie betrogen. Denn alles, was sie besitzen, und alles, was sie zu wirken vermögen, gäben sie das alles um Gottes willen hin, was sie haben, und wirkten sich um Gottes willen gänzlich aus, so wäre ihnen Gott dafür ganz und gar nichts zu geben oder zu tun schuldig, es sei denn, daß er es freiwillig umsonst tun wolle. Denn, was sie sind, das sind sie durch Gott, und was sie haben, das haben sie von Gott und nicht von sich selbst. Darum ist ihnen Gott für ihre Werke und für ihr Geben gar nichts schuldig, es sei denn, er wolle es freiwillig tun aus seiner Gnade und nicht um ihrer Werke noch um ihrer Gaben willen; denn sie geben nicht von dem Ihren, sie wirken auch nicht aus sich selbst, wie Christus selbst sagt: »Ohne mich könnt ihr nichts tun« (Joh. 15, 5). Dies sind sehr törichte Leute, die so markten wollen mit unserm Herrn; sie erkennen von der Wahrheit wenig oder nichts. Darum schlug sie unser Herr aus dem Tempel und trieb sie hinaus. Es kann nicht miteinander bestehen das Licht und die Finsternis. Gott ist die Wahrheit und ein Licht in sich selbst. Wenn denn Gott in diesen Tempel kommt, so vertreibt er daraus die Unwissenheit, das ist die Finsternis, und offenbart sich selbst mit Licht und mit Wahrheit. Dann sind die Kaufleute fort, wenn die Wahrheit erkannt wird, und die Wahrheit begehrt nicht nach irgendwelchem Kaufhandel. Gott sucht das Seine nicht; in allen seinen Werken ist er ledig und frei und wirkt sie aus echter Liebe. Ganz ebenso tut auch *der* Mensch, der mit Gott vereint ist; der steht auch ledig und frei in allen seinen Werken und wirkt sie allein Gott zu Ehren und sucht das Seine nicht, und Gott wirkt es in ihm.

Ich sage noch weitergehend: Solange der Mensch mit allen seinen Werken irgend etwas sucht von all dem, was Gott zu geben vermag oder geben will, so ist er diesen Kaufleuten gleich. Willst du der Kaufmannschaft gänzlich ledig sein, so daß dich Gott in diesem Tempel belasse, so sollst du alles, was du in allen deinen Werken vermagst, rein nur Gott zum Lobe tun und sollst davon so ungebunden bleiben, wie das Nichts ungebunden ist, das weder hier noch dort ist. Du sollst gar nichts dafür begehren. Wenn du so wirkst, dann sind deine Werke geistig und göttlich, und dann sind die Kaufleute allzumal aus dem Tempel vertrieben, und Gott ist allein darin; denn dieser Mensch hat nur Gott im Sinn. Seht, in solcher Weise ist dieser Tempel ledig aller Kaufleute. Seht, der Mensch, der weder sich noch irgend etwas außer Gott allein und Gottes Ehre im Auge hat, der ist wahrhaft frei und ledig aller Kaufmannschaft in allen seinen Werken und sucht das Seine nicht, so wie Gott ledig und frei ist in allen seinen Werken und das Seine nicht sucht.

Ich habe weiterhin auch gesagt, daß unser Herr zu den Leuten sprach, die da Tauben feilhielten: »Schafft dies hinweg, tut dies fort!« Diese Leute trieb er nicht hinaus, noch auch schalt er sie sehr, sondern er sprach gar gütlich: »Schafft dies hinweg!«, als hätte er sagen wollen: Dies ist (zwar) nicht böse, und doch bringt es Hindernis für die lautere Wahrheit. Diese Leute, das sind alles *gute* Leute, die ihre Werke rein nur um Gottes willen tun und des Ihren nichts darin suchen und die sie doch mit Bindung an das eigene Ich, an Zeit und an Zahl, an Vor und an Nach tun. In diesen Werken sind sie gehindert an der (Erreichung der) allerbesten Wahrheit: daß sie nämlich sollten frei und ledig sein, wie unser Herr Jesus Christus frei und ledig ist und sich allzeit ohne Unterlaß und zeitlos neu empfängt von seinem himmlischen Vater und sich im selben Nun ohne Unterlaß vollkommen wieder eingebiert mit dankerfülltem Lobe in die väterliche Hoheit, in gleicher Würde. Ganz so sollte der Mensch dastehen, der für die allerhöchste Wahrheit empfänglich werden und darin leben möchte ohne Vor und ohne Nach und ohne Behinderung durch alle Werke und alle jene Bilder, deren er sich je bewußt wurde, ledig und frei göttliche Gabe in diesem Nun neu empfangend und sie ungehindert in diesem gleichen Lichte mit dankerfülltem Lobe in unserm Herrn Jesus Christus wieder eingebärend. So wären die Tauben hinweg, das heißt die Behinderung und die Ich-Bindung durch alle jene Werke, die ansonsten gut sind, in denen der Mensch das Seine nicht sucht. Darum sprach unser Herr gar gütlich: »Tut dies fort, schafft dies hinweg!«, als hätte er sagen wollen: Es ist zwar gut, doch bringt es Behinderung mit sich.

Wenn dieser Tempel so frei wird von allen Hindernissen, das heißt von Ich-Bindung und Unwissenheit, so glänzt er so schön und leuchtet so lauter und klar über alles (hinaus) und durch alles (hindurch), das Gott geschaffen hat, daß niemand ihm mit gleichem Glanz zu begegnen vermag als einzig der ungeschaffene Gott. Und in voller Wahrheit: Diesem Tempel ist wirklich niemand gleich als der ungeschaffene Gott allein. Alles, was unterhalb der Engel ist, das gleicht diesem Tempel überhaupt nicht. Die höchsten Engel selbst gleichen diesem Tempel der edlen Seele bis zu gewissem Grade, aber doch nicht völlig. Daß sie der Seele in gewissem Maße gleichen, das trifft zu für die Erkenntnis und die Liebe. Jedoch ist ihnen ein Ziel gesetzt; darüber können sie nicht hinaus. Die Seele aber kann wohl darüber hinaus. Stünde eine Seele – und zwar die (Seele) eines Menschen, der noch in der Zeitlichkeit lebte – auf gleicher Höhe mit dem obersten Engel, so könnte dieser Mensch immer noch in seinem freien Vermögen unermeßlich höher über den Engel hinausgelangen in jedem Nun neu, zahllos, das heißt ohne Weise, und über die Weise der Engel und aller geschaffenen Vernunft hinaus. Gott allein ist frei und ungeschaffen, und daher ist er allein ihr gleich der Freiheit nach, nicht aber im Hinblick auf die Unerschaffenheit, denn *sie* ist geschaffen. Wenn die Seele in das ungemischte Licht kommt, so schlägt sie in ihr Nichts so weit weg von ihrem geschaffenen Etwas in dem Nichts, daß sie aus eigener Kraft mitnichten zurückzukommen vermag in ihr geschaffenes Etwas. Und Gott stellt sich mit seiner Ungeschaffenheit unter ihr Nichts und hält die Seele in seinem Etwas. Die Seele hat gewagt, zunichte zu werden und kann auch von sich selbst aus nicht (wieder) zu sich selbst gelangen – so weit ist sie sich entgangen, ehe Gott sich unter sie gestellt hat. Das muß notwendig so sein. Denn, wie ich früher sagte: »Jesus war hineingegangen in den Tempel und warf hinaus, die da kauften und verkauften, und sprach zu den anderen: ‚Tut dies fort!'« – Ja, seht, nun nehme ich das Wörtlein: »Jesus ging hinein und hub an zu sprechen: ‚Tut dies fort!'«, und sie taten es hin. Seht, nun war da niemand mehr als Jesus allein, und er begann in dem Tempel zu sprechen. Seht, dies sollt ihr fürwahr wissen: Will jemand anders in dem Tempel, das ist in der Seele, reden als Jesus allein, so schweigt Jesus, als sei er nicht daheim, und er ist auch nicht daheim in der Seele, denn sie hat fremde Gäste, mit denen sie redet. Soll aber Jesus in der Seele reden, so muß sie allein sein und muß selbst schweigen, wenn sie Jesus reden hören soll. Nun denn, so geht er hinein und beginnt zu sprechen. Was spricht der Herr Jesus? Er spricht das, was er ist. Was ist er denn? Er ist ein Wort des Vaters. In diesem nämlichen Worte spricht der Vater sich selbst und die ganze göttliche Natur und alles, was Gott ist, so wie er es erkennt (,aus); und er erkennt es, wie es ist. Und da er vollkommen ist in seinem Erkennen und in seinem Vermögen, darum ist er auch vollkommen in seinem Sprechen. Indem er das Wort spricht, spricht er sich und alle Dinge in einer andern Person und gibt ihm dieselbe Natur, die er selbst hat, und spricht alle vernunftbegabten Geistwesen in demselben Worte als demselben Worte (wesens-) *gleich* (aus) nach dem »Bild«, insofern es *inneblei-bend* ist, – *nicht gleich* jedoch demselben Worte in jeder Weise, insofern es *ausleuchtet*, insofern also ein jedes für sich gesondert Sein hat; sie (d. h. die *ausleuchtenden* »Bilder«) haben aber die Möglichkeit erhalten, eine gnadenhafte Gleichheit mit demselben Worte zu erlangen. Und dasselbe Wort, wie es in sich selbst ist, das hat der Vater gänzlich gesprochen, das Wort und alles, was in dem Worte ist.

Da nun der Vater *dies* gesprochen hat, was spricht denn Jesus in der Seele? Wie ich gesagt habe: Der Vater spricht das Wort und spricht in dem Worte und sonst nicht; Jesus aber spricht *in der Seele*. Die Weise seines Sprechens ist die, daß er sich selbst und alles, was der Vater in ihm gesprochen hat, offenbart in der Weise, wie der Geist empfänglich ist. Er offenbart die väterliche Herrscherkraft in dem Geiste in gleicher unermeßlicher Gewalt. Wenn der Geist diese Gewalt in dem Sohne und durch den Sohn empfängt, so wird er (selbst) gewaltig in jedem Fortgang, so daß er gleich und gewaltig wird in allen Tugenden und in aller vollkommenen Lauterkeit, also daß weder Liebes noch Leides noch alles, was Gott in der Zeit geschaffen hat, den Menschen zu verstören vermag, er vielmehr machtvoll darin stehen bleibt wie in einer göttlichen Kraft, der gegenüber alle Dinge klein und unvermögend sind.

Zum andern Male offenbart sich Jesus in der Seele mit einer unermeßlichen Weisheit, die er selbst ist, in welcher Weisheit sich der Vater selbst mit seiner ganzen väterlichen Herrscherkraft sowie jenes nämliche Wort erkennt, das ja auch die Weisheit selbst ist, und alles, was darin ist, so, wie es Eins ist. Wenn diese Weisheit mit der Seele vereint wird, so ist ihr aller Zweifel und alle Irrung und alle Finsternis ganz und gar abgenommen, und sie ist versetzt in ein lauteres, klares Licht, das Gott selbst ist, wie der Prophet spricht: »Herr, in deinem Lichte wird man das Licht erkennen« (Ps. 35, 10). Da wird Gott mit Gott erkannt in der Seele; dann erkennt sie mit dieser Weisheit sich selbst und alle Dinge, und diese selbe Weisheit erkennt sie mit ihm selbst, und mit derselben Weisheit erkennt sie die väterliche Herrschermacht in (ihrer) fruchtbaren Zeugungskraft und das wesenhafte Ur-Sein in einfaltiger Einheit ohne jegliche Unterschiedenheit.

Jesus offenbart sich zudem mit einer unermeßlichen Süßigkeit und Fülle, die herausquillt aus des Heiligen Geistes Kraft und überquillt und einströmt mit überfließend reicher Fülle und Süßigkeit in alle empfänglichen Herzen. Wenn Jesus sich mit dieser Fülle und mit dieser Süßigkeit offenbart und mit der Seele vereinigt, so fließt die Seele mit dieser Fülle und mit dieser Süßigkeit in sich selbst und aus sich selbst und über sich selbst und über alle Dinge hinaus gnadenweise mit Macht ohne Mittel zurück in ihren ersten Ursprung. Dann ist der äußere Mensch seinem inneren Menschen gehorsam bis zu seinem Tod und ist dann in stetem Frieden im Dienste Gottes allezeit.

Daß Jesus auch in uns kommen und hinauswerfen und wegräumen möge alle Hindernisse und uns Eins mache, wie er als Eins mit dem Vater und dem heiligen Geiste ein Gott ist, auf daß wir so mit ihm eins werden und ewig bleiben, dazu helfe uns Gott. Amen.

Predigt 2

Intravit Jesus in quoddam castellum et mulier quaedam, Martha nomine, excepit illum in domum suam. Lucae II. (Luc. 10, 38)

Ich habe ein Wörtlein gesprochen, zunächst auf lateinisch, das steht geschrieben im Evangelium und lautet zu deutsch also: »Unser Herr Jesus Christus ging hinauf in ein Burgstädtchen und ward empfangen von einer Jungfrau, die ein Weib war.«

Wohlan, achtet nun aufmerksam auf dieses Wort: Notwendig muß es so sein, daß sie eine »Jungfrau« war, jener Mensch, von dem Jesus empfangen ward. Jungfrau besagt so viel wie ein Mensch, der von allen fremden Bildern ledig ist, so ledig, wie er war, da er noch nicht war. Seht, nun könnte man fragen, wie ein Mensch, der geboren ist und fortgediehen bis in vernunftfähiges Leben, wie der so ledig sein könne von allen Bildern, wie da er noch nicht war, und dabei weiß er doch vieles, das sind alles Bilder; wie kann er dann ledig sein? Nun gebt acht auf die Unterweisung, die will ich euch dartun. Wäre ich von so umfassender Vernunft, daß alle Bilder, die sämtliche Menschen je (in sich) aufnahmen und (zudem) die, die in Gott selbst sind, in meiner Vernunft stünden, doch so, daß ich so frei von Ich-Bindung an sie wäre, daß ich ihrer keines im Tun noch im Lassen, mit Vor noch mit Nach als mir zu eigen ergriffen hätte, daß ich vielmehr in diesem gegenwärtigen Nun frei und ledig stünde für den liebsten Willen Gottes und ihn zu erfüllen ohne Unterlaß, wahrlich, so wäre ich Jungfrau ohne Behinderung durch alle Bilder, ebenso gewiß, wie ich's war, da ich noch nicht war.

Ich sage weiter: Daß der Mensch Jungfrau ist, das benimmt ihm gar nichts von allen den Werken, die er je tat; das alles (aber) läßt ihn magdlich und frei dastehen ohne jede Behinderung an der obersten Wahrheit, so wie Jesus ledig und frei ist und magdlich in sich selbst. Wie die Meister sagen, daß nur gleich und gleich Grund für die Vereinigung ist, darum muß der Mensch Magd sein, Jungfrau, die den magdlichen Jesus empfangen soll.

Nun gebt acht und seht genau zu! Wenn nun der Mensch immerfort Jungfrau wäre, so käme keine Frucht von ihm. Soll er fruchtbar werden, so ist es notwendig, daß er *Weib* sei. »Weib« ist der edelste Name, den man der Seele zulegen kann, und ist viel edler als »Jungfrau«. Daß der Mensch Gott in sich *empfängt*, das ist gut, und in dieser Empfänglichkeit ist er Jungfrau. Daß aber Gott fruchtbar in ihm werde, das ist besser; denn Fruchtbarwerden der Gabe das allein ist Dankbarkeit für die Gabe, und da ist der Geist Weib in der wiedergebärenden Dankbarkeit, wo er Jesum wiedergebiert in Gottes väterliches Herz.

Viele gute Gaben werden empfangen in der Jungfräulichkeit, werden aber nicht in weiblicher Fruchtbarkeit mit dankbarem Lobe wieder eingeboren in Gott. Diese Gaben verderben und werden alle zunichte, so daß der Mensch nimmer seliger noch besser davon wird. Dabei ist ihm seine Jungfräulichkeit zu nichts nütze, denn er ist über seine Jungfräulichkeit hinaus nicht Weib mit voller Fruchtbarkeit. Darin liegt der Schaden. Darum habe ich gesagt: »Jesus ging hinauf in ein Burgstädtchen und ward empfangen von einer Jungfrau, die ein Weib war.« Das muß notwendig so sein, wie ich euch dargetan habe.

Eheleute bringen im Jahr kaum mehr als eine Frucht hervor. Aber eine andere Art »Eheleute« habe ich nun diesmal im Sinn: alle diejenigen, die ichhaft gebunden sind an Gebet, an Fasten, an Wachen und allerhand äußerliche Übungen und Kasteiungen. Jegliche Ichgebundenheit an irgendwelches Werk, das dir die Freiheit benimmt, in diesem gegenwärtigen Nun Gott zu Gebote zu stehen und ihm allein zu folgen in dem Lichte, mit dem er dich anweisen würde zum Tun und Lassen, frei und neu in jedem Nun, als ob du anders nichts hättest noch wolltest noch könntest: – jegliche Ichgebundenheit oder jegliches vorsätzliche Werk, das dir diese allzeit neue Freiheit benimmt, das heiße ich nun ein Jahr; denn deine Seele bringt dabei keinerlei Frucht, ohne daß sie das Werk verrichtet hat, das du ichgebunden in Angriff genommen hast, und du hast auch weder zu Gott noch zu dir selbst Vertrauen, du habest denn dein Werk vollbracht, das du mit Ich-Bindung ergriffen hast; sonst hast du keinen Frieden. Darum bringst du auch keine Frucht, du habest denn dein Werk getan. *Dies* setze ich als ein Jahr an, und die Frucht ist dennoch klein, weil sie aus dem Werke hervorgegangen ist in

Ichgebundenheit und nicht in Freiheit. Solche Menschen heiße ich »Eheleute«, weil sie in Ich-Bindung gebunden sind. Solche bringen wenig Frucht, und die ist zudem noch klein, wie ich gesagt habe.

Eine Jungfrau, die ein Weib ist, die frei ist und ungebunden ohne Ich-Bindung, die ist Gott und sich selbst allzeit gleich nahe. Die bringt viele Früchte, und die sind groß, nicht weniger und nicht mehr als Gott selbst ist. Diese Frucht und diese Geburt bringt diese Jungfrau, die ein Weib ist, zustande, und sie bringt alle Tage hundertmal oder tausendmal Frucht, ja unzählige Male, gebärend und fruchtbar werdend aus dem alleredelsten Grunde; noch besser gesagt: fürwahr, aus demselben Grunde, daraus der Vater sein ewiges Wort gebiert, aus dem wird sie fruchtbar mitgebärend. Denn Jesus, das Licht und der Widerschein des väterlichen Herzens – wie Sankt Paulus sagt, daß er eine Ehre und ein Widerschein des väterlichen Herzens sei und mit Gewalt das väterliche Herz durchstrahle (vgl. Hebr. 1, 3) –, dieser Jesus ist mit ihr vereint und sie mit ihm, und sie leuchtet und glänzt mit ihm als ein einiges Eins und als ein lauterklares Licht im väterlichen Herzen.

Ich habe auch öfter schon gesagt, daß eine Kraft in der Seele ist, die weder Zeit noch Fleisch berührt; sie fließt aus dem Geiste und bleibt im Geiste und ist ganz und gar geistig. In dieser Kraft ist Gott ganz so grünend und blühend in aller der Freude und in aller der Ehre, wie er in sich selbst ist. Da ist so herzliche Freude und so unbegreiflich große Freude, daß niemand erschöpfend davon zu künden vermag. Denn der ewige Vater gebiert seinen ewigen Sohn in dieser Kraft ohne Unterlaß so, daß diese Kraft den Sohn des Vaters und sich selbst als denselben Sohn in der einigen Kraft des Vaters mitgebiert. Besäße ein Mensch ein ganzes Königreich oder alles Gut der Erde und gäbe das lauterlich um Gottes willen hin und würde der ärmsten Menschen einer, der irgendwo auf Erden lebt, und gäbe ihm dann Gott so viel zu leiden, wie er je einem Menschen gab, und litte er alles dies bis an seinen Tod und ließe ihn dann Gott einmal nur mit einem Blick schauen, wie er in dieser Kraft ist: – seine Freude würde so groß, daß es an allem diesem Leiden und an dieser Armut immer noch zu wenig gewesen wäre. Ja, selbst wenn Gott ihm nachher nimmermehr das Himmelreich gäbe, er hätte dennoch allzu großen Lohn empfangen für alles, was er je erlitt; denn Gott ist in dieser Kraft wie in dem ewigen Nun. Wäre der Geist allzeit mit Gott in dieser Kraft vereint, der Mensch könnte nicht altern; denn das Nun, darin Gott den ersten Menschen schuf, und das Nun, darin der letzte Mensch vergehen wird, und das Nun, darin ich spreche, die sind gleich in Gott und sind nichts als *ein* Nun. Nun seht, dieser Mensch wohnt in *einem* Lichte mit Gott; darum ist in ihm weder Leiden noch Zeitfolge, sondern eine gleichbleibende Ewigkeit. Diesem Menschen ist in Wahrheit alles Verwundern abgenommen, und alle Dinge stehen wesenhaft in ihm. Darum empfängt er nichts Neues von künftigen Dingen noch von irgendeinem »Zufall«, denn er wohnt in *einem* Nun, allzeit neu, ohne Unterlaß. Solche göttliche Hoheit ist in dieser Kraft.

Noch eine Kraft gibt es, die ist auch unleiblich; sie fließt aus dem Geiste und bleibt im Geiste und ist ganz und gar geistig. In dieser Kraft ist Gott ohne Unterlaß glimmend und brennend mit all seinem Reichtum, mit all seiner Süßigkeit und mit all seiner Wonne. Wahrlich, in dieser Kraft ist so große Freude und so große, unermeßliche Wonne, daß es niemand erschöpfend auszusagen oder zu offenbaren vermag. Ich sage wiederum: Gäbe es irgendeinen Menschen, der hierin mit der Vernunft wahrheitsgemäß einen Augenblick lang die Wonne und die Freude schaute, die darin ist, – alles, was er leiden könnte und was Gott von ihm erlitten haben wollte, das wäre ihm alles geringfügig, ja ein Nichts: ich sage noch mehr: es wäre ihm vollends eine Freude und ein Gemach.

Willst du recht wissen, ob dein Leiden dein sei oder Gottes, das sollst du hieran erkennen: Leidest du um deiner selbst willen, in welcher Weise es immer sei, so tut dir dieses Leiden weh und ist dir schwer zu ertragen. Leidest du aber um Gott und um Gottes willen allein, so tut dir dieses Leiden nicht weh und ist dir auch nicht schwer, denn Gott trägt die Last. In voller Wahrheit: Gäbe es einen Menschen, der um Gott und rein nur um Gottes willen leiden wollte, und fiele auf ihn alles das Leiden miteinander, das sämtliche Menschen je erlitten und das die ganze Welt zusammen trägt, das täte ihm nicht weh und wäre ihm auch nicht schwer, denn Gott trüge die Last. Wenn mir einer einen Zentner auf meinen

Nacken legte und ihn dann ein *anderer* auf *meinem* Nacken hielte, so lüde ich mir ebenso lieb hundert auf wie einen, denn es wäre mir nicht schwer und täte mir auch nicht weh. Kurz gesagt: Was immer der Mensch um Gott und um Gottes willen allein leidet, das macht ihm Gott leicht und süß. So denn habe ich am Anfang gesagt, womit wir unsere Predigt begannen: »Jesus ging hinauf in ein Burgstädtchen und ward empfangen von einer Jungfrau, die ein Weib war.« Warum? Das mußte notwendig so sein, daß sie eine Jungfrau war und dazu ein Weib. Nun habe ich euch darüber gesprochen, daß Jesus empfangen ward; ich habe euch aber (noch) nicht gesagt, was das »Burgstädtchen« sei, so wie ich (denn) jetzt darüber sprechen will.

Ich habe bisweilen gesagt, es sei eine Kraft im Geiste, die sei allein frei. Bisweilen habe ich gesagt, es sei eine Hut des Geistes; bisweilen habe ich gesagt, es sei ein Licht des Geistes; bisweilen habe ich gesagt, es sei ein Fünklein. Nun aber sage ich: Es ist weder dies noch das; trotzdem ist es ein Etwas, das ist erhabener über dies und das als der Himmel über der Erde. Darum benenne ich es nun auf eine edlere Weise, als ich es je benannte, und doch spottet es sowohl solcher Edelkeit wie der Weise und ist darüber erhaben. Es ist von allen Namen frei und aller Formen bloß, ganz ledig und frei, wie Gott ledig und frei ist in sich selbst. Es ist so völlig eins und einfaltig, wie Gott eins und einfaltig ist, so daß man mit keinerlei Weise dahinein zu lugen vermag. Jene nämliche Kraft, von der ich gesprochen habe, darin Gott blühend und grünend ist mit seiner ganzen Gottheit und der Geist in Gott, in dieser selben Kraft gebiert der Vater seinen eingeborenen Sohn so wahrhaft wie in sich selbst, denn er lebt wirklich in dieser Kraft, und der Geist gebiert mit dem Vater denselben eingeborenen Sohn und sich selbst als denselben Sohn und ist derselbe Sohn in diesem Lichte und ist die Wahrheit. Könntet ihr mit meinem Herzen erkennen, so verstündet ihr wohl, was ich sage; denn es ist wahr, und die Wahrheit sagt es selbst.

Seht, nun merkt auf! So eins und einfaltig ist dies »Bürglein« in der Seele, von dem ich spreche und das ich im Sinn habe, über alle Weise erhaben, daß jene edle Kraft, von der ich gesprochen habe, nicht würdig ist, daß sie je ein einziges Mal (nur) einen Augenblick in dies Bürglein hineinluge, und auch die andere Kraft, von der ich sprach, darin Gott glimmt und brennt mit all seinem Reichtum und mit all seiner Wonne, die wagt auch nimmermehr da hineinzulugen; so ganz eins und einfaltig ist dies Bürglein und so erhaben über alle Weise und alle Kräfte ist dies einige Eine, daß niemals eine Kraft oder eine Weise hineinzulugen vermag noch Gott selbst. In voller Wahrheit und so wahr Gott lebt: Gott selbst wird niemals nur einen Augenblick da hineinlugen und hat noch nie hineingelugt, soweit er in der Weise und »Eigenschaft« seiner Personen existiert. Dies ist leicht einzusehen, denn dieses einige Eine ist ohne Weise und ohne Eigenheit. Und drum: Soll Gott je darein lugen, so muß es ihn alle seine göttlichen Namen kosten und seine personhafte Eigenheit; das muß er allzumal draußen lassen, soll er je darein lugen. Vielmehr, so wie er einfaltiges Eins ist, ohne alle Weise und Eigenheit, so ist er weder Vater noch Sohn noch Heiliger Geist in diesem Sinne und ist doch ein Etwas, das weder dies noch das ist.

Seht, so wie er eins und einfaltig ist, so kommt er in dieses Eine, das ich da heiße ein Bürglein in der Seele, und anders kommt er auf keine Weise da hinein; sondern nur so kommt er da hinein und ist darin. Mit *dem* Teile ist die Seele Gott gleich und sonst nicht. Was ich euch gesagt habe, das ist wahr; dafür setze ich euch die Wahrheit zum Zeugen und meine Seele zum Pfande.

Daß wir so ein »Bürglein« seien, in dem Jesus aufsteige und empfangen werde und ewig in uns bleibe in der Weise, wie ich's gesagt habe, dazu helfe uns Gott. Amen.

Predigt 3

Nunc scio vere, quia misit dominus angelum suum (Act. 12, 11)

Als Petrus durch die Gewalt des hohen, obersten Gottes aus den Banden seiner Gefangenschaft befreit worden war, da sprach er: »Nun weiß ich wahrhaft, daß Gott mir seinen Engel gesandt und mich erlöst hat aus der Gewalt des Herodes und aus den Händen der Feinde« (Apg. 12, 11; vgl. auch Ps. 17, 1).

Nun kehren wir dieses Wort um und sagen: Weil Gott mir seinen Engel gesandt hat, deshalb erkenne ich wahrhaft. »Petrus« besagt soviel wie Erkenntnis. Ich habe es auch sonst schon gesagt: Erkenntnis und Vernunft vereinigen die Seele mit Gott. Vernunft dringt in das lautere Sein, Erkenntnis läuft voran, sie läuft vorauf und bricht durch, auf daß (da) Gottes eingeborener Sohn geboren wird. Unser Herr sagt bei Matthäus, daß niemand den Vater erkennt als nur der Sohn (Matth. 11, 27). Die Meister sagen, Erkenntnis hänge an Gleichheit. Etliche Meister sagen, die Seele sei aus allen Dingen gemacht, weil sie das Vermögen hat, alle Dinge zu erkennen. Es klingt töricht und ist doch wahr. Die Meister sagen: Was ich erkennen soll, das muß mir völlig gegenwärtig sein und meiner Erkenntnis gleichen. Die Heiligen sagen, im Vater sei Macht, im Sohne Gleichheit und im Heiligen Geist Einigung. Weil der Vater dem Sohn vollends gegenwärtig und der Sohn ihm vollends gleich ist, darum erkennt niemand den Vater als nur der Sohn.

Nun spricht Petrus: »Jetzt erkenne ich wahrhaft.« Warum erkennt man hier wahrhaft? Darum, weil es ein göttliches Licht ist, das niemanden trügt. Zum andern, weil man da bloß und lauter erkennt und durch nichts verhüllt. Deshalb spricht Paulus: »Gott wohnt in einem Lichte, zu dem es keinerlei Zugang gibt« (1 Tim. 6, 16). Die Meister sagen, die Weisheit, die wir hier lernen, die werde uns dort bleiben. Paulus aber sagt, sie werde vergehen (1 Kor. 13, 8). Ein Meister sagt: Reine Erkenntnis, selbst hier (noch) in diesem Leben, die berge so große Lust in sich selbst, daß aller geschaffenen Dinge Lust recht wie ein Nichts gegenüber der Lust sei, die reine Erkenntnis in sich trägt. Und doch, wie edel sie auch sei, so ist sie doch ein »Zufall«; und so klein ein Wörtlein ist, verglichen mit der ganzen Welt, so klein ist alle die Weisheit, die wir hier lernen können, gegenüber der bloßen, lauteren Wahrheit. Deshalb sagt Paulus, sie werde vergehen. Selbst wenn sie bleibt, so wird sie recht zu einer Törin und so, als ob sie nichts sei gegenüber der bloßen Wahrheit, die man dort erkennt. Der dritte Grund, weshalb man dort wahrhaft erkennt, liegt darin: Die Dinge, die man hier dem Wandel unterworfen sieht, die erkennt man dort als unwandelbar, und man nimmt sie dort, wie sie ganz ungeteilt und nahe beieinander sind; denn, was hier fern ist, das ist dort nahe, denn alle Dinge sind da gegenwärtig. Was an dem ersten und am jüngsten Tage geschieht, das ist dort gegenwärtig.

»Nun weiß ich wahrhaft, daß Gott mir seinen Engel gesandt hat.« Wenn Gott seinen Engel zu der Seele sendet, so wird sie wahrhaft erkennend. Nicht umsonst hat Gott Sankt Peter den Schlüssel anbefohlen, denn »Petrus« besagt soviel wie Erkenntnis (vgl. Matth. 16, 19). Erkenntnis aber hat den Schlüssel und schließt auf und dringt und bricht durch und findet Gott unverhüllt und sagt sodann ihrem Gespielen, dem Willen, was sie in Besitz genommen habe, wiewohl sie doch den Willen (dazu) schon vorher gehabt hat; denn was ich *will*, das suche ich. Erkenntnis geht vorauf. Sie ist eine Fürstin und sucht Herrschaft im Höchsten und Lautersten und gibt es an die Seele weiter und die Seele weiter an die Natur und die Natur an alle leiblichen Sinne. Die Seele ist so edel in ihrem Höchsten und Lautersten, daß die Meister keinen Namen für sie finden können. Sie nennen sie »Seele«, sofern sie dem Leibe Wesen gibt. Nun sagen die Meister, nächst dem ersten Ausbruch der Gottheit, wo der Sohn aus dem Vater ausbricht, sei der Engel zu allernächst nach Gott gebildet. Wohl ist es wahr: die Seele ist nach Gott gebildet in ihrem obersten Teile; aber der Engel ist ein näheres Bild Gottes. Alles, was am Engel ist, das ist nach Gott gebildet. Darum wird der Engel zur Seele gesandt, auf daß er sie zurückbringe zu demselben Bild, nach dem er gebildet ist; denn Erkenntnis fließt aus der Gleichheit. Da nun die Seele ein Vermögen hat, alle Dinge zu erkennen, deshalb ruht sie nimmer, bis sie in das erste Bild kommt, wo alle Dinge eins sind, und dort kommt sie zur

Ruhe, das heißt: in Gott. In Gott ist keine Kreatur edler als die andere.

Die Meister sagen: Sein und Erkennen sei ganz eins, denn was nicht ist, das erkennt man auch nicht; was am allermeisten Sein hat, das erkennt man auch am allermeisten. Da denn Gott ein überschwengliches Sein hat, darum übersteigt er auch alle Erkenntnis, wie ich vorgestern in meinem letzten Sermon sagte: daß die Seele in die erste Lauterkeit eingebildet wird, in den Eindruck der lauteren Wesenheit, wo sie Gott schmeckt, ehe er Wahrheit oder Erkennbarkeit annimmt, dort, wo alle Nennbarkeit abgelegt ist; dort erkennt sie am allerlautersten, dort nimmt sie das Sein in voller Gemäßheit. Deshalb sagt Paulus: »Gott wohnt in einem Lichte, zu dem es keinerlei Zugang gibt« (1 Tim. 6, 16). Er ist ein Einwohnen in seiner eigenen lauteren Wesenheit, in der es nichts Anhaftendes gibt. Was »Zu-fall« hat, das muß hinweg. Er ist ein lauteres In-sich-selbst-Stehen, wo es weder dies noch das gibt; denn was in Gott ist, das ist Gott. Ein heidnischer Meister sagt: Die Kräfte, die unterhalb Gottes schweben, die haben ein Einhangen in Gott, und wiewohl sie rein in sich bestehen, so haben sie doch ein Einhangen in dem, der weder Anfang noch Ende hat; denn in Gott kann nichts Fremdes fallen. Habet dafür ein Zeugnis am Himmel: der kann keinen fremden Eindruck empfangen in fremder Weise.

Es geschieht so: Was immer zu Gott kommt, das wird verwandelt; so geringwertig es auch sei, wenn wir es zu Gott bringen, so entfällt es sich selbst. Dafür nehmt ein Gleichnis: Habe ich Weisheit, so bin ich die nicht selbst. Ich kann Weisheit gewinnen, ich kann sie auch verlieren. Was immer aber in Gott ist, das ist Gott; das kann ihm nicht entfallen. Es wird in göttliche Natur versetzt, denn göttliche Natur ist so kräftig, daß, was immer darein gegeben wird, entweder vollkommen darein versetzt wird oder gänzlich draußen bleibt. Nun vernehmt mit Staunen! Da Gott so geringwertige Dinge in sich verwandelt, was glaubt ihr wohl, daß er mit der Seele tue, die er mit dem Bild seiner selbst ausgezeichnet hat? Daß wir dazu gelangen mögen, dazu helfe uns Gott. Amen.

Predigt 4

Omne datum optimum et omne donum perfectum desursum est. Jacobi I°
(Jac. 1, 17)

Sankt Jakob sagt in der Epistel: »Die allerbeste Gabe und Vollkommenheit kommen von oben herab vom Vater der Lichter« (Jak. 1, 17).

Nun gebt acht! Ihr müßt dies wissen: Die Menschen, die sich Gott überlassen und mit allem Fleiß nur seinen Willen suchen, was immer Gott einem solchen Menschen gibt, das ist das Beste; sei dessen so gewiß, wie daß Gott lebt, daß es notwendig das Allerbeste sein muß und daß es sonst keine Weise geben könnte, die besser wäre. Mag es auch sein, daß doch etwas anderes besser scheine, so wäre es für dich doch nicht so gut; denn Gott will eben diese Weise und nicht eine andere, und *diese* Weise muß notwendig für dich die beste Weise sein. Es sei (nun) Krankheit oder Armut oder Hunger oder Durst oder was immer es sei, das Gott über dich verhängt oder nicht verhängt oder was dir Gott gibt oder nicht gibt, das alles ist für dich das Beste; sei's, daß du keines von beiden, weder Andacht noch Innerlichkeit hast und was immer du hast oder nicht hast: stelle dich nur recht darauf ein, daß du Gottes Ehre in allen Dingen im Auge hast, und was immer er dir dann antut, das ist das Beste.

Nun könntest du vielleicht sagen: Woher weiß ich, ob es der Wille Gottes sei oder nicht? Wisset: Wäre es Gottes Wille nicht, so wäre es auch nicht. Du hast weder Krankheit noch irgend etwas, Gott wolle es denn. Und da du denn weißt, daß es Gottes Wille ist, so solltest du soviel Wohlgefallen und Befriedigung daran haben, daß du keine Pein als Pein erachtest; ja, käme es selbst zum Alleräußersten der Pein, empfändest du dann irgend etwas von Pein oder Leiden, so wäre das selbst dann noch völlig verkehrt; denn du sollst es von Gott als Allerbestes nehmen, weil es notwendig dein Allerbestes sein muß. Denn Gottes Sein hängt daran, daß er das Beste wolle. Darum muß auch ich es wollen, und nichts soll mir besser behagen. Wollte ich einem Menschen mit allem Fleiß gefallen und wüßte ich dann für gewiß, daß ich diesem Menschen besser gefiele in einem grauen Kleide als in irgendeinem andern, wie gut es auch wäre, so gibt es darüber keinen Zweifel, daß mir dieses Kleid wohlgefälliger und lieber wäre als irgendein anderes, wär's auch noch so gut. Wär's denn, daß ich einem jeden gefallen wollte: wovon ich dann wüßte, daß es einer gern hätte, an Worten und an Werken, das täte ich und nichts anderes. Wohlan, nun prüft euch selbst daraufhin, wie es mit eurer Liebe bestellt ist! Liebtet ihr Gott, so könnte euch nichts lustvoller sein, als was ihm am allerbesten gefiele und daß sein Wille am allermeisten an uns vollbracht würde. Wie schwer auch die Pein oder das Ungemach scheinen mag, hast du nicht ebenso großes Wohlbehagen darin, so steht es nicht recht damit.

Ich pflege oft ein Wörtlein zu sprechen, und es ist auch wahr: Wir rufen alle Tage und schreien im Paternoster: »Herr, dein Wille werde!« (Matth. 6, 10). Und wenn dann sein Wille wird, so wollen wir zürnen, und sein Wille befriedigt uns nicht. Indessen, was immer er täte, das sollte uns am allerbesten gefallen. Die es so als Bestes hinnehmen, die bleiben bei allen Dingen in vollkommenem Frieden. Nun dünkt es euch mitunter, und ihr sagt: »Ach, wäre es anders gekommen, so wäre es besser«, oder: »Wäre es nicht so gekommen, so wäre es vielleicht besser gekommen.« Solange es dich so dünkt, wirst du niemals Frieden gewinnen. Du sollst es als Allerbestes hinnehmen. Dies ist der erste Sinn dieses Schriftwortes.

Es gibt auch noch einen anderen Sinn, den bedenket mit Fleiß! Er (= Sankt Jakob) sagt: »Alle Gabe«. Nur was das Allerbeste und Allerhöchste ist, das sind eigentliche Gaben und im allereigensten Sinne. Gott gibt nichts so gern wie große Gaben. Ich sagte einst an dieser Stätte, daß Gott sogar lieber große Sünden vergibt als kleine. Und je größer sie sind, um so lieber und schneller vergibt er sie. Und ganz so steht es mit der Gnade und Gabe und Tugend: je größer sie sind, um so lieber gibt er sie; denn seine Natur hängt daran, daß er große Dinge gebe. Und darum, je wertvoller die Dinge sind, um so mehr gibt es ihrer. Die edelsten Kreaturen sind die Engel, und sie sind rein geistig und haben keinerlei Körperlichkeit an sich, und von ihnen gibt es am allermeisten, und ihrer gibt es mehr als die Summe aller körperlichen Dinge. Große Dinge heißen recht eigentlich »Gaben« und gehören ihm (= Gott) am allereigentlichsten und allerinnigsten zu.

Ich sagte einst: Was im eigentlichen Sinne in Worten geäußert werden kann, das muß von innen heraus kommen und sich durch die innere Form bewegen, nicht dagegen von außen herein kommen, sondern: von innen muß es heraus kommen. Es lebt recht eigentlich im Innersten der Seele. Dort sind dir alle Dinge gegenwärtig und im Innern lebend und suchend und sind (dort) im Besten und im Höchsten. Weshalb merkst du nichts davon? Weil du dort nicht daheim bist. Je edler etwas ist, um so allgemeiner ist es. Den Sinn habe ich mit den Tieren gemein und das Leben (zudem) mit den Bäumen. Das Sein ist mir noch innerlicher, das habe ich gemein mit allen Kreaturen. Der Himmel ist umfassender als alles, was unter ihm ist; darum ist er auch edler. Je edler die Dinge sind, um so umfassender und allgemeiner sind sie. Die Liebe ist edel, weil sie allumfassend ist.

Es scheint schwer, was unser Herr geboten hat: daß man den Mitchristen lieben soll wie sich selbst (Mark. 12, 31; Matth. 22, 39). Grobsinnige Leute sagen gemeinhin, es sei so gemeint: man solle sie (= die Mitchristen) im Hinblick auf das gleiche Gute lieben, um dessentwillen man sich selbst liebt. Nein, dem ist nicht so. Man soll sie ebensosehr lieben wie sich selbst, und das ist nicht schwer. Wollt ihrs recht bedenken, so ist Liebe mehr Belohnung als ein Gebot. Das Gebot scheint schwer, der Lohn aber ist begehrenswert. Wer Gott liebt, wie er ihn lieben soll und auch lieben muß, ob er wolle oder nicht, und wie ihn alle Kreaturen lieben, der muß seinen Mitmenschen lieben wie sich selbst und sich seiner Freuden freuen wie seiner eigenen Freuden und nach seiner Ehre so sehr verlangen wie nach seiner eigenen Ehre und den Fremden (so lieben) wie den Angehörigen. Und auf solche Weise ist der Mensch allzeit in Freude, in Ehre und in Vorteil, so ist er recht wie im Himmelreich, und so hat er öfter Freuden, als wenn er sich nur seines eigenen Guten freute. Und wisset fürwahr: Ist dir deine eigene Ehre beglückender als die eines andern, so ist das unrecht.

Wisse, wenn immer du irgendwie das Deine suchst, so findest du

Gott nimmer, weil du nicht Gott ausschließlich suchst. Du suchst etwas mit Gott und tust gerade so, wie wenn du aus Gott eine Kerze machtest, auf daß man etwas damit suche; und wenn man die Dinge findet, die man sucht, so wirft man die Kerze hinweg. Ganz so tust du: Was immer du mit Gott suchst, das ist *nichts*, was es auch sei, sei's Nutzen oder Lohn oder Innerlichkeit oder was es auch sei; du suchst ein *Nichts*, darum findest du auch ein *Nichts*. Daß du ein *Nichts* findest, ist nur dadurch verursacht, daß du ein *Nichts* suchst. Alle Kreaturen sind ein reines Nichts. Ich sage nicht, daß sie geringwertig oder überhaupt etwas seien: sie sind ein reines *Nichts*. Was kein Sein hat, das ist nichts. Alle Kreaturen (nun) haben kein Sein, denn ihr Sein hängt an der Gegenwart Gottes. Kehrte sich Gott nur einen Augenblick von allen Kreaturen ab, so würden sie zunichte. Ich habe mitunter gesagt, und es ist auch wahr: Wer die ganze Welt zu Gott hinzunähme, der hätte nicht mehr, als wenn er Gott allein hätte. Alle Kreaturen haben ohne Gott nicht mehr (Sein) als eine Mücke ohne Gott besäße, genau gleich viel, nicht weniger und nicht mehr.

Wohlan, nun hört auf ein wahres Wort! Gäbe ein Mensch tausend Mark Goldes, auf daß man dafür Kirchen und Klöster baute, das wäre eine große Sache. Dennoch hätte der viel mehr gegeben, der tausend Mark für nichts erachten könnte; der hätte bei weitem mehr getan als jener. Als Gott alle Kreaturen erschaffen hatte, waren sie so geringwertig und so eng, daß er sich in ihnen nicht regen konnte. Die Seele jedoch machte er sich so gleich und so ebenbildlich, auf daß er sich der Seele geben könne; denn was er ihr sonst gäbe, das achtet sie für nichts. Gott muß mir sich selbst so zu eigen geben, wie er sich selbst gehört, oder aber mir wird (überhaupt) nichts zuteil, und nichts sagt mir zu. Wer ihn so ganz empfangen soll, der muß sich selbst ganz aufgeben und sich seiner selbst ganz entäußert haben; so einer empfängt von Gott alles, was Gott hat, ganz gleich ebenso zu eigen, wie der es selbst hat und Unsere Frau und alle die, die im Himmelreich sind: das gehört solchen ebenso gleich und ebenso eigen zu. Die so gleichmäßig sich entäußert und sich selbst aufgegeben haben, die werden auch Gleiches empfangen und nicht weniger.

Und nun das dritte in unserm Schrifttext: »von dem Vater des Lichtes«. Bei dem Wort »Vater« denkt man an Sohnschaft, und das Wort »Vater« besagt ein lauteres Gebären und ist gleichbedeutend mit: ein Leben aller Dinge. Der Vater gebiert seinen Sohn im ewigen Erkennen, und ganz so gebiert der Vater seinen Sohn in der Seele wie in seiner eigenen Natur, und er gebiert ihn der Seele zu eigen, und sein Sein hängt daran, daß er in der Seele seinen Sohn gebäre, es sei ihm lieb oder leid. Ich ward einst gefragt, was der Vater im Himmel täte. Da sagte ich: Er gebiert seinen Sohn, und dieses Tun ist ihm so lustvoll und gefällt ihm so wohl, daß er nie etwas anderes tut als seinen Sohn gebären, und sie beide blühen den Heiligen Geist aus. Wo der Vater seinen Sohn in mir gebiert, da bin ich derselbe Sohn und nicht ein anderer; wir sind wohl verschieden im Menschsein, dort aber bin ich derselbe Sohn und nicht ein anderer. »Wo wir Söhne sind, da sind wir rechte Erben« (Röm. 8, 17). Wer die Wahrheit recht erkennt, der weiß wohl, daß das Wort »Vater« ein lauteres Gebären und ein Söhne-Haben in sich trägt. Darum sind wir hierin Sohn und sind derselbe Sohn.

Nun merkt noch auf das Wort: »sie kommen von oben herab«. Ich habe euch nun vor kurzem gesagt: Wer von oben her empfangen will, der muß notwendig unten sein in rechter Demut. Und wisset in Wahrheit: Wer nicht völlig unten ist, dem wird auch nichts zuteil, und er empfängt auch nichts, wie geringfügig es auch immer nur sein möge. Hast du es irgendwie auf dich oder auf irgend etwas oder irgendwen abgesehen, so bist du nicht unten und empfängst auch nichts; bist du aber völlig unten, so empfängst du auch völlig und vollkommen. Gottes Natur ist es, daß er gibt, und sein Sein hängt daran, daß er uns gebe, wenn wir unten sind. Sind wir's nicht und empfangen wir nichts, so tun wir ihm Gewalt an und töten ihn. Können wir's nicht an ihm selbst tun, so tun wir's doch an uns und soweit es uns betrifft. Auf daß du es ihm alles zu eigen gebest, sieh zu, daß du dich in rechter Demut unter Gott erniedrigst und Gott in deinem Herzen und in deinem Erkennen erhebst. »Gott, unser Herr, sandte seinen Sohn in die Welt« (Gal. 4, 4). Ich sprach einst ebenhier: Gott sandte seinen Sohn in der Fülle der Zeit: – zu der Seele, wenn sie über alle Zeit hinausgeschritten ist. Wenn die Seele der Zeit und des Raumes ledig ist, so sendet der Vater seinen Sohn in die Seele. Nun, dies bedeutet das Wort: »Die allerbeste Gabe und Vollkommenheit kommen von oben herab vom Vater der Lichter.«

Daß wir bereitet werden, die beste Gabe zu empfangen, dazu helfe uns der Vater der Lichter. Amen.

Predigt 5

In hoc apparuit caritas dei in nobis, quoniam filium suum unigenitum misit deus in mundum ut vivamus per eum (1 Joh. 4, 9)

Sankt Johannes spricht: »Darin ist uns Gottes Liebe geoffenbart, daß er seinen Sohn in die Welt gesandt hat, auf daß wir durch ihn und mit ihm leben« (1 Joh. 4, 9), und so ist unsere menschliche Natur unermeßlich erhöht dadurch, daß der Höchste gekommen ist und die Menschennatur an sich genommen hat.

Ein Meister sagt: Wenn ich daran denke, daß unsere Natur über die Kreaturen erhoben worden ist und im Himmel über den Engeln sitzt und von ihnen angebetet wird, so muß ich mich aus tiefstem Herzensgrunde freuen, denn Jesus Christus, mein lieber Herr, hat mir alles das zu eigen gemacht, was er in sich besitzt. Er (der Meister) sagt auch, daß der Vater es in allem dem, was er seinem Sohn Jesus Christus je in der menschlichen Natur verlieh, eher auf mich abgesehen und mich mehr geliebt hat als ihn und es mir eher verlieh als ihm. Wieso denn? Er gab es ihm um meinetwillen, denn mir tat es not. Darum, was immer er ihm gab, damit zielte er auf mich und gab mir's recht so wie ihm; ich nehme da nichts aus, weder Einigung noch Heiligkeit der Gottheit noch irgend etwas. Alles, was er ihm je in der menschlichen Natur gab, das ist mir nicht fremder noch ferner als ihm, denn Gott kann nicht (nur) weniges geben; entweder muß er alles oder gar nichts geben. Seine Gabe ist völlig einfach und vollkommen ohne Teilung und nicht in der Zeit, immerzu (nur) in der Ewigkeit; und seid dessen so gewiß, wie ich lebe: Wenn wir so von ihm empfangen sollen, so müssen wir in der Ewigkeit sein, erhaben über die Zeit. In der Ewigkeit sind alle Dinge gegenwärtig. Das, was über mir ist, das ist mir so nahe und so gegenwärtig wie das, was hier bei mir ist; und dort werden wir von Gott empfangen, was wir von Gott haben sollen. Gott erkennt auch nichts außerhalb seiner, sondern sein Auge ist nur auf ihn selbst gerichtet. Was er sieht, das sieht er alles in sich. Darum sieht uns Gott nicht, wenn wir in Sünden sind. Drum: So weit wir in ihm sind, so weit erkennt uns Gott, das heißt: soweit wir ohne Sünde sind. Und alle die Werke, die unser Herr je wirkte, die hat er mir so zu eigen gegeben, daß sie für mich nicht weniger lohnwürdig sind als meine eigenen Werke, die ich wirke. Da nun uns allen sein ganzer Adel gleich eigen und gleich nahe ist, mir wie ihm, weshalb empfangen wir denn nicht Gleiches? Ach, das müßt ihr verstehen! Wenn einer zu dieser Spende kommen will, daß er dieses Gut gleicherweise und die allgemeine und allen Menschen gleich nahe menschliche Natur empfange, dann ist es dazu nötig, daß, so wie es in menschlicher Natur nichts Fremdes noch Ferneres noch Näheres gibt, du in der menschlichen Gesellschaft gleich stehest, dir selbst nicht näher als einem andern. Du sollst alle Menschen gleich wie dich lieben und gleich achten und halten; was einem andern geschieht, sei's bös oder gut, das soll für dich so sein, als ob es dir geschehe.

Nun ist dies der zweite Sinn: »Er sandte ihn in die Welt«. Nun wollen wir (darunter) die große Welt verstehen, in die die Engel schauen. Wie sollen wir sein? Wir sollen mit unserer ganzen Liebe und mit unserem ganzen Verlangen dort sein, wie Sankt Augustinus sagt: Was der Mensch liebt, das wird er in der Liebe. Sollen wir nun sagen: Wenn der Mensch Gott liebt, daß er dann Gott werde? Das klingt, wie wenn es Unglaube sei. In der Liebe, die ein Mensch schenkt, gibt es keine Zwei, sondern (nur) Eins und Einung, und in der Liebe bin ich mehr Gott, als daß ich in mir selbst bin. Der Prophet spricht: »Ich habe gesagt, ihr seid Götter und Kinder des Allerhöchsten« (Ps. 81, 6). Das klingt verwunderlich, daß der Mensch in solcher Weise Gott zu werden vermag in der Liebe; jedoch ist es wahr in der ewigen Wahrheit. Unser Herr Jesus Christus beweist es.

»Er sandte ihn in die Welt«. »Mundum« besagt in *einer* Bedeutung »rein«. Merkt auf! Gott hat keine eigentlichere Stätte als ein reines Herz und eine reine Seele; dort gebiert der Vater seinen Sohn, wie er ihn in der Ewigkeit gebiert, nicht mehr und nicht weniger. Was ist ein reines Herz? Das ist rein, was von allen Kreaturen abgesondert und geschieden ist, denn alle Kreaturen beflecken, weil sie ein Nichts sind; denn das Nichts ist Mangel und befleckt die Seele. Alle Kreaturen sind ein reines Nichts; weder die Engel noch die Kreaturen sind ein Etwas. Sie haben ... und beflecken, denn sie sind aus nichts gemacht; sie sind und waren nichts. Was allen Kreaturen zuwider ist und Unlust schafft, das ist das Nichts. Legte ich eine glühende Kohle in meine Hand, so täte mir das weh. Das kommt allein vom »Nicht«, und wären wir frei vom »Nicht«, so wären wir nicht unrein.

Und nun: »wir leben in ihm« mit ihm. Es gibt nichts, was man so sehr begehrt wie das Leben. Was ist mein Leben? Was von innen her aus sich selbst bewegt wird. Das (aber) lebt nicht, was von außen bewegt wird. Leben wir denn also mit ihm, so müssen wir auch von innen her in ihm mitwirken, so daß wir nicht von außen her wirken; wir sollen vielmehr daraus bewegt werden, woraus wir leben, das heißt: durch ihn. Wir können und müssen (aber nun) aus unserm Eigenen von innen her wirken. Sollen wir also denn in ihm oder durch ihn leben, so muß er unser Eigen sein und müssen wir aus unserm Eigenen wirken; so wie Gott alle Dinge aus seinem Eigenen und durch sich selbst wirkt, so müssen (auch) wir aus dem Eigenen wirken, das er in uns ist. Er ist ganz und gar unser Eigen, und alle Dinge sind unser Eigen in ihm. Alles, was alle Engel und alle Heiligen und Unsere Frau haben, das ist mir in ihm eigen und ist mir nicht fremder noch ferner als das, was ich selber habe. Alle Dinge sind mir gleich eigen in ihm; und wenn wir zu diesem Eigenen kommen sollen, daß alle Dinge unser Eigen seien, so müssen wir ihn gleicherweise in allen Dingen nehmen, in einem nicht mehr als in dem andern, denn er ist in allen Dingen gleich.

Man findet Leute, denen schmeckt Gott wohl in *einer* Weise, nicht aber in der andern, und sie wollen Gott durchaus (nur) in *einer* Weise des Sichversenkens besitzen und in der andern nicht. Ich lasse es gut sein, aber es ist völlig verkehrt. Wer Gott in rechter Weise nehmen soll, der muß ihn in allen Dingen gleicherweise nehmen, in der Bedrängnis wie im Wohlbefinden, im Weinen wie in Freuden; überall soll er dir gleich sein. Glaubst du, daß, weil du, ohne es durch Todsünde verschuldet zu haben, weder Andacht noch Ernst hast, du deshalb eben, *weil* du keine Andacht und keinen Ernst hast, (auch) Gott nicht hast, und ist dir das dann leid, so ist *dies* eben jetzt (deine) Andacht und (dein) Ernst. Darum sollt ihr euch nicht auf irgendeine *Weise* verlegen, denn Gott ist in keiner

Weise weder dies noch das. Darum tun die, die Gott in solcher Weise nehmen, ihm unrecht. Sie nehmen die Weise, nicht aber Gott. Darum behaltet dieses Wort: daß ihr rein nur Gott im Auge habt und sucht. Welche Weisen dann anfallen, mit denen seid ganz zufrieden. Denn euer Absehen soll rein nur auf Gott gerichtet sein und auf sonst nichts. Was ihr dann gern oder ungern habt, das ist dann recht, und wisset, daß es sonst völlig verkehrt ist. Sie schieben Gott unter eine Bank, die so viele Weisen haben wollen. Sei's nun Weinen oder Seufzen und dergleichen vieles: das alles ist nicht Gott. Fällt es an, nun so nehmt es hin und seid zufrieden; stellt es sich nicht ein, so seid abermals zufrieden und nehmt das, was euch Gott zu dem Zeitpunkt geben will, und bleibt allzeit in demütiger Vernichtung und Selbsterniedrigung, und es soll euch allzeit dünken, daß ihr unwürdig seid irgendeines Guten, das euch Gott antun könnte, wenn er wollte. So ist denn das Wort ausgelegt, das Sankt Johannes schreibt: »Darin ist uns Gottes Liebe geoffenbart worden«; wären wir so, so würde dieses Gute in uns geoffenbart. Daß es uns verborgen ist, daran trägt nichts anderes die Schuld als wir. *Wir* sind die Ursache aller unserer Hindernisse. Hüte dich vor dir selbst, so hast du wohl gehütet. Und ist es so, daß wir's nicht nehmen *wollen*, so hat er uns (doch) dazu erwählt; nehmen wir's *nicht*, so wird es uns gereuen müssen, und es wird uns sehr verwiesen werden. Daß wir nicht dahin gelangen, wo dieses Gut empfangen wird, das liegt nicht an ihm, sondern an uns.

Predigt 6

In hoc apparuit caritas dei in nobis (1 Joh. 4, 9)

»Darin ist uns Gottes Liebe erzeigt und in uns sichtbar geworden, daß Gott seinen eingeborenen Sohn in die Welt gesandt hat, auf daß wir leben mit dem Sohne und in dem Sohne und durch den Sohn« (1 Joh. 4, 9); denn alle, die da nicht durch den Sohn leben, die sind wahrlich nicht recht daran.

Wenn nun irgendwo ein reicher König wäre, der eine schöne Tochter hätte: gäbe er die dem Sohne eines armen Mannes, so würden alle, die zu dem Geschlecht gehörten, dadurch erhöht und geadelt. Nun sagt ein Meister: Gott ist Mensch geworden, dadurch ist erhöht und geadelt das ganze Menschengeschlecht. Dessen mögen wir uns wohl freuen, daß Christus, unser Bruder, aus eigener Kraft aufgefahren ist über alle Chöre der Engel und sitzt zur rechten Hand des Vaters. Dieser Meister hat recht gesprochen; aber wahrlich, ich gäbe nicht viel darum. Was hülfe es mir, wenn ich einen Bruder hätte, der da ein reicher Mann wäre und ich wäre dabei ein armer Mann? Was hülfe es mir, hätte ich einen Bruder, der da ein weiser Mann wäre, und ich wäre dabei ein Tor?

Ich sage etwas anderes und Eindringenderes: Gott ist nicht nur Mensch geworden, vielmehr: er hat die menschliche Natur angenommen.

Die Meister sagen gemeinhin, alle Menschen seien in ihrer Natur gleich edel. Ich aber sage wahrheitsgemäß: All das Gute, das alle Heiligen besessen haben und Maria, Gottes Mutter, und Christus nach seiner Menschheit, das ist *mein* Eigen in dieser Natur. Nun könntet ihr mich fragen: Da ich in dieser Natur alles habe, was Christus nach seiner Menschheit zu bieten vermag, woher kommt es dann, daß wir Christum erhöhen und als unsern Herrn und unsern Gott verehren? Das kommt daher, weil er ein Bote von Gott zu uns gewesen ist und uns unsere Seligkeit zugetragen hat. Die Seligkeit, die er uns zutrug, die war *unser*. Dort, wo der Vater im innersten Grunde seinen Sohn gebiert, da schwebt diese (Menschen-)Natur mit ein. Diese Natur ist Eines und einfaltig. Es mag hier wohl etwas herauslugen und etwas anhangen, aber das ist dieses Eine nicht.

Ich sage ein Weiteres und sage ein Schwereres: Wer unmittelbar in der Bloßheit dieser Natur stehen will, der muß allem Personhaften entgangen sein, so daß er dem Menschen, der jenseits des Meeres ist, den er mit Augen nie gesehen hat, ebensowohl Gutes gönne wie dem Menschen, der bei ihm ist und sein vertrauter Freund ist. Solange du deiner Person mehr Gutes gönnst als dem Menschen, den du nie gesehen hast, so steht es wahrlich unrecht mit dir, und du hast noch nie nur einen Augenblick lang in diesen einfaltigen Grund gelugt. Du magst aber wohl in einem abgezogenen Bilde die Wahrheit wie in einem Gleichnis gesehen haben: das Beste aber war es nicht.

Zum andern mußt du reinen Herzens sein, denn *das* Herz ist allein rein, das alle Geschaffenheit zunichte gemacht hat. Zum dritten mußt du frei sein vom Nicht. Man stellt die Frage, was in der Hölle brenne? Die Meister sagen allgemein: das tut der Eigenwille. Ich aber sage wahrheitsgemäß, daß das Nicht in der Hölle brennt. Vernimm denn nun ein Gleichnis! Man nehme eine brennende Kohle und lege sie auf meine Hand. Wollte ich nun sagen, die Kohle brenne meine Hand, so täte ich ihr gar unrecht. Soll ich aber zutreffend sagen, was mich brennt: das »Nicht« tut's, denn die Kohle hat etwas in sich, was meine Hand *nicht* hat. Seht, eben dieses »Nicht« brennt mich. Hätte aber meine Hand alles das in sich, was die Kohle ist und zu leisten vermag, so hätte sie ganz und gar Feuersnatur. Nähme einer dann alles Feuer, das je brannte, und schüttete es auf meine Hand, so könnte es mich nicht schmerzen. In gleicher Weise sage ich: Da Gott und alle die, die in der Anschauung Gottes sind, in der rechten Seligkeit etwas in sich haben, was die *nicht* haben, die von Gott getrennt sind, so peinigt dieses »Nicht« die Seelen, die in der Hölle sind, mehr als Eigenwille oder irgendein Feuer. Ich sage fürwahr: Soviel dir vom »Nicht« anhaftet, so weit bist du unvollkommen. Hierum, wollt ihr vollkommen sein, so müßt ihr frei sein vom »Nicht«.

Hierum sagt das Wörtlein, das ich euch vorgelegt habe: »Gott hat seinen eingeborenen Sohn in die Welt gesandt«; das dürft ihr nicht im Hinblick auf die äußere Welt verstehen, wie er mit uns aß und trank: ihr müßt es verstehen mit bezug auf die *innere* Welt. So wahr der Vater in seiner einfaltigen Natur seinen Sohn natürlich gebiert, so wahr gebiert er ihn in des Geistes Innigstes, und dies ist die innere Welt. Hier ist Gottes Grund mein Grund und mein Grund Gottes Grund. Hier lebe ich aus meinem Eigenen, wie Gott aus seinem Eigenen lebt. Wer in diesen Grund je nur einen Augenblick lang lugte, dem Menschen sind tausend Mark roten, geprägten Goldes (soviel) wie ein falscher Heller. Aus diesem innersten Grunde sollst du alle deine Werke wirken ohne Warum. Ich sage fürwahr: Solange du deine Werke wirkst um des Himmelreiches oder um Gottes oder um deiner ewigen Seligkeit willen, (also) von außen her, so ist es wahrlich nicht recht um dich bestellt. Man mag dich zwar wohl hinnehmen, aber das Beste ist es doch nicht. Denn wahrlich, wenn einer wähnt, in Innerlichkeit, Andacht, süßer Verzücktheit und in besonderer Begnadung Gottes mehr zu bekommen als beim Herdfeuer oder im Stalle, so tust du nicht anders, als ob du Gott nähmest, wändest ihm einen Mantel um das Haupt und schöbest ihn unter eine Bank. Denn wer Gott in einer (bestimmten) *Weise* sucht, der nimmt die Weise und verfehlt Gott, der in der Weise verborgen ist. Wer aber Gott *ohne* Weise sucht, der erfaßt ihn, wie er in sich selbst ist; und ein solcher Mensch lebt mit dem Sohne, und er ist das Leben selbst. Wer das Leben fragte tausend Jahre lang: »Warum lebst du?« – könnte es antworten, es spräche nichts anderes als: »Ich lebe darum, *daß* ich lebe«. Das kommt daher, weil das Leben aus seinem eigenen Grunde lebt und aus seinem Eigenen quillt; darum lebt es ohne Warum eben darin, daß es (für) sich selbst lebt. Wer nun einen wahrhaftigen Menschen, der aus seinem eigenen Grunde wirkt, fragte: »Warum wirkst du deine Werke?« – sollte er recht antworten, er spräche nichts anderes als: »Ich wirke darum, *daß* ich wirke.«

Wo die Kreatur endet, da beginnt Gott zu sein. Nun begehrt Gott nichts mehr von dir, als daß du aus dir selbst ausgehest deiner kreatürlichen Seinsweise nach und Gott Gott in dir sein läßt. Das geringste kreatürliche Bild, das sich je in dich einbildet, das ist so groß, wie Gott groß ist. Warum? Weil es dich an einem *ganzen*

Gotte hindert. Eben da, wo dieses Bild (in dich) eingeht, da muß Gott weichen und seine ganze Gottheit. Wo aber dieses Bild ausgeht, da geht Gott ein. Gott begehrt so sehr danach, daß du deiner kreatürlichen Seinsweise nach aus dir selber ausgehest, als ob seine ganze Seligkeit daran läge. Nun denn, lieber Mensch, was schadet es dir, wenn du Gott vergönnst, daß Gott Gott in dir sei? Geh völlig aus dir selbst heraus um Gottes willen, so geht Gott völlig aus sich selbst heraus um deinetwillen. Wenn diese beiden herausgehen, so ist das, was da bleibt, ein einfaltiges Eins. In diesem Einen gebiert der Vater seinen Sohn im innersten Quell. Dort blüht aus der Heilige Geist, und dort entspringt in Gott ein Wille, der gehört der Seele zu. Solange der Wille unberührt steht von allen Kreaturen und von aller Geschaffenheit, ist der Wille frei. Christus spricht: »Niemand kommt zum Himmel, als wer vom Himmel gekommen ist« (Joh. 3, 13). Alle Dinge sind geschaffen aus nichts; darum ist ihr wahrer Ursprung das Nichts, und soweit sich dieser edle Wille den Kreaturen zuneigt, verfließt er mit den Kreaturen in ihr Nichts.

Nun stellt man die Frage, ob dieser edle Wille so weit verfließe, daß er nie wieder zurückkommen könne? Die Meister sagen gemeinhin, er komme nie wieder zurück, soweit er mit der Zeit verflossen sei. Ich aber sage: Wenn immer sich dieser Wille von sich selbst und aller Geschaffenheit (nur) einen Augenblick zurück in seinen ersten Ursprung kehrt, so steht der Wille (wieder) in seiner rechten freien Art und ist frei; und in diesem Augenblick wird alle verlorene Zeit wieder eingebracht.

Die Leute sagen oft zu mir: »Bittet für mich!« Dann denke ich: »Warum geht ihr aus? Warum bleibt ihr nicht in euch selbst und greift in euer eigenes Gut? Ihr tragt doch alle Wahrheit wesenhaft in euch.«

Daß wir in solcher Weise wahrhaft drinnen bleiben mögen, daß wir alle Wahrheit unmittelbar und ohne Unterschiedenheit in rechter Seligkeit besitzen, dazu helfe uns Gott! Amen.

PREDIGT 7

Iusti vivent in aeternum (Sap. 5, 16)

»Die Gerechten werden leben ewiglich, und ihr Lohn ist bei Gott« (Weish. 5, 16). Nun merkt recht genau auf den Sinn dieses Wortes; mag er auch schlicht und allgemeinverständlich klingen, so ist er doch sehr beachtenswert und durchaus gut.

»Die Gerechten werden leben«. Welches sind die Gerechten? Eine Schrift sagt: »Der ist gerecht, der einem jeden gibt, was sein ist«: die Gott geben, was sein ist, und den Heiligen und den Engeln, was ihrer ist, und dem Mitmenschen, was sein ist.

Gottes ist die *Ehre*. Wer sind die, die Gott ehren? Die aus sich selbst gänzlich ausgegangen sind und des Ihrigen ganz und gar nichts suchen in irgendwelchen Dingen, was immer es sei, weder Großes noch Kleines; die auf nichts unter sich noch über sich noch neben sich noch an sich sehen; die nicht nach Gut noch Ehre noch Gemach noch Lust noch Nutzen noch Innigkeit noch Heiligkeit noch Lohn noch Himmelreich trachten und sich alles dieses entäußert haben, alles Ihrigen, – von diesen Leuten hat Gott Ehre, und die ehren Gott im eigentlichen Sinne und geben ihm, was sein ist.

Den Engeln und den Heiligen soll man *Freude* geben. O Wunder über alle Wunder! Kann ein Mensch in diesem Leben Freude geben denen, die in dem ewigen Leben sind? Ja, wahrhaftig! Jeglicher Heilige hat so große Lust und so unaussprechliche Freude durch jegliches gute Werk, – durch ein gutes Wollen oder ein Begehren haben sie so große Freude, daß kein Mund es auszusprechen und kein Herz auszudenken vermag, wie große Freude sie dadurch haben. Warum ist dem so? Weil sie Gott so ganz über alle Maßen lieben und ihn so recht lieb haben, daß seine Ehre ihnen lieber ist als ihre Seligkeit. Und nicht nur die Heiligen und die Engel, vielmehr Gott selbst hat so große Lust daran, recht als sei es seine Seligkeit, und sein Sein hängt daran und sein Genügen und sein Wohlbehagen. Wohlan, nun merkt auf! Wollten wir Gott aus keinem andern Grunde dienen als um der großen Freude willen, welche die daran haben, die im ewigen Leben sind, und Gott selbst, wir könnten es gern tun und mit allem Fleiß.

Man soll auch denen Hilfe geben, die im Fegefeuer sind, und Förderung und (gutes Beispiel) denen, die noch leben.

Ein solcher Mensch ist gerecht in einer Weise, aber in einem andern Sinne sind die gerecht, die alle Dinge von Gott als gleich hinnehmen, was immer es sei, groß oder klein, lieb oder leid, und zwar ganz gleich, ohne Weniger oder Mehr, das eine wie das andere. Schlägst du das eine irgendwie höher an als das andere, so ist es verkehrt. Du sollst dich deines eigenen Willens entäußern.

Mir kam neulich der Gedanke: Wollte Gott nicht wie ich, so wollte ich doch wie er. Manche Leute wollen in allen Dingen ihren eigenen Willen haben; das ist böse, es steckt ein Makel darin. Die anderen sind ein wenig besser: die wollen wohl, was Gott will, und gegen seinen Willen wollen sie nichts; wären sie aber krank, so wollten sie wohl, es möchte Gottes Wille sein, daß sie gesund wären. So wollten also diese Leute lieber, daß Gott nach ihrem Willen wollte, als daß sie nach seinem Willen wollten. Man muß es hingehen lassen, es ist aber das Rechte nicht. Die Gerechten haben überhaupt keinen Willen; was Gott will, das gilt ihnen alles gleich, wie groß das Ungemach auch sei.

Den gerechten Menschen ist es so ernst mit der Gerechtigkeit, daß, wenn Gott nicht gerecht wäre, sie nicht die Bohne auf Gott achten würden; und sie stehen so fest in der Gerechtigkeit und haben sich so gänzlich ihrer selbst entäußert, daß sie weder die Pein der Hölle noch die Freude des Himmelreiches noch irgend etwas beachten. Ja, wäre alle Pein, die jene haben, die in der Hölle sind, Menschen oder Teufel, oder alle Pein, die je auf Erden erlitten ward oder wird erlitten werden, wäre die mit der Gerechtigkeit verknüpft, sie würden es nicht im mindesten beachten; so fest stehen sie zu Gott und zur Gerechtigkeit. Nichts ist dem gerechten Menschen peinvoller und schwerer, als was der Gerechtigkeit zuwider ist: daß er nicht in allen Dingen gleich(mütig) ist. Wie das? Kann ein Ding die Menschen erfreuen und ein anderes sie betrüben, so sind sie nicht gerecht; vielmehr, wenn sie zu einer Zeit froh sind, so sind sie zu allen Zeiten froh; sind sie zu einer Zeit mehr und zur andern weniger froh, so sind sie unrecht daran. Wer die Gerechtigkeit liebt, der steht so fest darauf, daß, was er liebt, sein Sein ist; kein Ding vermag ihn davon abzuziehen, und auf nichts sonst achtet er. Sankt Augustinus spricht: »Wo die Seele liebt, da ist sie eigentlicher als da, wo sie Leben gibt.« Unser Schriftwort klingt schlicht und gemeinverständlich, und doch versteht kaum jemand, was es mit ihm auf sich hat; und doch ist es wahr. Wer die Lehre von der Gerechtigkeit und vom Gerechten versteht, der versteht alles, was ich sage.

»Die Gerechten werden leben.« Nichts ist so lieb und so begehrenswert unter allen Dingen wie das Leben. Und wiederum ist kein Leben so schlimm noch so beschwerlich, daß der Mensch nicht dennoch leben wolle. Eine Schrift sagt: Je näher etwas dem Tode ist, um so peinvoller ist es. Gleichviel, wie schlimm das Leben auch ist, es will doch leben. Warum issest du? Warum schläfst du? Auf daß du lebest. Warum begehrst du Gut oder Ehre? Das weißt du sehr wohl. Aber: Warum lebst du? Um des Lebens willen, und du weißt dennoch nicht, warum du lebst. So begehrenswert ist das Leben in sich selbst, daß man es um seiner selbst willen begehrt. Die in der Hölle sind, in ewiger Pein, selbst die wollten ihr Leben nicht verlieren, weder die Teufel noch die Seelen, denn ihr Leben ist so edel, daß es unvermittelt von Gott in die Seele fließt. Weil es so unmittelbar von Gott fließt, darum wollen sie leben. Was ist Leben? Gottes Sein ist mein Leben. Ist denn mein Leben Gottes Sein, so muß Gottes Sein mein sein und Gottes Wesenheit meine Wesenheit, nicht weniger und nicht mehr.

Sie leben ewig »bei Gott«, ganz gleich *bei* Gott, weder darunter noch darüber. Sie wirken alle ihre Werke bei Gott und Gott bei ihnen. Sankt Johannes spricht: »Das Wort war bei Gott« (Joh. 1, 1). Es war völlig gleich und daneben, nicht darunter noch darüber, sondern gleich. Als Gott den Menschen schuf, da schuf er die Frau aus des Mannes Seite, auf daß sie ihm gleich wäre. Er schuf sie weder aus dem Haupte noch aus den Füßen, auf daß sie weder unter noch über ihm wäre, sondern daß sie gleich wäre. So auch soll die gerechte Seele gleich *bei* Gott sein und neben Gott, ganz gleich, weder darunter noch darüber.

Wer sind die, die in solcher Weise gleich sind? Die nichts gleich sind, die allein sind Gott gleich. Göttliches Wesen ist nichts gleich; in ihm gibt es weder Bild noch Form. Die Seelen, die in solcher Weise gleich sind, denen gibt der Vater gleich und enthält ihnen nichts vor. Was der Vater zu leisten vermag, das gibt er einer solchen Seele in gleicher Weise, fürwahr, wenn sie sich selbst nicht mehr gleicht als einem andern, und sie soll sich selbst nicht näher sein als einem andern. Ihre eigene Ehre, ihren Nutzen und was immer das Ihre ist, das soll sie nicht mehr begehren noch beachten als das eines Fremden. Was immer irgend jemandes ist, das soll ihr weder fremd noch fern sein, es sei böse oder gut. Alle Liebe dieser Welt ist gebaut auf Eigenliebe. Hättest du *die* gelassen, so hättest du die ganze Welt gelassen.

Der Vater gebiert seinen Sohn in der Ewigkeit sich selbst gleich. »Das Wort war bei Gott, und Gott war das Wort«: es war dasselbe in derselben Natur. Noch sage ich überdies: Er hat ihn geboren aus meiner Seele. Nicht allein ist sie bei ihm und er bei ihr als gleich, sondern er ist in ihr; und es gebiert der Vater seinen Sohn in der Seele in derselben Weise, wie er ihn in der Ewigkeit gebiert und nicht anders. Er muß es tun, es sei ihm lieb oder leid. Der Vater gebiert seinen Sohn ohne Unterlaß, und ich sage mehr noch: Er gebiert mich als seinen Sohn und als denselben Sohn. Ich sage noch mehr: Er gebiert mich nicht allein als seinen Sohn; er gebiert mich als sich und sich als mich und mich als sein Sein und als seine Natur. Im innersten Quell, da quelle ich aus im Heiligen Geiste; da ist *ein* Leben und *ein* Sein und *ein* Werk. Alles, was Gott wirkt, das ist Eins; darum gebiert er mich als seinen Sohn ohne jeden Unterschied. Mein leiblicher Vater ist nicht eigentlich mein Vater, sondern nur mit einem kleinen Stückchen seiner Natur, und ich bin getrennt von ihm; er kann tot sein und ich leben. Darum ist der himmlische Vater in Wahrheit mein Vater, denn ich bin sein Sohn und habe alles das von ihm, was ich habe, und ich bin derselbe Sohn und nicht ein anderer. Weil der Vater (nur) *ein* Werk wirkt, darum wirkt er mich als seinen eingeborenen Sohn ohne jeden Unterschied.

»Wir werden völlig in Gott transformiert und verwandelt« (2 Kor. 3, 18). Vernimm ein Gleichnis! Ganz so, wie wenn im

Sakramente Brot in unseres Herrn Leib verwandelt wird: wieviel der Brote es auch wären, so wird doch nur *ein* Leib – ebenso würde, wenn alle Brote in meinen Finger verwandelt wären, doch nicht mehr als *ein* Finger sein. Würde wiederum mein Finger in das Brot verwandelt, so wäre dies soviel, wie jenes wäre. Was in ein anderes verwandelt wird, das wird eins mit ihm. Ganz so werde ich in ihn verwandelt, daß er mich als sein Sein wirkt, (und zwar) als eines, *nicht* als *gleiches*; beim lebendigen Gotte ist es wahr, daß es da keinerlei Unterschied gibt.

Der Vater gebiert seinen Sohn ohne Unterlaß. Wenn der Sohn geboren *ist*, nimmt er nichts (mehr) vom Vater, denn er hat alles; wenn er aber geboren *wird*, nimmt er vom Vater. Im Hinblick darauf sollen wir auch nichts von Gott wie von einem Fremden begehren. Unser Herr sprach zu seinen Jüngern: »Ich habe euch nicht Knechte geheißen, sondern Freunde« (Joh. 15, 14f.). Was irgend etwas vom andern begehrt, das ist »Knecht«, und was da lohnt, das ist »Herr«. Ich dachte neulich darüber nach, ob ich von Gott etwas nehmen oder begehren wollte. Ich will es mir sehr wohl überlegen, denn wenn ich von Gott (etwas) nehmen würde, so wäre ich unter Gott wie ein Knecht und er im Geben wie ein Herr. So aber soll es mit uns nicht sein im ewigen Leben.

Ich sagte einst ebenhier, und es ist auch wahr: Wenn der Mensch etwas von außerhalb seiner selbst bezieht oder nimmt, so ist das nicht recht. Man soll Gott nicht als außerhalb von einem selbst erfassen und ansehen, sondern als mein Eigen und als das, was *in* einem ist; zudem soll man nicht dienen noch wirken um irgendein Warum, weder um Gott noch um die eigene Ehre noch um irgend etwas, was außerhalb von einem ist, sondern einzig um dessen willen, was das eigene Sein und das eigene Leben in einem ist. Manche einfältigen Leute wähnen, sie sollten Gott (so) sehen, als stünde er dort und sie hier. Dem ist nicht so. Gott und ich, wir sind *eins*. Durch das Erkennen nehme ich Gott in mich hinein; durch die Liebe hingegen gehe ich in Gott ein. Manche sagen, die Seligkeit liege nicht im Erkennen, sondern allein im Willen. Die haben unrecht; denn läge sie allein im Willen, so handelte es sich nicht um Eines. Das Wirken und das Werden aber ist eins. Wenn der

Zimmermann nicht wirkt, wird auch das Haus nicht. Wo die Axt ruht, ruht auch das Werden. Gott und ich, wir sind eins in solchem Wirken; er wirkt, und ich werde. Das Feuer verwandelt in sich, was ihm zugeführt wird, und dies wird zu seiner Natur. Nicht das Holz verwandelt das Feuer in sich, vielmehr verwandelt das Feuer das Holz in sich. So auch werden wir in Gott verwandelt, so daß wir ihn erkennen werden, wie er ist (1 Joh. 3, 2). Sankt Paulus sagt: So werden wir erkennen: recht ich ihn, wie er mich, nicht weniger und nicht mehr, schlechthin gleich (1 Kor. 13, 12). »Die Gerechten werden ewiglich leben, und ihr Lohn ist bei Gott« – ganz so *gleich*.

Daß wir die Gerechtigkeit um ihrer selbst willen und Gott ohne Warum lieben, dazu helfe uns Gott. Amen.

PREDIGT 8

Populi eius qui in te est, misereberis (Os. 14, 4)

Der Prophet spricht: »Herr, des Volkes, das in dir ist, dessen erbarme dich« (Hosea 14, 4). Unser Herr antwortete: »Alles, was anfällig ist, das werde ich gesund machen und werde sie willig lieben.«

Ich nehme das Schriftwort: »Der Pharisäer begehrte, daß unser Herr mit ihm äße« und dazu: »Unser Herr sprach zu der Frau: ‚vade in pace, geh in den Frieden!'« (Luk. 7, 36/50). Es ist gut, wenn man vom Frieden zum Frieden kommt, es ist löblich; trotzdem ist es mangelhaft. Man soll *laufen* in den Frieden, man soll nicht *anfangen* im Frieden. Gott (= Unser Herr) will sagen: Man soll versetzt und hineingestoßen werden in den Frieden und soll *enden* im Frieden. Unser Herr sprach: »In mir allein habt ihr Frieden« (Joh. 16, 33). Genau so weit wie in Gott, so weit in Frieden. Was irgend von einem in Gott ist, das hat Frieden; ist dagegen etwas von einem außerhalb Gottes, so hat es Unfrieden. Sankt Johannes spricht: »Alles, was aus Gott geboren ist, das überwindet die Welt« (1 Joh. 5, 4). Was aus Gott geboren ist, das sucht Frieden und läuft in den Frieden. Darum sprach er: »Vade in pace, lauf in den Frieden!« Der Mensch, der sich im Laufen und in beständigem Laufen befindet, und zwar in den Frieden, der ist ein himmlischer Mensch. Der Himmel läuft beständig um, und im Laufe sucht er Frieden.

Nun gebt acht! »Der Pharisäer begehrte, daß unser Herr mit ihm äße.« Die Speise, die ich esse, die wird so vereint mit meinem Leibe wie mein Leib mit meiner Seele. Mein Leib und meine Seele sind vereint in einem Sein, nicht wie in einem Wirken – (nicht also) wie sich meine Seele dem Auge im Wirken, das heißt darin, daß es sieht, vereint –; so auch wird die Speise, die ich esse, mit meiner Natur im *Sein* vereint, nicht dagegen im Wirken, und dies deutet auf die große Einigung, die wir mit Gott im *Sein*, nicht aber im Wirken haben sollen. Darum bat der Pharisäer unsern Herrn, daß er mit ihm äße.

»Phariseus« besagt soviel wie: einer, der abgesondert ist und um kein Ende weiß. Alles Zubehör der Seele muß völlig abgelöst werden. Je edler die Kräfte sind, um so stärker lösen sie ab. Gewisse Kräfte sind so hoch über dem Körper und so abgesondert, daß sie völlig abschälend und abscheidend wirken! Ein Meister sagt ein schönes Wort: Was (nur je) einmal Körperliches berührt, das gelangt niemals da hinein. Zum zweiten (besagt »Pharisäer«), daß man abgelöst und abgezogen und eingezogen sein soll. Hieraus mag man entnehmen, daß ein ungelehrter Mensch (allein) durch Liebe und Begehren Wissen erlangen und lehren kann. Zum dritten besagt es (=»Pharisäer«), daß man kein Ende haben und nirgends abgeschlossen sein und nirgends haften und so in Frieden versetzt sein soll, daß man nichts (mehr) wisse von Unfrieden, wenn ein solcher Mensch in Gott versetzt wird durch die Kräfte, die völlig losgelöst sind. Darum sprach der Prophet: »Herr, des Volkes, das in dir ist, dessen *erbarme* dich.«

Ein Meister sagt: Das höchste Werk, das Gott je wirkte in allen Kreaturen, das ist Barmherzigkeit. Das Heimlichste und Verborgenste, selbst das, was er je in den Engeln wirkte, das wird emporgetragen in die Barmherzigkeit, und zwar in das Werk der Barmherzigkeit, so wie es in sich selbst ist und wie es in Gott ist. Was immer Gott wirkt, der erste Ausbruch ist (immer) Barmherzigkeit, (und zwar) nicht die, da er dem Menschen seine Sünde vergibt und da ein Mensch sich über den andern erbarmt; vielmehr will er (= der Meister) sagen: Das *höchste* Werk, das Gott wirkt, das ist Barmherzigkeit. Ein Meister sagt: Das Werk (der) Barmherzigkeit ist Gott so wesensverwandt, daß zwar Wahrheit und Reichtum und Gutheit Gott benennen, wenngleich (von diesen) das eine ihn mehr aussagt als das andere: das *höchste* Werk Gottes aber ist Barmherzigkeit, und es bedeutet, daß Gott die Seele in das Höchste und Lauterste versetzt, das sie zu empfangen vermag: in die Weite, in das Meer, in ein unergründliches Meer; dort wirkt Gott Barmherzigkeit. Darum sprach der Prophet: »Herr, des *Volkes*, das in dir ist, dessen erbarme dich.«

Welches Volk ist in Gott? Sankt Johannes spricht: »Gott ist die Liebe, und wer in der Liebe bleibt, der bleibt in Gott und Gott in ihm« (1 Joh. 4, 16). Obwohl Sankt Johannes sagt, die Liebe vereinige, so versetzt doch die Liebe niemals in Gott; allenfalls verleimt sie (schon Vereinigtes). Die Liebe vereinigt nicht, in gar keiner Weise; was (schon) vereinigt *ist*, das heftet sie zusammen und bindet es zu. Liebe vereint im Wirken, nicht aber im Sein. Die besten Meister sagen, die Vernunft schäle völlig ab und erfasse Gott entblößt, wie er reines Sein in sich selbst sei. Das Erkennen bricht durch die Wahrheit und Gutheit hindurch und wirft sich auf das reine Sein und erfaßt Gott bloß, wie er ohne Namen ist. Ich (aber) sage: Weder das Erkennen noch die Liebe einigen. Die Liebe ergreift Gott selbst, insofern er gut ist, und entfiele Gott dem Namen »Gutheit«, so würde die Liebe nimmermehr weiterkommen. Die Liebe nimmt Gott unter einem Fell, unter einem Kleide. Das tut die Vernunft nicht; die Vernunft nimmt Gott so, wie er in ihr erkannt wird; sie kann ihn aber niemals erfassen im Meer seiner Unergründlichkeit. Ich sage: Über diese beiden, (über das) Erkennen und (die) Liebe (hinaus) ragt die Barmherzigkeit; im Höchsten und Lautersten, das Gott zu wirken vermag, dort wirkt Gott Barmherzigkeit.

Ein Meister spricht ein schönes Wort: daß etwas in der Seele ist, das gar heimlich und verborgen ist und weit oberhalb dessen, wo die Kräfte Vernunft und Wille ausbrechen. Sankt Augustinus sagt: Wie das, wo der Sohn aus dem Vater ausbricht im ersten Ausbruch, unaussprechlich ist, so auch gibt es etwas gar Heimliches oberhalb des ersten Ausbruchs, in dem Vernunft und Wille ausbrechen. Ein Meister, der am allerbesten von der Seele gesprochen hat, sagt, daß das gesamte menschliche Wissen niemals darein eindringt, was die Seele in ihrem Grunde sei. (Zu begreifen,) was die Seele sei, dazu gehört übernatürliches Wissen. Wissen wir doch nichts von dem, wo die Kräfte aus der Seele in die Werke ausgehen; wir wissen wohl ein wenig davon, es ist aber gering. Was die Seele in ihrem Grunde sei, davon weiß niemand etwas. Was man davon wissen kann, das muß übernatürlich sein, es muß aus Gnade sein: dort wirkt Gott Barmherzigkeit. Amen.

Predigt 9

In occisione gladii mortui sunt (2 Hebr. 11, 37)

Man liest von den Märtyrern, daß »sie gestorben sind unter dem Schwerte« (2 Hebr. 11, 37). Unser Herr sprach zu seinen Jüngern: »Selig seid ihr, so ihr etwas leidet um meines Namens willen« (Matth. 5, 11 + 10, 22).

Nun heißt es: »Sie sind tot«. Daß »sie tot sind« will zum ersten besagen, daß alles, was immer man in dieser Welt und in diesem Leben leidet, ein Ende nimmt. Sankt Augustinus sagt: Alle Pein und jedes Werk der Mühsal nimmt ein Ende, aber der Lohn, den Gott dafür gibt, der ist ewig. Zum zweiten, daß wir uns gegenwärtig halten sollen, daß dieses ganze Leben sterblich ist, daß wir alle Pein und alle die Mühsal, die uns zustoßen mögen, nicht fürchten sollen, denn das nimmt ein Ende. Zum dritten, daß wir uns verhalten sollen, als ob wir tot seien, so daß uns weder Lieb noch Leid berühre. Ein Meister sagt: Den Himmel vermag nichts zu berühren, und das will besagen, daß *der* Mensch ein himmlischer Mensch ist, dem alle Dinge nicht soviel gelten, daß sie ihn zu berühren vermögen. Es spricht ein Meister: Da alle Kreaturen so nichtig sind, woher kommt es denn, daß sie den Menschen so leicht von Gott abwenden; die Seele ist doch in ihrem Geringsten wertvoller als der Himmel und alle Kreaturen? Er antwortet: Es kommt daher, daß er Gottes wenig achtet. Achtete der Mensch Gottes, wie er sollte, so wäre es fast unmöglich, daß er jemals fiele. Und es ist eine gute Lehre, daß der Mensch sich verhalten soll in dieser Welt, als ob er tot sei. Sankt Gregorius sagt, niemand könne Gott in reichem Maße besitzen, als wer für diese Welt bis auf den Grund tot sei.

Die vierte Lehre (aber) ist die allerbeste. Es heißt, »sie seien tot«. Der Tod (aber) gibt ihnen ein Sein. Ein Meister sagt: Die Natur zerstört nichts, ohne daß sie ein Besseres (dafür) gibt. Wenn Luft zu Feuer wird, so ist das etwas Besseres; wenn aber Luft zu Wasser wird, so ist das ein Zerstören und eine Verirrung. Wenn dies die Natur (schon) tut, so tut's Gott um so mehr: niemals zerstört er, ohne ein Besseres (dafür) zu geben. Die Märtyrer sind tot und haben ein *Leben* verloren, haben aber ein *Sein* empfangen. Ein Meister sagt, das Edelste sei Sein und Leben und Erkennen. Erkennen ist höher als Leben oder Sein, denn darin, daß es erkennt, hat es (zugleich) Leben und Sein. Hinwiederum aber ist Leben edler als Sein oder Erkennen, wie der Baum, der *lebt*, während der Stein (nur) ein Sein hat. Fassen wir aber nun wiederum das Sein als rein und lauter, wie es in sich selbst ist: dann ist Sein höher als Erkennen oder Leben; denn darin, daß es Sein hat, hat es (zugleich) Erkennen und Leben.

Sie haben ein Leben verloren und haben ein Sein gefunden. Ein Meister sagt, daß Gott nichts so gleich sei wie Sein; soweit etwas Sein hat, soweit gleicht es Gott. Ein Meister sagt: Sein ist so lauter und so hoch, daß alles, was Gott ist, ein Sein ist. Gott erkennt nichts als nur Sein, er weiß nichts als Sein, Sein ist sein Ring. Gott liebt nichts als sein Sein, er denkt nichts als sein Sein. Ich sage: Alle Kreaturen sind ein Sein. Ein Meister sagt, daß gewisse Kreaturen Gott so nahe sind und so viel des göttlichen Lichtes in sich eingedrückt besitzen, daß sie anderen Kreaturen Sein verleihen. Das ist nicht wahr, denn Sein ist so hoch und so lauter und Gott so verwandt, daß niemand Sein verleihen kann als Gott allein in sich selbst. Gottes eigenstes Wesen ist Sein. Ein Meister sagt: Eine Kreatur kann wohl der andern *Leben* geben. Eben darum ist alles, was irgendwie *ist*, einzig nur im *Sein* begründet. Sein ist ein erster Name. Alles, was mangelhaft ist, das ist Abfall vom Sein. Unser ganzes Leben sollte ein Sein sein. Soweit unser Leben ein Sein ist, soweit ist es in Gott. Soweit unser Leben eingeschlossen ist im Sein, soweit ist es Gott verwandt. Ein Leben mag noch so gering sein, faßt man es, sofern es Sein ist, so ist es edler als alles, was je Leben gewann. Ich bin des gewiß: Erkennte eine Seele (auch nur) das Geringste, das Sein hat, sie kehrte sich nie wieder nur einen Augenblick davon ab. Das Geringste, das man (als) in Gott erkennt, ja, erkennte man selbst (nur) eine Blume so, wie sie ein Sein in Gott hat, das wäre edler als die ganze Welt. Das Geringste, das in Gott ist, sofern es ein *Sein ist*, das ist besser, als wenn jemand einen Engel *erkennte*.

Wenn der Engel sich dem Erkennen der Kreaturen zukehrte, so würde es Nacht. Sankt Augustinus sagt: Wenn die Engel die Kreaturen *ohne* Gott erkennen, so ist das ein Abendlicht; wenn sie aber die Kreaturen *in Gott* erkennen, so ist das ein Morgenlicht. Erkennen sie (wiederum) Gott, wie er rein in sich selbst Sein ist, so ist das der lichte Mittag. Ich sage: Dies sollte der Mensch begreifen und erkennen, daß das Sein so edel ist. Keine Kreatur ist so gering, daß sie nicht nach dem Sein begehrte. Die Raupen, wenn sie von den Bäumen herabfallen, so kriechen sie an einer Wand hoch, auf daß sie ihr Sein erhalten. So edel ist das Sein. Wir preisen das Sterben in Gott, auf daß er uns versetze in ein Sein, das besser ist als Leben: ein Sein, in dem unser Leben lebt, darin unser Leben ein Sein wird. Der Mensch soll sich willig in den Tod geben und sterben, auf daß ihm ein besseres Sein zuteil werde.

Ich sage mitunter, Holz sei besser als Gold; das ist gar verwunderlich. Ein Stein ist edler, sofern er ein Sein hat, als Gott und seine Gottheit ohne Sein, dafern man ihm das Sein entziehen könnte. Es muß ein gar kräftiges Leben sein, in dem tote Dinge lebendig werden, ja, in dem selbst der Tod ein Leben wird. Gott, dem stirbt nichts; alle Dinge leben in ihm. »Sie sind tot«, sagt die Schrift von den Märtyrern, und sind versetzt in ein ewiges Leben, in jenes Leben, in dem das Leben ein Sein ist. Man soll bis auf den Grund tot sein, so daß uns weder Lieb noch Leid berühre. Was man erkennen soll, muß man in seiner Ursache erkennen. Niemals kann man ein Ding recht in sich selbst erkennen, wenn man es nicht in seiner Ursache erkennt. Das kann niemals wahres Erkennen sein, das etwas nicht in seiner offenbaren Ursache erkennt. So auch kann das Leben niemals vollendet werden, es werde denn in seine offenbare Ursache gebracht, in der das Leben ein Sein ist, das die Seele empfängt, wenn sie bis in den Grund stirbt, auf daß wir leben in jenem Leben, in dem das Leben ein Sein ist. Was uns daran hindert, darin beständig zu sein, das weist ein Meister auf und sagt: Es kommt daher, daß wir die Zeit berühren. Was die Zeit berührt, das ist sterblich. Ein Meister sagt: Des Himmels Lauf ist ewig; wohl ist es wahr, daß die Zeit von ihm herkommt, aber das geschieht im Abfallen. In seinem Lauf (selbst) hingegen ist er ewig, er weiß (da) nichts von Zeit, und das deutet darauf hin, daß die Seele in ein reines Sein gesetzt sein soll. Das zweite (‚das hindert,) ist, wenn etwas einen Gegensatz in sich enthält. Was ist Gegensatz? Lieb und Leid, weiß und schwarz, das steht im Gegensatz, und der hat im *Sein* keinen Bestand.

Ein Meister sagt: Die Seele ist dazu dem Leibe gegeben, daß sie geläutert werde. Die Seele, wenn sie vom Leibe geschieden ist, hat weder Vernunft noch Willen: sie ist eins, sie vermöchte nicht die Kraft aufzubringen, mit der sie sich zu Gott kehren könnte; sie hat sie (=Vernunft und Willen) wohl in ihrem Grunde als in deren Wurzel, nicht aber in ihrem Wirken. Die Seele wird im Körper geläutert, auf daß sie sammele, was zerstreut und herausgetragen ist. Wenn das, was die fünf Sinne hinaustragen, wieder in die Seele hereinkommt, so hat sie eine Kraft, in der es alles eins wird. Zum andern wird die Seele geläutert in der Übung der Tugenden, d. h. wenn die Seele hinaufklimmt in ein Leben, das geeint ist. Daran liegt der Seele Lauterkeit, daß sie geläutert ist von einem Leben, das geteilt ist, und eintritt in ein Leben, das geeint ist. Alles, was in niederen Dingen geteilt ist, das wird vereint, wenn die Seele hinaufklimmt in ein Leben, in dem es keinen Gegensatz gibt. Wenn die Seele in das Licht der Vernunft kommt, so weiß sie nichts von Gegensatz. Was *diesem* Lichte entfällt, das fällt in Sterblichkeit und stirbt. Zum dritten liegt darin der Seele Lauterkeit, daß sie auf nichts geneigt sei. Was zu irgend etwas anderm hingeneigt ist, das stirbt und kann nicht Bestand haben.

Wir bitten Gott, unsern lieben Herrn, darum, daß er uns helfe von einem Leben, das geteilt ist, in ein Leben, das eins ist. Dazu helfe uns Gott. Amen.

Predigt 10

Quasi stella matutina in medio nebulae et quasi luna plena in diebus suis lucet et quasi sol refulgens, sic iste refulsit in templo dei
(Eccli. 50, 6/7)

»Wie ein Morgenstern mitten im Nebel und wie ein voller Mond in seinen Tagen und wie eine strahlende Sonne, so hat dieser geleuchtet im Tempel Gottes« (Jes. Sir. 50, 6/7).

Nun nehme ich das letzte Wort: »Tempel Gottes«. Was ist »Gott«, und was ist »Tempel Gottes«?

Vierundzwanzig Meister kamen zusammen und wollten besprechen, was Gott wäre. Sie kamen zu bestimmter Zeit (zusammen), und jeder von ihnen brachte sein Wort vor; von denen greife ich nun zwei oder drei heraus. Der eine sagte: »Gott ist etwas, dem gegenüber alle wandelbaren und zeitlichen Dinge nichts sind, und alles, was Sein hat, das ist vor ihm gering.« Der zweite sprach: »Gott ist etwas, das notwendig über dem Sein ist, das in sich selbst niemandes bedarf und dessen doch alle Dinge bedürfen.« Der dritte sprach: »Gott ist eine Vernunft, die da lebt in der Erkenntnis einzig ihrer selbst.«

Ich lasse das erste und das letzte Wort beiseite und spreche von dem zweiten: daß Gott etwas ist, das notwendig über dem Sein sein muß. Was Sein hat, Zeit oder Statt, das rührt nicht an Gott; er ist darüber. Gott ist (zwar) *in* allen Kreaturen, sofern sie Sein haben, und ist doch *darüber*. Mit eben dem, was er *in* allen Kreaturen ist, ist er doch darüber; was da in vielen Dingen Eins ist, das muß notwendig *über* den Dingen sein. Etliche Meister meinten, daß die Seele nur im Herzen sei. Dem ist nicht so, und darin haben große Meister geirrt. Die Seele ist ganz und ungeteilt vollständig im Fuße und vollständig im Auge und in jedem Gliede. Nehme ich ein Stück Zeit, so ist das weder der heutige Tag noch der gestrige Tag. Nehme ich aber das *Nun*, so begreift das *alle* Zeit in sich. Das Nun, in dem Gott die Welt erschuf, das ist dieser Zeit so nahe wie das Nun, in dem ich jetzt spreche, und der Jüngste Tag ist diesem Nun so nahe wie der Tag, der gestern war.

Ein Meister sagt: Gott ist etwas, das da wirkt in Ewigkeit ungeteilt in sich selbst, das niemandes Hilfe noch eines Werkzeuges bedarf und in sich selbst verharrt, das nichts bedarf, dessen aber alle Dinge bedürfen und zu dem alle Dinge hindrängen als zu ihrem letzten Ziel. Dieses Endziel hat keine bestimmte Weise, es entwächst der Weise und geht in die Breite. Sankt Bernhard sagt: (Die Weise) Gott zu lieben, das ist Weise ohne Weise. Ein Arzt, der einen Kranken gesund machen will, der hat keine (bestimmte) Weise der Gesundheit, *wie* gesund er den Kranken machen wolle; er hat wohl eine Weise, *womit* er ihn gesund machen will; *wie* gesund aber er ihn machen will, das ist ohne (bestimmte) Weise: so gesund, wie er nur immer vermag. *Wie* lieb wir Gott haben sollen, dafür gibt es keine (bestimmte) Weise: so lieb, wie wir nur immer vermögen, das ist *ohne* Weise.

Ein jedes Ding wirkt in (seinem) Sein; kein Ding kann über sein Sein hinaus wirken. Das Feuer vermag nirgends als im Holze zu wirken. Gott wirkt oberhalb des Seins in der Weite, wo er sich regen kann; er wirkt im Nichtsein. Ehe es noch Sein gab, wirkte Gott; er wirkte Sein, als es Sein noch nicht gab. Grobsinnige Meister sagen, Gott sei ein lauteres Sein; er ist so hoch über dem Sein, wie es der oberste Engel über einer Mücke ist. Ich würde etwas ebenso Unrichtiges sagen, wenn ich Gott ein Sein nennte, wie wenn ich die Sonne bleich oder schwarz nennen wollte. Gott ist weder dies noch das. Und ein Meister sagt: Wer da glaubt, daß er Gott erkannt habe, und dabei irgend etwas erkennen würde, der erkennte Gott nicht. Wenn ich aber gesagt habe, Gott sei kein Sein und sei *über* dem Sein, so habe ich ihm damit nicht das Sein abgesprochen, vielmehr habe ich es in ihm erhöht. Nehme ich Kupfer im Golde, so ist es dort (vorhanden) und ist da in einer höheren Weise, als es in sich selbst ist. Sankt Augustinus sagt: Gott ist weise ohne Weisheit, gut ohne Gutheit, gewaltig ohne Gewalt.

Kleine Meister lehren in der Schule, alle Wesen seien geteilt in zehn Seinsweisen, und diese sprechen sie sämtlich Gott ab. Keine dieser Seinsweisen berührt Gott, aber er ermangelt auch keiner von ihnen. Die erste, die am meisten Sein besitzt, in der alle Dinge ihr Sein empfangen, das ist die Substanz; und die letzte, die am allerwenigsten Sein enthält, die heißt Relation, und die ist in Gott dem

Allergrößten, das am meisten Sein besitzt, gleich: sie haben ein gleiches Urbild in Gott. In Gott sind aller Dinge Urbilder *gleich;* aber sie sind *ungleicher* Dinge Urbilder. Der höchste Engel und die Seele und die Mücke haben ein gleiches Urbild in Gott. Gott ist weder Sein noch Gutheit. Gutheit haftet am Sein und reicht nicht weiter als das Sein; denn gäbe es kein Sein, so gäbe es keine Gutheit, und das Sein ist noch lauterer als die Gutheit. Gott ist nicht gut noch besser noch allerbest. Wer da sagte, Gott sei gut, der täte ihm ebenso unrecht, wie wenn er die Sonne schwarz nennen würde.

Nun aber sagt doch Gott selbst: »Niemand ist gut als Gott allein.« Was ist gut? Das ist gut, das sich mitteilt. Den nennen wir einen guten Menschen, der sich mitteilt und nützlich ist. Darum sagt ein heidnischer Meister: Ein Einsiedler ist weder gut noch böse in diesem Sinne, weil er sich nicht mitteilt noch nützlich ist. Gott ist das Allermitteilsamste. Kein Ding teilt sich aus Eigenem mit, denn alle Kreaturen sind nicht aus sich selbst. Was immer sie mitteilen, das haben sie von einem andern. Sie geben auch nicht sich selbst. Die Sonne gibt ihren Schein und bleibt doch an ihrem Ort stehen; das Feuer gibt seine Hitze und bleibt doch Feuer; Gott aber teilt das *Seine* mit, weil er aus sich selbst ist, was er ist, und in allen Gaben, die er gibt, gibt er zuerst stets sich selbst. Er gibt sich als Gott, wie er es in allen seinen Gaben ist, soweit es bei dem liegt, der ihn empfangen möchte. Sankt Jakob spricht: »Alle guten Gaben fließen von oben herab vom Vater der Lichter« (Jak. 1,17).

Wenn wir Gott im Sein nehmen, so nehmen wir ihn in seinem Vorhof, denn das Sein ist sein Vorhof, in dem er wohnt. Wo ist er denn aber in seinem Tempel, in dem er als heilig erglänzt? *Vernunft* ist der Tempel Gottes. Nirgends wohnt Gott eigentlicher als in seinem Tempel, in der Vernunft, wie jener andere Meister sagte: Gott sei eine Vernunft, die da lebt im Erkennen einzig ihrer selbst, nur in sich selbst verharrend dort, wo ihn nie etwas berührt hat; denn da ist er allein in seiner Stille. Gott erkennt im Erkennen seiner selbst sich selbst in sich selbst.

Nun nehmen wir's (= das Erkennen), wie's in der Seele ist, die ein Tröpflein Vernunft, ein »Fünklein«, einen »Zweig« besitzt. Sie (= die Seele) hat Kräfte, die im Leibe wirken. Da ist eine Kraft, mit

Hilfe derer der Mensch verdaut; die wirkt mehr in der Nacht als am Tage; kraft derer nimmt der Mensch zu und wächst. Die Seele hat weiterhin eine Kraft im Auge; durch die ist das Auge so subtil und so fein, daß es die Dinge nicht in der Grobheit aufnimmt, wie sie an sich selbst sind; sie müssen vorher gesiebt und verfeinert werden in der Luft und im Lichte; das kommt daher, weil es (= das Auge) die Seele bei sich hat. Eine weitere Kraft ist in der Seele, mit der sie denkt. Diese Kraft stellt in sich die Dinge vor, die nicht gegenwärtig sind, so daß ich diese Dinge ebensogut erkenne, als ob ich sie mit den Augen sähe, ja, noch besser – ich kann mir eine Rose sehr wohl (auch) im Winter denkend vorstellen –, und mit dieser Kraft wirkt die Seele im Nichtsein und folgt darin Gott, der im Nichtsein wirkt.

Ein heidnischer Meister sagt: Die Seele, die Gott liebt, die nimmt ihn unter der Hülle der Gutheit – noch sind es alles heidnischer Meister Worte, die bisher angeführt wurden, die nur in einem natürlichen Lichte erkannten; noch kam ich nicht zu den Worten der heiligen Meister, die da erkannten in einem viel höheren Lichte –, er sagt also: Die Seele, die Gott liebt, die nimmt ihn unter der Hülle der Gutheit. Vernunft aber zieht Gott die Hülle der Gutheit ab und nimmt ihn bloß, wo er entkleidet ist von Gutheit und von Sein und von allen Namen.

Ich sagte in der Schule, daß die Vernunft edler sei als der Wille, und doch gehören sie beide in dieses Licht. Da sagte ein Meister in einer andern Schule, der Wille sei edler als die Vernunft, denn der Wille nehme die Dinge, wie sie in sich selbst sind; Vernunft aber nehme die Dinge, wie sie in ihr sind. Das ist wahr. Ein Auge ist edler in sich selbst als ein Auge, das an eine Wand gemalt ist. Ich aber sage, daß die Vernunft edler ist als der Wille. Der Wille nimmt Gott unter dem Kleide der Gutheit. Die Vernunft nimmt Gott bloß, wie er entkleidet ist von Gutheit und von Sein. Gutheit ist ein Kleid, darunter Gott verborgen ist, und der Wille nimmt Gott unter diesem Kleide der Gutheit. Wäre keine Gutheit an Gott, so würde mein Wille ihn nicht wollen. Wer einen König kleiden wollte am Tage, da man ihn zum König machte, und kleidete ihn in graue Kleider, der hätte ihn nicht wohl gekleidet. Nicht davon bin ich selig, daß Gott gut ist. Ich will (auch) niemals danach begehren, daß Gott mich selig mache mit seiner Gutheit, denn das vermöchte er gar nicht zu tun. Davon allein bin ich selig, daß Gott vernünftig ist und ich dies erkenne. Ein Meister sagt: Gottes Vernunft ist es, woran des Engels Sein gänzlich hängt. Man stellt die Frage, wo das Sein des Bildes ganz eigentlich sei: im Spiegel oder in dem, wovon es ausgeht? Es ist eigentlicher in dem, wovon es ausgeht. Das Bild ist in mir, von mir, zu mir. Solange der Spiegel genau meinem Antlitz gegenübersteht, ist mein Bild darin; fiele der Spiegel hin, so verginge das Bild. Des Engels Sein hängt daran, daß ihm die göttliche Vernunft gegenwärtig ist, darin er sich erkennt.

»Wie ein Morgenstern mitten im Nebel.« Ich richte mein Augenmerk nun auf das Wörtlein »quasi«, das heißt »gleichwie«; das nennen die Kinder in der Schule ein »Beiwort«. Dies ist es, auf das ich's in allen meinen Predigten abgesehen habe. Das Allereigentlichste, was man von Gott aussagen kann, das ist »Wort« und »Wahrheit«. Gott nannte sich selbst ein »Wort«. Sankt Johannes sprach: »Im Anfang war das Wort« (Joh. 1, 1), und er deutet damit (zugleich) an, daß man bei diesem Worte ein »Beiwort« sein solle. So wie der »freie Stern«, nach dem der »Freitag« benannt ist, die Venus: der hat manchen Namen. Wenn er der Sonne voraufgeht und eher aufgeht als die Sonne, so heißt er ein »Morgenstern«; wenn er aber hinter der Sonne hergeht, so daß die Sonne eher untergeht, so heißt er ein »Abendstern«; manchmal läuft er oberhalb der Sonne, manchmal unterhalb. Vor allen Sternen ist er der Sonne beständig gleich nahe; er kommt ihr niemals ferner noch näher und zeigt damit an, daß ein Mensch, der hierzu kommen will, Gott allezeit nahe und gegenwärtig sein soll, so daß ihn nichts von Gott entfernen kann, weder Glück noch Unglück noch irgendeine Kreatur.

Der Schrifttext sagt weiterhin: »Wie ein voller Mond in seinen Tagen.« Der Mond hat Herrschaft über alle feuchte Natur. Nie ist der Mond der Sonne so nahe wie dann, wenn er voll ist und wenn er sein Licht unmittelbar von der Sonne empfängt. Davon aber, daß er der Erde näher ist als irgendein Stern, hat er zwei Nachteile: daß er bleich und fleckig ist und daß er sein Licht verliert. Nie ist er so kräftig, wie wenn er der Erde am allerfernsten ist, dann wirft er das Meer am allerweitesten aus; je mehr er abnimmt, um so weniger vermag er es auszuwerfen. Je mehr die Seele über irdische Dinge erhaben ist, um so kräftiger ist sie. Wer weiter nichts als die Kreaturen erkennen würde, der brauchte an keine Predigt zu denken, denn jegliche Kreatur ist Gottes voll und ist ein Buch. Der Mensch, der dazu gelangen will, wovon im voraufgehenden gesprochen wurde – hierauf läuft die ganze Predigt mit allem hinaus –, der muß sein wie ein Morgenstern: immerzu Gott gegenwärtig und immerzu »bei« (ihm) und gleich nahe und erhaben über alle irdischen Dinge und muß bei dem »Worte« ein »Beiwort« sein.

Es gibt ein hervorgebrachtes Wort: das ist der Engel und der Mensch und alle Kreaturen. Es gibt ein anderes Wort, gedacht und vorgebracht, durch das es möglich wird, daß ich mir etwas vorstelle. Noch aber gibt es ein anderes Wort, das da sowohl unvorgebracht wie ungedacht ist, das niemals austritt; vielmehr bleibt es ewig in dem, der es spricht. Es ist im Vater, der es spricht, immerfort im Empfangenwerden und innebleibend. Vernunft ist stets nach innen wirkend. Je feiner und je geistiger etwas ist, um so kräftiger wirkt es nach innen; und je kräftiger und feiner die Vernunft ist, um so mehr wird das, was sie erkennt, mit ihr vereint und mit ihr eins. So (aber) ist es nicht mit körperlichen Dingen; je kräftiger die sind, um so mehr wirken sie nach außen. Gottes Seligkeit (aber) liegt im Einwärtswirken der Vernunft, wobei das »Wort« innebleibend ist. Dort soll die Seele ein »Beiwort« sein und mit Gott *ein* Werk wirken, um in dem in sich selbst schwebenden Erkennen ihre Seligkeit zu schöpfen: in demselben, wo Gott selig ist.

Daß wir allzeit bei diesem »Wort« ein »Beiwort« sein mögen, dazu helfe uns der Vater und dieses nämliche Wort und der Heilige Geist. Amen.

Predigt 11

In diebus suis placuit deo et inventus est iustus (Eccli. 44, 16/17)

Dieses Wort, das ich auf lateinisch gesprochen habe, ist geschrieben in der Epistel, und man kann es von einem heiligen Bekenner aussagen, und das Wort lautet zu deutsch so: »Er ist innen gerecht erfunden worden in seinen Tagen, er hat Gott wohlgefallen in seinen Tagen« (Jes. Sir. 44, 16/17). Gerechtigkeit hat er innen gefunden. Mein Leib ist mehr in meiner Seele, als daß meine Seele in meinem Leibe sei. Mein Leib und meine Seele sind mehr in Gott, als daß sie in sich selbst seien; Gerechtigkeit aber ist dies: die Ursache aller Dinge in der Wahrheit. Wie Sankt Augustinus sagt: Gott ist der Seele näher, als sie sich selbst ist. Die Nähe zwischen Gott und der Seele kennt keinen Unterschied (zwischen beiden), fürwahr. Dasselbe Erkennen, in dem sich Gott selbst erkennt, das ist eines jeden losgelösten Geistes Erkennen und kein anderes. Die Seele nimmt ihr Sein unmittelbar von Gott; darum ist Gott der Seele näher, als sie sich selbst ist; darum ist Gott im Grunde der Seele mit seiner ganzen Gottheit.

Nun fragt ein Meister, ob das göttliche Licht in die Kräfte der Seele ebenso rein fließe, wie es im Sein (der Seele) ist, da (ja doch) die Seele ihr Sein unmittelbar von Gott hat und die Kräfte unmittelbar aus dem Sein der Seele fließen? Göttliches Licht ist zu edel dazu, als daß es mit den Kräften irgendwelche Gemeinschaft machen könnte; denn alles, was berührt und berührt wird, dem ist Gott fern und fremd. Und darum, weil die Kräfte berührt werden und berühren, verlieren sie ihre Jungfräulichkeit. Göttliches Licht kann nicht in sie leuchten; jedoch durch Übung und Läuterung können sie empfänglich werden. Hierzu sagt ein anderer Meister, daß den Kräften ein Licht gegeben werde, das dem innern (Lichte) gleiche. Es *gleicht* zwar dem innern Licht, es *ist* aber *nicht* das innere Licht. Von diesem Licht nun widerfährt ihnen (d. h. den Kräften) ein Eindruck, so daß sie des innern Lichtes empfänglich werden. Ein anderer Meister sagt, daß alle Kräfte der Seele, die im Leibe wirken, mit dem Leibe sterben, mit Ausnahme der Erkenntnis und des Willens: die allein bleiben der Seele. Sterben (nun zwar) die

Kräfte, die im Leibe wirken, so bleiben sie doch in ihrer Wurzel bestehen.

Sankt Philippus sprach: »Herr, weise uns den Vater, so genügt es uns« (Joh. 14, 8). Nun kommt niemand zum Vater, es sei denn durch den Sohn (Joh. 14, 6). Wer den Vater sieht, der sieht den Sohn (Joh. 14, 9), und der Heilige Geist ist ihrer beider Liebe. Die Seele ist so einfaltig in sich selbst, daß sie immer nur *ein* Bild gegenwärtig wahrnehmen kann. Wenn sie des Steines Bild wahrnimmt, so nimmt sie nicht des Engels Bild wahr, und nimmt sie des Engels Bild wahr, so nimmt sie zugleich kein anderes wahr; das gleiche Bild aber, das sie wahrnimmt, das muß sie auch im Gegenwärtigsein lieben. Nähme sie tausend Engel wahr, das wäre soviel wie zwei Engel, und doch nähme sie nicht mehr als einen einzigen Engel wahr. Nun also soll der Mensch sich in sich selbst zur Eins zusammenfassen. Sankt Paulus spricht: »Seid ihr nun frei gemacht von euren Sünden, so seid ihr Knechte Gottes geworden« (Röm. 6, 22). Der eingeborene Sohn hat uns befreit von unseren Sünden. Nun aber spricht unser Herr viel treffender als Sankt Paulus: »Ich habe euch nicht Knechte geheißen, ich habe euch vielmehr meine Freunde geheißen.« »Der Knecht kennt seines Herrn Willen nicht«, aber der Freund weiß alles, was sein Freund weiß. »Alles, was ich von meinem Vater gehört habe, das habe ich euch kund getan« (Joh. 15, 15), und alles, was mein Vater weiß, das weiß ich, und alles, was ich weiß, das wißt ihr; denn ich und mein Vater haben *einen* Geist. Der Mensch, der nun alles weiß, was Gott weiß, der ist ein Gott-wissender Mensch. *Dieser* Mensch erfaßt Gott in seinem Eigensein und in seiner eigenen Einheit und in seiner eigenen Gegenwart und in seiner eigenen Wahrheit; mit einem solchen Menschen ist es gar recht bestellt. Aber der Mensch, der von inwendigen Dingen nichts gewöhnt ist, der weiß nicht, was Gott ist. Wie ein Mann, der Wein in seinem Keller hat, aber nichts davon getrunken noch versucht hätte, der weiß nicht, daß er gut ist. So auch steht es mit den Leuten, die in Unwissenheit leben: die wissen nicht, was Gott ist, und doch glauben und wähnen sie zu leben. Solches Wissen stammt nicht von Gott. Ein Mensch muß ein lauteres, klares Wissen haben von göttlicher Wahrheit. Der Mensch, der in allen seinen Werken ein rechtes Streben hat, bei dem ist der *Anfang* dieses seines Strebens Gott, und die *Ausführung* des Strebens ist (wiederum) Gott selber und ist die lautere göttliche Natur, und es (= sein Streben) *endet* in göttlicher Natur, in ihm selbst.

Nun sagt ein Meister, daß es keinen noch so törichten Menschen gibt, der nicht nach Weisheit begehre. Warum aber werden wir denn nicht weise? Da gehört viel dazu. Das Wichtigste ist, daß der Mensch durch alle Dinge hindurch - und über alle Dinge und aller Dinge Ursache hinausgehen muß, und das fängt dann an, den Menschen zu verdrießen. Infolgedessen bleibt der Mensch in seiner Beschränktheit. Wenn ich ein reicher Mensch bin, bin ich deshalb nicht (auch) schon weise; wenn mir aber das Wesen der Weisheit und deren Natur eingeformt ist und ich die Weisheit selbst bin, dann bin ich ein weiser Mensch.

Ich sagte einst in einem Kloster: Das ist das eigentliche Bild der Seele, wo nichts aus- noch eingebildet wird, außer was Gott selbst ist. Die Seele hat zwei Augen, ein inneres und ein äußeres. Das *innere* Auge der Seele ist jenes, das in das Sein schaut und sein Sein ganz unmittelbar von Gott empfängt: dies ist sein ihm eigenes Werk. Das *äußere* Auge der Seele ist jenes, das da allen Kreaturen zugewendet ist und sie in bildhafter Weise und in der Wirkweise einer Kraft wahrnimmt. Der Mensch aber nun, der in sich selbst gekehrt wird, so daß er Gott in dessen eigenem Geschmack und in dessen eigenem Grunde erkennt, ein solcher Mensch ist befreit von allen geschaffenen Dingen und ist in sich selbst verschlossen unter einem wahren Schlosse der Wahrheit. Wie ich einst sagte, daß unser Herr am Ostertage zu seinen Jüngern kam bei verschlossenen Türen; so auch ist es mit diesem Menschen, der da befreit ist von aller Fremdheit und von aller Geschaffenheit: in einen solchen Menschen *kommt* Gott nicht erst hinein: er *ist* (vielmehr) wesenhaft darin.

»Er ist Gott wohlgefällig gewesen in seinen Tagen.« Es liegt da mehr als nur *ein* Tag vor, wenn man sagt »in seinen Tagen«: (nämlich) der Seele Tag und Gottes Tag. Die Tage, die seit sechs oder sieben Tagen verflossen sind, und die Tage, die da waren vor sechstausend Jahren, die sind dem heutigen Tage so nahe wie der Tag, der gestern war. Warum? Weil da die Zeit in einem gegenwärtigen Nun ist. Dadurch daß der Himmel läuft, ist es durch den ersten Umlauf des Himmels Tag. Dort ereignet sich in einem Nun der Seele Tag, und in ihrem natürlichen Lichte, in dem alle Dinge sind, da ist ein *ganzer* Tag: da ist Tag und Nacht eins. Da hingegen ist Gottes Tag, wo die Seele in dem Tage der Ewigkeit steht in einem wesenhaften Nun, und da gebiert der Vater seinen eingeborenen Sohn in einem gegenwärtigen Nun, und wird die Seele wiedergeboren in Gott. So oft diese Geburt geschieht, so oft gebiert sie den eingeborenen Sohn. Darum gibt es der Söhne viel mehr, die die Jungfrauen gebären, als derer, die die Frauen gebären, denn jene gebären über der Zeit in der Ewigkeit (vgl. Is. 54, 1). Wie viele der Söhne nun auch sein mögen, die die Seele in der Ewigkeit gebiert, so gibt's ihrer doch nicht mehr als *einen* Sohn, denn es geschieht (eben) über der Zeit im Tage der Ewigkeit.

Nun ist es gar recht bestellt mit dem Menschen, der in Tugenden lebt, denn ich sagte vor acht Tagen, daß die Tugenden in Gottes Herzen seien. Wer in Tugend lebt und in Tugend wirkt, mit dem steht es gar recht. Wer des Seinen nichts sucht an keinen Dingen, weder an Gott noch an den Kreaturen, der wohnt in Gott, und Gott wohnt in ihm. Einem solchen Menschen ist es lustvoll, alle Dinge zu lassen und zu verschmähen, und dem ist es eine Lust, alle Dinge auf ihr Allerhöchstes zu vollenden. Es spricht Sankt Johannes: »Deus caritas est« – »Gott ist die Liebe«, und die Liebe ist Gott, »und wer in der Liebe wohnt, der wohnt in Gott, und Gott wohnt in ihm« (1 Joh. 4, 16). Wer da in Gott wohnt, der hat gute Wohnung bezogen und ist ein Erbe Gottes, und in wem Gott wohnt, der hat würdige Hausgenossen bei sich. Nun sagt ein Meister, daß der Seele von Gott eine Gabe gegeben werde, durch die die Seele bewegt wird zu inneren Dingen. Es sagt ein Meister, daß die Seele unmittelbar vom Heiligen Geiste berührt wird, denn in der Liebe, darin sich Gott selbst liebt, in dieser Liebe liebt er mich, und die Seele liebt Gott in derselben Liebe, darin er sich selbst liebt; wäre aber diese Liebe nicht, darin Gott die Seele liebt, so wäre (auch) der Heilige Geist nicht. Es ist eine Hitze und ein Ausblühen des Heiligen Geistes, darin die Seele Gott liebt.

Nun schreibt der eine Evangelist: »Dies ist mein lieber Sohn, in dem ich mir wohlgefalle« (Mark. 1, 11). Der zweite Evangelist aber schreibt nun: »Dies ist mein lieber Sohn, in dem mir alle Dinge gefallen« (Luk. 3, 22). Und nun schreibt der dritte Evangelist: »Dies ist mein lieber Sohn, in dem ich mir selbst gefalle« (Matth. 3, 17). Alles, was Gott gefällt, das gefällt ihm in seinem eingeborenen Sohn; alles, was Gott liebt, das liebt er in seinem eingeborenen Sohn. Nun soll der Mensch so leben, daß er eins sei mit dem eingeborenen Sohne und daß er der eingeborene Sohn sei. Zwischen dem eingeborenen Sohne und der Seele ist kein Unterschied. Zwischen dem Knechte und dem Herrn wird niemals gleiche Liebe. Solange ich Knecht bin, bin ich dem eingeborenen Sohne gar fern und ungleich. Wollte ich Gott ansehen mit meinen Augen, mit jenen Augen, mit denen ich die Farbe ansehe, so täte ich gar unrecht daran, denn dieses (Schauen) ist zeitlich; nun ist aber alles, was zeitlich ist, Gott fern und fremd. Nimmt man Zeit, und nimmt man sie auch nur im Kleinsten, im »Nun«, so ist es (doch noch) Zeit und besteht in sich selbst. Solange der Mensch Zeit und Raum hat und Zahl und Vielheit und Menge, so ist er gar unrecht daran und ist Gott ihm fern und fremd. Darum sagt unser Herr: Wer mein Jünger werden will, der muß sich selbst lassen (Luk. 9, 23); niemand kann mein Wort hören noch meine Lehre, er habe denn sich selbst gelassen. Alle Kreaturen sind in sich selbst nichts. Darum habe ich gesagt: Laßt ab vom Nichts und ergreift ein vollkommenes Sein, in dem der Wille recht ist. Wer seinen ganzen Willen gelassen hat, dem schmeckt meine Lehre, und er hört mein Wort. Nun sagt ein Meister, daß alle Kreaturen ihr Sein unmittelbar von Gott empfanfangen; darum ist es bei den Kreaturen so, daß sie Gott ihrer rechten Natur nach mehr lieben als sich selbst. Erkennte der Geist sein reines Abgeschiedensein, so könnte er sich auf kein Ding mehr hinneigen, er müßte vielmehr auf seinem reinen Abgeschiedensein verharren. Darum heißt es: »Er hat ihm wohlgefallen in seinen Tagen.«

Der Seele Tag und Gottes Tag sind unterschieden. Wo die Seele in ihrem natürlichen Tage ist, da erkennt sie alle Dinge über Zeit und Raum; kein Ding ist ihr (da) fern oder nah. Darum habe ich gesagt, daß alle Dinge gleich edel seien in diesem Tage. Ich sagte einst, daß Gott die Welt *jetzt* erschafft, und alle Dinge sind gleich edel in diesem Tage. Würden wir sagen, daß Gott die Welt gestern oder morgen erschüfe, so würden wir uns töricht verhalten. Gott erschafft die Welt und alle Dinge in einem gegenwärtigen Nun, und die Zeit, die da vergangen ist vor tausend Jahren, die ist Gott jetzt ebenso gegenwärtig und ebenso nahe wie die Zeit, die jetzt ist. Die Seele, die da steht in einem gegenwärtigen Nun, in die gebiert der Vater seinen eingeborenen Sohn, und in derselben Geburt wird die Seele wieder in Gott geboren. Das ist *eine* Geburt: so oft sie (= die Seele) wiedergeboren wird in Gott, so oft gebiert der Vater seinen eingeborenen Sohn in sie.

Ich habe von einer Kraft in der Seele gesprochen; in ihrem ersten Ausbruche erfaßt sie Gott nicht, sofern er gut ist, sie erfaßt Gott auch nicht, sofern er die Wahrheit ist: sie dringt bis auf den Grund und sucht weiter und erfaßt Gott in seiner Einheit und in seiner Einöde; sie erfaßt Gott in seiner Wüste und in seinem eigenen Grunde. Deshalb läßt sie sich nichts genügen, sie sucht weiter danach, was das sei, das Gott in seiner Gottheit und im Eigentum seiner eigenen Natur sei. Nun sagt man, daß keine Einung größer sei als die, daß die drei Personen *ein* Gott seien. Danach – so sagt man – sei keine Einung größer als die zwischen Gott und Seele. Wenn der Seele ein Kuß widerfährt von der Gottheit, so steht sie in ganzer Vollkommenheit und in Seligkeit; da wird sie umfangen von der Einheit. Im ersten Berühren, in dem Gott die Seele als ungeschaffen und unerschaffbar berührt hat und berührt, da ist die Seele der Berührung Gottes nach ebenso edel wie Gott selbst. Gott berührt sie nach sich selbst. Ich predigte einst in lateinischer Sprache, und das war am Tage der Dreifaltigkeit, da sagte ich: Die Unterschiedenheit kommt aus der Einheit, (ich meine) die Unterschiedenheit in der Dreifaltigkeit. Die Einheit *ist* die Unterschiedenheit, und die Unterschiedenheit *ist* die Einheit. Je größer die Unterschiedenheit ist, um so größer ist die Einheit, denn das (eben) ist die Unterschiedenheit ohne Unterschied. Wären da tausend Personen, so wäre doch da nichts als Einheit. Wenn Gott die Kreatur ansieht, gibt er ihr damit ihr Sein; wenn die Kreatur Gott ansieht, empfängt sie damit ihr Sein. Die Seele hat ein vernünftiges, erkennendes Sein; daher: wo Gott ist, da ist die Seele, und wo die Seele ist, da ist Gott.

Nun heißt es: »Er ist *innen* gefunden«. Das ist *innen*, was im Grunde der Seele wohnt, im Innersten der Seele, in der Vernunft, und nicht ausgeht und auf kein Ding (draußen) schaut. Dort sind alle Kräfte der Seele gleich edel; hier »ist er innen gerecht erfunden«. Das ist gerecht, was gleich ist in Lieb und Leid und in Bitterkeit und in Süßigkeit und wem kein Ding im Wege steht, daß er sich eins findet in der Gerechtigkeit. Der gerechte Mensch ist eins mit Gott. Gleichheit wird geliebt. Die Liebe liebt stets Gleiches; darum liebt Gott den gerechten Menschen als sich selbst gleich.

Daß wir uns *innen* finden im Tage und in der Zeit der Vernunft und im Tage der Weisheit und im Tage der Gerechtigkeit und im Tage der Seligkeit, dazu helfe uns der Vater und der Sohn und der Heilige Geist. Amen.

Predigt 12

Impletum est tempus Elizabeth (Luc. 1, 57)

»Für Elisabeth erfüllte sich die Zeit, und sie gebar einen Sohn. Johannes ist sein Name. Da sprachen die Leute: ,Was wunders soll werden aus diesem Kinde? Denn Gottes Hand ist mit ihm'« (Luk. 1, 57/63/66). In einer Schrift heißt es: Das ist die größte Gabe, daß wir Gottes Kinder seien und daß er seinen Sohn in uns gebäre (1 Joh. 3, 1). Die Seele, die Gottes Kind sein will, soll nichts in sich gebären, und die, in der Gottes Sohn geboren werden soll, in die soll sich nichts anderes gebären. Gottes höchstes Streben ist: gebären. Ihm genügt es nimmer, er gebäre denn seinen Sohn in uns. Auch die Seele begnügt sich in keiner Weise, wenn der Sohn Gottes in ihr nicht geboren wird. Und da entspringt die Gnade. Die Gnade wird da eingegossen. Die Gnade *wirkt* nicht; ihr *Werden* ist ihr Werk. Sie fließt aus dem Sein Gottes und fließt in das Sein der Seele, nicht aber in die Kräfte.

Als die Zeit erfüllt war, da ward geboren »Gnade«. Wann ist »Fülle der Zeit«? – Wenn es keine Zeit mehr gibt. Wenn man *in* der Zeit sein Herz in die Ewigkeit gesetzt hat und alle zeitlichen Dinge in einem tot sind, so ist das »Fülle der Zeit«. Ich sagte einst: Der freut sich nicht *alle* Zeit, der sich freut *in* der Zeit. Sankt Paulus spricht: »Freut euch in Gott alle Zeit!« (Phil. 4, 4). Der freut sich alle Zeit, der sich über der Zeit und außerhalb der Zeit freut. Eine Schrift sagt: Drei Dinge hindern den Menschen, so daß er Gott auf keinerlei Weise erkennen kann. Das erste ist Zeit, das zweite Körperlichkeit, das dritte Vielheit. Solange diese drei in mir sind, ist Gott nicht in mir noch wirkt er in mir in eigentlicher Weise. Sankt Augustinus sagt: Es kommt von der Begehrlichkeit der Seele her, daß sie vieles ergreifen und besitzen will, und so greift sie nach der Zeit und nach der Körperlichkeit und nach der Vielheit und verliert dabei eben das, was sie besitzt. Denn solange als mehr und mehr in dir ist, kann Gott nimmer in dir wohnen noch wirken. Diese Dinge müssen stets heraus, soll Gott hinein, es sei denn, du hättest sie in einer höheren und besseren Weise so, daß die Vielheit zur Eins in dir geworden wäre. Je mehr dann der Vielheit in dir ist, um so mehr Einheit ist vorhanden, denn das eine ist gewandelt in das andere.

Ich sagte einst: Einheit eint alle Vielheit, aber Vielheit eint nicht Einheit. Wenn wir emporgehoben werden über alle Dinge und alles, was in uns ist, hinaufgehoben ist, so drückt uns nichts. Was unter mir ist, das drückt mich nicht. Wenn ich rein nur nach Gott strebte, so daß nichts über mir wäre als Gott, so wäre mir nichts schwer und würde ich nicht so schnell betrübt. Sankt Augustinus spricht: Herr, wenn ich mich dir zuneige, so wird mir benommen alle Beschwer, Leid und Mühsal. Wenn wir über die Zeit und zeitliche Dinge hinausgeschritten sind, so sind wir frei und allezeit froh, und dann ist Fülle der Zeit; dann wird der Sohn Gottes in dir geboren. Ich sprach einst: Als die Zeit erfüllt war, da sandte Gott seinen Sohn (Gal. 4, 4). Wird irgend etwas anderes in dir geboren als der Sohn, so hast du den Heiligen Geist nicht, und Gnade wirkt nicht in dir. Ursprung des Heiligen Geistes ist der Sohn. Wäre der Sohn nicht, so wäre auch der Heilige Geist nicht. Der Heilige Geist kann nirgends sein Ausfließen noch sein Ausblühen nehmen als einzig vom Sohne. Wo der Vater seinen Sohn gebiert, da gibt er ihm alles, was er in seinem Sein und in seiner Natur hat. In diesem Geben quillt der Heilige Geist aus. So auch ist es Gottes Streben, daß er sich *uns* völlig gebe. In gleicher Weise, wie wenn das Feuer das Holz in sich ziehen will und sich hinwieder in das Holz, so befindet es vorerst das Holz als ihm (= dem Feuer) ungleich. Darum bedarf es der Zeit. Zuerst macht es (das Holz) warm und heiß, und dann raucht es und kracht, weil es ihm (= das Holz dem Feuer) ungleich ist; und je heißer das Holz dann wird, um so stiller und ruhiger wird es, und je gleicher es dem Feuer ist, um so friedlicher ist es, bis es ganz und gar Feuer wird. Soll das Feuer das Holz in sich aufnehmen, so muß alle Ungleichheit ausgetrieben sein.

Bei der Wahrheit, die Gott ist: Hast du es auf irgend etwas denn allein auf Gott abgesehen oder suchst du irgend etwas anderes als Gott, so ist das Werk, das du wirkst, nicht dein noch ist es fürwahr Gottes. Worauf deine Endabsicht in deinem Werke abzielt, das *ist* das Werk. Was in mir wirkt, das ist mein Vater, und ich bin ihm untertänig. Es ist unmöglich, daß es in der Natur zwei Väter gebe;

es muß stets *ein* Vater sein in der Natur. Wenn die anderen Dinge heraus und »erfüllt« sind, dann geschieht diese Geburt. Was füllt, das rührt an alle Enden, und nirgends gebricht es an ihm; es hat Breite und Länge, Höhe und Tiefe. Hätte es Höhe, aber nicht Breite noch Länge noch Tiefe, so würde es nicht füllen. Sankt Paulus spricht: »Bittet, daß ihr zu begreifen vermöget mit allen Heiligen, welches sei die Breite, die Höhe, die Länge und die Tiefe« (Eph. 3, 18).

Diese drei Stücke bedeuten dreierlei Erkenntnis. Die eine ist sinnlich: Das Auge sieht gar weithin die Dinge, die außerhalb seiner sind. Die zweite ist vernünftig und ist viel höher. Mit der dritten ist eine edle Kraft der Seele gemeint, die so hoch und so edel ist, daß sie Gott in seinem bloßen, eigenen Sein erfaßt. Diese Kraft hat mit nichts etwas gemein; sie macht aus nichts etwas und alles. Sie weiß nichts vom Gestern noch vom Vorgestern, vom Morgen noch vom Übermorgen, denn in der Ewigkeit gibt es kein Gestern noch Morgen, da gibt es (vielmehr nur) ein gegenwärtiges Nun; was vor tausend Jahren war und was nach tausend Jahren kommen wird, das ist da gegenwärtig und (ebenso) das, was jenseits des Meeres ist. Diese Kraft erfaßt Gott in seinem Kleidhause. Eine Schrift sagt: »In ihm, mittels seiner und durch ihn« (Röm. 11, 36). »In ihm«, das ist in dem Vater, »mittels seiner«, das ist in dem Sohne, »durch ihn«, das ist in dem Heiligen Geiste. Sankt Augustinus spricht ein Wort, das diesem gar ungleich klingt, und es ist ihm doch ganz gleich: Nichts ist Wahrheit, was nicht alle Wahrheit in sich beschlossen hält. Jene Kraft erfaßt alle Dinge in der Wahrheit. Dieser Kraft ist kein Ding verdeckt. Eine Schrift sagt: Den Männern soll das Haupt entblößt sein und den Frauen bedeckt (1 Kor. 11, 7 + 6). Die »Frauen«, das sind die niedersten Kräfte, die sollen bedeckt sein. Der »Mann« aber, das ist jene Kraft, die soll entblößt und unbedeckt sein.

»Was wunders soll werden aus diesem Kinde?« Ich sprach neulich zu einigen Leuten, die vielleicht auch hier anwesend sind, ein Wörtlein und sagte so: Es ist nichts so verdeckt, das nicht aufgedeckt werden solle (Matth. 10, 26; Luk. 12, 2; Mark. 4, 22). Alles, was nichts ist, soll abgelegt werden und so verdeckt, daß es selbst nicht einmal mehr gedacht werden soll. Vom Nichts sollen wir nichts wissen, und mit dem Nichts sollen wir nichts gemein haben. Alle Kreaturen sind ein reines Nichts. Was weder hier noch dort ist und wo ein Vergessensein aller Kreaturen ist, da ist Fülle alles Seins. Ich sagte damals: Nichts soll in uns bedeckt sein, das wir nicht Gott völlig aufdecken und ihm vollständig geben. Worin immer wir uns finden mögen, sei's in Vermögen oder in Unvermögen, in Lieb oder in Leid, wozu wir uns immer geneigt finden, dessen sollen wir uns entäußern. In der Wahrheit: Wenn wir ihm (= Gott) alles aufdecken, so deckt er uns wiederum alles auf, was er hat, und er verdeckt uns in der Wahrheit ganz und gar nichts von alledem, was er zu bieten vermag, weder Weisheit noch Wahrheit noch Heimlichkeit noch Gottheit noch irgend etwas. Dies ist wahrlich so wahr, wie daß Gott lebt, dafern wir's ihm aufdecken. Decken wir's ihm nicht auf, so ist es kein Wunder, wenn er's uns dann *auch* nicht aufdeckt; denn es muß ganz gleich sein: wir ihm, wie er uns.

Man muß klagen über gewisse Leute, die sich gar hoch und gar eins mit Gott dünken und sind dabei doch noch ganz und gar ungelassen und halten sich noch an geringfügige Dinge in Lieb und in Leid. Diese sind weit entfernt von dem, was sie sich dünken. Sie streben nach viel und wollen ebenso viel. Ich sprach irgendwann: Wer das Nichts sucht, daß der das Nichts findet, wem kann er das klagen? Er fand, was er suchte. Wer irgend etwas sucht oder erstrebt, der sucht und erstrebt das Nichts, und wer um irgend etwas bittet, dem wird das Nichts zuteil. Aber wer nichts sucht und nichts erstrebt als rein nur Gott, dem entdeckt und gibt Gott alles, was er verborgen hat in seinem göttlichen Herzen, auf daß es ihm ebenso zu eigen wird, wie es Gottes Eigen ist, nicht weniger und nicht mehr, dafern er nur unmittelbar nach Gott allein strebt. Daß der Kranke die Speise und den Wein nicht schmeckt, was wunders ist das? Nimmt er ja doch den Wein und die Speise nicht in ihrem eigenen Geschmack wahr. Die Zunge hat eine Decke und ein Kleid, womit sie wahrnimmt, und dieses ist bitter gemäß der Krankheitsnatur der Krankheit. Es gelangte noch nicht bis dahin, wo es schmecken sollte; es dünkt den Kranken bitter, und er hat recht, denn es muß bitter sein bei dem Belag und dem Überzug. Wenn diese Zwischenschicht nicht weg ist, schmeckt nichts nach seinem

Eigenen. Solange der »Belag« nicht von uns beseitigt ist, solange schmeckt uns Gott nimmermehr in seinem Eigenen, und unser Leben ist uns (dann) oft bekümmert und bitter.

Ich sagte einst: Die Mägde folgen dem Lamme nach, wohin es auch geht, unmittelbar (Geh. Offenb. 14, 4). Hier sind einige (wirklich) Mägde, andere aber sind hier nicht Mägde, die aber doch Mägde zu sein wähnen. Die die wahren Mägde sind, die folgen dem Lamm nach, wohin immer es geht, in Leid wie in Lieb. Manche folgen dem Lamm, wenn es in Süßigkeit und in Gemach geht; wenn es aber ins Leiden und in Ungemach und in Mühsal geht, so kehren sie um und folgen ihm nicht. Traun, die sind *nicht* Mägde, was immer sie auch scheinen mögen. Etliche sagen: Je nun, Herr, ich kann wohl dahin gelangen in Ehre und in Reichtum und in Gemach. Traun! hat das Lamm *so* gelebt und ist es *so* vorangegangen, so vergönne ich's euch wohl, daß ihr ebenso nachfolgt; die rechten Mägde jedoch streifen dem Lamm nach durch Enge und Weite und wohin immer es streift.

Als die Zeit erfüllt war, da ward geboren »Gnade«. Daß alle Dinge an uns vollendet werden, auf daß die göttliche Gnade in uns geboren werde, dazu helfe uns Gott. Amen.

Predigt 13

Qui audit me (Eccli. 24, 30)

Das Wort, das ich auf lateinisch gesprochen habe, das spricht die ewige Weisheit des Vaters und lautet: »Wer mich hört, der schämt sich nicht« – schämt er sich über irgend etwas, so schämt er sich dessen, daß er sich schämt – »Wer in mir wirkt, der sündigt nicht. Wer mich offenbart und ausstrahlt, der wird das ewige Leben haben« (Jes. Sir. 24, 30/31). Von diesen drei Wörtlein, die ich gesprochen habe, genügte ein jedes für eine Predigt.

Zum ersten will ich darüber sprechen, daß die ewige Weisheit sagt: »Wer mich hört, der schämt sich nicht«. Wer die ewige Weisheit des Vaters hören soll, der muß innen sein und muß daheim sein und muß Eins sein, dann kann er die ewige Weisheit des Vaters hören.

Drei Dinge sind es, die uns hindern, so daß wir das ewige Wort nicht hören. Das erste ist Körperlichkeit, das zweite Vielheit, das dritte ist Zeitlichkeit. Wäre der Mensch über diese drei Dinge hinausgeschritten, so wohnte er in Ewigkeit und wohnte im Geiste und wohnte in der Einheit und in der Wüste, und dort würde er das ewige Wort hören. Nun spricht unser Herr: »Niemand hört mein Wort noch meine Lehre, er habe denn sich selbst gelassen« (Luk. 14, 26). Denn wer Gottes Wort hören soll, der muß völlig gelassen sein. Das gleiche, was da hört, ist dasselbe, was da gehört wird im ewigen Worte. Alles das, was der ewige Vater lehrt, das ist sein Sein und seine Natur und seine ganze Gottheit; das offenbart er uns allzumal in seinem eingeborenen Sohne und lehrt uns, daß wir derselbe Sohn seien. Der Mensch, der da so ausgegangen wäre, daß er der eingeborene Sohn wäre, dem wäre eigen, was dem eingeborenen Sohne eigen ist. Was Gott wirkt und was er lehrt, das wirkt und lehrt er alles in seinem eingeborenen Sohne. Gott wirkt alle seine Werke darum, daß wir der eingeborene Sohn seien. Wenn Gott sieht, daß wir der eingeborene Sohn sind, so drängt es Gott so heftig zu uns, und er eilt so sehr und tut gerade so, als ob ihm sein göttliches Sein zerbrechen und in sich selbst zunichte werden wolle, auf daß er uns den ganzen Abgrund seiner

Gottheit und die Fülle seines Seins und seiner Natur offenbare; Gott ist es eilig damit, daß es ganz so unser Eigen sei, wie es sein Eigen ist. Hier hat Gott Lust und Wonne in der Fülle. Dieser Mensch steht in Gottes Erkennen und in Gottes Liebe und wird nichts anderes, als was Gott selbst ist.

Hast du dich selbst lieb, so hast du alle Menschen lieb wie dich selbst. Solange du einen einzigen Menschen weniger lieb hast als dich selbst, so hast du dich selbst nie wahrhaft lieb gewonnen, – wenn du nicht alle Menschen so lieb hast wie dich selbst, in einem Menschen alle Menschen: und dieser Mensch ist Gott und Mensch. So steht es recht mit einem solchen Menschen, der sich selbst lieb hat und alle Menschen so lieb wie sich selbst, und mit dem ist es gar recht bestellt. Nun sagen manche Leute: Ich habe meinen Freund, von dem mir Gutes geschieht, lieber als einen andern Menschen. Das ist unrecht; es ist unvollkommen. Doch muß man's hinnehmen, so wie manche Leute übers Meer fahren mit halbem Winde und auch hinüber kommen. So steht es mit den Leuten, die den einen Menschen lieber haben als den andern; das ist natürlich. Hätte ich ihn so recht lieb wie mich selbst, was immer ihm dann widerführe zur Freude oder zum Leide, sei's Tod oder Leben, das wäre mir ebenso lieb, wenn es mir widerführe wie ihm, und dies wäre rechte Freundschaft.

Darum sagt Sankt Paulus: »Ich wollte ewiglich geschieden sein von Gott um meines Freundes und um Gottes willen« (Röm. 9, 3). Einen Augenblick von Gott scheiden, das ist ewiglich von Gott geschieden; von Gott scheiden aber ist höllische Pein. Was meint nun Sankt Paulus mit diesem Worte, daß er sprach, er wollte von Gott geschieden sein? Nun stellen die Meister die Frage, ob Sankt Paulus da erst auf dem Wege zur Vollkommenheit oder ob er bereits in ganzer Vollkommenheit gewesen sei. Ich sage, daß er in ganzer Vollkommenheit stand; sonst hätte er dies nicht sagen können. Ich will dieses Wort, das Sankt Paulus sprach, er wolle von Gott geschieden sein, deuten.

Das Höchste und das Äußerste, was der Mensch lassen kann, das ist, daß er Gott um Gottes willen lasse. Nun ließ Sankt Paulus Gott um Gottes willen; er ließ alles, was er von Gott nehmen konnte, und ließ alles, was Gott ihm geben konnte, und alles, was er von Gott empfangen konnte. Als er dies ließ, da ließ er Gott um Gottes willen, und da *blieb* ihm Gott, so wie Gott in sich selbst seiend ist, nicht in der Weise seines Empfangen- oder Gewonnenwerdens, sondern in der Seinsheit, die Gott in sich selbst ist. Er gab Gott nie etwas, noch empfing er je etwas von Gott; es ist ein Eines und eine lautere Einung. Hier ist der Mensch ein wahrer Mensch, und in diesen Menschen fällt kein Leiden, so wenig wie es in das göttliche Sein fallen kann; wie ich schon öfter gesagt habe, daß etwas in der Seele ist, das Gott so verwandt ist, daß es eins ist und nicht vereint. Es ist eins, es hat mit nichts etwas gemein, noch ist ihm irgend etwas von alledem gemein, was geschaffen ist. Alles, was geschaffen ist, das ist nichts. Nun ist dies aller Geschaffenheit fern und fremd. Wäre der Mensch ganz so geartet, er wäre völlig ungeschaffen und unerschaffbar; wäre alles das, was körperlich und bresthaft ist, so in der Einheit begriffen, so wäre es nichts anderes, als was die Einheit selbst ist. Fände ich mich (nur) einen Augenblick in diesem Sein, ich achtete so wenig auf mich selbst wie auf ein Mistwürmlein.

Gott gibt allen Dingen gleich, und so wie sie von Gott fließen, so sind sie gleich; ja, Engel und Menschen und alle Kreaturen fließen von Gott als gleich aus in ihrem ersten Ausfluß. Wer nun die Dinge in ihrem ersten Ausfluß nähme, der nähme alle Dinge als gleich. Sind sie (nun schon) so gleich in der Zeit, so sind sie in Gott in der Ewigkeit noch viel gleicher. Nimmt man eine Fliege in Gott, so ist die edler in Gott als der höchste Engel in sich selbst ist. Nun sind alle Dinge in Gott gleich und sind Gott selbst. Hier in dieser Gleichheit ist's Gott so lustvoll, daß er seine Natur und sein Sein in sich selbst in dieser Gleichheit gänzlich durchströmt. Dies ist ihm lustvoll gleicherweise, wie wenn einer ein Roß laufen läßt auf einer grünen Heide, die völlig eben und gleich wäre: des Rosses Natur wäre es, daß es sich im Springen auf der Heide mit aller seiner Kraft gänzlich ausgösse; dies wäre ihm eine Lust und seiner Natur gemäß. Ebenso ist es für Gott lustvoll und beglükkend, wenn er Gleichheit findet. Es ist ihm eine Lust, daß er seine Natur und sein Sein da völlig ausgießt in die Gleichheit, weil er die Gleichheit selber ist.

Nun stellt man die Frage in bezug auf die Engel, ob jene Engel, die hier bei uns wohnen und uns dienen und uns behüten, ob die irgendwie geringere Gleichheit haben in ihren Freuden als diejenigen, die in der Ewigkeit sind, oder ob sie durch ihr Wirken zu unserer Hut und zu unserm Dienst irgendwie geschmälert werden. Ich sage: Nein, keineswegs! Ihre Freude und ihre Gleichheit ist deshalb um nichts geringer; denn das Werk des Engels ist der Wille Gottes, und der Wille Gottes ist das Werk des Engels; darum wird er nicht behindert an seiner Freude noch an seiner Gleichheit noch an seinen Werken. Hieße Gott den Engel sich an einen Baum begeben und hieße ihn Raupen davon ablesen, der Engel wäre dazu bereit, die Raupen abzulesen, und es wäre seine Seligkeit und wäre Gottes Wille.

Der Mensch, der nun so im Willen Gottes steht, der will nichts anderes, als was Gott ist und was Gottes Wille ist. Wäre er krank, so wollte er nicht gesund sein. Alle Pein ist ihm eine Freude, alle Mannigfaltigkeit ist ihm eine Einfachheit und eine Einheit, dafern er recht im Willen Gottes steht. Ja, hinge höllische Pein daran, es wäre ihm eine Freude und eine Seligkeit. Er ist ledig und entäußert seiner selbst, und alles dessen, was er empfangen soll, dessen muß er ledig sein. Soll mein Auge die Farbe sehen, so muß es ledig sein aller Farbe. Sehe ich blaue oder weiße Farbe, so ist das Sehen meines Auges, das die Farbe sieht – ist eben das, was da sieht, dasselbe wie das, was da gesehen wird mit dem Auge. Das Auge, in dem ich Gott sehe, das ist dasselbe Auge, darin mich Gott sieht; mein Auge und Gottes Auge, das ist *ein* Auge und *ein* Sehen und *ein* Erkennen und *ein* Lieben.

Der Mensch, der so in Gottes Liebe steht, der soll sich selbst und allen geschaffenen Dingen tot sein, so daß er seiner selbst so wenig achtet wie eines, der über tausend Meilen entfernt ist. Ein solcher Mensch bleibt in der Gleichheit und bleibt in der Einheit und bleibt völlig gleich; in ihn fällt keine Ungleichheit. Dieser Mensch muß sich selbst und diese ganze Welt gelassen haben. Gäb's einen Menschen, dem diese ganze Welt gehörte, und er ließe sie um Gottes willen so bloß, wie er sie empfing, dem würde unser Herr diese ganze Welt zurückgeben und das ewige Leben dazu. Und gäb's einen andern Menschen, der nichts als einen guten Willen besäße, und der dächte: Herr, wäre diese Welt mein und hätte ich dann noch eine Welt und noch eine – das wären ihrer drei – und er begehrte: Herr, ich will diese lassen und mich selbst ebenso bloß, wie ich's von dir empfangen habe, – dem Menschen gäbe Gott ebenso viel wie (dann), wenn er es alles mit seiner Hand weggegeben hätte. Ein anderer Mensch (aber), der gar nichts Körperliches oder Geistiges hätte zum Lassen oder Hergeben, der würde am allermeisten lassen. Wer sich gänzlich (nur) einen Augenblick ließe, dem würde alles gegeben. Wäre dagegen ein Mensch zwanzig Jahre lang gelassen und nähme sich selbst auch nur einen Augenblick zurück, so ward er noch nie gelassen. Der Mensch, der gelassen hat und gelassen ist und der niemals mehr nur einen Augenblick auf das sieht, was er gelassen hat, und beständig bleibt, unbewegt in sich selbst und unwandelbar, – *der* Mensch allein ist gelassen.

Daß wir so beständig bleiben und unwandelbar wie der ewige Vater, dazu helfe uns Gott und die ewige Weisheit. Amen.

Predigt 14

Vidi supra montem Sion agnum stantem etc. (Apoc. 14, 1)

Sankt Johannes sah ein Lamm stehen auf dem Berge Sion, und es trug vorn an seiner Stirn seinen Namen und seines Vaters Namen geschrieben und hatte bei sich stehen hundertvierundvierzigtausend. Er sagt, es seien alles Jungfrauen gewesen und hätten einen neuen Sang gesungen, den niemand singen konnte als sie, und sie seien dem Lamm nachgefolgt, wohin immer es ging (Geh. Offenb. 14, 1/4).

Die heidnischen Meister sagen, Gott habe die Kreaturen so geordnet, daß jeweils eine über der andern ist und daß die obersten die niedersten berühren und die niedersten die obersten. Was diese Meister mit verhüllten Worten gesagt haben, das sagt ein anderer offen und sagt, die goldene Kette sei die lautere, reine Natur, die zu Gott erhöht ist und der nichts schmeckt, das außerhalb seiner ist, und die Gott erfaßt. Eine jegliche (Kreatur) berührt die andere, und die oberste hat ihren Fuß auf den Scheitel der untersten gesetzt. Alle Kreaturen berühren Gott nicht nach ihrer Geschaffenheit, und was geschaffen ist, muß aufgebrochen werden, soll das Gute herauskommen. Die Schale muß entzwei sein, soll der Kern herauskommen. Das alles zielt auf ein Entwachsen ab, denn der Engel weiß, (wenn er) außerhalb dieser reinen Natur (steht), nicht mehr als dieses Holz; ja, der Engel hat ohne diese Natur nicht mehr (Sein), als eine Mücke ohne Gott hat.

Er (= Sankt Johannes) sagt: »auf dem Berge«. Wie soll es geschehen, daß man zu dieser Lauterkeit komme? Sie waren Jungfrauen und waren oben auf dem Berge und waren dem Lamm angetraut und allen Kreaturen versagt und folgten dem Lamm nach, wohin immer es ging. Manche Leute folgen dem Lamm nach, solange es ihnen wohl geht; geht es aber nicht nach ihrem Willen, so kehren sie um. In diesem Sinne aber ist es nicht gemeint, denn er spricht: »Sie folgten dem Lamm nach, wohin es immer ging.« Bist du eine Jungfrau und bist du dem Lamm angetraut und allen Kreaturen versagt, so folgst du dem Lamm nach, wohin immer es geht; nicht, wenn dir Leiden erwächst durch deine Freunde oder durch dich selbst infolge irgendwelcher Versuchung, daß du dann aus der Fassung gebracht werdest.

Er sagt: Sie waren »oben«. Was oben ist, das leidet nicht durch das, was unter ihm ist, sondern nur dann, wenn etwas über ihm ist, das höher als es ist. Ein ungläubiger Meister sagt: Solange der Mensch bei Gott ist, ist es unmöglich, daß er leide. Der Mensch, der hoch ist und allen Kreaturen versagt, Gott aber angetraut ist, der leidet nicht; sollte der aber (doch) leiden, so würde Gottes Herz getroffen.

Sie waren »auf dem Berge Sion«. »Sion« bedeutet soviel wie »schauen«; »Jerusalem« bedeutet soviel wie »Friede«. Wie ich neulich in Sankt Mariengarten sagte: Diese zwei zwingen Gott; hast du die an dir, so muß er in dir geboren werden. Ich will euch eine Geschichte (nur) halb erzählen: Unser Herr ging einst inmitten einer großen Schar. Da kam eine Frau und sprach: »Könnte ich den Saum seines Kleides berühren, so würde ich gesund«. Da sprach unser Herr: »Ich wurde berührt«. »Gott bewahre!« sprach Sankt Peter, »wie kannst du sagen, Herr, du seist berührt worden? Eine große Menge geht um dich her und umdrängt dich.«

Ein Meister sagt, daß wir vom Tode leben. Soll ich ein Huhn essen oder ein Rind, so muß es vorher tot sein. Man soll das Leiden auf sich nehmen und soll dem Lamm nachgehen in Leid wie in Lieb. Die Aposteln nahmen gleicherweise Leid und Lieb auf sich; darum war ihnen alles das süß, was sie litten; ihnen war der Tod so lieb wie das Leben (Phil. 1, 20).

Ein heidnischer Meister setzt die Kreaturen Gott gleich. Die Schrift sagt, wir sollen Gott gleich werden (1 Joh. 3, 2). »Gleich«, das ist böse und trügerisch. Mache ich mich einem Menschen gleich und finde ich einen Menschen, der mir gleicht, so gebärdet sich dieser Mensch, als ob er ich sei, und dabei ist er's nicht und trügt. Manches Ding gleicht dem Golde; es lügt und ist nicht Gold. So auch geben sich alle Dinge als Gott gleich aus, und sie lügen, und sie sind es alle nicht. Die Schrift sagt, wir sollen Gott gleich sein. Nun spricht ein heidnischer Meister, der mit (bloß) natürlicher Einsicht dazu (= zu dieser Erkenntnis) kam: Gott kann Gleiches ebenso wenig ertragen, so wenig er ertragen kann, daß er nicht Gott sei. Gleichheit ist etwas, was es an Gott nicht gibt; es gibt vielmehr (wohl) Einssein in der Gottheit und in der Ewigkeit; Gleichheit aber ist nicht Eins. Wäre ich Eins, so wäre ich nicht gleich. Es gibt nichts Fremdes in der Einheit; es gibt nur Einssein in der Ewigkeit, nicht Gleichsein.

Er sagt: »Sie trugen ihren Namen und ihres Vaters Namen an ihren Stirnen geschrieben.« Was ist unser Name und was ist unseres Vaters Name? Unser Name ist: daß wir geboren werden sollen, und des Vaters Name ist: gebären, wo die Gottheit ausglimmt aus der ersten Lauterkeit, die eine Fülle aller Lauterkeit ist, wie ich in Sankt Mariengarten sagte. Philippus sprach: »Herr, zeige uns den Vater, so genügt es uns« (Joh. 14, 8). Zum ersten ist damit gemeint, daß wir Vater sein sollen; zum zweiten sollen wir »Gnade« sein, denn des Vaters Name ist: gebären; er gebiert in mich sein Ebenbild. Sehe ich eine Speise und ist sie mir gemäß, so entspringt ein Verlangen daraus; oder, sehe ich einen Menschen, der mir gleicht, so entspringt eine Zuneigung daraus. Ganz so ist es: Der himmlische Vater gebiert in mich sein Ebenbild, und aus der Gleichheit entspringt eine Liebe, das ist der Heilige Geist. Wer der Vater ist, der zeugt das Kind naturhaft; wer das Kind aus der Taufe hebt, der ist nicht sein Vater. Boethius sagt: Gott ist ein stillstehendes Gut, das alle Dinge bewegt. Daß Gott beständig ist, das setzt alle Dinge in Lauf. Es gibt etwas sehr Beglückendes, das bewegt und jagt und setzt alle Dinge in Lauf, auf daß sie zurückkommen dahin, woraus sie geflossen sind, während es in sich selbst unbeweglich bleibt. Und je edler nun irgendein Ding ist, um so beständiger läuft es. Der Urgrund jagt sie alle. Weisheit und Gutheit und Wahrheit legt etwas hinzu; Eins legt nichts hinzu als den Grund des Seins.

Nun sagt er: »In ihrem Munde wird keine Lüge gefunden«. Solange ich die Kreatur besitze und solange mich die Kreatur besitzt, ist die Lüge da, und davon wird in ihrem Munde nichts gefunden. Es ist ein Zeichen eines guten Menschen, wenn er gute Leute lobt. Lobt mich wiederum ein guter Mensch, so bin ich wahrhaft gelobt; lobt mich hingegen ein böser, so bin ich in Wahrheit beschimpft. Schilt mich aber ein böser Mensch, so bin ich in Wahrheit gelobt. »Wovon das Herz voll ist, davon redet der Mund« (Matth. 12, 34). Es ist allwegs eines guten Menschen Zeichen, daß er gern von Gott rede, denn, womit die Leute umgehen, davon reden sie gern. Die mit Handwerken umgehen, die reden gern von den Handwerken; die mit Predigten umgehen, die reden gern von den Predigten. Ein guter Mensch redet von nichts gern außer von Gott.

Eine Kraft ist in der Seele, von der ich schon öfter gesprochen habe, – wäre die Seele ganz so, so wäre sie ungeschaffen und unerschaffbar. Nun ist dem nicht so. Mit dem übrigen Teil (ihres Seins) hat sie ein Absehen auf und ein Anhangen an die Zeit, und da(mit) berührt sie die Geschaffenheit und ist geschaffen – (es ist) die Vernunft: dieser Kraft ist nichts fern noch draußen. Was jenseits des Meeres ist oder über tausend Meilen entfernt, das ist ihr ebenso eigentlich bekannt und gegenwärtig wie diese Stätte, an der ich stehe. Diese Kraft ist eine Jungfrau und folgt dem Lamm nach, wohin es auch geht. Diese Kraft nimmt Gott ganz entblößt in seinem wesenhaften Sein; sie ist eins in der Einheit, nicht gleich in der Gleichheit.

Daß uns dies widerfahre, dazu helfe uns Gott. Amen.

Predigt 15

Sankt Johannes sah in einer Schau auf dem Berge Sion ein Lämmlein stehen und bei ihm vierundvierzig (statt 144000), die waren nicht irdisch und hatten nicht den Namen Frau. Sie waren alle Jungfrauen und standen ganz dicht bei dem Lamm, und wohin das Lamm sich wandte, dahin folgten sie ihm alle nach und sangen alle mit dem Lamm einen sonderlichen Sang und trugen ihren Namen und ihres Vaters Namen vorn an ihrem Haupt geschrieben (Geh. Offenb. 14, 1/4).

Nun sagt Johannes, er habe ein Lämmlein auf dem Berge stehen sehen. Ich sage: Johannes war selbst der Berg, auf dem er das Lämmlein sah, und wer das göttliche Lamm sehen will, der muß selbst der Berg sein und in sein Höchstes und in sein Lauterstes gelangen. Zum andern, wenn er sagt, daß er das Lämmlein auf dem Berge stehen sah: was immer auf einem andern steht, das rührt mit seinem Untersten des Untern Oberstes. Gott berührt alle Dinge, er aber bleibt unberührt. Gott ist über allen Dingen ein »Einstehen« in sich selbst, und sein Insichselbststehen erhält alle Kreaturen. Alle Kreaturen haben ein Oberstes und ein Unterstes; das hat Gott nicht. Gott ist über allen Dingen und wird nirgends von etwas berührt. Alle Kreaturen suchen außerhalb ihrer selbst stets eine an der andern das, was sie (selbst) nicht hat; das tut Gott nicht. Gott sucht nichts außerhalb seiner selbst. Was alle Kreaturen haben, das hat Gott allzumal in sich. Er ist der Boden, der Reif aller Kreaturen. Es ist wohl wahr, daß eine vor der andern da ist oder doch zum mindesten, daß eine von der andern geboren wird. Gleichviel gibt sie ihr ihr (eigenes) Sein nicht; sie behält etwas von dem Ihrigen zurück. Gott (aber) ist ein einfaches »Einstehen«, ein »Einsitzen« in sich selbst. Je nach der Edelkeit ihrer Natur bietet sich jegliche Kreatur, je mehr sie in sich selbst einsitzt, um so mehr nach außen dar. Ein einfacher Stein, etwa ein Tuffstein, der bekundet nicht mehr, als daß er ein Stein ist. Ein Edelstein aber, der große Kraft hat, der reckt damit, daß er in sich selbst einsteht, einsitzt, zugleich das Haupt auf und lugt (über sich) hinaus. Die Meister sagen, daß keine Kreatur so großes »Einsitzen« in sich selbst habe wie Leib und

Seele, und (dabei) hat auch nichts (zugleich) so großes Übersichhinausgehen wie die Seele in ihrem obersten Teile.

Nun sagt er: »Ich sah ein Lamm stehen.« Hieraus können wir vier gute Lehren entnehmen. Das eine: Das Lamm gibt Speise und Kleidung und tut das ganz gutwillig, und es soll für unser Verstehen ein Anreiz sein, daß wir von Gott so viel empfangen haben und er uns das so gütig erweist; das soll uns dazu drängen, daß wir mit allen unseren Werken nichts anderes suchen als sein Lob und seine Ehre. Das zweite: Das Lämmlein stand. Es tut sehr wohl, wenn ein Freund »bei« seinem Freunde »steht«. Gott steht uns bei, und er bleibt bei uns stehen ständig und unbewegt.

Nun sagt er: Bei ihm standen sehr viele; deren jedes hatte vorn an seinem Haupte seinen Namen und seines Vaters Namen geschrieben. Zum wenigsten soll Gottes Name in uns geschrieben sein. Wir sollen Gottes Bild in uns tragen, und sein Licht soll in uns leuchten, wenn wir »Johannes« sein wollen.

Predigt 16

Quasi vas auri solidum ornatum omni lapide pretioso (Eccli. 50, 10)

Ich habe ein Wörtlein gesprochen auf lateinisch, das liest man heute in der Epistel; das kann man auf Sankt Augustinus anwenden und auf eine jegliche gute, heilige Seele: wie die einem goldenen Gefäß gleichen, das da ist fest und beständig und die Kostbarkeit aller Edelsteine an sich trägt (Jes. Sir. 50, 10). Es liegt begründet im Adel der Heiligen, daß man sie mit nur *einem* Vergleich nicht kennzeichnen kann; darum vergleicht man sie den Bäumen und der Sonne und dem Mond. Und so ist (denn) hier Sankt Augustinus einem güldenen Gefäß verglichen, das da ist fest und beständig und die Kostbarkeit aller Edelsteine an sich trägt. Und dies kann man wahrheitsgemäß von einer jeglichen guten, heiligen Seele sagen, die da alle Dinge gelassen hat und sie dort nimmt, wo sie ewig sind. Wer die Dinge läßt, wie sie Zufall sind, der besitzt sie dort, wo sie ein reines Sein und ewig sind.

Ein jegliches Gefäß hat zweierlei (Kennzeichen) an sich: es nimmt auf und enthält. Geistige Gefäße und körperliche Gefäße sind verschieden. Der Wein ist in dem Fasse, das Faß aber ist nicht im Wein noch ist der Wein im Fasse, will sagen: in den Dauben; denn wäre er im Fasse, will sagen: in den Dauben, so könnte man ihn nicht trinken. Anders steht es um das geistige Gefäß! Alles, was darein aufgenommen wird, das ist *in* dem Gefäß und das Gefäß in ihm und ist das Gefäß selbst. Alles, was das geistige Gefäß aufnimmt, das ist von seiner Natur. Gottes Natur ist es, daß er sich einer jeglichen guten Seele gibt, und der Seele Natur ist es, daß sie Gott aufnimmt; und dies kann man in bezug auf das Edelste sagen, das die Seele aufzuweisen vermag. Darin trägt die Seele das göttliche Bild und ist Gott gleich. Es kann kein Bild geben ohne Gleichheit, aber Gleichheit kann es wohl geben ohne Bild. Zwei Eier sind gleich weiß, und doch ist eines nicht des andern Bild; denn was des andern Bild sein soll, das muß aus dessen Natur gekommen und muß von ihm geboren und muß ihm gleich sein.

Ein jegliches Bild hat zwei Eigenschaften: Das eine ist, daß es von dem, dessen Bild es ist, sein Sein unmittelbar empfängt, unwillkürlich, denn es hat einen natürlichen Ausgang und dringt aus der Natur wie der Ast aus dem Baume. Wenn das Antlitz vor den Spiegel gerückt wird, so *muß* das Antlitz darin abgebildet werden, ob es wolle oder nicht. Aber die *Natur* erbildet sich *nicht* in das Bild des Spiegels; vielmehr der Mund und die Nase und die Augen und die ganze Bildung des Antlitzes – *dies* bildet sich in dem Spiegel ab. Aber dies hat Gott sich allein vorbehalten, daß, worein immer er sich erbildet, er seine Natur und alles, was er ist und aufzubieten vermag, gänzlich darein unwillkürlich erbildet; denn das Bild setzt dem Willen ein Ziel, und der Wille folgt dem Bilde, und das Bild hat den ersten Ausbruch aus der Natur und zieht alles das in sich hinein, was die Natur und das Sein aufzuweisen haben; und die Natur ergießt sich völlig in das Bild und bleibt doch ganz in sich selbst. Denn die Meister verlegen das Bild nicht in den Heiligen Geist, vielmehr verlegen sie es in die mittlere Person, weil der Sohn den *ersten* Ausbruch aus der Natur hat; darum heißt *er* im eigentlichen Sinne ein Bild des Vaters, nicht aber so der Heilige Geist: der ist (vielmehr) nur ein Ausblühen aus dem Vater und aus dem Sohn und hat doch *eine* Natur mit ihnen beiden. Und doch ist der Wille nicht ein Vermittelndes zwischen dem Bild und der Natur; ja, weder Erkennen noch Wissen noch Weisheit kann hier ein Vermittelndes sein, denn das göttliche Bild bricht aus der Fruchtbarkeit der Natur unvermittelt aus. Gibt es aber hier ein Vermittelndes der Weisheit, so ist es das Bild selbst. Darum heißt der Sohn in der Gottheit die Weisheit des Vaters.

Ihr sollt wissen, daß das einfaltige göttliche Bild, das der Seele eingedrückt ist im Innersten der Natur, unvermittelt empfangen wird; und das Innerlichste und das Edelste, das in der (göttlichen) Natur ist, das erbildet sich ganz eigentlich in das Bild der Seele, und dabei ist weder Wille noch Weisheit ein Vermittelndes, wie ich vorhin sagte: *ist* hier Weisheit ein Vermittelndes, so ist es das Bild selbst. Hier ist Gott unvermittelt in dem Bilde, und das Bild ist unvermittelt in Gott. Jedoch ist Gott auf viel edlere Weise in dem Bilde, als das Bild in Gott ist. Hier nimmt das Bild Gott nicht, wie er Schöpfer ist, sondern es nimmt ihn, wie er ein vernünftiges Sein ist, und das Edelste der (göttlichen) Natur erbildet sich ganz eigentlich in das Bild. Dies ist ein natürliches Bild Gottes, das Gott in alle Seelen naturhaft eingedrückt hat. Mehr vermag ich nun dem Bilde nicht zu geben; gäbe ich ihm aber irgend etwas mehr, so müßte es Gott selbst sein; dem aber ist nicht so, denn dann wäre Gott nicht Gott.

Die zweite Eigenschaft des Bildes sollt ihr in der Gleichheit des Bildes erkennen. Und hier merkt in Sonderheit auf zwei Stücke. Das eine ist dies: Das Bild ist nicht aus sich selbst, noch (zweitens) ist es für sich selbst. In gleicher Weise, wie das Bild, das im Auge empfangen wird: das stammt nicht aus dem Auge und hat kein Sein im Auge, sondern es hängt und haftet einzig an dem, dessen Bild es ist. Darum ist es weder aus sich selbst noch ist es für sich selbst, sondern es stammt eigentlich von dem, dessen Bild es ist und gehört ihm gänzlich, und von ihm nimmt es sein Sein und ist dasselbe Sein.

Nun hört mir recht genau zu! Was ein Bild im eigentlichen Verstande sei, das sollt ihr an vier Stücken erkennen, vielleicht aber werden's ihrer mehr. Ein Bild ist nicht aus sich selbst noch ist es für sich selbst; es stammt vielmehr von dem, dessen Bild es ist und gehört ihm mit allem, was es ist, zu. Was dem, dessen Bild es ist, fremd ist, dem gehört es nicht zu, noch stammt es von ihm. Ein Bild nimmt sein Sein unmittelbar allein von dem, dessen Bild es ist, und hat *ein* Sein mit ihm und ist dasselbe Sein. Ich habe hiermit nicht von Dingen gesprochen, die man (ausschließlich) in der Schule vortragen soll; man kann sie vielmehr recht wohl auch auf dem Predigtstuhl zur Belehrung vortragen.

Ihr fragt oft, wie ihr leben sollt. Das sollt ihr hier mit Fleiß erkennen. Ganz ebenso, wie es hier von dem Bild gesagt wurde, sieh, so sollst du leben. Du sollst aus ihm sein und sollst für ihn (= Gott) sein und sollst nicht aus dir sein und sollst nicht für dich sein und sollst niemand zugehören. Als ich gestern hierher in dieses Kloster kam, da sah ich Salbei und andere Kräuter auf einem Grabe stehen; und da dachte ich: Hier liegt eines Menschen lieber Freund, und deshalb hat er diesen Erdenfleck um so lieber. Wer einen recht lieben Freund hat, der hat alles das lieb, was jenem zugehört, und was seinem Freunde zuwider ist, das mag er nicht. Erkennet ein Gleichnis dafür am Hunde, der (doch nur) ein unvernünftiges Tier ist. Der ist seinem Herrn so treu, daß er alles, was seinem Herrn zuwider ist, haßt, und wer seines Herrn Freund ist, den hat er lieb, und er achtet dabei weder auf Reichtum noch auf Armut. Ja, gäb's einen blinden Armen, der seinem Herrn zugetan wäre, den hätte er lieber als einen König oder einen Kaiser, der seinem Herrn zuwider wäre Ich sage wahrheitsgemäß: Wäre es möglich, daß der Hund seinem Herrn mit der Hälfte seines Wesens untreu wäre, so müßte er sich selbst mit der andern Hälfte hassen.

Aber nun klagen manche Leute darüber, daß sie nicht Innerlichkeit noch Andacht noch Süßigkeit noch besondern Trost von Gott haben. Solche Leute sind wahrlich noch ganz unrecht daran; man mag sie zwar wohl hingehen lassen, jedoch ist es das Beste nicht. Ich sage wahrheitsgemäß: Solange sich irgend etwas in dir erbildet, was das ewige Wort nicht ist oder aus dem ewigen Worte auslugt, und mag es auch noch so gut sein, so ist es wahrlich nichts Rechtes damit. Darum ist einzig der nur ein gerechter Mensch, der alle geschaffenen Dinge zunichte gemacht hat und geradlinig ohne alles Auslugen auf das ewige Wort hin gerichtet steht und darein eingebildet und widergebildet in der Gerechtigkeit. Ein solcher Mensch empfängt dort, wo der Sohn empfängt und ist der Sohn selbst. Eine Schrift sagt: »Niemand erkennt den Vater als der Sohn« (Matth. 11, 27), und deshalb: Wollt ihr Gott erkennen, so müßt ihr dem Sohne nicht allein gleich sein, sondern ihr müßt der Sohn selber sein.

Aber manche Leute wollen Gott mit den Augen ansehen, mit denen sie eine Kuh ansehen und wollen Gott lieben, wie sie eine Kuh lieben. Die liebst du wegen der Milch und des Käses und deines eigenen Nutzens. So halten's alle jene Leute, die Gott um äußeren Reichtums oder inneren Trostes willen lieben; die aber lieben Gott nicht recht, sondern sie lieben ihren Eigennutz. Ja, ich sage bei der Wahrheit: Alles, worauf du dein Streben richtest, was nicht Gott in sich selbst ist, das kann niemals so gut sein, daß es dir nicht ein Hindernis für die höchste Wahrheit ist.

Und, wie ich oben sagte: So wie Sankt Augustinus einem güldenen Gefäß verglichen wird, das unten verschlossen und oben offen ist, sieh, ebenso sollst (auch) du sein: willst du bei Sankt Augustinus stehen und in der Heiligkeit aller Heiligen, so muß dein Herz verschlossen sein gegen alle Geschaffenheit, und du mußt Gott nehmen, wie er in sich selbst ist. Deshalb werden die Männer den obersten Kräften verglichen, weil sie allzeit entblößten Hauptes sind, und die Frauen den niedersten Kräften, weil ihnen das Haupt allzeit bedeckt ist. Die obersten Kräfte sind über Zeit und Raum erhaben und nehmen ihren Ursprung unmittelbar im Sein der Seele; und deshalb werden sie den Männern verglichen, weil sie allzeit entblößt stehen. Deshalb ist ihr Werk ewig. Ein Meister sagt, daß alle niedersten Kräfte der Seele im gleichen Maße, wie sie Zeit oder Raum berührt haben, ihre jungfräuliche Reinheit verloren haben und niemals so gänzlich ausgezogen und gebeutelt werden können, daß sie je in die obersten Kräfte zu gelangen vermögen; wohl aber wird ihnen die Einprägung eines (=jenes) ähnlichen Bildes zuteil.

Du sollst beständig und fest sein, das heißt: du sollst gleich (-mütig) stehen in Liebe und Leid, in Glück und Unglück und sollst die Kostbarkeit aller Edelsteine an dir haben, das heißt: daß alle Tugenden in dir beschlossen seien und wesensmäßig aus dir (aus-)fließen. Du sollst alle Tugenden durch- und überschreiten und sollst die Tugend nur in jenem Urgrunde nehmen, wo sie eins ist mit der göttlichen Natur. Und um soviel du der göttlichen Natur mehr vereint bist als der Engel, soviel muß er durch dich empfangen. Daß wir Eins werden, dazu helfe uns Gott. Amen.

Predigt 17

Qui odit animam suam in hoc mundo etc. (Joh. 12, 25)

Ich habe ein Wort gesprochen auf lateinisch, das spricht unser Herr in seinem Evangelium: »Wer seine Seele haßt in dieser Welt, der bewahrt sie für das ewige Leben« (Joh. 12, 25).

Nun achtet bei diesen Worten darauf, was unser Herr meint, wenn er sagt, man solle die Seele hassen. Wer seine Seele liebt in diesem sterblichen Leben und wie sie in dieser Welt ist, der verliert sie im ewigen Leben; wer sie aber haßt, wie sie sterblich und in dieser Welt ist, der bewahrt sie für das ewige Leben.

Zwei Gründe liegen darin, weshalb er sagt »Seele«. Es sagt ein Meister: Das Wort »Seele« meint nicht den Grund und trifft nicht die Natur der Seele. Deshalb sagt ein Meister: Wer da von beweglichen Dingen schreibt, der rührt nicht an die Natur noch an den Grund der Seele. Wer die Seele nach der Einfaltigkeit und Lauterkeit und Bloßheit, wie sie in sich selbst ist, benennen soll, der kann keinen Namen für sie finden. Sie nennen sie Seele: das ist so, wie wenn man jemanden einen Zimmermann nennt, so benennt man ihn nicht als Menschen noch als Heinrich noch eigentlich nach seinem Sein, sondern man nennt ihn nach seinem Tun. So meint es unser Herr hier: Wer die Seele liebt in der Lauterkeit, die der Seele einfaltige Natur ist, der haßt sie und ist ihr Feind in diesem (irdischen) Kleide; er haßt sie und ist traurig und betrübt, daß sie so fern steht dem lauteren Licht, das sie in sich selbst ist.

Unsere Meister sagen: Die Seele heißt ein Feuer wegen der Kraft und der Hitze und des Glanzes, der an ihr ist. Die anderen sagen, sie sei ein Fünklein himmlischer Natur. Die dritten sagen, sie sei ein Licht. Die vierten sagen, sie sei ein Geist. Die fünften sagen, sie sei eine Zahl. Wir finden nichts, was so rein und so lauter wäre wie die Zahl. Deshalb wollten sie die Seele mit etwas benennen, was rein und lauter wäre. In den Engeln gibt es Zahl – man spricht von einem Engel, von zwei Engeln –, auch im Lichte gibt es Zahl. Darum benennt man sie (= die Seele) mit dem Reinsten und mit dem Lautersten, und doch rührt es nicht bis an den Grund der Seele. Gott, der ohne Namen ist – er hat keinen Namen –, ist unaussprechlich, und die Seele ist in ihrem Grunde ebenfalls unaussprechlich, so wie er unaussprechlich ist.

Es gibt noch ein Weiteres, warum er sagt, daß sie haßt. Das Wort, das die Seele benennt, das meint die Seele, wie sie im Kerker des Leibes ist, und deshalb meint er, daß die Seele mit allem jenem Sein ihrer selbst, das sie noch zum Gegenstand ihres Denkens zu machen vermag, noch in ihrem Kerker ist. Dort, wo sie noch ein Hinsehen hat auf diese niederen Dinge und sie durch die Sinne etwas in sich hereinzieht, da wird sie sogleich eng; denn Worte vermögen keiner Natur, die oberhalb ihrer ist, einen Namen zu geben.

Es gibt drei Gründe, weshalb die Seele sich selbst hassen soll. Der eine Grund: soweit sie *mein* ist, soll ich sie hassen; denn, soweit sie mein ist, soweit ist sie nicht Gottes. Der zweite (Grund): weil meine Seele nicht völlig in Gott gesetzt und gepflanzt und widergebildet ist. Augustinus sagt: Wer will, daß Gott sein eigen sei, der muß zuvor Gottes eigen werden, und das muß notwendig so sein. Der dritte Grund ist: Schmeckt die Seele sich selbst, wie sie Seele ist und schmeckt ihr Gott *mit der Seele*, so ist das unrecht. Ihr soll Gott *in ihm selbst* schmecken, denn er ist völlig oberhalb ihrer. Dies ist es, warum Christus sprach: »Wer seine Seele liebt, der verliert sie« (Joh. 12, 25).

Was von der Seele in dieser Welt ist oder in diese Welt lugt und wo etwas von ihr berührt wird und nach draußen lugt, das soll sie hassen. Ein Meister sagt, die Seele sei in ihrem Höchsten und Lautersten oberhalb der Welt. Nichts zieht die Seele in diese Welt hinein als einzig die Liebe. Mitunter hat sie eine naturhafte Liebe, die sie zum Körper hegt. Mitunter hat sie eine willentliche Liebe, die sie für die Kreatur hegt. Ein Meister sagt: So wenig das Auge zu tun hat mit dem Gesang und das Ohr mit der Farbe, so wenig hat die Seele in ihrer Natur zu tun mit allem dem, was in dieser Welt ist. Darum sagen unsere Meister der Naturlehre, der Leib sei viel mehr in der Seele als die Seele im Leibe. So wie das Faß mehr den Wein enthält als der Wein das Faß, so hält die Seele den Leib mehr in sich als der Leib die Seele. Was die Seele in dieser Welt liebt, dessen ist sie in ihrer Natur bloß. Ein Meister sagt: Der Seele Natur und natürliche Vollkommenheit ist es, daß sie (dort) in sich eine vernünftige Welt werde, wo Gott aller Dinge Urbilder in sie eingebildet habe. Wer da sagt, daß er zu seiner Natur gekommen sei, der muß alle Dinge in sich gebildet finden in der Lauterkeit, wie sie in Gott sind; nicht wie sie in ihrer eigenen Natur sind, sondern, wie sie in Gott sind. Kein Geist und kein Engel berührt den Grund der Seele noch auch die Natur der Seele. Darin kommt sie in das Erste, in den Beginn, wo Gott ausbricht mit Gutheit in alle Kreaturen. Dort nimmt sie alle Dinge in Gott, nicht in der Lauterkeit, wie sie in ihrer naturhaften Lauterkeit sind, sondern in der reinen Einfaltigkeit, wie sie in Gott sind. Gott hat diese ganze Welt wie aus Kohle gemacht. Das Bild, das aus Gold ist, ist fester als das, das aus Kohle ist. So (auch) sind alle Dinge in der Seele lauterer und edler, als sie in dieser Welt sind. Der Stoff (aber), aus dem Gott alle Dinge gemacht hat, ist geringwertiger als Kohle gegenüber dem Golde. Wer einen Hafen machen will, der nimmt ein wenig Erde; das ist sein Stoff, mit dem er arbeitet. Dann aber gibt er ihm eine Form, die in ihm (selbst) ist; die ist in ihm edler als der Stoff. Hiermit meine ich, daß alle Dinge unermeßlich edler sind in der Vernunftwelt, die die Seele ist, als sie in dieser Welt sind; recht so wie das Bild, das in Gold getrieben und eingegraben ist, so sind aller Dinge Bilder einfaltig in der Seele. Ein Meister sagt: Die Seele hat die Möglichkeit in sich, daß aller Dinge Bilder in sie eingeprägt werden. Ein anderer sagt: Niemals ist die Seele zu ihrer reinen Natur gelangt, sie finde denn alle Dinge in sich gebildet in der Vernunftwelt, die unbegreiflich ist; kein Gedanke reicht dahin. Gregorius sagt: Was wir von göttlichen Dingen reden, das müssen wir stammeln, denn man muß es mit Worten ausdrücken.

Noch ein Wörtlein von der Seele und dann nichts mehr: »Ihr Töchter von Jerusalem, merkt nicht darauf, daß ich braun bin! Die Sonne hat mich verfärbt, und die Kinder meiner Mutter haben wider mich gestritten« (Hohel. 1, 4/5). Hiermit meint sie die Kinder der Welt; zu denen sagt die Seele: Was mich von der Sonne, das ist von der Lust der Welt, bescheint und berührt, das macht mich dunkel und braun. Braun ist keine vollkommene Farbe; es hat etwas Lichtes, aber auch Dunkles. Was immer die Seele mit ihren Kräften denkt oder wirkt, wie licht das auch in ihr sein möge, es ist doch gemischt. Darum sagt sie: »Die Kinder meiner Mutter haben wider mich gestritten.« Die Kinder, das sind alle die niederen Kräfte der Seele; die streiten alle wider sie und fechten sie an. Der himmlische Vater ist unser (wahrer) Vater, und die Christenheit ist unsere Mutter. Wie schön und wie geziert sie auch sei und wie nützlich mit ihren Werken, es ist (doch) noch alles unvollkommen. Darum spricht er: »O schönste unter den Frauen, geh aus und geh weg!« (Hohel. 1, 7). Diese Welt ist wie eine Frau, denn sie ist schwach. Warum aber sagt er dann doch: »*Schönste* unter den Frauen«? Die Engel sind schöner, sind aber weit über die Seele erhaben. Darum sagt er: »Schönste« – in ihrem natürlichen (Vernunft-)Licht –, »geh aus und geh weg«; geh aus dieser Welt, und geh hinweg von allem dem, zu dem deine Seele noch hingeneigt ist. Und wo immer noch etwas von ihr (= der Seele) berührt wird, das soll sie hassen.

Bittet unsern lieben Herrn darum, daß wir unsere Seele hassen unter dem Gewande, in dem sie unsere Seele ist, auf daß wir sie bewahren für das ewige Leben. Dazu helfe uns Gott. Amen.

Predigt 18

Adolescens, tibi dico: surge (Luc. 7, 11)

Unser Herr ging zu einer Stadt, die hieß Naim, und mit ihm viel Volkes und auch die Jünger. Als sie unter die Pforte kamen, da trug man dort hinaus einen toten Jüngling, den einzigen Sohn einer Witwe. Unser Herr trat hinzu und berührte die Bahre, darauf der Tote lag, und sprach: »Jüngling, ich sage dir, stehe auf!« Der Jüngling richtete sich auf und begann sogleich kraft der (ihm innewohnenden) Gleichheit (mit dem ewigen Wort = Christus) zu sprechen, daß er durch das ewige Wort auferstanden sei (Luk. 7, 11/15).

Nun sage ich: »Er ging zu der Stadt.« Diese Stadt ist *die* Seele, die wohl geordnet ist und befestigt und behütet vor Gebresten und alle Mannigfaltigkeit ausgeschlossen hat und einträchtig ist und wohl gefestigt in dem Heile Jesus und ummauert und umfangen ist mit dem göttlichen Lichte. Darum spricht der Prophet: »Gott ist eine Mauer um Sion« (Is. 26, 1). Die ewige Weisheit spricht: »Ich werde gleich wiederruhen in der geweihten und in der geheiligten Stadt« (Jes. Sir. 24, 15). Nichts ruht und eint so sehr wie Gleiches; daher ist alles Gleiche innen und nahe bei. Jene Seele ist geweiht, in der nur Gott ist und in der keine Kreatur Ruhe findet. Darum sagt er: »In der geweihten und in der geheiligten Stadt werde ich gleich wiederruhen«. Alle Heiligkeit stammt vom Heiligen Geist. Die Natur überspringt nichts; sie hebt stets beim Niedersten zu wirken an und wirkt so hinauf bis zum Höchsten. Die Meister sagen, die Luft werde nimmer zu Feuer, wenn sie nicht zuerst dünn und heiß geworden sei. Der Heilige Geist nimmt die Seele und läutert sie in dem Lichte und in der Gnade und zieht sie hinauf in das Allerhöchste. Darum sagt er: »In der geheiligten Stadt werde ich gleich wiederruhen.« Soviel die Seele in Gott ruht, soviel ruht Gott in ihr. Ruht sie (nur) ein Teil in ihm, so ruht (auch) er (nur) ein Teil in ihr; ruht sie ganz und gar in ihm, so ruht (auch) er ganz und gar in ihr. Darum spricht die ewige Weisheit: »Ich werde *gleich* wiederruhen.«

Die Meister sagen, daß die gelbe und die grüne Farbe im Regenbogen so gleichmäßig aneinander anschließen, daß kein Auge die scharfe Sicht besitze, die es (= den Übergang) wahrzunehmen vermöchte; so gleichmäßig wirkt die Natur und gleicht damit dem ersten Ausbruch, dem die Engel (noch) so gleichen, daß Moses nicht darüber zu schreiben wagte mit Rücksicht auf schwacher Leute Fassungskraft, damit sie sie (d. h. die Engel) nicht anbeteten: *so* (sehr) gleichen sie dem ersten Ausbruch. Es sagt ein gar hoher Meister, der oberste Engel der »Geister« (= Intelligenzen) sei so nahe dem ersten Ausbruch und habe in sich so viel von göttlicher Gleichheit und göttlicher Macht, daß *er* diese ganze Welt und dazu alle die Engel, die unter ihm sind, geschaffen habe. Hierin liegt gute Lehre, daß Gott so hoch und so lauter und so einfaltig ist, daß er in seiner obersten Kreatur bewirkt, daß die in seiner Macht wirkt, so wie ein Truchseß wirkt in des Königs Macht und sein Land regiert. Er sagt: »In der geheiligten und in der geweihten Stadt werde ich gleich wiederruhen.«

Ich sagte neulich von der Pforte, aus der Gott ausschmilzt, dies sei die Gutheit. Das Sein aber ist das, was sich in sich selbst hält und nicht ausschmilzt; es schmilzt vielmehr ein. Das hinwiederum ist Einheit, was sich in sich selbst hält als Eins und getrennt von allen Dingen und sich nicht nach außen mitteilt. Gutheit aber ist das, worin Gott ausschmilzt und sich allen Kreaturen mitteilt. Das Sein ist der Vater, die Einheit ist der Sohn mit dem Vater, die Gutheit ist der Heilige Geist. Nun nimmt der Heilige Geist die Seele, »die geheiligte Stadt«, im Lautersten und Höchsten und trägt sie hinauf in seinen Ursprung, das ist der Sohn, und der Sohn trägt sie weiter in *seinen* Ursprung, das ist in den Vater, in den Grund, in das Erste, darin der Sohn sein Sein hat, allwo die ewige Weisheit »gleich wiederruht« »in der geweihten und in der geheiligten Stadt«, im Innersten.

Nun spricht er: »Unser Herr ging zu der Stadt Naim.« »Naim« bedeutet soviel wie »ein Sohn der Taube« und bedeutet Einfaltigkeit. Die Seele soll nimmer ruhen in der vermögenden Kraft, bis sie ganz eins in Gott werde. Es (d. h. Naim) besagt auch soviel wie »eine Flut des Wassers« und bedeutet, daß der Mensch zu Sünden und zu Verfehlungen nicht zu bewegen sein soll. »Die Jünger«, die sind das göttliche Licht, das soll in einer Flut in die Seele fließen.

»Die große Schar«, das sind die Tugenden, von denen ich neulich sprach. Die Seele muß mit heißem Begehren aufsteigen und in den großen Tugenden viel Würde der Engel übersteigen. Dort kommt man (dann) unter die »Pforte«, das ist: in die Liebe und in die Einheit, die »Pforte«, wo man den Toten heraustrug, den Jüngling, einer Witwe Sohn. Unser Herr trat hinzu und berührte das, worauf der Tote lag. Wie er hinzutrat und wie er berührte, das lasse ich beiseite, nicht aber, daß er sprach: »Richte dich auf, Jüngling!«

Er war der Sohn einer Witwe. Der Mann war tot, darum war auch der Sohn tot. Der einzige Sohn der Seele, das ist der Wille und sind alle die Kräfte der Seele; sie sind alle eins im Innersten der Vernunft. Vernunft, das ist der Mann in der Seele. Da nun der Mann tot ist, darum ist auch der Sohn tot. Zu diesem toten Sohne sprach unser Herr: »Ich sage zu dir, Jüngling, stehe auf!« Das ewige Wort und das lebendige Wort, in dem alle Dinge leben und das alle Dinge erhält, das sprach das Leben in den Toten, »und er richtete sich auf und begann zu sprechen«. Wenn das Wort in die Seele spricht und die Seele antwortet in dem lebendigen Worte, dann wird der Sohn lebendig in der Seele.

Die Meister fragen, welches besser sei: die Kraft der Kräuter oder die Kraft der Worte oder die Kraft der Steine? Man muß sich darüber beraten, welches man wählen soll. Die Kräuter haben große Kraft. Ich vernahm, daß eine Schlange und ein Wiesel miteinander kämpften. Da lief das Wiesel hinweg und holte ein Kraut und umwickelte das mit etwas anderem und warf das Kraut auf die Schlange, und sie barst auseinander und lag tot da. Was gab (wohl) dem Wiesel diese Klugheit? Dies, daß es um die Kraft in dem Kraut wußte. Darin liegt wirklich große Weisheit. Worte haben auch große Kraft; man könnte Wunder wirken mit Worten. Alle Worte haben Kraft vom ersten Wort. Steine haben auch große Kraft durch die Gleichheit, die die Sterne und des Himmels Kraft darin bewirken. Da (nun) Gleiches in Gleichem so viel vermag, darum soll sich die Seele in ihrem natürlichen Lichte in das Höchste und in das Lauterste erheben und so eintreten in das Engelslicht und mit dem Engelslicht in das göttliche Licht gelangen und so stehen zwischen den drei Lichtern in der Wegscheide, in der Höhe, wo die Lichter zusammenstoßen. Dort spricht ihr das ewige Wort das Leben ein; dort wird die Seele lebendig und antwortend in dem Worte.

Daß wir ebenso dahin gelangen, in dem ewigen Worte zu antworten, dazu helfe uns Gott. Amen.

Sta in porta domus domini et loquere verbum (Jer. 7, 2)

Unser Herr spricht: »In der Pforte des Gotteshauses steh und sprich aus das Wort und bring das Wort vor!« (Jer. 7, 2). Der himmlische Vater spricht ein Wort und spricht es ewiglich, und in diesem Worte verzehrt er alle seine Macht, und er spricht in diesem Worte seine ganze göttliche Natur und alle Kreaturen aus. Das Wort liegt in der Seele verborgen, so daß man es nicht weiß noch hört, dafern ihm nicht in der Tiefe Gehör verschafft wird; vorher wird es nicht gehört; vielmehr müssen alle Stimmen und alle Laute hinweg, und es muß eine lautere Stille da sein, ein Stillschweigen. Über diesen Sinn will ich jetzt nicht weiter sprechen.

Nun: »Steh in der Pforte!« Wer da steht, dessen Glieder sind geordnet. Er will sagen, daß das oberste Teil der Seele fest aufgerichtet stehen soll. Alles, was geordnet ist, das muß geordnet sein unter das, das über ihm ist. Alle Kreaturen gefallen Gott nicht, wenn das natürliche Licht der Seele sie nicht überglänzt, in dem sie ihr Sein empfangen, und wenn des Engels Licht das Licht der Seele nicht überglänzt und sie bereitet und füglich macht, daß das göttliche Licht darin wirken könne; denn Gott wirkt nicht in körperlichen Dingen, er wirkt (vielmehr nur) in der Ewigkeit. Darum muß die Seele gesammelt und emporgezogen sein und muß ein Geist sein. Dort wirkt Gott, dort behagen Gott alle Werke. Nimmer ist Gott irgendein Werk wohlgefällig, es werde denn *dort* gewirkt.

Nun: »Steh in der Pforte im Hause Gottes!« Das »Haus Gottes« ist die Einheit seines Seins! Was Eins ist, das hält sich am allerbesten ganz für sich allein. Darum steht die Einheit bei Gott und hält Gott zusammen und legt nichts hinzu. Dort sitzt er in seinem Eigensten, in seinem *esse*, ganz in sich, nirgends außerhalb seiner. Aber da, wo er schmilzt, da schmilzt er aus. Sein Ausschmelzen ist seine Gutheit, wie ich kürzlich im Zusammenhang des Themas Erkennen und Liebe sagte. Das Erkennen löst ab, denn das Erkennen ist besser als die Liebe. Aber zwei sind besser als eins, denn das Erkennen trägt die Liebe in sich. Die Liebe vernarrt sich und hängt sich fest in die Gutheit, und in der Liebe bleibe ich (denn also) in der »Pforte«

hängen, und die Liebe wäre blind, wenn es kein Erkennen gäbe. Ein Stein hat auch Liebe, und dessen Liebe sucht den (Erd-)Grund. Bleibe ich in der Gutheit hängen, im ersten Ausschmelzen, und nehme Gott, sofern er gut ist, so nehme ich die »Pforte«, nicht aber nehme ich Gott. Darum ist das Erkennen besser, denn es *leitet* die Liebe. Die Liebe aber weckt das Begehren, das Verlangen. Das Erkennen hingegen legt keinen einzigen Gedanken hinzu, vielmehr löst es ab und trennt sich ab und läuft vor und berührt Gott, wie er bloß ist, und erfaßt ihn einzig in seinem Sein.

»Herr, es ziemt wohl deinem Hause«, darin man dich lobt, »daß es heilig sei« und daß es ein Bethaus sei »in der Länge der Tage« (Ps. 92, 5). Ich meine nicht die Tage hier (= die irdischen Tage): Wenn ich sage »Länge ohne Länge«, so ist das (wahre) Länge; eine »Breite ohne Breite«, das ist (wahre) Breite. Wenn ich sage »alle Zeit«, so meine ich: oberhalb der Zeit, mehr noch: ganz oberhalb des Hier, wie ich oben sagte, dort, wo es weder Hier noch Nun gibt.

Eine Frau fragte unsern Herrn, wo man beten sollte. Da sprach unser Herr: »Die Zeit wird kommen und ist schon jetzt da, da die wahren Anbeter beten werden im Geiste und in der Wahrheit. Weil Gott ein Geist ist, darum soll man im Geiste und in der Wahrheit beten« (Joh. 4, 23–24). Was die Wahrheit selbst ist, das sind wir nicht; zwar sind wir (auch) wahr, aber es ist ein Teil Unwahres dabei. So aber ist es in Gott nicht. Vielmehr soll die Seele im ersten Ausbruch, wo die (reine, volle) Wahrheit ausbricht und entspringt, in der »Pforte des Gotteshauses« stehen und soll das Wort aussprechen und vorbringen. Alles, was in der Seele ist, soll sprechen und loben, und die Stimme soll niemand hören. In der Stille und in der Ruhe – wie ich kürzlich von jenen Engeln sagte, die da sitzen bei Gott im Chor der Weisheit und des Brandes –, dort spricht Gott in die Seele und spricht sich ganz in die Seele. Dort gebiert der Vater seinen Sohn und hat so große Lust an dem Worte, und er hat so große Liebe dazu, daß er niemals aufhört, das Wort zu sprechen alle Zeit, das heißt: über der Zeit. Es paßt gut zu unsern Ausführungen, daß wir sagen: »Deinem Hause ziemt wohl Heiligkeit« und Lob und daß nichts anderes darin sei, als was dich lobt.

Unsere Meister sagen: Was lobt Gott? – Das tut die Gleichheit.

So denn lobt alles Gott, was in der Seele Gott gleich ist; was irgend Gott ungleich ist, das lobt Gott nicht; so wie ein Bild seinen Meister lobt, der ihm eingeprägt hat die ganze Kunst, die er in seinem Herzen birgt, und der es (= das Bild) sich so ganz gleich gemacht hat. Diese Gleichheit des Bildes lobt seinen Meister wortlos. Was man mit Worten zu loben vermag oder mit dem Munde betet, das ist etwas Geringwertiges. Denn unser Herr sprach einstmals: »Ihr betet, wißt aber nicht, was ihr betet. Es werden (jedoch) noch wahre Beter kommen, die meinen Vater im Geiste und in der Wahrheit anbeten« (Joh. 4, 22/23). Was ist (das) Gebet? Dionysius sagt: Ein Aufklimmen zu Gott in der Vernunft, das ist (das) Gebet. Ein Heide sagt: Wo Geist ist und Einheit und Ewigkeit, da will Gott wirken. Wo Fleisch ist wider Geist, wo Zerstreuung ist wider Einheit, wo Zeit ist wider Ewigkeit, da wirkt Gott nicht; er verträgt sich nicht damit. Vielmehr muß alle Lust und alles Genügen und Freude und Wohlbehagen, die man hier (auf Erden) haben kann, – das alles muß weg. Wer Gott loben will, der muß heilig und gesammelt sein und ein Geist sein und nirgends draußen sein; vielmehr muß er ganz »gleich« emporgetragen sein in die Ewigkeit hinauf über alle Dinge. Ich meine nicht (nur) alle Kreaturen, die geschaffen sind, sondern (zudem) alles, was er vermöchte, wenn er wollte; darüber muß die Seele hinauskommen. Solange (noch) irgend etwas über der Seele ist und solange (noch) irgend etwas vor Gott ist, was nicht Gott ist, so lange kommt sie nicht in den Grund »in der Länge der Tage.«

Nun sagt Sankt Augustinus: Wenn das Licht der Seele, in dem die Kreaturen ihr Sein empfangen, die Kreaturen überglänzt, so nennt er das einen Morgen. Wenn des Engels Licht das Licht der Seele überglänzt und es in sich schließt, so nennt er das einen Mittmorgen. David spricht: »Des gerechten Menschen Steig wächst und steigt an bis in den vollen Mittag« (Spr. 4, 18). Der Steig ist schön und gefällig und lustvoll und traulich. Weiterhin: wenn (nun) das göttliche Licht des Engels Licht überglänzt und das Licht der Seele und des Engels Licht sich in das göttliche Licht schließen, so nennt man das den Mittag. Dann ist der Tag im Höchsten und im Längsten und im Vollkommensten, wenn die Sonne am höchsten steht und ihren Schein auf die Sterne gießt und die

Sterne ihren Schein auf den Mond gießen, so daß es alles unter die Sonne geordnet wird. Ganz so hat das göttliche Licht des Engels Licht und der Seele Licht in sich beschlossen, so daß es alles geordnet und aufgerichtet steht, und sodann lobt es allzumal Gott. Da ist nichts mehr, was Gott nicht lobte, und steht alles Gott gleich, je gleicher, um so voller Gottes, und lobt Gott allzumal. Unser Herr sprach: »Ich werde mit euch wohnen in eurem Hause« (Jer. 7, 3/7). Wir bitten Gott, unsern lieben Herrn, daß er hier mit uns wohne, auf daß wir ewiglich mit ihm wohnen mögen; dazu helfe uns Gott. Amen.

PREDIGT 20

Homo quidam fecit cenam magnam (Luc. 14, 16)

Sankt Lukas schreibt uns in seinem Evangelium: »Ein Mensch hatte ein Abendessen oder ein Abendmahl bereitet« (Luk. 14, 16). Wer bereitete es? Ein Mensch. Was bedeutet es, daß er es ein Abendessen nennt? Ein Meister sagt so: daß es eine große Liebe bedeutet, denn Gott läßt niemanden dazu, der Gott nicht vertraut ist. Zum zweiten gibt er zu verstehen, wie lauter die sein müssen, die dieses Abendessen genießen. Nun wird es niemals Abend, wenn nicht ein ganzer Tag vorangegangen ist. Wäre die Sonne nicht, so würde es nimmer Tag. Wenn die Sonne aufgeht, so ist es Morgenlicht; danach leuchtet sie mehr und mehr, bis der Mittag kommt. In gleicher Weise bricht das göttliche Licht auf in der Seele, um mehr und mehr die Kräfte der Seele zu erleuchten, bis es Mittag wird. In keiner Weise wird es je geistig Tag in der Seele, wenn sie nicht ein göttliches Licht empfangen hat. Zum dritten gibt er zu verstehen, daß, wer immer dieses Abendessen würdig empfangen will, am Abend kommen muß. Immer wenn das Licht dieser Welt hinschwindet, dann ist es Abend. Nun spricht David: »Er klimmt hinauf in den Abend, und sein Name ist: der Herr« (Ps. 67, 5). So Jakob: als es Abend war, da legte er sich nieder und schlief (1 Mos. 28, 11). Das bedeutet die Ruhe der Seele. Zum vierten gibt es (= das Schriftwort), wie Sankt Gregorius sagt, zu verstehen, daß nach dem Abendessen keine andere Speise mehr folgt. Wem Gott diese Speise gibt, dem ist sie so süß und so köstlich, daß ihn nimmermehr nach einer andern Speise gelüstet. Sankt Augustinus sagt: Gott ist etwas so Beschaffenes, daß, wer es begreift, niemals mehr auf etwas anderem ruhen kann. Sankt Augustinus sagt: Herr, nimmst du dich uns, so gib uns einen andern Dich, oder wir werden nimmer Ruhe finden; wir wollen anders nichts als dich. Nun sagt ein Heiliger von einer Gott-liebenden Seele, daß sie Gott zwingt zu allem, was sie will, und ihn vollends betört, so daß er ihr nichts von allem dem versagen kann, was er ist. Er entzog sich auf *eine* Weise und gab sich auf eine *andere* Weise; er entzog sich als Gott und Menschen und gab sich als Gott und Menschen als ein anderes Sich in einem geheimen Gefäß. Ein großes Heiligtum läßt man nicht gern unverhüllt berühren oder sehen. Deshalb hat er sich mit dem Gewande der Brotgestalt bekleidet, ganz so wie die leibliche Speise durch meine Seele gewandelt wird, so daß es kein Winkelchen in meiner Natur gibt, das nicht darein vereinigt wird. Denn es gibt eine Kraft in der Natur, die löst das Gröbste ab und wirft es aus; aber das Edelste trägt sie empor, so daß nirgends soviel wie eine Nadelspitze verbleibt, das nicht damit vereint werde. Was ich vor vierzehn Tagen aß, das ist so eins mit meiner Seele wie das, was ich in meiner Mutter Leib empfing. So ist es mit dem, der auf lautere Weise diese Speise empfängt: der wird so wahrhaft mit ihr eins, wie Fleisch und Blut mit meiner Seele eins sind.

Es war »ein Mensch«, dieser Mensch hatte keinen Namen, denn dieser Mensch ist Gott. Nun sagt ein Meister von der ersten Ursache, daß sie über das Wort erhaben sei. Die Unzulänglichkeit liegt in der Sprache. Es kommt von der Überschwänglichkeit der Lauterkeit seines (= Gottes) Seins. Man kann über die Dinge nur auf dreierlei Weisen aussagen: zum ersten vermittels dessen, was *über* den Dingen ist, zum zweiten vermittels des Gleichseins von Dingen, zum dritten vermittels der Wirkung der Dinge. Ich will einen Vergleich geben. Wenn die Kraft der Sonne den alleredelsten Saft aus der Wurzel hinauf in die Äste zieht und die Blüte daraus wirkt, so bleibt doch die Kraft der Sonne darüber. Ganz so, sage ich, wirkt das göttliche Licht in der Seele. Das, worin die Seele Gott ausspricht, birgt doch in sich nichts von der eigentlichen Wahrheit seines Seins; es *kann* von Gott niemand das im eigentlichen Sinne aussagen, was er ist. Mitunter sagt man: ein Ding ist einem (andern) Dinge gleich. Da nun alle Kreaturen von Gott so gut wie nichts in sich schließen, darum vermögen sie auch nichts von ihm zu offenbaren. Ein Maler, der ein vollkommenes Bild geschaffen hat, dessen Kunst erkennt man daran. Dennoch kann man sie nicht völlig daran erkennen. Alle Kreaturen (zusammen) vermögen Gott nicht auszudrücken, denn sie sind für das, was er ist, nicht aufnahmefähig. Dieser Gott und Mensch (nun) hat das Abendessen bereitet, jener unaussprechbare Mensch, für den es kein Wort gibt. Sankt Augustinus sagt: Was man von Gott aussagt, das ist nicht wahr; was man aber von ihm *nicht* aussagt, das ist wahr. Wovon immer man sagt, daß Gott es sei, das ist er nicht; was man *nicht* von ihm aussagt, das ist er eigentlicher als das, von dem man sagt, daß er es sei. Wer hat dieses Gastmahl bereitet? »Ein Mensch«: *der* Mensch, der da Gott ist. Nun spricht König David: »O Herr, wie groß und mannigfaltig ist dein Gastmahl und der Geschmack der Süßigkeit, die denen bereitet ist, die dich lieben, nicht (aber) denen, die dich fürchten« (Ps. 30, 20). Sankt Augustinus dachte über diese Speise nach, da graute ihm, und sie schmeckte ihm nicht. Da hörte er eine Stimme von oben dicht bei sich: »Ich bin eine Speise großer Leute, wachse und werde groß und iß mich. Du darfst aber nicht wähnen, daß ich in dich verwandelt werde: du wirst (vielmehr) in mich verwandelt werden.« Wenn Gott in der Seele wirkt, so wird im Brande der Hitze geläutert und ausgeworfen, was es an Ungleichem gibt in der Seele. Bei der lauteren Wahrheit! Die Seele geht mehr in Gott ein als irgendwelche Speise in uns, mehr noch: es verwandelt die Seele in Gott. Und es gibt eine Kraft in der Seele, die spaltet das Gröbste ab und wird mit Gott vereint: das ist das Fünklein der Seele. Noch mehr wird meine Seele mit Gott eins als die Speise mit meinem Leibe.

Wer hat dieses Gastmahl bereitet? »Ein Mensch«. Weißt du, welches sein Name ist? *Der* Mensch, der ungenannt ist. Dieser Mensch sandte aus seinen Knecht. Nun sagt Sankt Gregorius: Dieser Knecht, das sind die Prediger. In einem andern Sinne sind *die Engel* dieser Knecht. Zum dritten ist, wie *mich* bedünkt, dieser Knecht das Fünklein der Seele, das da geschaffen ist von Gott und ein Licht ist, von oben her eingedrückt, und es ist ein Bild göttlicher Natur, das allwegs allem dem widerstreitet, das nicht göttlich ist, und es ist nicht eine *Kraft* der Seele, wie etliche Meister meinten, und ist allwegs geneigt zum Guten; selbst noch in der Hölle ist es geneigt zum Guten. Die Meister sagen: Dieses Licht ist von solcher Natur, daß es ein beständiges Streben hat, und es heißt Synteresis, und das bedeutet soviel wie ein Verbinden und ein Abkehren. Es hat zwei Betätigungen. Die eine ist verbissene Abwehr gegenüber allem, was nicht lauter ist. Die andere Betätigung ist die, daß es beständig zum Guten lockt – und das ist der Seele unmittelbar eingedrückt –, selbst noch bei denen, die in der Hölle sind. Deshalb ist es ein *großes* Abendessen.

Nun sprach er zu dem Knechte: »Geh hinaus und heiß sie kommen, die da geladen sind; alles ist nun bereit« (Luk. 14, 17). Alles, was er ist, das empfängt die Seele. Wonach die Seele begehrt, das ist nun bereit. Was auch immer Gott gibt, das ist immerfort im Werden begriffen gewesen; sein Werden ist in diesem Nun neu und frisch und völlig in einem ewigen Nun. Ein großer Meister sagt: Etwas, das ich sehe, wird geläutert und vergeistigt in meinen Augen, und das Licht, das in mein Auge gelangt, käme doch niemals in die Seele, wäre nicht jene Kraft, die darüber ist. Sankt Augustinus sagt, daß das Fünklein mehr in der Wahrheit drin ist als alles, was der Mensch lernen kann. Ein Licht brennt. Nun sagt man, das eine werde vom andern entzündet. Soll dies geschehen, so ist es notwendig, daß das, was (schon) brennt, oben ist. Wie wenn einer eine Kerze nähme, die (zwar) erloschen wäre, aber noch glömme und schwelte, und sie einer andern entgegenhöbe, so würde die Flamme herabblaken und die andere (Kerze) entzünden. Man sagt, ein Feuer entzünde das andere. Dem widerspreche ich. Ein Feuer entzündet wohl sich selbst. Was ein anderes entzünden soll, das muß oberhalb dieses sein, wie der Himmel: der brennt nicht und ist kalt; dennoch entzündet er das Feuer, und das geschieht durch die Berührung des Engels. So auch bereitet sich die Seele durch Übung. Dadurch wird sie von oben herab entzündet. Das geschieht durch das Licht des Engels.

Nun sagt er zu dem Knechte: »Geh hinaus und heiß sie kommen, die da geladen sind; alles ist nun bereit« (Luk. 14, 17). Da sprach der eine: »Ich habe einen Weiler gekauft, ich kann nicht kommen« (Luk. 14, 18). Das sind jene Leute, die noch irgendwie in der Besorgtheit kleben: die werden nimmer dieses Abendmahl genießen. Der andere sprach: »Ich habe fünf Joch Rinder gekauft« (Luk. 14, 18). Diese fünf Joch, so dünkt mich, beziehen sich, recht verstanden, auf die fünf Sinne; denn jeder Sinn ist zweigeteilt, auch (selbst) die Zunge ist in sich selbst zwiefältig. Deshalb – wie ich vorgestern sagte –, als Gott zu der Frau sprach: »Bring mir deinen Mann«, da sagte sie: »Ich habe keinen«. Da sprach er: »Du hast recht;

du hast wohl ihrer fünf *gehabt*, und der, den du jetzt hast, der ist nicht dein Mann« (Joh. 4, 16–18). Das will sagen: Diejenigen, die nach den fünf Sinnen leben, wahrlich, die werden diese Speise nimmermehr genießen. Der dritte sprach: »Ich habe eine Frau genommen, ich kann nicht kommen« (Luk. 14, 20). Die Seele ist ganz und gar Mann, wenn sie Gott zugekehrt ist. Wenn die Seele sich abwärts wendet, dann heißt sie Frau; wenn man jedoch Gott in sich selbst erkennt und Gott daheim sucht, dann ist die Seele der Mann. Nun war es im alten Bund verboten, daß ein Mann Frauenkleidung anlegte oder Frauen Männerkleidung. Dann ist die Seele Mann, wenn sie ohne Vermittlung einfaltig in Gott dringt. Wenn sie aber irgendwie nach draußen lugt, dann ist sie Frau. Da sprach der Herr: »Fürwahr! Sie werden meine Speise nimmermehr genießen«, und sagte zum Knechte: »Geh hinaus in die engen und weiten Gassen und an die Zäune und in die breiten Straßen« (Luk. 14, 21 + 23/24). Je enger, um so weiter. »An die Zäune«: Gewisse Kräfte sind an eine bestimmte Stätte »verzäunt«. Die Kraft, mit der ich sehe, damit höre ich nicht, und die, mit der ich höre, damit sehe ich nicht. So steht es auch um die anderen. Dennoch ist die Seele ganz in einem jeglichen Gliede, aber eine gewisse Kraft ist nirgends gebunden.

Was ist nun »der Knecht«? Das sind die Engel und die Prediger. Wie es aber *mich* bedünkt, ist der Knecht das Fünklein. Nun sprach er zu dem Knechte: »Geh hinweg zu den Zäunen und treib folgende viererlei Leute herein: Blinde und Lahme, Sieche und Kranke. Fürwahr! Nimmermehr wird sonstwer meine Speise genießen.« Daß wir diese drei (oben genannten) Dinge ablegen und auf solche Weise »Mann« werden, dazu helfe uns Gott. Amen.

Predigt 21

Homo quidam fecit cenam magnam etc. (Luc. 14, 16)

»Ein Mensch bereitete ein Abendessen, ein großes Abendmahl« (Luk. 14, 16). Wer morgens ein Gastmahl gibt, der ladet allerlei Leute ein; zum Abendmahl aber ladet man große und liebe Leute und gar vertraute Freunde ein.

Man begeht heute in der Christenheit den Tag des Abendmahles, das unser Herr seinen Jüngern, seinen vertrauten Freunden bereitete, als er ihnen seinen heiligen Leib zur Speise gab. Dies ist das erste.

Ein weiterer Sinn des Abendmahls: Bevor es zum Abend kommt, muß es einen Morgen und einen Mittag geben. Das göttliche Licht geht auf in der Seele und schafft einen Morgen, und die Seele klimmt auf in dem Lichte in eine Weite und eine Höhe, in den Mittag; danach folgt der Abend.

Nun wollen wir in einem weiteren Sinne vom Abend sprechen. Wenn das Licht hinschwindet, dann wird es Abend; wenn die ganze Welt von der Seele abfällt, dann ist es Abend, dann kommt die Seele zur Ruhe. Nun sagt Sankt Gregorius über das Abendessen: Wenn man morgens ißt, so folgt danach (noch) ein weiteres Essen; nach dem Abendessen aber folgt kein weiteres Essen. Wenn die Seele beim Abendmahl die Speise schmeckt und das Fünklein der Seele das göttliche Licht ergreift, dann bedarf es keiner (weiteren) Speise mehr und sucht nichts (mehr) draußen und hält sich ganz im göttlichen Licht. Nun sagt Sankt Augustinus: Herr, nimmst du dich uns, so gib uns einen andern Dich; an nichts außer dir finden wir Genügen, denn wir wollen nichts als dich. Unser Herr nahm sich seinen Jüngern als Gott und Menschen, und er gab sich ihnen wieder als Gott und Menschen, aber in einer andern Weise und in einer andern Form. Wie da, wo sich ein großes Heiligtum befindet: das läßt man nicht unverhüllt berühren oder sehen; man faßt es in Kristall oder in sonst etwas. So auch tat's unser Herr, als er sich als einen andern Sich gab. Gott gibt sich mit allem, was er ist, im Abendmahl seinen lieben Freunden zur Speise. Sankt Augustinus graute es vor dieser

Speise; da sprach eine Stimme zu ihm im Geiste: »Ich bin eine Speise der Großen; wachse und nimm zu und iß mich! Du verwandelst mich (aber) nicht in dich, sondern du wirst in mich gewandelt.« Von der Speise und dem Trank, die ich vor vierzehn Tagen zu mir nahm, entnahm eine Kraft meiner Seele das Lauterste und das Feinste und führte es in meinen Körper und vereinigte es mit allem dem, was in mir ist, so daß nichts so klein ist wie das, worauf man eine Nadel setzen könnte, das sich nicht mit ihm vereinigt hätte; und es ist so eigentlich eins mit mir wie das, was in meiner Mutter Leib empfangen wurde, als mir das Leben zu Anfang eingegossen wurde. Ebenso eigentlich nimmt die Kraft des Heiligen Geistes das Lauterste und das Feinste und das Höchste, das Fünklein der Seele, und trägt es ganz empor im Brande, in der Liebe, wie ich es nun vom Baume sage: der Sonne Kraft nimmt in der Wurzel des Baumes das Lauterste und das Feinste und zieht es ganz hinauf bis in den Zweig; dort wird es zur Blüte. Ganz so wird auf alle Weise das Fünklein in der Seele emporgetragen in dem Lichte und in dem Heiligen Geiste und auf solche Weise hinaufgetragen in den ersten Ursprung und wird so ganz eins mit Gott und strebt so ganz ins Eine und ist in eigentlicherem Sinne eins mit Gott, als die Speise es mit meinem Leibe ist, ja, um vieles mehr, um so viel, wie es lauterer und edler ist. Darum sagt er: »ein *großes* Abendmahl«. Nun spricht David: »Herr, wie groß und wie mannigfaltig ist die Süßigkeit und die Speise, die du allen denen verborgen hast, die dich fürchten« (Ps. 30, 20); und wer diese Speise mit Furcht empfängt, dem schmeckt sie niemals wirklich; man muß sie empfangen mit Liebe. Deshalb überwältigt eine gottliebende Seele Gott, so daß er sich ihr gänzlich geben muß.

Nun spricht Sankt Lukas: »Ein Mensch gab ein großes Abendessen.« Dieser Mensch hatte keinen Namen, dieser Mensch hatte nicht seinesgleichen, dieser Mensch ist Gott. Gott hat keinen Namen. Ein heidnischer Meister sagt, daß keine Zunge ein treffendes Wort über Gott auszusagen vermag wegen der Hoheit und Lauterkeit seines Seins. Wenn wir vom Baume sprechen, so sagen wir über ihn aus vermittels der Dinge, die über dem Baume sind, wie die Sonne, die da wirkt in dem Baume. Darum kann von Gott nicht im eigentlichen Sinne gesprochen werden, weil über Gott nichts (mehr) ist und Gott keine Ursache hat. Zum zweiten sagen wir über die Dinge aus vermittels Gleichheit. Deshalb kann man (wiederum) von Gott nicht im eigentlichen Sinne reden, weil ihm nichts gleich ist. Zum dritten sagt man über die Dinge aus vermittels ihrer Wirkungen: wenn man von der Kunst des Meisters sprechen will, so spricht man von dem Bilde, das er geschaffen hat; das Bild offenbart des Meisters Kunst. Alle Kreaturen sind zu geringwertig dazu, daß sie Gott offenbaren; sie sind alle (zusammen) ein Nichts gegen Gott. Darum vermag keine Kreatur ein einziges Wort über Gott in seinen Schöpfungen zu äußern. Deshalb sagt Dionysius: Alle, die Gott aussagen wollen, haben unrecht, denn sie sagen nichts von ihm aus. Die (aber), die ihn *nicht* aussagen wollen, die haben recht, denn kein Wort vermag Gott auszudrükken; wohl aber sagt er sich selbst in sich selbst aus. Darum spricht David: »Wir werden dieses Licht schauen in deinem Lichte« (Ps. 35, 10). Lukas spricht »Ein Mensch«. Er ist »eins« und ist ein »Mensch«, und er ist niemandem gleich und überschwebt alles.

Der Herr sandte aus seine Knechte (Luk. 14, 17). Sankt Gregorius sagt, diese »Knechte« seien der Orden der Prediger. *Ich* spreche von einem andern Knechte, das ist der Engel. Überdies wollen wir von einem Knechte sprechen, von dem ich schon mehrmals gesprochen habe, das ist die Vernunft am (äußersten) Umkreis der Seele, wo sie die Engelsnatur berührt, und ist ein Bild Gottes. In diesem Lichte hat die Seele Gemeinschaft mit den Engeln und auch (selbst noch) mit jenen Engeln, die in der Hölle verfallen sind und doch den Adel ihrer Natur behalten haben. Da steht dieses Fünklein bloß, ohne irgendwelches Leiden aufgerichtet in das Sein Gottes. Sie (= die Seele) gleicht auch den guten Engeln, die da stetig wirken in Gott und aus Gott empfangen und alle ihre Werke wieder in Gott zurücktragen und Gott von Gott in Gott empfangen. Diesen guten Engeln gleicht das Fünklein der Vernunft, das ohne Vermittlung von Gott geschaffen ist, ein überschwebendes Licht und ein Bild göttlicher Natur und von Gott geschaffen. Dieses Licht trägt die Seele in sich. Die Meister sagen, es sei eine *Kraft* in der Seele, die Synteresis heiße, dem aber ist nicht so. Dies (= die

Synteresis) heißt soviel wie etwas, das allzeit Gott anhängt, und es will niemals etwas Böses. (Noch) in der Hölle ist es zum Guten geneigt; es widerstreitet in der Seele allem, was nicht lauter noch göttlich ist und ladet beständig zu jenem Gastmahl ein.

Darum spricht er: »Er sandte aus seine Knechte, auf daß sie kämen; alles sei bereit« (Luk. 14, 17). Niemand braucht zu fragen, *was* er in unseres Herrn Leib empfange. Das Fünklein, das da bereit steht, unseres Herrn Leib zu empfangen, steht immerfort im Sein Gottes. Gott gibt sich der Seele immerfort neu in fortwährendem Werden. Er sagt nicht: »Es ist *geworden*« oder »Es *wird* werden«, sondern: es ist immerfort neu und frisch wie in einem Werden ohne Unterlaß.

Darum sagt er: »Es ist alles nun bereit.«

Nun sagt ein Meister, es liege eine Kraft oberhalb des Auges, die weiter ist als die ganze Welt und weiter als der Himmel. Diese Kraft nimmt alles, was durch die Augen eingetragen wird, und trägt das alles hinauf in die Seele. Dem widerspricht ein anderer Meister und sagt: Nein, Bruder, dem ist nicht so. Alles, was durch die Sinne in jene Kraft eingetragen wird, das gelangt nicht in die Seele; es läutert vielmehr und bereitet und rüstet die Seele, auf daß sie des Engels Licht und das göttliche Licht rein zu empfangen vermag. Darum spricht er: »Es ist alles nun bereit.«

Aber sie kommen nicht, die geladen sind. Der erste sagt: »Ich habe einen Weiler gekauft, ich kann nicht kommen« (Luk. 14, 18). Unter dem Weiler ist alles das verstanden, was irdisch ist. Solange die Seele irgend etwas an sich hat, was irdisch ist, solange kommt sie nicht zu diesem Gastmahl. Der zweite sagte: »Ich habe fünf Joch Ochsen gekauft; ich kann nicht kommen, ich muß sie mir ansehen« (Luk. 14, 19). Die fünf Joch Ochsen, das sind die fünf Sinne. Jeder Sinn ist zweigeteilt, es sind (also) fünf Joche. Solange die Seele den fünf Sinnen folgt, solange wird sie niemals zu diesem Gastmahl kommen. Der dritte sprach: »Ich habe eine Frau genommen, ich kann nicht kommen« (Luk. 14, 20). Ich habe es schon öfter gesagt: Der Mann in der Seele, das ist die Vernunft. Wenn die Seele mit der Vernunft stracks hinaufgekehrt ist zu Gott, dann ist die Seele »Mann« und ist eins und ist nicht zwei; wenn aber die

Seele sich hinabwendet, dann ist sie Frau. Mit einem (einzigen) Gedanken und mit einem (einzigen) Abwärtsblicken legt sie Frauenkleider an; auch *solche* kommen nicht zu diesem Gastmahl.

Nun spricht unser Herr ein schwerwiegendes Wort: »Ich sage euch fürwahr: keiner von diesen wird je mein Gastmahl genießen«. Da sprach der Herr: »Gehet hinaus in die engen und in die weiten Straßen.« Je mehr sich die Seele gesammelt hat, um so enger ist sie, und je enger sie ist, um so weiter ist sie. »Nun gehet an die Zäune und in die weiten Straßen«. Ein Teil der Kräfte der Seele ist »verzäunt« (= gebunden) an die Augen und an die anderen Sinne. Die anderen Kräfte sind frei, sie sind ungebunden und unbehindert durch den Leib. Diese ladet alle ein, und ladet die Armen und die Blinden und die Lahmen und die Kranken. Diese werden hineinkommen zu diesem Gastmahl und sonst niemand (Luk. 14, 21 + 23/24). Darum spricht Sankt Lukas: »Ein Mensch hatte bereitet ein großes Abendmahl« (Luk. 14, 16). Dieser Mensch ist Gott und hat keinen Namen. Daß wir zu diesem Gastmahl kommen, dazu helfe uns Gott. Amen.

Predigt 22

Unus deus et pater omnium etc. (Eph. 4, 6)

Ich habe ein Wort gesprochen auf lateinisch, das spricht Sankt Paulus in der Epistel: »Ein Gott und Vater aller, der da ist gebenedeit über alle und durch alle und in uns allen« (Eph. 4, 6). Ein anderes Wort entnehme ich dem Evangelium, daß unser Herr sagt: »Freund, steig höher hinauf, zieh höher hinauf« (Luk. 14, 10).

In dem ersten, da Paulus spricht: »Ein Gott und Vater aller«, da verschweigt er ein Wörtlein, das ein Wandlungsmoment in sich beschließt. Wenn er sagt: »*ein* Gott«, so meint er damit, daß Gott *Eins* ist in sich selbst und gesondert von allem. Gott gehört niemandem an, und niemand gehört ihm an; Gott ist Eins. Boethius sagt: Gott ist Eins und wandelt sich nicht. Alles, was Gott je erschuf, das schuf er als dem Wandel unterworfen. Alle Dinge tragen, so wie sie geschaffen werden, Wandelbarkeit auf ihrem Rücken.

Dies will besagen, daß wir Eins sein sollen in uns selbst und gesondert von allem, und stetig unbewegt sollen wir mit Gott eins sein. Außerhalb Gottes ist nichts als nur das Nichts. Darum ist es unmöglich, daß in Gott irgendwie Veränderung fallen könne oder Wandlung. Was außer sich eine andere Stätte sucht, das ändert sich. Gott (aber) hat alle Dinge in sich in einer Fülle; darum sucht er nichts außerhalb seiner selbst, sondern nur in der Fülle, wie es in Gott ist. So wie es Gott in sich trägt, so kann es keine Kreatur begreifen.

Eine zweite Lehre (ist darin enthalten), wenn er sagt: »Vater aller, du bist gebenedeit.« *Dieses* Wort trägt nun ein Wandlungsmoment in sich. Wenn er sagt »Vater«, so sind wir dann jetzt mitgemeint. Ist er unser *Vater*, so sind wir seine *Kinder*, und so geht uns seine Ehre wie seine Schmähung, die man ihm bietet, zu Herzen. Wenn das Kind ersieht, wie lieb es dem Vater ist, so weiß es, weshalb es ihm schuldig ist, so rein und so unschuldig zu leben. Aus diesem Grunde sollen auch wir in Reinheit leben, denn Gott spricht selbst: »Selig sind, die reinen Herzens sind, denn sie werden Gott schauen« (Matth. 5, 8). Was ist Reinheit des Herzens? Das ist Reinheit des Herzens, was abgesondert und geschieden ist von allen körperlichen Dingen und gesammelt und verschlossen ist in sich selbst und was sich dann aus dieser Lauterkeit in Gott wirft und dort vereint wird. David sagt: *die* Werke sind lauter und unschuldig, die da auslaufen und im Lichte der Seele vollbracht werden; die aber sind noch unschuldiger, die da innen und im Geiste verbleiben und nicht herauskommen. »Ein Gott und Vater aller«.

Das andere Wort: »Freund, steig höher hinauf, zieh höher hinauf.« Ich mache aus zweien (= aus den beiden Worten) eins. Wenn er sagt: »Freund, steig höher hinauf, zieh höher hinauf«, so ist das ein Zwiegespräch der Seele mit Gott, wobei ihr geantwortet wurde: »Ein Gott und Vater aller«. Ein Meister sagt: Freundschaft liegt im Willen. Soweit Freundschaft im Willen liegt, eint sie nicht. Ich habe es auch sonst schon gesagt: Liebe eint nicht; sie eint zwar im Werk, nicht aber im Sein. Deshalb nur sagt sie: »*Ein* Gott«, »Steig höher hinauf, zieh höher hinauf«. In den Grund der Seele kann nichts (gelangen) als die lautere Gottheit. Selbst der oberste Engel, so nahe und so verwandt er Gott ist und so viel er auch von Gott in sich habe – sein Wirken ist stetig in Gott, er ist im Sein, nicht im Wirken mit Gott geeint, er hat ein Innebleiben in Gott und ein stetiges Dableiben: *wie* edel der Engel auch ist, das ist fürwahr ein Wunder; trotzdem kann er nicht in die Seele hinein. Ein Meister sagt: Alle Kreaturen, die Unterschiedenheit haben, die sind dessen unwürdig, daß Gott selbst in ihnen wirke. Die Seele in sich selbst, da, wo sie oberhalb des Körpers ist, ist so lauter und so zart, daß sie nichts aufnimmt als die bloße, lautere Gottheit. Und selbst noch Gott kann nicht da hinein, ihm werde denn alles das abgenommen, was ihm zugelegt ist. Darum ward ihr geantwortet: »*Ein* Gott«.

Sankt Paulus sagt: »*Ein* Gott«. *Eins* ist etwas Lautereres als Gutheit und Wahrheit. Gutheit und Wahrheit legen nichts zu, sie legen wohl im Gedanken zu; wenn es gedacht wird, da legt es zu. Eins dagegen legt nichts zu, dort, wo er (= Gott) in sich selbst ist, ehe er ausfließt in den Sohn und in den Heiligen Geist. Darum sprach er: »Freund, zieh höher hinauf.« Ein Meister sagt: Eins ist ein Verneinen des Verneinens. Sage ich, Gott ist gut, so fügt das (Gott) etwas zu. Eins (dagegen) ist ein Verneinen des Verneinens und ein

Verleugnen des Verleugnens. Was meint »Eins«? Eins meint das, dem nichts zugelegt ist. Die Seele nimmt die Gottheit, wie sie in sich geläutert ist, wo (ihr) nichts zugelegt ist, wo nichts (hinzu-) gedacht ist. Eins ist ein Verneinen des Verneinens. Alle Kreaturen tragen eine Verneinung in sich; die eine verneint, die andere zu sein. *Ein* Engel verneint, daß er ein anderer (Engel) sei. Gott aber hat ein Verneinen des Verneinens; er ist Eins und verneint alles andere, denn nichts ist außerhalb Gottes. Alle Kreaturen sind in Gott und sind seine eigene Gottheit, und das bedeutet die Fülle, wie ich oben sagte. Er ist ein Vater der ganzen Gottheit. Ich sage deshalb *eine* Gott*heit*, weil dort noch nichts ausfließt und nichts berührt noch gedacht wird. Darin, daß ich Gott etwas abspreche – spreche ich Gott z. B. die Gutheit ab, in Wahrheit kann ich (natürlich) Gott gar nichts absprechen –, darin also, daß ich Gott etwas abspreche, erfasse ich etwas, was er *nicht* ist; eben das nun muß hinweg. Gott ist *Eins*, er ist ein Verneinen des Verneinens.

Ein Meister sagt, die Natur des Engels betätige keine Kraft und kein Wirken, wobei sie nicht ausschließlich nur um Gott wisse. Was es sonst gibt, davon wissen sie nichts. Darum sprach er: »*Ein* Gott, Vater aller«; »Freund, zieh höher hinauf«. Gewisse Kräfte der Seele nehmen auf von draußen, wie das Auge: wie fein das auch immer aufnehmen und das Gröbste abspalten mag, so nimmt es dennoch etwas von außen, was ein Absehen hat auf Hier und Nun. Das Erkennen aber und die Vernunft, die schälen alles ab und nehmen auf, was weder Hier noch Nun kennt; in *dieser* Weite berührt die Vernunft die Engelsnatur. Dennoch empfängt sie von den Sinnen; was die Sinne von außen eintragen, davon nimmt die Vernunft auf. Dies tut der Wille nicht; in diesem Punkt ist der Wille edler als die Vernunft. Der Wille entnimmt nirgends als im reinen Erkennen, wo es weder Hier noch Nun gibt. Gott (unser Herr) will sagen: Wie hoch immer, wie lauter auch der Wille sei, er muß höher hinauf. Es ist ein Antworten, wenn Gott sagt: »Freund, steig weiter hinauf, so wird dir Ehre zuteil« (Luk. 14, 10).

Der Wille will Seligkeit. Ich ward gefragt, welcher Unterschied bestehe zwischen Gnade und Seligkeit. Gnade, wie wir sie hier in diesem Leben erfahren, und Seligkeit, die wir späterhin besitzen werden im ewigen Leben, die verhalten sich zueinander wie die Blüte zur Frucht. Wenn die Seele ganz voll Gnade ist und ihr von allem, was in ihr ist, nichts mehr übrigbleibt, das die Gnade nicht wirke und vollende, so kommt doch nicht alles, so wie es in der Seele ist, so zur Wirkung, daß die Gnade alles das, was die Seele wirken soll, vollende. Ich habe auch sonst schon gesagt: Die Gnade wirkt kein Werk, sie gießt (vielmehr) nur alle Zier vollends in die Seele; dies ist die Fülle im Reiche der Seele. Ich sage: Die Gnade vereinigt die Seele nicht mit Gott, sie ist vielmehr (nur) ein volles Zubringen; dies ist ihr Werk, daß sie die Seele zurück zu Gott bringt. Dort wird ihr die Frucht aus der Blüte zuteil. Der Wille, soweit er Seligkeit will und soweit er mit Gott sein will und wie er solcherweise emporgezogen ist –, in einen Willen solcher Lauterkeit schlüpft Gott wohl ein, und, soweit die Vernunft Gott so lauter nimmt, wie er Wahrheit ist, soweit schlüpft Gott wohl in die Vernunft ein. So aber, wie er in den Willen fällt, muß er höher hinauf. Darum spricht er: »Ein Gott«, »Freund, steig höher hinauf«.

»*Ein* Gott«: darin, daß Gott Eins ist, ist Gottes Gottheit vollendet. Ich sage: Gott könnte nimmermehr seinen eingeborenen Sohn gebären, wenn er nicht Eins wäre. Daraus, daß Gott Eins ist, daraus schöpft er alles, was er wirkt in den Kreaturen und in der Gottheit. Ich sage weiterhin: Einheit hat allein Gott. Gottes Eigenart ist die Einheit; daraus entnimmt Gott, daß er Gott ist, er wäre sonst nicht Gott. Alles, was Zahl ist, das hängt vom Einen ab, und das Eine hängt von nichts ab. Gottes Reichtum und Weisheit und Wahrheit sind ganz und gar Eins in Gott; es ist nicht nur Eins, es ist Einheit. Gott hat alles, was er hat, im Einen, es ist Eins in ihm. Die Meister sagen, der Himmel laufe um, auf daß er alle Dinge ins Eine bringe; deshalb läuft er so schnell. Gott hat alle Fülle als Eins, und Gottes Natur hängt daran, und es ist der Seele Seligkeit, daß Gott Eins ist; es ist ihre Zier und ihre Ehre. Er sprach: »Freund, steig höher hinauf, so wird dir Ehre zuteil.« Es ist der Seele Ehre und Zier, daß Gott Eins ist. Gott tut so, als sei er (nur) deshalb Eins, damit er der Seele gefalle, und als schmücke er sich zu dem Ende, daß er die Seele nur in sich vernarrt mache. Darum will der Mensch bald eines, bald ein anderes; bald übt er sich in der Weisheit, bald in der Kunst. Weil sie das *Eine* nicht besitzt, darum kommt die Seele nimmer zur Ruhe, bis alles Eins in Gott wird. Gott ist Eins; *dies* ist der Seele Seligkeit und ihre Zier und ihre Ruhe. Ein Meister sagt: Gott hat in allen seinen Werken *alle* Dinge im Auge. Die Seele *ist* alle Dinge. Was unterhalb der Seele in allen Dingen das Edelste, das Lauterste, das Höchste ist, das gießt Gott allzumal in sie. Gott ist alles und ist Eins.

Daß wir so eins werden mit Gott, dazu helfe uns »ein Gott, Vater aller«. Amen.

Predigt 23

Ave, gratia plena (Luc. 1, 28)

Dieses Wort, das ich gesprochen habe auf lateinisch, das steht in dem heiligen Evangelium und besagt auf deutsch soviel wie: »Gegrüßet seist du, voll der Gnade, der Herr ist mit dir!« (Luk. 1, 28). Der Heilige Geist wird von oben herab kommen vom höchsten Throne und wird in dich kommen vom Lichte des ewigen Vaters (Luk. 1, 35 + Jak. 1, 17 + Weish. 18, 15).

Hieraus ist dreierlei zu erkennen. Zum ersten: die Niedrigkeit der Engelsnatur. Zum zweiten: daß er (d. h. der Engel) sich als unwürdig erkannte, Gottes Mutter beim Namen zu nennen. Zum dritten: daß er es (d. h. das Wort) nicht nur zu ihr, sondern zu einer gar großen Schar sprach: zu einer jeglichen guten Seele, die nach Gott begehrt.

Ich sage: Hätte Maria Gott nicht zuerst geistig geboren, er wäre nie leiblich von ihr geboren worden. Eine Frau sprach zu unserm Herrn: »Selig ist der Leib, der dich trug«. Da sprach unser Herr: »Nicht nur der Leib ist selig, der mich getragen hat; selig sind, die das Wort Gottes hören und es behalten« (Luk. 11, 27/28). Es ist Gott wertvoller, daß er geistig geboren werde von einer jeglichen Jungfrau oder (= will sagen) von einer jeglichen guten Seele, als daß er von Maria leiblich geboren ward.

Darunter ist zu verstehen, daß wir ein einiger Sohn sein sollen, den der Vater ewiglich geboren hat. Als der Vater alle Kreaturen gebar, da gebar er mich, und ich floß aus mit allen Kreaturen und blieb doch drinnen in dem Vater. Ganz so, wie das Wort, das ich jetzt spreche: das entspringt in mir, zum andern verweile ich bei der Vorstellung, zum dritten spreche ich es aus, und ihr alle nehmt es auf; dennoch bleibt es im eigentlichen Sinne in mir. So auch bin ich im Vater geblieben. Im Vater sind die Urbilder aller Kreaturen. Dieses (Kanzel-) Holz hier hat ein geistiges Urbild in Gott. Dieses ist nicht nur vernunfthaltig, sondern es ist reine Vernunft.

Das allergrößte Heil, das Gott dem Menschen je zuteil werden ließ, das war, daß er Mensch ward. Da will ich eine Mär erzählen, die gut hierzu paßt. Es war ein reicher Mann und eine reiche Frau.

Da widerfuhr der Frau ein Unfall, daß sie ein Auge verlor; darüber ward sie sehr betrübt. Da kam der Mann zu ihr und sprach: »Frau, weshalb seid Ihr so betrübt? Ihr sollt nicht darüber betrübt sein, daß Ihr Euer Auge verloren habt.« Da sprach sie: »Herr, nicht das betrübt mich, daß ich mein Auge verloren habe; darum vielmehr betrübe ich mich, daß mich dünkt, Ihr werdet mich um so weniger lieb haben.« Da sprach er: »Frau, ich habe Euch lieb.« Nicht lange danach stach er sich selbst ein Auge aus und kam zu der Frau und sprach: »Frau, damit Ihr nun glaubt, daß ich Euch lieb habe, habe ich mich Euch gleich gemacht; ich habe nun auch nur mehr ein Auge.« So (auch) ist der Mensch: Der konnte kaum glauben, daß Gott ihn so lieb habe, bis daß Gott sich selbst schließlich »ein Auge ausstach« und menschliche Natur annahm. *Das* bedeutet: »Fleisch geworden« (Joh. 1, 14). Unsere Frau sprach: »Wie soll dies geschehen?« Da sprach der Engel: »Der Heilige Geist wird von oben herab kommen in dich« vom obersten Throne, vom Vater des ewigen Lichtes (Luk. 1, 34/35 + Weish. 18, 15 + Jak. 1, 17).

»In principio« (Joh. 1, 1). »Ein Kind ist uns geboren, ein Sohn ist uns gegeben« (Is. 9, 6), ein Kind der Kleinheit der Natur nach, ein Sohn der ewigen Gottheit nach. Die Meister sagen: Alle Kreaturen wirken darauf hin, gebären zu wollen, und sie wollen dem Vater gleich werden. Ein anderer Meister sagt: Jegliche Wirkursache wirkt um ihres Endzieles willen, auf daß sie Rast und Ruhe in ihrem Endziele finde. Ein Meister sagt: Alle Kreaturen wirken gemäß ihrer ersten Lauterkeit und gemäß ihrer allerhöchsten Vollkommenheit. Feuer als Feuer entzündet nicht; es ist so lauter und so fein, daß es nicht brennt; vielmehr: die Natur des Feuers, die entzündet und gießt in das dürre Holz seine Natur (= Feuersnatur) und seine Klarheit gemäß seiner allerhöchsten Vollkommenheit. Ebenso hat's Gott getan. Er hat die Seele geschaffen gemäß der (= seiner) allerhöchsten Vollkommenheit und hat in sie gegossen all seine Klarheit in der ersten Lauterkeit und ist (dabei) doch unvermischt geblieben.

Ich sagte neulich an einem Ort: Als Gott alle Kreaturen erschuf, hätte da Gott vorher nicht etwas geboren, das ungeschaffen war, das aller Kreaturen Urbilder in sich trug – das ist der Funke, wie ich vordem im Sankt Makkabäerkloster sagte, wenn ihr euch noch erinnern könnt –, dies Fünklein ist Gott so verwandt, daß es ein einiges Eines ist, unterschiedslos, das (doch) die Urbilder aller Kreaturen in sich trägt, bildlose und überbildliche Urbilder.

Gestern ging's in der Schule unter großen Theologen um eine Frage. »Mich wundert«, sagte ich, »daß die Schrift so gehaltvoll ist und doch niemand das allermindeste Wort (darin) ergründen kann.« Und fragt *ihr* mich, da ich ein einiger Sohn bin, den der himmlische Vater ewiglich geboren hat, ob ich denn (auch) ewiglich in Gott Sohn gewesen sei, so antworte ich: ja und nein; ja – als Sohn demgemäß, daß der Vater mich ewiglich geboren hat, nicht aber Sohn gemäß der Ungeborenheit.

»In principio«. Damit ist uns zu verstehen gegeben, daß wir ein einiger Sohn sind, den der Vater ewiglich geboren hat aus dem verborgenen Dunkel ewiger Verborgenheit (und doch) innebleibend im ersten Beginn der ersten Lauterkeit, die da eine Fülle aller Lauterkeit ist. Hier habe ich ewiglich geruht und geschlafen in der verborgenen Erkenntnis des ewigen Vaters, innebleibend unausgesprochen. Aus dieser Lauterkeit hat er mich ewiglich geboren als seinen eingeborenen Sohn in das Ebenbild seiner ewigen Vaterschaft, auf daß ich Vater sei und den gebäre, von dem ich geboren bin. Gleichsam so, wie wenn einer vor einem hohen Berge stünde und riefe: »Bist du da?«, so würde der Widerschall und -hall zurückrufen: »Bist du da?«. Riefe er: »Komm heraus!«, der Widerhall riefe auch: »Komm heraus!«. Ja, wer in diesem Lichte ein Stück Holz ansähe, es würde zu einem Engel und würde vernunftbegabt und nicht nur vernunftbegabt, es würde zu reiner Vernunft in der ersten Lauterkeit, die da eine Fülle aller Lauterkeit ist. So tut's Gott: Er gebiert seinen eingeborenen Sohn in das Höchste der Seele. Im gleichen Zuge, da er seinen eingeborenen Sohn in mich gebiert, gebäre ich ihn zurück in den Vater. Das ist nicht anders, als daß Gott den Engel gebar, während er wiederum von der Jungfrau geboren ward.

Es kam mir der Gedanke – es ist etliche Jahre her –, ob ich wohl einmal gefragt werden würde, woher jeder Grashalm dem andern so ungleich sei; und es geschah (tatsächlich), daß ich danach gefragt wurde, woher sie einander so ungleich seien. Da sprach ich: Woher alle Grashalme einander so gleichen, das ist noch verwunderlicher. Ein Meister sagte: Daß alle Grashalme so ungleich sind, das kommt vom Überfluß der Güte Gottes, die er im Überfluß in alle Kreaturen gießt, auf daß seine Herrlichkeit um so mehr offenbart werde. Ich aber sagte damals: Es ist erstaunlicher, woher alle Grashalme so gleich sind, und sagte: So wie alle Engel in der ersten Lauterkeit *ein* Engel sind, ganz Eins, so auch sind alle Grashalme in der ersten Lauterkeit Eins, und alle Dinge sind da Eins.

Mir kam bisweilen, wenn ich hierher kam, der Gedanke, daß der Mensch in der Zeitlichkeit dahin zu kommen vermag, Gott zwingen zu können. Stünde ich hier oben und spräche zu einem: »Komm herauf!«, das wäre schwer (für ihn). Sagte ich aber: »Setze dich hier nieder!«, das wäre leicht. So tut's Gott. Wenn sich der Mensch demütigt, kann Gott in seiner (ihm) eigenen Güte sich nicht enthalten, sich in den demütigen Menschen zu senken und zu gießen, und dem allergeringsten teilt er sich am allermeisten mit und gibt sich ihm völlig. Was Gott gibt, das ist sein Sein, und sein Sein ist seine Gutheit und seine Gutheit ist seine Liebe. Alles Leid und alle Freude kommen aus der Liebe. Unterwegs, als ich hierher gehen sollte, fiel mir ein, ich möchte (lieber) nicht hierher gehen, weil ich doch (wohl) tränenbenetzt werden würde aus Liebe. Wann ihr (je) euch (mit Tränen) benetzt habt aus Liebe, das wollen wir auf sich beruhen lassen. Freude und Leid kommen aus der Liebe. Der Mensch soll Gott nicht fürchten, denn, wer ihn fürchtet, der flieht ihn. *Diese* Furcht ist eine schädliche Furcht. Das aber ist rechte Furcht, wenn man fürchtet, daß man Gott verliere. Der Mensch soll ihn nicht fürchten, er soll ihn lieben, denn Gott liebt den Menschen mit seiner ganzen höchsten Vollkommenheit. Die Meister sagen, alle Dinge wirken mit Willen darauf hin zu gebären und wollen dem Vater gleich werden, und sie sagen: Die Erde flieht den Himmel; flieht sie niederwärts, so kommt sie niederwärts zum Himmel, flieht sie aufwärts, so kommt sie zum Untersten des Himmels. Die Erde kann nicht so weit niederwärts fliehen, daß der Himmel nicht in sie fließe und seine Kraft in sie drücke und sie fruchtbar mache, sei's ihr lieb oder leid. So auch geht es dem

Menschen, der da wähnt, Gott zu entfliehen, und er kann ihm doch nicht entfliehen; alle Winkel offenbaren ihn. Er wähnt, Gott zu entfliehen und läuft ihm in den Schoß. Gott gebiert seinen eingeborenen Sohn in dir, es sei dir lieb oder leid, ob du schläfst oder wachst; er tut das Seine. Ich sagte neulich, was schuld daran sei, daß der Mensch es nicht empfindet, und sagte: schuld daran sei dies, daß seine Zunge mit anderem Schmutz, d. h. mit den Kreaturen, beklebt sei; ganz so, wie bei einem Menschen, dem alle Speise bitter ist und nicht schmeckt. Was ist schuld daran, daß uns die Speise nicht schmeckt? Schuld daran ist, daß wir kein Salz haben. Das Salz ist die göttliche Liebe. Hätten wir die göttliche Liebe, so schmeckte uns Gott und alle Werke, die Gott je wirkte, und wir empfingen alle Dinge von Gott und wirkten alle dieselben Werke, die er wirkt. In dieser Gleichheit sind wir alle ein einiger Sohn.

Als Gott die Seele schuf, schuf er sie nach seiner höchsten Vollkommenheit, auf daß sie eine Braut des eingeborenen Sohnes sein sollte. Da er (= der Sohn) dies wohl erkannte, so wollte er ausgehen aus seiner heimlichen Schatzkammer der ewigen Vaterschaft, in der er ewiglich unausgesprochen innebleibend geschlafen hat. »In principio«: im ersten Beginn der ersten Lauterkeit, dort hat der Sohn das Zelt seiner ewigen Glorie aufgeschlagen und ist darum herausgekommen aus dem Allerhöchsten, weil er seine Freundin erhöhen wollte, die ihm der Vater von Ewigkeit her vermählt hatte, auf daß er sie zurückbrächte in das Allerhöchste, aus dem sie gekommen ist. Und an anderer Stelle steht geschrieben: »Siehe, dein König kommt zu dir« (Zach. 9, 9). Darum also ging er aus und kam gesprungen wie ein Rehböcklein und erlitt seine Pein aus Liebe; und nicht ging er so aus, ohne wieder eingehen zu wollen mit seiner Braut in seine Kammer. Diese Kammer ist das stille Dunkel der verborgenen Vaterschaft. Dort, wo er ausging aus dem Allerhöchsten, dort wollte er wieder eingehen mit seiner Braut im Allerlautersten und wollte ihr offenbaren die verborgene Heimlichkeit seiner verborgenen Gottheit, wo er mit sich selbst und allen Kreaturen ruht.

»In principio«, das heißt zu deutsch soviel wie ein Anfang alles

Seins, wie ich in der Schule sagte. Ich sagte überdies: Es ist ein Ende alles Seins, denn der erste Beginn ist um des letzten Endzieles willen da. Ja, Gott selbst ruht nicht da, wo er der erste Beginn ist; er ruht (vielmehr) da, wo er Endziel und Rast alles Seins ist; nicht, als ob dieses Sein zunichte würde, es wird vielmehr da vollendet als in seinem letzten Ziel gemäß seiner höchsten Vollkommenheit. Was ist das letzte Endziel? Es ist das verborgene Dunkel der ewigen Gottheit und ist unerkannt und ward nie erkannt und wird nie erkannt werden. Gott bleibt dort in sich selbst unerkannt, und das Licht des ewigen Vaters hat da ewiglich hineingeschienen, aber die Finsternis begreift das Licht nicht (Joh. 1, 5).

Daß wir zu dieser Wahrheit kommen, dazu helfe uns die Wahrheit, von der ich gesprochen habe. Amen.

Predigt 24

Haec dicit dominus: honora patrem tuum etc. (Ex. 20, 12)

Dieses Wort, das ich gesprochen habe auf lateinisch, das steht geschrieben im Evangelium, und unser Herr spricht es, und es heißt auf deutsch: »Du sollst ehren Vater und Mutter« (2 Mos. 20, 12). Und ein anderes Gebot spricht Gott, unser Herr: »Du sollst deines Nächsten Gut nicht begehren, weder Haus noch Hof noch irgend etwas von dem Seinen« (2 Mos. 20, 17). Das dritte Stück ist, daß das Volk zu Moses ging und sprach: »Rede *du* mit uns, denn *wir* können Gott nicht hören« (2 Mos. 20, 19). Das vierte ist, daß Gott, unser Herr, sprach: »Moses, du sollst mir einen Altar von Erde und in der Erde machen, und alles, was darauf geopfert wird, das sollst du alles verbrennen« (2 Mos. 20, 24). Das fünfte ist: Moses ging hin zu dem Nebel und trat hinein auf den Berg; dort fand er Gott, und in der Finsternis fand er das wahre Licht (2 Mos. 20, 21).

Der Herr Sankt Gregorius sagt: Wo das Lamm bis auf den Grund versinkt, da schwimmt der Ochse oder die Kuh, und wo die Kuh schwimmt, da überragt sie laufend der Elefant, und es (= das Wasser) reicht ihm (nur) bis zum Kopf. Das enthält einen gar schönen Sinn; man kann gar viel daraus entnehmen. Der Herr Sankt Augustinus sagt, die Schrift sei ein tiefes Meer, und das kleine Lämmlein bedeutet einen demütigen, einfältigen Menschen, der die Schrift zu ergründen vermag. Unter dem Ochsen aber, der darin schwimmt, verstehen wir grobsinnige Menschen: ein jeglicher (von ihnen) entnimmt daraus, was *ihm* genügt. Aber unter dem Elefanten, der darin umherläuft, sollen wir die vernünftelnden Leute verstehen , die die Schrift durchwühlen und darin herumlaufen. Mich wundert's, daß die heilige Schrift so gehaltvoll ist und die Meister sagen, daß man sie ihrem unverhüllten Sinn nach nicht auszudeuten vermöge, und sie sagen: Wenn etwas Grob-Sinniges darin sei, so müsse man es aufschließen; aber dazu bedarf man des Gleichnisses. Dem ersten ging's bis an den Knöchel, dem zweiten ging's bis an die Knie, dem dritten ging's bis zum Gürtel, dem vierten ging's bis über das Haupt, und er versank völlig.

Nun, was ist damit gemeint? Sankt Augustinus sagt: Die Schrift lacht anfangs junge Kinder an und lockt das Kind an sich; am Ende aber, wenn man die Schrift ergründen will, spottet sie weiser Leute; und niemand ist so einfältigen Sinnes, daß er darin nicht fände, was ihm gemäß ist; und wiederum ist niemand so weise, daß, wenn er sie ergründen will, er sie nicht (jeweils noch) tiefer und mehr darin findet. Alles, was wir hier (auf Erden) hören können und alles, was man uns zu sagen vermag, das hat alles darin einen weiteren, verborgenen Sinn. Denn alles, was wir hier verstehen, das ist alles dem, was es in sich selbst ist, und dem, was es in Gott ist, so ungleich, als wenn es gar nicht wäre.

Nun greifen wir das Wort wieder auf: »Du sollst ehren Vater und Mutter.« Im gewöhnlichen Sinne meint das Vater und Mutter, daß man die ehren solle; überdies alle, die geistliche Gewalt haben, die soll man ehren, und man soll ihnen in etwas höherem Grade Ehre erweisen, und ebenso die, von denen du alles vergängliche Gut hast. Hierin (= in dem so verstandenen Sinne) kann man »waten« und kann darin »Grund fassen«; jedoch ist es recht wenig, was wir von ihnen (= von den Genannten) haben. Es sprach eine Frau: »Soll man die ehren, von denen man äußeres Gut hat, so soll man um vieles mehr die ehren, von denen man *alles* hat. Alles, was man hier (= in jenem Falle) äußerlich in Mannigfaltigkeit hat, das ist dort (= in diesem) innerlich und als Eins. Nun hört ihr wohl (schon) heraus, daß dies Gleichnis dem Vater angepaßt ist. Gestern abend kam mir der Gedanke, wie doch alle Gleichnisse nur dazu da seien, Gleichnis für den *Vater* zu sein. So sollst du in einem zweiten Sinne »ehren deinen Vater«, d. h. deinen *himmlischen* Vater, von dem du dein Sein hast. Wer (aber) *ehrt* den Vater? Das tut niemand als der Sohn: der allein ehrt ihn. Und wiederum auch ehrt niemand den Sohn als der Vater allein. Alle Lust des Vaters und sein Kosen und sein Anlachen gilt allein dem Sohn. Außerhalb des Sohnes weiß der Vater nichts. Er hat so große Lust im Sohne, daß er sonst nichts bedarf, als seinen Sohn zu gebären, denn der ist ein vollkommenes Gleichnis und ein vollkommenes Bild des Vaters.

Es sagen unsere Meister: Alles, was erkannt wird oder geboren wird, das ist ein Bild; und sie sagen demgemäß: Soll der Vater seinen eingeborenen Sohn gebären, so muß er sein (eigenes) Bild als in ihm selbst im Grunde bleibend gebären. Das Bild, wie es ewiglich in ihm gewesen ist, das ist seine in ihm selbst bleibende Form. Die Natur lehrt es, und es dünkt mich durchaus billig, daß man Gott mit Gleichnissen verdeutlichen muß, mit diesem oder jenem. Dennoch ist er weder dies noch das, und so läßt sich der Vater nicht daran genügen, vielmehr zieht er sich wieder in den Ursprung, in das Innerste, in den Grund und in den Kern des Vaterseins, wo er ewiglich innen gewesen ist in sich selbst in der Vaterschaft, und wo er sich selbst genießt, der Vater als Vater sich selbst im einigen Einen. Hier sind alle Grasblättlein und Holz und Stein und alle Dinge Eines. Dies ist das Allerbeste, und ich habe mich darein vernarrt. Darum: alles, was die Natur aufzubringen vermag, das schließt sie da hinein, das stürzt in die Vaterschaft, auf daß sie Eins sei und ein Sohn sei und allem andern entwachse und nur in der Vaterschaft sei und, wenn sie Eines nicht sein kann, daß sie doch (wenigstens) ein Gleichnis sei des Einen. Die Natur, die von Gott ist, die sucht nichts, was außer ihr ist; ja, die Natur, die da in sich ist, die hat nichts mit dem äußeren Scheine zu tun, denn die Natur, die von Gott ist, die sucht nichts anderes als Gleichheit mit Gott.

Mir kam gestern nacht der Gedanke, daß alles Gleichnis nur ein Vorwerk sei. Ich kann kein Ding sehen, es sei mir denn gleich; noch kann ich ein Ding erkennen, es sei mir denn gleich. Gott hat alle Dinge auf verborgene Weise in sich selbst, jedoch nicht dies oder das in Verschiedenheit, sondern als Eins in der Einheit. Das Auge hat keine Farbe in sich, das Auge *empfängt* vielmehr die Farbe, nicht aber das Ohr. Das Ohr vielmehr nimmt den Schall auf und die Zunge den Geschmack. Alles, was es jeweils hat, damit ist es eins. Und so hat hier (auch) das Bild der Seele und Gottes Bild *ein* Sein: da, wo wir Söhne sind. Und wär's, daß ich weder Augen noch Ohren hätte, so hätte ich dennoch Sein. Nähme mir einer mein Auge, der nähme mir darum doch nicht mein Sein noch mein Leben, denn das Leben sitzt im Herzen. Wollte mich jemand ins Auge schlagen, so schnellte ich die Hand davor, und die finge den Schlag auf. Wollte mich aber einer ins Herz treffen, so böte ich den ganzen Leib dazu auf, das Leben zu behüten. Wollte mir jemand das Haupt abschlagen, so schnellte ich den ganzen Arm davor, auf daß ich mein Leben und mein Sein erhielte.

Ich habe schon öfter gesagt: Die Schale muß zerbrechen, und das, was darin ist, muß herauskommen; denn, willst du den Kern haben, so mußt du die Schale zerbrechen. Und demnach: Willst du die Natur unverhüllt finden, so müssen die Gleichnisse alle zerbrechen, und je weiter man eindringt, um so näher ist man dem Sein. Wenn die Seele das Eine findet, in dem alles eins ist, da verharrt sie in diesem Einen. Wer »ehrt« Gott? Wer Gottes Ehre in *allen* Dingen im Auge hat.

Vor vielen Jahren, da war ich noch nicht; nicht lange danach, da aßen mein Vater und meine Mutter Fleisch und Brot und Kraut, das im Garten wuchs, und davon ward ich ein Mensch. Dabei konnten mein Vater und meine Mutter nicht mitwirken, sondern Gott machte meinen Leib unmittelbar und schuf meine Seele nach dem Allerhöchsten. Da kam ich in den Besitz meines Lebens. Das Korn strebt danach, Roggen zu werden; es hat (die Anlage) in seiner Natur, Weizen werden zu können; darum ruht es nicht, bis es eben diese Natur erlangt. Das Weizenkorn (wiederum) trägt (die Anlage) in seiner Natur, alle Dinge zu werden; darum zahlt es den Einsatz und gibt sich in den Tod, auf daß es alle Dinge werde. Und das Erz, das Kupfer ist, das hat (die Anlage) in seiner Natur, daß es Silber werden kann, und das Silber (wiederum) hat (die Anlage) in seiner Natur, daß es Gold werden kann; darum ruht es nimmer, bis es in eben diese Natur kommt. Ja, das Holz hat (die Anlage) in seiner Natur, daß es ein Stein werden kann; mehr noch sage ich: es vermag wohl alle Dinge zu werden; es überantwortet sich einem Feuer und läßt sich verbrennen, auf daß es in des Feuers Natur verwandelt werde und vereint sich dem Einen und hat ewiglich *ein* Sein. Ja, Holz und Stein und Knochen und alle Gräslein sind dort im Uranfang samt und sonders Eines gewesen. Tut das aber nun schon diese (irdische) Natur, was tut dann (erst) *die* Natur, die da ganz bloß ist in sich selbst, die weder dies noch jenes sucht, die vielmehr allem andern entwächst und nur der ersten Lauterkeit zueilt!

Gestern abend kam mir der Gedanke, daß der Himmel gar viele sind. Und da gibt es nun manche ungläubige Menschen, die's nicht glauben, daß das Brot auf diesem Altar verwandelt werden könne, so daß es der würdige Leib unseres Herrn werde, daß Gott dies zu vollbringen vermöge. – O, diese bösen Menschen, daß sie es nicht glauben können, daß Gott dies zu bewirken vermöge! Hat es aber Gott der *Natur* gegeben, daß sie alle Dinge werden kann, um wieviel mehr ist es Gott möglich, daß das Brot auf dem Altar sein Leib werden könne! Und bringt's (schon) die schwache Natur dahin, aus einem Blättlein einen Menschen machen zu können, so vermag's Gott um vieles mehr, aus Brot seinen Leib zu machen.

Wer (also) »ehrt« Gott? Wer Gottes Ehre in *allen* Dingen im Auge hat. Diese Sinndeutung ist noch offensichtlicher, obzwar die erstere besser ist.

Der vierte Sinn: »Sie standen fern und sprachen zu Moses: Moses sprich *du* zu uns, *wir* können Gott nicht hören« (2 Mos. 20, 18). Sie standen (eben) fern, und das war der Grund, weswegen sie Gott nicht hören konnten.

»Moses ging in den Nebel und trat hinein auf den Berg, und da sah er das göttliche Licht«* (2 Mos. 24, 18). Das Licht findet man recht eigentlich in der Finsternis; somit, wenn man Leiden hat und Ungemach, dann ist uns das Licht am allernächsten. Gott tue nun sein Bestes oder sein Ärgstes dazu, er *muß* sich uns geben, und sei's in Mühsal oder in Ungemach. Es war eine heilige Frau, die hatte viele Söhne, die wollte man töten. Da lachte sie und sprach: »Ihr sollt euch nicht betrüben und sollt fröhlich sein, und denkt an euren himmlischen Vater, denn nichts habt ihr von mir« (2 Makkab. 7, 22f.), recht, als wenn sie hätte sagen wollen: »Ihr habt euer Sein unmittelbar von Gott.« Dies paßt gut in unsern Zusammenhang. Unser Herr sprach: »Deine Finsternis – das ist dein Leiden – wird gewandelt werden in klares Licht« (Is. 58, 10). Indessen darf ich's nicht (vorsätzlich) anstreben noch begehren. Es sprach ein Meister an einer anderen Stelle: Die verborgene Finsternis des unsichtbaren Lichtes der ewigen Gottheit ist unerkannt und wird auch nimmermehr erkannt werden. Und das Licht des ewigen Vaters hat ewiglich in diese Finsternis geschienen, aber die Finsternis begreift das Licht nicht (Joh. 1, 5).

Nun, daß *wir* zu diesem ewigen Lichte kommen, dazu helfe uns Gott. Amen.

Predigt 25

Justus in perpetuum vivet et apud dominum est merces eius (Sap. 5, 16)

Ein Wörtlein liest man heute in der Epistel, das spricht der Weise: »Der Gerechte lebt in Ewigkeit« (Weish. 5, 16).

Gelegentlich habe ich dargelegt, was ein gerechter Mensch sei; jetzt aber sage ich in einem andern Sinne: Das ist ein gerechter Mensch, der in die Gerechtigkeit eingebildet und übergebildet ist. Der Gerechte lebt in Gott und Gott in ihm, denn Gott wird geboren in dem Gerechten und der Gerechte in Gott; und darum wird Gott durch eine jegliche Tugend des Gerechten geboren und wird erfreut durch eine jegliche Tugend des Gerechten. Und nicht nur durch eine jegliche *Tugend*, sondern auch durch jegliches *Werk* des Gerechten, wie gering es auch sein mag, das durch den Gerechten und in der Gerechtigkeit gewirkt wird, durch das wird Gott erfreut, ja *durchfreut;* denn nichts bleibt in seinem Grunde, was nicht von Freude durchkitzelt würde. Grobsinnige Leute müssen dies (einfach) *glauben*, die Erleuchteten aber müssen es *wissen*.

Der Gerechte sucht nichts mit seinen Werken; denn diejenigen, die mit ihren Werken irgend etwas suchen, oder auch solche, die um eines Warum willen wirken, die sind Knechte und Mietlinge. Darum, willst du eingebildet und überbildet werden in die Gerechtigkeit, so beabsichtige nichts mit deinen Werken und ziele auf nichts ab weder in Zeit noch in Ewigkeit, weder auf Lohn noch auf Seligkeit noch auf dies oder das; denn solche Werke sind wahrlich alle tot. Ja, ich sage: Selbst, wenn du dir Gott zum Ziel nimmst, so sind alle Werke, die du (selbst) *darum* wirken magst, tot, und du verdirbst (damit) gute Werke. Und nicht nur verdirbst du gute Werke, sondern du tust auch Sünde; denn du tust wie ein Gärtner, der einen Garten pflanzen sollte, dabei aber die Bäume ausrodete und dann (noch) Lohn (dafür) haben wollte. So auch verdirbst du gute Werke. Darum, willst du *leben* und willst du, daß deine Werke leben, so mußt du für alle Dinge *tot* und zunichte geworden sein. Es ist der Kreatur eigen, daß sie aus *etwas* etwas mache; Gott aber ist es eigen, daß er aus *nichts* etwas macht. Soll daher Gott etwas in dir oder mit dir machen, so mußt du vorher zu nichts geworden sein. Und darum geh in deinen eigenen Grund und wirke dort; die Werke aber, die du dort wirkst, die sind alle lebendig. Und darum sagt er (= der weise Mann): »Der Gerechte lebt.« Denn deshalb, weil er gerecht ist, darum wirkt er, und seine Werke *leben*.

Nun sagt er (= der weise Mann): »Sein Lohn ist bei dem Herrn.« Darüber ein weniges. Wenn er sagt »bei«, so besagt dies, daß des Gerechten Lohn dort ist, wo Gott selbst ist; denn des Gerechten Seligkeit und Gottes Seligkeit ist *eine* Seligkeit, weil der Gerechte da selig ist, wo Gott selig ist. Es spricht Sankt Johannes: »Das Wort war bei Gott« (Joh. 1, 1). (Auch) *er* sagt »bei«, und darum ist der Gerechte Gott gleich, denn Gott ist die Gerechtigkeit. Und darum: Wer in der Gerechtigkeit ist, der ist in Gott und *ist* Gott.

Nun spreche ich weiter über das Wort »gerecht«. Er sagt nicht: »der gerechte Mensch« noch auch »der gerechte Engel«, sondern nur: »der Gerechte«. Der Vater gebiert seinen Sohn als *den Gerechten* und den Gerechten als seinen Sohn; denn alle Tugend des Gerechten und jegliches Werk, das aus der Tugend des Gerechten gewirkt wird, ist nichts anderes, als daß der Sohn von dem Vater geboren wird. Und darum ruht der Vater nimmer; er jagt (vielmehr) und treibt allzeit dazu, daß sein Sohn in mir geboren werde. Wie es in der Schrift heißt: »Weder um Sions willen schweige ich, noch um Jerusalems willen ruhe ich, bis der Gerechte offenbar werde und leuchte wie ein Blitz« (Is. 62, 1). *Sion* bedeutet Höhe des Lebens und *Jerusalem* bedeutet Höhe des Friedens. Fürwahr, weder um der Höhe des Lebens noch um der Höhe des Friedens willen ruht Gott je; er jagt vielmehr und treibt allzeit dazu, daß der Gerechte offenbar werde. Im Gerechten soll nichts wirken als einzig Gott. Denn, dafern dich irgend etwas von außen zum Wirken anstößt, wahrlich, so sind alle solche Werke tot; und selbst, wenn *Gott* dich *von außen* zum Wirken anstieße, wahrlich, so sind (auch) diese Werke alle tot. Sollen aber deine Werke *leben*, so muß Gott dich *inwendig* im Innersten der Seele anstoßen, wenn sie (wirklich) leben sollen: *da* ist dein Leben, und da allein lebst du.

Und ich sage: Dünkt dich eine Tugend größer als die andere und schätzest du sie höher ein als die andere, so liebst du sie nicht so, wie sie in der Gerechtigkeit ist, und noch wirkt Gott nicht in dir. Denn solange der Mensch *eine* Tugend mehr schätzt oder liebt, solange liebt und nimmt er sie (= die Tugenden) nicht, wie sie in der Gerechtigkeit sind, noch auch ist er gerecht; denn der Gerechte liebt und wirkt alle Tugenden in der Gerechtigkeit, so wie sie die Gerechtigkeit selbst sind. Eine Schrift sagt: »Vor der geschaffenen Welt bin ich« (Jes. Sir. 24, 14). Es heißt: »*Vor* bin ich«, das besagt: Wenn der Mensch erhoben ist über die Zeit in die Ewigkeit, so wirkt dort der Mensch *ein* Werk mit Gott. Manche Menschen fragen, wieso der Mensch die Werke wirken könne, die Gott vor tausend Jahren gewirkt hat und nach tausend Jahren wirken wird, und verstehen's nicht. In der Ewigkeit gibt es kein Vor und Nach. Darum, was vor tausend Jahren geschehen ist und nach tausend Jahren (geschehen wird) und jetzt geschieht, das ist *eins* in der Ewigkeit. Darum, was Gott vor tausend Jahren getan und geschaffen hat und nach tausend Jahren (tun wird) und was er jetzt tut, das ist nichts als *ein* Werk. Darum wirkt der Mensch, der über die Zeit erhoben ist in die Ewigkeit, mit Gott, was Gott vor tausend und nach tausend Jahren gewirkt hat. Auch dies ist für weise Leute eine Sache des Wissens und für grobsinnige eine Sache des Glaubens.

Sankt Paulus sagt: »Wir sind ewiglich erwählt im Sohne« (Eph. 1, 4). Darum sollen wir niemals ruhen, bis wir das werden, was wir ewiglich in ihm gewesen sind (Röm. 8, 29ff.), denn der Vater treibt und jagt dazu, daß wir in dem Sohne geboren und dasselbe werden, was der Sohn ist. Der Vater gebiert seinen Sohn, und aus diesem Gebären schöpft der Vater so große Ruhe und Lust, daß er seine ganze Natur darin verzehrt. Denn was immer in Gott ist, das treibt ihn an zu gebären; ja, aus seinem Grunde, aus seiner Wesenheit und aus seinem Sein wird der Vater angetrieben zu gebären.

[Nun gib acht! Dann wird Gott in uns geboren, wenn alle Kräfte unserer Seele, die vorher gebunden und gefangen waren, ledig und frei werden und in uns ein Stillschweigen aller Absicht eintritt und unser Gewissen uns nicht mehr straft; dann gebiert der Vater seinen Sohn in uns. Dabei müssen wir uns aller Bilder und Formen bloß und ledig halten wie Gott und müssen uns so entblößt ohne Gleichheit nehmen, wie Gott in sich selbst bloß und ledig ist. Wenn der Vater in uns seinen Sohn gebiert, so erkennen wir den Vater mit dem Sohn und in ihnen beiden den Heiligen Geist und den Spiegel der Heiligen Dreifaltigkeit und in ihm alle Dinge, wie sie ein lauteres Nichts sind in Gott. Zahl und Vielfalt entfällt da. Das göttliche Sein leidet weder noch wirkt es; die Natur hingegen wirkt, aber sie leidet nicht.]

Mitunter wird in der Seele ein Licht offenbar, und der Mensch wähnt, es sei der Sohn, und doch ist es nur ein Licht. Denn, wo der Sohn offenbar wird in der Seele, da wird auch die Liebe des Heiligen Geistes offenbar. Darum sage ich, daß es des Vaters Wesen ist, den Sohn zu gebären, und des Sohnes Wesen, daß ich in ihm und nach ihm geboren werde; des Heiligen Geistes Wesen ist es, daß ich in ihm verbrannt und in ihm völlig eingeschmolzen und gänzlich Liebe werde. Wer so in der Liebe und gänzlich Liebe ist, der wähnt, daß Gott niemanden liebe als ihn allein; und er weiß von niemand, der sonst noch liebte oder von sonst wem geliebt würde als einzig von ihm.

Einige Lehrer meinen, der Geist schöpfe seine Seligkeit aus der Liebe; manche meinen, er schöpfe sie aus dem Anschauen Gottes. Ich aber sage: Er schöpft sie weder aus der Liebe noch aus dem Erkennen noch aus dem Anschauen. Nun könnte man fragen: Hat denn der Geist im ewigen Leben kein Hinschauen auf Gott? Ja und nein! Sofern er geboren *ist*, hat er kein Aufschauen und kein Hinschauen (mehr) auf Gott. Insofern er aber (noch) geboren *wird*, hat er ein Hinschauen auf Gott. Darum liegt des Geistes Seligkeit da, wo er geboren *ist* und nicht, wo er (noch) geboren *wird*, denn er lebt, wo der Vater lebt, das heißt: in der Einfaltigkeit und in der Bloßheit des Seins. Darum kehre dich von allen Dingen, und nimm dich rein im Sein; denn was außerhalb des Seins ist, das ist Zufall, und alle Zufälle stiften ein Warum.

Daß wir »in Ewigkeit leben«, dazu helfe uns Gott. Amen.

Predigt 26

Nolite timere eos, qui corpus occidunt, animam autem occidere non possunt
(Matth. 10, 28)

»Fürchtet nicht, die euch töten wollen dem Leibe nach«, denn Geist tötet nicht Geist (Matth. 10, 28). Geist gibt dem Geiste Leben. Die euch töten wollen, das ist Blut und Fleisch. Was (aber) Fleisch und Blut ist, das stirbt miteinander. Das Edelste, was am Menschen ist, das ist das Blut, wenn es recht will; wiederum das Ärgste, was am Menschen ist, das ist das Blut, wenn es übel will. Siegt das Blut dem Fleisch ob, so ist der Mensch demütig, geduldig und keusch und hat alle Tugend an sich. Obsiegt das Fleisch hingegen dem Blute, so wird der Mensch hoffärtig, zornig und unkeusch und hat alle Untugend an sich. Hier ist Sankt Johannes gelobt. Ich kann ihn nicht mehr loben, daß Gott ihn nicht noch mehr gelobt hätte.

Nun gebt acht! Ich will nun etwas sagen, was ich noch nie gesagt habe. Als Gott Himmel, Erde und alle Kreaturen erschuf, da *wirkte* Gott nicht; er hatte nichts zu wirken, auch war keinerlei Werk *in* ihm. Da sprach Gott: »Wir wollen (uns) ein Ebenbild machen« (1 Mos. 1, 7). Schaffen ist ein leichtes Ding; das tut man, wann und wie man will. Was ich aber *mache*, das mache ich selbst und mit mir selbst und in mir selbst und drücke mein Bild völlig da hinein. »*Wir* wollen (uns) ein Ebenbild machen«: »nicht du, Vater, noch du, Sohn, noch du, Heiliger Geist, sondern: *wir*, im Rate der Heiligen Dreifaltigkeit, wir wollen uns ein Ebenbild machen!« Als Gott den Menschen machte, da wirkte er in der Seele sein (ihm) gleiches Werk, sein *wirkendes* Werk und sein immerwährendes Werk. Das Werk war so groß, daß es nichts anderes war als die Seele, und die Seele (wiederum) war nichts anderes als das Werk Gottes. Gottes Natur, sein Sein und seine Gottheit hängen daran, daß er in der Seele wirken *muß*. Gesegnet, gesegnet sei Gott! Wenn Gott in der Seele wirkt, dann liebt er sein Werk. Wo nun die Seele ist, in der Gott sein Werk wirkt, da ist das Werk so groß, daß dieses Werk nichts anderes ist als die Liebe; die Liebe hinwiederum ist nichts anderes als Gott. Gott liebt sich selbst und seine Natur, sein Sein und seine Gottheit. In der Liebe (aber), in der Gott sich (selbst) liebt, darin liebt er (auch) alle Kreaturen – nicht als Kreaturen, sondern die Kreaturen als Gott. In der Liebe, in der Gott sich (selbst) liebt, darin liebt er alle Dinge.

Nun will ich (noch) etwas sagen, was ich (noch) nie gesagt habe. Gott schmeckt sich selbst. In dem Schmecken, in dem Gott sich schmeckt, darin schmeckt er alle Kreaturen. Mit dem Schmecken, mit dem Gott sich schmeckt, damit schmeckt er alle Kreaturen – nicht als Kreaturen, sondern die Kreaturen als Gott. In dem Schmekken, in dem Gott sich schmeckt, in dem schmeckt er alle Dinge.

Nun gebt acht! Alle Kreaturen richten ihren Lauf auf ihre höchste Vollkommenheit. Nun bitte ich euch: vernehmt bei der ewigen Wahrheit und bei der immerwährenden Wahrheit und bei meiner Seele! Wieder will ich sagen, was ich (noch) nie gesagt habe: Gott und Gottheit sind so weit voneinander verschieden wie Himmel und Erde. Ich sage mehr noch: Der innere und der äußere Mensch sind so weit voneinander verschieden wie Himmel und Erde. Gott aber ist's um viele tausend Meilen mehr: Gott *wird* und *entwird*.

Nun komme ich wieder zurück auf mein Wort: Gott schmeckt sich selbst in allen Dingen. Die Sonne wirft ihren lichten Schein auf alle Kreaturen aus, und worauf die Sonne ihren Schein wirft, das (= Nominativ) zieht sie (= Akkusativ: die Sonne) in sich und sie verliert doch (darum) nichts von ihrer Leuchtkraft.

Alle Kreaturen entäußern sich ihres *Lebens* um ihres *Seins* willen. Alle Kreaturen tragen sich in meine Vernunft, auf daß sie *geistig* in mir *sind*. Ich allein bereite alle Kreaturen wieder zu Gott. Schaut, was *ihr alle* tut!

Nun komme ich wieder zurück auf meinen »inneren und äußeren Menschen«. Ich schaue die Lilien auf dem Felde und ihren lichten Glanz und ihre Farbe und alle ihre Blätter. Ihren Duft aber sehe ich nicht. Warum? Weil der Duft in mir ist. Hinwiederum: was ich spreche, das ist in mir, und ich spreche es aus mir heraus. Alle Kreaturen schmecken als Kreaturen (nur) meinem *äußeren* Menschen, wie Wein und Brot und Fleisch. Meinem *inneren* Menschen aber schmeckt nichts als Kreatur, sondern als Gabe Gottes. Mein *innerster* Mensch aber schmeckt sie (auch) nicht als Gaben Gottes, sondern als ewig.

Ich nehme ein Becken mit Wasser und lege einen Spiegel hinein und setze es unter den Sonnenball; dann wirft die Sonne ihren lichten Glanz aus der Scheibe und aus dem Grunde der Sonne aus und vergeht darum doch nicht. Das Rückstrahlen des Spiegels in der Sonne ist in der Sonne (selbst) Sonne, und doch ist er (= der Spiegel) das, was *er* ist. So auch ist es mit Gott. Gott ist in der Seele mit seiner Natur, mit seinem Sein und mit seiner Gottheit, und doch ist er nicht die Seele. Das Rückstrahlen der Seele, das ist in Gott Gott, und doch ist sie (= die Seele) das, was *sie* ist.

Gott *wird* (»Gott«), wo alle Kreaturen Gott aussprechen: da *wird* »Gott«. Als ich (noch) im Grunde, im Boden, im Strom und Quell der Gott*heit* stand, da fragte mich niemand, wohin ich wollte oder was ich täte: *da* war niemand, der mich gefragt hätte. Als ich (aber) ausfloß, da sprachen alle Kreaturen: »Gott«! Fragte man mich: »Bruder Eckhart, wann gingt Ihr aus dem Hause?«, dann bin ich *drin gewesen*. So also reden alle Kreaturen von »Gott«. Und warum reden sie nicht von der Gottheit? Alles das, was in der Gottheit ist, das ist Eins, und *davon kann* man nicht reden. Gott wirkt, die Gottheit wirkt nicht, sie hat auch nichts zu wirken, in ihr ist kein Werk; sie hat niemals nach einem Werke ausgelugt. Gott und Gottheit sind unterschieden durch Wirken und Nichtwirken. Wenn ich zurückkomme in »Gott« und (dann) dort (d. h. bei »Gott«) nicht stehen bleibe, so ist mein Durchbrechen viel edler als mein Ausfluß. Ich allein bringe alle Kreaturen aus ihrem geistigen Sein in meine Vernunft, auf daß sie in mir eins sind. Wenn ich in den Grund, in den Boden, in den Strom und in die Quelle der Gottheit komme, so fragt mich niemand, woher ich komme oder wo ich gewesen sei. Dort hat mich niemand vermißt, dort *ent*wird »Gott«.

Wer diese Predigt verstanden hat, dem vergönne ich sie wohl. Wäre hier niemand gewesen, ich hätte sie diesem Opferstocke predigen müssen. Es gibt manche arme Leute, die kehren wieder heim und sagen: »Ich will an einem Ort sitzen und mein Brot verzehren und Gott dienen!« Ich (aber) sage bei der ewigen Wahrheit, diese Leute müssen verirrt bleiben und können niemals erlangen noch erringen, was die anderen erlangen, die Gott nachfolgen in Armut und in Fremde. Amen.

Predigt 27

Euge serve bone et fidelis etc. (Matth. 25, 21)

Wir lesen im heiligen Evangelium, daß unser Herr sprach: »Wohlan, geh ein, guter, getreuer Knecht, in die Freude deines Herrn! Weil du getreu gewesen bist über Kleines, darum will ich dich setzen über all mein Gut« (Matth. 25, 21 + 24, 47).

Wohlan, nun merket mit Fleiß auf unsers Herrn Wort, das er gesprochen hat, und daß er sagt: »Guter und getreuer Knecht, geh ein in die Freude deines Herrn! Weil du getreu gewesen bist über Kleines, darum will ich dich setzen über all mein Gut.« Nun hat unser Herr in einem andern Evangelium einem Jüngling, der ihn ansprach und ihn »gut« nannte, erwidert, indem er sprach: »Warum heißest du mich gut? Ist doch niemand gut als Gott allein!« (Mark. 10, 18). Und das ist sicherlich *auch* wahr. Alles, was Kreatur ist, das ist, sofern es auf sich selbst steht, nicht gut. Nichts ist gut als Gott allein. Hat denn Gott seinem eigenen Worte widersprochen? Nein, ganz und gar nicht. Nun merkt auf meine Worte!

Soweit der Mensch sich selbst verleugnet um Gottes willen und mit Gott vereint wird, soweit ist er mehr Gott als Kreatur. Wenn der Mensch seiner selbst völlig entäußert ist um Gottes willen und er niemandem mehr gehört als Gott allein und für nichts mehr lebt als einzig für Gott, dann ist er wahrlich dasselbe durch Gnade, was Gott ist von Natur, und Gott erkennt von sich aus keinen Unterschied zwischen sich und diesem Menschen. Ich habe nun aber gesagt: »durch Gnade«. Denn da ist (einerseits) Gott und ist (anderseits) dieser Mensch, und so wie Gott gut ist von Natur, so ist dieser Mensch gut durch Gnade; denn Gottes Leben und sein Sein ist ganz und gar in diesem Menschen. *Darum* hat er diesen Menschen »gut« geheißen, und dies meint das Wort, daß unser Herr sprach: »guter Knecht«; denn dieser Knecht ist vor Gott gut in keiner anderen Gutheit, als in der Gott gut ist. Ich habe schon öfters gesagt, Gottes Leben und Sein sei (auch) in einem Steine oder in einem Stück Holz und auch in anderen Kreaturen, die (deshalb) doch nicht selig sind. In diesem Knechte jedoch ist Gott in einer andern Weise, wodurch jener selig und gut ist, denn er (= Gott) ist in ihm mit Lust und lebt in und mit ihm fröhlich und erkennend wie in sich selbst und mit sich selbst; *darum* ist jener (Knecht) selig und gut. Deshalb sagt unser Herr: »Geh ein, guter, getreuer Knecht, in die Freude deines Herrn! Weil du getreu gewesen bist über Kleines, darum will ich dich setzen über all mein Gut.«

Nun habe ich einiges über seine (= des Knechtes) *Gutheit* gesagt: warum (nämlich) dieser Knecht *gut* ist. Nun will ich euch unterweisen über seine *Treue*, denn unser Herr sprach: »Guter, *getreuer* Knecht! Weil du *getreu* gewesen bist über Kleines, darum will ich dich setzen über all mein Gut.«

Wohlan, nun achtet darauf, was (denn) das »Kleine« sei, über das dieser Mensch getreu gewesen ist. Alles, was Gott geschaffen hat im Himmel und auf Erden, was nicht er selbst ist, das ist klein vor ihm. Über alles dies ist dieser gute Knecht getreu gewesen. Wieso dem so sei, das will ich euch dartun. Gott hat diesen Knecht gesetzt zwischen Zeit und Ewigkeit. Keinem (von beiden) war er übereignet, sondern er war frei in der Vernunft und im Willen und auch allen Dingen gegenüber. Mit seiner *Vernunft* durchschritt er alle Dinge, die Gott geschaffen hat; mit seinem *Willen* ließ er ab von allen Dingen und auch von sich selbst und von alledem, was Gott geschaffen hat, was nicht Gott selbst ist. Mit seiner Vernunft nahm er sie auf und gab Gott dafür Lob und Ehre und überantwortete sie Gott in seine unergründliche Natur und dazu sich selbst, sofern er geschaffen ist. Dort ließ er sich selbst und alle Dinge, so daß er weder sich selbst noch irgendein geschaffenes Ding mit seinem geschaffenen Willen je (wieder) berührte. Wahrhaftig! wer in solcher Weise getreu wäre, in dem hätte Gott so unaussprechlich große Freude, daß, wenn man ihm diese Freude nähme, man ihm sein Leben und sein Sein und seine Gottheit gänzlich nähme.

Ich sage aber noch mehr – erschrecket nicht! denn diese Freude ist *euch* nahe und ist in *euch*! – : Es ist keiner von euch so grobsinnig noch so klein an Fassungskraft noch so weit davon entfernt, daß er diese Freude nicht mit Freude und mit Erkenntnis so, wie sie wahrheitsgemäß ist, in sich finden könnte, noch ehe ihr heute aus dieser Kirche kommt, ja, noch ehe ich heute meine Predigt beendige; er kann's ebenso gewiß in sich finden, erleben und haben, wie Gott Gott ist und ich Mensch bin! Des seid gewiß, denn es ist wahr, und die Wahrheit sagt es selbst. Und das will ich euch dartun mit einem Gleichnis, das steht geschrieben in einem Evangelium.

Unser Herr saß einmal an einem Brunnen, denn er war müde. Da kam ein Weib, die war eine Samariterin, von den Heiden, und sie brachte einen Krug und ein Seil mit und wollte Wasser schöpfen. Und unser Herr sprach zu ihr: »Weib, gib mir zu trinken!« Und sie antwortete ihm und sprach: »Warum heischest du von mir zu trinken? Bist du doch einer von den Juden, ich aber bin eine Samariterin, und unser Glaube und euer Glaube haben keine Gemeinschaft miteinander!« Da antwortete unser Herr und sprach: »Wüßtest du, wer von dir zu trinken heischt und erkenntest du die Gnade Gottes, leichtlich heischtest du von mir zu trinken, und ich gäbe dir von dem lebendigen Wasser. Wer da trinkt von diesem Wasser hier, den wird wieder dürsten; wer aber von *dem* Wasser trinkt, das *ich* gebe, den dürstet nimmermehr, und von ihm wird entspringen ein Born des ewigen Lebens.« Das Weib merkte auf die Worte unsers Herrn – denn sie ging nicht gern oft zu dem Brunnen – und sprach: »Herr, gib mir zu trinken von diesem Wasser, auf daß mich nicht mehr dürste!« Da sprach unser Herr: »Geh und bring deinen Mann!« Sie aber sprach: »Herr, ich habe keinen Mann.« Da sprach unser Herr: »Weib, du sprichst wahr: du hast aber fünf Männer gehabt, und den du nun hast, der ist nicht dein.« Da ließ sie Seil und Krug fallen und sprach zu unserm Herrn: »Herr, wer bist du? Es steht geschrieben: Wenn der Messias kommt, den man heißet Christum, der wird uns alle Dinge lehren und wird uns die Wahrheit kund tun.« Da sprach unser Herr: »Weib, *ich* bin es, der ich mit dir spreche«, und dieses Wort erfüllte ihr ganzes Herz. Da sprach sie: »Herr, unsere Eltern beteten unter den Bäumen auf dem Berge, eure Eltern aber aus dem Judenvolk, die beteten im Tempel: Herr, welche von diesen (beiden) beten Gott am allerwahrsten an, und welches ist die (rechte) Stätte? Belehre mich darüber!« Da sprach unser Herr: »Weib, die Zeit wird kommen und ist (schon) jetzt da, da die wahren Anbeter nicht allein auf dem Berge oder im Tempel beten werden, sondern im Geiste und in der Wahrheit den Vater anbeten; denn Gott ist ein Geist, und wer ihn anbeten will, der muß ihn anbeten im Geiste und in der Wahrheit, und eben solche Anbeter sucht der Vater« (Joh. 4, 6/24). Das Weib ward so gotterfüllt und von der Fülle Gottes so überfließend und überquellend voll, daß sie anhub zu predigen und zu rufen mit lauter Stimme und alles, was sie mit ihren Augen erblickte, zu Gott bringen und Gottes so voll machen wollte, wie sie selbst erfüllt war. – Seht, dies geschah ihr, als sie ihren »Mann« wieder hatte.

Nimmermehr offenbart sich Gott der Seele ganz und vollends, wenn sie nicht ihren »Mann« herbeibringt, das heißt: ihren freien Willen. Darum sprach unser Herr: »Weib, du sprichst wahr; du hast fünf Männer gehabt, die sind tot, und den du jetzt hast, der ist nicht dein.« Welches waren die fünf Männer? Es waren die fünf Sinne, mit denen hatte sie gesündigt, und darum waren sie tot. »Und der Mann, den du jetzt hast, der ist nicht dein«: das war ihr freier Wille; der gehörte ihr nicht, denn er war gebunden in Todsünden, und sie hatte keine Gewalt über ihn, und darum gehörte er ihr nicht; denn, worüber der Mensch keine Gewalt hat, das gehört ihm nicht, es gehört vielmehr dem, der Gewalt darüber hat.

Ich sage aber nun: Wenn der Mensch über seinen freien Willen Gewalt erhält in der Gnade und er ihn mit dem Willen Gottes gänzlich und wie in einem einzigen Einen zu vereinen vermag, dann braucht's nichts weiter, als daß er spreche wie dieses Weib sprach: »Herr, weise mich, wo soll ich beten, und was soll ich tun, das dir in Wahrheit das Allerliebste ist?« – und Jesus antwortet, das heißt, er offenbart sich wahrhaft und vollends und ganz so, wie er ist, und erfüllt den Menschen so bis zum Überfluß, daß er ausquillt und ausfließt aus übervoller Fülle Gottes, wie es jenes Weib in kurzer Zeit an dem Brunnen tat, die vorher ganz ungeschickt dazu war. Und darum sage ich abermals, wie ich vorhin (schon) sagte: Kein Mensch hier ist so grobsinnig, so verständnislos und so untüchtig dazu, vermag er nur seinen Willen durch die Gnade Gottes lauterlich und ganz mit dem Willen Gottes zu vereinen, so braucht er in seinem Verlangen nur zu sprechen: »Herr, weise mir deinen liebsten Willen, und stärke mich, den zu tun!«, und Gott *tut* es so gewiß, wie er lebt, und Gott gibt ihm in ebenso reichlicher Fülle in jeder Weise vollkommen, wie er's nur irgend diesem Weibe gab.

Seht, dies kann der Grobsinnigste und der Geringste unter euch allen von Gott empfangen, noch ehe er heute aus dieser Kirche kommt, ja, noch ehe ich heute zu Ende predige, in voller Wahrheit und so gewiß, wie Gott lebt und ich Mensch bin! Und darum sage ich: »Erschrecket nicht! diese Freude ist euch nicht fern, wollt ihr sie nur verständig suchen.«

Nun wiederhole ich, was unser Herr sprach: »Geh ein, guter und getreuer Knecht, in die Freude deines Herrn! Weil du getreu gewesen bist über Kleines, darum will ich dich setzen über all mein Gut.« Wohlan, nun merkt auf das edle Wort, daß er sagte: »über all mein Gut«. Was ist nun *des Herrn Gut?* Es ist (zunächst) die Gutheit, soweit sie zerspreitet und zerteilt ist in alle Dinge oder in alle Kreaturen, die da gut sind von *seiner* (= des Herrn) Gutheit, im Himmel wie auf Erden: *das* ist (zum ersten) des Herrn Gut. Denn niemand ist gut oder hat Gutes oder Gutheit denn von ihm allein. Darum ist es *sein* Gut. Weiter aber auch alles das, was man von Gott selbst aussagen oder mit der Vernunft begreifen oder in irgendeiner Weise ans Licht bringen oder darlegen oder aufweisen kann: das alles noch ist des Herrn Gut, – und darüber insgesamt will er diesen Knecht setzen, weil er (denn) *auch* gut und getreu gewesen ist über Kleines. Über alles dieses Gut hinaus aber ist der Herr (selbst) noch ein anderes (Gut) und ist doch dasselbe (Gut) und ist doch (wiederum) ein Etwas, das weder dies noch das und weder hier noch dort ist. Darum sprach er: »Geh ein, guter und getreuer Knecht, in die Freude deines Herrn! Weil du getreu gewesen bist über Kleines, darum will ich dich setzen über all mein Gut.«

Nun habe ich euch gesagt, welches des Herrn Gut ist, und darum sprach er: »Geh ein in die Freude deines Herrn. Ich will dich setzen über all mein Gut«, als wollte er sagen: Geh heraus aus allem geschaffenen Guten und aus allem zerteilten Guten und aus allem zerstückten Guten: über all dieses hinaus will ich dich setzen in das ungeschaffene und in das ungeteilte und in das unzerstückte Gute, das ich selbst bin. Deshalb sagte er (auch): »Geh ein in die Freude deines Herrn!«, recht als habe er sagen wollen: Geh heraus aus aller Freude, die geteilt ist und die, was sie ist, nicht aus sich selbst ist, in die ungeteilte Freude, die, was sie ist, aus sich selbst und in sich selbst ist, und *die* ist nichts anderes als die »Freude des Herrn«.

Noch ein Wörtlein mehr über: Was ist »die Freude des Herrn«? Eine wunderliche Frage! Wie könnte man das erklären oder aussagen, was niemand verstehen noch erkennen kann? Gleichviel – (ich will) dennoch ein weniges darüber (sagen). »Die Freude des Herrn«, nun, das ist *der Herr selbst* und nichts anderes; und »der Herr« ist eine lebendige, wesenhafte, seiende Vernunft, die sich selbst begreift und selbst in sich selbst ist und lebt und dasselbe ist. Hiermit habe ich (ihm) keinerlei Weise beigelegt, sondern ich habe ihm alle Weisen abgenommen, so wie er selbst Weise *ohne* Weise ist und lebt und froh ist darüber, *daß* er ist. Seht, *dies* ist »die Freude des Herrn«, und sie ist der Herr selbst, und da hinein hieß er diesen Knecht gehen, wie er selbst gesagt hat: »Geh ein, guter und getreuer Knecht, in die Freude deines Herrn. Weil du getreu gewesen bist über Kleines, darum will ich dich setzen über all mein Gut.«

Daß auch wir *gut* werden mögen und *getreu*, auf daß auch *uns* unser Herr eingehen heiße und ewig innebleiben, wir mit ihm und er mit uns, dazu helfe uns Gott! Amen.

Predigt 28

Intravit Jesus in quoddam castellum, et mulier quaedam, Martha nomine excepit illum etc. (Luc. 10, 38)

Sankt Lukas schreibt im Evangelium: »Unser Herr ging in ein Städtlein; dort nahm ihn eine Frau auf, die hieß Martha; die hatte eine Schwester, die hieß Maria. Die saß nieder zu Füßen unseres Herrn und hörte auf sein Wort. Martha aber ging umher und diente unserm Herrn« (Luk. 10, 38/40).

Drei Dinge ließen Maria zu Füßen unseres Herrn sitzen. Das eine war dies: Die Güte Gottes hatte ihre Seele umfangen. Das zweite war ein großes, unaussprechliches Verlangen: sie sehnte sich, ohne zu wissen, wonach, und sie wünschte, ohne zu wissen, was! Das dritte war der süße Trost und die Wonne, die sie aus den ewigen Worten schöpfte, die da aus Christi Mund flossen.

Auch Martha trieben drei Dinge, die sie umhergehen und dem lieben Christus dienen ließen. Das eine war ein gereiftes Alter und ein bis ins Alleräußerste durchgeübter (Seins-)Grund. Deshalb glaubte sie, daß niemandem das Tätigsein so gut anstünde wie ihr. Das zweite war eine weise Besonnenheit, die das äußere Wirken recht auszurichten wußte auf das Höchste, das die Liebe gebietet. Das dritte war die hohe Würde des lieben Gastes.

Die Meister sagen, Gott stehe jedem Menschen für sein geistiges wie für sein sinnliches Genügen bis ins Letzte, wonach er begehrt, bereit. Daß Gott uns in geistigem Bezug genugtue und er uns anderseits auch unserer Sinnennatur nach Genügen verschaffe, das kann man an den lieben Freunden Gottes deutlich unterscheiden. Der Sinnennatur genugtun, das heißt, daß Gott uns Trost gibt, Wonne und Befriedigung; und darin verzärtelt zu sein, das geht den lieben Freunden Gottes ab im Bereich der inneren Sinne. Hingegen *geistiges* Genügen, das ist Genügen im Geiste. Ich spreche dann von geistigem Genügen, wenn durch alle Wonne der oberste (Seelen-)Wipfel nicht hinabgebeugt wird, so daß er nicht ertrinkt im Wohlgefühl, vielmehr machtvoll darüber steht. Dann (nur) befindet sich der Mensch in geistigem Genügen, wenn Lieb und Leid der Kreatur den obersten (Seelen-)Wipfel nicht herabzubeugen vermögen. Kreatur aber nenne ich alles, was man unterhalb Gottes wahrnimmt.

Nun sagt Martha: »Herr, heiß sie, daß sie mir helfe.« Dies sprach Martha nicht aus Unwillen; sie sprach es vielmehr aus liebendem Wohlwollen, durch das sie gedrängt wurde. Wir müssen's nun wohl liebendes Wohlwollen oder eine liebenswürdige Nekkerei nennen. Wieso? Gebt acht! Sie sah, daß Maria in Wohlgefühl schwelgte zu ihrer Seele vollem Genügen. Martha kannte Maria besser als Maria Martha, denn *sie* hatte (schon) lange und recht *gelebt;* das Leben (nämlich) schenkt die edelste Erkenntnis. Das Leben läßt Lust und Licht besser erkennen als alles, was man in diesem Leben unterhalb Gottes erlangen kann, und in gewisser Weise reiner, als es das Licht der Ewigkeit zu verleihen vermag. Das Licht der Ewigkeit (nämlich) läßt uns immer (nur) uns selbst *und* Gott erkennen, nicht aber uns selbst *ohne* Gott. Wo man aber nur sich selbst im Blick hat, da nimmt man den Unterschied von Gleich und Ungleich schärfer wahr. Das bezeugen Sankt Paulus (einerseits) und anderseits die heidnischen Meister: Sankt Paulus schaute in seiner Verzückung Gott *und* sich selbst in geistiger Weise in Gott; und doch erkannte er in ihm nicht anschaulich eine jegliche Tugend aufs genaueste; und das kam daher, daß er sie nicht in Werken geübt hatte. Die heidnischen Meister hingegen gelangten durch Übung der Tugenden zu so hoher Erkenntnis, daß sie eine jegliche Tugend anschaulich genauer erkannten als Paulus oder irgendein Heiliger in seiner ersten Verzückung.

Ganz so stand es mit Martha. Deshalb sprach sie: »Herr, heiß, daß sie mir helfe«, als hätte sie sagen wollen: Meiner Schwester dünkt's, sie *könne* (auch schon), was sie (nur) *wolle,* solange sie (nur) bei dir unter deinem Troste sitze. Laß sie nun erkennen, ob dem so sei, und heiß sie aufstehen und von dir gehen! Zum andern war's zärtliche Liebe, wenngleich sie's wohl überlegt sagte. Maria war so erfüllt von Verlangen, daß sie sich sehnte, ohne zu wissen wonach, und wünschte, ohne zu wissen was! Wir hegen den Verdacht, daß sie, die liebe Maria, irgendwie mehr um des wohligen Gefühls als um des geistigen Gewinns willen dagesessen habe. Deshalb sprach Martha: »Herr, heiß sie aufstehen!«, denn sie fürchtete, daß sie

(= Maria) in diesem Wohlgefühl stecken bliebe und nicht weiter käme. Da antwortete ihr Christus und sprach: »Martha, Martha, du bist besorgt, du bist bekümmert um vieles. Eines ist not! Maria hat den besten Teil erwählt, der ihr nimmermehr genommen werden kann.« Dieses Wort sprach Christus zu Martha nicht in tadelnder Weise; vielmehr gab er ihr (lediglich) einen Bescheid und gab ihr die Vertröstung, daß Maria (noch) werden würde, wie sie's wünschte.

Warum aber sprach Christus »Martha, Martha« und nannte sie *zweimal* beim Namen? Isidorus sagt: Es duldet keinen Zweifel, daß Gott vor der Zeit, da er Mensch ward, niemals Menschen mit Namen benannt hat, von denen irgendeiner je verloren gegangen wäre; um diejenigen aber, die er nicht mit Namen benannte, steht es zweifelhaft. Als das Beim-Namen-Nennen Christi (nun) bezeichne ich sein ewiges Wissen: das unwandelbar vor der Schöpfung aller Kreaturen von Ewigkeit her im lebendigen Buche »Vater-Sohn-und-Heiliger-Geist« (Verzeichnet-)Stehen. Was darin mit Namen benannt war und wenn Christus einen solchen Namen wörtlich ausgesprochen hat, so ist von solchen Menschen keiner je verlorengegangen. Das bezeugt Moses, zu dem Gott selbst sprach: »Ich habe dich mit Namen erkannt« (2 Mos. 33, 12), und Nathanael, zu dem der liebe Christus sprach: »Ich erkannte dich, als du unter dem Feigenbaum lagest« (Joh. 1, 50). Der Feigenbaum bedeutet ein Gemüt, das sich Gott nicht versagt und dessen Name von Ewigkeit her in ihm (= Gott) geschrieben stand. Und so ist erwiesen, daß der Menschen keiner je verlorenging noch verlorengehen wird, die der liebe Christus je mit seinem menschlichen Munde aus dem ewigen Worte (d. h. aus dem ewigen Buche, aus sich selbst) mit Namen benannte.

Warum aber nannte er Martha *zweimal* mit Namen? Er deutete damit an, daß Martha alles, was es an zeitlichem und ewigem Gut gäbe und eine Kreatur besitzen sollte, vollends besaß. Mit dem ersten »Martha«, das er sprach, bedeutete er ihre Vollkommenheit in zeitlichem Wirken. Als er zum zweiten Male »Martha« sagte, bedeutete er damit, daß ihr (auch) nichts von alledem, was zur ewigen Seligkeit nötig ist, mangelte. Darum sprach er: »Du bist besorgt«

und meinte damit: Du stehst *bei* den Dingen, nicht aber stehen die Dinge *in dir*. Die aber stehen *sorgenvoll*, die in allem ihrem »Gewerbe« *behindert* sind. Hingegen stehen die *ohne* Behinderung, die alle ihre Werke nach dem Vorbild des ewigen Lichtes ordnungsgemäß ausrichten. Ein »Werk« verrichtet man von außen, ein »Gewerbe« hingegen ist es, wenn man sich mit verständnisvoller Umsicht von innen her befleißigt. Und solche Leute stehen *bei* den Dingen und nicht *in* den Dingen. Sie stehen ganz nahe und haben (doch) nicht weniger, als wenn sie dort oben am Umkreis der Ewigkeit stünden. »Ganz nahe«, sage ich, denn alle Kreaturen »mitteln«. Es gibt zweierlei »Mittel«. Das eine ist jenes, ohne das ich nicht in Gott zu gelangen vermag: das ist Wirken und »Gewerbe« in der Zeit, und das mindert die ewige Seligkeit nicht. Das andere »Mittel« ist dies: eben jenes aufgeben. Denn dazu sind wir in die Zeit gestellt, daß wir durch vernunfterhelltes »Gewerbe« in der Zeit Gott näher und ähnlicher werden. Das meinte auch Sankt Paulus, als er sprach: »Überwindet die Zeit, die Tage sind übel« (Ephes. 5, 16). »Die Zeit überwinden« heißt, daß man ohne Unterlaß aufsteige zu Gott in der Vernunft, und zwar nicht in der Unterschiedlichkeit bildlicher Vorstellungen, sondern in vernunftgemäßer, lebensvoller Wahrheit. Und »die Tage sind übel«, das verstehet so: »Tag« weist auf »Nacht« hin, denn, gäbe es keine Nacht, so gäbe es keinen Tag und spräche man auch nicht davon, denn dann wäre alles *ein* Licht. Und *darauf* eben zielte Paulus ab; denn ein lichtes Leben ist gar zu gering, bei dem es noch Dunkelheit geben kann, die einem hehren Geist die ewige Seligkeit verschleiert und verschattet. Das meinte auch Christus, als er sprach: »Gehet (voran), solange ihr das Licht habt« (Joh. 12, 35). Denn wer da wirkt im Licht, der steigt hinauf zu Gott, frei und ledig alles Vermittelnden: sein *Licht* ist sein »Gewerbe«, und sein »Gewerbe« ist sein *Licht*.

Ganz so stand es mit der lieben Martha. Daher sprach er zu ihr: »*Eines* ist not«, nicht *zwei*. Ich und du, *einmal* umfangen vom ewigen Lichte – das ist *Eines*. Das »*Zwei-Eine*« aber ist ein brennender Geist, der da *über* allen Dingen und (doch noch) *unter* Gott steht am Umkreis der Ewigkeit. *Der* ist *Zwei*, weil er Gott nicht unmittelbar sieht. *Sein* Erkennen und *sein* Sein oder: sein Erkennen und das

Erkenntnisbild, die werden (bei ihm) niemals zur *Eins*. Nur da *sieht* man Gott, wo Gott geistig gesehen wird, gänzlich bildlos. Da wird Eins Zwei, Zwei *ist* Eins, Licht und Geist, die Zwei sind *Eins* im Umfangensein vom ewigen Licht.

Nun gebt acht, was der »*Umkreis der Ewigkeit*« sei. Die Seele hat drei Wege zu Gott. Der *eine* ist dies: mit mannigfachem »Gewerbe« mit brennender Liebe *in allen Kreaturen* Gott zu suchen. *Den* meinte König David, als er sprach: »In allen Dingen habe ich Ruhe gesucht« (Jes. Sir. 24, 11).

Der *zweite* Weg ist ein wegloser Weg, frei und doch gebunden, wo man willen- und bildlos über sich und alle Dinge weithin erhaben und entrückt ist, wiewohl es doch noch keinen wesenhaften Bestand hat. *Den* meinte Christus, als er sprach: »Selig bist du, Petrus! Fleisch und Blut erleuchtet dich nicht, sondern ein Erhobensein in die Vernunft, wenn du »Gott« zu mir sagst: mein himmlischer Vater (vielmehr) hat es dir geoffenbart« (Matth. 16, 17). (Auch) Sankt Peter hat Gott nicht *unverhüllt* geschaut; wohl war er über alle geschaffene Fassungskraft durch des himmlischen Vaters Kraft bis an den »Umkreis der Ewigkeit« entrückt. Ich sage: Er ward vom himmlischen Vater in liebevollem Umfangen mit stürmischer Kraft unwissend ergriffen in einem hinaufstarrenden Geist, der über alle Fassungskraft emporgerissen ist in des himmlischen Vaters Macht. Dort ward von oben her Sankt Petro eingesprochen mit einem süßen geschöpflichen Ton, jedoch frei von allem sinnlichen Genießen, in der einfaltigen Wahrheit der Einheit des Gott-Menschen, in der Person des himmlischen Vater-Sohnes. Ich sage kühnlich: Hätte Sankt Peter Gott unmittelbar in seiner Natur geschaut, wie er es späterhin tat und wie Sankt Paulus, als er in den dritten Himmel verzückt ward: ihm wäre die Sprache selbst des edelsten Engels als grob erschienen. So aber redete er mancherlei süße Worte, deren der liebe Jesus nicht bedurfte; denn er schaut in des Herzens und in des Geistes Grund, er, der da ganz unmittelbar vor Gott steht in der Freiheit wahrer Gegenwärtigkeit. Dies meinte Sankt Paulus, als er sprach: »Es ward ein Mensch verzückt und vernahm solche Worte, wie sie für alle Menschen unaussprechlich sind« (2 Kor. 12, 2–4). Daraus mögt ihr erkennen, daß Sankt Peter (erst) »am Umkreis der Ewigkeit« stand, (noch) nicht aber in der Einheit Gott schauend in seinem eigenen Sein.

Der *dritte* Weg heißt zwar »Weg« und ist doch ein »Zuhause«-Sein, er ist: Gott zu schauen unmittelbar in seinem eigenen Sein. Nun sagt der liebe Christus: »Ich bin (der) Weg, (die) Wahrheit und (das) Leben« (Joh. 14, 6): *ein* Christus in der Person, *ein* Christus im Vater, *ein* Christus im Geist als *Drei*: Weg, Wahrheit und Leben, *Eins* als der liebe Jesus, in dem dies alles ist. *Außerhalb* dieses Weges bilden alle Kreaturen Umringung und (trennendes) »Mittel«. *Auf* diesem Wege (aber) in Gott (-Vater) hineingeleitet vom Lichte seines »Wortes« und umfangen von der Liebe des (Heiligen) »Geistes« ihrer beider: *das* geht über alles, was man in Worte fassen kann.

Lausche (denn) auf das Wunder! Wie wunderbar: draußen stehen wie drinnen, begreifen und umgriffen werden, schauen und (zugleich) das Geschaute selbst sein, halten und gehalten werden – *das* ist das Ziel, wo der Geist in Ruhe verharrt, der lieben Ewigkeit vereint.

Nun wollen wir zurückkehren zu unserer Ausführung, wie die liebe Martha und mit ihr alle Gottesfreunde »*bei* der Sorge«, nicht aber »*in* der Sorge« stehen. Und dabei ist Wirken in der Zeit ebenso adlig wie irgendwelches Sich-Gott-Verbinden; denn es bringt uns ebenso nahe heran wie das Höchste, das uns zuteil werden kann – ausgenommen einzig das Schauen Gottes in (seiner) reinen Natur. Daher sagt er (= Christus): »Du stehst *bei* den Dingen und *bei* der Sorge«, und meint damit, daß sie mit den *niederen* Kräften wohl der Trübsal und der Kümmernis ausgesetzt war, denn sie war nicht wie verzärtelt durch Schmecklertum des Geistes. Sie stand *bei* den Dingen, nicht *in* den Dingen; sie stand . . .

Drei Punkte insbesondere sind in unserem Wirken unerläßlich. Die sind: daß man wirke ordentlich und einsichtsvoll und besonnen. Das nenne ich »ordentlich«, was in allen Punkten dem Höchsten entspricht. Das aber nenne ich »einsichtsvoll«, über das hinaus man zur Zeit nichts Besseres kennt. Und »besonnen« schließlich nenne ich es, wenn man in guten Werken die lebensvolle Wahrheit mit ihrer beglückenden Gegenwart verspürt. Wo diese drei Punkte gegeben sind, da bringen sie ebenso nahe (zu Gott) und sind sie ebenso förderlich wie alle Wonnen Maria Magdalenens in der Wüste.

Nun sagt Christus: »Du bist *betrübt* um *vieles*, nicht um *Eines*.« Das will besagen: Wenn eine Seele lauter, einfaltig *ohne* alles »Gewerbe« hinaufgerichtet am »Umkreis der Ewigkeit« steht, dann wird sie »betrübt, wenn sie durch ein Etwas als durch ein (trennendes) »Mittel« behindert wird, so daß sie nicht mit Lust dort oben zu stehen vermag. Ein solcher Mensch wird (dann) durch dieses Etwas »betrübt« und steht *in* der Sorge und in der Betrübnis. Martha aber stand in gereifter, wohlgefestigter Tugend und in einem unbekümmerten Gemüt, ungehindert von allen Dingen. Daher wünschte sie, daß ihre Schwester in den gleichen Stand gesetzt würde, denn sie sah, daß jene noch nicht *wesentlich* dastand. Es war ein gereifter (Seelen-) Grund, aus dem sie wünschte, daß auch jene (= Maria) in alledem stünde, was zur ewigen Seligkeit gehört. Deshalb sagt Christus: »*Eines* ist not!«

Was ist dieses *Eine*? Es ist *Gott*. Dies (Eine) tut allen Kreaturen not; denn zöge Gott das Seine an sich, alle Kreaturen würden zu nichts. Entzöge Gott der Seele Christi das Seine, wo ihr Geist mit der ewigen Person vereint ist, so bliebe Christus bloße Kreatur. Darum bedarf man jenes Einen sehr wohl.

Martha fürchtete, daß ihre Schwester im Wohlgefühl und in der Süße stecken bliebe und wünschte, daß sie würde wie sie (selbst). Deshalb sprach Christus und meinte: Sei beruhigt, Martha, (auch) sie hat den besten Teil erwählt. Dies (hier) wird sich bei ihr verlieren. Das Höchste, das einer Kreatur zuteil werden kann, das wird ihr zuteil werden: sie wird selig werden wie du!

Nun laßt euch belehren über die Tugenden! Tugendhaftes Leben hängt an drei Punkten, die den Willen betreffen. Das eine ist dies: den Willen aufzugeben in Gott, denn es ist unerläßlich, daß man voll und ganz ausführe, was man *dann* erkennt, sei's im Ablegen oder im Aufnehmen. Es gibt nun dreierlei Willen. Der eine ist ein »sinnlicher« Wille, der zweite ein »vernunfterhellter« Wille, der dritte ein »ewiger« Wille.

Der *sinnliche* Wille verlangt nach Belehrung, (will), daß man auf wahrhafte Lehrer höre.

Der *vernunfterhellte* Wille besteht darin, daß man die Füße setze in alle Werke Jesu Christi und der Heiligen, das heißt: daß man Wort, Wandel und »Gewerbe« gleichmäßig ausrichte, hingeordnet auf das Höchste.

Wenn dies alles erfüllt ist, dann senkt Gott ein weiteres in der Seele Grund: das ist ein *ewiger* Wille mit dem liebenden Gebot des Heiligen Geistes. Dann spricht die Seele: »Herr, gib mir ein, was dein ewiger Wille sei!« Wenn sie auf solche Weise dem, was wir vorhin dargelegt haben, genügt und es Gott dann wohlgefällt, dann spricht der liebe Vater sein ewiges Wort in die Seele.

Nun (aber) sagen unsere biederen Leute, man müsse so vollkommen werden, daß uns keinerlei Freude mehr bewegen könne und man unberührbar sei für Freude und Leid. Sie tun unrecht daran. *Ich* (aber) sage, daß es nie einen noch so großen Heiligen gegeben hat, der nicht hätte bewegt werden können. Indessen sage ich demgegenüber auch: Wohl wird es dem Heiligen (schon) in diesem Leben zuteil, daß ihn nichts von Gott abzubringen vermag. Ihr wähnt, solange Worte euch zu Freude und Leid zu bewegen vermögen, seiet ihr unvollkommen? Dem ist nicht so! (Selbst) Christus war *das* nicht eigen; das ließ er erkennen, als er sprach: »Meine Seele ist betrübt bis in den Tod« (Matth. 26, 38). Christus taten Worte so weh, daß, wenn aller Kreaturen Weh auf eine (einzige) Kreatur gefallen wäre, dies nicht so schlimm gewesen wäre, wie es Christus weh war; und das kam vom Adel seiner Natur und von der heiligen Vereinigung göttlicher und menschlicher Natur (in ihm). Daher sage ich: Einen Heiligen, dem Pein nicht wehe täte und Liebes nicht wohl, hat es noch nie gegeben, und niemals wird es einer dahin bringen. Wohl kommt es hie und da vor, bewirkt durch die Liebe und Huld und ein Wunder Gottes, daß einer, dem man seinen Glauben oder sonst was schölte, wenn er mit Gnade übergossen wäre, ganz gleichmütig in Lieb und Leid stünde. Und wiederum bringt es ein Heiliger wohl dahin, daß ihn nichts von Gott abzubringen vermag, so daß, obzwar das Herz gepeinigt wird, während der Mensch nicht in der Gnade steht, der Wille doch einfaltiglich in Gott verharrt und spricht: »Herr, ich (gehöre) dir und du mir!« Was immer dann (in einen solchen

Menschen) einfällt, das behindert nicht die ewige Seligkeit, dieweil es nicht den obersten Wipfel des Geistes befällt dort oben, wo er mit Gottes allerliebstem Willen vereint steht.

Nun spricht Christus: »Um viele Sorge bekümmerst du dich.« Martha war so wesenhaft, daß ihr »Gewerbe« sie nicht behinderte. Ihr Wirken und »Gewerbe« führte sie zur ewigen Seligkeit hin. Die (= ewige Seligkeit) ward wohl (dabei) etwas mittelbar, aber eine adelige Natur und steter Fleiß und die Tugend im vorgenannten Sinne hilft (doch) sehr. (Auch) Maria ist erst (eine solche) Martha gewesen, ehe sie (die reife) Maria werden sollte; denn als sie (noch) zu Füßen unseres Herrn saß, da war sie (noch) nicht (die wahre) Maria: wohl war sie's dem Namen nach, sie war's aber (noch) nicht in ihrem Sein; denn sie saß (noch) im Wohlgefühl und süßer Empfindung und war in die Schule genommen und *lernte* (erst) leben. Martha aber stand ganz wesenhaft da. Daher sprach sie: »Herr, heiß sie aufstehen«, als hätte sie sagen wollen: »Herr, ich möchte, daß sie nicht da säße im Wohlgefühl; ich wünschte (vielmehr), daß sie leben lernte, auf daß sie es (= das Leben?) *wesenhaft* zu eigen hätte: heiß sie aufstehen, auf daß sie vollkommen werde.« Sie hieß nicht Maria, als sie zu Füßen Christi saß. Dies vielmehr (erst) nenne ich Maria: einen wohlgeübten Leib, gehorsam weiser Lehre. Gehorsam wiederum nenne ich dies: wenn der Wille dem genügt, was die Einsicht gebietet.

Nun wähnen unsere biederen Leute, es dahin bringen zu können, daß das Gegenwärtigsein sinnlicher Dinge für ihre Sinne nichts mehr bedeute. Das aber gelingt ihnen nicht. Daß ein peinsames Getön meinen Ohren so wohltuend sei wie ein süßes Saitenspiel, das werde ich nimmermehr erreichen. *Darüber* aber soll man verfügen, daß, wenn die Einsicht es (= das peinsame Getön) wahrnimmt, daß dann ein von Erkenntnis geformter Wille zu der Einsicht stehe und dem (sinnlichen) Willen gebiete, sich nicht darum zu kümmern, und der Wille dann sage: Ich tu's gerne! Seht, da würde Kampf zur Lust; denn, was der Mensch mit großer Anstrengung erkämpfen muß, das wird ihm zur Herzensfreude, und dann (erst) wird es fruchtbringend.

Nun (aber) wollen gewisse Leute es gar *so weit* bringen, daß sie der Werke ledig werden. Ich (aber) sage: Das kann nicht sein! *Nach* dem Zeitpunkt, da die Jünger den Heiligen Geist empfingen, da erst fingen sie an, Tugenden zu wirken. Daher: als Maria zu Füßen unseres Herrn saß, da *lernte* sie (noch), denn noch erst war sie in die Schule genommen und lernte leben. Aber späterhin, als Christus gen Himmel gefahren war und sie den Heiligen Geist empfangen hatte, da erst fing sie an zu dienen und fuhr übers Meer und predigte und lehrte und ward eine Dienerin der Jünger. Wenn die Heiligen zu Heiligen werden, dann erst fangen sie an, Tugenden zu wirken; denn dann erst sammeln sie einen Hort für die ewige Seligkeit. Alles, was vorher gewirkt wird, das büßt nur Schuld und wendet Strafe ab. Dafür finden wir ein Zeugnis an Christo: von Anbeginn, da Gott Mensch und der Mensch Gott ward, fing er an, für unsere Seligkeit zu wirken bis an das Ende, da er starb am Kreuze. Kein Glied war an seinem Leibe, das nicht besondere Tugend geübt hätte.

Daß wir ihm wahrhaft nachfolgen in der Übung wahrer Tugenden, dazu helfe uns Gott. Amen.

Predigt 29

Convescens praecepit eis, ab Jerosalymis ne discederent etc. (Act. 1, 4)

Diese Worte, die ich gesprochen habe auf lateinisch, die liest man zum (heutigen) Festtag in der Messe; Sankt Lukas schreibt darin, daß unser Herr, als er gen Himmel fahren wollte, mit seinen Jüngern aß und ihnen gebot, daß sie von Jerusalem nicht weichen, sondern der Verheißung des Vaters harren sollten, die sie aus seinem Munde gehört hätten; denn in kurzen Tagen würden sie getauft werden im Heiligen Geiste (Apg. 1, 4–5).

Da spricht er nun von der Verheißung oder vom Gelöbnis des Vaters. Dieses Gelöbnis ist auch uns zuteil geworden, daß wir getauft werden sollen im Heiligen Geiste und von ihm (die Gabe) empfangen, über der Zeit in der Ewigkeit zu wohnen. In zeitlichen Dingen kann der Heilige Geist weder empfangen noch gegeben werden. Wenn der Mensch sich abkehrt von zeitlichen Dingen und sich in sich selbst kehrt, so gewahrt er (dort) ein himmlisches Licht, das vom Himmel gekommen ist. Es ist *unter* dem Himmel und rührt doch vom Himmel her. In diesem Lichte findet der Mensch Genügen, und doch ist es (noch) körperlich; sie sagen, es sei Materie. Ein Stück Eisen, dessen Natur es ist, abwärts zu fallen, das hebt sich aufwärts gegen seine Natur und hängt sich an den Magnetstein infolge des edlen Einflusses, den der Stein vom Himmel empfangen hat. Wohin immer sich der Stein kehrt, dorthin kehrt sich auch das Eisen. Ebenso tut's der Geist: der läßt sich's nicht an jenem Lichte nur genügen; er dringt immerzu vor durch das Firmament hindurch und dringt durch den Himmel, bis er kommt zu dem Geiste, der den Himmel umtreibt; und von dem Umlaufe des Himmels grünt und belaubt sich alles, was in der Welt ist. Immer noch aber genügt's dem Geiste nicht, er dringe denn weiter vor in den Wirbel und in den Urquell, darin der Geist seinen Ursprung nimmt.

– –

Dieser Geist muß alle Zahl überschreiten und alle Vielheit durchbrechen, und er wird (dann) von Gott durchbrochen; ebenso aber, wie er mich durchbricht, so wiederum durchbreche ich ihn! Gott leitet diesen Geist in die Wüste und in die Einheit seiner selbst, wo er ein lauteres Eines ist und (nur noch) in sich selbst quillt. Dieser Geist hat kein Warum (mehr); sollte er aber irgendein Warum haben, so müßte (auch) die Einheit ihr Warum haben. Dieser Geist steht in Einheit und Freiheit.

Nun sagen die Meister, der Wille sei so frei, daß niemand ihn zu zwingen vermag als Gott allein. Gott (aber) *zwingt* den Willen nicht, er setzt ihn (vielmehr) so in Freiheit, daß er nichts anderes will, als was Gott selber ist und was die Freiheit selbst ist. Und der Geist (hinwieder) vermag nichts anderes zu wollen, als was Gott will; dies aber ist nicht seine *Unfreiheit*, es ist seine ureigene Freiheit.

Nun sagen gewisse Leute: »Habe ich Gott und die Gottesliebe, so kann ich recht wohl alles tun, was ich will.« Die verstehen das Wort nicht recht. Solange du irgend etwas vermagst, das wider Gott und wider sein Gebot ist, solange hast du die Gottesliebe nicht; du magst die Welt wohl betrügen, als habest du sie. Der Mensch, der da in Gottes Willen steht und in Gottes Liebe, dem ist es lustvoll, alles das zu tun, was Gott lieb ist, und alles das zu lassen, was wider Gott ist; und ihm ist's ebenso unmöglich, irgend etwas zu unterlassen, was Gott getan haben will, wie irgend etwas zu tun, was wider Gott ist. Recht wie einem, dem seine Beine gebunden wären; so unmöglich es dem wäre zu gehen, ebenso unmöglich wäre es dem Menschen, der in Gottes Willen steht, irgend etwas Böses zu tun. Der Prophet spricht: Hätte Gott (selbst gar) befohlen, Böses zu tun und die Tugend zu meiden, selbst dann vermöchte ich es nicht, Böses zu tun! Denn niemand liebt die Tugend, als wer die Tugend selbst ist. Der Mensch, der sich selbst und alle Dinge gelassen hat, der des Seinen nichts an irgendwelchen Dingen sucht und alle seine Werke ohne Warum und (nur) aus Liebe tut, ein solcher Mensch ist für die ganze Welt tot und lebt in Gott und Gott in ihm.

Nun sprechen manche Leute: »Ihr tragt uns schöne Reden vor, wir aber werden nichts davon gewahr.« Das gleiche beklage auch ich! Dieses Sein ist so edel und (doch) so allgemein, daß du es nicht zu kaufen brauchst, weder um einen Heller noch um einen halben

Pfennig. Hab' nur ein rechtes Streben und einen freien Willen, so *hast* du es. Der Mensch, der so alle Dinge in ihrem niedrigsten Sein und sofern sie vergänglich sind, gelassen hat, der empfängt sie wieder in Gott, wo sie die Wahrheit sind. Alles, was hier tot ist, das ist dort Leben, und alles, was hier stofflich ist, das ist dort in Gott Geist. Ganz so, wie wenn einer in ein reines Gefäß, das völlig lauter und rein wäre, reines Wasser gösse und es still hielte und dann ein Mensch sein Antlitz darüber beugte, so sähe er es am Boden ganz so, wie es an sich selbst ist. Das kommt daher, weil das Wasser lauter und rein und still ist. Ebenso ist es mit allen den Menschen, die da stehen in Freiheit und in Einheit in sich selbst. Und wenn sie Gott empfangen im Frieden und in der Ruhe, so sollen sie ihn auch empfangen im Unfrieden und in der Unruhe; dann ist es völlig recht. Fassen sie ihn aber weniger im Unfrieden und in der Unruhe als in der Ruhe und im Frieden, so ist das unrecht. Sankt Augustinus sagt: Wen des Tages verdrießt und die Zeit langweilt, der kehre sich in Gott, in dem es keine Lange-Weile (= Zeitdauer) gibt, in dem alle Dinge sich in Ruhe befinden. Wer die Gerechtigkeit liebt, der wird von der Gerechtigkeit ergriffen und wird die Stärke.

Unser Herr sprach nun: »Ich habe euch nicht Knechte geheißen, ich habe euch Freunde geheißen, denn der Knecht weiß nicht, was sein Herr will« (Joh. 15, 15). Auch mein *Freund* könnte etwas wissen, was ich nicht wüßte, dafern er's mir nicht offenbaren wollte. Unser Herr aber sprach: »Alles, was ich von meinem Vater gehört habe, das habe ich euch geoffenbart« (Joh. 15, 15). Nun wundert's mich bei manchen Pfaffen, die recht gelehrt und große Pfaffen sein wollen, daß sie sich's so schnell genügen lassen und sich betören lassen und das Wort hernehmen, das unser Herr sprach: »Alles, was ich gehört habe von meinem Vater, das habe ich euch kund getan«, und es so verstehen wollen und sagen: er habe uns geoffenbart, soviel uns »auf dem Wege« not tut zu unserer ewigen Seligkeit. Ich halte nicht dafür, daß es so zu verstehen sei, denn es ist keine Wahrheit. Warum ist Gott Mensch geworden? Darum, daß ich als derselbe Gott geboren würde. Darum ist Gott gestorben, damit ich der ganzen Welt und allen geschaffenen Dingen absterbe. So muß man das Wort verstehen, das unser Herr sprach: »Alles, was ich von meinem Vater gehört habe, das habe ich euch geoffenbart.« Was hört der Sohn von seinem Vater? Der Vater kann nichts als gebären, der Sohn kann nichts als geboren werden. Alles, was der Vater hat und was er ist, die Abgründigkeit göttlichen Seins und göttlicher Natur, das gebiert er alles in seinen eingeborenen Sohn. *Das* »hört« der Sohn von dem Vater, *das* hat er uns geoffenbart, auf daß wir derselbe Sohn seien. Alles, was der Sohn hat, das hat er von seinem Vater, Sein und Natur, auf daß wir derselbe eingeborene Sohn seien. Niemand (wiederum) hat den Heiligen Geist, er sei denn der eingeborene Sohn. (Denn) da, wo der Heilige Geist gegeistet wird, da geisten ihn der Vater und der Sohn; denn dies ist wesentlich und geistig. Wohl magst du empfangen die *Gaben* des Heiligen Geistes oder die *Ähnlichkeit* mit dem Heiligen Geist; aber es *bleibt* dir nicht, es ist unbeständig. Ganz ebenso, wie wenn ein Mensch vor Scham rot wird und (wiederum) bleich: das ist etwas, was ihn befällt und für ihn wieder vergeht. Dem Menschen aber, der von Natur rot und schön ist, dem bleibt es allwegs. So (auch) ist es mit dem Menschen, der der eingeborene Sohn ist, dem bleibt der Heilige Geist seinsmäßig. Darum steht im Buche der Weisheit geschrieben: »Ich habe dich heute geboren im Widerglanz meines ewigen Lichtes, in der Fülle und in der Klarheit aller Heiligen« (Ps. 2, 7 + 109, 3). Er gebiert ihn *jetzt* und *heute*. Da ist Kindbett in der Gottheit, da werden sie »getauft im Heiligen Geiste«; das ist die Verheißung, die ihnen der Vater gelobt hat. »Nach diesen Tagen, deren nicht viele oder wenige sind:« das ist die »Fülle der Gottheit«, wo es weder Tag noch Nacht gibt; darin ist, was tausend Meilen (entfernt) ist, mir so nahe wie die Stätte, auf der ich jetzt stehe, da ist Fülle und Wonne der ganzen Gottheit, da ist *Einheit*. Solange die Seele (noch) irgendeine Unterschiedenheit gewahrt, ist es noch nicht recht mit ihr bestellt; solange da (noch) irgend etwas herauslugt oder hineinlugt, ist da noch keine Einheit. Maria Magdalena suchte unsern Herrn im Grabe und suchte einen Toten und fand zwei lebende Engel; drum blieb sie noch ungetröstet. Da sprachen die Engel: »Worüber bekümmerst du dich? Wen suchest du, Weib?« (Joh. 20, 11 ff.), als hätten sie sagen wollen: »Du suchest einen Toten und findest zwei Lebende.« Darauf hätte sie sagen können: »Das gerade ist meine Klage und meine Kümmernis, daß ich *zwei* finde und doch nur *einen* suchte!«

Solange in die Seele (noch) irgendwelche Unterschiedenheit irgendwelcher geschaffener Dinge hineinzublicken vermag, gereicht ihr dies zum Kummer. Ich sage, wie ich's schon öfter gesagt habe: Wo die Seele (nur) ihr natürliches, geschaffenes Sein hat, da ist keine Wahrheit. Ich sage, daß es etwas gibt, was *über* der geschaffenen Natur der Seele ist. Manche Pfaffen aber verstehen das nicht, daß es etwas geben soll, was Gott so verwandt und so eins ist. Es hat mit nichts etwas gemein. Alles, was geschaffen ist, das ist nichts; jenem aber ist alle Geschaffenheit und alle Erschaffbarkeit fern und fremd. Es ist ein Eines in sich selber, das von außerhalb seiner selbst nichts aufnimmt.

Unser Herr fuhr gen Himmel, empor über alles Licht und über alles Verstehen und über alles Begreifen. Der Mensch, der so hinausgetragen ist über alles Licht, der wohnt in der Einheit. Darum sagt Sankt Paulus: »Gott wohnt in einem Licht, zu dem es keinen Zugang gibt« (1 Tim. 6, 16), und das in sich selbst ein lauteres Eines ist. Drum muß der Mensch ertötet und völlig tot sein und an sich selbst nichts sein, aller Gleichheit ganz entäußert und niemandem mehr gleich sein, dann ist er wahrhaft Gott gleich. Denn das ist Gottes Eigenheit und seine Natur, daß er ohnegleichen und niemandem gleich ist.

Daß wir so eins seien in der Einheit, die Gott selbst ist, dazu helfe uns Gott. Amen.

Predigt 30

Consideravit domum etc. (Prov. 31, 27)

»Eine gute Frau hat die Stege ihres Hauses abgeleuchtet und hat ihr Brot nicht müßig gegessen« (Spr. 31, 27).

Dieses Haus bedeutet im ganzen die Seele, und die Stege des Hauses bedeuten die Kräfte der Seele. Ein alter Meister sagt, daß die Seele gemacht ist zwischen Einem und Zweien. Das Eine ist die Ewigkeit, die sich allzeit allein hält und einförmig ist. Die Zwei aber, das ist die Zeit, die sich wandelt und vermannigfaltigt. Er will (damit) sagen, daß die Seele mit den obersten Kräften die Ewigkeit, das ist Gott, berühre; mit den niedersten Kräften (hingegen) berührt sie die Zeit, und dadurch wird sie dem Wandel unterworfen und körperlichen Dingen zugeneigt und wird dabei entadelt. Könnte die Seele Gott ganz erkennen, wie's die Engel (können), sie wäre nie in den Körper gekommen. Könnte sie Gott erkennen ohne die Welt, so wäre die Welt nie um ihretwillen geschaffen worden. Die Welt ist um ihretwillen zu dem Ende gemacht worden, daß der Seele Auge geübt und gestärkt werde, auf daß sie das göttliche Licht aushalten könne. So wie der Sonne Schein sich nicht auf das Erdreich wirft, ohne von der Luft umfangen und über andere Dinge ausgebreitet zu werden, weil ihn sonst des Menschen Auge nicht aushalten könnte: ebenso ist das göttliche Licht so überstark und hell, daß der Seele Auge es nicht aushalten könnte, ohne daß es (= der Seele Auge) durch die Materie und durch Gleichnisse gekräftigt und emporgetragen und so geleitet und eingewöhnt würde in das göttliche Licht.

Mit den obersten Kräften berührt die Seele Gott; dadurch wird sie nach Gott gebildet. Gott ist nach sich selber gebildet und hat sein Bild von sich selber und von niemand sonst. Sein Bild ist, daß er sich durch und durch erkennt und nichts als Licht ist. Wenn die Seele ihn berührt mit rechter Erkenntnis, so ist sie ihm in diesem Bilde gleich. Drückt man ein Siegel in grünes Wachs oder in rotes oder in ein Tuch, so entsteht (darauf) ein Bild. Wird (aber) das Siegel völlig durch das Wachs durchgedrückt, so daß kein Wachs mehr übrigbleibt, das nicht vom Siegel durchprägt wäre, so ist es

(= das Wachs) unterschiedslos eins mit dem Siegel. Ebenso wird die Seele gänzlich mit Gott in dem Bilde und in der Gleichheit vereint, wenn sie ihn in rechter Erkenntnis berührt. Sankt Augustinus sagt, die Seele sei so edel und so hoch über allen Kreaturen geschaffen, daß kein vergängliches Ding, das am Jüngsten Tage vergehen wird, in die Seele zu sprechen noch zu wirken vermag ohne Vermittlung und ohne Boten. Die aber sind die Augen und die Ohren und die fünf Sinne: die sind die »Stege«, auf denen die Seele ausgeht in die Welt, und auf diesen Stegen geht die Welt wiederum zur Seele. Ein Meister sagt, daß die Kräfte der Seele mit großem Gewinn zur Seele wieder zurücklaufen sollen. Wenn sie ausgehen, so bringen sie stets etwas wieder ein. Darum soll der Mensch seine Augen mit Fleiß behüten, daß sie nichts einbringen, was der Seele schädlich sei. Ich bin des gewiß: was immer der *gute* Mensch sieht, davon wird er gebessert. Sieht er böse Dinge, so dankt er Gott (dafür), daß er ihn davor behütet hat, und bittet für jenen, in dem das Böse ist, daß Gott ihn bekehre. Sieht er (aber) Gutes, so begehrt er, es möchte an ihm (selbst) vollbracht werden.

Dieses »Sehen« soll auf zweierlei gerichtet sein: darauf, daß man ablege, was schädlich ist, und daß wir ergänzen, woran es uns gebricht. Ich habe es auch sonst schon gesagt: Die viel fasten und viel wachen und große Werke verrichten, ihre Mängel aber und ihren Wandel nicht bessern, worin allein das wahre Zunehmen liegt, die betrügen sich selbst und sind des Teufels Spott. Ein Mann hatte einen Igel, durch den wurde er reich. Er wohnte nahe am Meer. Wenn der Igel merkte, wohin sich der Wind kehrte, sträubte er sein Fell und kehrte er seinen Rücken dorthin. Da ging der Mann ans Meer und sprach zu den Schiffern: »Was wollt ihr mir geben dafür, daß ich euch anzeige, wohin der Wind sich kehre?«, und verkaufte (so) den Wind und wurde dadurch reich. So auch würde der Mensch wahrlich reich an Tugenden, wenn er prüfte, worin er am schwächsten wäre, auf daß er dafür Besserung schüfe und daß er seinen Fleiß daran kehrte, dies zu überwinden.

Das nun hat emsig Sankt Elisabeth getan. Sie hatte weislich die Stege ihres Hauses in Augenschein genommen. Darum fürchtete sie den Winter nicht, denn ihr Gesinde war zwiefach gekleidet

(Spr. 31, 21). Denn, was immer ihr hätte schaden können, davor war sie auf ihrer Hut; worin es ihr (aber) gebrach, da wandte sie ihren Fleiß darauf, daß es vollkommen ward. Darum hat sie ihr Brot nicht müßig gegessen. Sie hatte auch ihre obersten Kräfte unserm Gott zugekehrt. Der höchsten Kräfte der Seele sind drei. Die erste ist Erkenntnis; die zweite ist *irascibilis*, das ist eine aufstrebende Kraft; die dritte ist der Wille. Wenn die Seele sich der Erkenntnis der rechten Wahrheit hingibt, der einfaltigen Kraft, in der man Gott erkennt, dann heißt die Seele ein Licht. Und auch Gott ist ein Licht, und wenn das göttliche Licht sich in die Seele gießt, so wird die Seele mit Gott vereint wie ein Licht mit dem Lichte. Dann heißt es ein Licht des Glaubens, und das ist eine göttliche Tugend. Und wohin die Seele mit ihren Sinnen und Kräften nicht kommen kann, da trägt sie der Glaube hin.

Die zweite ist die aufstrebende Kraft; deren Werk ist es recht eigentlich, daß sie nach oben strebt. So wie es dem Auge eigen ist, Gestalten und Farben zu sehen, und es dem Ohre eigen ist, süße Laute und Stimmen zu hören, so ist es der Seele eigen, mit dieser Kraft unablässig aufzustreben; sieht sie aber beiseite, so verfällt sie dem Hochmut, das (aber) ist Sünde. Sie kann nicht ertragen, daß irgend etwas über ihr sei. Ich glaube, sie kann sogar nicht ertragen, daß Gott über ihr sei; wenn er nicht in ihr ist und sie's nicht ebensogut hat wie er selbst, so kann sie nimmer zur Ruhe kommen. In dieser Kraft wird Gott in der Seele ergriffen, soweit es (überhaupt) der Kreatur möglich ist, und im Hinblick darauf spricht man von der Hoffnung, die auch eine göttliche Tugend ist. In der hat die Seele so große Zuversicht zu Gott, daß es sie dünkt, Gott habe in seinem ganzen Sein nichts, das zu empfangen *ihr* nicht (auch) möglich wäre. Herr Salomon sagt, das gestohlene Wasser sei süßer als anderes Wasser (Spr. 9, 17). Sankt Augustinus spricht: »Die Birnen waren mir süßer, die ich stahl, als die mir meine Mutter kaufte, eben weil sie mir verboten und (vor mir) verschlossen waren.« So auch ist der Seele *die* Gnade viel süßer, die sie mit besonderer Weisheit und Beflissenheit erringt, als die, welche allen Leuten gemein ist.

Die dritte Kraft, das ist der innere Wille, der wie ein Antlitz allzeit in göttlichem Willen Gott zugekehrt ist und aus Gott die Liebe in sich schöpft. Da wird Gott durch die Seele gezogen, und die Seele wird gezogen durch Gott, und das heißt eine göttliche Liebe, und auch das ist eine göttliche Tugend. Göttliche Seligkeit ist gelegen an drei Dingen: und zwar an der Erkenntnis, mit der er (= Gott) sich selbst grenzenlos erkennt, zum zweiten an der Freiheit, in der er unbegriffen und unbezwungen von seiner ganzen Schöpfung bleibt, und (schließlich) am vollkommenen Genügen, in dem er sich selbst und aller Kreatur genügt. Daran nun auch ist der Seele Vollkommenheit gelegen: an der Erkenntnis und am Begreifen, daß sie Gott ergriffen hat und an der Vereinigung in vollkommener Liebe. Wollen wir wissen, was Sünde sei? Die Abkehr von der Seligkeit und von der Tugend, davon kommt alle Sünde. Diese Stege soll auch eine jegliche selige Seele im Auge behalten. Darum fürchtet sie den Winter nicht, weil das Gesinde auch gekleidet ist mit zwiefachen Kleidern, wie die Schrift von ihr (= Elisabeth) sagt. Sie war bekleidet mit Stärke, aller Unvollkommenheit zu widerstehen, und war geziert mit der Wahrheit (Spr. 31, 25. 26). Diese Frau war nach außen vor der Welt im Reichtum und in Ehren, inwendig aber hatte sie wahre Armut. Und als ihr der äußere Trost abging, da floh sie zu ihm, zu dem alle Kreaturen fliehen und verachtete die Welt und sich selbst. Damit kam sie *über* sich selbst und verachtete es, daß man sie verachtete, so, daß sie sich darüber nicht bekümmerte und ihre Vollkommenheit darum nicht aufgab. Sie begehrte danach, kranke und schmutzige Menschen waschen und pflegen zu dürfen mit reinem Herzen.

Daß auch wir ebenso die Stege unseres Hauses ableuchten und unser Brot nicht müßig essen, dazu helfe uns Gott. Amen.

Predigt 31

Ego elegi vos de mundo (Joh. 15, 16)

Diese Worte, die ich gesprochen habe auf lateinisch, die liest man heute in dem heiligen Evangelium des Festtages eines Heiligen, der Barnabas hieß, und die Schrift sagt gemeinhin, er sei ein Apostel. Und unser Herr spricht: »Ich habe euch auserkoren, ich habe euch auserwählt aus der ganzen Welt, ich habe euch auserlesen aus der ganzen Welt und aus allen geschaffenen Dingen, auf daß ihr viel Früchte bringet und daß euch die Frucht bleibe« (Joh. 15, 16), denn es ist gar beglückend, wenn etwas Frucht bringt und ihm die Frucht bleibt. Dem (aber) bleibt die Frucht, der da bleibt in der Liebe. Am Schluß dieses Evangeliums spricht unser Herr: »Liebet euch untereinander, wie ich euch ewig geliebt habe; und wie mich mein Vater ewig geliebt hat, so habe ich euch geliebt. Haltet ihr mein Gebot, so bleibt ihr in meiner Liebe« (Joh. 15, 12 + 9/10).

Alle Gebote Gottes kommen aus der Liebe und aus der Güte seiner Natur; denn, kämen sie nicht aus der Liebe, so könnten sie nicht Gottes Gebot sein. Gottes Gebot ist ja doch die Güte seiner Natur, und seine Natur ist seine Güte in seinem Gebot. Wer nun wohnt in der Güte seiner Natur, der wohnt in Gottes Liebe; Liebe aber hat kein Warum. Hätte ich einen Freund und liebte ich ihn darum, daß mir Gutes von ihm geschähe und mein voller Wille, so liebte ich nicht meinen Freund, sondern mich selbst. Ich soll meinen Freund lieben um seiner eigenen Güte und um seiner eigenen Tugend und um alles dessen willen, was er in sich selbst ist: dann (erst) liebe ich meinen Freund recht, wenn ich ihn so, wie eben gerade gesagt wurde, liebe. Ganz so steht es bei dem Menschen, der da in Gottes Liebe steht, der des Seinen nichts sucht an Gott noch an sich selbst noch an irgendwelchen Dingen und Gott allein um seiner Güte und um der Güte seiner Natur und um alles dessen willen liebt, was er in sich selbst ist. Und *das* ist rechte Liebe.

Liebe zur Tugend ist eine Blume und eine Zierde und eine Mutter aller Tugenden und aller Vollkommenheit und aller Seligkeit, denn sie ist Gott, da Gott die Frucht der Tugenden ist; Gott befruchtet alle Tugenden und ist eine Frucht der Tugenden, und *diese* Frucht bleibt dem Menschen. Einem Menschen, der da um einer Frucht willen wirkte, wäre es gar beglückend, wenn ihm die Frucht bliebe. Und wäre ein Mann, der einen Weingarten oder einen Acker hätte und er überließe ihn seinem Knechte, auf daß dieser ihn bestelle und ihm auch die Frucht verbliebe, und gäbe er ihm (= dem Knechte) auch noch alles, was dazu (= zur Bestellung) vonnöten wäre, so wäre es ihm (= dem Knechte) gar erfreulich, daß ihm die Frucht ohne eigenen Kosten-Aufwand überlassen bliebe. So auch ist es dem Menschen gar beglückend, der da wohnt in der Frucht der Tugend, denn der hat keinen Verdruß und kein Wirrsal, da er sich selbst und alle Dinge gelassen hat.

Nun spricht unser Herr: »Wer etwas um meinetwillen und meines Namens willen hingibt, dem will ich's hundertfältig wiedergeben und das ewige Leben dazu« (Matth. 19, 29). Gibst du's aber hin um des Hundertfältigen und um des ewigen Lebens willen, so hast du *nichts* hingegeben; ja, gibst du hin um tausendfältigen Lohn, so hast du *nichts* hingegeben. Du mußt dich selbst lassen, und zwar völlig lassen, dann hast du recht gelassen. Es kam einmal ein Mensch zu mir – es ist noch nicht lange her – und sagte, er habe große Dinge hinweggegeben an Grundbesitz, an Habe um dessentwillen, daß er seine Seele rettete. Da dachte ich: Ach, wie wenig und Unbedeutendes hast du (doch) gelassen! Es ist eine Blindheit und eine Torheit, solange du irgendwie auf das schaust, was du gelassen hast. Hast du (aber) dich selbst gelassen, so hast du (wirklich) gelassen.

Der Mensch, der sich selbst gelassen hat, der ist so lauter, daß die Welt ihn nicht leiden mag. Hier sagte ich einmal – es ist noch nicht lange her –: Wer die Gerechtigkeit liebt, dessen nimmt sich die Gerechtigkeit an, und er wird ergriffen von der Gerechtigkeit, und er ist eins mit der Gerechtigkeit. Ich schrieb einst in mein Buch: Der gerechte Mensch *dient* weder Gott noch den Kreaturen, denn er ist frei; und je näher er der Gerechtigkeit ist, um so näher ist er der Freiheit und um so mehr ist er die Freiheit selbst. Alles, was geschaffen ist, das ist nicht frei. Solange (noch) irgend etwas über mir ist, das nicht Gott selbst ist, das drückt mich, so klein es auch oder wie immer es (geartet) sei; und wäre es selbst Vernunft und die Liebe: sofern es geschaffen und nicht Gott selbst ist, bedrückt es mich, denn es ist unfrei. Der ungerechte Mensch *dient* der Wahrheit, es sei ihm lieb oder leid, und dient der ganzen Welt und allen Kreaturen und ist ein Knecht der Sünde.

Mir kam einmal der Gedanke – es ist noch nicht lange her –: Daß ich ein Mensch bin, das hat auch ein anderer Mensch mit mir gemein; daß ich sehe und höre und esse und trinke, das tut auch das Vieh; aber daß ich *bin*, das gehört keinem Menschen zu als mir allein, keinem Menschen noch Engel noch Gott, außer, soweit ich *eins* mit ihm bin; es ist eine Lauterkeit und eine Einheit. Alles, was Gott wirkt, das wirkt er in dem *Einen* als sich selbst gleich. Gott gibt allen Dingen gleich, und doch sind sie in ihren Werken gar ungleich; demungeachtet aber streben sie in ihren Werken nach dem, was ihrem eigenen Sein gleich ist. Die Natur wirkte in meinem Vater das Werk der Natur. Der Natur Absicht (aber) war, daß ich Vater würde, wie er Vater war. Er (= Mein Vater) wirkt sein ganzes Werk um eines ihm selbst Gleichen und um seines eigenen Bildes willen, auf daß er das Gewirkte selbst sei; es ist dabei stets auf den Mann abgezielt. Nur, wo die Natur abgelenkt oder gehindert wird, so daß sie nicht volle Kraft in ihrem Wirken hat, da entsteht ein weibliches Wesen. Wo aber die Natur von ihrem Werke abläßt, da hebt Gott zu wirken und zu schaffen an; denn wären nicht Frauen, so wären auch keine Männer. Wenn das Kind im Mutterleibe empfangen wird, so hat es Bildung und Form und Gestalt; das bewirkt die Natur. So bleibt es dann vierzig Tage und vierzig Nächte; am vierzigsten Tage aber erschafft Gott die Seele viel schneller als in einem (einzigen) Augenblick, auf daß die Seele (nun) für den Leib Form und Leben wird. Jetzt geht das Werk der Natur mit allem, was die Natur an Form, Bildung und Gestalt zu wirken vermag, hinaus. Das Werk der Natur geht völlig hinaus; so aber, wie das Werk der Natur völlig hinausgeht, so wird es völlig ersetzt in der vernünftigen Seele. (Und) nun ist dies ein Werk der Natur *und* eine Schöpfung Gottes. In allem (aber), was (*nur*) geschaffen ist – wie ich schon öfters gesagt habe –, ist keine Wahrheit.

Es gibt etwas, das *über* dem geschaffenen Sein der Seele ist und an das kein Geschaffensein, das (ja) *nichts* ist, rührt; selbst der Engel hat es nicht, der (doch) ein reines Sein hat, das lauter und weit ist; selbst *das* rührt nicht daran. Es ist göttlicher Art verwandt, es ist in sich selbst eins, es hat mit nichts etwas gemein. Hierüber kommen manche Pfaffen zum Hinken. Es ist eine Fremde und eine Wüste und ist mehr namenlos, als daß es einen Namen habe, und ist mehr unerkannt, als daß es erkannt wäre. Könntest du dich selbst vernichten nur für einen Augenblick, ja, ich sage, selbst für kürzer als einen Augenblick, so wäre dir alles das eigen, was es in sich selbst ist. Solange du auf dich selber noch irgendwie achtest oder auf irgendein Ding, so weißt du so wenig, was Gott ist, wie mein Mund weiß, was Farbe ist, und wie mein Auge weiß, was Geschmack ist: so wenig weißt du und ist dir bekannt, was Gott ist.

Nun äußert sich Plato, der große Pfaffe, hebt an und will reden von großen Dingen. Er spricht von einer Lauterkeit, die nicht in der Welt ist; sie ist weder *in* der Welt noch *außer* der Welt, ist etwas, das weder in der Zeit noch in der Ewigkeit ist, das weder Äußeres noch Inneres hat. Aus ihr treibt Gott, der ewige Vater, die Fülle und den Abgrund seiner ganzen Gottheit hervor. Dieses (alles) gebiert er hier in seinem eingeborenen Sohn und (bewirkt), daß wir derselbe Sohn seien. Und sein Gebären ist (zugleich) sein Innebleiben, und sein Innebleiben ist sein Ausgebären. Es bleibt immer das Eine, das in sich selber quillt. *Ego*, das Wort »Ich«, ist niemandem eigen als Gott allein in seiner Einheit. *Vos*, dieses Wort bedeutet soviel wie »Ihr«: daß ihr eins seid in der Einheit, das heißt: Das Wort *ego* und *vos*, »Ich« und »Ihr«, das deutet auf die Einheit hin.

Daß wir eben diese Einheit seien und diese Einheit bleiben mögen, dazu helfe uns Gott. Amen.

Predigt 32

Beati pauperes spiritu, quia ipsorum est regnum coelorum
(Matth. 5, 3)

Die Seligkeit tat ihren Mund der Weisheit auf und sprach: »Selig sind die Armen im Geiste, das Himmelreich ist ihrer« (Matth. 5, 3). Alle Engel und alle Heiligen und alles, was je geboren ward, das muß schweigen, wenn diese ewige Weisheit des Vaters spricht; denn alle Weisheit der Engel und aller Kreaturen, das ist ein reines Nichts vor der grundlosen Weisheit Gottes. Diese Weisheit hat gesprochen, daß die Armen selig seien.

Nun gibt es zweierlei Armut. Die eine ist eine äußere Armut, und die ist gut und sehr zu loben an dem Menschen, der sie mit Willen auf sich nimmt aus Liebe zu unserm Herrn Jesus Christus, weil der sie selbst auf Erden gehabt hat. Von dieser Armut will ich nicht weiter sprechen. Indessen, es gibt noch eine andere Armut, eine innere Armut, die unter jenem Wort unseres Herrn zu verstehen ist, wenn er sagt: »Selig sind die Armen im Geiste«.

Nun bitte ich euch, ebenso (arm) zu sein, auf daß ihr diese Rede verstehet; denn ich sage euch bei der ewigen Wahrheit: Wenn ihr dieser Wahrheit, von der wir nun sprechen wollen, nicht gleicht, so könnt ihr mich nicht verstehen.

Etliche Leute haben mich gefragt, was (denn) Armut in sich selbst und was ein armer Mensch sei. Darauf wollen wir antworten.

Bischof Albrecht sagt, *das* sei ein armer Mensch, der an allen Dingen, die Gott je erschuf, kein Genügen habe, – und das ist gut gesagt. Wir aber sagen es noch besser und nehmen Armut in einem (noch) höheren Verstande: Das ist ein armer Mensch, der nichts *will* und nichts *weiß* und nichts *hat*. Von diesen drei Punkten will ich sprechen, und ich bitte euch um der Liebe Gottes willen, daß ihr diese Wahrheit versteht, wenn ihr könnt. Versteht ihr sie aber nicht, so bekümmert euch deswegen nicht, denn ich will von so gearteter Wahrheit sprechen, wie sie nur wenige gute Leute verstehen werden.

Zum ersten sagen wir, daß der ein armer Mensch sei, der nichts *will*. Diesen Sinn verstehen manche Leute nicht richtig: es sind jene Leute, die in Bußübung und äußerlicher Übung an ihrem selbstischen Ich festhalten, was diese Leute jedoch für groß erachten. Erbarm's Gott, daß solche Leute so wenig von der göttlichen Wahrheit erkennen! Diese Menschen heißen heilig auf Grund des äußeren Anscheins, aber von innen sind sie Esel, denn sie erfassen nicht den (genauen) eigentlichen Sinn göttlicher Wahrheit. Diese Menschen *sagen* zwar (auch), das sei ein armer Mensch, der nichts will. Sie deuten das aber so: daß der Mensch so leben müsse, daß er *seinen* (eigenen) Willen nimmermehr in irgend etwas erfülle, daß er (vielmehr) danach trachten solle, den allerliebsten Willen Gottes zu erfüllen. Diese Menschen sind wohl daran, denn ihre Meinung ist gut; darum wollen wir sie loben. Gott möge ihnen in seiner Barmherzigkeit das Himmelreich schenken. Ich aber sage bei der göttlichen Wahrheit, daß diese Menschen keine (wirklich) armen Menschen sind noch armen Menschen ähnlich. Sie werden als groß angesehen in den Augen (nur) *der* Leute, die nichts Besseres wissen. Doch *ich* sage, daß sie Esel sind, die nichts von göttlicher Wahrheit verstehen. Wegen ihrer guten Absicht mögen sie das Himmelreich erlangen; aber von *der* Armut, von der ich jetzt sprechen will, davon wissen sie nichts.

Wenn einer mich nun fragte, was denn aber das sei: ein armer Mensch, der nichts *will*, so antworte ich darauf und sage so: Solange der Mensch dies noch an sich hat, daß es sein *Wille* ist, den allerliebsten Willen Gottes erfüllen zu *wollen*, so hat ein solcher Mensch nicht die Armut, von der wir sprechen wollen; denn dieser Mensch hat (noch) einen Willen, mit dem er dem Willen Gottes genügen will, und das ist *nicht* rechte Armut. Denn, soll der Mensch wahrhaft Armut haben, so muß er seines geschaffenen Willens so ledig sein, wie er's war, als er (noch) nicht war. Denn ich sage euch bei der ewigen Wahrheit: Solange ihr den *Willen* habt, den Willen Gottes zu erfüllen, und Verlangen habt nach der Ewigkeit und nach Gott, solange seid ihr nicht richtig arm. Denn nur das ist ein armer Mensch, der *nichts* will und *nichts* begehrt.

Als ich (noch) in meiner ersten Ursache stand, da hatte ich keinen Gott, und da war ich Ursache meiner selbst. Ich wollte nichts, ich begehrte nichts, denn ich war ein lediges Sein und ein Erkenner meiner selbst im Genuß der Wahrheit. Da wollte ich mich selbst und wollte nichts sonst; was ich wollte, das war ich, und was ich war, das wollte ich, und hier stand ich Gottes und aller Dinge ledig. Als ich aber aus freiem Willensentschluß ausging und mein geschaffenes Sein empfing, da hatte ich einen Gott; denn ehe die Kreaturen waren, war Gott (noch) nicht »*Gott*«: er war vielmehr, was er war. Als die Kreaturen wurden und sie ihr geschaffenes Sein empfingen, da war Gott nicht in sich selber Gott, sondern in den Kreaturen war er Gott.

Nun sagen wir, daß Gott, soweit er (lediglich) »Gott« ist, nicht das höchste Ziel der Kreatur ist. Denn *so* hohen Seinsrang hat (auch) die geringste Kreatur *in* Gott. Und wäre es so, daß eine Fliege Vernunft hätte und auf dem Wege der Vernunft den ewigen Abgrund göttlichen Seins, aus dem sie gekommen ist, zu suchen vermöchte, so würden wir sagen, daß Gott mit alledem, was er als »Gott« ist, nicht (einmal) dieser Fliege Erfüllung und Genügen zu schaffen vermöchte. Darum bitten wir Gott, daß wir »Gottes« ledig werden und daß wir die Wahrheit dort erfassen und ewiglich genießen, wo die obersten Engel und die Fliege und die Seele gleich sind, dort, wo ich stand und wollte, was ich war, und war, was ich wollte. So denn sagen wir: Soll der Mensch arm sein an Willen, so muß er so wenig wollen und begehren, wie er wollte und begehrte, als er (noch) nicht war. Und in dieser Weise ist der Mensch arm, der nichts *will*.

Zum andern Male ist das ein armer Mensch, der nichts *weiß*. Wir haben gelegentlich gesagt, daß der Mensch so leben sollte, daß er weder sich selber noch der Wahrheit noch Gott lebe. Jetzt aber sagen wir's anders und wollen weitergehend sagen: Der Mensch, der diese Armut haben soll, der muß so leben, daß er nicht (einmal) *weiß*, daß er weder sich selber noch der Wahrheit noch Gott lebe. Er muß vielmehr so ledig sein alles Wissens, daß er nicht wisse noch erkenne noch empfinde, daß Gott in ihm lebt, – mehr noch: er soll ledig sein alles Erkennens, das in ihm lebt. Denn, als der Mensch (noch) im ewigen Wesen Gottes stand, da lebte in ihm nicht ein anderes; was da lebte, das war er selber. So denn sagen wir, daß der Mensch so ledig sein soll seines eigenen Wissens, wie er's tat, als er (noch) nicht war, und er lasse Gott wirken, was er wolle, und der Mensch stehe ledig.

Alles, was je aus Gott kam, das ist gestellt auf ein lauteres Wirken. Das dem Menschen zubestimmte Wirken aber ist: Lieben und Erkennen. Nun ist es eine Streitfrage, worin die Seligkeit vorzüglich liege. Etliche Meister haben gesagt, sie liege in der Liebe, andere sagen, sie liege in der Erkenntnis *und* in der Liebe, und die treffen's (schon) besser. *Wir* aber sagen, daß sie *weder* in der Erkenntnis *noch* in der Liebe liege; es gibt vielmehr ein Etwas in der Seele, aus dem Erkenntnis und Liebe ausfließen; es selbst erkennt und liebt nicht, wie's die *Kräfte* der Seele tun. Wer *dieses* (Etwas) kennen lernt, der erkennt, worin die Seligkeit liegt. Es hat weder Vor noch Nach, und es wartet auf nichts Hinzukommendes, denn es kann weder gewinnen noch verlieren. Deshalb ist es auch des Wissens darum, daß Gott in ihm wirke, beraubt; es ist vielmehr selbst dasselbe, das sich selbst genießt in der Weise, wie Gott es tut.

So quitt und ledig also, sage ich, soll der Mensch stehen, daß er nicht wisse noch erkenne, daß Gott in ihm wirke, und *so* kann der Mensch Armut besitzen.

Die Meister sagen, Gott sei ein Sein und ein vernünftiges Sein und erkenne alle Dinge. Ich aber sage: Gott ist weder Sein noch vernünftiges Sein noch erkennt er dies oder das. Darum ist Gott ledig aller Dinge – und (eben) darum *ist* er alle Dinge. Wer nun arm im Geiste sein soll, der muß arm sein an allem eigenen Wissen, so daß er von nichts wisse, weder von Gott noch von Kreatur noch von sich selbst. Darum ist es nötig, daß der Mensch danach begehre, von den Werken Gottes *nichts* zu wissen noch zu erkennen. In *dieser* Weise vermag der Mensch arm zu sein an eigenem Wissen.

Zum dritten ist das ein armer Mensch, der nichts *hat*. Viele Menschen haben gesagt, das sei Vollkommenheit, daß man nichts an materiellen Dingen der Erde (mehr) besitze, und das ist wohl wahr in *dem* Sinne: wenn's einer mit Vorsatz so hält. Aber dies ist nicht der Sinn, den *ich* meine.

Ich habe vorhin gesagt, *das* sei ein armer Mensch, der nicht (einmal) den Willen Gottes erfüllen *will*, der vielmehr so lebe, daß er seines eigenen Willens *und* des Willens Gottes so ledig sei, wie er's war, als er (noch) nicht war. Von *dieser* Armut sagen wir, daß sie die höchste Armut ist. – Zum zweiten haben wir gesagt, *das* sei ein armer Mensch, der (selbst) vom Wirken Gottes in sich nichts *weiß*. Wenn einer des Wissens und Erkennens so ledig steht, so ist *das* die reinste Armut. – Die dritte Armut aber, von der ich nun reden will, die ist die äußerste: es ist die, daß der Mensch nichts *hat*.

Nun gebt hier genau acht! Ich habe es (schon) oft gesagt, und große Meister sagen es auch: der Mensch solle aller Dinge und aller Werke, innerer wie äußerer, so ledig sein, daß er eine eigene Stätte Gottes sein könne, darin Gott wirken könne. Jetzt aber sagen wir anders. Ist es so, daß der Mensch aller Dinge ledig steht, aller Kreaturen und seiner selbst *und* Gottes, steht es aber noch so mit ihm, daß Gott in ihm eine Stätte zum Wirken findet, so sagen wir: Solange es das noch in dem Menschen gibt, ist der Mensch (noch) nicht arm in der eigentlichsten Armut. Denn Gott strebt für sein Wirken nicht danach, daß der Mensch eine Stätte in sich habe, darin Gott wirken könne; sondern *das* (nur) ist Armut im Geiste, wenn der Mensch *so* ledig Gottes und aller seiner Werke steht, daß Gott, dafern er in der Seele wirken wolle, jeweils *selbst* die Stätte sei, darin er wirken will, – und dies täte er (gewiß) gern. Denn, fände Gott den Menschen *so* arm, so *wirkt* Gott sein eigenes Werk und der Mensch *erleidet* Gott so in sich, und Gott ist eine *eigene* Stätte seiner Werke; der Mensch (aber) ist ein reiner Gott-Erleider in seinen (= Gottes) Werken angesichts der Tatsache, daß Gott einer ist, der *in sich selbst* wirkt. Allhier, in dieser Armut erlangt der Mensch das ewige Sein (wieder), das er gewesen ist und das er jetzt ist und das er ewiglich bleiben wird.

Es gibt ein Wort Sankt Pauls, in dem er sagt: »Alles, was ich bin, das bin ich durch die Gnade Gottes« (1 Kor. 15, 10). Nun aber *scheint* diese (meine) Rede (sich) *oberhalb* der Gnade und oberhalb des Seins und oberhalb der Erkenntnis und des Willens und alles Begehrens (zu halten) – wie kann denn (da) Sankt Pauls Wort wahr sein? Darauf hätte man dies zu antworten: daß Sankt Pauls Worte wahr seien. Daß die Gnade in ihm war, das war nötig, denn die Gnade Gottes bewirkte in ihm, daß die »Zufälligkeit« zur Wesenhaftigkeit vollendet wurde. Als die Gnade endete und ihr Werk vollbracht hatte, da blieb Paulus, was er war.

So denn sagen wir, daß der Mensch so arm dastehen müsse, daß er keine Stätte sei noch habe, darin Gott wirken könne. Wo der Mensch (noch) Stätte (in sich) behält, da behält er noch Unterschiedenheit. Darum bitte ich Gott, daß er mich Gottes quitt mache; denn mein wesentliches Sein ist oberhalb von Gott, sofern wir Gott als Beginn der Kreaturen fassen. In jenem Sein Gottes nämlich, wo Gott über allem Sein und über aller Unterschiedenheit ist, dort war ich selber, da wollte ich mich selber und erkannte mich selber (willens), diesen Menschen (= mich) zu schaffen. Und darum bin ich Ursache meiner selbst meinem *Sein* nach, das *ewig* ist, nicht aber meinem *Werden* nach, das zeitlich ist. Und darum bin ich ungeboren, und nach der Weise meiner Ungeborenheit kann ich niemals sterben. Nach der Weise meiner Ungeborenheit bin ich ewig gewesen und bin ich jetzt und werde ich ewiglich bleiben. Was ich meiner Geborenheit nach bin, das wird sterben und zunichte werden, denn es ist sterblich; darum muß es mit der Zeit verderben. In meiner (ewigen) Geburt wurden alle Dinge geboren, und ich war Ursache meiner selbst und aller Dinge; und hätte ich gewollt, so wäre weder ich noch wären alle Dinge; wäre aber ich nicht, so wäre auch »Gott« nicht: daß Gott »Gott« ist, dafür bin ich die Ursache; wäre ich nicht, so wäre Gott nicht »Gott«. Dies zu wissen ist nicht not.

Ein großer Meister sagt, daß sein Durchbrechen edler sei als sein Ausfließen, und das ist wahr. Als ich aus Gott floß, da sprachen alle Dinge: Gott ist. Dies aber kann mich nicht selig machen, denn hierbei erkenne ich mich als Kreatur. In dem Durchbrechen aber, wo ich ledig stehe meines eigenen Willens und des Willens Gottes und aller seiner Werke und Gottes selber, da bin ich über allen Kreaturen und bin weder »Gott« noch Kreatur, bin vielmehr, was ich war und was ich bleiben werde jetzt und immerfort. Da empfange ich einen Aufschwung, der mich bringen soll über alle Engel. In diesem Aufschwung empfange ich so großen Reichtum, daß Gott mir nicht genug sein kann mit allem dem, was er als »Gott« ist, und mit allen seinen göttlichen Werken; denn mir wird in diesem Durchbrechen zuteil, daß ich und Gott eins sind. Da bin ich, was ich war, und da nehme ich weder ab noch zu, denn ich bin da eine unbewegliche Ursache, die alle Dinge bewegt. Allhier findet Gott keine Stätte (mehr) in dem Menschen, denn der Mensch erringt mit *dieser* Armut, was er ewig gewesen ist und immerfort bleiben wird. Allhier ist Gott eins mit dem Geiste, und das ist die eigentlichste Armut, die man finden kann.

Wer diese Rede nicht versteht, der bekümmere sein Herz nicht damit. Denn solange der Mensch dieser Wahrheit nicht gleicht, solange wird er diese Rede nicht verstehen. Denn es ist eine unverhüllte Wahrheit, die da gekommen ist aus dem Herzen Gottes unmittelbar.

Daß wir so leben mögen, daß wir es ewig erfahren, dazu helfe uns Gott. Amen.

Predigt 33

Dilectus deo et hominibus etc. (Eccli. 45, 1)

Dieses Wort steht geschrieben im Buch der Weisheit, und der weise Mann spricht: »Der von Gott und den Menschen Geliebte, dessen man nun mit Lob gedenkt. Gott hat ihn gleich gemacht seinen Heiligen in der Verklärung« (Jes. Sir. 45, 1/2).

Diese Worte kann man im eigentlichen Sinne von jenem Heiligen aussagen, dessen Fest man heute begeht, weil sein Name Benedictus ist, »ein Gesegneter«, und auf ihn gar wohl das Wort paßt, das man weiterhin über ihn am (genannten) Orte liest: *cuius memoria in benedictione est*, das heißt: »dessen Gedächtnis im Segen des Lobes steht« – und (weiterhin) deshalb, weil, wie man gleichfalls über ihn liest, ihm eine Verklärung zuteil wurde, darin er die ganze Welt vor sich sah, völlig zusammengefaßt wie in einer Kugel, und unser Schriftwort lautet: »Gott hat ihn seinen Heiligen gleich gemacht in der Verklärung.«

Nun vernehmt etwas über diese »Verklärung«. Sankt Gregorius sagt, daß der Seele, die in dieser Verklärung steht, alle Dinge klein und eng seien. (Schon) das natürliche Licht der Vernunft, das Gott in die Seele gegossen hat, das ist so edel und so kräftig, daß ihm eng und klein ist alles, was Gott an körperlichen Dingen je erschuf. Dieses Licht ist (ja) auch edler als alle körperlichen Dinge, die Gott je erschuf; denn das allergeringste und allerwertloseste, das es an körperlichen Dingen gibt, das wird, wenn es je (nur) von diesem Licht, welches die Vernunft ist, beschienen oder beleuchtet ward, edler als alles, was körperlich ist. Es wird lauterer und lichter als die Sonne, denn es (= dieses Licht) löst von den Dingen die Körperlichkeit und die Zeitlichkeit ab. Dieses Licht ist auch so weit, daß es der Weite entwächst; es ist weiter als die Weite. Es entwächst der Weisheit und der Gutheit, so wie Gott der Weisheit und der Gutheit entwächst; denn Gott *ist* weder Weisheit noch Gutheit, vielmehr *kommt* von Gott Weisheit und Gutheit. Vernunft entsteht nicht aus der Weisheit, noch geht die Vernunft aus der Wahrheit hervor, noch auch wird sie von ihr geboren wie der Wille von der Gutheit. Der Wille nämlich will (nur) infolge der Gutheit und wird von ihr geboren, geht aber aus von der Vernunft; die Vernunft hingegen (geht) nicht von der Wahrheit (aus). Das Licht aber, das von der Vernunft ausfließt, ist das Verstehen, und es ist recht wie ein Ausfluß und ein Ausbruch oder ein Strom gegenüber dem, was die Vernunft in sich selbst in ihrem Wesen ist. Und dieser Ausbruch ist so weit davon entfernt wie der Himmel über der Erde. Ich äußere es oft und denke es noch öfter: Es ist ein Wunder, daß Gott Vernunft in die Seele gegossen hat.

Nun gibt es ein weiteres Licht, das ist das Licht der *Gnade; dem* gegenüber ist das natürliche Licht so klein wie das, was eine Nadelspitze von der Erde zu fassen vermag, gegenüber der ganzen Erde, oder wie das, was eine Nadelspitze vom Himmel zu fassen vermöchte, der (doch) unglaublich größer ist als die ganze Erde. Daß Gott mit der Gnade in der Seele ist, das trägt mehr Licht in sich, als alle Vernunft aufzubringen vermöchte; ja, alles Licht, das die Vernunft aufzubringen vermag, ist gegen dieses Licht wie ein einziger Tropfen gegenüber dem Meer und noch tausendmal kleiner. So auch ist es mit der Seele, die in Gottes Gnade steht: der sind klein und eng alle Dinge und alles, was die Vernunft zu leisten und zu begreifen vermag.

Ich ward einmal gefragt, woher das käme, daß guten Leuten so wohl mit Gott wäre, daß sie Gott dienten? Da antwortete ich und sprach: Es käme daher, daß sie Gott geschmeckt hätten, und es wäre ein Wunder, wenn der Seele, die Gott (nur) einmal geschmeckt und gekostet hätte, je hinfort etwas anderes schmecken könnte. Ein Heiliger sagt, der Seele, die Gott geschmeckt hat, werde alles das, was Gott nicht ist, unschmackhaft oder zuwider.

Nun entnehmen wir dem Schriftwort noch einen andern Sinn, (und zwar daraus,) daß der weise Mann sagt: »Der von Gott und den Menschen Geliebte« und dabei das Wort »ist« verschweigt, so daß er nicht sagt: »er *ist* geliebt von Gott und den Menschen«, und er unterdrückt es wegen der Wandelbarkeit und der Bewegtheit der Zeitlichkeit, über die das Sein so hoch erhaben ist. Das Sein, in dem Gott dieses Wort spricht, hält alle Dinge in sich beschlossen und ist doch so hoch darüber erhaben, daß es noch nie von alledem berührt ward, das je geschaffen wurde. Alle, die da wähnen, daß sie hiervon etwas wüßten, die wissen ganz und gar nichts davon! Sankt Dionysius sagt: Alles, was wir erkennen, was wir zerteilen oder dem wir Unterschiedenheit beilegen können, das ist nicht Gott, denn in Gott ist weder dies noch das, was wir abzuziehen oder durch Unterscheidung zu erfassen vermögen: nichts ist in ihm als (nur) Eines, (und) das ist er selber. Und davon ist viel die Rede unter den Meistern, wie es zugehen könne, daß dieses unbewegliche und dieses unberührbare, abgeschiedene Sein, das nach der Seele Ausschau hält, der Seele zuteil werden könne, und sie sind sehr darum bekümmert, wie die Seele seiner empfänglich werden könne. Ich aber sage, daß seine (= Gottes) Gottheit daran hängt, sich alledem mitteilen zu müssen, was seiner empfänglich ist; teilte er sich aber nicht mit, so wäre er nicht Gott.

Die Seele, die Gott lieben soll und der er sich mitteilen soll, die muß so völlig entblößt sein von Zeitlichkeit und von allem Geschmack der Kreaturen, daß Gott in ihr nach seinem eigenen Geschmack schmecke. Die Schrift sagt: »Zur Zeit der Mitternacht, als alle Dinge im Schweigen waren, da kam, Herr, dein Wort herab von den königlichen Stühlen« (Weish. 18, 14. 15). Das heißt: In der Nacht, wenn keine Kreatur (mehr) in die Seele leuchtet noch lugt, und im Stillschweigen, wo nichts mehr in die Seele spricht, da wird das *Wort* (ein-)gesprochen in die Vernunft. Das Wort eignet der Vernunft und heißt *verbum*, so wie es in der Vernunft ist und steht.

Ich erschrecke oft, wenn ich von Gott reden soll, *wie* völlig abgeschieden die Seele sein muß, die zu jener Einswerdung kommen will. Das aber darf (doch) niemandem unmöglich dünken. Es ist *der* Seele nicht unmöglich, die Gottes Gnade besitzt. Keinem Menschen fiel je etwas leichter, als (es) der Seele, die Gottes Gnade besitzt, (fällt,) alle Dinge zu lassen. Mehr noch sage ich: Nie auch ward einem Menschen etwas zu tun lustvoller, als (es) der Seele, die Gottes Gnade besitzt, (wird,) alle Dinge zu lassen. Keine Kreatur vermag ihr zu schaden. Sankt Paulus spricht: »Ich bin des gewiß, daß keine Kreatur mich von Gott scheiden kann, weder Glück noch Unglück, weder Leben noch Tod« (Röm. 8, 38).

Nun gebt acht! Nirgends ist Gott so eigentlich Gott wie in der

Seele. In allen Kreaturen ist etwas von Gott, (erst) in der Seele aber ist Gott göttlich, denn sie ist seine Ruhestatt. Darum sprach ein Meister: Gott liebt nichts als sich selbst; er verzehrt alle seine Liebe in sich selbst. – Der wäre (ja) wohl ein Tor, der mit einem Griffe hundert Mark greifen könnte und nur einen Pfennig griffe. – Seine Liebe (zu sich aber) ist in uns ein Ausblühen des Heiligen Geistes. Um es anders auszudrücken: Gott liebt nichts in uns als die Gutheit, die er in uns bewirkt. Ein Heiliger sagt: Es wird nichts von Gott gekrönt als sein eigenes Werk, das er in uns wirkt. Niemand (aber) soll darüber erschrecken, daß ich sage, Gott liebe nichts als sich selbst: es ist unser Allerbestes, denn er hat darin unsere größte Seligkeit im Auge. Er will uns damit in sich selbst locken, daß wir geläutert werden, damit er uns in sich versetze, auf daß er uns in sich und sich in uns mit sich selber lieben könne. Und unsere Liebe tut ihm so not, daß er uns in sich lockt mit allem dem, womit er uns in sich zu bringen vermag, sei's Gemach oder Ungemach. Trutz Gott, daß er je etwas über uns verhänge, womit er uns *nicht* in sich locke! Ich will Gott niemals (besonders) dafür danken, daß er mich liebt, denn er *kann's* gar nicht lassen, ob er wolle oder nicht: seine Natur zwingt ihn dazu. Ich will ihm *dafür* danken, daß er's in seiner Güte nicht lassen kann, mich zu lieben. Daß wir uns selbst genommen und in Gott versetzt werden, dies ist nicht schwer, denn Gott muß es selbst in uns bewirken; ist es doch ein göttliches Werk. Der Mensch folge nur und widerstehe nicht; er leide (es), und lasse Gott wirken.

Daß wir Gott so folgen, daß er uns in sich versetzen könne, damit wir mit ihm vereint werden, auf daß er uns mit sich selbst lieben könne, dazu helfe uns Gott. Amen.

Predigt 34

Alle gleichen Dinge lieben sich gegenseitig und vereinigen sich miteinander, und alle ungleichen Dinge fliehen sich und hassen einander.

Nun sagt ein Meister, nichts sei so ungleich wie Himmel und Erde. Das Erdreich hat es in seiner Natur empfunden, daß es dem Himmel fern und ungleich ist. Darum ist es vor dem Himmel geflohen bis an die unterste Stätte, und darum ist das Erdreich unbeweglich, damit es dem Himmel nicht nahe. Der Himmel aber hat es in seiner Natur wahrgenommen, daß das Erdreich ihn geflohen und die unterste Stätte bezogen hat. Darum ergießt sich der Himmel ganz und gar in befruchtender Weise in das Erdreich, und die Meister halten dafür, daß der breite, weite Himmel nicht die Breite einer Nadelspitze zurückbehalte, sich vielmehr rückhaltlos in befruchtender Weise in das Erdreich gebäre. Darum heißt das Erdreich die fruchtbarste Kreatur unter allen zeitlichen Dingen.

Ebenso sage ich von dem Menschen, der sich zunichte gemacht hat in sich selbst, in Gott und in allen Kreaturen: Dieser Mensch hat die unterste Stätte bezogen, und in diesen Menschen *muß* sich Gott ganz und gar ergießen, oder – er ist nicht Gott. Ich sage bei der ewigen und immerwährenden Wahrheit, daß Gott sich in einen jeglichen Menschen, der sich bis auf den Grund gelassen hat, seinem ganzen Vermögen nach völlig ergießen muß, so ganz und gar, daß er in seinem Leben, in seinem Sein, in seiner Natur noch auch in seiner ganzen Gottheit nichts zurückbehält: das *alles* muß er in befruchtender Weise ergießen in *den* Menschen, der sich Gott gelassen und die unterste Stätte bezogen hat.

Als ich heute hierher ging, da sann ich darüber nach, wie ich euch so verständlich predigen könnte, daß ihr mich gut verstündet, und erdachte ein Gleichnis. Könntet ihr das recht verstehen, so verstündet ihr den eigentlichen Sinn und den Grund meines ganzen Anliegens, über den ich seit je gepredigt habe. Das Gleichnis aber hatte es mit meinem Auge und mit dem Holze zu tun: Wird mein Auge aufgeschlagen, so ist es ein Auge; ist es zu, so ist es dasselbe Auge. Durch das Sehen hinwiederum geht dem Holze weder etwas zu noch ab. Nun versteht mich recht genau! Geschieht es aber nun, daß mein Auge eins und einfaltig in sich selbst ist und (nun) aufgeschlagen und im Anschauen auf das Holz gerichtet wird, so bleibt ein jedes, was es ist, und doch werden beide im Vollzug des Anschauens so eins, daß man wahrhaft sagen kann: Auge-Holz, und das Holz ist mein Auge. Wäre nun noch das Holz unstofflich und rein geistig wie das Sehen meines Auges, so könnte man tatsächlich sagen, daß im Vollzuge meines Sehens das Holz und mein Auge sich in *einem* Sein befänden. Trifft dies (nun schon) bei körperlichen Dingen zu, um wieviel mehr gilt es bei geistigen Dingen!

Ihr müßt (zudem) wissen, daß mein Auge viel mehr Gemeinsamkeit hat mit dem Auge eines Schafes, das jenseits des Meeres ist und das ich nie gesehen habe, als mit meinen Ohren, mit denen es doch in Seinsgemeinschaft steht. Und das kommt daher, weil des Schafes Auge die gleiche Betätigung ausübt wie mein Auge auch, und deshalb schreibe ich ihnen beiden mehr Gemeinsamkeit (eben) im Wirken zu als meinen Augen und Ohren, denn die sind in ihrem Wirken gesondert.

Ich habe zuweilen von einem Lichte gesprochen, das in der Seele ist, das ist ungeschaffen und unerschaffbar. Dieses nämliche Licht pflege ich immerzu in meinen Predigten zu berühren. Und dieses selbe Licht nimmt Gott unmittelbar, unbedeckt entblößt auf, so wie er in sich selbst ist; und zwar ist das ein Aufnehmen im Vollzuge der Eingebärung. Da kann ich (wiederum) wahrheitsgemäß sagen, daß dieses Licht mehr Einheit mit Gott hat, als es Einheit hat mit irgendeiner (Seelen-)Kraft, mit der es doch in Seinseinheit steht. Denn ihr müßt wissen, daß dieses Licht im Sein meiner Seele nicht edler ist als die niederste oder die allergrobsinnlichste Kraft, wie Gehör oder Gesicht oder eine andere Kraft, die Hunger oder Durst, Frost oder Hitze befallen kann; und das liegt darin begründet, daß das Sein einheitlich ist. Sofern man daher die (Seelen-) Kräfte im Sein nimmt, so sind sie alle eins und gleich edel; nimmt man die Kräfte aber in ihrem Wirken, so ist eine viel edler und höher als die andere.

Darum sage ich: Wenn sich der Mensch abkehrt von sich selbst und von allen geschaffenen Dingen – so weit du das tust, so weit wirst du geeint und beseligt in dem Fünklein in der Seele, das weder Zeit noch Raum je berührte. Dieser Funke widersagt allen Kreaturen und will nichts als Gott, unverhüllt, wie er in sich selbst ist. Ihm genügt's weder am Vater noch am Sohne noch am Heiligen Geist noch an den drei Personen (zusammen), sofern eine jede in ihrer Eigenheit besteht. Ich sage fürwahr, daß es diesem Lichte auch nicht genügt an der Einheitlichkeit des fruchtträchtigen Schoßes göttlicher Natur. Ja, ich will noch mehr sagen, was noch erstaunlicher klingt: Ich sage bei der ewigen und bei der immerwährenden Wahrheit, daß es diesem Lichte nicht genügt an dem einfaltigen, stillstehenden göttlichen Sein, das weder gibt noch nimmt: es will (vielmehr) wissen, woher dieses Sein kommt, es will in den einfaltigen Grund, in die stille Wüste, in die nie Unterschiedenheit hineinlugte, weder Vater noch Sohn noch Heiliger Geist. In dem Innersten, wo niemand daheim ist, dort (erst) genügt es diesem Licht, und darin ist es innerlicher als in sich selbst. Denn dieser Grund ist eine einfaltige Stille, die in sich selbst unbeweglich ist; von dieser Unbeweglichkeit aber werden alle Dinge bewegt und werden alle diejenigen »Leben« empfangen, die vernunftbegabt in sich selbst leben.

Daß (auch) wir in diesem Sinne vernunftgemäß leben, dazu helfe uns Gott. Amen.

Predigt 35

Videte, qualem caritatem dedit nobis pater, ut filii dei nominemur et simus
(1 Joh. 3, 1)

Man muß wissen, daß Gott zu erkennen und von Gott erkannt zu werden, Gott zu sehen und von Gott gesehen zu werden der Sache nach eins ist. Indem wir Gott erkennen und sehen, erkennen und sehen wir, daß er uns sehen und erkennen macht. Und ebenso, wie die Luft, die erleuchtet ist, nichts anderes ist, als daß sie erleuchtet, denn (eben) dadurch erleuchtet sie, daß sie erleuchtet ist, – so auch erkennen wir dadurch, daß wir erkannt werden und daß er (= Gott) uns sich erkennen macht. Darum sprach Christus: »Wiederum werdet ihr mich sehen«, das heißt: dadurch, daß ich euch sehen mache, dadurch erkennt ihr mich, und darauf folgt: »und euer Herz wird erfreut werden«, das heißt: in der Schau und in der Erkenntnis meiner, »und eure Freude wird euch niemand nehmen« (Joh. 16, 22).

Sankt Johannes spricht: »Sehet, welche Liebe uns Gott geschenkt hat, daß wir Gottes Kinder geheißen werden und sind« (1 Joh. 3, 1). Er sagt nicht nur: »geheißen werden«, sondern auch: »sind«. Ebenso sage ich: Sowenig der Mensch weise sein kann ohne Wissen, sowenig kann er Sohn sein ohne das sohnhafte Sein des Sohnes Gottes, und ohne daß er dasselbe Sein des Sohnes Gottes hat, das dieser selbst besitzt, eben gerade so, wie Weise-Sein nicht sein kann ohne Wissen. Daher: Sollst du der Sohn Gottes sein, so kannst du's nicht sein, du habest denn dasselbe Sein Gottes, das der Sohn Gottes hat. Dies aber ist uns jetzt verborgen, und danach steht geschrieben: »Vielgeliebte, wir sind Söhne Gottes« (1 Joh. 3, 2). Und was wissen wir? Dies, was er hinzufügt: »und wir werden ihm gleich (sein)« (1 Joh. 3, 2), das heißt, dasselbe, was er ist: dasselbe Sein und Empfinden und Verstehen und ganz dasselbe, was er dann ist, wenn »wir ihn sehen, wie er Gott ist« (1 Joh. 3, 2). Darum sage ich: Gott könnte nicht machen, daß ich der Sohn Gottes wäre, ohne daß ich das Sein des Sohnes Gottes hätte, sowenig wie Gott machen könnte, daß ich weise wäre, ohne daß ich Weise-Sein hätte. *Wie* (aber) sind wir Gottes Kinder? Noch wissen wir es nicht: »es ist uns noch nicht offenbar« (1 Joh. 3,2); nur so viel wissen wir davon, wie er sagt: »wir werden ihm gleich (sein)«. Es gibt gewisse Dinge, die uns dies in unseren Seelen verbergen und uns diese Erkenntnis verdecken.

Die Seele hat etwas in sich, ein Fünklein der Erkenntnisfähigkeit, das nimmer erlischt, und in dieses Fünklein als in das oberste Teil des Gemütes verlegt man das »Bild« der Seele. Nun gibt es aber in unseren Seelen auch ein auf äußere Dinge gerichtetes Erkennen, nämlich das sinnliche und verstandesmäßige Erkennen, das ein Erkennen in Vorstellungsbildern und in Begriffen ist und das uns jenes (Erkennen) verbirgt.

Wie (aber nun) sind wir »Söhne Gottes«? Dadurch, daß wir *ein* Sein mit ihm haben. Daß wir indessen etwas davon erkennen, daß wir der Sohn Gottes sind, dazu muß man äußeres und inneres Erkennen zu unterscheiden wissen. Das innere Erkennen ist jenes, das sich als vernunftartig im Sein unserer Seele fundiert. Indessen *ist* es nicht der Seele Sein, vielmehr *wurzelt* es darin und ist etwas vom Leben der Seele. Wenn wir sagen, dieses Erkennen sei etwas vom Leben der Seele, so meint das *vernünftiges* Leben, und in *diesem* Leben wird der Mensch als Gottes Sohn und zum ewigen Leben geboren. Und dieses Erkennen ist ohne Zeit, ohne Raum und ohne Hier und ohne Nun. In *diesem* Leben sind alle Dinge eins und alle Dinge miteinander alles in allem und alles in allem geeint.

Ich gebe ein Gleichnis: Im Leibe sind alle Teile des Leibes so geeint, daß das Auge auch dem Fuße und der Fuß dem Auge gehört. Könnte der Fuß sprechen, er würde sagen, das Auge, das im Kopf sitzt, sei *mehr* sein, als wenn es im Fuße säße, und dasselbe würde hinwiederum das Auge sagen. Und ebenso meine ich, daß alle Gnade, die in Maria ist, mehr und eigentlicher dem Engel gehört und mehr in ihm ist – sie, die in Maria ist –, als wenn sie in ihm oder in den Heiligen wäre. Denn alles, was Maria hat, das hat der Heilige und ist mehr sein, und die Gnade, die in Maria ist, schmeckt ihm mehr, als wenn sie in ihm (selbst) wäre.

Diese Deutung aber ist noch zu grob und zu stofflich, denn sie haftet an einem sinnlichen Gleichnis. Darum gebe ich euch eine andere Verdeutlichung, die noch lauterer und noch geistiger ist.

Ich sage: Im Reiche der Himmel ist alles in allem und alles eins und alles unser. Was Unsere Frau an Gnaden hat, das ist alles in mir – wenn ich dort bin – und keinesfalls als ausquillend und ausströmend aus Maria, sondern als in mir (seiend) und als mein Eigen und nicht als von fremdher kommend. Und so sage ich: Was dort einer hat, das hat (auch) der andere und (zwar) nicht als von dem andern oder in dem andern, sondern als in ihm selbst (seiend), dergestalt, daß die Gnade, die in einem ist, völlig auch im andern ist, ganz so, wie seine eigene Gnade in ihm ist.

So auch ist der Geist im Geiste. Darum sage ich: Ich kann nicht der Sohn Gottes sein, wenn ich nicht dasselbe Sein habe, das der Sohn Gottes hat, und (eben) durch das Haben desselben Seins werden wir ihm gleich und sehen wir ihn, wie er Gott ist. Aber das ist noch nicht offenbar, was *wir* (dann) werden. Darum sage ich: In *diesem* (verdeutlichten) Sinne gibt es (da) kein »Gleich« und keine Unterschiedenheit, vielmehr: ohne allen Unterschied werden wir dasselbe Sein, dieselbe Substanz und Natur, die er selber ist, (sein). Aber »das ist nun noch nicht offenbar«: dann erst ist es offenbar, wenn »wir ihn sehen, wie er Gott ist«.

Gott macht uns sich selbst erkennen, und sein Sein ist sein Erkennen. Und es ist dasselbe, daß er mich erkennen macht und daß ich erkenne; und darum ist sein Erkennen mein, so wie es ein und dasselbe ist: im Meister, daß er lehrt, und im Jünger, daß er gelehrt wird. Und da denn sein Erkennen mein ist, und da seine Substanz sein Erkennen und seine Natur und sein Sein ist, so folgt daraus, daß sein Sein und seine Substanz und seine Natur mein sind. Und wenn denn seine Substanz, sein Sein und seine Natur mein sind, so bin ich der Sohn Gottes. »Sehet, Brüder, welche Liebe uns Gott geschenkt hat, daß wir der Sohn Gottes geheißen werden und sind!«

Beachtet (nun), *wodurch* wir der Sohn Gottes sind: dadurch, daß wir dasselbe Sein haben, das der Sohn hat. *Wie* aber ist man der Sohn Gottes, oder wie *weiß* man es, daß man es ist, da doch Gott niemandem gleich ist? Dies (letztere) ist (freilich) wahr. Isaias sagt (ja doch): »Wem habt ihr ihn verglichen, oder was für ein Bild gebt ihr ihm?« (Is. 40, 18). Da es denn Gottes Natur ist, daß er niemandem gleich ist, so müssen wir notgedrungen dahin kommen, daß wir *nichts* sind, auf daß wir in dasselbe Sein versetzt werden können, das er selbst ist. Wenn ich daher dahin komme, daß ich mich in nichts einbilde und nichts in mich einbilde und (alles) hinauswerfe, was in mir ist, so kann ich in das bloße Sein Gottes versetzt werden, und das ist das reine Sein des *Geistes*. Da muß alles das ausgetrieben werden, was (irgendwie) Gleichheit ist, auf daß ich in Gott hinüberversetzt und eins mit ihm werde und *eine* Substanz, *ein* Sein und *eine* Natur und (damit) der Sohn Gottes. Und nachdem dies geschehen ist, ist nichts (mehr) verborgen in Gott, das nicht offenbar oder nicht mein würde. Dann werde ich weise und mächtig und alle Dinge, wie er, und ein und dasselbe mit ihm. Dann wird Sion ein wahrhaft Sehender, ein »wahrer Israel«, das heißt »ein Gott-sehender Mann«, denn ihm ist nichts verborgen in der Gottheit. Da wird der Mensch in Gott geleitet. Damit mir aber nichts verborgen bleibe in Gott, was mir nicht offenbar würde, darf in mir kein Gleiches und kein Bild offen sein, denn kein Bild öffnet uns die Gottheit noch Gottes Sein. Bliebe irgendein Bild oder irgendein Gleiches in dir, so würdest du niemals eins mit Gott. Darum: Auf daß du mit Gott eins seiest, darf in dir nichts Ein- noch Aus-»gebildetes« sein, das heißt, daß nichts in dir verdeckt sei, das nicht offenbar und hinausgeworfen werde.

Gib acht, worin das Unzulängliche liegt! Das kommt vom Nichts. Was demnach vom Nichts im Menschen ist, das muß getilgt werden; denn solange solches Unzulängliches in dir ist, bist du nicht der Sohn Gottes. Daß der Mensch klagt und leidvoll ist, das kommt stets nur vom Unzulänglichen. Darum muß, auf daß der Mensch Gottes Sohn werde, dies alles getilgt und ausgetrieben sein, so daß weder Klage noch Leid da sei. Der Mensch ist weder Stein noch Holz, denn das ist alles Unzulängliches und Nichts. Wir werden »ihm« nicht gleich, wenn dieses Nichts nicht ausgetrieben wird, so daß wir alles in allem werden, wie Gott alles in allem ist.

Es gibt zweierlei Geburt der Menschen: eine *in* die Welt und eine *aus* der Welt, will sagen: geistig in Gott hinein. Willst du wissen, ob dein Kind geboren werde und ob es entblößt sei, das heißt: ob du zu Gottes Sohn gemacht seist? – Solange du Leid in deinem Herzen hast um irgend etwas, und sei's selbst um Sünde, solange ist dein Kind nicht geboren. Hast du Herzeleid, so bist du (noch) nicht Mutter, du bist vielmehr (noch) im Gebären und *nahe* der Geburt. Gerate (aber) deshalb nicht in Zweifel, wenn du leidvoll bist um dich oder um deinen Freund: ist es (da zwar noch) nicht geboren, so ist es doch *nahe* der Geburt. Dann aber ist es vollkommen geboren, wenn der Mensch um nichts von Herzen Leid empfindet: dann hat der Mensch das Sein und die Natur und die Substanz und die Weisheit und die Freude und alles, was Gott hat. Dann wird dasselbe Sein des Sohnes Gottes unser und in uns, und wir kommen in dasselbe Sein Gottes.

Christus sagt: »Wer mir nachfolgen will, der verleugne sich selbst und hebe sein Kreuz auf und folge mir« (Mark. 8, 34; Matth. 16, 24). Das heißt: Alles Herzeleid wirf hinaus, so daß in deinem Herzen nichts als stete Freude sei. So denn ist das Kind geboren. Ist dann aber das Kind in mir geboren, und sähe ich dann meinen Vater und alle meine Freunde vor meinen Augen töten, so würde mein Herz dadurch nicht bewegt. Würde aber mein Herz dadurch bewegt, so wäre das Kind in mir nicht geboren, vielleicht aber wäre es *nahe* der Geburt. Ich sage: Gott und die Engel haben so große Freude durch jegliches Werk eines guten Menschen, daß dem keine Freude gleichen könnte. Darum sage ich: Geschieht's, daß das Kind in dir geboren wird, so hast du so große Freude durch jedes der guten Werke, die in dieser Welt geschehen, daß deine Freude die allergrößte Beständigkeit erlangt, so daß sie sich nicht ändert. Deshalb sagt er: »Eure Freude wird euch niemand nehmen« (Joh. 16, 22). Und bin ich recht hinüberversetzt in das göttliche Sein, so wird Gott mein und alles, was er hat. Darum sagt er: »Ich bin Gott, dein Herr« (2 Mos. 20, 2). *Dann* habe ich rechte Freude, wenn weder Leid noch Qual sie mir nehmen kann; denn dann bin ich versetzt in das göttliche Sein, in dem kein Leid Raum hat. Sehen wir doch, daß in Gott weder Zorn noch Betrübnis ist, sondern (nur) Liebe und Freude. Scheint es auch, daß er mitunter über den Sünder zürne: es ist nicht Zorn, es ist Liebe, denn es kommt aus großer göttlicher Liebe; die er liebt, die straft er ja, denn er ist die Liebe, die da ist der Heilige Geist. So also kommt der Zorn Gottes aus der Liebe, denn er zürnt ohne Bitternis.

Wenn du daher dahin kommst, daß du weder Leid noch Kümmernis um irgend etwas haben kannst, so daß dir Leid nicht Leid ist und alle Dinge dir ein lauterer Frieden sind, *dann* ist das Kind *wirklich* geboren.

So denn befleißigt euch, daß das Kind nicht nur geboren *werde*, sondern geboren *sei*, so wie in Gott der Sohn allzeit geboren *ist* und allzeit geboren *wird*.

Daß uns dies widerfahre, dazu helfe uns Gott. Amen.

Predigt 36

Scitote, quia prope est regnum dei (Luc. 21, 31)

Unser lieber Herr spricht hier: »Wisset, daß das Reich Gottes euch nahe ist« (Luk. 21, 31). Ja, das Reich Gottes ist in uns, und Sankt Paulus sagt, daß unser Heil näher bei uns ist, als wir glauben (Röm. 13, 11).

»Wissen sollt ihr« nun zum ersten, *wie* »das Reich Gottes« uns »nahe« ist; zum andern, *wann* »das Reich Gottes« uns »nahe« ist. Deshalb müssen wir den Sinn mit Fleiß bedenken. Denn wäre ich ein König, wüßte es aber selber nicht, so wäre ich kein König. Hätte ich aber den festen Glauben, daß ich ein König wäre und meinten und glaubten das alle Menschen mit mir und wüßte ich für gewiß, daß alle Menschen es meinten und glaubten, so *wäre* ich ein König, und so wäre der ganze Reichtum des Königs mein, und nichts davon gebräche mir. Diese drei Dinge gehören notwendig dazu, wenn ich ein König sein soll. Gebräche mir aber eines von diesen drei Dingen, so könnte ich kein König sein. Ein Meister spricht – und so auch unsere besten Meister –, die Seligkeit liege daran, daß man erkenne und »wisse« das höchste Gut, das Gott selbst ist. Ich habe eine Kraft in meiner Seele, die Gottes ganz und gar empfänglich ist. Ich bin des so gewiß, wie ich lebe, daß mir nichts so »nahe« ist wie Gott. Gott ist mir näher, als ich mir selber bin; mein Sein hängt daran, daß mir Gott »nahe« und gegenwärtig sei! Er ist es auch einem Steine und einem Holze, sie aber *wissen* nichts davon. *Wüßte* das Holz um Gott und erkennte es, wie »nahe« er ihm ist, so wie der höchste Engel dies erkennt, so wäre das Holz ebenso selig wie der höchste Engel. Und darum ist der Mensch seliger als ein Stein oder ein Holz, weil er Gott erkennt und *weiß*, wie »nahe« ihm Gott ist. Und um soviel seliger ist er, je mehr er dies erkennt, und um soviel weniger ist er selig, je weniger er dies erkennt. Nicht dadurch ist er selig, daß Gott in ihm ist und ihm so »nahe« ist und daß er Gott hat, sondern dadurch, daß er *erkennt*, wie »nahe« Gott ihm ist und daß er um Gott »*wisse*«. Und ein solcher Mensch wird erkennen, »daß Gottes Reich nahe ist«.

Der Prophet spricht im Psalter: »Ihr sollt nicht unwissend sein wie ein Maultier oder ein Pferd« (Tob. 6, 17). Ein anderes Wort spricht Jakob der Patriarch: »Wahrlich, Gott ist an dieser Stätte, und ich wußte es nicht« (1 Mos. 28, 16). Man soll um Gott »wissen« und soll erkennen, »daß Gottes Reich nahe ist«.

Wenn ich über »Gottes Reich« nachdenke, dann läßt mich das oft verstummen ob seiner Größe. Denn »Gottes Reich«, das ist Gott selber mit seinem ganzen Reichtum. »Gottes Reich« ist kein kleines Ding: Stellte man sich alle Welten vor, die Gott erschaffen könnte: *das* ist Gottes Reich nicht! Ich pflege zuweilen ein Wort zu sagen: In welcher Seele »Gottes Reich« sichtbar wird und welche »Gottes Reich« als ihr »nahe« erkennt, der braucht man nicht zu predigen noch Belehrung zu geben: sie wird *dadurch* belehrt und des ewigen Lebens versichert. Wer *weiß* und erkennt, *wie* »nahe« ihm »Gottes Reich« ist, der kann mit Jakob sagen: »Gott ist an dieser Stätte, und ich wußte es nicht« (1 Mos. 28, 16); nun aber weiß ich's.

Gott ist in allen Kreaturen gleich »nahe«. Der weise Mann sagt: Gott hat seine Netze und Stricke über alle Kreaturen ausgespreitet (vgl. Ez. 12, 13), so daß man ihn in einer jeglichen finden und erkennen kann, wenn man's nur wahrnehmen *will*. Ein Meister sagt: *Der* erkennt Gott recht, der ihn in *allen* Dingen gleicherweise erkennt. Ich habe auch einmal gesagt: Daß man Gott in Furcht dient, das ist gut; daß man ihm aus Liebe dient, das ist besser; daß man aber die Liebe *in* der Furcht zu fassen vermag, *das* ist das allerbeste. Daß ein Mensch ein ruhiges oder rastliches Leben in Gott hat, das ist gut; daß der Mensch ein mühevolles Leben mit Geduld erträgt, das ist besser; aber daß man Ruhe habe *im* mühevollen Leben, *das* ist das allerbeste. Ein Mensch gehe übers Feld und spreche sein Gebet und erkenne Gott, oder er sei in der Kirche und erkenne Gott: erkennt er *darum* Gott mehr, weil er an einer ruhigen Stätte weilt, so kommt das von seiner Unzulänglichkeit her, nicht aber von Gottes wegen; denn Gott ist gleicherweise in allen Dingen und an allen Stätten und ist bereit, sich in gleicher Weise zu geben, soweit es an ihm liegt; und *der* (nur) erkennte Gott recht, der ihn als gleich erkennte.

Sankt Bernhard spricht: Warum erkennt mein *Auge* den Himmel und nicht meine Füße? Das kommt daher, weil mein Auge dem

Himmel mehr gleicht als meine Füße. Soll nun meine Seele Gott erkennen, so muß sie himmlisch sein. Was aber nun bringt die Seele dahin, daß sie Gott in sich erkenne und »wisse«, wie »nahe« ihr Gott sei? Gebt denn acht! Der Himmel kann keinen fremden Eindruck empfangen; keine peinvolle Not kann auf ihn eindrücken, die ihn aus der Bahn zu bringen vermöchte. So auch muß die Seele, die Gott erkennen soll, so gefestigt und gestetigt sein in Gott, daß nichts sich in sie einzudrücken vermag, weder Hoffnung noch Furcht, weder Freude noch Jammer, weder Liebe noch Leid noch irgend etwas, das sie aus der Bahn zu bringen vermöchte. Der Himmel ist weiterhin an allen Orten gleich fern von der Erde. So auch soll die Seele gleich fern sein von allen irdischen Dingen, so daß sie dem einen nicht näher sei als dem andern; sie soll sich gleich fern davon halten in Freude und in Leid, im Haben und Entbehren, was es auch sei: dem allen soll sie völlig abgestorben, gelassen und erhaben gegenüberstehen.

Der Himmel ist (auch) rein und klar ohne alle Flecken; den Himmel berührt weder Zeit noch Raum. Alle körperlichen Dinge haben darin keine Stätte. Er steht auch nicht innerhalb der Zeit, sein Umlauf ist unglaublich schnell; sein Lauf ist zeitlos, von seinem Laufe aber kommt die Zeit. Nichts hindert die Seele so sehr an der Erkenntnis Gottes wie Zeit und Raum. Zeit und Raum sind Stücke, Gott aber ist Eines. Soll daher die Seele Gott erkennen, so muß sie ihn erkennen oberhalb von Zeit und Raum; denn Gott ist weder dies noch das, wie diese (irdischen) mannigfaltigen Dinge (es sind): denn Gott ist Eines.

Soll die Seele Gott sehen, so darf sie auf kein Ding in der Zeit sehen; denn solange die Seele der Zeit oder des Raums oder irgendeiner Vorstellung dergleichen bewußt wird, kann sie Gott niemals erkennen. Wenn das Auge die Farbe erkennen soll, so muß es vorher aller Farbe entblößt sein. Soll die Seele Gott erkennen, so darf sie mit dem Nichts nichts gemein haben. Wer Gott erkennt, der erkennt, daß alle Kreaturen (ein) Nichts sind. Wenn man eine Kreatur gegen die andere hält, so scheint sie schön und ist etwas; stellt man sie aber Gott gegenüber, so ist sie nichts.

Ich sage weiterhin: Soll die Seele Gott erkennen, so muß sie auch sich selbst vergessen und muß sich selbst verlieren; denn solange sie sich selbst sieht und erkennt, so sieht und erkennt sie Gott nicht. Wenn sie sich (aber) um Gottes willen verliert und alle Dinge aufgibt, so findet sie sich wieder in Gott. Indem sie Gott erkennt, erkennt sie sich selbst und alle Dinge, von denen sie sich geschieden hat, in Gott auf vollkommene Weise. Soll ich das höchste Gut oder die ewige Gutheit wahrhaft erkennen, so muß ich sie da erkennen, wo sie die Gutheit in sich selbst ist, nicht wo die Gutheit zerteilt ist. Soll ich das Sein wahrhaft erkennen, so muß ich es erkennen, wo das Sein in sich selbst ist, das heißt: in Gott, nicht wo es zerteilt ist: in den Kreaturen.

In Gott allein ist das ganze göttliche Sein. In einem Menschen ist nicht die ganze Menschheit, denn *ein* Mensch ist nicht alle Menschen. Aber in Gott erkennt die Seele die ganze Menschheit und alle Dinge im Höchsten, denn sie erkennt sie (da) nach dem *Sein.*

Ein Mensch, der in einem schön ausgemalten Hause wohnt, der weiß viel mehr davon als ein anderer, der nie hineinkam und doch viel davon erzählen wollte. Ebenso bin ich des so gewiß, wie daß ich lebe und daß Gott lebt: Soll die Seele Gott erkennen, so muß sie ihn erkennen oberhalb von Zeit und Raum. Und eine solche Seele erkennt Gott und weiß, wie »nahe Gottes Reich ist«, das heißt: Gott mit allem seinem Reichtum. Die Meister werfen viele Fragen in der Schule darüber auf, wie es möglich sei, daß die Seele Gott erkennen könne. Es kommt nicht von Gottes Gerechtigkeit und Strenge, daß er viel heischt vom Menschen; es kommt von seiner großen Gebefreudigkeit, wenn er will, daß die Seele sich weite, auf daß sie *viel* empfangen und er ihr *viel* geben könne.

Niemand soll glauben, daß es schwer sei, hierzu zu gelangen, wenngleich es schwer klingt und auch schwer *ist* am Anfang und im Abscheiden und Absterben gegenüber allen Dingen. Aber, wenn man (erst) hineinkommt, so hat es nie ein leichteres, lustvolleres und liebenswerteres Leben gegeben. Denn Gott ist sehr beflissen, allzeit bei dem Menschen zu sein, und belehrt ihn, auf daß er ihn zu sich bringe, wenn anders er folgen will. Nie hat ein Mensch nach irgend etwas so sehr begehrt, wie Gott danach begehrt, den Menschen dahin zu bringen, daß er ihn erkenne. Gott ist allzeit bereit, *wir* aber sind sehr unbereit; Gott ist uns »nahe«, *wir* aber sind ihm fern; Gott ist drinnen, *wir* aber sind draußen; Gott ist (in uns) daheim, *wir* aber sind in der Fremde.

Der Prophet spricht: »Gott führt die Gerechten durch einen engen Weg in die breite Straße, auf daß sie kommen in die Weite und in die Breite« (Weish. 10, 10ff.), das heißt: in die wahre Freiheit *des* Geistes, der mit Gott *ein* Geist geworden ist.

Daß wir ihm alle folgen, auf daß er uns bringe in sich, wo wir ihn wahrhaft erkennen, dazu helfe uns Gott. Amen.

Predigt 37

Surrexit autem Saulus de terra apertisque occulis nihil videbat
(Act. 9, 8)

Dieses Wort, das ich gesprochen habe auf lateinisch, das schreibt Sankt Lukas in seinem Evangelium über Sankt Paulus, und es lautet so: »Paulus stand auf von der Erde, und mit offenen Augen sah er nichts« (Apg. 9, 8).

Mich dünkt, daß dies Wörtlein vierfachen Sinn habe. Der eine Sinn ist dieser: Als er aufstand von der Erde, sah er mit offenen Augen nichts, und dieses Nichts war Gott: denn als er Gott sah, das nennt er ein Nichts. Der zweite Sinn: Als er aufstand, da sah er *nichts als* Gott. Der dritte: In allen Dingen sah er nichts als Gott. Der vierte: Als er Gott sah, da sah er alle Dinge als ein Nichts.

Vorher hat er berichtet, wie ein Licht plötzlich vom Himmel kam und ihn zu Boden schlug (Apg. 9, 3). Nun merkt darauf, daß er sagt: Ein Licht kam vom Himmel (vgl. Apg. 9, 3). Unsere besten Meister sagen, der Himmel habe in sich selbst Licht und doch leuchte er nicht. Auch die Sonne hat Licht in sich selbst, sie aber leuchtet (zugleich). Ebenso haben die Sterne Licht, wenngleich es ihnen zufließt. Unsere Meister sagen: Das Feuer in seiner einfaltigen, natürlichen Lauterkeit an seiner obersten Statt leuchtet nicht. Seine Natur ist dort so lauter, daß kein Auge es auf irgendwelche Weise zu sehen vermag. Es ist so fein und den Augen so fremd, daß, wenn es hienieden vor den Augen wäre, das Auge es mit der Sehkraft nicht zu berühren vermöchte. An einem fremden Ding aber sieht man es wohl, da, wo es etwa von einem Stück Holz oder Kohle aufgenommen wird.

Unter dem Licht des Himmels verstehen wir das Licht, das Gott ist, das keines Menschen Sinn zu erreichen vermag. Daher spricht Sankt Paulus: »Gott wohnt in einem Lichte, zu dem niemand zu gelangen vermag« (1 Tim. 6, 16). Er sagt: »Gott ist ein Licht, zu dem es keinen Zugang gibt.« Zu Gott gibt es keinen Zugang. Wer noch im Aufgang und Zunehmen an Gnade und Licht begriffen ist, der kam noch nie in Gott. Gott ist kein zunehmendes Licht: wohl aber muß man durch Zunehmen zu ihm hingekommen sein. *Im* Zunehmen (an sich) sieht man Gott nicht. Soll Gott gesehen werden, so muß es in einem Lichte geschehen, das Gott selbst ist. Ein Meister sagt: In Gott gibt es kein Weniger und Mehr noch dies und das. Solange wir uns im Zugang befinden, kommen wir nicht hinein.

Nun sagt er: »Ein Licht vom Himmel umleuchtete ihn« (Apg. 9, 3). Damit meint er: Alles, was zu seiner Seele gehörte, das ward umfangen. Ein Meister sagt, in diesem Licht schnellen empor und erhöhen sich alle Kräfte der Seele: die äußeren Sinne, mit denen wir sehen und hören, wie auch die inneren, die wir Gedanken nennen. Wie weit diese (= Gedanken) sind und wie unergründlich, das ist ein Wunder: kann ich doch ebenso leicht mir etwas denken, das jenseits des Meers ist, wie das, was dicht bei mir ist. Über die Gedanken hinaus aber geht die Vernunft, soweit sie noch sucht. Sie geht ringsum und sucht; sie späht hier- und dorthin, und sie nimmt auf und verliert. Über dieser Vernunft aber, die (noch) sucht, ist (noch) eine andere Vernunft, die da nicht (mehr) sucht, die da in ihrem lautern, einfaltigen Sein steht, das in jenem Lichte umfangen ist. Und ich sage, daß in diesem Lichte *alle* Kräfte der Seele sich erhöhen. Die Sinne springen auf in die Gedanken. Wie hoch aber und wie unergründlich die sind, das weiß niemand als Gott und die Seele. Unsere Meister sagen – es ist eine schwere Frage –, daß (selbst) die Engel von den Gedanken nichts wissen, dafern sie nicht ausbrechen und emporspringen in die Vernunft, die sucht, und die Vernunft, die sucht, in die Vernunft springt, die nicht (mehr) sucht, die vielmehr in sich selbst ein lauteres Licht ist. Dieses Licht umfaßt in sich alle Kräfte der Seele. Darum sagt er: »Das Licht des Himmels umleuchtete ihn.«

Ein Meister sagt: Alle Dinge, aus denen Ausfluß erfolgt, empfangen nicht von den niederen (unter ihnen liegenden) Dingen. Gott fließt in alle Kreaturen, und doch bleibt er unberührt von ihnen allen. Er bedarf ihrer nicht. Gott verleiht der Natur das Vermögen zu wirken, und ihr erstes Werk ist das Herz. Deshalb glaubten einige Meister, die Seele stecke ganz im Herzen und fließe daraus belebend in die anderen Glieder. Dem ist nicht so. Die Seele ist (vielmehr) ganz in einem jeglichen Gliede. Wohl ist es wahr, daß ihr erstes Werk im Herzen liegt. Das Herz liegt in der Mitte, es will rings umhütet sein. – So also hat der Himmel keinerlei fremden Einfluß und kein Empfangen von irgend etwas her. Er hat (vielmehr) alle Dinge in sich. Er berührt alle Dinge, während er unberührt bleibt. Selbst das Feuer, so hoch es an seiner obersten Statt sein mag, berührt doch den Himmel nicht.

In der Umleuchtung ward er zu Boden geworfen und wurden ihm seine Augen aufgeschlossen, so daß er mit offenen Augen alle Dinge als (ein) Nichts sah (vgl. Apg. 9, 8). Und als er alle Dinge als (ein) Nichts sah, da sah er Gott.

Nun gebt acht! Die Seele spricht im Buch der Liebe dies Wort: »In meinem Bettlein habe ich die ganze Nacht hindurch gesucht den meine Seele liebt, und ich fand ihn nicht« (Hohel. 3, 1). Sie suchte ihn in dem Bettlein, das bedeutet: Wer da haften oder hängen bleibt an irgend etwas, das unter Gott ist, dessen Bett ist zu eng. Alles, was Gott zu schaffen vermag, das ist (zu) eng. Sie sagt: »Ich suchte ihn die ganze Nacht hindurch.« Es gibt keine Nacht, die kein Licht habe; jedoch ist es verdeckt. Die Sonne scheint in der Nacht (auch), doch ist sie verdeckt. Tagsüber (aber) scheint sie und verdeckt (ihrerseits) alle anderen Lichter. So auch tut's das göttliche Licht: das verdeckt alle Lichter. Was wir an den Kreaturen suchen, das ist alles Nacht. Es ist (wirklich) meine Meinung: Alles, was wir an irgendeiner Kreatur suchen, das ist alles Schatten und ist Nacht. Selbst noch des obersten Engels Licht, so hoch es (auch) sei, leuchtet doch der Seele nicht. Alles, was nicht das *erste* Licht ist, das ist alles Dunkel und ist Nacht. Daher findet sie Gott nicht. »Da stand ich auf und suchte ringsum und lief durch Weite und Enge. Da fanden mich die Wächter – das waren die Engel –, und ich fragte sie, ob sie den nicht gesehen hätten, den meine Seele liebt? Und sie schwiegen.« Vielleicht vermochten sie ihn nicht zu benennen. »Als ich dann ein wenig weiterging, da fand ich, den ich suchte« (Hohel. 3, 2/4). Von dem Wenigen und Kleinen, das sie da hinderte, so daß sie ihn nicht fand, habe ich auch sonst schon gesprochen. Für wen alle vergänglichen Dinge nicht gering und soviel wie ein Nichts sind, der findet Gott nicht. Deshalb sprach sie: »Als ich ein wenig weiterging, da fand ich, den ich suchte.« Wenn Gott sich in die

Seele einbildet und eingießt, nimmst du ihn dann als ein Licht oder als ein Sein oder als eine Gutheit, – erkennst du noch irgend etwas von ihm, so ist es nicht Gott. Seht, über dieses »Kleine« muß man hinausschreiten und muß alle Beifügungen abziehen und Gott als Eines erkennen. Deshalb sagt sie: »Als ich ein wenig weiterging, da fand ich, den meine Seele liebt.«

Nun sagen *wir* gar oft: »den meine Seele liebt«. Warum (aber) sagt *sie*: »den meine Seele liebt«? Nun, er ist doch gar hoch über der Seele, und (so) nannte sie ihn nicht, den sie liebte. Es sind vier Gründe, weshalb sie ihn nicht nannte. Der eine Grund ist der, daß Gott namenlos ist. Hätte sie ihm (einen) Namen geben sollen, so hätte man sich dabei etwas (Bestimmtes) denken müssen. Gott aber ist über alle Namen, niemand kann so weit kommen, Gott aussprechen zu können. Der zweite Grund, weshalb sie ihm keinen Namen gab, ist (dieser): Wenn die Seele in Liebe völlig in Gott verfließt, so weiß sie von nichts anderem (mehr) als von Liebe. Sie glaubt, daß alle Leute ihn kennen wie sie (selbst). Es wundert sie, daß jemand (noch) etwas anderes erkennt als Gott allein. Der dritte Grund ist: Sie hatte nicht soviel Zeit, ihn zu nennen. Sie kann sich nicht so lange von der Liebe abkehren; sie kann kein anderes Wort hervorbringen als (nur): Liebe. Der vierte Grund: Vielleicht wähnt sie, er habe keinen andern Namen als »Liebe«; mit »Liebe« spricht sie zugleich alle Namen aus. Daher (also) spricht sie: »Ich stand auf und ging durch Weite und durch Enge. Als ich da ein wenig weiterging, da fand ich, den meine Seele liebt.«

»Paulus stand auf von der Erde, und mit offenen Augen sah er nichts.« Ich kann nicht sehen, was Eins ist. Er sah nichts: das war Gott. Gott ist ein Nichts, und Gott ist ein Etwas. Was etwas ist, das ist auch nichts. Was Gott ist, das ist er ganz. Daher sagt der erleuchtete Dionysius, wo immer er von Gott schreibt: Er ist (ein) Über-Sein, er ist (ein) Über-Leben, er ist (ein) Über-Licht. Er legt ihm weder dies noch das bei, und er deutet (damit) an, daß er (irgend etwas) ich weiß nicht was sei, das gar weit darüber hinaus liege. Siehst du irgend etwas oder fällt irgend etwas in dein Erkennen, so ist das Gott nicht; eben deshalb nicht, weil er weder dies noch das ist. Wer sagt, Gott sei hier oder dort, dem glaubet nicht.

Das Licht, das Gott ist, das leuchtet in der Finsternis (Joh. 1, 5). Gott ist ein wahres Licht: wer das sehen soll, der muß blind sein und muß Gott von allem Etwas fern halten. Ein Meister sagt: Wer von Gott in irgendwelchem Gleichnis redet, der redet auf unlautere Weise von ihm. Wer aber mit nichts von Gott redet, der redet zutreffend von ihm. Wenn die Seele in das Eine kommt und darin eintritt in eine lautere Verwerfung ihrer selbst, so findet sie dort Gott als in einem Nichts. Es deuchte (einmal) einem Menschen wie in einem Traume – es war ein Wachtraum –, er würde schwanger vom Nichts wie eine Frau mit einem Kinde, und in diesem Nichts ward Gott geboren; der war die Frucht des Nichts. Gott ward geboren in dem Nichts. Daher spricht er: »Er stand auf von der Erde, und mit offenen Augen sah er nichts.« Er sah Gott, wo alle Kreaturen nichts sind. Er sah alle Kreaturen als ein Nichts, denn er (= Gott) hat aller Kreaturen Sein in sich. Er ist ein Sein, das alles Sein in sich hat.

Ein Weiteres meint er, wenn er sagt: »er sah nichts«. Unsere Meister sagen: Wer an äußeren Dingen irgend etwas erkennt, in den muß etwas »einfallen«, zum mindesten ein »Eindruck«. Wenn ich ein (Ab-) Bild von einem Dinge, etwa von einem Steine, gewinnen will, so ziehe ich das Allergröbste (davon) in mich hinein; das ziehe ich außen (von ihm) ab. So aber, wie es in meiner Seele Grunde ist, da ist es im Höchsten und Edelsten, ist es nichts als ein (geistiges) »Bild«. Bei allem, was meine Seele von außenher erkennt, fällt etwas Fremdes (in sie) ein; was ich aber an Kreaturen in Gott erkenne, dabei fällt nichts (in die Seele) ein als Gott allein, denn in Gott ist nichts als Gott. Wenn ich alle Kreaturen in Gott erkenne, so erkenne ich (sie als) nichts. Er sah Gott, in dem alle Kreaturen nichts sind.

Drittens, warum er nichts sah: das Nichts war Gott. Ein Meister sagt: Alle Kreaturen sind in Gott als ein Nichts, denn er hat aller Kreaturen Sein in sich. Er ist ein Sein, das alles Sein in sich hat. (Wieder) ein Meister sagt: Es gibt nichts unter(-halb von) Gott, wie nahe es auch bei ihm sei, in das nicht etwas (Fremdes) einfalle. Ein (weiterer) Meister sagt, der Engel erkenne sich selbst und Gott unmittelbar. Was er aber sonst (noch) erkennt, dabei fällt etwas

Fremdes ein, da gibt es noch einen Eindruck, so klein er auch sein mag. Sollen wir Gott erkennen, so muß es unmittelbar geschehen, darf nichts Fremdes dabei miteinfallen. Erkennen wir Gott in jenem Lichte, so muß es ganz eigenständig und in sich beschlossen sein, ohne jedes Einfallen irgendwelcher geschaffenen Dinge. Dann erkennen wir das ewige Leben ganz unmittelbar.

»Als er nichts sah, da sah er Gott.« Das Licht, das Gott ist, fließt aus und verfinstert alles (andere) Licht. In jenem Licht, in dem Paulus da sah, in dem sah er Gott, sonst nichts. Daher sagt Job: »Er gebietet der Sonne, daß sie nicht scheine, und hat die Sterne unter sich verschlossen wie unter einem Siegel« (Job. 9, 7). Dadurch, daß er von jenem Licht umfangen war, sah er sonst nichts; denn alles, was zu seiner Seele gehörte, war bekümmert und beschäftigt mit dem Lichte, das Gott ist, so daß er sonst nichts wahrzunehmen vermochte. Und das ist uns eine gute Lehre; denn, wenn wir uns um Gott bekümmern, so sind wir wenig von außen her bekümmert.

Viertens, warum er nichts sah: Das Licht, das Gott ist, das hat keinerlei Beimischung; es fällt keinerlei Beimischung hinein. Es war ein Zeichen dafür, daß er das wahre Licht sah, das da Nichts ist. Mit dem Lichte meint er nichts anderes, als daß er mit offenen Augen nichts sah. Damit daß er nichts sah, sah er das göttliche Nichts. Sankt Augustinus spricht: Als er nichts sah, da sah er Gott. Sankt Paulus sagt: Wer sonst nichts sieht und blind ist, der sieht Gott. Daher sagt Sankt Augustinus: Da Gott ein wahres Licht ist und für die Seele ein Halt und ihr näher ist als die Seele sich selbst, so muß es notwendig so sein, daß, wenn die Seele von allen gewordenen Dingen abgekehrt ist, Gott in ihr glänzt und strahlt.

Die Seele kann weder Liebe noch Angst haben, ohne zu wissen, woher. Wenn die Seele nicht hinausgeht zu äußeren Dingen, so ist sie heimgekommen und wohnt in ihrem einfaltigen, lauteren Licht: da liebt sie nicht noch hat sie Angst oder Furcht. Erkenntnis ist eine Grundfeste und ein Fundament alles Seins. Liebe (wiederum) kann nirgends anders haften als in Erkenntnis. Wenn die Seele blind ist und sonst nichts sieht, so sieht sie Gott, und das ist notwendig so. Ein Meister sagt: Das Auge in seiner höchsten Reinheit, wo es keine

Farbe (in sich) hat, sieht alle Farbe; nicht nur, wo es in sich selbst aller Farbe bloß ist, sondern (auch) da, wo es sich am Leibe befindet, (auch) da muß es ohne Farbe sein, wenn man Farbe erkennen soll. Was ohne Farbe ist, damit sieht man alle Farbe, und wäre es selbst unten an den Füßen. Gott (nun) ist ein so geartetes Sein, das alles Sein in sich trägt. Soll Gott der Seele bekannt werden, so muß sie blind sein. Darum sagt er: »Er sah das Nichts«, von dessen Licht alles Licht, von dessen Sein alles Sein *ist*. Daher sagt die Braut im Buch der Liebe: »Als ich ein wenig weiterging, da fand ich, den meine Seele liebt« (Hohel. 3, 4). Das Wenige, über das sie hinauskam, das waren alle Kreaturen. Wer *die* nicht zurückstößt, der findet Gott nicht. Sie gibt auch zu verstehen: Wie fein, wie lauter das auch sein mag, mittels dessen ich Gott erkenne, es muß hinweg. Ja, sogar, wenn ich das Licht, das wirklich Gott ist, nehme, insofern es meine Seele berührt, so ist dem unrecht. Ich muß es in dem (= da) nehmen, wo es ausbricht. Ich könnte das Licht nicht recht sehen, wo es auf die Wand scheint, wenn ich nicht mein Auge dahin kehrte, wo es ausbricht. Und selbst dann, wenn ich es da nehme, wo es ausbricht, muß ich auch dieses Ausbrechens noch entledigt werden: ich muß es nehmen, so wie es in sich selbst schwebend ist. Ja, selbst dann noch, sage ich, ist es das Richtige nicht: ich muß es nehmen, wo es weder berührend noch ausbrechend noch in sich selbst schwebend ist, denn das ist alles noch (Seins-)*Weise*. Gott aber muß man nehmen als Weise ohne Weise und als Sein ohne Sein, denn er hat keine Weise. Daher sagt Sankt Bernhard: Wer dich, Gott, erkennen soll, der muß dich messen ohne Maß.

Bitten wir unsern Herrn, daß wir in *die* Erkenntnis kommen mögen, die da ganz ohne Weise und ohne Maß ist. Dazu helfe uns Gott. Amen.

Predigt 38

Moyses orabat dominum deum suum (Ex. 32, 11)

Ich habe ein Wörtlein gesprochen auf lateinisch, das steht geschrieben in der Lesung, die man zum heutigen Tage liest, und das Wort lautet zu deutsch: »Moses bat Gott, seinen Herrn: Herr, warum zürnt dein Grimm gegen dein Volk? (2 Mos. 32, 11). Da antwortete ihm Gott und sprach: Moses, laß mich zürnen, gewähre mir das, erlaube mir das, vergönne mir das, gestatte mir das, daß ich zürne und mich räche an dem Volke. Und Gott verhieß dem Moses und sprach: Ich will dich erhöhen und will dich groß machen und will dein Geschlecht ausbreiten und will dich zum Herrn machen über ein großes Volk (2 Mos. 32, 10). Moses (aber) sprach: Herr, tilge mich aus dem Buche der Lebenden oder verschone das Volk!« (2 Mos. 32, 31f.).

Was will das sagen, wenn es heißt: »Moses bat Gott, seinen *Herrn*«? Wahrlich, soll Gott dein Herr sein, so mußt du sein Knecht sein; wirkst du aber dann dein Werk um deines eigenen Nutzens oder um deiner Lust oder um deiner eigenen Seligkeit willen, wahrlich, so bist du sein Knecht nicht; denn du suchst nicht Gottes Ehre allein, du suchst deinen eigenen Nutzen. Warum heißt es: »Gott, *seinen* Herrn«? Wenn Gott will, daß du krank seist, du aber gesund sein wolltest –, wenn Gott will, daß dein Freund sterbe, du aber wolltest, daß er gegen Gottes Willen lebte, wahrlich, so wäre Gott *dein* Gott nicht. Liebst du (aber) Gott und bist *dann* krank – in Gottes Namen! Stirbt dir dein Freund – in Gottes Namen! Geht ihm ein Auge verloren – in Gottes Namen! Mit einem solchen Menschen stünde es gar recht. Bist du aber krank und bittest Gott um Gesundheit, so ist dir die Gesundheit lieber als Gott, so ist er *dein* Gott nicht: er ist (der) Gott des Himmelreiches und des Erdreiches, *dein* Gott aber ist er nicht.

Nun merkt darauf, daß Gott spricht: »Moses, laß mich zürnen!« Ihr könntet da sagen: Warum zürnt Gott? – Um nichts anderes als um den Verlust unserer eigenen Seligkeit, denn das Seine sucht er nicht; so leid ist es Gott, daß wir unserer Seligkeit zuwider handeln. Nichts Leidvolleres konnte Gott widerfahren als die Marter und der Tod unseres Herrn Jesu Christi, seines eingeborenen Sohnes, den der um *unserer Seligkeit* willen erlitt. Nun merkt (noch einmal) darauf, daß Gott spricht: »Moses, laß mich zürnen!« Sehet denn nun, was ein guter Mensch bei Gott vermag! Es ist eine sichere und eine notwendige Wahrheit: Wer immer seinen Willen Gott gänzlich aufgibt, der fängt Gott und bindet Gott, so daß Gott nichts vermag, als was der Mensch will. Wer immer seinen Willen gänzlich aufgibt, dem gibt Gott hinwieder seinen Willen so gänzlich und so eigentlich, daß Gottes Wille dem Menschen zu eigen wird, und er (= Gott) hat bei sich selbst geschworen, daß er nichts vermag, als was der Mensch will; denn Gott wird niemals irgendwessen Eigen, der nicht zuerst sein (= Gottes) Eigen geworden ist.

Sankt Augustinus spricht: Herr, du wirst niemandes Eigen, er sei denn zuvor dein Eigen geworden. – Wir betäuben Gott Tag und Nacht und rufen: Herr, dein Wille geschehe! Und wenn dann (aber) Gottes Wille geschieht, so zürnen wir, und das ist gar unrecht. Wenn unser Wille Gottes Wille wird, das ist gut; wenn aber Gottes Wille unser Wille wird, das ist weit besser. Wenn dein Wille Gottes Wille wird und du dann krank bist, so würdest du nicht gegen Gottes Willen gesund sein wollen, wohl aber würdest du wollen, es möchte Gottes Wille sein, daß du gesund wärest. Und wenn es dir übel geht, so würdest du wollen, es möchte Gottes Wille sein, daß es dir wohl ginge. Wird hingegen Gottes Wille dein Wille und bist du *dann* krank – in Gottes Namen! Stirbt dein Freund – in Gottes Namen! Es ist eine sichere und eine notwendige Wahrheit: Wäre es so, daß alle Pein der Hölle und alle Pein des Fegefeuers und alle Pein der (ganzen) Welt daran hinge – der Wille würde es mit Gottes Willen ewig erleiden wollen immerfort in der Pein der Hölle und würde dies für immer als seine Seligkeit ansehen und würde in Gottes Willen die Seligkeit und alle Vollkommenheit Unserer Frau und aller Heiligen dreingeben und würde in ewiger Pein und bitterer Qual immerzu verharren wollen und könnte sich nicht einen Augenblick davon abkehren; ja, er vermöchte nicht einen Gedanken aufzubringen, irgend etwas anderes zu wollen. Wenn der Wille so (mit Gottes Willen) eins wird, daß ein einziges Eins daraus wird, dann gebiert der Vater vom Himmelreich seinen eingeborenen Sohn in sich (zugleich) in mich. Warum in sich (zugleich) in mich? Weil ich ja eins mit ihm bin, er *kann* mich nicht ausschließen; und in diesem Werke empfängt der Heilige Geist sein Sein und sein Wirken und sein Werden von mir ebenso wie von Gott! Warum? Weil ich ja doch in Gott bin. Empfängt er (d. h. der Heilige Geist) es nicht von *mir*, so empfängt er's auch von Gott nicht; er *kann* mich nicht ausschließen, in gar keiner Weise.

So gänzlich war des Moses Wille *Gottes* Wille geworden, daß Gottes Ehre an dem Volke ihm lieber war als seine eigene Seligkeit. Gott gab dem Moses eine Verheißung, er aber achtete dessen nicht; ja, hätte er ihm seine ganze Gottheit verheißen, Moses hätte es ihm nicht zugestanden (zu zürnen). Moses vielmehr bat Gott und sprach: »Herr, tilge mich aus dem Buch der Lebenden« (2 Mos. 32, 32). Die Meister stellen die Frage: Liebte Moses das Volk mehr als sich selbst? und sagen: Nein! denn Moses wußte wohl, daß, wenn er Gottes Ehre an dem Volke suchte, er damit Gott näher war, als wenn er Gottes Ehre an dem Volke preisgegeben und seine eigene Seligkeit gesucht hätte. So muß ein guter Mensch (geartet) sein, daß er in allen seinen Werken nicht das Seine suche, sondern einzig Gottes Ehre. Solange du mit deinen Werken irgendwie mehr (noch) auf dich selbst hingewendet bist oder auf einen Menschen mehr als auf einen andern, solange ist Gottes Wille noch nicht recht dein Wille geworden.

Unser Herr spricht in dem Evangelium: »Meine Lehre ist nicht meine Lehre, sondern dessen, der mich gesandt hat« (Joh. 7, 16). Ebenso soll es ein guter Mensch halten: Mein Werk ist nicht *mein* Werk, mein Leben ist nicht *mein* Leben. Und ist's, daß ich mich so verhalte: alle Vollkommenheit und alle Seligkeit, die Sankt Peter hat, und daß Sankt Paulus sein Haupt hinstreckte, und alle die Seligkeit, die sie dadurch erlangten – die beseligt mich ebenso wie sie, und ich will daran ebenso teilhaben, als wenn ich die Werke selbst gewirkt hätte. Mehr noch: Alle die Werke, die alle Heiligen und alle Engel je wirkten, und selbst jene, die Maria, Gottes Mutter, jemals wirkte, durch die will ich ewige Freude empfangen, wie wenn ich sie selbst gewirkt hätte.

Ich sage nun: »Menschheit« und »Mensch« ist zweierlei. Menschheit in sich selbst ist so edel, daß das Oberste der Menschheit Gleichheit mit den Engeln und Sippschaft mit der Gottheit hat. Die größte Einheit, die Christus mit dem Vater besessen hat, die ist mir zu gewinnen möglich, wenn ich (nur) ablegen könnte, was da ist von diesem oder von jenem, und mich als »Menschheit« zu fassen vermöchte. Alles denn, was Gott je seinem eingeborenen Sohne gab, das hat er mir ebenso vollkommen gegeben wie ihm und nicht weniger, ja, er hat es mir in höherem Maße gegeben: er gab meiner Menschheit in Christus mehr als ihm (selber), denn ihm *gab* er nichts, *besaß* er's doch von Ewigkeit her im Vater. Wenn ich dich schlage, so schlage ich zuvörderst einen Burkhard oder einen Heinrich und schlage erst dann den »Menschen«. Dies aber tat Gott nicht. Er nahm als erstes die »Menschheit« an. Wer ist ein Mensch? Wer nach Jesus Christus seinen eigenen Namen hat. Daher denn sagt unser Herr im Evangelium: »Wer einen von diesen hier anrührt, der greift *mir* in mein Auge« (Zach. 2, 8).

Nun wiederhole ich: »Moses bat Gott, seinen Herrn.« Viele Leute bitten Gott um alles, was *er* zu leisten vermag, sie wollen aber Gott nicht alles geben, was *sie* zu leisten vermögen; sie wollen mit Gott teilen und wollen ihm das Minderwertigste geben und nur ein wenig. Als Erstes aber, das Gott je gibt, gibt er stets sich selbst. Und wenn du Gott hast, so hast du mit Gott alle Dinge. Ich habe zuweilen gesagt: Wer Gott hat und zu Gott hinzu alle Dinge, der hat nicht mehr als einer, der Gott allein hat. Ich sage zudem: Tausend Engel sind in der Ewigkeit nicht mehr an Zahl als zwei oder einer, denn in der Ewigkeit gibt es keine Zahl: sie ist jenseits aller Zahl.

»Moses bat Gott, seinen Herrn.« »Moses« bedeutet soviel wie: einer, der aus dem Wasser emporgehoben wurde. – Nun werde ich wieder vom Willen sprechen. Wenn einer hundert Mark Goldes um Gottes willen hingäbe, das wäre eine große Tat und schiene etwas Bedeutendes zu sein; ich aber sage: Habe ich einen solchen *Willen* – vorausgesetzt daß ich hundert Mark besäße, um sie hingeben zu können –, und ist dieser mein Wille nur vollkommen, so habe ich (damit schon) Gott wirklich bezahlt, und er muß mir vergelten, als wenn ich ihm hundert Mark gezahlt hätte. Mehr noch sage ich: Hätte ich den Willen, dafern ich eine ganze Welt besäße, sie Gott hinzugeben, so *habe* ich Gott mit einer ganzen Welt gezahlt, und er muß mir vergelten, als ob ich ihm eine ganze Welt gezahlt hätte. Ja, ich sage: Würde der Papst von meiner Hand erschlagen, ohne daß es mit meinem Willen geschähe, so wollte ich an den Altar treten und wollte nichtsdestoweniger Messe lesen! Ich sage: »Menschheit« ist im ärmsten und verachtetsten Menschen ebenso vollkommen wie im Papste oder im Kaiser; denn »Menschheit« in sich selbst ist mir lieber als der Mensch, den ich an mir trage.

Daß wir ebenso mit Gott vereint werden, dazu helfe uns die Wahrheit, von der ich gesprochen habe! Amen.

Predigt 39

Adolescens, tibi dico: surge (Luc. 7, 14)

Man liest im Evangelium, daß Herr Sankt Lukas von einem Jüngling schreibt, der tot war. Da kam unser Herr des Weges und trat hinzu und erbarmte sich über ihn, berührte ihn und sprach: »Jüngling, ich sage und befehle dir, stehe auf!« (Luk. 7, 14).

Wisset nun: In allen guten Menschen ist Gott ganz, und es gibt ein Etwas in der Seele, worin Gott lebt, und es gibt ein Etwas in der Seele, wo die Seele in Gott lebt. Wenn (aber) die Seele sich herauskehrt auf äußere Dinge, so stirbt sie, und Gott stirbt auch für die Seele. Deshalb (aber) stirbt er keineswegs an sich selbst; vielmehr lebt er in sich selbst (fort). Wenn die Seele vom Leibe scheidet, so ist der Leib tot, die Seele aber lebt in sich selbst (fort); so auch ist Gott für jene Seele tot, und doch lebt er in sich selbst (fort). Wisset nun: Es ist eine Kraft in der Seele, die ist weiter als der weite Himmel, der da unglaublich weit ist, so weit, daß man's nicht recht auszusprechen vermag; – jene Kraft aber ist noch viel weiter.

Wohlan, nun gebt mit Fleiß acht! In jener edlen Kraft spricht nun der Vater zu seinem eingeborenen Sohn: »Jüngling, stehe auf!« Die Einung Gottes mit der Seele ist so groß, daß es kaum glaublich ist, und Gott ist in sich selbst so hoch, daß kein Erkennen noch Begehren dahin zu gelangen vermag. Das Begehren reicht weiter als alles, was man mit der Erkenntnis zu begreifen vermag. Es ist weiter als alle Himmel, ja als alle Engel, und dabei lebt doch von einem (bloßen) Fünklein des Engels alles, was auf Erden ist. Das Begehren ist weit, unermeßlich weit. Alles aber, was das Erkennen zu begreifen und alles, was das Begehren zu begehren vermag, das ist nicht Gott. Wo der Verstand und das Begehren enden, da ist es finster, da (aber) *leuchtet* Gott.

Unser Herr spricht nun: »Jüngling, ich sage dir, stehe auf!« Soll ich denn nun das Sprechen Gottes in mir vernehmen, so muß ich so völlig allem dem entfremdet sein, was mein ist, insonderheit im Bereich des Zeitlichen, wie mir das fremd ist, was jenseits des Meers ist. Die Seele ist so jung wie damals, als sie geschaffen ward in sich selbst, und das Alter, das ihr zufällt, gilt nur im Hinblick auf den Leib, insoweit sie (= die Seele) in den Sinnen tätig ist. Ein Meister sagt: Hätte ein alter Mensch eines jungen Menschen Augen, er sähe ebenso gut wie ein junger. Gestern saß ich an einer Stätte und sprach dort ein Wort, das klingt gar unglaublich, – ich sagte da: Jerusalem ist meiner Seele ebenso nahe wie die Stätte, wo ich jetzt stehe. Ja, in voller Wahrheit: (selbst) was über tausend Meilen weiter ist als Jerusalem, das ist meiner Seele so nahe wie mein eigener Leib, – und des bin ich so gewiß, wie daß ich ein Mensch bin, und es ist für gelehrte Pfaffen leicht einzusehen. Wisset, meine Seele ist so jung, wie da sie geschaffen ward, ja, noch viel jünger! Und wisset, es sollte mich nicht wundern, wenn sie morgen noch jünger wäre als heute!

Die Seele hat zwei Kräfte, die haben mit dem Leibe nichts zu tun, und das sind Vernunft und Wille: die wirken oberhalb der Zeit. Oh, wären doch der Seele Augen aufgetan, so daß das Erkennen klar die Wahrheit anschaute! Wisset, einem solchen Menschen fiele es so leicht, alle Dinge zu lassen wie eine Erbse oder eine Linse, ja, bei meiner Seele, das All wäre diesem Menschen wie ein Nichts! Nun gibt es gewisse Leute, die lassen von den Dingen aus Liebe, achten aber die Dinge, die sie gelassen haben, für gar groß. Jener Mensch aber, der in Wahrheit erkennt, daß, (selbst) wenn er sich selbst und alle Dinge aufgibt, dies immer noch nichts ist – oh, der Mensch, der *so* lebt, der besitzt in Wahrheit alle Dinge.

In der Seele ist eine Kraft, der sind alle Dinge gleich süß; ja, das Allergeringwertigste und das Allerbeste, das ist ganz gleich für diese Kraft; sie faßt alle Dinge oberhalb von »Hier« und »Jetzt«. »Jetzt« – das ist Zeit, und »Hier« – das ist Stätte, ist die Stätte, an der ich jetzt stehe. Wäre ich aber nun aus mir selbst ganz ausgegangen und meiner völlig ledig geworden, ei, so würde der Vater vom Himmel seinen eingeborenen Sohn in meinem Geiste so lauter gebären, daß der Geist ihn wiedergebären würde. Ja, in voller Wahrheit, wäre mein Geist ebenso bereit wie die Seele unsers Herrn Jesu Christi, so würde der Vater in mir ebenso lauter wirken wie in seinem eingeborenen Sohne und nicht minder; denn er liebt mich mit derselben Liebe, mit der er sich selbst liebt.

Sankt Johannes sprach: »Im Anfang war das Wort, und das Wort war bei Gott, und Gott war das Wort« (Joh. 1, 1). Wohlan, wer nun dieses Wort hören soll im Vater – dort ist es gar stille –, der (Mensch) muß gar stille und abgeschieden sein von allen Bildern und von allen Formen. Ja, der Mensch sollte sich so getreulich zu Gott halten, daß alle Dinge ihn ganz und gar nicht erfreuen noch betrüben könnten. Er soll (vielmehr) alle Dinge in Gott nehmen, so wie sie dort sind.

Nun spricht er: »Jüngling, ich sage dir, stehe auf!« Er will das Werk selbst wirken. Hieße mich jemand einen Stein tragen, so dürfte er mich ebenso gut tausend Steine tragen heißen wie einen, dafern er es (= das Tragen) selbst besorgen wollte. Oder hieße er einen (andern) einen Zentner tragen, so dürfte er ihn ebenso gut tausend Zentner tragen heißen, wenn er sie selber tragen wollte. Nun denn: Gott will dieses Werk selbst wirken, der Mensch braucht nur zu folgen und in nichts zu widerstehen. Ach, wollte die Seele nur *innen* wohnen, so hätte sie alle Dinge gegenwärtig. Es ist eine Kraft in der Seele, und nicht nur eine Kraft, vielmehr: ein Sein, und nicht nur ein Sein, vielmehr etwas, was vom Sein löst: es ist so lauter und so hoch und so edel in sich selbst, daß keine Kreatur dahinein kann, sondern einzig Gott: der wohnt darin. Ja, in voller Wahrheit, Gott selbst (auch) kann nicht dahinein, soweit er *Weise* an sich hat. Fürwahr, mit irgendeiner *Weise* kann Gott da nicht hinein: vielmehr einzig nur mit seiner bloßen göttlichen Natur kann Gott da hinein.

Wohlan, nun richtet euer Augenmerk darauf, daß er spricht: »Jüngling, ich *sage* dir ...« Was ist nun das »Sagen« Gottes? Es ist das *Werk* Gottes, und dieses Werk ist so edel und so erhaben, daß es Gott *allein* wirkt. Wisset nun, alle unsere Vollkommenheit und alle unsere Seligkeit hängt daran, daß der Mensch durchschreite und hinausschreite über alle Geschaffenheit und alle Zeitlichkeit und alles Sein und eingehe in den Grund, der grundlos ist.

Wir bitten Gott, unsern lieben Herrn, daß wir *Eins* und *innen*-wohnend werden. Dazu helfe uns Gott. Amen.

Predigt 40

Modicum et iam non videbitis me (Joh. 16, 16)

Ich habe ein Wort gesprochen auf lateinisch, das schreibt Sankt Johannes im Evangelium, das man an diesem Sonntage verliest. Dieses Wort sprach unser Herr zu seinen Jüngern: »Über ein kleines oder ein weniges, und alsbald werdet ihr mich nicht sehen« (Joh. 16, 16). Wenn etwas noch so Kleines an der Seele haftet, »so sehet ihr mich nicht«. Sankt Augustinus stellte die Frage, was ewiges Leben sei, und er antwortete und sprach: Fragst du mich, was ewiges Leben sei? Frage und höre das ewige Leben *selbst!* Niemand weiß besser, was die Hitze ist, als der, welcher die Hitze *hat*; niemand weiß besser, was die Weisheit ist, als der, welcher die Weisheit *hat*; niemand weiß besser, was ewiges Leben ist, als das ewige Leben selbst. Unser Herr Jesus Christus spricht nun: »Das ist ewiges Leben, daß man dich, Gott, allein erkenne als den einen, wahren Gott« (Joh. 17, 3).

Wer Gott (nur) von fern wie durch ein Vermittelndes hindurch oder in einer Wolke erkennen würde, (schon) der würde sich (selbst) um den Preis dieser ganzen Welt nicht einen Augenblick (mehr) von Gott trennen. Was glaubt ihr aber dann, wie überwältigend es ist, wenn man Gott unvermittelt schaut? Nun sagt unser Herr: »Über ein weniges oder ein kleines, und miteins werdet ihr mich nicht sehen.« Alle Kreaturen, die Gott je erschuf oder erschaffen könnte, wenn er wollte, das alles ist »ein weniges oder ein kleines« gegen Gott. Der Himmel ist so groß und so weit, daß ihr's nicht glauben würdet, wenn ich's euch sagte. Nähme man eine Nadel und berührte mit deren Spitze den Himmel, so wäre das, was die Spitze der Nadel vom Himmel erfaßte, größer im Vergleich zum Himmel und dieser ganzen Welt, als der Himmel und die ganze Welt Gott gegenüber ist. Darum ist es sehr treffend gesagt: »Über ein weniges oder ein kleines, und ihr werdet mich nicht sehen.« Solange noch irgend etwas von Kreatur in dich leuchtet, solange siehst du Gott nicht, wie klein es auch sein mag. Darum sprach die Seele im Buch der Liebe: »Ich bin umhergelaufen und habe gesucht, den meine Seele liebt, und ich fand ihn nicht« (Hohel.

3, 2). Sie fand Engel und mancherlei, aber den fand sie nicht, den ihre Seele liebte. Sie sprach (weiter): »Danach, als ich ein weniges oder ein kleines übersprang, da fand ich, den meine Seele liebt« (Hohel. 3, 4), recht als wenn sie hätte sagen wollen: »Als ich alle Kreaturen« – was ein »weniges« oder ein »kleines« ist – »überhüpft hatte, da fand ich, den meine Seele liebt«. Die Seele, die Gott finden soll, die muß alle Kreaturen überhüpfen und überspringen.

Wisset nun: Gott liebt die Seele so stark, daß, wenn man es Gott nähme, die Seele zu lieben, man ihm sein Leben und sein Sein nähme und Gott tötete, wofern man so etwas sagen dürfte; denn eben jene gleiche Liebe, mit der Gott die Seele liebt, in derselben Liebe blüht der Heilige Geist aus, und diese gleiche Liebe *ist* der Heilige Geist. Da nun Gott die Seele so stark liebt, so muß die Seele etwas ebenso Großes sein.

Ein Meister sagt im Buch von der Seele: Läge kein Vermittelndes dazwischen, so könnte das Auge eine Ameise oder eine Mücke am Himmel wahrnehmen. Und er hat wahr gesprochen und meint das Feuer und die Luft und mancherlei, was zwischen dem Himmel und dem Auge ist. Ein anderer Meister (aber) sagt: Wäre kein Vermittelndes, so sähe das Auge (überhaupt) nichts. Beide meinen sie Richtiges.

Der erste sagt: Läge kein Vermittelndes dazwischen, so könnte das Auge eine Ameise am Himmel wahrnehmen. Und er meint etwas Richtiges. Wäre (nämlich) kein Vermittelndes zwischen Gott und der Seele, so würde sie ohne weiteres Gott sehen; denn Gott kennt kein Vermittelndes, er kann auch kein Vermittelndes dulden. Wäre die Seele gänzlich entblößt oder enthüllt von allem Vermittelnden, so wäre (auch) Gott für sie entblößt oder enthüllt und gäbe Gott sich ihr gänzlich. Solange die Seele (noch) nicht enthüllt und entblößt ist von allem Vermittelnden, wie klein es auch sein mag, solange sieht sie Gott nicht. Gäbe es zwischen Leib und Seele irgend etwas Vermittelndes, und wäre es nur eine Haaresbreite groß, so wäre da niemals rechte Einung vorhanden. Da dem bei leiblichen Dingen (schon) so ist, so trifft es um vieles mehr bei geistigen Dingen zu. Boethius sagt: Willst du die Wahrheit lauter erkennen, so lege ab Freude und Furcht, Zuversicht und

Hoffnung und Pein. Freude ist ein Vermittelndes, Furcht ein Vermittelndes, Zuversicht und Hoffnung und Pein – das alles ist ein Vermittelndes. Solange du es ansiehst und es hinwiederum dich ansieht, solange siehst du *Gott nicht.*

Der andere Meister (aber) sagt: Wäre kein Vermittelndes, so sähe mein Auge (überhaupt) nichts. Lege ich meine Hand auf mein Auge, so sehe ich die Hand nicht. Halte ich sie (aber) vor mich (hin), so sehe ich sie sogleich. Das kommt von der Stofflichkeit, die die Hand besitzt; und daher muß die (Stofflichkeit) (erst) geläutert und verfeinert werden in der Luft und im Lichte und (dann) als Bild in mein Auge hineingetragen werden. Das könnt ihr an einem Spiegel beobachten: Hältst du den vor dich, so erscheint dein Bild im Spiegel. Das Auge und die Seele aber sind ein solcher Spiegel, so daß alles das darin erscheint, was vor ihn gehalten wird. Daher sehe ich (auch) nicht die Hand oder den Stein (an sich), vielmehr sehe ich ein Bild des Steines; dieses Bild selber aber sehe ich nicht in einem andern Bilde oder in einem Vermittelnden, sondern ich sehe es unmittelbar und ohne Bild, weil das Bild (selber) das Vermittelnde ist und nicht ein anderes Vermittelndes, denn Bild ist ohne Bild und Laufen ohne Laufen – es verursacht wohl das Laufen –, und Größe ist ohne Größe, wohl aber macht sie groß; und daher ist Bild ohne Bild, denn es wird nicht gesehen in einem andern Bilde. Das ewige Wort *ist* das Vermittelnde und das Bild selbst, das da ohne Vermittelndes und ohne Bild ist, auf daß die Seele im ewigen Worte Gott begreife und erkenne unmittelbar und ohne Bild.

Es ist eine Kraft in der Seele, die Vernunft, die von Anbeginn an, sobald sie Gottes gewahr wird oder ihn schmeckt, fünf Eigenschaften an sich hat. Zum ersten die, daß sie ablöst vom Hier und vom Nun. Zum zweiten, daß sie nichts gleicht. Zum dritten, daß sie lauter und unvermengt ist. Zum vierten, daß sie in sich selber wirkend oder suchend ist. Zum fünften, daß sie ein Bild ist.

Erstens (also): daß sie ablöst vom Hier und Nun. »Hier« und »Nun«, das besagt soviel wie Zeit und Stätte. »Nun«, das ist das Allermindeste an Zeit, es ist weder ein Stück der Zeit noch ein Teil der Zeit; wohl aber ist es ein Geschmack der Zeit, ist eine Spitze der Zeit und ein Ende der Zeit. Und doch, wie klein es auch sein mag, es muß hinweg; alles, was (noch irgendwie) an die Zeit oder (auch nur) an den Geschmack der Zeit rührt, das alles muß weg. – Anderseits: sie löst ab vom Hier. »Hier« will soviel besagen wie Stätte. Die Stätte, auf der ich stehe, die ist gar klein. Jedoch, wie klein sie auch sein mag, sie muß weg, wenn man Gott sehen soll.

Zweitens: daß sie nichts gleicht. Ein Meister sagt: Gott ist ein Wesen, dem nichts gleich ist noch gleich werden kann. Nun aber sagt Sankt Johannes: »Wir werden Gottes Kinder geheißen werden« (1 Joh. 3, 1). Sollen wir denn nun (aber) Gottes Kinder sein, so müssen wir ihm gleich sein. Wie kann dann aber der Meister sagen: Gott ist ein Wesen, dem nichts gleich ist? – Das müßt ihr so verstehen: Damit, daß diese Kraft nichts gleich ist, gerade damit gleicht sie Gott. Ganz so, wie Gott nichts gleich ist, so auch ist diese Kraft nichts gleich. Wisset, alle Kreaturen jagen und wirken von Natur aus zu dem Ende, Gott gleich zu werden. Der Himmel liefe nimmer um, jagte oder suchte er nicht nach Gott oder einem Gleichnis Gottes. Wäre Gott nicht in allen Dingen, die Natur wirkte noch begehrte nichts in irgendwelchen Dingen; denn, sei's dir lieb oder leid, du wissest es oder wissest es nicht: heimlich im Innersten sucht und strebt die Natur nach Gott. Nie kann es einen Menschen noch so sehr dürsten, der, wenn man ihm zu trinken böte, dennoch *nicht* danach begehrte, wenn nicht etwas von Gott darin wäre. Die Natur würde weder nach Essen noch nach Trinken, nach Kleidern noch nach Gemach noch nach irgend etwas in irgendwelchen Dingen verlangen, wenn nichts von Gott darin wäre, und sie sucht heimlich und jagt und nagt immerzu danach, *Gott* darin zu finden.

Drittens: daß sie lauter und unvermischt ist. Gottes Natur ist so, daß sie keinerlei Vermengung noch Vermischung dulden kann. So auch hat diese Kraft keinerlei Vermengung noch Vermischung: nichts Fremdes ist darin, und nichts Fremdes kann hineinfallen. Sagte ich von einem schönen Menschen, er sei bleich *und* schwarz, so täte ich ihm unrecht. Die Seele soll gänzlich ohne Vermengung sein. Heftete jemand etwas an meine Kappe oder setzte etwas darauf, so würde einer, der an der Kappe zöge, das mitziehen, was daran haftet. Wenn ich von hinnen gehe, so geht alles das von hinnen und mit mir, was an mir ist. Wenn man an dem, worauf ein Mensch gebaut hat, zieht, so zieht man ihn mit. Ein Mensch aber, der auf nichts gegründet wäre und an nichts haftete, ein solcher Mensch bliebe völlig unbewegt, wenn man auch Himmel und Erde umkehren würde, weil er an nichts haftet und nichts an ihm haftet.

Viertens: daß sie allwegs inwendig suchend oder wirkend ist. Gott ist ein solches Wesen, das allwegs im Allerinnersten wohnt. Darum ist die Vernunft allwegs nach innen suchend. Der Wille hingegen geht nach außen auf das, was er liebt. Kommt beispielsweise mein Freund zu mir, so ergießt sich mein Wille mit seiner Liebe vollends auf ihn und findet darin sein Genügen. Nun sagt Sankt Paulus: »Wir werden Gott erkennen, so wie wir von ihm erkannt sind« (1 Kor. 13, 12). Sankt Johannes (jedoch) spricht: »Wir werden Gott erkennen, wie er ist« (1 Joh. 3, 2). Soll ich gefärbt sein, so muß ich das an mir haben, was zur Farbe gehört. Nimmermehr werde ich gefärbt, ich habe denn das Wesen der Farbe an mir. Nimmermehr kann ich Gott sehen, wenn nicht in demselben, darin Gott sich selber sieht. Daher sagt ein Heiliger: »Gott wohnt in einem Lichte, zu dem es keinen Zugang gibt« (1 Tim. 6, 16). Niemand verzage hierum: wohl befindet man sich auf dem Wege oder auf dem Zugang, und das ist gut; der Wahrheit (selbst) aber ist es (noch) fern, denn es ist *Gott* (noch) nicht.

Fünftens: daß sie ein Bild ist. Wohlan, nun gebt scharf acht und behaltet dies wohl, – denn die ganze Predigt habt ihr darin (beschlossen). Bild und Urbild ist so völlig eins und miteinander vereint, daß man da keinerlei Unterschied erkennen kann. Man kann wohl das Feuer ohne die Hitze denken und die Hitze ohne das Feuer. Man kann wohl (auch) die Sonne ohne das Licht denken und das Licht ohne die Sonne. Aber man kann keinerlei Unterschied erkennen zwischen Bild und Urbild. Mehr noch sage ich: Gott mit seiner Allmächtigkeit vermag da keinerlei Unterschied zu erkennen, denn es wird miteinander geboren und stirbt auch miteinander. Wenn mein Vater stirbt, so sterbe darum nicht (auch) *ich*. Stirbt einer, so kann man nicht mehr sagen: er *ist* sein Sohn, wohl aber sagt man: er *war* sein Sohn. Macht man die Wand weiß, so ist sie damit, daß sie weiß ist, aller Weiße gleich. Macht man sie aber schwarz, so ist sie für alle Weiße tot. Seht, ebenso ist es hier. Verginge das Bild, das nach Gott gebildet ist, so verginge auch das Bild Gottes.

Ich will ein Wort sprechen, – ihrer aber sind zwei, ihrer sind drei geworden. Nun hört mir gut zu! Vernunft blickt hinein und durchbricht alle Winkel der Gottheit und nimmt den Sohn im Herzen des Vaters und im Grunde und setzt ihn in ihren Grund. Vernunft dringt hinein, ihr genügt's nicht an Gutheit noch an Weisheit noch an Wahrheit noch auch an Gott selber. Ja, in voller Wahrheit: ihr genügt's so wenig an Gott wie an einem Stein oder an einem Baum. Sie ruht nimmer, sie bricht ein in den Grund, wo Gutheit und Wahrheit ausbrechen, und nimmt es (= das göttliche Sein) *in principio*, im Beginn, wo Gutheit und Wahrheit ihren Ausgang nehmen, noch ehe es irgendeinen Namen gewinnt, noch ehe es ausbricht, nimmt es in einem viel höheren Grunde, als es Gutheit und Weisheit sind. Ihrer Schwester, dem Willen, dem genügt's wohl an Gott, sofern er gut ist. Die Vernunft aber, die scheidet dies alles ab und geht ein und bricht durch in die Wurzel, wo der Sohn ausquillt und der Heilige Geist ausblüht.

Daß wir dies begreifen und ewiglich selig werden, dazu helfe uns der Vater und der Sohn und der Heilige Geist. Amen.

Predigt 41

Laudate coeli et exultet terra (Is. 49, 13) *Ego sum lux mundi* (Joh. 8, 12)

Ich habe zwei Wörtlein gesprochen auf lateinisch. Das eine steht geschrieben in der Lesung, und der Prophet Isaias spricht es: »Freuet euch, Himmel und Erde, Gott hat getröstet sein Volk und will sich erbarmen über seine Armen« (Is. 49, 13). Das andere steht im Evangelium, und unser Herr spricht dort: »Ich bin ein Licht der Welt, und wer mir nachfolgt, der geht nicht in Finsternis, und er wird finden und wird haben das Licht des Lebens« (Joh. 8, 12).

Nun achtet auf das erste Wörtlein, das der Prophet spricht: »*Freuet* euch, Himmel und Erde!« Wahrlich, wahrlich! Bei Gott, bei Gott! Seid dessen so gewiß, wie daß Gott lebt: Das geringste gute Werk oder der geringste gute Wille oder das geringste gute Begehren, darüber freuen sich alle Heiligen im Himmel und auf Erden und alle Engel in einer solchen Freude, daß diese ganze Welt eine gleiche Freude nicht zu bieten vermag! Und je höher ein jeglicher Heiliger ist, um so größer ist seine Freude; gleichviel ist alle diese Freude zusammen recht so klein wie eine Linse gegenüber der Freude, die *Gott* an jenem Werke hat. Denn Gott hat ein rechtes Vergnügen und Lachen bei dem guten Werke; denn alle anderen Werke, die nicht Gott zu Lobe geschehen, die sind recht wie Asche vor Gott. Daher spricht er (= der Prophet): »Freuet euch, Himmel und Erde! Gott hat sein Volk getröstet.«

Nun merkt darauf, daß er sagt: »Gott hat sein Volk getröstet und will sich erbarmen über seine Armen.« Er sagt: »*Seine* Armen«. Die Armen sind ja allein Gott überlassen, denn niemand anders nimmt sich ihrer an. Hat einer einen Freund, der arm ist, so bekennt er sich nicht zu ihm; hat er (= der Freund) aber Besitz und ist weise, dann sagt er: »Du bist mein Verwandter«, und bekennt sich eilends zu ihm. Zu dem Armen aber sagt er: »Behüt' dich Gott!« und schämt sich seiner. Die Armen sind Gott überlassen; denn, wohin sie auch kommen, finden sie Gott und haben Gott an allen Stätten, und Gott nimmt sich ihrer an, weil sie ihm anbefohlen sind. Daher spricht er im Evangelium: »Selig sind die Armen« (Matth. 5, 3).

Nun merkt auf das Wörtlein, da er spricht: »Ich bin ein Licht der Welt« (Joh. 8, 12). »Ich *bin*« – damit berührt er das Sein. Die Meister sagen: Alle Kreaturen können wohl »ich« sagen, ist doch dieses Wort gemeingültig; das Wort »*sum*«, »*bin*« aber, das kann im eigentlichen Sinne niemand (von sich) sagen als Gott allein. »*Sum*« besagt soviel wie: ein Ding, das alles Gute in sich trägt; es ist aber allen Kreaturen versagt, daß irgendeine alles das habe, was den Menschen *vollends* zu trösten vermöchte. Hätte ich alles, was ich nur zu begehren vermöchte, täte mir aber nur der Finger weh, so hätte ich (es) doch nicht alles, denn mir wäre ja doch der Finger wund, und ich hätte nicht vollen Trost, solange mir der Finger weh täte. Brot ist für den Menschen gar tröstlich, dafern ihn hungert; wenn ihn aber dürstete, so hätte er an dem Brote ebenso wenig Trost wie an einem Steine. Und ganz so ist es mit den Kleidern: (die sind gar tröstlich), wenn ihn friert; wenn's ihm aber zu heiß ist, so hat er keinen Trost an den Kleidern; und ebenso steht's mit allen Kreaturen, und daher ist es wahr, daß alle Kreaturen Bitterkeit in sich tragen. Wohl ist es (wiederum) wahr, daß alle Kreaturen etwas an Trost in sich tragen wie einen oben abgeschöpften Seim. Der Seim aber, das heißt alles, was immer es an Gutem in allen Kreaturen zusammen geben kann, das ist zusamt in Gott. Daher steht geschrieben im Buche der Weisheit: »Mit dir kommt meiner Seele alles Gut« (Weish. 7, 11). Der Trost der Kreaturen aber ist nicht vollkommen, denn er trägt Beimischung in sich. Gottes Trost hingegen ist lauter und ohne Beimischung, ist ganz und ist vollkommen. Und ihm ist es so not, dir zu geben, daß er es nicht erwarten kann, sich *selbst* dir als Erstes zu geben. Gott ist in seine Liebe zu uns so vertört, recht als habe er Himmelreich und Erdreich und alle seine Seligkeit und alle seine Gottheit vergessen und habe mit nichts zu tun als einzig mit mir, auf daß er mir alles gebe, was mich zu trösten vermöge. Und er gibt mir's ganz und gibt mir's vollkommen, gibt es im Lautersten und gibt es allzeit und gibt es allen Kreaturen.

Nun spricht er: »Wer mir nachfolgt, der geht nicht in Finsternis« (Joh. 8, 12). Beachtet nun, daß er sagt: »wer mir nachfolgt«. Die Meister sagen, die Seele habe drei Kräfte. Die erste Kraft sucht allwegs das Süßeste. Die zweite sucht allzeit das Höchste. Die dritte Kraft sucht allzeit das Beste; denn die Seele ist so edel, daß sie nirgends ruhen kann als in dem Ursprunge, wo das heraustropft, was das Gutsein bewirkt. Seht, so süß ist Gottes Trost, daß alle Kreaturen ihn suchen und ihm nachjagen. Und ich sage noch mehr: Aller Kreaturen Sein und Leben hängt daran, daß sie Gott suchen und ihm nachjagen.

Nun könntet ihr sagen: Wo ist dieser Gott, dem alle Kreaturen nachjagen, von dem sie ihr Sein und ihr Leben haben? – Ich rede gern von der Gottheit, denn alle unsere Seligkeit fließt von da aus. – Der Vater spricht: »Mein Sohn, in dem Widerglanze der Heiligen gebäre ich dich heute« (Ps. 109, 3). Wo ist dieser Gott? – »In der Fülle der Heiligen bin ich umfangen« (Jes. Sir. 24, 16). Wo ist dieser Gott? – In dem Vater. Wo ist dieser Gott? – In der Ewigkeit. Niemand hätte je Gott finden können, wie der Weise sagt: »Herr, du bist ein verborgener Gott« (Is. 45, 15). Wo ist dieser Gott? – Recht, wie sich ein Mensch verbirgt, sich aber dann räuspert und sich damit selbst verrät, so auch hat Gott getan. Niemand hätte je Gott finden können; nun aber hat er sich (selbst) verraten. Ein Heiliger spricht: Ich empfinde mitunter solche Süßigkeit in mir, daß ich mich selbst und alle Kreaturen vergesse und völlig in dich zerfließen will. Wenn ich's aber ganz umfangen will, Herr, so nimmst du mir's. Herr, was meinst du damit? Reizest du mich, warum nimmst du mir's dann? Liebst du mich, warum fliehst du mich dann? Ach, Herr, das tust du zu dem Ende, daß ich viel von dir empfangen könne!

Der Prophet spricht: »Mein Gott!« – »Wer sagt dir, daß ich *dein* Gott bin?« – »Herr, ich kann nimmer ruhen als in dir, und mir ist nirgends wohl als in dir« (Ps. 15, 2).

Daß wir Gott so suchen und ihn auch finden, dazu helfe uns der Vater und der Sohn und der Heilige Geist. Amen.

Predigt 42

Renovamini spiritu mentis vestrae (Eph. 4, 23)

»Ihr sollt erneuert werden an eurem Geiste, der da *mens* heißt, will sagen ein Gemüt« (Eph. 4, 23). So spricht Sankt Paulus. Nun sagt Augustinus, Gott habe in jenem ersten Seelenbezirk, der da *mens* heißt oder »Gemüt«, zusammen mit dem Sein der Seele eine Kraft geschaffen, die nennen die Meister ein Behältnis oder einen Schrein geistiger Formen oder geformter Bilder. Diese Kraft begründet die Gleichheit zwischen der Seele und dem Vater durch das Ausfließen seiner Gottheit (einerseits), worin er den ganzen Hort seines göttlichen Seins in den Sohn und in den Heiligen Geist in Unterschiedenheit der Personen ergossen hat, so wie (anderseits) das Gedächtnis der Seele den Schatz seiner Bilder in die (anderen) Kräfte der Seele ausgießt.

Wenn immer nun die Seele mit dieser Kraft Bildhaftes schaut, ob sie eines Engels Bild oder ob sie ihr eigenes Bild schaut: es ist etwas Unvollkommenes an ihr. Schaut sie (selbst) Gott so, wie er Gott oder wie er Bild oder Dreiheit ist, so ist es etwas Unvollkommenes an ihr. Wenn aber alle Bilder der Seele abgeschieden werden und sie nur das einige Eine schaut, dann findet das reine Sein der Seele, erleidend und ruhend in sich selbst, das reine, formenfreie Sein göttlicher Einheit, das da ein überseiendes Sein ist. O Wunder über Wunder, welch edles Erleiden ist es, wenn das Sein der Seele nichts anderes erleiden kann als einzig die reine Einheit Gottes!

Nun spricht Sankt Paulus: »Ihr sollt *erneuert* werden am Geiste.« Erneuerung befällt alle Kreaturen unter Gott; Gott aber befällt keine Erneuerung, sondern nur Ewigkeit. Was ist Ewigkeit? Hört zu! Der Ewigkeit Eigenheit ist, daß Sein und Jungsein in ihr eins sind, denn Ewigkeit wäre nicht ewig, wenn sie neu *werden* könnte und es nicht beständig *wäre*. Nun aber sage ich: Erneuerung befällt (wohl) den *Engel*, und zwar im Hinblick auf die Unterweisung über Zukünftiges, denn der Engel weiß von zukünftigen Dingen nur, soweit Gott es ihm offenbart. Auch die Seele befällt Erneuerung, soweit sie »Seele« heißt; denn »Seele« heißt sie im Hinblick darauf, daß sie dem Leibe Leben gibt und Form des Leibes ist. Erneuerung befällt sie auch, insofern sie »Geist« heißt: »Geist« aber heißt sie, sofern sie vom Hier und vom Nun und von allem Natürlichen abgeschieden ist. Wo sie aber ein Bild Gottes und namenlos ist wie Gott, da befällt sie keine Erneuerung, sondern einzig Ewigkeit, wie Gott. Gebt nun acht! Gott ist namenlos, denn von ihm kann niemand etwas aussagen oder erkennen. Darum sagt ein heidnischer Meister: Was wir von der ersten Ursache erkennen oder aussagen, das sind wir mehr selber, als daß es die erste Ursache wäre; denn sie ist über alles Aussagen und Verstehen erhaben. Sage ich demnach: Gott ist gut – es ist nicht wahr; *ich* (vielmehr) bin gut, Gott aber ist nicht gut! Ja, ich möchte darüber hinaus sagen: Ich bin *besser* als Gott! Denn, was gut ist, das kann besser werden; was besser werden kann, das kann zum Allerbesten werden. Nun aber ist Gott nicht gut; darum kann er nicht besser werden. Weil er denn nicht besser werden kann, so kann er (auch) nicht das Allerbeste werden; denn fern ab von Gott sind sie alle drei: »gut«, »besser« und »allerbest«, denn er ist über alles erhaben. Sage ich weiterhin: Gott ist *weise* – es ist nicht wahr; ich bin weiser als er! Sage ich ferner: Gott ist *ein Sein* – es ist nicht wahr; er ist (vielmehr) ein überseiendes Sein und eine überseiende Nichtheit! Daher sagt Sankt Augustinus: Das Schönste, was der Mensch über Gott auszusagen vermag, besteht darin, daß er aus der Weisheit des inneren Reichtums schweigen könne. Schweig daher und klaffe nicht über Gott, denn damit, daß du über ihn klaffst, lügst du, tust du Sünde. Willst du nun aber ohne Sünde und vollkommen sein, so klaffe nicht über Gott! Auch *erkennen* (wollen) sollst du nichts von Gott, denn Gott ist *über* allem Erkennen. Ein Meister sagt: Hätte ich einen Gott, den ich erkennen könnte, ich würde ihn nimmer für Gott ansehen! Erkennst du nun aber etwas von ihm: er ist nichts davon, und damit, daß du etwas von ihm erkennst, gerätst du in Erkenntnislosigkeit und durch solche Erkenntnislosigkeit in Tierischkeit. Denn, was an den Kreaturen nichterkennend ist, das ist tierisch. Willst du nun nicht tierisch werden, so erkenne nichts von dem im Wort unaussprechbaren Gott! – »Ach, wie soll ich denn tun?« – Du sollst ganz deinem Deinsein entsinken und in sein Seinsein zerfließen, und es soll dein »Dein« in seinem »Sein« ein »Mein« werden so gänzlich, daß du mit ihm ewig erkennest seine ungewordene Seinsheit und seine unnennbare Nichtheit.

Nun sagt Sankt Paulus: »Ihr sollt erneuert werden am Geiste.« Wollen wir denn nun am Geiste erneuert werden, so müssen die *sechs* Kräfte der Seele, die obersten und die untersten, jede einen goldenen Ring haben, übergoldet mit dem Golde göttlicher Liebe. Nun schaut auf die *niedersten* Kräfte, deren sind *drei*. Die *erste* heißt Unterscheidungsvermögen, *rationale*; an der sollst du einen goldenen Ring tragen: der ist die »Erleuchtung«, auf daß dein Unterscheidungsvermögen allzeit zeitlos erleuchtet sei durch das göttliche Licht. Die *zweite* Kraft heißt die Zürnerin, *irascibilis*; an der sollst du einen Ring tragen: der ist »dein Friede«. Warum? Nun: so weit im Frieden, so weit in Gott; so weit außerhalb des Friedens, so weit außerhalb Gottes! Die *dritte* Kraft heißt Begehren, *concupiscibilis*; an der sollst du einen Ring tragen: der ist »ein Genügen«, auf daß du genügsam seiest gegenüber allen Kreaturen, die unter Gott sind. Gottes aber soll's dir nie genug sein! Denn Gottes *kann* es dir nie genug sein: je mehr du von Gott hast, um so mehr begehrst du seiner; könnte es dir nämlich Gottes genug werden, so daß es in bezug auf Gott ein Genugsein gäbe, so wäre Gott nicht Gott.

Auch an jeder der obersten Kräfte mußt du einen goldenen Ring tragen. Der *obersten* Kräfte sind gleichfalls *drei*. Die *erste* heißt eine behaltende Kraft, *memoria*. Diese Kraft vergleicht man dem Vater in der Dreifaltigkeit. An dieser sollst du einen goldenen Ring tragen: der ist ein »Behalten«, auf daß du alle ewigen Dinge in dir behältst. Die *zweite* heißt Vernunft, *intellectus*. Diese Kraft vergleicht man dem Sohne. An der auch sollst du einen goldenen Ring tragen: der ist »Erkenntnis«, auf daß du Gott alle Zeit erkennest. Und wie? Du sollst ihn bildlos erkennen, unmittelbar und ohne Gleichnis. Soll ich aber Gott auf solche Weise unmittelbar erkennen, so muß *ich* schlechthin *er*, und *er* muß *ich* werden. Genauerhin sage ich: *Gott* muß schlechthin *ich* werden und *ich* schlechthin *Gott*, so völlig eins, daß dieses »Er« und dieses »Ich« Eins ist, werden und sind und in dieser Seinsheit ewig *ein* Werk wirken. Denn, solange dieses »Er« und dieses »Ich«, das heißt Gott und die Seele, nicht ein einziges Hier und ein einziges Nun sind, solange könnte dieses »Ich« mit dem »Er« nimmer wirken noch eins werden. Die *dritte* Kraft heißt Wille, *voluntas*. Diese Kraft vergleicht man dem Heiligen Geiste. An dieser sollst du einen goldenen Ring tragen: der ist die »Liebe«, auf daß du Gott liebest. Du sollst Gott lieben ungeachtet seines Liebenswertseins, das heißt: nicht deshalb, weil er liebenswert wäre; denn Gott ist nicht liebenswert: er ist über alle Liebe und Liebenswürdigkeit erhaben. »Wie denn soll ich Gott lieben?« – Du sollst Gott ungeistig lieben, das heißt so, daß deine Seele ungeistig sei und entblößt aller Geistigkeit; denn, solange deine Seele geistförmig ist, solange hat sie Bilder. Solange sie aber Bilder hat, solange hat sie Vermittelndes; solange sie Vermittelndes hat, solange hat sie nicht Einheit noch Einfachheit. Solange sie nicht Einfachheit hat, solange hat sie Gott (noch) nie recht geliebt; denn recht zu lieben hängt an der Einhelligkeit. Daher soll deine Seele allen Geistes bar sein, soll *geistlos* dastehen. Denn, liebst du Gott, wie er *Gott*, wie er Geist, wie er Person und wie er Bild ist, – das alles muß weg. »Wie denn aber soll ich ihn lieben?« – Du sollst ihn lieben, wie er ist ein Nicht-Gott, ein Nicht-Geist, eine Nicht-Person, ein Nicht-Bild, mehr noch: wie er ein lauteres, reines, klares Eines ist, abgesondert von aller Zweiheit. Und in diesem Einen sollen wir ewig versinken vom Etwas zum Nichts. Dazu helfe uns Gott. Amen.

Predigt 43

Praedica verbum (2 Tim. 4, 2)

Ein Wörtlein liest man heute und morgen (im Hinblick) auf meinen Herrn Sankt Dominikus, und Sankt Paulus schreibt es in der Epistel, und es lautet zu deutsch so: »Sprich das Wort aus, sprich es herfür, bring es herfür und gebier das Wort« (2 Tim. 4, 2). Es ist ein wunderlich Ding, daß etwas ausfließt und doch drinnen bleibt. Daß das Wort ausfließt und doch drinnen bleibt, das ist gar wunderlich. Daß alle Kreaturen ausfließen und doch drinnen bleiben, das ist gar wunderlich. Was Gott gegeben hat und was Gott zu geben gelobte, das ist gar wunderlich und ist unbegreiflich und unglaublich. Und dem ist recht so; denn, wäre es begreiflich und glaubhaft, so stünde es nicht recht darum. Gott ist in allen Dingen. Je mehr er *in* den Dingen ist, um so mehr ist er außerhalb der Dinge; je mehr er *drinnen* ist, um so mehr ist er draußen. Ich habe schon manchmal gesagt, Gott erschaffe diese ganze Welt voll und ganz in diesem Nun. Alles, was Gott je vor sechstausend und mehr Jahren erschuf, als er die Welt machte, das erschafft Gott jetzt allzumal. Gott ist in allen Dingen; aber soweit Gott göttlich und soweit Gott vernünftig ist, ist Gott nirgends so eigentlich wie in der Seele und in den Engeln, wenn du willst: im Innersten der Seele und im Höchsten der Seele. Und wenn ich sage »das Innerste«, so meine ich das Höchste; und wenn ich sage »das Höchste«, so meine ich das Innerste der Seele. Im Innersten und im Höchsten der Seele: ich meine sie (dort) beide als in Einem. Dort, wo niemals Zeit eindrang, niemals ein Bild hineinleuchtete: im Innersten und im Höchsten der Seele erschafft Gott die ganze Welt. Alles, was Gott erschuf vor sechstausend Jahren, und alles, was Gott noch nach tausend Jahren erschaffen wird, wenn die Welt (noch) so lange besteht, das erschafft Gott im Innersten und im Höchsten der Seele. Alles, was vergangen ist, und alles, was gegenwärtig ist, alles, was zukünftig ist, das erschafft Gott im Innersten der Seele. Alles, was Gott in allen Heiligen wirkt, das wirkt Gott im Innersten der Seele. Der Vater gebiert seinen Sohn im Innersten der Seele und gebiert dich mit seinem eingeborenen Sohne als nicht geringer. Soll ich Sohn sein, so muß ich in demselben Sein Sohn sein, in dem er Sohn ist, und in keinem andern. Soll ich Mensch sein, so kann ich nicht in eines Tieres Sein ein Mensch sein, ich muß (vielmehr) in eines Menschen Sein ein Mensch sein. Soll ich aber *dieser* (bestimmte) Mensch sein, so muß ich in *diesem* (bestimmten) Sein *dieser* Mensch sein. Sankt Johannes sagt nun: »Ihr seid Kinder Gottes« (Joh. 4, 4).

»Sprich das Wort, sprich es heraus, sprich es herfür, bring es herfür, gebier das Wort!« »Sprich es heraus!« Was von außen eingesprochen wird, das ist etwas Grobes; jenes Wort aber ist *innen* gesprochen. »Sprich es heraus!«, das heißt, daß du dessen inne werden sollst, was *in dir* ist. Der Prophet spricht: »Gott sprach Eines, und ich hörte Zwei« (Ps. 61, 12). Das ist wahr: Gott sprach stets nur Eines. Sein Spruch ist nur einer. In diesem *einen* Spruche spricht er seinen Sohn und zugleich den Heiligen Geist und alle Kreaturen, und es gibt (doch) nur *einen* Spruch in Gott. Der Prophet aber sagt: »Ich hörte Zwei«, das heißt: Ich vernahm Gott *und* Kreatur. Da, wo Gott es (= die Kreaturen) *spricht*, da ist es Gott; hier (= in Raum und Zeit) aber ist es Kreatur. Die Leute wähnen, Gott sei nur *dort* (= bei seiner historischen Menschwerdung) Mensch geworden. Dem ist nicht so, denn Gott ist *hier* (= an dieser Stelle hier) ebenso wohl Mensch geworden wie dort, und er ist aus *dem* Grunde Mensch geworden, daß er *dich* als seinen eingeborenen Sohn gebäre und als nicht geringer.

Ich saß gestern an einer Stätte, da sprach ich ein Wörtlein, das steht im Paternoster und lautet: »Dein Wille werde!« Besser aber wäre: »Werde Wille dein!«: daß *mein* Wille *sein* Wille werde, daß *ich er* werde, das meint das Paternoster. Dieses Wort hat zwiefachen Sinn. Zum ersten: »Schlafe in allen Dingen!«, das heißt, daß du weder um die Zeit noch um die Kreaturen noch um Bilder etwas wissest. Die Meister sagen: Wenn ein Mensch, der fest schliefe, hundert Jahre schliefe, so wüßte er um keine Kreatur noch wüßte er um die Zeit oder um Bilder; und *dann* kannst du wahrnehmen, *was* Gott in dir wirkt. Darum spricht die Seele im Buch der Liebe: »Ich schlafe, und mein Herz wacht« (Hohel. 5, 2). Darum: Schlafen alle Kreaturen in dir, so kannst du wahrnehmen, was Gott in dir wirkt.

Das Wort meint zweitens: »Mühe dich in allen Dingen!« Dies (wiederum) hat *dreierlei* Sinn in sich. Es bedeutet soviel wie: »Schaffe deinen Nutzen in allen Dingen!«, das heißt (*zum ersten*): Nimm Gott in allen Dingen, denn Gott ist in allen Dingen. Sankt Augustinus sagt: Gott hat alle Dinge geschaffen, nicht, daß er sie werden ließ und dann seines Weges gegangen wäre, sondern: er ist in ihnen geblieben. Die Leute wähnen, mehr zu haben, wenn sie die Dinge zu Gott hinzu haben, als wenn sie Gott ohne die Dinge hätten. Das aber ist unrichtig, denn alle Dinge zu Gott hinzu ist nicht mehr als Gott allein; und wenn einer, der den Sohn hätte und den Vater mit ihm, wähnte, er hätte mehr, als wenn er den Sohn hätte ohne den Vater, so wäre das unrichtig. Denn der Vater *mit* dem Sohne ist nicht mehr als der Sohn allein, und wiederum der Sohn *mit* dem Vater ist nicht mehr als der Vater allein. Darum nimm Gott in allen Dingen, und das ist ein Zeichen dafür, daß er dich als seinen eingeborenen Sohn geboren hat und als nicht weniger.

Die *zweite* Bedeutung des »Schaffe deinen Nutzen in allen Dingen!« ist dies: Liebe Gott über alle Dinge und deinen Nächsten wie dich selbst! (Matth. 22, 37), und dies ist ein Gebot von Gott. Ich aber sage, daß es nicht nur ein Gebot sei, sondern, daß Gott es geschenkt und zu schenken gelobt hat. Wenn du hundert Mark bei dir mehr liebst als bei einem andern, so ist das unrecht. Hast du einen Menschen lieber als einen andern, so ist das unrecht. Und hast du deinen Vater und deine Mutter und dich selbst lieber als einen andern Menschen, so ist das unrecht. Und hast du die Seligkeit in dir lieber als in einem andern, so ist das unrecht. »Gott bewahre! Was sagt ihr da? Soll ich die Seligkeit in mir nicht lieber haben als in einem andern?« Es gibt viele gelehrte Leute, die das nicht begreifen, und es dünkt sie gar schwer. Es ist aber nicht schwer, es ist (vielmehr) ganz leicht. Ich will dir zeigen, daß es nicht schwer ist. Seht, die Natur verfolgt bei jedem Glied zweierlei Zwecke damit, daß es am Menschen wirkt. Der erste Zweck, den es in seinen Werken verfolgt, ist, dem Leibe insgesamt zu dienen und danach einem jeglichen Gliede gesondert wie sich selbst und nicht weniger als sich selbst, und es hat sich selbst in seinen Werken nicht mehr im Auge als ein anderes Glied. Um vieles mehr muß das im Bereich der Gnade gelten! Gott soll eine Regel und ein Fundament deiner Liebe sein. Das erste Absehen deiner Liebe soll rein auf Gott und danach auf deinen Nächsten wie auf dich selbst und nicht minder als auf dich selbst gerichtet sein. Liebst du (aber) die Seligkeit in dir mehr als in einem andern, so liebst du dich selbst, und wo du dich liebst, da ist nicht Gott deine reine Liebe, und das ist unrecht. Denn, liebst du die Seligkeit in Sankt Peter und in Sankt Paul wie in dir selbst, so besitzest du die gleiche Seligkeit, die auch sie haben. Und liebst du die Seligkeit in den Engeln wie in dir und liebst die Seligkeit in Unserer Frau ebenso wie in dir, so genießest du die gleiche Seligkeit im eigentlichen Sinne wie sie selbst: sie ist dir ebenso zu eigen wie ihr. Darum heißt es im Buche der Weisheit: »Er hat ihn seinen Heiligen gleich gemacht« (Jes. Sir. 45, 2).

Die *dritte* Bedeutung des »Schaffe deinen Nutzen in allen Dingen!« ist dies: Liebe Gott in allen Dingen *gleich*, das heißt: liebe Gott ebenso gern in Armut wie im Reichtum, und hab' ihn ebenso lieb in Krankheit wie in Gesundheit, hab' ihn ebenso lieb in Versuchung wie ohne Versuchung und ebenso lieb im Leiden wie ohne Leiden. Ja, je größer das Leiden, um so geringer das Leiden und um so leichter, wie zwei Eimer: je schwerer der eine, um so leichter der andere, und je mehr der Mensch aufgibt, um so leichter fällt es ihm aufzugeben. Einem Menschen, der Gott liebt, dem wäre es ebenso leicht, diese ganze Welt hinzugeben wie ein Ei. Je mehr er hingibt, um so leichter fällt ihm das Hingeben, so wie bei den Aposteln: je schwereres Leiden sie hatten, um so leichter erlitten sie es.

»Mühe dich in allen Dingen«, das heißt (schließlich): Wo du dich auf mannigfaltigen Dingen und woanders als auf dem reinen Einen (gründend) findest, da setze dein Bemühen an, das heißt: bemühe dich in allen Dingen in der Erfüllung deines Dienstes. Das heißt soviel wie: Hebe dein Haupt empor! Das hat zweierlei Sinn. Der erste ist: Lege ab alles, was dein ist, und übereigne dich Gott, so wird Gott dein eigen, wie er sich selbst eigen ist, und er ist dir Gott, wie er sich selbst Gott ist, und nicht weniger. Was mein ist, das habe ich von niemandem. Habe ich's aber von einem andern, so ist es nicht mein; es ist vielmehr jenes, von dem ich es habe. Der zweite Sinn des »Hebe dein Haupt empor!« ist: Richte alle deine Werke zu Gott hin. Es gibt viele Leute, die dies nicht begreifen, und es dünkt mich nicht verwunderlich; denn der Mensch, der dies begreifen soll, der muß sehr abgeschieden und erhaben sein über alle diese (irdischen) Dinge.

Daß wir zu dieser Vollkommenheit gelangen, dazu helfe uns Gott. Amen.

Predigt 44

Mortuus erat et revixit, perierat et inventus est (Luc. 15, 32)

»Er war tot und ward wieder lebendig. Er war verloren und ward wiedergefunden« (Luk. 15, 32).

Ich habe in einer Predigt gesagt, ich wolle den Menschen, der *gute* Werke gewirkt hätte in der Zeit, während der er in Todsünden war, darüber belehren, wie diese Werke wieder lebendig auferstehen könnten mitsamt der Zeit, in der sie getan wurden. Und dies will ich nun dartun, wie es in Wahrheit ist, da ich gebeten worden bin, den Sinn (meiner Behauptung) zu erläutern. Und ich will es tun, ist es gleich wider alle die Meister, die jetzt leben.

Die Meister sagen alle übereinstimmend: Solange der Mensch in der Gnade ist, sind alle Werke, die er dann wirkt, des ewigen Lohnes wert. Und das ist wahr, denn in der Gnade wirkt *Gott* die Werke, und darin stimme ich ihnen zu. Wiederum sagen die Meister alle übereinstimmend: Fällt der Mensch in Todsünde, so sind (auch) alle die Werke, die er dann wirkt, während er in Todsünden ist, tot, so wie er selbst auch tot ist, und sind *nicht* des ewiges Lohnes wert, weil er nicht in der Gnade lebt. Und das ist wahr in diesem Sinne, und auch darin stimme ich ihnen zu. Die Meister sagen (weiter): Wenn Gott dem Menschen, dem seine Sünden leid sind, die Gnade wiedergibt, so stehen alle die Werke, die er je in der Gnade wirkte, *ehe* er in Todsünde fiel, allzumal wieder auf in der neuen Gnade und leben, wie sie's vorher taten. Auch darin stimme ich ihnen zu. Nun aber sagen sie: Die Werke, die der Mensch tat, während er in Todsünden war, die sind verloren für ewig, die Zeit und die Werke miteinander. Und *dem* widerspreche ich, Meister Eckehart, und sage so: Von allen guten Werken, die der Mensch getan hat, während er in Todsünden war, ist gar keines verloren noch auch die Zeit, in der sie geschahen, dafern der Mensch die Gnade wieder erlangt. Seht, *dies* ist wider alle die Meister, die jetzt leben!

Nun gebt scharf acht, wohin ich mit meinen Worten abziele, so könnt ihr den Sinn verstehen.

Ich sage schlechthin: *Alle* guten Werke, die der Mensch jemals wirkte und die je geschehen werden, sowie die Zeit, in der sie geschahen und auch hinfort geschehen werden, – Werke und Zeit sind miteinander verloren, die Werke *als* Werke, die Zeit *als* Zeit. Ich sage weiterhin: Nie noch ist irgendein *Werk* gut oder heilig oder selig gewesen. Ich sage ferner, daß keine *Zeit* je heilig noch selig noch gut gewesen ist noch jemals werden wird, weder das eine noch das andere. Wie also könnte es erhalten bleiben, wenn es weder gut noch selig noch heilig ist? Da denn gute Werke und auch die Zeit, in der sie geschahen, miteinander völlig verloren sind, wie könnten dann *jene* Werke erhalten bleiben, die in den Todsünden geschehen sind, und wie die Zeit, in der sie geschahen? Ich wiederhole: Sie sind verloren miteinander, Werke und Zeit, böse und gute, die Werke *als* Werke, die Zeit *als* Zeit; sie sind miteinander auf ewig verloren.

Nun erhebt sich die Frage: Warum heißt ein Werk ein heiliges Werk und ein seliges Werk und ein gutes Werk und gleicherweise die Zeit, in der das Werk geschah? Seht, wie ich vorhin sagte: Das Werk und die Zeit, in der das Werk geschah, sind weder heilig noch selig noch gut. Gutheit, Heiligkeit und Seligkeit – das ist (nur) eine dem Werk und der Zeit zufallende *Benennung*, nicht aber ist es ihr Eigen. Warum? Ein Werk *als* Werk, das ist nicht aus sich selbst, es ist auch nicht um seiner selbst willen, es geschieht auch nicht aus sich selbst, es geschieht auch nicht um seiner selbst willen, es weiß auch nicht um sich selbst. Und darum ist es (überhaupt) weder selig noch unselig; der *Geist* vielmehr, aus dem das Werk geschieht, der entledigt sich des »*Bildes*« (= der intentionalen Vorstellung des Werkes) und *das* kommt nicht wieder (in ihn) hinein. Denn (das Werk), soweit es Werk war, ist es sogleich zunichte geworden und auch die Zeit, in der es geschah, und ist (nun) weder hier noch dort; denn der Geist hat mit dem Werk nichts mehr zu tun. Soll er irgend etwas Weiteres wirken, so muß es mit *anderen* Werken und auch in einer *andern* Zeit geschehen. Darum gehen Werk und Zeit eins mit dem andern verloren, ob böse oder gut: sie sind doch gleichermaßen verloren; denn sie haben im Geiste kein Bleiben noch in sich selbst Sein oder Statt, und Gott bedarf ihrer auch in nichts. Darum gehen sie an sich selbst verloren und zunichte. Geschieht ein gutes Werk durch einen Menschen, so *entledigt* sich der

Mensch mit diesem Werke, und durch diese Ledigkeit ist er seinem Beginne gleicher und näher (gekommen), als er es vorher war, ehe die Entledigung geschah, und soviel ist er seliger und besser (geworden), als er vorher war, ehe die Entledigung erfolgte. Aus *diesem* Grunde heißt man das Werk und auch die Zeit, in der das Werk geschah, heilig und selig; und doch ist das nicht zutreffend, denn das Werk hat kein Sein, ebensowenig die Zeit, in der es geschah; denn es vergeht an sich selbst. Darum ist es weder gut noch heilig noch selig, sondern der *Mensch* ist selig, in dem die *Frucht* des Werkes bleibt, – nicht als Zeit noch als Werk, sondern als eine gute Beschaffenheit, die da ewig ist mit dem Geiste, so wie der Geist auch ewig ist in sich selbst, und (es) ist der Geist *selbst*.

Seht, auf solche Weise ward nie ein gutes Verhalten verloren, noch (auch) die Zeit, in der es geschah; nicht, daß es erhalten bliebe als Werk und als Zeit, sondern abgelöst von Werk und Zeit mit der Beschaffenheit im Geiste, darin es ewig ist, wie der Geist ewig ist in sich selbst.

Seht, richtet nun euer Augenmerk auf die Werke, die da in den Todsünden geschehen. Wie ihr's gehört habt – diejenigen, die mich verstanden haben –: Als Werke und als Zeit sind die guten Werke verloren, die in Todsünden geschehen sind, Werke und Zeit miteinander. Nun habe ich (aber) auch gesagt, daß Werk und Zeit an sich selbst nichts sind. Ist denn nun Werk und Zeit an sich selbst nichts, seht, so verliert der auch nichts, der sie verliert. Das ist wahr. Ich habe überdies auch gesagt: Werk und Zeit an sich selbst haben weder Sein noch Statt; *als* Werk ist es in der Zeit aus dem Geiste *heraus*gefallen. Soll der Geist Weiteres wirken, so muß das notwendig ein *anderes* Werk sein und in einer *andern* Zeit geschehen. Und darum kann es nie mehr in den Geist kommen, soweit es Werk und Zeit war. Es kann auch mitnichten in Gott hinein, denn noch nie ist Zeit oder zeitliches Werk in Gott gelangt. Und darum muß es notgedrungen zunichte werden und verloren sein.

Nun habe ich aber doch gesagt, daß von allen den guten Werken, die der Mensch wirkt, während er in Todsünden ist, kein einziges verloren bleibt, weder die Zeit noch die Werke. Und dies ist wahr in *dem* Sinne, den ich euch erläutern will. Und, wie ich vorhin schon sagte, ist es wider alle die Meister, die jetzt leben.

Nun vernehmt in Kürze den Sinn, wie es der Wahrheit entspricht! Wirkt der Mensch gute Werke, während er in Todsünden ist, so tut er doch diese Werke nicht *aus* Todsünde, denn diese Werke sind *gut*, während die Todsünden *böse* sind. Er wirkt sie vielmehr aus dem Grunde seines Geistes, der in sich selbst von Natur aus gut ist, obzwar er nicht in der Gnade steht und die Werke an sich selbst in der Zeit, in der sie geschehen, nicht das Himmelreich verdienen. Indessen schadet es doch auch dem Geiste nicht, denn die *Frucht* des Werkes, abgelöst von Werk und Zeit, bleibt im Geiste und ist Geist mit dem Geiste und wird ebensowenig zunichte, wie dem Geiste sein Sein zunichte wird. Der Geist macht vielmehr sein Sein frei durch das Auswirken der »Bilder«, die da gut sind, so gewiß, wie er's täte, wenn er in der Gnade wäre, wenngleich er durch das Werk nicht das Himmelreich erwirbt, wie er's täte, wenn er in der Gnade wäre; denn er schafft so die gleiche Bereitschaft für die Einung und Gleichheit, wobei Werk und Zeit nur eben dazu nütze sind, daß sich der Mensch *aus*wirke. Und je mehr sich der Mensch entledigt und auswirkt, um soviel nähert er sich Gott, der ledig ist in sich selbst; und soweit sich der Mensch entledigt, soweit verliert er (auch) weder Werk noch Zeit. Und wenn die Gnade wiederkommt, so steht alles, was (bis dahin nur) naturhaft in ihm stand, nun gänzlich *gnadenhaft* in ihm. Und so weit er sich mit guten Werken entledigt hat, während er in Todsünden war, so weit tut er (nun) einen entsprechenden Einschlag, sich mit Gott zu vereinen, was er nicht tun könnte, wenn er sich nicht vorher durch die Werke entledigt hätte, während er in Todsünden war. Sollte er sie (aber) nun (erst) auswirken, so müßte er Zeit darauf verwenden. Da er sich aber in der voraufgehenden Zeit, während er in Todsünden war, entledigt hat, so hat er für sich die Zeit gewonnen, in der er nun ledig ist. Und so also ist die Zeit nicht verloren, in der er nun ledig ist, denn er hat diese Zeit gewonnen und kann in dieser Zeit andere Werke wirken, die ihn noch näher mit Gott vereinen. Die Früchte der Werke, die er im Geiste tat, die bleiben im Geiste und sind Geist mit dem Geiste. Obzwar die Werke und die Zeit dahin sind, so lebt doch der Geist, aus dem heraus sie geschahen, und (lebt) die Frucht der Werke, abgelöst von Werk und Zeit, voller Gnade, so wie auch der Geist voller Gnade ist.

Seht, so haben wir denn den Sinn (meiner Behauptung) erhärtet, wie es wahrhaft wahr ist. Und alle, die dem widersprechen, denen ist allzumal widersprochen, und ich beachte sie keinen Deut; denn, was ich gesagt habe, das ist wahr, und die Wahrheit sagt es selbst. Verstünden sie, was *Geist* ist, und was Werk und Zeit *in sich selber* sind und in welcher Weise das Werk zum Geiste in Beziehung steht, so würden sie mitnichten behaupten, daß irgendein gutes Werk oder Verhalten je verloren ginge oder gehen könnte. Geht auch das Werk mit der Zeit dahin und wird zunichte, es wird doch so, wie es zum Geist in seinem Sein in Beziehung steht, niemals zunichte. Dieser Bezug aber ist nichts anderes, als daß der Geist durch das Verhalten, das sich in den Werken vollzogen hat, frei gemacht wird. Das ist die *Kraft* des Werkes, um derentwillen das Werk geschah. Und *diese bleibt* in dem Geiste und ist auch noch nie (aus ihm) herausgekommen und kann so wenig vergehen wie der Geist an sich selbst; denn er ist sie selbst. Seht, wer das verstünde, wie könnte der sagen, daß irgendein gutes Werk je verloren ginge, solange der Geist sein Sein hat und in der neuen Gnade lebt?

Daß wir mit Gott *ein* Geist werden und wir in der Gnade erfunden werden, dazu helfe uns Gott. Amen.

Predigt 45

In omnibus requiem quaesivi (Eccli. 24, 11)

Diese Worte stehen geschrieben im Buche der Weisheit. Die wollen wir diesmal auslegen, als ob die ewige Weisheit mit der Seele Zwiesprache hielte und (sie) spricht: »Ich habe Ruhe gesucht in allen Dingen« (Jes. Sirach. 24, 11), und die Seele antwortet: »Der mich erschuf, der hat geruht in meinem Zelte« (Jes. Sirach. 24, 12). Zum dritten spricht die ewige Weisheit: »In der geheiligten Stadt ist meine Ruhe« (Jes. Sirach. 24, 15).

Fragte man mich, ich sollte bündig Auskunft darüber geben, worauf der Schöpfer abgezielt habe damit, daß er alle Kreaturen erschuf, so würde ich sagen: (auf) *Ruhe*. Fragte man mich zum zweiten, was die Heilige Dreifaltigkeit in allen ihren Werken insgesamt suche, ich würde antworten: *Ruhe*. Fragte man mich zum dritten, was die Seele in allen ihren Bewegungen sucht, ich würde antworten: *Ruhe*. Fragte man mich zum vierten, was alle Kreaturen in allen ihren natürlichen Strebungen und Bewegungen suchen, ich würde antworten: *Ruhe*.

Zum ersten sollen wir wahrnehmen und erkennen, wie das göttliche Antlitz *göttlicher Natur* aller Seelen Verlangen nach sich von Sinnen und toll macht, um sie zu sich hin zu ziehen. Denn Gott schmeckt die göttliche Natur, das heißt die Ruhe, so wohl, und sie ist ihm so wohlgefällig, daß er sie aus sich herausgestellt hat, um aller Kreaturen natürliches Begehren zu reizen und an sich zu ziehen. Nicht nur sucht der Schöpfer seine eigene Ruhe damit, daß er sie aus sich herausgestellt und allen Kreaturen angebildet hat, sondern er sucht zugleich alle Kreaturen mit sich wieder in ihren ersten Ursprung, das ist in die Ruhe, zurückzuziehen. Zudem liebt auch Gott sich selbst in allen Kreaturen. Ebenso aber, wie er die Liebe zu sich selbst in allen Kreaturen sucht, so auch sucht er (in ihnen) seine eigene Ruhe.

Zum zweiten sucht *die Heilige Dreifaltigkeit* Ruhe. Der Vater sucht Ruhe in seinem Sohn darin, daß er alle Kreaturen in ihm ausgegossen und ge»bildet« hat, und sie beide suchen Ruhe im Heiligen Geiste darin, daß er von ihnen beiden als eine ewige unermeßliche Liebe ausgegangen ist.

Zum dritten sucht *die Seele* Ruhe in allen ihren Kräften und Bewegungen, der Mensch wisse es oder wisse es nicht. Der Mensch schlägt nimmer das Auge auf noch zu, ohne daß er damit Ruhe sucht; entweder will er etwas von sich werfen, das ihn behindert, oder er will etwas an sich ziehen, worin er ruht. Um dieser beiden Dinge willen tut der Mensch alle seine Werke. Ich habe auch sonst schon gesagt, der Mensch könne nimmer an irgendeiner Kreatur Freude oder Wohlgefallen haben, wenn nicht Gottes Gleichnis darin wäre. Was ich lieb habe, ist das, worin ich am meisten Gottes Gleichnis erkenne. Nun aber gleicht nichts in allen Kreaturen Gott so sehr wie Ruhe. Zum dritten sollen wir erkennen, wie die Seele sein soll, in der Gott ruhen will. Sie soll rein sein. Wodurch wird die Seele rein? Dadurch, daß sie sich an geistige Dinge hält. Dadurch wird sie erhoben. Je höher sie erhoben wird, um so lauterer wird sie in ihrer Andacht, und je lauterer sie in ihrer Andacht wird, um so kräftiger werden ihre Werke. Im Hinblick darauf sagt ein Meister von den Sternen: Je näher sie der Erde leuchten, um so schwächer sind sie in ihren Werken, weil sie nicht in ihrem rechten Abstand stehen. Wenn sie (jedoch) in ihren rechten Abstand gelangen, dann stehen sie am höchsten; dann (aber) kann man sie auf Erden nicht sehen, und dennoch sind ihre Werke dann auf Erden am allerkräftigsten. Sankt Anselmus spricht zu der Seele: Ziehe dich ein wenig aus der Unruhe äußerer Werke. Zum zweiten: Fliehe und verbirg dich vor dem Gestürm innerer Gedanken, die ebenfalls zu große Unruhe in die Seele bringen. Zum dritten: Der Mensch kann Gott nichts Lieberes bieten als Ruhe. Des Wachens, Fastens, Betens und aller Kasteiung achtet und bedarf Gott nicht im Gegensatz zur Ruhe. Gott bedarf nichts weiter, als daß man ihm ein ruhiges Herz schenke: dann wirkt er solche heimliche und göttliche Werke in der Seele, daß keine Kreatur dabei zu dienen oder (auch nur) zuzusehen vermag; ja, nicht einmal die Seele unseres Herrn Jesu Christi kann da hineinlugen. Die ewige Weisheit ist von so feiner Zartheit und so schamhaft, daß sie nicht zu dulden vermag, daß dort, wo Gott allein in der Seele wirkt, irgendwelche Beimischung irgendwelcher Kreatur sei. Darum kann die ewige Weisheit nicht dulden, daß dort irgendwelche Kreatur zusehe. Deshalb sagt unser Herr: »Ich will meine Braut in die Wüste führen und will dort zu ihrem Herzen sprechen« (Osee 2, 14), das heißt: in die Einöde, abseits aller Kreaturen. Zum vierten sagt er (= Anselmus), die Seele solle ruhen in Gott. *Göttliches* Werk vermag Gott in der Seele nicht zu wirken, weil alles, was in die Seele kommt, von Maß umfangen wird. Maß (aber) ist das, was etwas in sich ein- und aus sich ausschließt. So aber steht es nicht um göttliche Werke: die sind unumgrenzt und sind in göttlicher Offenbarung unverschlossen beschlossen. Darum spricht David: »Gott sitzt über den Cherubim« (Ps. 79, 2). Er sagt nicht, er sitze über den Seraphim. »Cherubim« bedeutet die Weisheit, das ist die Erkenntnis: *die* trägt Gott in die Seele und leitet die Seele zu Gott. *In* Gott aber vermag sie sie nicht zu bringen. Darum wirkt Gott seine göttlichen Werke nicht in der Erkenntnis, weil die in der Seele von Maß umgriffen wird; er wirkt sie vielmehr als Gott und göttlich. Dann aber (= nachdem die Erkenntnis die Seele an Gott herangeleitet hat) tritt die oberste Kraft hervor – das ist die Liebe – und bricht in Gott ein und führt die Seele mit der Erkenntnis und mit allen ihren (sonstigen) Kräften in Gott hinein und vereinigt sie mit Gott. Und dort wirkt Gott oberhalb der Kraft der Seele, – nicht als in der Seele (seiend, nicht als im Bereich der Seele), sondern als göttlich in Gott. Dort wird die Seele in Gott getaucht und getauft in göttlicher Natur, und sie empfängt darin ein göttliches Leben und nimmt göttliche Ordnung an, so daß sie nach Gott geordnet wird. Wie man aus einem Vergleich erkennen kann, wenn die Meister der Naturlehre schreiben: Wenn das Kind im Mutterleib empfangen wird, so hat es Gliederbildung und Aussehen. Wenn aber die Seele in den Körper eingegossen wird, so vergeht ihm die Gestalt und das Aussehen, die es zuerst hatte, und es wird zu etwas Einheitlichem, und dies durch die Kraft der Seele, und empfängt eine andere Gestalt von der Seele und ein anderes, dem Leben der Seele gemäßes Aussehen. So auch geht es mit der Seele: wenn sie gänzlich mit Gott vereint wird und getauft in göttlicher Natur, so verliert sie alle ihre Hindernisse und Schwäche und Unbeständigkeit und wird völlig erneuert in einem göttlichen Leben und wird in allen ihren Sitten und Tugenden geordnet, wie man am Lichte erkennen kann: Je näher die Flamme beim Dochte brennt, um so schwärzer und grob-stofflicher ist sie; je höher sich aber die Flamme vom Dochte weg hinaufzieht, um so klarer ist sie. – Je höher die Seele über sich (selbst) hinaus emporgezogen ist, um so lauterer und klarer ist sie, um so vollkommener vermag Gott in ihr in seinem eigenen Gleichnis sein göttliches Werk zu wirken. Wüchse ein Berg von der Erde zwei Meilen hoch empor und schriebe man darauf in Staub oder in Sand Buchstaben, sie würden ganz bleiben, so daß weder Regen noch Wind sie zerstören könnten. So auch sollte ein wahrhaft geistiger Mensch in einem rechten Frieden ganz und unwandelbar in göttlichen Werken emporgehoben sein. Dessen mag sich ein geistiger Mensch wohl schämen, daß er in Betrübnis, in Zorn und in Ärger so leicht dem Wandel unterworfen wird. Ein solcher Mensch ward noch nie recht geistig.

Zum vierten suchen alle Kreaturen aus natürlichem Streben Ruhe, mögen sie's wissen oder nicht wissen; sie bezeugen es durch ihre Werke. Dem Stein wird der Bewegungstrieb, beständig zur Erde hinzustreben, nimmer benommen, solange er nicht auf der Erde aufliegt. Ebenso tut's das Feuer: das strebt aufwärts, und eine jegliche Kreatur sucht ihren naturgemäßen Ort. Und darin verraten sie die Gleichheit mit der göttlichen Ruhe, die Gott allen Kreaturen zugeworfen hat.

Daß wir die göttliche Gleichheit göttlicher Ruhe so suchen und bei Gott finden mögen, dazu helfe uns Gott. Amen.

PREDIGT 46

Beati, qui esuriunt et sitiunt iustitiam etc. (Matth. 5, 6)

Ich habe ein Wörtlein der Epistel, die man heute auf zwei Heilige liest, entnommen und ein anderes Wort dem Evangelium. König Salomon spricht in der heutigen Epistel: »Die der Gerechtigkeit nachfolgen, die liebt Gott« (Spr. 15, 9). Ein anderes Wörtlein spricht mein Herr Sankt Matthäus: »Selig sind die Armen und die da hungert und dürstet nach der Gerechtigkeit und ihr nachfolgen« (Matth. 5, 6).

Achtet auf dies Wort: »Gott liebt«, und es ist für mich eine große Begnadung und eine übergroße, wenn wir, wie ich schon öfter gesagt habe, danach verlangen wollten, daß Gott *mich* liebt. *Was* (aber) liebt Gott? Gott liebt nichts außer sich selbst und ihm Gleiches, soweit er es in mir und mich in sich findet. Im Buche der Weisheit steht geschrieben: »Gott liebt niemand als den, der da wohnt in der Weisheit« (Weish. 7, 28). Ein weiteres Wort steht ebenfalls in der Schrift, das lautet noch besser: »Gott liebt, die da nachfolgen der Gerechtigkeit und der Weisheit« (vgl. Spr. 15, 9). Die Meister stimmen darin alle überein, Gottes Weisheit sei sein eingeborener Sohn. Jenes Wort sagt: »die nachfolgen der Gerechtigkeit und der Weisheit«: diejenigen demnach, die *ihm* nachfolgen, die liebt er, denn er liebt uns nur, soweit er uns in sich findet. Es besteht ein großer Unterschied zwischen Gottes Liebe und unserm Lieben. *Wir* lieben nur, soweit wir Gutheit finden in dem, was wir lieben. Selbst wenn ich's anders geschworen hätte, ich könnte doch nichts anderes lieben als Gutheit. Gott aber liebt (nur) sein *eigenes* Gutsein, und zwar so, daß er nichts im Menschen finden könnte, was er liebt, als seine eigene Gutheit und uns, soweit wir in ihm und in seiner Weisheit sind. Was (uns) gegeben ist, das gibt uns seine Liebe, auf daß wir in ihm seien und in der Weisheit wohnen.

Sankt Paulus spricht: Wir werden überformt in der Liebe (vgl. 2 Kor. 3, 18, Kol. 2, 2). Merkt (noch einmal) auf dies Wort: »Gott liebt«. Welch Wunder! *Was* ist Gottes Liebe? Seine Natur und sein Sein: *das* ist seine Liebe. Wer Gott dessen beraubte, daß er uns liebt, der raubte ihm sein Sein und seine Gottheit, denn sein Sein hängt daran, daß er mich liebt. Und in dieser Weise geht der Heilige Geist aus. Bei Gott! Was für ein Wunder ist das? Liebt mich Gott mit seiner ganzen Natur – die nämlich hängt daran –, so liebt mich Gott recht, als hänge sein Werden und sein Sein daran. Gott hat nur *eine* Liebe: mit eben dieser gleichen Liebe, mit der der Vater seinen eingeborenen Sohn liebt, mit der liebt er mich.

Nun ein anderer Sinn. Beachtet gar wohl: Mit der Schrift stimmt's durchaus recht, wenn man sie aufschließt und sie zu erschließen willens ist. Es heißt: »die der Gerechtigkeit in der Weisheit nachfolgen«. Dem gerechten Menschen tut die Gerechtigkeit so not, daß er nichts anderes lieben *kann* als die Gerechtigkeit. Wäre Gott nicht gerecht, er würde nicht auf Gott achten – wie ich schon öfters gesagt habe. Weisheit und Gerechtigkeit sind eins in Gott, und wer da die Weisheit liebt, der liebt auch die Gerechtigkeit; und wäre der Teufel gerecht, er liebte ihn, soweit er gerecht wäre, und um kein Haar mehr. Der gerechte Mensch liebt an Gott weder dies noch das; und gäbe ihm Gott seine ganze Weisheit und alles, was er außerhalb seiner selbst zu bieten vermag, er würde es nicht beachten, und es würde ihm nicht schmecken; denn er will nichts und sucht nach nichts, da er kein Warum kennt, um dessentwillen er irgend etwas täte. So, wie Gott ohne Warum wirkt und kein Warum kennt, – ganz in der gleichen Weise, wie Gott wirkt, so auch wirkt der Gerechte ohne Warum; und so, wie das Leben um seiner selbst willen lebt und kein Warum sucht, um dessentwillen es lebe, so auch kennt der Gerechte kein Warum, um dessentwillen er etwas tun würde.

Nun achtet auf jenes Wörtlein, da es heißt: »sie hungert und dürstet nach der Gerechtigkeit«. Unser Herr sagt: »Die mich essen, die wird noch mehr hungern; die mich trinken, die wird noch mehr dürsten« (Jes. Sir. 24, 29). Wie soll man dies verstehen? Bei leiblichen Dingen ist dem ja nicht so; je mehr man davon ißt, um so satter wird man ihrer. In geistigen Dingen aber gibt es keine Sättigung; denn, je mehr man von ihnen hat, um so mehr gelüstet man nach ihnen. Darum sagt jenes Wort: »Sie wird noch mehr dürsten, die mich trinken, und hungern, die mich essen.« Diese hungern so sehr nach dem Willen Gottes, und der schmeckt ihnen so wohl, daß alles, was Gott über sie verhängt, sie so befriedigt und ihnen so wohlgefällt, daß sie nichts anderes zu wollen noch zu begehren vermöchten. Solange der Mensch hungert, solange schmeckt ihm die Speise; und je größer der Hunger ist, um so befriedigender ist's ihm, wenn er ißt. So auch geht es denen, die da hungern nach Gerechtigkeit und nach dem Willen Gottes; denen schmeckt sein Wille so gut, und alles, was Gott will und was er über sie verhängt, das behagt ihnen so wohl, daß, selbst wenn Gott sie damit verschonen wollte, sie damit nicht verschont sein *wollten*. *So* wohl gefällt ihnen der liebste Wille Gottes. Wollte ich mich einem Menschen beliebt machen und dem allein gefallen, so wollte ich alles, was diesem Menschen gefällig wäre und wodurch ich ihm wohlgefiele, lieber als irgend etwas anderes. Und wäre es so, daß ich ihm besser gefiele in einem schlichten Kleide als in Samt, so besteht kein Zweifel darüber: ich trüge das schlichte Kleid lieber als irgendein anderes Kleid. So auch steht es mit dem, dem Gottes Wille gefällt: alles, was ihm Gott zuteilt, sei's Krankheit oder Armut oder was es auch sei, das hat er lieber als irgend etwas anderes, eben weil Gott es will. Darum schmeckt es ihm besser als irgend etwas anderes.

Nun sagt ihr gern: Woher weiß ich denn, ob es Gottes Wille ist? Ich antworte: Wäre es nicht Gottes Wille, so wäre es auch nicht einen Augenblick lang; es *muß* (vielmehr) stets sein Wille sein. Schmeckte dir nun der Wille Gottes, so fühltest du dich recht wie im Himmelreich, was immer dir widerführe oder nicht widerführe. Denen aber geschieht sehr recht, die nach etwas anderem begehren als nach Gottes Willen, und sie sind allwegs in Jammer und Unglückseligkeit; man tut ihnen immer wieder Unrecht, und sie haben allwegs Leid. Und das muß von Rechts wegen auch so sein. Sie tun gerade so, wie wenn sie Gott verkauften, so wie Judas ihn verkaufte. Sie lieben Gott um irgend etwas anderes willen, was Gott nicht ist. Und wenn ihnen dann zuteil wird, was sie lieben, so kümmern sie sich um Gott nicht mehr. Es sei Andacht oder Lust oder was immer dir willkommen wäre: nichts von alledem, was geschaffen ist, ist Gott.

Die Schrift sagt: »Die Welt ist durch ihn geschaffen, und was da geschaffen ist, das erkannte ihn nicht« (Joh. 1, 10). Warum? *Weil* es geschaffen ist, darum erkennt es Gott nicht, denn Gott ist ungeschaffen. Wer da wähnte, daß tausend Welten zu Gott hinzugenommen irgendwie mehr genommen wäre als Gott allein, der erkennte Gott nicht, noch wüßte er im mindesten, was Gott wäre, und er wäre ein (grober) Tölpel. Darum soll der Mensch außer Gott nichts beachten. Wer irgend etwas bei Gott sucht, wie ich schon öfter gesagt habe, der weiß nicht, was er sucht. (Nur) so wird der Sohn in uns geboren: wenn wir kein Warum kennen und wir wieder eingeboren werden im Sohne. Origenes schreibt ein hohes Wort, und spräche ich es, es würde euch unglaubhaft dünken: Nicht allein werden wir eingeboren im Sohne; wir werden (vielmehr) ausgeboren und wieder eingeboren und werden neu geboren und unmittelbar geboren im Sohne. Ich sage – und es ist wahr: In einem jeglichen guten Gedanken oder guten Bestreben oder guten Werke werden wir allzeit neu geboren in Gott. Darum, wie ich neulich gesagt habe: Der Vater hat nur einen einzigen Sohn, und je weniger wir unser Streben oder Achten auf irgend etwas anderes als auf Gott richten und je mehr wir in nichts nach draußen lugen, um soviel werden wir im Sohn überbildet, und insoweit wird der Sohn in uns geboren und werden wir im Sohn geboren und werden *ein* Sohn. Unser Herr Jesus Christus ist ein einiger Sohn des Vaters, und er allein ist Mensch und Gott. Es ist aber da nur *ein* Sohn und *ein* Sein, und dies ist göttliches Sein. So also werden (auch) wir *eins* in ihm, wenn wir nur das Eine im Sinne haben. Gott will immer allein sein; es ist eine notwendige Wahrheit, und es kann nicht anders sein, als daß man Gott immer allein im Sinne haben muß.

Gott hat wohl Genügen und Lust in die Kreaturen gegossen; die Wurzel aber alles Genügens und das Wesen aller Lust hat Gott allein in sich selbst behalten. Ein Gleichnis: Das Feuer wirft wohl mit der Hitze seine Wurzel in das Wasser aus, und wenn man das Feuer wegnimmt, so bleibt da gleichwohl die Wärme (noch) eine Weile im Wasser und auch im Holze; (auch) nach dem Gegenwärtigsein des Feuers bleibt die Hitze da noch dementsprechend lange, wie das Feuer kräftig gewesen ist. Die Sonne jedoch erleuchtet wohl die Luft und durchleuchtet sie, nicht aber wirft sie ihre Wurzel hinein; denn, wenn die Sonne nicht mehr gegenwärtig ist, so haben wir auch kein Licht mehr. So auch hält es Gott mit den Kreaturen: er wirft (wohl) seinen Abglanz des Genügens in die Kreaturen, aber die Wurzel alles Genügens hat er allein in sich selbst behalten deshalb, weil er uns einzig zu sich und zu niemand sonst haben will. Gott schmückt und bietet sich so der Seele dar und hat sich mit seiner ganzen Gottheit beflissen, der Seele wohlgefällig zu werden; denn Gott will für sich allein der Seele gefallen, und er will dabei keinen Nebenbuhler haben. Gott duldet keine Einschränkung; er will auch nicht, daß man irgend etwas anderes außer ihm anstrebe oder begehre.

Nun wähnen manche Leute, sie seien gar heilig und gar vollkommen, gehen mit großen Dingen und großen Worten um, und doch streben und begehren sie nach so vielem und wollen auch vieles besitzen, und sie schauen so viel auf sich und auf dies und das und meinen, sie strebten nach innerer Sammlung, können aber nicht *ein* Wort (unerwidert) hinnehmen. Des seid wahrlich gewiß, daß sie Gott fern und außerhalb jener Einung sind. Der Prophet spricht: »Ich habe meine Seele *in mir* ausgegossen« (Ps. 41, 5). Sankt Augustinus aber äußert ein besseres Wort und sagt: Ich habe meine Seele *über mich* (hinaus) ausgegossen. Notwendig muß sie (= die Seele) über sich hinauskommen, soll sie eins werden in dem Sohne; und je mehr sie aus sich selbst herausgeht, um so mehr wird sie eins mit dem Sohne. Sankt Paulus sagt: »Wir werden überformt werden in das gleiche Bild, das er (selbst) ist« (2 Kor. 3, 18).

Eine Schrift sagt: Die Tugend ist niemals Tugend, sie komme denn von Gott oder durch Gott oder in Gott (= mit Gott): eines von diesen dreien muß immer sein. Wenn's irgend anders um sie stünde, so wäre es doch keine Tugend; denn, was man unter Absehung von Gott im Auge hat, das ist zu nichtig. Die Tugend ist Gott oder unmittelbar in Gott. Welches aber das Beste sei, davon will ich euch jetzt nichts sagen. Ihr aber könntet nun sagen: Sprecht, Herr, was ist dies? Wie könnten wir unmittelbar in Gott sein dadurch, daß wir nichts anderes erstrebten noch suchten als Gott, und wie sollten wir so arm sein und alle Dinge so aufgeben? Es ist (doch wohl) ein gar schweres Wort, daß wir nach keinerlei Lohn begehren sollten! – Seid des gewiß, daß Gott es nicht unterläßt, uns alles zu geben; und hätte er's abgeschworen, er könnte doch nicht umhin, uns geben zu müssen. Ihm ist viel nötiger, uns zu geben, als uns zu empfangen; wir dürfen es aber nicht darauf absehen; denn, je weniger wir danach streben und begehren, um so mehr gibt Gott. Damit aber zielt Gott auf nichts anderes als darauf, daß wir um so reicher werden und um so mehr empfangen können.

Ich pflege manchmal, wenn ich beten soll, ein Wörtlein zu sprechen und sage dann: Herr, dies ist doch so gering, um das wir dich bitten! Wenn mich jemand darum bäte, so täte ich's ihm, und dir fällt es (doch) hundertmal leichter als mir, und du tätest es auch lieber. Und wär's, daß wir dich um etwas Bedeutenderes bäten, so fiele es dir leicht, es zu geben; und je größer es ist, um so lieber gibst du es. Ist doch Gott bereit, große Dinge zu geben, wenn wir alle Dinge in der Gerechtigkeit zu lassen vermöchten.

Daß wir in solcher Weise der Gerechtigkeit in der Weisheit nachfolgen und nach ihr hungern und dürsten, auf daß wir gesättigt werden, dazu helfe uns Gott. Amen.

Predigt 47

Ecce ego mitto angelum meum etc. (Mal. 3, 1/2)

»Seht, ich sende meinen Engel vor dein Antlitz, auf daß er deinen Weg bereite. Alsogleich wird er in seinem Tempel geopfert, er, dessen wir harren. Wer weiß den Tag seiner Ankunft? Er ist wie ein zusammenblasendes Feuer« (Mal. 3, 1/2).

Nun heißt es: »Alsogleich wird er geopfert in seinem Tempel, er, dessen wir harren.« Die Seele soll sich opfern mit alledem, was sie hat, sei's Gebresten oder sei's Tugend: das soll sie alles miteinander hinauftragen und opfern mit dem Sohne in den Vater. Soviel Liebe der Vater aufzubringen vermag, um soviel ist der Sohn liebenswert. Der Vater liebt nichts als den Sohn und alles, was er in seinem Sohn findet. Darum soll sich die Seele hinauftragen mit ihrer ganzen Kraft und sich im Sohne dem Vater opfern; und so wird sie mit dem Sohne von dem Vater geliebt.

Nun heißt es: »Seht, ich sende meinen Engel.« Wenn man sagt: »Seht!«, so deutet man damit auf dreierlei hin: auf etwas, das groß ist, oder etwas, das wundersam ist, oder etwas, das außergewöhnlich ist. »Seht, ich sende meinen Engel!«, auf daß er bereite und läutere die Seele, damit sie das göttliche Licht empfangen könne. Das göttliche Licht steckt allwegs in des Engels Licht, und des Engels Licht wäre der Seele unwillkommen, und sie würde nicht danach gelüsten, wenn nicht Gottes Licht darein gewunden wäre. Gott umhüllt und verdeckt sich im Engelslichte und wartet beständig darauf, wann er herauskommen könne, auf daß er sich der Seele hingeben dürfe. Ich habe auch sonst schon gesagt: Wenn man mich fragte, was Gott im Himmel täte, ich würde sagen: er gebiert seinen Sohn und gebiert ihn völlig neu und frisch und hat so große Lust an diesem Tun, daß er sonst nichts tut, als daß er dieses Werk wirkt und in ihm den Heiligen Geist und alle Dinge. Darum sagt er: »Seht, *ich*.« Wer da »ich« sagt, der muß das Werk aufs beste leisten. Niemand kann dieses Wort im eigentlichen Sinne aussprechen als der Vater. Das Werk ist ihm so eigen, daß niemand als der Vater es zu wirken vermag. In diesem Werke wirkt Gott alle seine Werke, und der Heilige Geist hängt darin und alle Kreaturen. Wenn Gott dieses Werk, das seine Geburt ist, in der Seele wirkt, so ist (diese) seine Geburt sein Werk, und die Geburt ist der Sohn. Dieses Werk wirkt Gott im Innersten der Seele, und zwar so verborgen, daß weder ein Engel noch ein Heiliger darum weiß, und auch die Seele selbst kann nichts weiter dazu tun, als es zu erleiden; es gehört einzig Gott zu. Darum spricht recht eigentlich der *Vater:* »*Ich* sende meinen Engel.«

Ich aber sage nun: Uns genügt es nicht damit, und wir wollen es nicht. Origenes spricht: Maria Magdalena suchte unsern Herrn; sie suchte einen toten Menschen und fand zwei lebende Engel, und das genügte ihr nicht. Sie hatte recht, denn sie suchte Gott. Was ist ein Engel? Dionysius spricht von dem geweihten Fürstentum der Engel, in dem sich göttliche Ordnung und göttliches Werk und göttliche Weisheit und göttliche Gleichheit oder göttliche Wahrheit, soweit dies möglich ist, findet. Was (aber) ist *göttliche Ordnung*? – Aus der göttlichen Macht bricht aus die Weisheit, und aus ihnen beiden bricht aus die Liebe, das ist der Brand; denn Weisheit, Wahrheit, Macht und Brand sind im *Umkreis* des Seins, das ein überschwebendes Sein ist, lauter ohne Natur. Dies ist *seine* Natur, daß er (= Gott) *ohne* Natur ist. Wer Gutheit oder Weisheit oder Gewalt bedenkt, der verdeckt das Sein und verdunkelt es in diesem Gedanken. Jedes Hinzudenken verdeckt das Sein. Dies also ist denn göttliche Ordnung. Wo nun Gott Gleichheit mit dieser Ordnung in der Seele findet, da gebiert der Vater seinen Sohn. Die Seele muß sich mit der ganzen Macht in ihr Licht durchbrechen. Aus der Macht und aus dem Licht entspringt ein Brand, eine Liebe. So muß die Seele sich mit ihrer ganzen Macht zu göttlicher Ordnung durchbrechen.

Nun wollen wir von dieser *Ordnung der Seele* sprechen. Ein heidnischer Meister sagt: Das überschwebende natürliche Licht der Seele ist so lauter und so klar und so hoch, daß es an die Natur des Engels rührt. Es ist den niedersten Kräften so gram, daß es sich nimmer in sie ergießt und die Seele nimmer durchleuchtet, die niedersten Kräfte seien denn geordnet unter die obersten Kräfte und die obersten Kräfte unter die oberste Wahrheit. Wenn ein Heer geordnet ist, so ist der Knappe dem Ritter und der Ritter dem Grafen und der Graf dem Herzog untergeordnet; alle wollen sie Frieden haben, darum hilft jeglicher dem andern. So auch soll eine jegliche Kraft der andern untertan sein und streiten helfen, auf daß ein lauterer Friede in der Seele sei und Ruhe. Unsere Meister sagen: Völlige Ruhe ist Freisein von aller Bewegung. In dieser Weise soll sich die Seele über sich selbst (hinaus) *zur göttlichen Ordnung* erheben. Dort gibt der Vater der Seele seinen eingeborenen Sohn in einer lauteren Ruhe. Dies ist denn (nun) das erste: von der göttlichen Ordnung. Die übrigen Stücke mögen auf sich beruhen. Nur vom letzten noch ein wenig!

Wie ich von den Engeln sagte, die soviel Gleichheit mit Gott in sich haben und ein Einleuchten: in diesem Einleuchten klimmen sie über sich hinaus zu göttlicher Gleichheit, in der sie beständig Gott in göttlichem Lichte gegenüberstehen, so gleich, daß sie göttliches Werk wirken. Die Engel, die so erleuchtet und Gott so gleich sind, die ziehen und saugen Gott in sich. Ich habe es auch sonst schon gesagt: Wäre ich leer und hätte eine inbrünstige Liebe und Gleichheit, so zöge ich Gott völlig in mich hinein. Ein Licht ergießt sich und erleuchtet das, worauf es sich ergießt. Wenn man gelegentlich sagt: Das ist ein erleuchteter Mensch, – so ist das etwas Unbedeutendes. Wenn das Licht aber ausbricht und es in die Seele durchbricht und sie Gott gleich und gottförmig macht, soweit es möglich ist, und sie von innen durchleuchtet, so ist das um vieles besser. In dieser Erleuchtung klimmt sie über sich (hinaus) im göttlichen Lichte. Wenn sie dann so heimkommt und so mit ihm (= Gott) vereint ist, so ist sie eine Mitwirkerin. Keine Kreatur *wirkt*, vielmehr wirkt einzig der Vater. Die Seele soll nimmer ruhen, bis sie des Werkes so gewaltig werde wie Gott. Dann wirkt sie mit dem Vater alle seine Werke; sie wirkt mit ihm einfaltig und weise und liebend.

Daß wir so mit Gott wirken mögen, dazu helfe uns Gott. Amen.

Predigt 48

Gott hat die Armen um der Reichen willen und die Reichen um der Armen willen gemacht (vgl. Spr. 22, 2). Leihet Gott, er erstattet euch zurück. Manche sagen, sie glauben *an* Gott, glauben aber Gott (= Dativ) nicht. Es ist etwas Höheres, daß man *an* Gott glaubt, als daß man Gott glaubt. Man glaubt wohl einem Menschen, wenn man ihm fünf Schillinge leiht, daß er sie zurückzahle, und glaubt doch (deshalb noch) nicht *an* den Menschen. Wenn denn nun ein Mensch *an* Gott glaubt, warum glaubt er denn Gott nicht, daß der ihm erstatte, was er ihm an seinen Armen leiht? Wer alle Dinge läßt, der wird das Hundertfache dafür empfangen. Wer es aber auf das Hundertfache absieht, dem wird nichts zuteil, denn er gibt nicht alles hin: er will das Hundertfache wieder haben. Unser Herr aber verspricht (nur) denen das Hundertfache, die *alles* hingeben (Matth. 19, 29). Gibt einer *alles* hin, so wird er das Hundertfache empfangen und das ewige Leben (dazu). Fiele aber dem Menschen der Erfolg des Hingebens zu, so hätten die, welche um dieses Warum willen hingaben, doch nicht *alles* hingegeben, und einem solchen würde (denn auch) nichts zuteil. Die irgend etwas in Gott suchen, sei's Wissen, Erkennen oder Andacht oder was es auch sei, – findet man es, so findet man dennoch Gott nicht, obzwar einer Wissen, Erkennen, Innerlichkeit findet, was ich (gleichviel) durchaus anerkenne: es *bleibt* ihm aber *nicht*. *Sucht* er aber *nichts*, so findet er Gott und alle Dinge in ihm, und *die bleiben* ihm (dann).

Ein Mensch soll *nichts* suchen, weder Erkennen noch Wissen noch Innerlichkeit noch Andacht noch Ruhe, sondern einzig Gottes Willen. Die Seele, die so ist, wie sie von Rechts wegen sein soll, die begehrt nicht danach, daß Gott ihr seine ganze Gottheit hingebe, und sie würde auch dadurch ebensowenig getröstet, wie wenn er ihr eine Mücke gäbe. Die Erkenntnis Gottes unter Ausschluß des Willens Gottes ist nichts. *In* Gottes Willen *sind* alle Dinge und sind *etwas*, sind Gott wohlgefällig und sind vollkommen; *außerhalb* des Willens Gottes (hingegen) sind alle Dinge *nichts* und gefallen Gott *nicht* und sind *un*vollkommen. Ein Mensch sollte um Vergängliches nimmer bitten; will er aber um etwas bitten, so soll er einzig um

Gottes Willen bitten und um sonst nichts, so wird ihm alles zuteil. Bittet er (hingegen) um irgend etwas anderes, so wird ihm nichts zuteil. In Gott ist nichts als Eines, und das Eine ist unteilbar. Wenn man aber etwas anderes als Eines nimmt, dann ist es Teilbares und nicht das Eine. Gott ist Eines, und wenn man nach sonst noch etwas sucht und strebt, dann ist es nicht Gott, es ist vielmehr Teilbares. Sei's Ruhe oder Erkennen oder was es auch sei, mit Ausnahme nur von Gottes Willen, das (alles) ist um seiner selbst willen da und ist nichts. Wenn einer aber einzig Gottes Willen sucht, dann soll er, was ihm daraus zufließt oder geoffenbart wird, als Gabe Gottes empfangen und nimmer darauf sehen noch bedenken, ob es von Natur sei oder von Gnaden oder woher oder in welcher Weise es sei: das soll ihm völlig gleichgültig sein. Dann ist einer recht daran; und man soll ein schlichtes christliches Leben führen und soll es nicht auf ein besonderes Tun absehen. Nur Eines soll man von Gott empfangen, und was einem (dann) zufällt, das nehme man als sein Bestes und sei ohne alle Befürchtung, man könne in dieser Bescheidung irgendwie behindert werden, innen oder außen; was man auch tun mag, dafern man nur Gottesliebe in sich findet, so ist's genug daran.

Wenn manchen Leuten etwas zu erleiden oder zu tun zufällt, so sagen sie: »Wüßte ich, daß es Gottes Wille wäre, so wollte ich's gern leiden oder tun.« Bei Gott! Es ist eine wunderliche Frage, wenn ein kranker Mensch fragt, ob es Gottes Wille sei, daß er krank sei! Er soll des gewiß sein, daß es Gottes Wille ist, wenn er krank ist. So ist es auch in anderen Dingen. Darum soll ein Mensch jegliches, was ihm zufällt, auf lautere und einfaltige Weise von Gott hinnehmen. Es gibt manche (Leute), die, wenn es ihnen innerlich oder äußerlich gut geht, Gott loben und ihm wohl vertrauen, wie denn etliche sagen: »Ich habe zehn Malter Korn und ebenso viel Wein in diesem Jahre; ich vertraue fest auf Gott!« Ganz recht, sage ich, du hast volles Vertrauen – zu dem Korn und dem Wein!

Die Seele ist für ein so großes und hohes Gut bestimmt, daß sie drum bei keiner *Weise* sich beruhigen kann, und sie ist allzeit elend, bis sie über alle Weisen hinaus zu dem ewigen Gute kommt, das Gott ist, für das sie geschaffen ist. Hierzu aber ist nicht zu kommen mit Stürmigkeit, wobei sich der Mensch in großer Hartnäckigkeit darauf versteift, dies oder jenes zu tun oder zu lassen, sondern nur mit Sanftmut in treuer Demut und Selbstverleugnung gegenüber diesem wie bei allem, was da anfällt. Nicht also, daß der Mensch sich in den Kopf setze: Dies willst du durchaus tun, was es auch koste! Das ist falsch, denn darin behauptet er sein Selbst. Befällt ihn etwas, was ihn müht und betrübt und ihn unruhig macht, so ist das wiederum falsch, denn (auch) darin behauptet er sein Selbst. Wenn ihm etwas sehr zuwider wäre, sollte er sich Gott darin beraten lassen und sich demütig unter ihn beugen und in sanftem Vertrauen alles von ihm hinnehmen, das ihn befiele: *das* wäre recht. Darauf läuft alles hinaus, was man raten oder lehren kann: daß ein Mensch sich selbst raten läßt und auf nichts als nur auf Gott schaue, wenngleich man dies in vielen und verschiedenen Worten ausführen kann. Es verhilft zu einem geordneten Gewissen, daß man der zufälligen Dinge nicht achte und daß, wenn der Mensch bei sich selbst ist, er seinen Willen völlig Gott aufgebe und dann jegliches gleich von Gott hinnehme: Gnade und was es sonst sei, äußerlich oder innerlich. Wer etwas *an Gott* wahrnimmt, der sieht *Gott* nicht. Ein gerechter Mensch bedarf Gottes nicht. Was ich *habe*, dessen *bedarf* ich nicht. Er dient um nichts, er achtet aller Dinge nicht; er hat *Gott*, darum dient er um nichts. So weit Gott über den Menschen erhaben ist, um soviel ist Gott bereiter zu geben als der Mensch zu empfangen. Nicht daran soll ein Mensch erkennen, ob er zunehme an gutem Leben, daß er viel faste und viele äußere Werke verrichte; ein gewisses Zeichen vielmehr dafür, daß er zunehme, ist es, ob er mehr Liebe hegt zu ewigen Dingen und mehr Abneigung gegenüber vergänglichen Dingen. Hätte ein Mensch hundert Mark und gäbe die für Gott hin und schüfe ein Kloster, das wäre eine große Sache. Ich aber sage: Es wäre viel größer und besser, wenn ein Mensch ebensoviel in sich um Gottes willen verachtete und als nichtig ansähe. Ein Mensch soll in allen seinen Werken seinen Willen Gott zukehren und Gott allein im Auge haben. Und so gehe er voran und hege keine Furcht, so daß er also nicht etwa überlege, ob's auch recht sei, auf daß er nicht etwas falsch mache. Denn, wollte ein Maler gleich beim ersten Striche alle (weiteren) Striche bedenken, so würde nichts daraus. Sollte jemand in eine Stadt gehen und wollte (schon) überlegen, wie er den letzten Schritt täte, so würde wiederum nichts daraus. Darum soll man der ersten Eingebung folgen und so voranschreiten; dann kommt man dahin, wohin man soll, und so ist's recht.

Mulier, venit hora et nunc est, quando veri adoratores adorabunt patrem in spiritu et veritate (Joh. 4, 23)

Dies steht geschrieben in Sankt Johannes' Evangelium. Aus der langen Erzählung entnehme ich (nur) ein Wörtlein. Unser Herr sprach: »Weib, die Zeit wird kommen und ist eben jetzt, da die wahren Anbeter den Vater im Geiste und in der Wahrheit anbeten, und ebensolche sucht der Vater« (Joh. 4, 23).

Nun merkt auf das erste Wörtlein, da er sagt: »Die Zeit wird kommen und ist eben jetzt.« Wer den Vater anbeten will, der muß sich mit seinem Begehren und mit seiner Zuversicht in die Ewigkeit versetzen. Es gibt ein oberstes Teil der Seele, das steht erhaben über die Zeit und weiß nichts von der Zeit noch vom Leibe. Alles, was je geschah vor tausend Jahren – der Tag, der vor tausend Jahren war, der ist in der Ewigkeit nicht entfernter als der Zeitpunkt, in dem ich jetzt eben stehe, oder (auch) der Tag, der nach tausend Jahren oder so weit du zählen kannst, kommen wird, der ist in der Ewigkeit nicht entfernter als dieser Zeitpunkt, in dem ich eben jetzt stehe.

Nun spricht er, daß »die wahren Anbeter den Vater im Geiste und in der Wahrheit anbeten werden.« Was ist die Wahrheit? Die Wahrheit ist so edel, wär's, daß Gott sich von der Wahrheit abkehren könnte, ich wollte mich an die Wahrheit heften und wollte Gott lassen; denn Gott ist die Wahrheit und alles, was in der Seele ist, oder alles, was Gott je erschuf, das ist die Wahrheit nicht.

Nun sagt er: »die werden den Vater anbeten.« Ach, wie viele gibt es derer, die einen Schuh oder eine Kuh anbeten und sich damit bekümmern, und das sind gar törichte Leute. Sobald du zu Gott betest um der Kreaturen willen, bittest du um deinen eigenen Schaden; denn, sobald die Kreatur *Kreatur* ist, trägt sie Bitterkeit und Schaden und Übel und Ungemach in sich. Und darum geschieht den Leuten gar recht, wenn sie Ungemach und Bitternis haben. Warum? – Sie haben darum gebeten!

Ich habe zuweilen gesagt: Wer Gott sucht und irgend etwas zu Gott hinzu sucht, der findet Gott nicht; wer aber *Gott allein* wirklich sucht, der findet Gott und findet Gott nimmer allein; denn alles, was Gott zu bieten vermag, das findet er zusammen mit Gott. Suchst du Gott und suchst Gott um deines eigenen Nutzens oder um deiner eigenen Seligkeit willen, wahrlich, so suchst du nicht Gott. Darum sagt er, daß die wahren Anbeter den *Vater* anbeten, und er sagt gar recht. Wer zu einem guten Menschen spräche: »Warum suchst du Gott?« – »Weil er Gott ist!« – »Warum suchst du die Wahrheit?« – »Weil sie die Wahrheit ist!« – »Warum suchst du die Gerechtigkeit?« – »Weil sie die Gerechtigkeit ist!« Um solche Menschen steht es recht. Alle Dinge, die in der Zeit sind, die haben ein Warum. Wer beispielsweise einen Menschen fragte: »Warum issest du?« – »Damit ich Kraft habe!« – »Warum schläfst du?« – »Zu demselben Zweck!« Und so steht es mit allen Dingen, die in der Zeit sind. Wer aber einen guten Menschen fragte: »Warum liebst du Gott?« – »Ich weiß es nicht, – um Gottes willen!« – »Warum liebst du die Wahrheit?« – »Um der Wahrheit willen!« – »Warum liebst du die Gerechtigkeit?« – »Um der Gerechtigkeit willen!« – »Warum liebst du die Gutheit?« – »Um der Gutheit willen!« – »Warum lebst du?« – »Traun, ich weiß es nicht! (Aber) ich lebe gerne!«

Ein Meister sagt: Wer (nur) *einmal* von der Wahrheit und von der Gerechtigkeit und von der Gutheit berührt wird, der könnte sich niemals mehr nur einen Augenblick davon abkehren, und hinge auch alle Pein der Hölle daran. Weiterhin sagt er: Wenn ein Mensch von diesen dreien – von der Wahrheit, von der Gerechtigkeit und von der Gutheit – berührt ist, dann ist es einem solchen Menschen ebenso unmöglich, sich von diesen dreien abzukehren, wie es Gott unmöglich ist, sich von seiner Gottheit abzuwenden.

Ein Meister sagt, das Gute habe drei Äste. Der erste Ast ist Nutzen, der zweite Ast ist Lust, der dritte Ast ist Schicklichkeit. Darum sagt unser Herr: »die werden den Vater anbeten.« Warum sagt er: »den Vater«? Wenn du den Vater, das heißt Gott allein suchst, so findest du zugleich mit Gott alles, was er zu bieten vermag. Es ist eine gewisse Wahrheit und eine notwendige Wahrheit und ist eine verbriefte Wahrheit, und wäre es nicht geschrieben, so wäre es gleichviel wahr: Wenn Gott noch mehr hätte, er könnte es dir nicht verbergen, er müßte es dir (vielmehr) offenbaren, und er gibt es dir; und ich habe zuweilen gesagt: Er gibt dir's und gibt dir's in Geburtsweise.

Die Meister sagen, die Seele habe zwei Antlitze: das obere Antlitz schaut allzeit Gott, und das niedere Antlitz sieht etwas nach unten und lenkt die Sinne; das obere Antlitz aber, welches das Höchste der Seele ist, steht in der Ewigkeit und hat nichts zu schaffen mit der Zeit und weiß nichts von der Zeit noch vom Leibe. Und ich habe zuweilen gesagt, in ihm liege so etwas wie ein Ursprung alles Guten verdeckt und wie ein leuchtendes Licht, das allzeit leuchtet, und wie ein brennender Brand, der allzeit brennt; und dieser Brand ist nichts anderes als der Heilige Geist.

Die Meister sagen, daß aus dem obersten Teil der Seele zwei Kräfte ausfließen. Die eine heißt Wille, die andere Vernunft. Die höchste Vollendung dieser Kräfte (aber) liegt in der obersten Kraft, die da Vernunft heißt. Die kann niemals zur Ruhe kommen. Sie erstrebt Gott nicht, sofern er der Heilige Geist ist und (auch nicht), sofern er der Sohn ist: sie flieht den Sohn. Sie will auch Gott nicht, sofern er Gott ist. Warum? Weil er da (als solcher noch) einen Namen hat. Und gäbe es tausend Götter, sie bricht immerfort hindurch: sie will ihn dort, wo er *keinen* Namen hat. Sie will etwas Edleres, etwas Besseres als Gott, sofern er (noch) Namen hat. Was will sie denn? Sie weiß es nicht: sie will ihn, wie er *Vater* ist. Deshalb spricht Sankt Philippus: »Herr, zeige uns den Vater, dann genügt es uns!« (Joh. 14, 8). Sie will ihn, wie er ein Mark ist, aus dem die Gutheit entspringt; sie will ihn, wie er ein Kern ist, aus dem die Gutheit ausfließt; sie will ihn, wie er eine Wurzel ist, eine Ader, in der die Gutheit entspringt: und dort nur ist er *Vater*.

Nun spricht unser Herr: »Niemand erkennt den Vater als der Sohn und niemand den Sohn als der Vater« (Matth. 11, 27). Fürwahr, sollen wir den Vater erkennen, so müssen wir Sohn sein. Ich habe irgendwann drei Wörtlein gesprochen; die nehmt als drei scharfe Muskatnüsse und trinkt hinterher. Zum ersten: Wollen wir Sohn sein, so müssen wir einen Vater haben, denn es kann niemand sagen, er sei Sohn, er habe denn einen Vater; und niemand ist Vater, er habe denn einen Sohn. Ist der Vater tot, so sagt man: »Er *war* mein Vater.« Ist der Sohn tot, so sagt man: »Er *war* mein Sohn.«

Denn des Sohnes Leben hängt im Vater, und des Vaters Leben hängt im Sohn; und darum kann niemand sagen: »Ich bin Sohn«, er habe denn einen Vater. *Der* Mensch aber ist wahrhaft Sohn, der da alle seine Werke aus Liebe wirkt. – Das zweite, was den Menschen vorzüglich zum Sohn macht, das ist Gleichmut. Ist er krank, daß er ebenso gern krank wie gesund, gesund wie krank sei. Stirbt ihm sein Freund – in Gottes Namen! Wird ihm ein Auge ausgeschlagen – in Gottes Namen! – Das dritte, das ein Sohn haben muß, ist, daß er sein Haupt nie auf etwas anderes neigen kann als einzig auf den Vater. O, wie edel ist jene Kraft, die da über die Zeit erhaben steht und ohne Stätte ist! Denn damit, daß sie über die Zeit erhaben steht, hält sie *alle* Zeit in sich beschlossen und *ist* sie *alle* Zeit. Wie wenig einer aber auch von dem besäße, was da über die Zeit erhaben ist, er wäre doch gar schnell reich geworden; denn, was jenseits des Meeres liegt, das ist jener Kraft nicht entfernter, als was jetzt gegenwärtig ist. Und daher spricht er: »Ebensolche sucht auch der Vater« (Joh. 4, 23).

Sehet! so liebkost Gott uns, so fleht er zu uns, und Gott kann es nicht erwarten, bis die Seele sich von der Kreatur abwendet und abschält. Und es ist eine sichere Wahrheit und ist eine notwendige Wahrheit, daß es Gott *so* not tut, uns zu suchen, recht als ob seine ganze Gottheit daran hinge, wie sie's denn auch tut. Und Gott kann uns ebensowenig entbehren wie wir ihn; denn, selbst wenn es so wäre, daß wir uns von Gott abkehren könnten, so könnte sich doch Gott niemals von uns abwenden. Ich sage: Ich will Gott nicht darum bitten, daß er mir gebe; ich will ihn auch nicht dafür loben, daß er mir gegeben hat. Ich will ihn vielmehr bitten, daß er mich würdig mache zu empfangen, und will ihn dafür loben, daß er *der* Natur und *des* Wesens ist, daß er geben *muß*. Wer aber Gott dies rauben wollte, der raubte ihm sein eigenes Sein und sein eigenes Leben.

Daß wir auf solche Weise wahrhaft Sohn werden, dazu helfe uns die Wahrheit, von der ich gesprochen habe. Amen.

Predigt 50

Hoc est praeceptum meum ut diligatis invicem (Joh. 15, 12)

Ich habe drei Wörtlein gesprochen auf lateinisch, die stehen geschrieben im Evangelium. Das erste Wörtlein (ist dies), da unser Herr spricht: »Dies ist mein Gebot, daß ihr euch untereinander liebet, wie ich euch geliebt habe« (Joh. 15, 12). Zum zweiten spricht er: »Ich habe euch meine Freunde geheißen; denn alles, was ich je von meinem Vater gehört habe, das habe ich euch geoffenbart« (Joh. 15, 15). Zum dritten spricht er: »Ich habe euch auserwählt, auf daß ihr gehet und Frucht bringet und daß die Frucht bei euch bleibe« (Joh. 15, 16).

Nun merkt auf das erste Wörtlein, da er spricht: »Dies ist mein Gebot.« Darüber will ich ein Wörtlein sagen, auf daß es »bei euch bleibe.« »Dies ist mein Gebot, daß ihr liebet.« Was will er damit sagen, daß er spricht: »daß ihr liebet«? Er will ein Wörtlein sagen, auf das ihr achten sollt: Die Liebe ist ganz lauter, ganz entblößt, ganz abgelöst in sich selber. Die besten Meister sagen, die Liebe, mit der wir lieben, sei der Heilige Geist. Es gab manche, die dem widersprechen wollten. Dies aber ist immer wahr: Alle Bewegung, durch die wir zur Liebe bewegt werden, in der bewegt uns nichts anderes als der Heilige Geist. Liebe in ihrem lautersten, ganz in sich selbst abgelösten Sein ist nichts anderes als Gott. Die Meister sagen: Das Ziel der Liebe, auf das hin die Liebe alle ihre Werke wirkt, ist die Gutheit, und die Gutheit ist Gott. Sowenig mein Auge sprechen und meine Zunge Farbe erkennen kann, ebensowenig kann sich die Liebe auf irgend etwas anderes neigen als auf die Gutheit und auf Gott.

Nun gebt acht! Was will er damit sagen, daß es ihm so ernst damit ist, daß wir lieben? Er will sagen: Die Liebe, mit der wir lieben, die soll so lauter, so entblößt, so abgelöst sein, daß sie weder auf mich noch auf meinen Freund noch (auf irgend etwas) neben sich geneigt sei. Die Meister sagen, man könne kein gutes Werk ein gutes Werk nennen und keine Tugend Tugend, wenn sie nicht in der Liebe geschehen. Die Tugend ist so edel, so abgelöst, so lauter, so in sich selbst entblößt, daß sie nichts Besseres erkennt als sich und Gott.

Nun spricht unser Herr: »Dies ist mein Gebot.« Wenn mir jemand gebietet, was mir süß, was mir nütze ist und worin meine Glückseligkeit liegt, so ist mir das gar lieb. Wenn mich dürstet, so gebietet mir der Trank; wenn mich hungert, so gebietet mir die Speise. Und so auch tut es Gott, ja, (er gebietet) so Süßes, daß diese ganze Welt Gleiches nicht zu bieten vermag. Und der (Mensch), der diese Süßigkeit (nur) *einmal* kostet, wahrlich, sowenig wie Gott sich von seiner Gottheit abzukehren vermag, ebensowenig kann sich ein solcher Mensch mit seiner Liebe von der Gutheit und von Gott abkehren; ja, ihm ist es leichter, sich seiner selbst und seiner ganzen Seligkeit zu entäußern und (dann) mit seiner Liebe bei der Gutheit und bei Gott zu bleiben.

Nun spricht unser Herr: »daß ihr einander liebet.« O, das wäre ein edles Leben, es wäre ein seliges Leben! Wäre es nicht ein edles Leben, wenn ein jeder auf seines Nächsten Frieden wie auf seinen eigenen Frieden hingerichtet und seine Liebe so entblößt und so lauter und so abgelöst in sich selbst wäre, daß sie auf nichts anderes zielte als auf die Gutheit und (auf) Gott? Fragte man einen guten Menschen: »Warum liebst du die Gutheit?« – »Um der Gutheit willen!« – »Warum liebst du Gott?« – »Um Gottes willen!« Und ist es so, daß deine Liebe so lauter, so losgelöst, so in sich selbst entblößt ist, daß du nichts anderes liebst als die Gutheit und Gott, so ist es eine sichere Wahrheit, daß alle Tugenden, die alle Menschen je wirkten, so vollkommen dir zugehören, als wenn du sie selbst gewirkt hättest, und zwar (als) lauterer und besser. Denn daß der Papst Papst ist, das schafft *ihm* oft große Mühsal; seine Tugend (aber) besitzest *du* in reinerer und unbedingterer Weise und mit Ruhe, und sie gehört mehr dir als ihm, dafern deine Liebe so lauter, so in sich entblößt ist, daß du nichts anderes im Auge hast noch liebst als die Gutheit und Gott.

Nun spricht unser Herr: »*wie* ich euch geliebt habe.« *Wie* hat uns Gott geliebt? Er liebte uns, als wir (noch) nicht waren und als wir seine Feinde waren. So nötig hat Gott unsere Freundschaft, daß er's nicht erwarten kann, bis wir ihn bitten: er kommt uns entgegen und bittet uns, daß wir seine Freunde seien, denn er begehrt von uns, daß wir wollen, er möge unsvergeben. Deshalb sagt unser Herr gar recht: »Es ist mein Wille, daß ihr die bittet, die euch Leid zufügen« (vgl. Luk. 6, 27f.). Ganz ernst soll es uns damit sein, die zu bitten, die uns Leid antun. Warum? – Damit wir Gottes Willen erfüllen, daß wir nicht darauf warten sollen, bis man *uns* bäte: wir sollten (vielmehr) sprechen: »Freund, vergib mir, daß ich dich betrübt habe.« Und ebenso ernst sollte es uns um die Tugend zu tun sein: Je größer die Anstrengung wäre, um so größer sollte unser ernsthaftes Streben nach der Tugend sein. So eins soll deine Liebe sein, denn Liebe will nirgends sein als da, wo Gleichheit und Einheit ist. Zwischen einem Herrn und einem Knecht, den er hat, gibt es keinen Frieden, weil da keine Gleichheit besteht. Eine Frau und ein Mann, die sind einander ungleich; in der Liebe aber sind sie gar gleich. Daher sagt die Schrift gar recht, Gott habe das Weib aus des Mannes Rippe und Seite genommen, weder also aus dem Haupt noch aus den Füßen; denn, wo zwei sind, da ist Mangelhaftigkeit. Warum? – Weil das eine *nicht* das andere ist, denn dieses »Nicht«, das da Unterschiedenheit schafft, das ist nichts anderes als Bitterkeit, eben weil da kein Friede vorhanden ist. Halte ich einen Apfel in meiner Hand, so ist er meinen Augen wohlgefällig, dem Mund aber wird seine Süße vorenthalten. Hingegen, wenn ich ihn esse, so beraube ich meine Augen der Lust, die ich daran habe. So also können zwei nicht miteinander bestehen, denn eines (davon) *muß* sein Sein verlieren.

Daher spricht unser Herr: »Liebet einander!«, das heißt: *in einander*. Darüber läßt sich die Schrift gar schön aus. Sankt Johannes sagt: »Gott ist die Liebe, und wer in der Liebe ist, der ist in Gott, und Gott ist in ihm« (1 Joh. 4, 16). Fürwahr, er sagt sehr recht! (Denn) wäre Gott (zwar) in mir, wäre aber ich nicht in Gott oder wäre (zwar) ich in Gott, Gott aber wäre nicht in mir, so wäre alles entzweit. Wenn aber Gott in mir ist und ich in Gott bin, so bin ich nicht geringer, und Gott ist nicht höher. Nun könntet ihr sagen: Herr, du sagst, ich solle dich lieben, ich aber *kann* nicht lieben! Darüber äußert sich unser Herr gar treffend, wo er zu Sankt Peter sprach: »Petrus, liebst du mich?« – »Herr, du weißt wohl, daß ich dich liebe« (Joh. 21, 15). Hast du's mir gegeben, so liebe ich dich, hast du's mir nicht gegeben, so liebe ich dich nicht.

Nun merkt auf das zweite Wörtlein, da er spricht: »Ich habe euch meine Freunde geheißen, denn ich habe euch alles offenbart, was ich von meinem Vater gehört habe« (Joh. 15, 15). Beachtet nun, daß er sagt: »Ich habe euch meine Freunde geheißen«. Im gleichen Ursprung, in dem der Sohn entspringt – wo der Vater sein ewiges Wort ausspricht –, und aus dem gleichen Herzen entspringt auch und fließt aus der Heilige Geist. Und wäre der Heilige Geist nicht aus dem Sohne *und* aus dem Vater ausgeflossen, so hätte man keinen Unterschied zwischen dem Sohne und dem Heiligen Geiste erkannt. Als ich nun am Dreifaltigkeitstage predigte, da sprach ich ein Wörtlein auf lateinisch: daß der Vater seinem eingeborenen Sohne alles, was er zu bieten vermag, gegeben habe – seine ganze Gottheit, seine ganze Seligkeit – und nichts für sich zurückbehielt. Da erhob sich eine Frage: Gab er ihm auch seine Eigenheit? Und ich antwortete: Ja, denn die Eigenheit des Vaters, zu gebären, ist nichts anderes als Gott; ich aber habe ja doch gesagt, daß er sich selbst nichts zurückbehalten hat. Fürwahr, ich sage: Die Wurzel der Gottheit, die spricht er völlig in seinen Sohn (hinein). Daher sagt Sankt Philippus: »Herr, zeige uns den Vater, so genügt es uns!« (Joh. 14, 8). Ein Baum, der Frucht trägt, stößt diese seine Frucht (nach draußen) ab. Wer mir die Frucht gibt, gibt mir nicht (damit zugleich) den Baum. Wer mir aber den Baum gibt *und* die Wurzel *und* die Frucht, der hat mir mehr gegeben.

Nun spricht unser Herr: »Ich habe euch meine Freunde geheißen« (Joh. 15, 15). Fürwahr, in der gleichen Geburt, da der Vater seinen eingeborenen Sohn gebiert und ihm die Wurzel und seine ganze Gottheit und seine ganze Seligkeit gibt und sich selbst nichts zurückbehält, in dieser selben Geburt nennt er uns seine Freunde. Wenngleich du von diesem Sprechen nichts hörst noch verstehst, so gibt es doch eine Kraft in der Seele – über die ich sprach, als ich neulich hier predigte –, die ist ganz abgelöst und ganz lauter in sich selbst und göttlicher Natur eng verwandt: in dieser Kraft wird es verstanden. Deshalb sagt er auch gar zutreffend: »Darum habe ich euch offenbart alles, was ich von meinem Vater gehört habe« (Joh. 15, 15). Nun sagt er: »was ich *gehört* habe«. Des Vaters Sprechen ist sein Gebären, des Sohnes *Hören* ist sein Geboren-werden. Nun spricht er: »*alles*, was ich von meinem Vater gehört habe«. Ja, alles, was er von Ewigkeit her von seinem Vater gehört hat, das hat er uns offenbart und hat uns nichts davon verhüllt. Ich sage: Und hätte er tausendmal mehr gehört, er hätte es uns offenbart, und er hätte uns nichts davon verhüllt. So auch sollen wir vor Gott nichts verhüllen; wir sollen ihm alles offenbaren, was wir zu bieten vermögen. Denn behieltest du dir selbst etwas zurück, so würdest du ebensoviel von deiner ewigen Seligkeit verlieren, denn *Gott* hat *uns* des Seinen *nichts* verhüllt. Dies dünkt manche Leute eine schwere Rede. Deshalb aber soll niemand verzweifeln. Je mehr du dich Gott hingibst, um so mehr hinwieder gibt Gott sich dir selbst; je mehr du dich deiner selbst entäußerst, um so größer ist deine ewige Seligkeit. Mir kam neulich, als ich mein Vaterunser betete, das uns Gott selbst lehrte, der Gedanke: Wenn wir sprechen »zukomme uns dein Reich, dein Wille geschehe!«, so bitten wir damit Gott beständig, daß er uns uns selber nehme.

Von dem dritten Wörtlein will ich nun gar nicht mehr sprechen, da er sagt: »Ich habe euch auserwählt – gesättigt, gesättigt – gestillt, gestillt – gefestigt, gefestigt –, auf daß ihr gehet und Frucht bringet und die Frucht bei euch bleibe« (Joh. 15, 16). Diese Frucht aber kennt niemand als Gott allein. Und daß wir zu dieser Frucht kommen, dazu helfe uns die ewige Wahrheit, von der ich gesprochen habe. Amen.

Predigt 51

Vir meus servus tuus mortuus est (2 Reg. 4, 1)

»Eine Frau sprach zum Propheten: ‚Mein Mann, dein Knecht, ist tot. Nun kommen die, denen wir schulden, und nehmen meine beiden Söhne und machen die dienstbar für ihre Schuld; ich (aber) habe nichts als ein wenig Öl.' Der Prophet sprach: ‚So entleihe leere Gefäße und gieß in jedes ein weniges hinein; das wird wachsen und zunehmen. Verkauf es und begleiche deine Schuld und löse deine beiden Söhne. Was übrigbleibt, davon ernähre dich und deine beiden Söhne'« (Kö. 4, 1/7).

Das Fünklein der Vernunft, das ist das Haupt der Seele, das heißt der »*Mann*« der Seele und ist so etwas wie ein Fünklein göttlicher Natur und ein göttliches Licht, ein Strahl und ein eingeprägtes Bild göttlicher Natur. Wir lesen von einer Frau, die heischte Gabe von Christus (Joh. 4, 15/18). Die erste Gabe, die Gott gibt, das ist der Heilige Geist; in dem gibt Gott *alle* seine Gaben: es ist das »lebendige Wasser«. Wem er das gibt, den dürstet nimmermehr (Joh. 4, 13). Dieses Wasser ist Gnade und Licht und entspringt in der Seele, entspringt drinnen und dringt empor und springt (hinüber) in die Ewigkeit. Da sprach die Frau: »Herr, gib mir von diesem Wasser!« (Joh. 4, 15). Da sprach unser Herr: »Bring mir deinen Mann!« (Joh. 4, 16). Da sprach sie: »Herr, ich habe keinen.« Da sprach unser Herr: »Du hast recht; du hast keinen. Du hast (ihrer) aber fünf gehabt; der jedoch, den du jetzt hast, der ist nicht dein« (Joh. 4, 17/18). Sankt Augustinus spricht: Warum sagt unser Herr: »Du hast recht gesprochen?« Er will sagen: Die fünf Männer, das sind die fünf Sinne; die haben dich in deiner Jugend ganz nach ihrem Willen und ihrem Gelüst besessen. Nun hast du einen in deinem Alter, der aber ist nicht dein: das ist deine Vernunft, der folgst du nicht. Wenn dieser Mann, die Vernunft, in der Seele tot ist, so steht es äußerst übel. Wenn die Seele von dem Leibe scheidet, so tut das gar weh; wenn aber Gott sich von der Seele scheidet, so schmerzt das um vieles mehr. So wie die Seele dem Leibe das Leben gibt, so gibt Gott der Seele das Leben. So wie die Seele sich in alle Glieder ergießt, so fließt Gott in alle Kräfte der Seele und durchströmt sie so, daß sie diesen Strom in Güte und Liebe weitergießen auf alles, was sie umgibt, auf daß alle ihn gewahr werden. So fließt er allzeit, das heißt oberhalb der Zeit in der Ewigkeit und in jenem Leben, darin alle Dinge leben. Darum sprach unser Herr zu der Frau: »Ich gebe das lebendige Wasser; wer davon trinkt, den dürstet nimmermehr, und er lebt im ewigen Leben« (Joh. 4, 13/14).

Nun sprach die Frau: »Herr, mein Mann, dein Knecht, ist tot« (2 Kö. 4, 1). »Knecht« besagt soviel wie: einer, der da empfängt und bewahrt für seinen Herrn. Behielte er's für sich selbst, so wäre er ein Dieb. Die Vernunft ist im eigentlicheren Sinne Knecht als der Wille oder die Liebe. Wille oder Liebe verfallen auf Gott (nur), sofern er gut ist, und wäre er nicht gut, so würden sie seiner nicht achten. Vernunft aber dringt hinauf in das Sein, ehe sie (noch) an Gutheit, Macht oder Weisheit oder sonst etwas, was »zufällig« ist, denkt. Was Gott beigelegt ist, daran kehrt sie sich nicht; sie nimmt ihn in sich; sie versinkt in das Sein und nimmt Gott, wie er lauteres Sein ist. Wäre er nicht weise noch gut noch gerecht, sie nähme ihn doch so, wie er reines Sein ist. Hierin gleicht die Vernunft der obersten Herrschaft *der* Engel, die die drei Chöre umfassen: Die Throne nehmen Gott in sich auf und bewahren Gott in sich und ruhen in ihm. Die Cherubim erkennen Gott und beharren dabei. Die Seraphim sind der Brand. Diesen (Engeln) gleicht die Vernunft und bewahrt Gott in sich. Mit diesen Engeln nimmt die Vernunft Gott in seinem Kleidhause, nackt, wie er unterschiedslos Eines ist.

Nun sprach die Frau: »Herr, mein Mann, dein Knecht, ist tot. Sie, denen wir schulden, kommen und nehmen meine beiden *Söhne* weg« (2 Kö. 4, 1). Wer sind die beiden *Söhne* der Seele? Sankt Augustinus spricht – und mit ihm ein heidnischer Meister – von zwei Antlitzen der Seele. Das eine ist dieser Welt zugekehrt und dem Leibe; in ihm wirkt sie Tugend und Kunst und heiligmäßiges Leben. Das andere Antlitz ist geradewegs Gott zugekehrt; in ihm ist und wirkt ununterbrochen göttliches Licht, wenngleich sie (= die Seele) deshalb nicht darum weiß, weil sie nicht *daheim* ist. Wird das Fünklein der Vernunft rein in Gott erfaßt, so *lebt* der »Mann«. Dort geschieht die Geburt, dort wird der Sohn geboren

Diese Geburt geschieht nicht *einmal* im Jahre noch *einmal* im Monat noch *einmal* am Tage, sondern *allezeit*, das heißt oberhalb der Zeit in der Weite, wo weder Hier noch Nun ist, weder Natur noch Gedanke. Darum sprechen wir von »Sohn« und nicht von »Tochter«.

Nun wollen wir von den »zwei Söhnen« in einem andern Sinne sprechen, das heißt: (als) von Erkenntnis und Willen. Die Erkenntnis bricht als erste aus der Vernunft aus, und danach geht der Wille aus ihnen beiden aus. Darüber nichts weiter!

Wieder in einem andern Sinne wollen wir nun von den »zwei Söhnen« der Vernunft sprechen. Der eine ist die »Möglichkeit« (= d. Vermögen), der andere ist die »Wirklichkeit« (= Wirksamkeit). Nun spricht ein heidnischer Meister: Die Seele hat in dieser Kraft (d. h. in der »möglichen« Vernunft) das Vermögen, geistig zu allen Dingen zu werden. In der *wirkenden* Kraft gleicht sie dem Vater und wirkt alle Dinge zu einem neuen Sein. Gott hätte die Natur aller Kreaturen in sie eindrücken wollen; nun aber war sie noch nicht *vor* der Welt. Gott hat diese ganze Welt *geistig* geschaffen in einem jeglichen Engel, ehe diese Welt in sich selbst geschaffen wurde. Der Engel hat zweierlei Erkenntnis. Die eine ist ein Morgenlicht, die andere ist ein Abendlicht. Das Morgenlicht besteht darin, daß er (= der Engel) alle Dinge in Gott sieht. Das Abendlicht (hingegen) besteht darin, daß er alle Dinge in seinem natürlichen Licht sieht. Ginge er aus in die Dinge, so würde es Nacht. Nun aber bleibt er innen, darum heißt es ein Abendlicht. Wir sagen, die Engel freuen sich, wenn der Mensch ein gutes Werk tut (Luk. 15, 7. 10). Unsere Meister stellen die Frage, ob die Engel betrübt werden, wenn der Mensch Sünde tut? Wir sagen: Nein! denn sie schauen in die Gerechtigkeit Gottes und erfassen darin alle Dinge in ihm (= in Gott), wie sie in Gott sind. Deshalb *können* sie sich nicht betrüben. Nun gleicht die Vernunft in der vermögenden Kraft dem natürlichen Licht der Engel, welches das Abendlicht ist. Mit der wirkenden Kraft (aber) trägt sie alle Dinge hinauf in Gott, und sie *ist* alle Dinge in diesem Morgenlicht.

Nun spricht die Frau: »Sie kommen, denen wir schulden, und nehmen meine beiden Söhne in ihren Dienst.« Der Prophet aber sagt: »Entleihe leere Gefäße ringsum bei deinen Nachbaren« (2 Kö.

4, 7). Diese »Nachbaren«, das sind alle Kreaturen und die fünf Sinne und alle Kräfte der Seele – die Seele hat viele Kräfte in sich, die gar verborgen wirken – und auch die Engel. Von allen diesen »Nachbaren« sollst du »leere Gefäße« entleihen.

Daß wir viele »leere Gefäße« entleihen und alle gefüllt werden mögen mit göttlicher Weisheit, auf daß wir damit unsere Schuld begleichen und ewig von dem leben, was übrigbleibt, dazu helfe uns Gott. Amen.

Predigt 52

Adolescens, tibi dico: surge (Luc. 7, 14)

Man liest heute im Evangelium von einer Witwe, die hatte einen einzigen Sohn, der war tot. Da kam unser Herr zu ihm und sprach: »Ich sage dir, Jüngling, stehe auf!« (Luk. 7, 14). Und der Jüngling richtete sich auf.

Unter dieser »Witwe« verstehen wir die Seele; weil der »Mann« tot war, darum war auch der »Sohn« tot. Mit dem »Sohne« erfassen wir (indirekt) die Vernunft, die der »Mann« in der Seele ist. Weil sie (= die Witwe) nicht in der Vernunft *lebte*, darum war der Mann *tot*, darum war sie Witwe. Unser Herr sprach zu jener Frau am Brunnen: »Geh heim, und bring mir deinen Mann!« (Joh. 4, 16). Er meinte: weil sie nicht in der Vernunft lebte, die der Mann ist in der Seele, darum ward ihr nicht das »lebendige Wasser« zuteil, das der Heilige Geist ist; denn der wird nur denen (aus-)geschenkt, die da leben in der Vernunft. Die Vernunft ist das oberste Teil der Seele, wo sie mit den Engeln ein Mit-Sein und ein Eingeschlossen-Sein in englischer Natur hat. Die Engelsnatur berührt keine Zeit; so auch hält's die Vernunft, die der »Mann« in der Seele ist: (auch) sie berührt keine Zeit. Wenn man darin nicht lebt, so stirbt der »Sohn«. Deshalb war sie »Witwe«. Es gibt keine Kreatur, die nicht etwas Gutes in sich hätte und zugleich etwas Mangelhaftes, durch das man Gott verliert. Der Mangel der Witwe lag darin, daß das Gebärvermögen tot war; deshalb verdarb auch die Frucht.

»Witwe« besagt in anderer Weise soviel wie: einer, der gelassen ist und gelassen hat. So denn müssen wir alle Kreaturen lassen und abscheiden. Der Prophet spricht: »Die Frau, die gebärunfähig ist, deren Kinder sind viel zahlreicher als die (Kinder) derjenigen, die gebärfähig ist« (Is. 54, 1). So auch steht es mit der Seele, die geistig gebiert: deren Geburt ist häufig; in jedem Augenblick gebiert sie. Die Seele, die Gott besitzt, die ist allzeit fruchtbar. Notwendig *muß* Gott alle seine Werke wirken. Gott wirkt allzeit in einem Nun in der Ewigkeit, und sein Wirken besteht darin, seinen Sohn zu gebären; den gebiert er allzeit. In dieser Geburt sind alle Dinge herausgeflossen, und er (= Gott) hat so große Lust an dieser Geburt, daß er seine ganze Macht in ihr verzehrt. Je mehr man erkennt, um so vollkommener ist die Erkenntnis. Gott gebiert sich aus sich selber in sich selber und gebiert sich wieder in sich. Je vollkommener die Geburt ist, um so mehr gebiert sie. Ich sage: Gott ist völlig Eins; er erkennt nur sich allein. Gott gebiert sich vollständig in seinem Sohn; er spricht alle Dinge in seinem Sohn. Darum spricht er: »Jüngling, stehe auf!«

Gott wirkt seine ganze Macht in seiner Geburt aus, und das gehört dazu, auf daß die Seele wieder zu Gott komme. Und es ist in gewisser Weise *beängstigend*, daß die Seele so oft von dem abfällt, worin Gott seine ganze Macht auswirkt; das aber gehört dazu, auf daß die Seele wieder lebendig werde. Gott schafft alle Kreaturen in *einem* Spruch; auf daß aber die Seele lebendig werde, dazu spricht er seine *ganze* Macht in seinem Sohne aus. In anderer Weise (wiederum) ist es *tröstlich*, daß die Seele darin wieder zurückgebracht werde. In dieser Geburt wird sie lebendig, und Gott gibt seinen Sohn in die Seele, auf daß sie lebendig werde. Gott spricht sich selber in seinen Sohn. In diesem Spruche, da er sich selber in seinen Sohn spricht, in diesem Spruche spricht er (auch) in die Seele. Allen Kreaturen eignet es zu gebären. Eine Kreatur, die keine Geburt kennte, die wäre auch nicht. Darum sagt ein Meister: Dies ist ein Zeichen dafür, daß alle Kreaturen ausgetragen worden sind durch göttliche Geburt.

Warum sprach er: »Jüngling!«? Die Seele hat nichts, worein Gott sprechen könnte, als die Vernunft. Gewisse Kräfte sind so geringwertig, daß Gott nicht in sie sprechen *kann*. Wohl spricht er, sie aber hören es nicht. (Auch) der Wille *als* Wille nimmt nichts auf, in keiner Weise. Man nimmt mit keiner Kraft auf außer mit der Vernunft. Der Wille (hingegen) trägt einzig und allein *aus*.

»Jüngling!« Alle Kräfte, die der Seele zugehören, *altern* nicht. Die Kräfte aber, die dem Leibe zugehören, die haben diese Fähigkeit nicht: sie verschleißen und nehmen ab. Je mehr (hingegen) der Mensch erkennt, um so besser erkennt er. Darum: »Jüngling!«

Es sprechen die Meister: Das ist jung, was seinem Ursprung nahe ist. In der Vernunft ist man völlig jung: je mehr man in dieser Kraft wirkt, um so näher ist man seiner Geburt. Das (aber) ist jung, was seiner Geburt nahe ist. Der erste Ausbruch aus der Seele ist die Vernunft, danach (folgt) der Wille und danach alle die anderen Kräfte.

Nun spricht er: »Jüngling, *stehe auf!*« Was meint »stehe auf!«? Stehe auf von dem *Werk*, und *stelle dich* auf die Seele *in sich selbst*. Ein einziges Werk, das Gott in dem einfaltigen Lichte der Seele wirkt, das ist schöner als die ganze Welt und ist Gott lustvoller als alles, was er je in allen Kreaturen wirkte. Törichte Leute aber nehmen Böses für Gutes und Gutes für Böses. Wenn man's aber recht versteht, so ist ein einziges Werk, das Gott in der Seele wirkt, besser und edler und erhabener als die ganze Welt.

Oberhalb jenes Lichtes ist die *Gnade*. Die Gnade (aber) kommt nimmer in die Vernunft noch in den Willen. Soll aber die Gnade (doch) in die Vernunft und in den Willen kommen, so müssen Vernunft und Wille über sich selbst hinausgelangen. Das aber kann nicht sein, denn der Wille ist in sich selbst so edel, daß er mit nichts erfüllt werden kann als mit göttlicher Liebe; göttliche Liebe wirkt gar große Werke. Darüber jedoch ist noch ein Teil, das ist die Vernunft: die ist in sich selbst so edel, daß sie mit nichts erfüllt werden kann als mit göttlicher Wahrheit. Deshalb spricht ein Meister: Es ist irgend etwas gar Heimliches, das darüber ist, das ist das *Haupt* der Seele. *Dort* geschieht die rechte Einigung zwischen Gott und der Seele. Gnade hat noch nie ein gutes Werk verrichtet, das heißt: sie hat überhaupt noch nie irgendein *Werk* verrichtet; wohl fließt sie in der Übung einer Tugend aus. Gnade aber führt nie zur Einigung in einem *Werk*. Gnade ist vielmehr ein Innewohnen und ein Mitwohnen der Seele in Gott. *Dazu* ist alles, was je Werk hieß, äußeres oder inneres, zu minderwertig. Alle Kreaturen suchen etwas, was Gott gleicht; je geringwertiger sie sind, um so äußerlicher suchen sie, wie etwa Luft und Wasser: die zerfließen. Der Himmel aber läuft stetig um, und in seinem Laufe bringt er alle Kreaturen heraus: darin gleicht er Gott, soweit es bei ihm steht; aber er hat es nicht *darauf* abgesehen, sondern auf etwas Höheres. Zum andern sucht er in seinem Laufe nach Stille. Niemals verfällt der Himmel auf ein Werk, mit dem er irgendeiner Kreatur dienen würde, die *unter* ihm ist. *Damit* gleicht er Gott mehr. Daß Gott sich in seinen eingeborenen Sohn gebiert, dafür sind alle Kreaturen unempfänglich. Dennoch *strebt* der Himmel nach jenem Werk, das Gott *in sich* selbst wirkt. Tun dies (schon) der Himmel und andere Kreaturen, die (noch) geringwertiger sind (als der Himmel), so ist doch die Seele edler als der Himmel.

Ein Meister spricht: Die Seele gebiert sich selber in sich selber und gebiert sich aus sich selber (heraus) und gebiert sich wieder in sich (zurück). Sie vermag Wunder in ihrem natürlichen Lichte. Sie ist so kräftig, daß sie zu trennen vermag, was eins ist. Feuer und Hitze etwa sind eins; fällt es in die Vernunft, sie weiß es zu trennen. Weisheit und Gutheit sind in Gott eins; fällt die Weisheit aber in die Vernunft, so denkt sie an das andere (= die Güte) nicht (mehr). Die Seele gebiert aus sich (heraus) Gott aus Gott in Gott; sie gebiert ihn recht *aus* sich. Das tut sie damit, daß sie Gott *darin*, wo sie gottförmig, wo sie ein Bild Gottes ist, aus sich gebiert.

Ich habe es schon öfters gesagt: Ein Bild *als* Bild und *das, dessen* Bild es ist, das kann niemand voneinander sondern. Wenn die Seele darin lebt, worin sie Gottes Bild ist, so gebiert sie; darin liegt rechte Einigung, die können alle Kreaturen (miteinander) nicht zertrennen. Gott selber zum Trotz, den Engeln zum Trotz, den Seelen und allen Kreaturen zum Trotz (sage ich), daß sie die Seele, wo sie Bild Gottes ist, (von Gott) nicht zu trennen vermöchten! Das ist rechte Einigung, und darin liegt rechte Seligkeit. Manche Meister suchen die Seligkeit in der Vernunft. Ich (aber) sage: Die Seligkeit liegt weder in der Vernunft noch im Willen, sondern über ihnen beiden: dort (nämlich) liegt die Seligkeit, wo die Seligkeit *als Seligkeit* (und) nicht als Vernunft und wo Gott als Gott und die Seele, wie sie Gottes Bild ist, liegt. Da ist Seligkeit, wo die Seele Gott nimmt, wie er Gott ist.

Bitten wir unsern Herrn, daß wir *so* mit ihm vereint werden. Amen.

Predigt 53

Modicum et non videbitis me etc. (Joh. 16, 17. 19)

Unser Herr sprach zu seinen Jüngern: »Über ein kleines und ein weniges und ein geringes, und ihr werdet mich nicht sehen; wiederum über ein kleines, und ihr werdet mich sehen« (Joh. 16, 17. 19). Die Jünger sprachen: »Wir wissen nicht, was er sagt« (Joh. 16, 18). Dies schreibt Sankt Johannes, der dabei war. Als unser Herr in ihr Herz sah, da sprach er: »Über ein kleines, und ihr werdet mich sehen, und euer Herz wird sich freuen; diese Freude wird euch nimmer genommen werden« (Joh. 16, 22).

Nun sagt (also) unser Herr: »Über ein kleines, und ihr werdet mich nicht sehen.« Die besten Meister sagen, der Kern der Seligkeit liege im Erkennen. Ein großer Pfaffe kam neulich nach Paris, der war dagegen und schrie und tat gar aufgeregt. Da sprach ein anderer Meister besser wohl, als alle die von Paris die bessere Lehre vertraten: »Meister, Ihr schreit und erregt Euch sehr; wäre es nicht Gottes Wort im heiligen Evangelium, so dürftet ihr schreien und gar sehr euch aufregen!« Das Erkennen berührt das, was es erkennt, unverhüllt. Christus spricht: »Das ist das ewige Leben, daß man dich allein als wahren Gott erkennt« (Joh. 17, 3). Die Vollendung der Seligkeit (aber) liegt in beiden: im Erkennen *und* im Lieben.

Nun spricht unser Herr: »Über ein kleines, und ihr werdet mich nicht sehen.« In diesen Worten liegen vier Bedeutungen, und sie lauten fast alle gleich und tragen doch großen Unterschied in sich.

»Über ein *kleines*, und ihr werdet mich nicht sehen.« Alle Dinge müssen *klein* in euch sein und wie ein Nichts. Ich habe gelegentlich gesagt, Sankt Augustinus spreche: »Als Sankt Paulus *nichts* sah, da sah er Gott.« Nun kehre ich das Wort um, und so ist es wohl besser, und sage: »Als Sankt Paulus sah *das Nichts*, da sah er Gott.« Dies ist die erste Bedeutung. Die zweite ist diese: Wenn nicht die ganze Welt und alle Zeit *klein* in euch wird, so sehet ihr Gott nicht. Sankt Johannes sagt in der Apokalypse (10, 6): »Der Engel schwor bei dem ewigen Leben, daß es Zeit nicht (mehr) geben werde.« Sankt Johannes spricht unverhüllt (d. h. im Evangelium, nicht in der

Apokalypse): »Die Welt ward durch ihn gemacht, und sie erkannte ihn nicht« (Joh. 1, 10). Sogar ein heidnischer Meister sagt, die Welt und die Zeit seien ein »Kleines«. Kommt ihr nicht über die Welt und über die Zeit hinaus, so sehet ihr Gott nicht. Die dritte Bedeutung ist diese: Solange irgend etwas an der Seele klebt, wie klein es auch sei, Sünde oder Sündenartiges, so sehet ihr Gott nicht. Die Meister sagen, der Himmel empfange keinen fremden Eindruck. Es gibt viele Himmel; jeder Himmel hat seinen Geist und seinen Engel, der ihm zugeordnet ist. Sollte der an einem andern Himmel wirken, dem er nicht zugeordnet ist, so könnte er's nicht. Ein Pfaffe sprach: »Ich möchte, daß Eure Seele in meinem Leibe wäre.« Da sagte ich: »Wahrlich, dann wäre sie eine Törin darin, denn sie vermöchte mit ihm nichts auszurichten, noch vermöchte Eure Seele in meinem Leibe etwas.« Keine Seele vermag in irgendeinem Leibe zu wirken außer in dem, dem sie zugeordnet ist. Auch das Auge duldet keinen fremden Eindruck. Ein Meister sagt: Wäre kein Vermittelndes, so sähe man nichts. Soll ich die Farbe an der Wand sehen, so muß sie zuerst verfeinert werden im Lichte und in der Luft und ihr Abbild in mein Auge getragen werden. Sankt Bernhard spricht: Das Auge gleicht dem Himmel; es nimmt den Himmel in sich auf. Das tut das Ohr nicht: es hört ihn nicht noch schmeckt ihn die Zunge. Zum zweiten: Das Auge ist rund gestaltet wie der Himmel. Zum dritten: Es steht hoch wie der Himmel; darum empfängt es den Eindruck des Lichtes, denn es hat die gleiche Eigenheit mit dem Himmel gemein: Der Himmel empfängt keinen fremden Eindruck. Wohl empfängt der Leib fremden Eindruck, und auch die Seele empfängt wohl fremden Eindruck, solange sie im Leibe wirkt. Soll die Seele etwas erkennen, was außerhalb ihrer ist, etwa einen Engel oder etwas noch so Lauteres, so muß sie es mit Hilfe eines »kleinen« Bildchens bildlos tun. So auch muß es der Engel: soll der einen andern Engel oder irgend etwas, das unterhalb Gottes ist, erkennen, so muß er es mit Hilfe eines »kleinen« Bildchens bildlos tun, nicht (mit einem Bild), wie es hier (= auf Erden) Bilder gibt. Sich selbst aber erkennt er ohne »Kleines« und ohne Bild und ohne Gleichnis. So auch erkennt sich die Seele ohne »Kleines« und ohne Bild und ohne Gleichnis ganz unmittelbar. Soll die Seele Gott erkennen, so muß auch das ohne Bild und ganz unmittelbar geschehen. Die Meister sagen, man erkenne Gott ganz unmittelbar. So denn erkennt der Engel Gott, wie er sich selbst erkennt: ohne Bild und ohne »Kleines«. Soll ich Gott unmittelbar und ohne Bild und ohne Gleichnis erkennen, so muß Gott geradezu ich werden und ich geradezu er, so völlig eins, daß ich mit ihm wirke, und zwar nicht so mit ihm wirke, daß ich wirke und er nachschiebe: ich wirke (dabei) vielmehr ganz mit dem Meinigen. Ganz eigentlich so wirke ich mit ihm, wie meine Seele mit meinem Leibe wirkt. Dies ist für uns gar tröstlich, und hätten wir sonst nichts, so sollte uns dies (schon) anreizen, Gott zu lieben.

Die vierte Bedeutung ist diesen dreien völlig entgegengesetzt: Man muß *groß* und emporgehoben sein, soll man Gott sehen. Das Licht der Sonne ist klein gegenüber dem Licht der Vernunft; die Vernunft hinwiederum ist klein gegenüber dem Lichte der Gnade. Gnade ist ein Licht, das alles, was Gott je erschuf oder erschaffen könnte, überschwebt und überragt. Und doch, wie groß auch das Licht der Gnade sein mag, es ist doch klein gegenüber dem Lichte, das Gott ist. Unser Herr rügte seine Jünger und sprach: »In euch ist noch ein kleines Licht« (Joh. 12, 35). Sie waren nicht ohne Licht, doch war es klein. Man muß aufsteigen und groß werden in der Gnade. Solange man (aber noch) zunimmt in der Gnade, *ist* es *noch Gnade* und *»klein«*, worin man Gott nur von fern sieht. Wenn aber die Gnade aufs Höchste vollendet wird, so ist es nicht (mehr) *Gnade*, ist vielmehr ein *göttliches Licht*, worin man Gott sieht. Sankt Paulus spricht: »Gott wohnt und innewohnt in einem Lichte, zu dem es keinen Zugang gibt« (1 Tim. 6, 16). Dorthin ist kein Zugang, dort(-hin) gibt es (nur) ein Hingelangen. Moses sagt: »Nie sah ein Mensch Gott« (2 Mos. 33, 20). Solange wir Menschen sind und solange irgend etwas Menschliches an uns lebt und wir uns in einem Zugang befinden, sehen wir Gott nicht. Wir müssen (vielmehr) emporgehoben und in eine lautere Ruhe versetzt werden und *so* Gott sehen. Sankt Johannes spricht: »Wir werden Gott erkennen, wie er sich selbst erkennt« (1 Joh. 3, 2). Es ist Gottes Eigenart, daß er sich selbst erkennt ohne dies und das. So erkennt der Engel Gott, wie er sich selbst erkennt. Sankt Paulus spricht: »Wir werden Gott erkennen, wie wir erkannt werden« (1 Kor. 13, 12). Ich aber sage: Wir werden Gott erkennen recht so, wie er sich selbst erkennt, in dem Abbild, das einzig Bild Gottes und der Gottheit ist, der Gottheit indessen nur, insoweit sie der Vater ist. Soweit wir diesem Bilde, in dem alle Bilder ausgeflossen und herausgelassen sind, gleichen und in diesem Bilde widergebildet und gleich in das Bild des Vaters eingetragen sind, – soweit er *das* in uns erkennt, *soweit* erkennen wir ihn so, wie er sich selbst erkennt.

Nun spricht er: »Über ein kleines, und ihr werdet mich nicht sehen. Wiederum über ein kleines, und ihr werdet mich sehen« (Joh. 16, 17. 19). Unser Herr sprach: »Das ist das ewige Leben, daß man dich allein als einen wahren Gott erkenne« (Joh. 17, 3).

Daß wir zu diesem Erkennen kommen, dazu helfe uns Gott. Amen.

Predigt 54

‚Quis putas puer iste erit? etenim manus domini cum ipso est'
(Luc. 1, 66)

»Was wunders soll aus diesem Kinde werden? Gottes Hand ist mit ihm« (Luk. 1, 66). Aus diesen Worten sollen wir dreierlei erkennen. Als erstes: die Würde des Meisters, wenn es heißt: »Gottes Hand ist mit ihm.« Die »Hand Gottes« bedeutet den Heiligen Geist auf Grund von zweierlei. Zum ersten (auf Grund dessen), daß man mit der Hand Werke wirkt. Zum zweiten (auf Grund dessen), daß sie mit dem Leibe und mit dem Arm eins ist; denn alle Werke, die der Mensch mit der Hand wirkt, die haben ihren Ursprung im Herzen, schreiten weiter vor in die Glieder und werden vollbracht durch die Hand. Darum kann man aus jenen Worten die Heilige Dreifaltigkeit erkennen: den Vater am Herzen und am Leibe. So wie der Seele Sein vornehmlich im Herzen liegt, wiewohl sie (auch) vollständig in allen Gliedern ist, und zwar ebenso vollständig im kleinsten wie im größten, – wie also doch ihr Wesen und der Ursprung ihrer Werke insbesondere im Herzen liegt, so auch ist der Vater ein Anbeginn und Ursprung aller göttlichen Werke. Der Sohn aber ist durch den Arm bedeutet, wie geschrieben steht im Magnifikat, daß er seine Macht im Arme vollbracht hat (Luk. 1, 51). So tritt die göttliche Kraft weiter aus dem Leibe und dem Arme in die Hand, durch die der Heilige Geist angezeigt ist. Denn so, wie die Seele in den Leib und in Körperliches eingewunden ist, so muß alles, was man an geistigen Dingen zu ihrer Erkenntnis bringen will, in Körperliches eingewunden sein, wenn sie erkennen soll. Deshalb muß man den Heiligen Geist durch die Hand verdeutlichen, die das Werk an diesem Kinde gewirkt hat.

Zum ersten müssen wir (nun) darauf merken, wie der Mensch sein soll, an dem Gott sein Werk wirkt. Wenn er »ein Kind« sagt, so bedeutet das soviel wie eine reine Luft oder etwas, das ohne Flecken ist. So auch soll die Seele lauter und rein sein, wenn der Heilige Geist in ihr wirken soll. Ein weiser Meister spricht: »Die ewige Weisheit ist verhaftet in Sion, und ihre Ruhe wird sein in der lauteren Stadt« (Jes. Sir. 24, 15). »Sion« bedeutet soviel wie

»eine Höhe« oder »eine Warte«. Zum zweiten soll sie (= die Seele) vergänglichen und wandelbaren Dingen entzogen sein. Zum dritten soll sie vor zukünftigen Hindernissen auf der Lauer sein.

Als zweites müssen wir das Wirken des Heiligen Geistes in der Seele beachten. Niemand kann mit Lust wirken, er finde denn Gleichheit mit sich in dem, woran er wirkt. Sollte ich einen Menschen leiten, so würde er mir nimmer mit Lust folgen, wenn er nicht Gleichheit mit mir in sich aufnähme; denn niemals wird eine Bewegung oder ein Werk mit Lust gewirkt ohne Gleichheit. So steht es um alle, die Gott folgen; denn alle Menschen *müssen* Gott folgen, ob sie wollen oder nicht wollen. Folgen sie ihm willig, so ist es ihnen lustvoll; folgen sie ihm aber widerwillig, so ist es für sie peinvoll und trägt nur Schmerzen ein. Darum hat Gott der Seele aus Gunst und Liebe, die er zu ihr hat, ein göttliches Licht verliehen vom Zeitpunkt an, da sie geschaffen ward, auf daß er im Gleichnis seiner selbst mit Lust wirken könne.

Nun kann keine Kreatur über das (Vermögen) hinaus wirken, das sie in sich selbst hat. Darum vermag die Seele mit dem Lichte, das ihr Gott gegeben hat, nicht über sich selbst hinaus zu wirken, denn es ist ihr Eigen, und Gott hat es ihr als eine Morgengabe in die oberste Seelenkraft gegeben. Wiewohl dieses Licht Gottes Gleichnis ist, so ist es doch *geschaffen* von Gott. Ist doch der Schöpfer eines und das Licht ein anderes und ist Kreatur, denn, ehe Gott je eine Kreatur erschuf, da war Gott, aber kein Licht, sondern Finsternis. Darum kommt Gott mit der *Liebe* zu der Seele, auf daß *sie* die Seele erhebe, damit sie über sich selbst hinaus zu wirken vermöge. Nun aber kann die Liebe nicht sein, wo sie nicht Gleichheit findet oder Gleichheit schafft. So weit Gott Gleichheit mit sich in der Seele findet, so weit wirkt Gott mit der Liebe über die Seele hinaus. Weil Gott endlos ist, darum soll (auch) der Seele Liebe endlos sein. Lebte ein Mensch tausend Jahre, er könnte (immer noch) zunehmen an Liebe, wie man am Feuer erkennen kann: solange es Holz hat, solange wirkt das Feuer. Je nachdem wie groß das Feuer ist und wie stark der Wind weht, danach wird auch das Feuer groß. Und so wollen wir unter dem Feuer die Liebe und unter dem Winde den Heiligen Geist verstehen im Hinblick auf das Wirken des Heiligen

Geistes in der Seele. Je größer die Liebe in der Seele ist und je stärker der Wind, der Heilige Geist, weht, um so vollkommener ist das Feuer, jedoch nicht mit einem Male, sondern allmählich durch das Zunehmen der Seele. Denn stünde der Mensch miteins in Brand, das wäre nicht gut. Darum weht der Heilige Geist allmählich, auf daß der Mensch, sollte er (auch) tausend Jahre leben, zunehmen könnte an Liebe.

Als drittes soll man aus den Worten: »Was wunders soll werden aus diesem Kinde?« das wunderbare Werk erkennen, das Gott in der Seele wirkt. Jedes Werkzeug muß notwendig so weit hinreichen, wie der Werkmeister wirkt, wenn das Werk vollkommen sein soll. Ist doch der Mensch ein Werkzeug Gottes, und das Werkzeug wirkt entsprechend der Edelkeit des Werkmeisters. Darum genügt es der Seele nicht, daß der Heilige Geist in ihr wirkt, weil er nicht ihrer Natur ist. Und wie ich schon öfter gesagt habe, hat er ihr ein göttliches Licht gegeben, das ihm gleicht und soviel wie seine Natur ist; und das hat er der Seele so zu eigen gegeben, daß es ein Stück der Seele ist, auf daß er lustvoll in ihr wirken könne. Wie man am Licht erkennen kann, das je nach der Edelkeit der Materie wirkt, auf die es fällt: am Holze bewirkt es das ihm selbst eigene Werk, das heißt – Hitze und Feuer; an Bäumen und an feuchten Dingen bewirkt es das Wachsen, nicht aber Hitze noch sein eigenes Werk, sondern, daß sie grünen und Frucht bringen. An lebendigen Kreaturen bewirkt es Leben aus Totem, so wie etwa beim Schaf, das Gras frißt, daraus ein Ohr oder ein Auge entsteht. Am Menschen aber bewirkt es (= das Licht) Seligkeit. Das kommt von der *Gnade* Gottes: die erhebt die Seele auf zu Gott und vereinigt sie mit ihm und macht sie gottförmig. Soll die Seele göttlich sein, so muß sie emporgehoben sein. Sollte ein Mensch bis hinauf auf einen Turm reichen, so müßte er so hoch emporgehoben sein, wie der Turm ist: so auch muß die Gnade die Seele bis zu Gott erheben. Der Gnade Werk ist, zu ziehen und bis ans Ende zu ziehen, und wer ihr nicht folgt, der wird unglücklich. Dennoch genügt's der Seele nicht am Werk der Gnade, weil diese eine Kreatur ist; sie muß vielmehr dahin gelangen, wo Gott in seiner *eigenen* Natur wirkt, wo der Werkmeister entsprechend der Edelkeit des Werkzeuges, das heißt: in seiner *eigenen* Natur wirkt, wo das Werk so edel ist wie der Werkmeister und wo das, was sich ergießt, und das Ergossene völlig eins sind. Sankt Dionysius sagt: Die obersten Dinge ergießen sich auf die niedersten und die niedersten in die obersten und vereinigen sich mit den obersten. So auch wird die Seele mit Gott vereint und umschlossen, und dort entgleitet ihr die Gnade, so daß sie (nun) nicht weiter mit der Gnade wirkt, sondern göttlich in Gott. Da wird die Seele auf wunderbare Weise bezaubert und verliert sich selbst – wie wenn man einen Tropfen Wasser in eine Bütte voll Wein gösse –, so daß sie von sich selbst nichts (mehr) weiß und wähnt, sie sei Gott, wofür ich euch ein Geschichtchen erzählen will. Ein Kardinal fragte Sankt Bernhard: Warum soll ich Gott lieben und auf welche Weise? Sankt Bernhard antwortete: Das will ich Euch sagen: Gott (selbst) ist der Grund, warum man ihn liebhaben soll. Die *Weise* (dieser Liebe) aber ist: *ohne* Weise, denn Gott ist nichts; nicht so, daß er ohne Sein wäre: er ist (vielmehr) weder dies noch das, was man auszusagen vermag – er ist ein Sein über allen Sein (Plur.). Er ist ein weiseloses Sein. Darum muß die Weise, mit der man ihn liebhaben soll, weiselos sein, das heißt: über alles hinaus, was man zu sagen vermag.

Daß wir zu dieser vollkommenen Liebe gelangen, dazu helfe uns Gott. Amen.

PREDIGT 55

Homo quidam erat dives etc. (Luc. 16, 19)

»Es war ein reicher Mensch, der war mit Seide und mit Samt geschmückt und aß alle Tage verwöhnte Speise« (Luk. 16, 19) und hatte keinen Namen. Dies kann man auf zweierlei Weise verstehen: zum ersten mit bezug auf die unergründliche Gottheit und zum andern im Hinblick auf jegliche zarte Seele. »Es war ein reicher Mensch.« »Mensch« besagt soviel wie ein verstehendes Wesen, so sagt ein heidnischer Meister. Unter dem »Menschen« versteht man Gott in der Schrift. Sankt Gregorius spricht: Wäre an Gott das eine irgendwie edler als das andere, wenn man das sagen könnte, so wäre es das Erkennen; denn im Erkennen ist Gott sich selbst offenbar, im Erkennen verfließt Gott in sich selbst, im Erkennen fließt Gott aus in alle Dinge, im Erkennen schuf Gott alle Dinge. Und gäbe es in Gott kein Erkennen, so könnte es die Dreifaltigkeit nicht geben; so wäre auch keine Kreatur je ausgeflossen.

»Er hatte keinen Namen.« So (auch) ist der unergründliche Gott ohne Namen, denn alle die Namen, die ihm die Seele gibt, die entnimmt sie ihrem Erkennen. Hierzu sagt ein heidnischer Meister in einem Buche, das »das Licht der Lichter« heißt: Gott ist überseiend und unbegreifbar und unerkennbar, soweit es sich um natürliches Erkennen handelt. Ich spreche nicht von gnadenhaftem Erkennen, denn ein Mensch könnte durch Gnade so weit verzückt werden, daß er so zu erkennen vermöchte, wie Sankt Paulus erkannte, der in den dritten Himmel verzückt wurde und solche Dinge sah, wie man sie nicht aussagen darf noch kann (2 Kor. 12, 2). Denn so, wie er sie sah, so hätte er sie nicht in Worte fassen können; denn, was man erkennen soll, das muß man aus seiner Ursache oder aus seiner Weise oder aus seinem Wirken erkennen. Darum bleibt Gott unerkannt, denn er ist durch niemanden verursacht; er ist vielmehr stets das Erste. Er ist auch ohne Weise, und zwar in seiner Unerkanntheit. Er ist auch ohne Werk, und zwar in seiner verborgenen Stille. Deshalb bleibt er ohne Namen. Wo sind nun alle die Namen, die ihm gegeben worden sind? Moses fragte nach seinem Namen. Da sprach Gott: »Der da ist, der hat dich gesandt«

(2 Mos. 3, 14). Sonst hätte er es nicht verstehen können. So, wie Gott in sich selbst ist, so könnte er sich niemals einer Kreatur zu erkennen geben, nicht etwa, daß *er* es nicht vermöchte: die Kreaturen vielmehr könnten es nicht verstehen. Deshalb sagt der Meister in dem Buche, das da ein »Licht der Lichter« heißt: Gott ist überseiend und über alles Lob und unbegreifbar und unerkennbar.

»Der Mensch war« auch »*reich*«. So auch ist Gott *reich* in sich selbst und in allen Dingen. Nun gebt acht! Der Reichtum Gottes liegt in fünf Dingen. Zum ersten darin, daß er die erste Ursache ist; deshalb gießt er sich aus in alle Dinge. Zum zweiten darin, daß er einfaltig in seinem Sein ist; deshalb ist er das Innerlichste aller Dinge. Zum dritten darin, daß er ausquellend ist; deshalb teilt er sich allen Dingen mit. Zum vierten darin, daß er unwandelbar ist; deshalb ist er der Halt der Dinge. Zum fünften darin, daß er vollkommen ist; deshalb ist er das Begehrenswerteste.

Er ist die erste Ursache; deshalb ergießt er sich in alle Dinge. Darüber sagt ein heidnischer Meister: die erste Ursache ergieße sich in höherem Maße in alle Ursachen, als die anderen Ursachen sich in ihre Wirkungen ergießen. – Er ist auch einfaltig in seinem Sein. Was ist einfaltig? Darüber sagt Bischof Albrecht: Ein solches Ding ist einfaltig, das in sich selbst einheitlich ist ohne Andersartiges, (und) das ist Gott, und alle einheitlichen Dinge werden gehalten in dem, was er ist; darin sind die Kreaturen eins in dem Einen und (sind) Gott in Gott. An sich selber aber sind sie nichts. – Zum dritten: Er ist ausquellend; deshalb fließt er aus in alle Dinge. Darüber sagt Bischof Albrecht: Auf dreierlei Weise fließt er aus in alle Dinge gemeinhin: mit Sein und mit Leben und mit Licht, insbesondere aber in die vernunftbegabte Seele in ihrem Vermögen (zur Erkenntnis) aller Dinge und in der Rückführung der Kreaturen in ihren ersten Ursprung. Dies ist das »Licht der Lichter«, denn »alle Gaben und Vollkommenheit fließen von dem Vater der Lichter«, wie Sankt Jakob sagt (Jak. 1, 17). – Zum vierten: Er ist unwandelbar; deshalb ist er der Halt der Dinge. Merkt nun darauf, wie Gott sich mit den Dingen vereint. Er vereint sich (zwar) mit den Dingen, und er erhält sich doch als Eins in sich selbst und alle Dinge in sich als Eins. Darüber sagt Christus: Ihr werdet gewandelt werden in mich, ich aber nicht in euch. Das kommt von seiner Unwandelbarkeit und von seiner Unermeßlichkeit und von der Kleinheit der Dinge. Hierzu sagt ein Prophet, daß alle Dinge so klein seien gegen Gott wie ein Tropfen gegen das wilde Meer (Weish. 11, 23). Wenn man einen Tropfen in das wilde Meer gösse, so verwandelte sich der Tropfen in das Meer und nicht das Meer in den Tropfen. So (auch) geschieht es der Seele: wenn Gott sie in sich zieht, so verwandelt sie sich in ihn, so daß die Seele göttlich wird, nicht aber Gott zur Seele. Da verliert die Seele ihren Namen und ihre Kraft, nicht aber ihren Willen und nicht ihr Sein. Da bleibt die Seele in Gott, wie Gott in sich selbst bleibt. Darüber sagt Bischof Albrecht: In eben dem Willen, in dem der Mensch stirbt, in dem wird er ewig bleiben. – Zum fünften: Er ist vollkommen; deshalb ist er das Begehrenswerteste. Gott ist die Vollkommenheit seiner selbst und aller Dinge. Was ist Vollkommenheit bei Gott? Dies, daß er ganz die Gutheit seiner selbst und aller Dinge ist. Deshalb begehren ihn alle Dinge, weil er ihr Gutes ist.

Daß uns das Gut, das Gott selbst ist, zuteil werden möge und wir es ewig genießen dürfen, dazu helfe uns Gott. Amen.

Predigt 56

Videns Jesus turbas, ascendit in montem etc. (Matth. 5, 1)

Man liest im Evangelium, daß unser Herr die Schar verließ und auf den Berg ging. Da tat er seinen Mund auf und lehrte über das Reich Gottes (Matth. 5, 1).

. . . »und lehrte«. Sankt Augustinus sagt: Wer da lehrt, der hat seinen Stuhl in den Himmel gesetzt. Wer Gottes Lehre empfangen soll, der muß hinaufgehen und hinausgehen über alles, was ausgebreitet ist; dessen muß er sich entschlagen. Wer Gottes Lehre empfangen soll, der muß sich sammeln und in sich selbst verschließen vor aller Sorge und Kümmernis und dem Getriebe niederer Dinge. Die Kräfte der Seele, deren so viele sind und die sich so weit zerteilen, über die muß er hinausschreiten, ja sogar noch dort, wo sie im Bereich des Denkens liegen, obgleich das Denken, wo es (rein) in sich selbst ist, Wunder wirkt. Auch über dieses Denken muß man hinausschreiten, soll Gott in jene Kräfte (ein-)sprechen, die nicht zerteilt sind.

Zum zweiten: »er ging auf den Berg«, das will besagen, daß Gott (damit) die Höhe und die Süße seiner Natur anzeigt, worin notwendig alles, was Kreatur ist, abfällt. Dort weiß er (= der Mensch) nichts als Gott und sich selbst, insofern er ein Bild Gottes ist.

Zum dritten: »er ging hinauf«, das zeigt seine Höhe an – was hoch ist, das ist Gott nahe –, und es weist auf jene Kräfte hin, die Gott so nahe sind. Unser Herr nahm einmal drei seiner Jünger und führte sie auf einen Berg und erglänzte vor ihnen in der gleichen Verklärung des Leibes, wie wir sie haben werden im ewigen Leben (vgl. Matth. 17, 1/2). Unser Herr sprach: Erinnert euch, als ich vom Himmel (herab) zu euch sprach, da saht ihr weder Bild noch Form noch Gleichnis (vgl. Matth. 17, 8). Wenn der Mensch »die Schar verläßt«, so gibt sich Gott in die Seele ohne Bild und ohne Gleichnis. Alle *Dinge* (dagegen) werden erkannt in Bild und Gleichnis.

Sankt Augustinus belehrt über dreierlei Erkenntnis. Die eine ist leibgebunden: die nimmt Bilder auf, wie das Auge, das sieht und nimmt Bilder auf. Die zweite ist geistig und nimmt doch Bilder von leiblichen Dingen auf. Die dritte ist (ganz) innerlich im Geiste, die erkennt *ohne* Bilder und Gleichnisse; und *diese* Erkenntnis gleicht den Engeln. Die oberste Herrschaft der Engel ist dreigeteilt. Ein Meister sagt: Die Seele erkennt sich nicht ohne Gleichnis, denn alle Dinge werden in Bildern und Gleichnissen erkannt. Der Engel aber erkennt sich und Gott *ohne* Gleichnis. Er will sagen: Gott gibt sich in der Höhe in die Seele *ohne* Bild und ohne Gleichnis.

»Er ging auf den Berg und ward verklärt vor ihnen« (Matth. 17, 1 + 2). Die Seele soll verklärt und eingedrückt und wieder eingeprägt werden in jenes Bild. Ich sage, wenn die Seele über alle Bilder hinauskommt, so wird sie in jenes Bild eingeprägt, das Gottes Sohn ist. Die Meister sagen: Der Sohn allein ist ein Bild Gottes, die Seele aber ist gebildet *nach* diesem Bilde (vgl. Weish. 2, 23). Ich aber sage: Der Sohn ist ein überbildliches Bild Gottes; er ist ein Bild seiner verborgenen Gottheit. Nach eben dem nun, worin der Sohn ein Bild Gottes ist und worein der Sohn eingebildet ist, *danach* ist auch die Seele gebildet. Aus demselben, aus dem der Sohn empfängt, daraus empfängt auch die Seele. Selbst da, wo der Sohn aus dem Vater ausfließt, bleibt die Seele nicht hängen: sie ist über jedes Bild erhaben. Feuer und Hitze sind eins und sind doch fern vom Eins-Sein. Geschmack und Farbe sind an einem Apfel vereint und sind doch fern vom Eins-Sein: der Mund nimmt den Geschmack wahr, dazu kann das Auge nichts beitragen; das Auge nimmt die Farbe wahr, davon hinwiederum weiß der Mund nichts. Das Auge verlangt Licht, der Geschmack aber besteht auch in der Nacht. Die Seele weiß von nichts als vom Einen, sie ist erhaben über jedes Bild.

Darum sagt der Prophet: »Gott will seine Schafe auf eine grüne Weide führen« (Ez. 34, 14). Das Schaf ist einfaltig; so auch sind jene Leute *ein*faltig, die zur (inneren) Eins (zusammen-)gefaltet sind. Ein Meister sagt, man könne des Himmels Lauf nirgends so gut erkennen wie an einfaltigen Tieren: die erfahren auf einfaltige Weise den Einfluß des Himmels; ebenso die Kinder; die haben keinen eigenen Sinn. Die Leute aber, die da weise sind und viele Sinne haben, die werden beständig nach außen gerichtet in mannigfaltigen Dingen. Unser Herr verhieß, daß er seine Schäflein erlaben wolle an einfaltiger Weide auf dem Berge an grünem Grase (vgl. Ez. 34, 13. 14). Alle Kreaturen »grünen« in Gott. Alle Kreaturen fallen zuerst aus Gott, danach durch die Engel hindurch. Was *die Natur keiner* Kreatur hat, das hat *den Eindruck aller* Kreaturen in sich selbst. Der Engel hat in seiner Natur den Eindruck aller Kreaturen; was des Engels Natur zu empfangen vermag, das *hat* er allzeit (schon) völlig in sich. Was Gott zu erschaffen vermag, das tragen die Engel in sich deshalb, weil sie der (gesamten) Vollkommenheit, die (alle) andere(n) Kreaturen besitzen, nicht beraubt sind. Woher (aber) hat der Engel dies? Daher, daß er Gott nahe ist.

Sankt Augustinus sagt: Was Gott erschafft, das nimmt einen Durchfluß durch die Engel. In der Höhe sind alle Dinge »grün«. Auf der »Höhe des Berges« sind alle Dinge neu und »grün«; fallen sie (aber) in die Zeitlichkeit, so bleichen sie darin und werden fahl. In der neuen »Grüne« aller Kreaturen, da will unser Herr »seine Schafe speisen«. Alle Kreaturen, die da in jener »Grüne« und in jener »Höhe« sind, wie sie in den Engeln sind, die werden der Seele wohlgefälliger als alles, was in dieser Welt ist. So ungleich die Sonne ist gegenüber der Nacht, so ungleich ist die geringste Kreatur, wie sie dort ist, verglichen mit der ganzen Welt.

Wer Gottes Lehre empfangen will, der muß kommen auf diesen Berg; da will Gott sie (= die Lehre) vollenden im Tage der Ewigkeit, in dem ein volles Licht ist. Was ich in Gott erkenne, das ist Licht; was (aber) die Kreatur berührt, das ist Nacht. (Nur) dort ist wahres Licht, woran keine Kreatur rührt. Was man erkennt, das muß Licht sein. Sankt Johannes spricht: »Gott ist ein wahres Licht, das da leuchtet in der Finsternis« (Joh. 1, 9 + 5). Was ist diese Finsternis? Zum ersten: daß der Mensch an nichts hafte oder hänge und blind sei und nichts wisse von Kreaturen. Ich habe schon öfter gesagt: Wer Gott schauen will, der muß blind sein. – Zum zweiten: »Gott ist ein Licht, das da leuchtet in der Finsternis«, weil er ein Licht ist, das blind macht. Das meint ein so geartetes Licht, das unfaßbar und unendlich ist, denn es hat kein Ende und weiß nichts von einem Ende. Und dies bedeutet, daß es die Seele blendet, so daß sie nichts weiß und daß sie nichts erkennt. – Die dritte Finsternis ist die allerbeste und meint jene, in der es (überhaupt) kein Licht gibt. Ein Meister sagt: Der Himmel hat kein Licht, er ist zu hoch dazu; er leuchtet nicht, er ist weder kalt noch warm in sich selbst. So auch verliert die Seele in dieser Finsternis alles Licht; sie entwächst allem dem, was Hitze oder Farbe heißen mag.

Ein Meister sagt: Das Höchste, wenn Gott seine Verheißung geben will, ist das Licht. Ein Meister sagt: Wohlgeschmack alles dessen, was begehrenswert ist, muß mit dem *Licht* in die Seele gebracht werden. Ein Meister sagt: Nichts ist so lauter, daß es in der Seele Grund hätte gelangen können, als Gott allein. Er will sagen: Gott leuchtet in einer Finsternis, in der die Seele allem Lichte entwächst. In ihren *Kräften* empfängt sie wohl Licht und Süße und Gnade: in den *Grund* der Seele aber kann nichts hinein als rein nur Gott. Daß aus Gott ausbricht Sohn und Heiliger Geist, *das* empfängt die Seele wohl in Gott. Was aber außerdem an Licht und Süße aus ihm ausfließt, das empfängt sie nur in ihren Kräften.

Die höchsten Meister sagen: Die Kräfte der Seele und die Seele selbst seien völlig eins. Feuer und (Feuer-)Schein sind eins; fällt es (= Feuer) aber in die Vernunft, so fällt es in eine (vom Schein) verschiedene Natur. Wo die Vernunft aus der Seele ausbricht, da fällt sie wie in eine andere Natur.

Zum dritten: Es ist ein Licht über den Lichtern. Dort entwächst die Seele allem Licht auf dem »Berge der Höhe«, wo kein Licht ist. Wo Gott ausbricht in seinen Sohn, da bleibt die Seele nicht hangen. Nimmt man Gott irgendwo, wo er ausfließt, da bleibt die Seele nicht hangen. Es ist (vielmehr) weit darüber erhaben: sie entwächst allem Licht und aller Erkenntnis. Darum spricht er: »Ich will sie lösen und sammeln und führen in ihr Land, und dort will ich sie führen auf eine grüne Weide« (Ez. 34, 13. 14). Auf dem Berge tat er seinen Mund auf. Ein Lehrer sagt: Unser Herr tut wohl (auch) hienieden seinen Mund auf; er lehrt uns durch die Schrift und durch die Kreaturen. Sankt Paulus wiederum spricht: »Nun hat Gott zu uns gesprochen in seinem eingeborenen Sohne; in dem soll ich alles vom Kleinsten bis zum Größten umfassend in Gott erkennen« (vgl. Hebr. 8, 11).

Daß wir allem dem entwachsen, was nicht Gott ist, dazu helfe uns Gott. Amen.

Predigt 57

Dum medium silentium tenerent omnia et nox in suo cursu medium iter haberet etc. (Sap. 18, 14)

Wir feiern hier in der Zeitlichkeit im Hinblick auf die *ewige* Geburt, die Gott der Vater vollzogen hat und ohne Unterlaß in Ewigkeit vollzieht, daß diese selbe Geburt sich nun *in der Zeit*, in menschlicher Natur vollzogen hat. Sankt Augustinus sagt: Was hilft es mir, daß diese Geburt immerfort geschehe und doch nicht in mir geschieht? Daß sie aber in mir geschehe, daran ist alles gelegen.

Nun wollen wir von dieser Geburt reden, wie sie in *uns* geschehe und in der guten Seele vollbracht werde, wenn immer Gott der Vater sein ewiges Wort in der vollkommenen Seele spricht. Denn, was ich hier sage, das soll man mit Bezug auf einen guten, vollkommenen Menschen verstehen, der auf Gottes Wegen gewandelt ist und noch wandelt, nicht aber mit Bezug auf einen natürlichen, ungeübten Menschen, denn der ist völlig fernab und nichts wissend von dieser Geburt.

Ein Wort spricht der weise Mann: »Als alle Dinge mitten im Schweigen waren, da kam von oben hernieder, vom königlichen Stuhle, in mich ein verborgenes Wort« (Weish. 18, 14). Von diesem Worte soll diese Predigt handeln.

Auf drei Dinge ist hier zu merken. Zum ersten: *wo* Gott der Vater sein Wort in der Seele spreche, wo dieser Geburt Stätte sei und wo sie (= die Seele) für dieses Werk empfänglich sei; muß es doch im Allerlautersten und Edelsten und Zartesten sein, das die Seele zu bieten vermag. Wahrlich, hätte Gott der Vater in seiner ganzen Allmacht der Seele etwas (noch) Edleres in ihre Natur geben und die Seele etwas (noch) Edleres von ihm empfangen können, Gott der Vater müßte mit der Geburt auf eben dieses Edle warten. Deshalb muß sich die Seele, in der die Geburt geschehen soll, ganz lauter halten und ganz adlig leben und ganz gesammelt und ganz innerlich, nicht auslaufen durch die fünf Sinne in die Mannigfaltigkeit der Kreaturen, sondern ganz innen und gesammelt sein und im Lautersten: *da* ist seine Stätte, alles Mindere widerstrebt ihm.

Der zweite Teil dieser Predigt geht darüber, *wie* sich der Mensch zu diesem Werke oder Einsprechen und Gebären verhalten soll: ob es ihm nützlicher sei, dabei mitzuwirken, wodurch er erwirke und verdiene, daß diese Geburt in ihm geschehe und vollzogen werde, etwa dadurch, daß der Mensch in sich, in seiner Vernunft und in seinen Gedanken sich eine Vorstellung bilde und sich daran übe, indem er (etwa) überlegt: Gott ist weise, allmächtig und ewig, und was er derart über Gott ausdenken mag – ob dies (also) dienlicher und fördernder sei für diese väterliche Geburt oder, daß man sich aller Gedanken, Worte und Werke und aller Erkenntnisbilder entschlage und entledige und sich gänzlich in einem Gott-Erleiden halte und untätig bleibe und Gott in sich wirken lasse: in welchem (Verhalten) also der Mensch dieser Geburt am meisten diene?

Das dritte ist der Nutzen, wie groß der sei, der in dieser Geburt liege.

Nun vernehmet zum ersten: Ich will euch diese Darlegung mit *natürlichen* Beweisgründen erhärten, damit ihr es selbst zu fassen vermögt, daß es so ist, wenngleich ich der Schrift mehr glaube als mir selbst; aber es geht euch mehr und besser ein durch begründende Darlegung.

Wir nehmen nun zum ersten das Wort, das da lautet: »Mitten *im Schweigen* ward mir eingesprochen ein verborgenes Wort.« Ach, Herr, *wo* ist das *Schweigen* und *wo* ist die *Stätte*, darein dieses Wort gesprochen wird? Wir sagen, wie ich schon vorhin sprach: es ist im Lautersten, das die Seele zu bieten hat, im Edelsten, im Grunde, ja, im Sein der Seele, das heißt im Verborgensten der Seele; dort *schweigt* das »Mittel«, denn dahinein kam nie eine Kreatur noch ein Bild noch kennt die Seele *da* Wirken oder Erkennen noch weiß sie *da* von irgendeinem Bilde, sei's von sich selbst oder von irgendwelcher Kreatur.

Alle Werke, die die Seele wirkt, die wirkt sie mittels der Kräfte: was sie erkennt, das erkennt sie mit der Vernunft; wenn sie etwas erinnert, so tut sie's mit dem Gedächtnis; soll sie lieben, so tut sie's mit dem Willen; und so also wirkt sie mittels der Kräfte und nicht mit dem Sein. All ihr Wirken nach draußen haftet immer an etwas *Vermittelndem*. Die Sehkraft wirkt nur durch die Augen, sonst kann sie kein Sehen betätigen noch verleihen; und so auch ist es mit allen anderen Sinnen: all ihr Wirken nach draußen leistet sie (= die Seele) durch etwas Vermittelndes. Im *Sein* aber gibt es kein Werk; denn die Kräfte, mit denen sie wirkt, die fließen (zwar) aus dem Grunde des Seins; in diesem Grunde (selbst) aber *schweigt* das »Mittel«, hier herrscht nur Ruhe und Feiern für diese Geburt und für dieses Werk, auf daß Gott der Vater dort sein Wort spricht. Denn dies ist von Natur für nichts empfänglich als einzig für das göttliche Sein, ohne alle Vermittlung. Gott geht hier in die Seele ein mit seiner Ganzheit, nicht mit einem Teile; Gott geht hier ein in den *Grund* der Seele. Niemand berührt den Grund in der Seele als Gott allein. Die Kreatur kann nicht in den Grund der Seele, *sie* muß draußen bleiben in den Kräften. *Dort* (= im Grunde) erschaut sie (= die Seele) *wohl* ihr (= der Kreatur) Bild, mittels dessen sie (= die Kreatur) eingezogen ist und Herberge empfangen hat. Denn, wenn die Kräfte der Seele in Berührung kommen mit der Kreatur, so entnehmen und schöpfen sie ein Bild und Gleichnis von der Kreatur und ziehen das in sich hinein. Dadurch erkennen sie die Kreatur. Näher vermag die Kreatur nicht in die Seele zu kommen, und (wiederum) nähert sich die Seele niemals einer Kreatur, wenn sie nicht zuvor willig deren Bild in sich aufgenommen hat. Eben mittels dieses (ihr) gegenwärtigen Bildes nähert sie (= die Seele) sich den Kreaturen; denn Bild ist etwas, das die Seele mit ihren Kräften von den Dingen schöpft. Sei's nun ein Stein, ein Roß, ein Mensch oder was es auch sei, das sie erkennen will, so holt sie das Bild hervor, das sie vorher eingezogen hat, und auf diese Weise kann sie sich mit jenem (Erkenntnis-Gegenstande) vereinigen.

Wenn aber der Mensch auf solche Weise ein Bild empfängt, so muß es notwendig von außen durch die Sinne einkommen. Darum ist der Seele nichts so unerkannt wie sie sich selber. So denn sagt ein Meister, die Seele könne von sich selbst kein Bild schöpfen oder abziehen. Darum kann sie sich selbst mit nichts erkennen. Denn Bilder kommen immer nur durch die Sinne ein; deshalb kann sie von sich selber kein Bild haben. Daher kennt sie alle anderen Dinge, sich selbst aber nicht. Von keinem Ding weiß sie so wenig wie von sich selbst, eben wegen des (nötigen) Vermittelnden.

Denn du mußt wissen, daß sie innen frei und ledig ist von allen Vermittlungen und von allen Bildern, und dies ist (denn) auch der Grund dafür, daß Gott sich (unmittelbar) frei, ohne Bild oder Gleichnis mit ihr vereinigen kann. Welches Vermögen du immer irgendeinem Meister zuerkennst, du kannst nicht umhin, dieses gleiche Vermögen Gott über alles Maß zuzugestehen. Je weiser nun und mächtiger ein Meister ist, um so unvermittelter erfolgt sein Werk, und um so einfacher ist es. Der Mensch braucht viele Mittel bei seinen äußeren Werken; ehe er die, so wie er sie in sich vorgestellt hat, hervorbringt, dazu gehört viel Zurüstung des (Werk-) Stoffes. Die Sonne aber verrichtet in ihrer Meisterschaft ihr Werk, das Erleuchten, gar schnell: sobald sie ihren Schein ausgießt, im gleichen Augenblick ist die Welt voll Licht an allen Enden. Noch darüber aber steht der Engel, der bedarf noch weniger Mittel bei seinen Werken und hat auch weniger Bilder. Der allerhöchste Seraphim hat nicht mehr als *ein* Bild; was alle, die unter ihm sind, in Mannigfaltigkeit erfassen, das erfaßt er alles in Einem. Gott aber bedarf (überhaupt) keines Bildes noch *hat* er irgendein Bild: Gott wirkt in der Seele ohne jedes »Mittel«, Bild oder Gleichnis, fürwahr, in ihrem Grunde, in den nie ein Bild hineinkam, sondern nur er selber mit seinem eigenen Sein. Keine Kreatur vermag das!

Wie (aber) gebiert der Vater seinen Sohn in der Seele? Wie's die Kreaturen tun in Bildern und in Gleichnissen? Traun, nein! Vielmehr ganz in der Weise, wie er in der Ewigkeit gebiert, nicht minder und nicht mehr. Nun denn, *wie* gebiert er ihn *da*? Gebt acht! Seht, Gott der Vater hat eine vollkommene Einsicht in sich selbst und ein abgründiges volles Erkennen seiner selbst durch sich selbst, nicht durch irgendein Bild. So denn gebiert Gott der Vater seinen Sohn in wahrer Einheit (= unter voller Wahrung der Einheit) der göttlichen Natur. Seht, in der *gleichen* und in keiner andern Weise gebiert Gott der Vater seinen Sohn *in der Seele* Grunde und in ihrem Sein und vereinigt sich so mit ihr. Denn, gäbe es da irgendein Bild, so wäre da keine wahre Einung; an solcher wahren Einung (aber) ist ihre ganze Seligkeit gelegen.

Nun könntet ihr sagen, in der Seele seien doch von Natur aus nichts als *Bilder*. Nein, keinesfalls! Denn, wäre das wahr, so würde die Seele nimmer selig. Gott könnte nämlich keine Kreatur schaffen, aus der du vollkommene Seligkeit empfingest; sonst wäre nicht *Gott* die höchste Seligkeit und das letzte Ziel, wo es doch seine Natur ist und er will, daß *er* ein Anfang und ein Ende aller Dinge sei. Es *kann* keine Kreatur deine Seligkeit sein; darum kann sie auch hienieden nicht deine Vollkommenheit sein; denn der Vollkommenheit *dieses* (irdischen) Lebens – das sind alle Tugenden zusammen – der folgt (noch) nach die Vollkommenheit *jenes* (jenseitigen) Lebens. Und darum mußt du notwendig im Sein und im *Grunde* sein und weilen: *dort* muß dich Gott mit *seinem* einfaltigen Sein berühren, *ohne* Vermittlung irgendeines Bildes. Kein Bild zielt ab noch weist hin auf sich selbst; es zielt und weist (vielmehr) beständig auf das hin, dessen Bild es ist. Und da man ein Bild hat nur von dem, was außerhalb von einem ist und durch die Sinne von den Kreaturen hereingezogen wird, und da es auch immerzu auf das hinweist, dessen Bild es ist, so wäre es unmöglich, daß du jemals durch irgendein Bild selig werden könntest. Und daher muß da Schweigen und Stille herrschen, und der Vater muß da sprechen und seinen Sohn gebären und seine Werke wirken ohne alle Bilder.

Die *zweite* Frage ist: was dem Menschen an eigenem Tun beizutragen zugehöre, wodurch er erwirke und verdiene, daß diese Geburt in ihm geschehe und vollbracht werde; ob es (also) nicht besser sei, daß der Mensch etwas an eigenem Bemühen dazu tue – etwa sich Gott vorstelle und seine Gedanken auf ihn richte – oder (aber), daß der Mensch sich in Schweigen halte, in Stille und Ruhe und Gott in sich sprechen und wirken lasse, selbst aber nur auf Gottes Werk in sich harre? Ich sage abermals, wie ich vorhin (schon) sagte: Diese Ausführungen und dieses Verhalten betreffen nur *gute* und *vollkommene* Menschen, die aller Tugenden Wesen an sich und in sich gezogen haben, und zwar so, daß die Tugenden wesenhaft, ohne ihr Zutun aus ihnen ausfließen und daß vor allen Dingen das kostbare Leben und die edle Lehre unseres Herrn Jesu Christi in ihnen lebendig sei. Solche (Menschen) mögen wissen, daß es das allerbeste und alleredelste, wozu man in diesem Leben kommen kann, ist, wenn du schweigst und Gott wirken und sprechen läßt. Wo alle Kräfte allen ihren Werken und Bildern entzogen sind, da wird dieses Wort gesprochen. Darum sprach er: »Mitten im Schweigen ward das heimliche Wort zu mir gesprochen.« Darum also: Je mehr du alle deine Kräfte zur Einheit und in ein Vergessen aller Dinge und ihrer Bilder, die du je in dich hereingenommen hast, einzuziehen vermagst, und je mehr du dich von den Kreaturen und ihren Bildern entfernst, um so näher bist du diesem und um so empfänglicher. Könntest du aller Dinge völlig unwissend werden, so könntest du (gar) das Wissen um deinen eigenen Leib verlieren, so wie es Sankt Paulus widerfuhr, als er sprach: »Ob ich im Leibe war oder nicht, das weiß ich nicht; Gott weiß es wohl!« (2 Kor. 12, 2). Da hatte der Geist alle Kräfte so völlig in sich eingezogen, daß er den Leib vergessen hatte; da wirkte weder Gedächtnis noch Vernunft mehr, weder die Sinne noch die Kräfte, die ihren Einfluß in dem Sinne hätten ausüben sollen, daß sie den Leib führten und zierten; (Lebens-)Feuer und (Körper-)Hitze waren unterbunden; darum nahm der Körper nicht ab in den drei Tagen, in denen er weder aß noch trank. Ebenso widerfuhr es Moses, als er vierzig Tage auf dem Berge fastete (vgl. 2 Mos. 24, 18; 34, 28) und doch deshalb um nichts schwächer wurde; er war vielmehr am letzten Tage ebenso stark wie am ersten. So auch sollte der Mensch allen Sinnen entweichen und alle seine Kräfte nach innen kehren und in ein Vergessen aller Dinge und seiner selbst gelangen. Deshalb sprach ein Meister zur Seele: Entziehe dich der Unruhe äußerer Werke! Fliehe weiterhin und verbirg dich vor dem Gestürm innerer Gedanken, denn sie schaffen Unfrieden! – Soll daher Gott sein Wort in der Seele sprechen, so muß sie in Frieden und in Ruhe sein: dann spricht er sein Wort und sich selbst in der Seele, – kein Bild, sondern sich selbst.

Dionysius spricht: Gott hat kein Bild oder Gleichnis von sich selbst, denn er ist wesenhaft alles Gute, Wahrheit und Sein. Gott wirkt alle seine Werke in sich selbst und aus sich selbst in einem Augenblick. Wähne nicht, als Gott Himmel und Erde machte und alle Dinge, daß er da heute das eine machte und morgen das andere. Moses schreibt (es zwar) so; gleichwohl wußte er es viel besser; er tat es aber um der Leute willen, die es nicht anders hätten verstehen noch auffassen können. Gott tat nichts weiter dazu als einzig dies: er wollte, er sprach – und sie wurden! Gott wirkt ohne Mittel und ohne Bild, und je mehr *du* ohne Bild bist, um so empfänglicher bist du für sein Einwirken, und je mehr du nach innen gekehrt und je (selbst-)vergessener du bist, um so näher bist du diesem.

Hierzu ermahnte Dionysius seinen Jünger Timotheus und sprach: Lieber Sohn Timotheus, du sollst mit unbekümmerten Sinnen dich hinausschwingen über dich selbst und über alle deine Kräfte, über das Erkenntnisvermögen und über die Vernunft, über Werk und über Weise und Sein in die verborgene stille Finsternis, auf daß du kommest in ein Erkennen des unerkannten übergotten Gottes. Man muß sich allen Dingen entziehen. Gott widerstrebt es, in Bildern zu wirken.

Nun könntest du fragen: *Was* wirkt (denn) Gott ohne Bild in dem Grunde und in dem Sein? Das kann ich nicht wissen, weil die Kräfte nur in Bildern auffassen können, denn sie müssen alle Dinge jeweils in deren *eigentümlichem* Bilde auffassen und erkennen. Sie können ein Pferd nicht im (= mit dem) Bilde eines Menschen erkennen, und deshalb, weil alle Bilder von außen hereinkommen, darum bleibt jenes (= was Gott ohne Bild im Grunde wirkt) ihr verborgen; das aber ist für sie das allernützlichste. Dieses *Nichtwissen* reißt sie hin zu etwas Wundersamem und läßt sie diesem nachjagen, denn sie empfindet wohl, *daß* es ist, weiß aber nicht, *wie* und *was* es ist. Wenn (hingegen) der Mensch der Dinge Bewandtnis weiß, dann ist er alsbald der Dinge müde und sucht wieder etwas anderes zu erfahren und lebt dabei doch immerfort in bekümmertem Verlangen, diese Dinge zu erkennen und kennt doch kein Dabei-Verweilen. Daher: (Nur) das nichterkennende Erkennen hält die Seele bei diesem Verweilen und treibt sie doch zum Nachjagen an.

Deshalb sprach der weise Mann: »Inmitten der Nacht, als alle Dinge in Stille schwiegen, da ward zu mir gesprochen ein verborgenes *Wort;* das kam in Diebesweise, verstohlen« (Weish. 18, 14. 15). Wie konnte er es ein »Wort« nennen, da es (doch) verborgen war? Des Wortes Natur ist es (doch), daß es offenbart, was verborgen ist? Es öffnete sich und glänzte vor mir, um (mir) etwas zu offenbaren, und es tat mir Gott kund, – *daher* heißt es ein *Wort*. Es war mir aber verborgen, *was* es war, – (und) *das* war sein verstohlenes Kommen in Geraune und in Stille, um sich zu offenbaren. Seht, darum, weil es verborgen ist, muß man und soll man ihm nachlaufen. Es glänzte und war (doch) verborgen: das zielt darauf ab, daß wir nach ihm verlangen und seufzen. Sankt Paulus ermahnt uns dazu, diesem nachzujagen, bis wir es erspüren, und nimmer aufzuhören, bis wir es ergreifen. Als er in den dritten Himmel entrückt war, in die Kundgabe Gottes, und alle Dinge geschaut hatte, da hatte er, als er wieder kam, nichts vergessen: es lag ihm (aber) so tief drinnen im Grunde, daß seine Vernunft nicht dahin gelangen konnte; es war ihm verdeckt. Darum mußte er ihm nachlaufen und es in sich, nicht außer sich erreichen. Es ist gänzlich innen, nicht außen, sondern völlig innen. Und da er dies wohl wußte, deshalb sagte er: »Ich bin des sicher, daß mich weder der Tod noch irgendwelche Mühsal von dem zu scheiden vermag, was ich in mir verspüre« (Röm. 8, 38. 39).

Darüber sprach ein heidnischer Meister ein schönes Wort zu einem andern Meister: »Ich werde etwas in mir gewahr, das glänzt in meiner Vernunft; ich verspüre wohl, *daß* es etwas ist, aber *was* es sein mag, das kann ich nicht begreifen; nur soviel dünkt mich: könnte ich es erfassen, ich würde alle Wahrheit erkennen.« Da sprach der andere Meister: »Wohlan! setze dem nach! Denn könntest du es fassen, so hättest du einen Inbegriff aller Gutheit und hättest ewiges Leben.« In diesem Sinne sprach auch Sankt Augustinus: Ich werde etwas in mir gewahr, das strahlt und glänzt vor meiner Seele: würde das in mir zur Vollendung und zur Beständigkeit gebracht, das müßte das ewige Leben sein. Es verbirgt sich und bekundet sich doch; es kommt aber in Diebesweise und strebt danach, der Seele alle Dinge wegzunehmen und zu stehlen. Daß es sich aber (doch) ein wenig kundgibt und offenbart, damit möchte es die Seele reizen und nach sich ziehen und sie ihrer selbst berauben und entäußern. Darüber sprach der Prophet: »Herr, nimm ihnen ihren Geist, und gib ihnen dafür deinen Geist« (Ps. 103, 29. 30). Dies meinte auch die liebende Seele, als sie sprach: »Meine

Seele zerschmolz und zerfloß, als der Geliebte sein Wort sprach« (Hohel. 5, 6); als er einging, da mußte ich abnehmen. Auch Christus meinte dies, als er sprach: »Wer etwas läßt um meinetwillen, der soll das Hundertfache zurückerhalten, und wer mich haben will, der muß sich seiner selbst und aller Dinge entäußern, und wer mir dienen will, der muß *mir* folgen, er darf nicht dem Seinen folgen« (vgl. Mark. 10, 29; Matth. 16, 24; 19, 29; Joh. 12, 26).

Nun könntest du sagen: Ei nun, Herr, Ihr wollt der Seele ihren natürlichen Lauf umkehren und gegen ihre Natur handeln! Ihre Natur ist es (doch), *durch die Sinne* aufzunehmen und *in Bildern;* wollt ihr diese Ordnung umkehren? – Nein! Was weißt (denn) *du*, welchen Adel Gott in die Natur gelegt hat, der noch nicht voll beschrieben, sondern noch verborgen ist? Denn, die über den Adel der Seele geschrieben haben, die waren da noch nicht weiter gekommen, als sie ihre natürliche Vernunft trug; sie waren nie in den *Grund* gekommen: drum mußte ihnen vieles verborgen sein und blieb ihnen unerkannt. Deshalb sprach der Prophet: »Ich will sitzen und will schweigen und will hören, was Gott in mir spreche« (Ps. 84, 9). Weil es so verborgen ist, darum kam dieses Wort in der Nacht, in der Finsternis. Sankt Johannes sagt: »Das Licht leuchtete in der Finsternis; es kam in sein Eigen, und alle, die es aufnahmen, die wurden gewaltiglich Gottes Söhne: ihnen ward Gewalt gegeben, Gottes Söhne zu werden« (Joh. 1, 5. 11. 12).

Nun beachtet hier (endlich noch) den *Nutzen* und die *Frucht* dieses heimlichen Wortes und dieser Finsternis. Nicht nur der Sohn des himmlischen Vaters wird in dieser Finsternis, die sein Eigen ist, geboren: auch *du* wirst da geboren als desselben himmlischen Vaters Kind und keines andern, und er gibt (auch) *dir* jene Gewalt. Erkenne nun: welch ein Nutzen! Bei aller Wahrheit, die alle Meister mit ihrer eigenen Vernunft und Erkenntnis je lehrten oder jemals lehren werden bis zum Jüngsten Tage, haben sie doch nie das Allermindeste in *diesem* Wissen und in *diesem* Grunde verstanden. Wenngleich es ein Unwissen heißen mag und ein Nicht-Erkennen, so enthält es doch mehr als alles Wissen und Erkennen außerhalb seiner (= außerhalb dieses Grundes); denn dieses Unwissen lockt und zieht dich fort von allen Wissensdingen und überdies von dir selbst. Das meinte Christus, als er sprach: »Wer sich nicht selbst verleugnet und nicht Vater und Mutter läßt und alles, was äußerlich ist, der ist meiner nicht würdig« (vgl. Matth. 10, 37/38), als ob er sagte: Wer nicht alle Äußerlichkeit der Kreaturen läßt, der kann in diese göttliche Geburt weder empfangen noch geboren werden. Daß du vielmehr dich deiner selbst beraubst und alles dessen, was äußerlich ist, *das* (nur) verleiht dir's wahrhaft. Und wahrhaftig glaube ich und bin dessen gewiß, daß *der* Mensch, der hierin recht stünde, nimmer von Gott geschieden werden kann, durch nichts auf irgendeine Weise. Ich sage: er kann auf keine Weise in Todsünde fallen. Eher würden solche den schändlichsten Tod erleiden, ehe sie die allergeringste Todsünde täten, wie's denn auch die Heiligen taten. Ich sage (sogar), sie können nicht einmal eine läßliche Sünde begehen noch willentlich bei sich oder anderen zulassen, wenn sie es verhindern können. Sie werden so sehr zu *jenem* gereizt, gezogen und gewöhnt, daß sie sich nie einem andern Weg zuwenden können, alle ihre Sinne und ihre Kräfte vielmehr hierauf kehren.

In diese Geburt helfe uns der Gott, der (heute) von neuem als Mensch geboren ist. Daß wir schwache Menschen in ihm auf göttliche Weise geboren werden, dazu helfe er uns ewiglich. Amen.

Predigt 58

Ubi est, qui natus est rex Judaeorum? (Matth. 2, 2)

»Wo ist, der nun geboren ist als König der Juden?« (Matth. 2, 2).

Beachtet nun bei dieser Geburt, *wo* sie geschehe. »*Wo* ist, der geboren ist?« Ich sage aber, wie ich schon öfters gesagt habe, daß diese ewige Geburt in der Seele ganz in der Weise geschieht, wie sie geschieht in der Ewigkeit, nicht weniger und nicht mehr; denn es ist (nur) *eine* Geburt, und diese Geburt geschieht im *Sein* und im *Grunde* der Seele.

Sehet, nun erheben sich Fragen. Zum ersten: Da Gott in geistiger Weise in allen Dingen ist und den Dingen innerlicher und naturhafter innewohnt, als die Dinge in sich selbst sind, und da Gott, wo er ist, wirken und sich selbst erkennen und sein Wort sprechen muß (so erhebt sich die Frage): welche besonderen Eigenschaften die Seele für dieses Wirken Gottes anderen vernunftbegabten Geschöpfen, in denen Gott auch ist, voraushat? Merkt auf die folgende Unterweisung!

Gott ist in allen Dingen wesenhaft, wirkend, gewaltig. *Gebärend* aber ist er nur in der *Seele;* denn *alle* Kreaturen sind ein Fußstapfe Gottes, die Seele aber ist naturhaft nach Gott gebildet. Dieses Bild muß durch diese Geburt geziert und vollendet werden. Für dieses Wirken und diese Geburt ist keine Kreatur empfänglich als einzig die Seele. Wahrlich, was an Vollkommenheit in die Seele kommen soll, sei's göttliches, einförmiges Licht oder Gnade und Seligkeit, das alles muß notwendig *mit dieser Geburt* in die Seele kommen und in keiner Weise sonst. Warte nur auf diese Geburt in dir, so findest du alles Gute und allen Trost, alle Wonne, alles Sein und alle Wahrheit. Versäumst du *dies*, so versäumst du *alles* Gute und alle Seligkeit. Was dir *in diesem* einkommt, das bringt dir lauteres Sein und Stetigkeit; was du (aber) *außerhalb* dieses suchst oder liebst, das verdirbt, nimm's, wie du willst und wo du willst: es verdirbt alles. Dies allein hingegen gibt Sein, alles andere verdirbt. In dieser Geburt jedoch wirst du des göttlichen Einfließens und aller seiner Gaben teilhaft. Die *Kreaturen*, in denen Gottes Bild nicht ist, werden dafür *nicht* empfänglich, denn der Seele Bild gehört im besonderen zu dieser ewigen Geburt, die ganz eigentlich und im besonderen in der Seele geschieht und vom Vater im Grunde und im Innersten der Seele vollzogen wird, dort, wohin nie ein Bild hineinleuchtete und nie eine Kraft hineinlugte.

Die zweite Frage ist diese: Da das Werk dieser Geburt im Sein und im Grunde der Seele geschieht, so geschieht es ebensowohl in einem Sünder wie in einem guten Menschen: was für Gnade oder Nutzen liegt denn dann *für mich* darin? Ist doch der Grund der Natur in ihnen beiden gleich, ja, bleibt doch selbst denen, die in der Hölle sind, der Adel der Natur ewiglich erhalten?

Merkt nun auf folgende Unterweisung: Es ist die Eigenart dieser Geburt, daß sie immerfort mit neuem Lichte vor sich geht. Sie bringt beständig starkes Licht in die Seele, denn es ist der Gutheit Art, sich ausgießen zu müssen, wo immer sie ist. In dieser Geburt ergießt sich Gott mit Licht derart in die Seele, daß das Licht im Sein und im Grunde der Seele so reich wird, daß es herausdringt und überfließt in die Kräfte und auch in den äußeren Menschen. So auch geschah es Paulus, als Gott ihn auf dem Wege mit seinem Licht berührte und zu ihm sprach; ein Widerschein des Lichtes ward äußerlich sichtbar, so daß es seine Weggenossen sahen, und umfing Paulus wie die Seligen (Apg. 9, 3). Der Überfluß (nun) des Lichtes, das in der Seele Grund ist, fließt über in den Leib, und der wird dadurch voll Klarheit. Davon aber vermag der *Sünder* nichts zu empfangen, noch ist er dessen würdig, weil er mit der Sünde und mit Bosheit erfüllt ist, was »Finsternis« genannt wird. Darum heißt es: »Die Finsternis empfängt und begreift das Licht nicht« (Joh. 1, 5). Schuld daran ist, daß die Wege, auf denen dieses Licht eingehen sollte, belastet und versperrt sind mit Falschheit und mit Finsternis; können doch Licht und Finsternis nicht miteinander bestehen noch auch Gott und Kreatur: soll Gott eingehen, so muß zugleich die Kreatur hinausgehen. Dieses Lichtes wird der Mensch wohl gewahr. Wenn immer er sich Gott zuwendet, so gleißt und erglänzt sogleich ein Licht in ihm und gibt ihm zu erkennen, was er tun und lassen soll, und viele (andere) gute Weisung, von der er vorher nichts wußte und verstand. »Woher und auf welche Weise (aber) weißt du dies?« Sieh, gib acht! Dein Herz wird oft angerührt und von der Welt abgewendet. Wie könnte das geschehen, wenn nicht durch jene Einleuchtung? Das geschieht so zart und lustvoll, daß dich alles dessen verdrießt, was nicht Gott oder göttlich ist. Es lockt dich zu Gott hin, und du wirst viel guter Mahnungen gewahr und weißt (doch) nicht, woher sie dir kommen. Dieses innerliche Hinneigen kommt keinesfalls von den Kreaturen noch von irgendeiner Weisung ihrerseits her, denn was die Kreatur weist oder wirkt, das kommt stets von außen heran. Der *Grund* aber wird einzig nur von *diesem* Wirken berührt, und je lediger du dich hältst, um so mehr Licht und Wahrheit und Klarsicht findest du. Und darum ist noch nie ein Mensch in irgend etwas irre gegangen als nur dadurch, daß er gleich anfangs aus diesem herausgegangen war und sich zuviel an Äußerliches halten wollte. Sankt Augustinus sagt: Es gibt ihrer viele, die Licht und Wahrheit gesucht haben, immer aber nur draußen, wo sie nicht war. Darüber kommen sie zum Schluß so weit nach draußen, daß sie niemals wieder heim- noch wieder hereinkommen. Und drum haben sie die Wahrheit nicht gefunden; denn die Wahrheit ist innen in dem Grunde und nicht draußen. Wer nun (also) Licht und Einsicht in alle Wahrheit finden will, der schaue aus und achte auf diese Geburt in sich und in dem Grunde: dann werden alle Kräfte erleuchtet und der äußere Mensch dazu. Denn, sobald Gott den *Grund* innen mit der Wahrheit berührt, wirft sich das Licht in die Kräfte, und der Mensch kann dann bisweilen mehr, als ihn irgendwer zu lehren vermöchte. So (auch) sagt der Prophet: »Ich habe Erkenntnis gewonnen über alle hinaus, die je mich lehrten« (vgl. Pr. 1, 16). Seht (also): *deshalb*, weil dieses Licht *im Sünder* nicht scheinen und leuchten *kann*, drum ist es unmöglich, daß diese Geburt in ihm geschehen könnte. Diese Geburt kann nicht mit der Finsternis der Sünden (zusammen) bestehen, obzwar sie sich nicht in den Kräften, sondern im Sein und im Grunde der Seele ereignet.

Nun erhebt sich eine (weitere) Frage: Da Gott der Vater nur im Sein und im Grunde der Seele gebiert und nicht in den Kräften, was geht es (dann) die *Kräfte* an? Was soll ihr Dienst hierzu, daß sie sich dazu müßig halten und feiern sollen? Wozu ist das nötig, da es (ja doch) in den *Kräften* gar nicht geschieht? Die Frage ist gut gestellt. Nun merke auf folgende Unterweisung!

Jede Kreatur betreibt ihr Werk um eines Endzweckes willen. Der Endzweck ist allwegs das Erste in der Absicht und das Letzte in der Ausführung. So auch zielt Gott in allen seinen Werken auf einen gar beseligenden Endzweck ab, das ist: auf sich selbst und darauf, daß er die Seele mit allen ihren Kräften zu diesem Endziel bringe, das ist: zu sich selbst. *Dazu* wirkt Gott alle seine Werke, *dazu* gebiert der Vater seinen Sohn in der Seele: daß alle Kräfte der Seele zu eben diesem (Ziel) kommen. Er spürt allem nach, was in der Seele ist, und lädt es alles zu dieser Bewirtung und zu diesem Hoftag. Nun aber hat sich die Seele mit den Kräften nach außen zerspreitet und zerstreut, eine jede in ihr Tun: die Kraft des Sehens in das Auge, die Kraft des Hörens in das Ohr, die Kraft des Schmekkens in die Zunge, und so sind denn ihre (= der Seele) im Innern zu wirkenden Werke um so schwächer. Denn jede zersplitterte Kraft ist unvollkommen. Will sie daher kraftvoll im Innern wirken, so muß sie alle ihre Kräfte wieder heimrufen und sie aus allen zerspreiteten Dingen zu einem inwendigen Wirken sammeln. Sankt Augustinus sagt: Die Seele ist mehr dort, wo sie liebt, als wo sie dem Leibe Leben gibt. Ein Gleichnis! Es war ein heidnischer Meister, der war einer Kunst hingegeben, das war die Rechenkunst. Er hatte alle seine Kräfte darauf gerichtet und saß vor Asche und rechnete und erforschte die Kunst. Da kam einer und zückte ein Schwert – der wußte nicht, daß es der Meister war – und sprach: »Schleunigst sag, wie heißt du, oder ich töte dich!« Der Meister war so völlig in sich versunken, daß er den Feind nicht sah noch hörte noch hätte darauf achten können, was er wollte, noch daß er (nur) so viel hätte zu äußern vermocht, daß er hätte sagen können: »Ich heiße so und so.« Und nachdem der Feind lange und viel geschrien hatte und er nicht antwortete, da schlug er ihm das Haupt ab. – Dies geschah, um eine natürliche Kunst zu erlangen. Wie ungleich mehr sollten wir uns allen Dingen entziehen und alle unsere Kräfte sammeln, um die einige, unermeßliche, ungeschaffene, ewige Wahrheit zu schauen und zu erkennen! Hierzu sammele alle deine Sinne, alle deine Kräfte, deine ganze Vernunft und dein ganzes Gedächtnis: das (alles) lenke in jenen Grund, darin dieser Schatz verborgen liegt. Soll dies geschehen, wisse, so mußt du dich aller anderen Werke entschlagen und mußt in ein Unwissen gelangen, wenn du dies finden willst.

Da erhebt sich (wieder) eine Frage: Wäre es nicht wertvoller, wenn eine jegliche Kraft ihr *eigenes* Wirken behielte und eine die andere in ihrem Wirken und auch Gott in *seinem* Wirken nicht hinderte? Kann es in mir nicht irgendwelches natürliche Wissen geben, das *nicht* hinderte, so wie Gott alle Dinge weiß ohne Behinderung, so wie es die Seligen (auch) tun? Dies ist eine nützliche Frage. Achtet nun auf folgende Unterweisung!

Die Seligen schauen in Gott nur *ein* Bild, und in diesem (einen) Bilde erkennen sie *alle* Dinge; ja, Gott selbst schaut so in sich und erkennt (so) in sich alle Dinge. Er braucht sich nicht von einem zum andern zu wenden, wie wir es müssen. Wäre es in diesem (irdischen) Leben so, daß wir allzeit einen Spiegel vor uns hätten, in dem wir in *einem* Augenblicke *alle* Dinge sähen und in *einem* Bilde erkennten, so wäre weder Wirken noch Wissen für uns ein Hindernis. Da *wir* uns aber von einem zum andern wenden müssen, darum kann es *an uns* beim einen nicht abgehen ohne Behinderung des andern. Denn die Seele ist so fest an die Kräfte gebunden, daß sie mit ihnen dahin fließt, wohin sie fließen; denn in allen Werken, die sie wirken, muß die Seele dabei sein, und zwar mit Hingabe, oder sie könnten *überhaupt* nicht wirken. Zerfließt sie denn mit ihrer Hingabe in äußerliche Werke, so muß sie notwendig *innerlich* in ihrem inneren Wirken um so schwächer sein. Denn zu dieser Geburt will und muß Gott eine ledige, unbekümmerte, freie Seele haben, in der nichts ist als er allein und die nach nichts und niemand ausschaut als nach ihm allein. In diesem Sinne sprach Christus: »Wer etwas anderes liebt als mich und Vater und Mutter und viele andere Dinge zärtlich liebt, der ist meiner nicht wert. Ich bin nicht auf Erden gekommen, um Frieden zu bringen, sondern das Schwert, auf daß ich alle Dinge abschneide und abscheide die Schwester, den Bruder, die Mutter, das Kind, den Freund, der in Wahrheit dein Feind ist. Denn was dir vertraut ist, das ist in Wahrheit dein Feind« (Matth. 10, 34/36). Will dein Auge alle Dinge sehen und dein Ohr alle Dinge hören und dein Herz alle Dinge bedenken, wahrlich, so *muß* in allen diesen Dingen deine Seele zersplittert werden.

Darum sagt ein Meister: Wenn der Mensch ein inneres Werk wirken soll, so muß er alle seine Kräfte einziehen, recht wie in einen Winkel seiner Seele, und sich vor allen Bildern und Formen verbergen, und dort kann er wirken. Dabei muß er in ein Vergessen und in ein Nichtwissen kommen. Wo dieses Wort gehört werden soll, muß es in einer Stille und in einem Schweigen geschehen. Man kann diesem Worte mit nichts dienlicher sein als mit Stille und mit Schweigen; *da* kann man's hören und versteht man's recht: in jenem Unwissen. Wo man nichts weiß, da weist und offenbart es sich.

Nun erhebt sich (wieder) eine Frage. Ihr könntet sagen: Herr, Ihr setzt all unser Heil in ein Unwissen. Das klingt (doch) wie ein Mangel. Gott hat den Menschen geschaffen, auf daß er *wisse*; wie der Prophet sagt: »Herr, mache sie wissend« (vgl. Tob. 13, 4). Wo Unwissen ist, da ist Mangel und ist Leere; so einer ist ein tierischer Mensch, ein Affe, ein Tor! – und das ist wahr, solange er in diesem Unwissen *verharrt*. Indessen: man muß hier (ja) in ein überformtes Wissen kommen, und zudem darf dieses Unwissen nicht *aus Unwissen* kommen, sondern: *aus Wissen* muß man in ein Unwissen kommen. Dann werden wir wissend werden mit dem göttlichen Wissen, und dann wird unser Unwissen mit dem übernatürlichen Wissen geadelt und geziert werden. Und hierin, wo wir uns leidend verhalten, sind wir vollkommener, als wenn wir wirkten. Darum sagt ein Meister, die Kraft des Hörens sei viel edler als die Kraft des Sehens, denn man lernt mehr Weisheit durch das Hören als durch das Sehen und lebt da mehr in der Weisheit. Man vernimmt von einem heidnischen Meister: als der im Sterben lag, da redeten seine Jünger vor ihm von einer hohen Kunst; und er hob so (noch) im Sterben sein Haupt und hörte zu und sprach: »Ach, laßt mich noch diese Kunst erlernen, auf daß ich mich ihrer ewig erfreue.« Das Hören bringt mehr herein, das Sehen hingegen weist mehr nach draußen, wenigstens die Tätigkeit des Sehens an sich. Und deshalb werden wir im ewigen Leben viel seliger sein kraft des Hörens als kraft des Sehens. Denn der Vorgang des Hörens des ewigen Wortes ist *in* mir, der Akt des Sehens aber geht von mir weg; und das Hören *erleide* ich, das Sehen aber *wirke* ich.

Unsere Seligkeit aber liegt nicht in unserm Wirken, sondern darin, daß wir Gott erleiden. Denn, soviel Gott edler ist als die Kreatur, soviel ist das Wirken Gottes edler als das meine. Ja, aus unermeßlicher Liebe hat Gott unsere Seligkeit ins Erleiden gelegt; denn wir erleiden mehr als wir wirken, und wir empfangen ungleich mehr als wir geben. Jede Gabe (aber) fördert die Empfänglichkeit für eine neue Gabe, ja, für eine größere Gabe; jede göttliche Gabe erweitert die Empfänglichkeit und das Verlangen, Höheres und Größeres zu empfangen. Und drum sagen manche Meister, *darin* sei die Seele Gott ebenbürtig. Denn so grenzenlos Gott im Geben ist, so grenzenlos ist auch die Seele im Nehmen oder Empfangen. Und so allmächtig Gott im Wirken ist, so abgründig ist die Seele im Erleiden; und drum wird sie mit Gott und in Gott überformt. Gott soll wirken, die Seele aber soll erleiden; er soll sich selbst in ihr erkennen und lieben, sie aber soll erkennen mit *seiner* Erkenntnis und soll lieben mit *seiner* Liebe. Und darum ist sie viel seliger durch das Seine als durch das Ihre, und so auch ist ihre Seligkeit mehr in *seinem* Wirken gelegen als in dem ihren.

Des Sankt Dionysius Jünger fragten ihn, warum Timotheus sie alle an Vollkommenheit überflügele? Da sprach Dionysius: Timotheus ist ein Gott-erleidender Mann. Wer sich darauf wohl verstünde, der würde alle Menschen überflügeln.

So also ist dein Unwissen kein Mangel, sondern deine oberste Vollkommenheit, und dein Erleiden ist *so* dein höchstes Wirken. Und so, in dieser Weise, mußt du dich aller deiner Betätigungen entschlagen und alle deine Kräfte zum Schweigen bringen, wenn du wirklich diese Geburt in dir erfahren willst. Willst du den geborenen König finden, so mußt du alles, was du sonst finden magst, überlaufen und hinter dich werfen.

Daß wir alles das überlaufen und ablegen, was diesem geborenen König nicht wohlgefällt, dazu helfe uns der, der darum ein *Menschenkind* geworden ist, damit wir *Gotteskinder* werden. Amen.

Et cum factus esset Jesus annorum duodecim etc. (Luc. 2, 42)

Man liest im Evangelium: »Als unser Herr zwölf Jahre alt geworden war, da ging er mit Maria und Josef nach Jerusalem in den Tempel, und als sie (wieder) von dannen gingen, da blieb Jesus im Tempel; sie aber wußten es nicht. Und als sie heimkamen und ihn vermißten, da suchten sie ihn unter den Bekannten und unter den Verwandten und bei der Menge und fanden ihn nicht; sie hatten ihn unter der Menge verloren. Und drum mußten sie wieder umkehren dorthin, woher sie gekommen waren; und als sie wieder zu dem Ausgangspunkt zurückkamen in den Tempel, da fanden sie ihn« (Luk. 2, 42/46).

So auch mußt du, wahrlich, wenn du diese edle Geburt finden willst, alle »Menge« lassen und mußt zurückkehren in den Ursprung und in den Grund, aus dem du gekommen bist. Alle Kräfte der Seele und alle ihre Werke: das alles ist »Menge«; Gedächtnis, Vernunft und Wille, die alle vermannigfaltigen dich. Darum mußt du sie alle lassen: die Sinnen- und Einbildungsbetätigung und (überhaupt) alles, worin du dich selbst vorfindest oder im Auge hast. Dann erst kannst du diese Geburt finden und sonst nicht, ganz gewiß. Er ward nie gefunden unter Freunden noch »unter Verwandten noch bei den Bekannten«; vielmehr verliert man ihn da gänzlich.

Darum erhebt sich für uns darüber folgende Frage: Ob der Mensch diese Geburt wohl finden könne durch gewisse Dinge, die wohl göttlich, aber doch von außen durch die Sinne eingebracht sind, wie gewisse Vorstellungen von Gott, etwa: daß Gott gut sei, weise, barmherzig oder was es sei, das die Vernunft in sich zu schöpfen vermag und das gleichviel wahrhaft göttlich ist: ob man mit allem dem wohl diese Geburt finden könne? Wahrlich, nein! Denn, wiewohl es alles gut und göttlich sein mag, so ist es doch alles von außen durch die Sinne hereingetragen; es muß aber einzig und allein *von innen* herauf aus Gott herausquellen, wenn diese Geburt eigentlich und lauter dort leuchten soll, und dein ganzes Wirken muß zum Erliegen kommen, und alle deine Kräfte müssen dem *Seinen* dienen, nicht dem *Deinen*. Soll dies Werk vollkommen sein, so muß Gott allein es wirken, und du mußt es lediglich erleiden. Wo du aus deinem Willen und *deinem* Wissen wahrhaft ausgehst, da geht Gott wahrhaft und willig mit *seinem* Wissen ein und leuchtet da strahlend. Wo Gott sich so wissen soll, da kann *dein* Wissen nicht bestehen noch dazu dienlich sein. Du darfst nicht wähnen, daß deine Vernunft dazu aufwachsen könne, daß du Gott zu erkennen vermöchtest. Vielmehr: wenn Gott *göttlich* in dir leuchten soll, so hilft dir *dein natürliches Licht* ganz und gar nichts dazu, sondern es muß zu einem lauteren Nichts werden und sich seiner selbst ganz entäußern; *dann* (erst) kann Gott mit *seinem* Licht einziehen, und er bringt (dann) alles das (wieder) mit sich herein, was du aufgegeben hast und tausendmal mehr, überdies eine neue Form, die alles in sich beschlossen hält.

Dafür haben wir ein Gleichnis im Evangelium. Als unser Herr am Brunnen gar freundlich mit der Heidin geredet hatte (Joh. 4, 5 f.), da ließ sie ihren Krug stehen, lief in die Stadt und verkündete dem Volke, daß der wahre Messias gekommen sei. Das Volk glaubte ihren Worten nicht, und sie gingen mit ihr hinaus und sahen ihn selbst. Da sprachen sie zu ihr: »Nicht auf deine Worte hin glauben wir, wir glauben vielmehr nun deshalb, weil wir ihn *selbst* gesehen haben« (Joh. 4, 42). So auch, fürwahr, vermag aller *Kreaturen* Wissen noch *deine eigene* Weisheit noch *dein gesamtes* Wissen dich nicht dahin zu bringen, daß du Gott auf *göttliche* Weise zu wissen vermöchtest. Willst du Gott auf *göttliche* Weise wissen, so muß dein Wissen zu einem reinen Unwissen und einem Vergessen deiner selbst und aller Kreaturen werden.

Nun könntest du sagen: Je nun, Herr, was soll denn meine Vernunft tun, wenn sie so ganz ledig stehen muß ohne alles Wirken? Ist dies die beste Weise, wenn ich mein Gemüt in ein nichterkennendes Erkennen erhebe, das es doch gar nicht geben kann? Denn, erkennte ich etwas, so wäre das kein Nicht-Erkennen und wäre auch kein Ledig- und Bloß-Sein. Soll ich denn also völlig in Finsternis stehen? – Ja, sicherlich! Du kannst niemals besser dastehen, als wenn du dich völlig in Finsternis und in Unwissen versetzest. – Ach, Herr, muß es ganz weg, kann's da keine Wiederkehr geben? – Nein, traun, es kann da keine wirkliche Wiederkehr geben. – Was aber ist diese Finsternis, wie heißt sie, oder wie ist ihr Name? – Ihr Name besagt nichts anderes als eine Empfänglichkeitsanlage, die (indessen) durchaus nicht des Seins ermangelt oder entbehrt, sondern eine vermögende Empfänglichkeit, worin du vollendet werden sollst. Und darum gibt es kein Wiederkehren daraus. Solltest du aber doch wiederkehren, so kann nicht irgendeine *Wahrheit* Beweggrund dazu sein, sondern nur etwas anderes, (seien's) die Sinne oder die Welt oder der Teufel. Überläßt du dich aber dieser Umkehr, so fällst du notwendig in Sünde und kannst dich so weit abkehren, daß du den ewigen Sturz tust. Drum gibt es da kein Zurückkehren, sondern nur ein beständiges Vorwärtsdrängen und ein Erreichen und Erfüllen der Anlage. Diese (Anlage) ruht nimmer, bis sie mit vollem Sein erfüllt wird. Und recht so, wie die Materie nimmer ruht, sie werde denn erfüllt mit allen Formen, die ihr möglich sind, so auch ruht die Vernunft nimmer, sie werde denn erfüllt mit alledem, was in *ihrer* Anlage liegt.

Hierzu sagt ein heidnischer Meister: Die Natur hat nichts, was schneller wäre als der Himmel; der überholt alle Dinge in seinem Lauf. – Doch, wahrlich, des Menschen Gemüt überflügelt ihn in seinem Lauf. Angenommen, es bliebe in seinem Vermögen tätig und hielte sich unentwürdigt und unzerrissen durch niedere und grobe Dinge, so überholte es den obersten Himmel und würde nimmer ruhen, bis es in das Allerhöchste käme und dort gespeist und genährt würde vom allerbesten Gute.

(Fragst du darum,) wie *förderlich* es sei, diese Anlage zu verwirklichen, sich ledig und bloß zu halten und einzig dieser Finsternis und diesem Unwissen nachzuhängen und nachzuspüren und nicht umzukehren? –: in ihr liegt die Möglichkeit, *den* zu gewinnen, der da alle Dinge ist! Und je selbstverlassener und aller Dinge unwissender du dastehst, um so näher kommst du diesem. Von dieser Wüste steht bei Jeremias geschrieben: »Ich will meine Freundin in die Wüste führen und will ihr in ihr Herz sprechen« (Hosea 2, 14). Das wahre Wort der Ewigkeit wird nur in der Einsamkeit gesprochen, wo der Mensch seiner selbst und aller Mannigfaltigkeit verödet und entfremdet ist. Nach dieser verödeten (Selbst-)Entfremdung begehrte der Prophet, als er sprach: »Ach, wer gibt mir Federn wie der Taube, auf daß ich dahin fliegen könne, wo ich Ruhe finde?« (Ps. 54, 7). Wo findet man Ruhe und Rast? Wahrhaft nur in der Verworfenheit, in der Verödung und in der Entfremdung von allen Kreaturen. Hierzu sagt David: »Ich zöge es vor, verworfen und verachtet zu sein in meines Gottes Hause, als mit großen Ehren und Reichtum in der Sünder Taverne zu weilen« (Ps. 83, 11).

Nun könntest du sagen: Ach, Herr, wenn es denn notwendig so sein muß, daß man aller Dinge entäußert und verödet sei, äußerlich wie innerlich, die Kräfte wie ihr Wirken, – wenn das alles weg muß, dann ist es ein schwerer Stand, wenn Gott den Menschen so stehen läßt ohne seinen Halt, wie der Prophet sagt: »Weh mir! Mein Elend ist mir verlängert« (Ps. 119, 5), – wenn Gott mein Verlassensein so verlängert, *ohne daß* er mir leuchtet noch zuspricht noch in mir wirkt, wie Ihr's hier lehrt und zu verstehen gebt. Wenn der Mensch in *solcher* Weise in einem reinen Nichts steht, ist es dann nicht besser, daß er etwas tue, was ihm die Finsternis und das Verlassensein vertreibe, – daß ein solcher Mensch etwa bete oder lese oder Predigt höre oder andere Werke verrichte, die doch Tugenden sind, um sich damit zu behelfen? – Nein! Wisse fürwahr: Ganz still zu stehen und so lange wie möglich, *das* ist dein Allerbestes. Ohne Schaden kannst du dich von da nicht irgendwelchen Dingen zuwenden, das ist gewiß. Du möchtest gern zu *einem* Teil durch *dich* und zum *andern* Teil durch *ihn* bereitet werden, was doch nicht sein *kann.* Du kannst nimmer so schnell an das Bereiten denken oder nach ihm begehren, daß Gott nicht schon vorher da wäre, auf daß *er* dich bereite. Angenommen aber nun, es *sei* verteilt: das Bereiten sei *dein* und das Einwirken oder Eingießen sei *sein*, was gleichviel unmöglich ist, – so wisse (jedenfalls), daß Gott wirken und eingießen *muß*, sobald er dich bereit findet. Du darfst nicht wähnen, daß es mit Gott sei wie mit einem irdischen Zimmermann, der wirkt und nicht wirkt, wie er will; es steht in seinem Willen, etwas zu tun oder zu lassen, wie es ihn gelüstet. *So* ist es bei Gott *nicht;* wo und wann Gott dich bereit findet, *muß* er wirken und sich in dich ergießen; ganz so, wie wenn die Luft lauter und rein ist, die Sonne sich (in sie) ergießen *muß* und sich dessen nicht enthalten *kann*. Gewiß, es wäre ein großer Mangel an Gott, wenn er nicht große Werke in dir wirkte und großes Gut in dich gösse, dafern er dich so ledig und so bloß findet.

So schreiben uns (auch) die Meister, daß im gleichen Zeitpunkt, da die Materie des Kindes im Mutterleibe bereitet ist, im gleichen Augenblick Gott den lebendigen Geist in den Leib gießt, das heißt: die Seele, die des Leibes Form ist. Es ist *ein* Augenblick: das Bereitsein und das Eingießen. Wenn die *Natur* ihr Höchstes erreicht, dann gibt Gott die *Gnade*; im gleichen Zeitpunkt, da der Geist bereit ist, geht Gott (in ihn) ein, ohne Verzug und ohne Zögern. Im Buch der Geheimnisse steht geschrieben, daß unser Herr dem Volke entbot: »Ich stehe vor der Tür, klopfend und wartend, ob jemand mich einläßt; mit dem will ich ein Abendmahl halten« (Geh. Offenb. 3, 20). Du brauchst ihn weder hier noch dort zu suchen, er ist nicht weiter als vor der Tür des Herzens; dort steht er und harrt und wartet, wen er bereit finde, daß er ihm auftue und ihn einlasse. Du brauchst ihn nicht von weither zu rufen; er kann es kaum erwarten, daß du (ihm) auftust. Ihn drängt es tausendmal heftiger nach dir als dich nach ihm: das Auftun und das Eingehen, das ist nichts als *ein* Zeitpunkt.

Nun könntest du sagen: Wie kann das sein? Ich verspüre doch nichts von ihm. – Gib acht nun! Das Verspüren ist nicht in *deiner* Gewalt, sondern in der *seinen*. Wenn es ihm paßt, so *zeigt* er sich; und er kann sich (doch auch) *verbergen*, wenn er will. Dies meinte Christus, als er zu Nikodemus sprach: »Der Geist geistet, so er will; du hörst seine Stimme, weißt aber nicht, woher er kommt oder wohin er zieht« (Joh. 3, 8). Er sprach und widersprach sich dabei: »du *hörst* und *weißt* doch *nicht*.« Durch Hören wird man (doch) wissend! Christus meinte: Durch Hören nimmt man ihn auf oder zieht man ihn in sich ein, als wenn er hätte sagen wollen: Du *empfängst* ihn (= den Geist) und weißt doch nichts davon. Wisse! Gott kann nichts leer noch unausgefüllt lassen; Gott und die Natur können nicht dulden, daß irgend etwas unausgefüllt oder leer sei. Drum: Dünkt es dich gleich, du spürtest nichts von ihm und seist seiner völlig leer, so ist dem doch nicht so. Denn, gäbe es irgend etwas Leeres unter dem Himmel, sei's was es wolle, groß oder klein: entweder zöge es der Himmel zu sich hinauf, oder er müßte sich hernieder neigen und müßte es mit sich selbst erfüllen. Gott, der Meister der Natur, duldet es ganz und gar nicht, daß irgend etwas leer sei. Darum steh still und wanke nicht von diesem Leersein; denn du kannst dich (zwar) zu diesem Zeitpunkt davon abwenden, du wirst aber nie wieder dazu kommen.

Nun könntest du sagen: Je nun, Herr, Ihr meint immerzu, es müsse dahin kommen, daß *in mir* diese Geburt geschehe, der Sohn geboren werde. Wohlan denn! Könnte ich dafür ein Zeichen haben, woran ich erkennen könnte, daß es (wirklich) geschehen wäre? – Ja, gewiß, verläßlicher Zeichen wohl ihrer drei! Von denen will ich nun (nur) eines angeben. Man fragt mich oft, ob der Mensch dahin gelangen könne, daß ihn die Zeit nicht (mehr) behindere und nicht die Vielheit noch die Materie. Ja, in der Tat! Wenn diese Geburt wirklich geschehen ist, dann können dich alle Kreaturen nicht (mehr) hindern; sie weisen dich vielmehr alle zu Gott und zu dieser Geburt, wofür wir ein Gleichnis am Blitz finden: Was der trifft, wenn er einschlägt, sei's Baum oder Tier oder Mensch, das kehrt er auf der Stelle zu sich hin; und hätte ein Mensch (auch) den Rükken hingewendet, im selben Augenblick wirft er ihn mit dem Antlitz herum. Hätte ein Baum tausend Blätter, die alle kehren sich mit der rechten Seite dem Schlage zu. Sieh, so auch geschieht es allen denen, die von dieser Geburt betroffen werden: die werden schnell zu dieser Geburt hingewendet, und zwar in jeglichem, was (ihnen) gerade gegenwärtig ist, wie grob es auch sein mag. Ja, was dir vorher ein Hindernis war, das fördert dich nun zumal. Das Antlitz wird völlig dieser Geburt zugekehrt; ja, in allem, was du siehst und hörst, was es auch sei, – in allen Dingen kannst du nichts anderes aufnehmen als diese Geburt; ja, alle Dinge werden dir lauter Gott, denn in allen Dingen hast du nichts im Auge als nurmehr Gott. Recht, wie wenn ein Mensch die Sonne lange ansähe: was er danach ansähe, darin erschiene das Bild der Sonne. Wo dir dies gebricht, daß du in allem und jedem Gott suchst und im Auge hast, da fehlt dir (auch) diese Geburt.

Nun könntest du fragen: Soll der Mensch, der so weit gediehen ist, irgendwie (noch) Bußwerke verrichten, oder versäumt er etwas, wenn er sich *nicht* darin übt? – Hört nun! Alles Bußleben ist unter anderem deshalb erfunden – sei's nun Fasten, Wachen, Beten, Knien, Sich-Kasteien, härene Hemden Tragen, hart Liegen und was es dergleichen (sonst noch) gibt –, das alles ist deshalb erdacht, weil der Leib und das Fleisch sich allzeit gegen den Geist stellen. Der Leib ist ihm oft zu stark; geradezu ein Kampf besteht allwegs zwischen ihnen, ein ewiger Streit. Der Leib ist hienieden kühn und stark, denn er ist hier in seiner Heimat; die Welt hilft ihm, diese Erde ist sein Vaterland, ihm helfen hier alle seine Verwandten: die Speise, der Trank, das Wohlleben – das alles ist wider den Geist. Der Geist ist hier in der Fremde; im *Himmel* aber sind alle *seine* Verwandten und sein ganzes Geschlecht: dort ist *er* gar wohl befreundet, wenn er sich dorthin richtet und sich dort heimisch macht. Damit man (nun) dem Geiste (hier) in dieser seiner Fremde zu Hilfe komme und man das Fleisch in diesem Kampfe etwas schwäche, auf daß es dem Geiste nicht obsiege, darum legt man ihm den Zaum der Bußübungen an, und darum unterdrückt man ihn, damit der Geist sich seiner erwehren könne. Wenn man ihm dies antut, um ihn gefangen zu halten, willst du ihn denn nun tausendmal besser fesseln und belasten –, dann lege ihm den Zaum der Liebe an. Mit der Liebe überwindest du ihn am schnellsten, und mit der Liebe belastest du ihn am stärksten. Und darum hat Gott es bei uns auf nichts so sehr abgesehen wie auf die Liebe. Denn es ist recht mit der Liebe wie mit der Angel des Fischers: Der Fischer kann des Fisches nicht habhaft werden, er hänge denn an der Angel. Hat er den Angel(-haken) geschnappt, so ist der Fischer des Fisches sicher; wohin sich der Fisch auch drehen mag, hin oder her, der Fischer ist seiner ganz sicher. So auch sage ich von der Liebe: wer von ihr gefangen wird, der trägt die allerstärkste Fessel und doch eine süße Bürde. Wer diese süße Bürde auf sich genommen hat, der erreicht mehr und kommt damit auch weiter als mit aller Bußübung und Kasteiung, die alle Menschen (zusammen) betreiben könnten. Er vermag auch (sogar) heiter alles zu ertragen und zu erleiden, was ihn anfällt und Gott über ihn verhängt, und kann auch gütig alles vergeben, was man ihm Übles antut. Nichts bringt dich Gott näher und macht dir Gott so zu eigen wie dieses süße Band der Liebe. Wer diesen Weg gefunden hat, der suche keinen andern. Wer an dieser Angel haftet, der ist so gefangen, daß Fuß und Hand, Mund, Augen, Herz und alles, was am Menschen ist, allemal *Gottes* Eigen sein muß. Und darum kannst du diesen Feind nimmer besser überwinden, daß er dir nicht schade, als mit der Liebe. Darum steht geschrieben: »Die Liebe ist stark wie der Tod, hart wie die Hölle« (Hohel. 8, 6). Der Tod scheidet die Seele vom Leibe, die Liebe aber scheidet alle Dinge von der Seele; was nicht Gott oder göttlich ist, das duldet sie keinesfalls. Wer in dieser Schlinge gefangen ist und auf diesem Wege wandelt, welches Werk er immer wirkt oder nicht wirkt, das ist völlig eins; ob er etwas tue oder nicht, daran ist ganz und gar nichts gelegen. Und doch ist eines solchen Menschen geringstes Werk oder Übung für ihn selbst und alle Menschen nützer und fruchtbringender und ist Gott wohlgefälliger als aller jener Menschen Übungen, die zwar ohne Todsünden sind, dabei aber geringere Liebe haben. Seine *Muße* ist nutzbringender als eines andern *Wirken*. Darum schau nur nach dieser Angel aus, dann wirst du glückhaft gefangen, und je mehr gefangen, um so mehr befreit.

Daß wir dergestalt gefangen und befreit werden, dazu helfe uns der, der selber die Liebe ist. Amen.

ECKEHART-LEGENDEN

Von einer guten Schwester ein gutes Gespräch, das sie mit Meister Eckehart führte

Eine Tochter kam zu einem Predigerkloster und verlangte nach Meister Eckehart. Der Pförtner sagte: »Wen soll ich ihm melden?« Sie sprach: »Ich weiß es nicht.« Er sagte: »Warum wißt Ihr das nicht?« Sie sprach: »Weil ich weder ein Mädchen bin noch ein Weib noch ein Mann noch eine Frau noch eine Witwe noch eine Jungfrau noch ein Herr noch eine Magd noch ein Knecht.« Der Pförtner ging zu Meister Eckehart (und sprach): »Kommt heraus zu der wunderlichsten Kreatur, von der ich je hörte, und laßt mich mit Euch gehen und steckt Euern Kopf hinaus und sprecht: ‚Wer verlangt nach mir?'« Er tat so. Sie sprach zu ihm, wie sie zum Pförtner gesprochen hatte. Er sprach: »Liebes Kind, deine Worte sind wahr und schlagfertig: erkläre mir genauer, wie du es meinst.« Sie sprach: »Wäre ich ein Mädchen, so stünde ich (noch) in meiner ersten Unschuld; wäre ich ein Weib, so würde ich das ewige Wort ohne Unterlaß in meiner Seele gebären; wäre ich ein Mann, so böte ich allen Sünden kräftigen Widerstand; wäre ich eine Frau, so hielte ich meinem lieben, einzigen Gemahl die Treue; wäre ich eine Witwe, so hätte ich ein ständiges Sehnen nach meinem einzigen Geliebten; wäre ich eine Jungfrau, so stünde ich in ehrfürchtigem Dienst; wäre ich ein Herr, so hätte ich Macht über alle göttlichen Tugenden; wäre ich eine Magd, so hielte ich mich Gott und allen Kreaturen demütig unterworfen; und wäre ich ein Knecht, so stünde ich in schwerem Wirken und diente meinem Herrn mit meinem ganzen Willen ohne Widerrede. Von alledem miteinander bin ich keines und bin ein Ding wie ein ander Ding und laufe so dahin.« Der Meister ging hin und sagte zu seinen Brüdern: »Ich habe den allerlautersten Menschen vernommen, den ich je gefunden habe, wie mich dünkt.«

Von dem guten Morgen

Meister Eckehart sprach zu einem armen Menschen: »Gott gebe dir einen guten Morgen, Bruder!« – »Herr, den behaltet für euch selber: ich habe noch nie einen bösen gehabt.« Er sagte: »Warum denn, Bruder?« – »Weil ich alles, was mir Gott je zu leiden aufgab, fröhlich um seinetwillen litt und mich seiner unwürdig dünkte, und drum ward ich nie traurig noch betrübt.« Er sprach: »Wo fandest du Gott zu allererst?« – »Als ich von allen Kreaturen abließ, da fand ich Gott.« Er sprach: »Wo hast du denn Gott gelassen, Bruder?« – »In allen lauteren, reinen Herzen.« Er sprach: »Was für ein Mann bist du, Bruder?« – »Ich bin ein König.« Er sprach: »Worüber?« – »Über mein Fleisch: denn alles, was mein Geist je von Gott begehrte, das zu wirken und zu erleiden war mein Fleisch noch behender und schneller als mein Geist es aufzunehmen.« Er sprach: ›Ein König muß ein Königreich haben. Wo ist denn dein Reich, Bruder?« – »In meiner Seele.« Er sprach: »Wieso, Bruder?« – »Wenn ich die Pforten meiner fünf Sinne verschlossen habe und ich Gottes mit ganzem Ernst begehre, so finde ich Gott in meiner Seele ebenso strahlend und froh, wie er im ewigen Leben ist.« Er sprach: »Du magst wohl heilig sein. Wer hat dich heilig gemacht, Bruder?« – »Das tat mein Stillesitzen und meine hohen Gedanken und meine Vereinigung mit Gott, – das hat mich in den Himmel emporgezogen; denn ich konnte nie bei irgend etwas Ruhe finden, das weniger war als Gott. Nun habe ich ihn gefunden und habe Ruhe und Freude in ihm ewiglich, und *das* geht in der Zeitlichkeit über alle Königreiche. Kein äußeres Werk ist so vollkommen, daß es die Innerlichkeit nicht hindere.«

Meister Eckehart und der nackte Bube

Meister Eckehart begegnete ein schöner, nackter Bube.
Da fragte er ihn, von wannen er käme?
Er sprach: »Ich komme von Gott.«

»Wo ließest du ihn?« –

»In tugendhaften Herzen.«

»Wo willst du hin?« –

»Zu Gott!«

»Wo findest du ihn?« –

»Wo ich von allen Kreaturen ließ.«

»Wer bist du?« –

»Ein König.«

»Wo ist dein Königreich?« –

»In meinem Herzen.«

»Gib acht, daß es niemand mit dir besitze!«

»Ich tu's.« –

Da führte er ihn in seine Zelle und sprach: »Nimm, welchen Rock du willst!« –

»So wäre ich kein König!«

Und verschwand.

Da war es Gott selbst gewesen und hatte Kurzweil mit ihm gehabt.

Meister Eckeharts Bewirtung

Einst kam ein armer Mensch nach Köln an den Rhein, dort Armut zu suchen und der Wahrheit zu leben. Da kam eine Jungfrau und sprach: »Liebes Kind, willst du in göttlicher Liebe mit mir essen?« Er sprach: »Gerne!« Als sie saßen, sprach sie: »Iß tüchtig und hab keine Scheu!« Er sagte: »Esse ich zuviel, so ist's ein Fehler, esse ich zu wenig, so ist's auch verkehrt. Ich werde essen wie ein armer Mensch.« Sie fragte: »Was ist ein armer Mensch?« Er sprach: »Das liegt in drei Dingen. Das erste ist, daß er allem dem abgestorben sei, was naturhaft ist. Das zweite, daß er Gottes nicht zuviel begehren kann. Das dritte ist, daß er alles, was Leiden heißt und ist, niemandem mehr vergönnt als sich selbst.« Sie fragte: »Ach, liebes Kind, sage mir, was ist Armut des inneren Menschen?« Er sprach: »Die liegt in drei Dingen. Das erste ist ein vollkommenes Abgeschiedensein von allen Kreaturen in Zeit und in Ewigkeit. Das zweite ist eine ernsthafte Demut des innern und des äußern Menschen. Das dritte ist eine inbrünstige Innigkeit und ein ohne Unterlaß zu Gott emporgehobenes Gemüt.« Sie sprach: »Fürwahr, das höre ich gerne. Ei, liebes Kind, nun sage mir doch, was ist Armut des Geistes?« Er sprach: »Ihr fragt zuviel!« Sie sprach: »Das habe ich noch nie erfahren können, daß es dessen zuviel geben könnte, was Gottes Ehre und des Menschen Seligkeit anbetrifft.« Der arme Mensch sprach: »Ihr sprecht wahr. Auch sie also (= die Armut des Geistes) liegt in drei Dingen. Das erste ist, daß der Mensch nichts wisse in Zeit und Ewigkeit als Gott allein. Das zweite, daß er Gott nicht außerhalb seiner selbst suche. Das dritte ist, daß er kein geistliches Gut als Eigenbesitz von einer Stätte zur andern trage.« Sie fragte: »Soll denn der Meister, unser beider Vater, seine Predigt nicht tragen von seiner Zelle auf den Predigtstuhl?« Er antwortete: »Nein!« Sie sprach: »Warum?« Er sprach: »Je zeitlicher, je leiblicher; je leiblicher, je zeitlicher.« Sie sprach: »Dieser Geist kommt nicht aus Böhmen!« Er sprach: »Die Sonne, die zu Köln scheint, die scheint auch zu Prag in die Stadt.« Sie sprach: »Mach mir das deutlicher!« Er sprach: »Es steht mir nicht zu, dieweil der Meister hier zugegen ist.« Der Meister sprach: »Wer die Wahrheit nicht im Innern hat, der liebe sie draußen, so findet er sie auch innen.« Sie sprach: »Dieses Essen ist gut vergolten.«

Da sagte der arme Mensch: »Jungfrau, nun zahlt *Ihr* den Wein!« Sie sprach: »Gerne! Fraget Ihr mich!« Er sprach: »Woran soll der Mensch die Werke des Heiligen Geistes in seiner Seele erkennen?« Sie sprach: »An drei Dingen. Das erste ist, daß er von Tag zu Tag abnehme an Leiblichem und an Lüsten und an naturhafter Liebe. Das zweite ist, daß er zunehme an göttlicher Liebe und Gnade fort und fort. Das dritte, daß er mit Liebe und Ernst sein Wirken mehr seinem Mitmenschen zukehre als sich selbst.« Er sprach: »Das haben die auserwählten Freunde unseres Herrn wohl bewährt.« Er sagte: »Woran soll ein geistlicher Mensch erkennen, ob ihm Gott gegenwärtig sei in seinem Gebet und in seiner Tugendübung?« Sie sprach: »An drei Dingen. Das erste ist: an der Sache, mit der Gott seine Auserwählten begabt, und das ist: Verachtung der Welt und Leiden des Leibes. Das zweite: das Zunehmen an Gnade entsprechend der

Größe der Liebe zwischen ihm und Gott. Das dritte ist: daß Gott den Menschen nie entläßt, ohne ihm einen neuen Weg der Wahrheit zu weisen.« Er sprach: »Das muß notwendig so sein! Sage mir, woran soll ein Mensch erkennen, ob alle seine Werke geschehen nach dem allerhöchsten Willen Gottes?« Sie sprach: »An drei Dingen. Das erste ist, daß es ihm an einem lautern Gewissen nie gebreche. Das zweite, daß er sich nie abkehre von göttlicher Vereinigung. Das dritte, daß der himmlische Vater seinen Sohn ohne Unterlaß in der Eingießung in ihm gebäre.«

Der Meister sprach: »Wäre alle Schuld so wohl vergolten wie dieser Wein, so wäre manche Seele im ewigen Leben, die jetzt im Fegefeuer ist.« Da sprach der arme Mensch: »Was hier noch zu bezahlen ist, das geht den Meister an.« Der Meister sprach: »Man soll den Alten ihr Alter zugute halten.« Da sprach der arme Mensch: »Laß die Liebe sich auswirken, denn sie wirkt ohne (Alters-) Unterschied.«

Die Jungfrau sprach: »Ihr seid ein Meister, dessen Kunst (= Meisterschaft) zu Paris dreifach bewährt ist.« Der arme Mensch sprach: »Mir wär's lieber, wenn einer (nur) *einmal in der Wahrheit* bewährt wäre als dreimal zu Paris auf dem (Lehr-)Stuhl.« Meister Eckehart sprach: »Ist mir etwas zu sagen, so ist es gesagt.«

Die Jungfrau sprach: »Sage mir, Vater, woran soll ein Mensch erkennen, ob er ein Kind des himmlischen Vaters sei?« Er sprach: »An drei Dingen. Das erste ist, daß der Mensch alle seine Werke aus Liebe wirke. Das zweite, daß er alle Dinge von Gott gleichmäßig hinnehme. Das dritte, daß er seine ganze Hoffnung auf niemanden geneigt habe denn auf Gott allein.«

Der arme Mensch sprach: »Sage mir, Vater, woran soll ein Mensch erkennen, ob die Tugend in ihm wirksam sei bis auf ihren höchsten Adel?« Er sprach: »An drei Dingen: liebe Gott um Gottes willen, das Gute um des Guten willen, die Wahrheit um der Wahrheit willen!«

Der Meister sprach: »Liebe Kinder, wie soll der Mensch leben, der die Wahrheit lehrt?« Die Jungfrau sprach: »Er soll so leben, daß, was er mit Worten lehrt, er mit den Werken vollbringe.« Der arme Mensch sprach: »Das ist gut. Er soll aber innerlich so dastehen, daß er im Innern mehr an Wahrheit besitze, als er nach außen in Worte bringen könnte.«

Dicz ist maister ekkartz predig vnd frag;
wer sy hör oder sag,
dem geb got ain guet end
vnd nach seinem leben ain froleich vrstend. Amen.

Bulle Johanns XXII. »*In agro dominico*«

vom 27. März 1329, in welcher 28 Sätze Meister Eckeharts verdammt werden

Johannes, Bischof, Knecht der Knechte Gottes, zum ewigen Gedächtnis.

Auf dem Acker des Herrn, dessen Hüter und Arbeiter Wir nach himmlischer Verfügung, wenn auch unverdientermaßen, sind, müssen Wir die geistliche Pflege so wachsam und besonnen ausüben, daß, wenn irgendwann ein Feind auf ihm über den Samen der Wahrheit Unkräuter sät, sie im Entstehen erstickt werden, bevor sie zu Schößlingen verderblichen Keimens aufwachsen, damit, nachdem der Same der Laster abgetötet und die Dornen der Irrtümer herausgerissen sind, die Saat der katholischen Wahrheit fröhlich aufgehe.

Fürwahr, mit Schmerz tun Wir kund, daß in dieser Zeit einer aus deutschen Landen, Eckehart mit Namen, und, wie es heißt, Doktor und Professor der Heiligen Schrift, aus dem Orden der Predigerbrüder, mehr wissen wollte als nötig war, und nicht entsprechend der Besonnenheit und nach der Richtschnur des Glaubens, weil er sein Ohr von der Wahrheit abkehrte und sich Erdichtungen zuwandte. Verführt nämlich durch jenen Vater der Lüge, der sich oft in den Engel des Lichtes verwandelt, um das finstere und häßliche Dunkel der Sinne statt des Lichtes der Wahrheit zu verbreiten, hat dieser irregeleitete Mensch, gegen die helleuchtende Wahrheit des Glaubens auf dem Acker der Kirche Dornen und Unkraut hervorbringend und emsig beflissen, schädliche Disteln und giftige Dornsträucher zu erzeugen, zahlreiche Lehrsätze vorgetragen, die den wahren Glauben in vieler Herzen vernebeln, die er hauptsächlich vor dem einfachen Volke in seinen Predigten lehrte und die er auch in Schriften niedergelegt hat.

Aus der Untersuchung nämlich, die hierüber auf Grund der Amtsbefugnis Unseres ehrwürdigen Bruders, Erzbischofs Heinrich von Köln bereits früher gegen ihn durchgeführt und schließlich auf Grund Unserer Amtsbefugnis in der römischen Kurie erneut vorgenommen wurde, haben Wir erfahren, daß durch das Bekenntnis jenes Eckehart zuverlässig feststeht, daß er sechsundzwanzig Artikel gepredigt, gelehrt und geschrieben hat, welche folgenden Wortlaut enthalten:

1.

Einst befragt, warum Gott die Welt nicht früher erschaffen habe, gab er damals, wie auch jetzt noch, die Antwort, daß Gott nicht eher die Welt habe erschaffen können, weil nichts wirken kann, bevor es ist. Darum: sobald Gott war, sobald hat er auch die Welt erschaffen.

2.

Desgleichen kann zugegeben werden, daß die Welt von Ewigkeit her gewesen ist.

3.

Desgleichen: Auf einmal und zugleich, als Gott war, da er seinen ihm gleich ewigen Sohn als ihm völlig gleichen Gott erzeugte, schuf er auch die Welt.

4.

Desgleichen: In jedem Werk, auch im bösen, im Übel der Strafe ebensosehr wie im Übel der Schuld, offenbart sich und erstrahlt gleichermaßen Gottes Herrlichkeit.

5.

Desgleichen: Wer jemanden mit einer Schmähung lästert, lobt Gott durch eben diese Sünde der Schmähung; und je mehr er schmäht und je schwerer er sündigt, um so kräftiger lobt er Gott.

6.

Desgleichen: Wer Gott selbst lästert, lobt Gott.

7.

Desgleichen: Wer um dies oder jenes bittet, der bittet um Übles und in übler Weise, weil er um die Verneinung des Guten und um die Verneinung Gottes bittet, und er betet darum, daß Gott sich ihm versage.

8.

Die nach nichts trachten, weder nach Ehren noch nach Nutzen noch nach innerer Hingabe noch nach Heiligkeit noch nach Belohnung noch nach dem Himmelreich, sondern auf dieses alles verzichtet haben, auch auf das, was das Ihrige ist, – in solchen Menschen wird Gott geehrt.

9.

Ich habe neulich darüber nachgedacht, ob ich wohl von Gott etwas annehmen oder begehren wollte: Ich will mir das gar sehr überlegen, weil ich da, wo ich von Gott empfangen würde, *unter* ihm oder unterhalb seiner wäre wie ein Diener oder Knecht, er selbst aber im Geben wie ein Herr wäre, – und so soll es mit uns nicht stehen im ewigen Leben.

10.

Wir werden völlig in Gott umgeformt und in ihn verwandelt; auf gleiche Weise, wie im Sakrament das Brot verwandelt wird in den Leib Christi: so werde ich in ihn verwandelt, daß er selbst mich hervorbringt als sein Sein als eines, nicht (etwa nur) als gleiches; beim lebendigen Gott ist es wahr, daß da kein Unterschied besteht.

11.

Alles, was Gott Vater seinem eingeborenen Sohne in der menschlichen Natur gegeben hat, das hat er alles auch mir gegeben: hiervon nehme ich nichts aus, weder die Einigung noch die Heiligkeit, sondern er hat mir alles ebenso gegeben wie ihm.

12.

Alles, was die Heilige Schrift über Christus sagt, das bewahrheitet sich völlig an jedem guten und göttlichen Menschen.

13.

Alles, was der göttlichen Natur eigen ist, das alles ist auch dem gerechten und göttlichen Menschen eigen; darum wirkt solch ein Mensch auch alles, was Gott wirkt, und er hat zusammen mit Gott

Himmel und Erde geschaffen, und er ist Zeuger des ewigen Wortes, und Gott wüßte ohne einen solchen Menschen nichts zu tun.

14.

Der gute Mensch soll seinen Willen so dem göttlichen Willen angleichen, daß er selber alles will, was Gott will: Weil nun Gott in gewisser Weise will, daß ich gesündigt habe, so wollte ich nicht, daß ich keine Sünden begangen hätte, und das ist wahre Buße.

15.

Wenn ein Mensch tausend Todsünden begangen hätte, und es wäre ein solcher Mensch in rechter Verfassung, so dürfte er nicht wünschen, er hätte sie nicht begangen.

16.

Gott befiehlt nicht ausdrücklich das äußere Werk.

17.

Das äußere Werk ist nicht eigentlich gut und göttlich, und Gott wirkt und gebiert es nicht eigentlich.

18.

Laßt uns nicht die Frucht äußerer Werke bringen, die uns nicht gut machen, sondern innerer Werke, die der Vater, in uns bleibend, tut und wirkt.

19.

Gott liebt die Seelen, nicht das äußere Werk.

20.

Der gute Mensch ist der eingeborene Sohn Gottes.

21.

Der »edle Mensch« ist jener eingeborene Sohn Gottes, den der Vater von Ewigkeit her gezeugt hat.

22.

Der Vater zeugt mich als seinen Sohn und als denselben Sohn. Was immer Gott wirkt, das ist Eines; darum zeugt er mich als seinen Sohn ohne allen Unterschied.

23.

Gott ist auf alle Weisen und in jedem Betracht nur *Einer*, so daß in ihm selber keinerlei Vielheit zu finden ist, weder in der Vernunft noch außerhalb der Vernunft; wer nämlich Zweiheit oder Unterschiedenheit sieht, der sieht Gott nicht, denn Gott ist Einer außerhalb aller Zahl und über aller Zahl und fällt mit nichts in Eins zusammen. Daraus folgt: In Gott selbst kann demnach keinerlei Unterschied sein oder erkannt werden.

24.

Jede Unterschiedenheit ist Gott fremd, sowohl in der Natur wie in den Personen. Beweis: Seine Natur selbst ist Eine und eben dieses selbe Eine, und jede Person ist Eine und eben dieses selbe Eine, das die Natur ist.

25.

Wenn es heißt: »Simon, liebst du mich mehr als diese?«, so ist der Sinn dieser: »will sagen, mehr als dieses, und zwar auf gute, nicht aber auf vollkommene Weise.« Wo nämlich ein »Erstes« und ein »Zweites« ist, da ist ein »Mehr« oder »Weniger«, ist Gradunterschied und Rangordnung; im Einen aber gibt es weder Grad noch Rang. Wer demnach Gott mehr liebt als den Nächsten, liebt ihn zwar auf gute, nicht aber auf vollkommene Weise.

26.

Alle Kreaturen sind ein reines Nichts: ich sage nicht, daß sie etwas Geringes oder (überhaupt) irgend etwas sind, sondern daß sie ein reines Nichts sind.

Außerdem wurde besagtem Eckehart vorgehalten, daß er noch zwei andere Artikel mit folgenden Worten gepredigt hatte:

1.

Es ist etwas in der Seele, das unerschaffen und unerschaffbar ist; wenn die ganze Seele solcherart wäre, so wäre sie unerschaffen und unerschaffbar, – und dies ist die Vernunft.

2.

Gott ist weder gut noch besser noch vollkommen; wenn ich Gott gut nenne, so sage ich etwas ebenso Verkehrtes, als wenn ich das Weiße schwarz nennen würde.

Wir haben nun alle oben angeführten Artikel durch viele Doktoren der heiligen Theologie prüfen lassen und haben sie auch selbst mit Unsern Brüdern sorgfältig geprüft. Und schließlich haben Wir sowohl auf Grund des Berichtes jener selben Doktoren, wie auf Grund Unserer eigenen Prüfung gefunden, daß die ersten fünfzehn der erwähnten Artikel und auch die beiden letzten sowohl ihrem Wortlaut nach wie nach dem Zusammenhang ihrer Gedanken Irrtum oder das Mal der Häresie enthalten; die elf anderen aber, deren erster beginnt mit: »Gott befiehlt nicht usw.«, haben Wir als überaus übel klingend und sehr kühn und der Häresie verdächtig erfunden, wenn auch zugestanden werden mag, daß sie mit vielen Erklärungen und Ergänzungen einen katholischen Sinn ergeben und haben können.

Damit nun derartige Artikel oder ihr Inhalt die Herzen der Einfältigen, denen sie gepredigt worden sind, nicht weiter anstecken und bei ihnen oder anderen nicht irgendwie in Schwang kommen können, verdammen und verwerfen Wir ausdrücklich auf den Rat Unserer genannten Brüder die ersten fünfzehn angeführten Artikel sowie die beiden letzten als häretisch, die anderen elf angeführten aber als übelklingend, verwegen und der Häresie verdächtig, und ebenso alle Bücher und kleineren Schriften dieses Eckehart, welche die angeführten Artikel oder einen von ihnen enthalten. Wenn aber jemand es wagen sollte, diese Artikel hartnäckig zu verteidigen oder ihnen beizupflichten, so wollen und verordnen Wir, daß gegen diejenigen, welche die ersten fünfzehn und die beiden letzten Artikel oder einen von ihnen auf diese Weise verteidigen oder ihnen beipflichten sollten, als gegen Häretiker, gegen diejenigen aber, welche die elf anderen genannten Artikel nach ihrem Wortlaut verteidigen oder ihnen beipflichten sollten, als gegen der Häresie Verdächtige vorgegangen werde.

Ferner aber wollen Wir denjenigen, bei denen die angeführten Artikel gepredigt oder gelehrt worden sind, sowie auch allen anderen, zu deren Kenntnis sie gekommen sind, kundtun, daß, wie durch eine öffentliche, darüber ausgefertigte Urkunde feststeht, der genannte Eckehart am Ende seines Lebens, den katholischen Glauben bekennend, die angeführten sechsundzwanzig Artikel, die gepredigt zu haben er bekannte, ferner auch alles andere von ihm Geschriebene und in Schulen wie in Predigten Gelehrte, das in den Gemütern der Gläubigen einen häretischen oder irrtümlichen und dem wahren Glauben feindlichen Sinn erzeugen könnte, soweit es diesen Sinn betrifft, widerrufen wie auch verworfen hat und es als so schlechthin und völlig widerrufen angesehen wissen wollte, als wenn er jene (Artikel) und jenes (andere) einzeln und besonders widerrufen hätte, indem er sich und alle seine Schriften und Aussprüche der Entscheidung des apostolischen Stuhles und der Unsern unterworfen hat.

Gegeben zu Avignon, am 27. März 1329, im dreizehnten Jahre Unseres Pontifikates.

ANMERKUNGEN

EINLEITUNG

[1] Die Einleitung ist eine modifizierende Bearbeitung meiner beiden Aufsätze mit dem gleichen Titel »Meister Eckehart« in der »Zeitschrift für deutsche Kulturphilosophie« 5. Bd., 1939, S. 209–231 und in »Von deutscher Art in Sprache und Dichtung« 3. Bd., 1941, S. 3–44. – Die Seitenzahlen der Anmerkungen beziehen sich, wenn nichts anderes angegeben ist, auf die Seiten der vorliegenden Übersetzung.

[2] in: Arch. f. Literatur- u. Kirchengesch. d. Mittelalters, 2. Bd., 1886, S. 641–652

[3] RdU S. 5

[4] S. 60, 19ff.

[5] S. 57, 13ff.

[6] S. 57, 18ff.

[7] S. 65, 21f.

[8] S. 69, 27f.

[9] S. 70, 32ff.

[10] Denifle, Arch. II S. 627f.

[11] Denifle, Arch. II S. 630ff.

[12] Denifle, Arch. II S. 633ff.

[13] Denifle, Arch. II S. 636–640, s. auch unten S. 449ff.

[14] Über die lateinischen und deutschen Werke Eckeharts und alle sich an sie knüpfenden Probleme der handschriftlichen Überlieferung, der Echtheit und der Textherstellung vergleiche die Einleitungen von J. Koch und J. Quint zu LW 3. Bd. und DW 1. Bd. Für die in der vorliegenden Übersetzung gebotenen deutschen Texte sind auch die in den Anmerkungen jeweils zu Beginn gebotenen Bemerkungen zu den einzelnen Texten zu vergleichen. Über das Gesamtproblem der handschriftlichen Überlieferung der deutschen Predigten habe ich in meinem Buch »Die Überlieferung der deutschen Predigten Meister Eckeharts« S. XV–XLI eingehend gehandelt.

[15] Denifle, Arch. II S. 636, s. auch unten S. 449

[16] S. 139, 5ff.

[17] S. 138, 19f.

[18] S. 138, 20ff.

[19] S. 163, 31ff.

[20] S. 309, 8ff.

[21] S. 383, 21ff.

[22] S. 273, 29ff.

[23] S. 198, 36ff.

[24] S. 197, 25ff.

[25] S. 197, 27ff.

[26] LW 5. Bd. S. 44, 13ff.

[27] In Gen. I n. 168

[28] S. 279, 6ff; Pf. S. 188, 28ff.

[29] Pf. S. 290, 34ff.

[30] S. 258, 17ff.

[31] In Gen. II n. 113

[32] S. 215, 9ff.

[33] S. 315, 20ff.

[34] S. 221, 8ff.

[35] S. 153ff.

[36] S. 170, 36ff.

[37] In Sap. n. 61

[38] S. 380, 28ff.

[39] Pf. S. 289, 27ff.

[40] Vgl. S. 180, 11ff.

[41] Vgl. S. 372, 30

[42] Vgl. S. 333, 36ff.

[43] Vgl. Pf. S. 241, 32ff.

[44] Vgl. S. 353, 7ff. u. 196, 21ff.

[45] Vgl. Pf. S. 169, 31f.

[46] Vgl. S. 353, 27ff.
[47] Vgl. S. 353, 23f.
[48] S. 353, 20
[49] Pf. S. 197, 34
[50] Pf. S. 183, 14
[51] Pr. 32 S. 304, 34ff.
[52] S. 304, 34ff. u. 308, 6ff.
[53] Vgl. S. 273, 21ff. u. 305, 19f.
[54] Pf. S. 163, 29ff.
[55] Pf. S. 242, 2ff. u. 249, 18ff.
[56] Vgl. S. 436, 1ff.
[57] Vgl. S. 121, 21ff.
[58] Vgl. Pf. S. 165, 16ff.
[59] S. 215, 29ff.
[60] S. 159, 30f. u. 314, 1ff.
[61] S. 180, 5f.
[62] Vgl. S. 185, 15ff. u. 258, 19ff.
[63] S. 267, 5ff., Pf. S. 189, 6ff.
[64] Vgl. S. 183, 21ff., 371, 10ff., 384, 20ff., Pf. S. 159, 13ff.
[65] Sermo XXXIV² n. 343
[66] S. 186, 14ff. u. 292, 20ff.
[67] S. 292, 21f.
[68] In Ioh. n. 644
[69] S. 389, 9ff.
[70] DW I S. 235, 7ff.
[71] S. 186, 15ff.
[72] S. 399, 20ff.
[73] S. 313, 16ff.
[74] Vgl. Pf. S. 235, 21ff.
[75] Vgl. S. 267, 11ff.
[76] Rudolf Otto, West-östliche Mystik, Gotha 1926, S. 237, 238, 244
[77] In Exod. n. 16
[78] S. 356, 14ff.
[79] S. 269, 8ff.
[80] Pf. S. 240, 25f.
[81] S. 277, 27
[82] S. 277, 29ff.
[83] Vgl. Pf. S. 128, 11ff.
[84] Pf. S. 129, 2ff.
[85] Vgl. S. 288, 26f.
[86] Pf. S. 278, 34ff.
[87] S. 188, 10f.
[88] Vgl. S. 61, 21ff.
[89] Pf. S. 168, 12ff.
[90] S. 129, 11ff.
[91] S. 78, 30f.
[92] S. 83, 6f.
[93] Vgl. S. 93, 5f.
[94] Vgl. S. 97, 36ff.
[95] S. 382, 1ff., Pf. S. 179, 4ff.
[96] Pf. S. 200, 29f.
[97] Vgl. Pf. S. 200, 21ff.
[98] Vgl. S. 377, 35ff.
[99] Vgl. Pf. S. 496, 38ff.
[100] Pf. S. 250, 5ff.
[101] Vgl. S. 283, 5f.
[102] S. 180, 23ff.
[103] S. 384, 18f.
[104] S. 268, 1ff.
[105] Pf. S. 158, 34ff.
[106] S. 58, 21ff.
[107] S. 292, 6ff.
[108] S. 324, 24ff.
[109] Vgl. S. 99, 32ff.
[110] S. 63, 3, RdU S. 13, 18ff.
[111] Pf. S. 23, 8ff.
[112] Vgl. Pf. S. 23, 34ff.
[113] RdU S. 28, 13f.
[114] S. 450
[115] S. 110, 32ff.
[116] S. 169, 29f.
[117] Vgl. S. 64, 27ff.
[118] Vgl. Pf. S. 128, 32ff.
[119] Vgl. S. 296, 21ff.
[120] Vgl. S. 170, 26ff.
[121] S. 358, 21f. / 28f.
[122] S. 214, 16ff.
[123] S. 349, 28f.
[124] Vgl. S. 67, 17ff.
[125] Sermo XV n. 397
[126] S. 358, 31ff.
[127] Vgl. S. 197, 13f.
[128] Pr. 28 S. 280ff.
[129] S. 361, 30
[130] S. 288, 9ff.
[131] Vgl. S. 281, 33ff.

[132] Vgl. S. 288, 16ff.
[133] S. 285, 19f.
[134] Vgl. S. 160, 1
[135] Vgl. Pf. S. 100, 17f.
[136] Pf. S. 18, 34
[137] Pf. S. 238, 30f.
[138] S. 61, 15ff.
[139] S. 200, 3ff.
[140] S. 281, 8ff.
[141] S. 288, 36ff.
[142] Vgl. S. 272, 24f.
[143] Pf. S. 18, 18ff.
[144] S. 267, 10ff.
[145] S. 196, 25ff., DW 1 S. 146, 4 ff.

TRAKTATE

REDEN DER UNTERWEISUNG (S. 53ff.)

Die Übersetzung folgt dem von mir hergestellten Original-Text der RdU in der großen Gesamt-Ausgabe der Werke Meister Eckharts (Kohlhammer), Deutsche Werke Bd. 5 S. 185–309. Dort finden sich auch S. 137ff. genaue Angaben über die reiche handschriftliche Überlieferung sowie über die bisherigen Textausgaben und Übersetzungen. S. 149ff. habe ich darauf hingewiesen, daß große Teile der RdU bis zum Ende des 17. Kapitels in den Traktat *Vanden XII Dogheden*, deren Verfasser wahrscheinlich *Godfried van Wevel*, ein Schüler *Ruusbroecs*, gewesen ist, eingearbeitet worden sind. Eine Tabelle der textlichen Entsprechungen zwischen den RdU und dem Text *Vanden XII Dogheden*, wie sie schon früher geboten worden ist, habe ich a.a.O. S. 149f. zusammengestellt.

Die Echtheit der RdU, die man früher zu unrecht bestritten hat, ist absolut gesichert und von mir a.a.O. 168–182 unter Berücksichtigung der verschiedenen Echtheitskriterien erwiesen worden.

Da die Gesamtüberschrift den Verfasser als *bruoder Eckhart* und zugleich als *vicarius von türingen* und *prior von Erfurt* bezeichnet, das Generalkapitel des Dominikanerordens vom Jahre 1298 aber die Vereinigung der beiden Ämter des Priorats und des Vicariats in einer Hand verbot (Nachweis von A. Pummerer, sieh Diederichs, Diss. S. 1), so dürften die RdU vor 1298 verfaßt und demnach das älteste uns bekannte deutsche Werk Eckeharts sein.

Wie die Überschrift bereits erkennen läßt, handelt es sich in den RdU um Collationes, d. h. um eine zwanglose Abfolge nur lose aneinandergereihter Konferenzvorträge, bei denen Eckehart Fragen und Themen behandelte, die er sich wohl, wie die Überschrift angibt, z. T. vom Auditorium selbst stellen ließ. Diese Entstehung der RdU und ihr Anlaß erklären dann ihre im wesentlichen moralisch-ethische und praktisch-religiöse Thematik und die Abwesenheit der spezifisch Eckehartisch-spekulativen Note, wobei ich allerdings doch annehmen möchte, daß dieses Fehlen der spekulativen Hauptthemen der deutschen Predigten (und des BgT) auch auf die frühe Entstehung der RdU vor dem für Eckeharts mystische Spekulation gewiß sehr bedeutsamen zweiten Aufenthalt in Paris, der mit seiner Ernennung zum Magister 1302 endete, zurückzuführen sein wird. Daß Eckehart sich zwar nicht an »Jüngerinnen«, wie Rieger und Diederichs meinten, wendet, sondern an Ordensleute und nicht an Laien, geht doch wohl schon aus den Themen der einzelnen Kapitel und gleich des ersten hervor, das es mit einem Hauptanliegen der Klosterdisziplin, mit dem »Gehorsam«, zu tun hat und in diesem Zusammenhang vom Ordensgelübde in die Hand des *prêlâten*, d. h. des Klostervorstehers, spricht.

Die sogeartete Entstehung der RdU als Collationes erklärt auch ihre Form, insbesondere den Mangel einer planmäßigen oder gar strengen Komposition und Gliederung sowie einer innerhalb der einzelnen Kapitel und von Kapitel zu Kapitel planmäßig und konsequent fortschreitenden Gedankenentwicklung.

S. 53, 18f. vgl. S. 96, 36f.

S. 54, 22ff. vgl. Augustinus, Confess. X c. 26 n. 37

S. 55, 25ff. vgl. S. 58, 25ff.

S. 57, 6f. Auf diese Stelle bezieht sich der Rückverweis S. 95, 35f. Vgl. Tauler, Vetter S. 425, 32f.: *also vil minre creaturen, also vil me Gottes*; *das ist rehte ein glich kouf.*

S. 59, 6f. vgl. S. 60, 9f.

S. 60, 31ff. vgl. unten S. 372, 3ff.; 388, 3ff.

S. 61, 21ff. Was Eckehart in diesem Abschnitt durch das Beispiel des Schreibenlernens verdeutlichen will, ist das Lernen und schließliche Beherrschen der »Kunst« der *abegescheidenheit*, des Gott-gegenwärtig-haben-Könnens in allen äußeren Lagen und Umständen: das Erlangen eines Habitus aus einer bloßen Potenz durch immer wiederholte Übung, die schließlich zur unbewußt instinktsicheren Beherrschung führt. – Zum Gedanken, daß der Schreiber sich zuerst das jeweilige »Bild« des einzelnen Buchstaben einprägen muß, um dann beim Schreiben den Buchstaben nach dem gewonnenen inneren »Bild« der Vorstellung zu bilden, vgl. noch etwa DW 1 S. 415, 6f.: *Ich mache einen buochstaben nâch der glîchnisse, die der buochstabe in mir hât in mîner sêle, und niht nâch mîner sêle.*

S. 62, 9ff. Das Kapitel betont, daß es nicht nur darauf ankommt, sich von den Dingen, mit denen man umgeht, innerlich nicht behindern zu lassen, sondern darauf vielmehr, sie sich durch richtiges Verhalten zu und rechtes Wirken mit ihnen im höchsten Maße so zunutze zu machen, daß Gott aus jedem Werk »leuchte«.

S. 64, 12ff. und zum Gegensatz zwischen den niederen Kräften, die angefochten werden, und den obersten, die fest und unbewegt bleiben, vgl. S. 85, 25ff.

S. 69, 1ff. vgl. S. 98, 28ff.; 109, 19ff.; 169, 13ff.

S. 69, 9ff. vgl. DW 1 S. 375, 10f. und die in Anm. 1 dort aufgeführten

Parallelen zum ähnlichen Gedanken, daß Maria erst Gott geistig gebären mußte, ehe sie ihn leiblich gebar.

S. 69, 19f. Die groteske Übersetzung Büttners (S. 21) »so hätten wir (Sperrung von B.) die Welt geschaffen, nicht er«, die Lehmann (S. 65) übernahm, verdient angemerkt zu werden.

S. 69, 32ff. vgl. Pf. III, 43 S. 611, 26–28 (Diederichs, Diss. S. 81)

S. 70, 5ff. vgl. S. 132, 9ff.; 211, 28ff.; 260, 5ff.

S. 70, 10ff. Zum Gedanken, daß Gott das Leiden für den und mit dem Menschen trägt, vgl. DW I S. 37, 1ff.: *Lîdest dû aber umbe got und got aleine, daz lîden entuot dir niht wê und ist dir ouch niht swære, wan got treit den last. Mit guoter wârheit! Wære ein mensche, der lîden wolte durch got und lûterlîche got aleine, und viele allez daz lîden ûf in zemâle, daz alle menschen ie geliten und daz al diu werlt hât gemeinlich, daz entæte im niht wê noch enwære im ouch niht swære, wan got der trüege den last. Der mir einen zentener leite ûf mînen hals und in denne ein ander trüege ûf mînem halse, als liep leite ich hundert ûf als einen, wan ez enwære mir niht swære noch entæte mir ouch niht wê.*

S. 71, 9 RdU S. 231, 5f. *raten under daz korn vellet* wurde bisher, auch von mir selbst, mißverstanden und übersetzt durch: »Ratten unter das Korn fallen«. In Wahrheit ist aber mit *raten* das Unkraut »(Korn-)Raden« gemeint, dessen Samen zuweilen unter den Samen des guten Korns fällt und mit ihm aufgeht. Vgl. etwa »Ackermann aus Böhmen« Kap. 29, 30ff. (Ausgabe von Krogmann, 1954, S. 133): *Jedoch bei golde blei, bei weize raden, bei allerlei münze beislege und bei weibe unweib müssen wesen;* / 29ff. vgl. S. 110, 32ff.

S. 71, 29f. vgl. Bulle art. 15 (Arch. II S. 638): *Si homo commisisset mille peccata mortalia, si talis homo esset recte dispositus, non deberet velle se ea non commisisse.* Der genaue Wortlaut dieses Artikels der Bulle ist bisher in keinem der bekannten Werke Eckeharts nachgewiesen. Der Artikel findet sich auch nicht in der RS. und im »Gutachten«. Man hat den Satz mit der vorliegenden Stelle der RdU in Verbindung gebracht, sieh dazu RdU S. 339 Anm. 188.

S. 75, 19f. vgl. Pf. S. 235, 20ff.

S. 76, 20ff. Eckehart sagt hier, daß die wahre Buße im Miterleiden (Sich-Versenken in ...) des vollkommenen Bußwerkes Christi besteht. / 32ff. vgl. S. 438, 1ff.

S. 77, 6f. vgl. S. 108, 4–7.

S. 78, 23ff. vgl. S. 380, 34ff.

S. 79, 21f. vgl. Römerbrief 12, 1: *Obsecro itaque vos fratres ... ut exhibeatis corpora vestra ... rationabile obsequium vestrum.*

S. 80, 24f. Vgl. die Überschrift des Kapitels.

S. 81, 8ff. vgl. S. 134, 3ff. (BgT).

S. 81, 32f. RdU S. 259, 8f. *Dû solt würken, und er sol nemen* kann ich nur so verstehen, daß der Mensch an der Herausarbeitung des »Bildes« Christi (RdU S. 259, 7) in sich wirken soll, während Christus, bzw. das im Menschen entstehende Christusbild sich dabei (als die durch das Wirken des Menschen entstehenden Züge) aufnehmend verhält. Vgl. dazu etwa DW 1 S. 114, 4f. und dort Anm. 2.

S. 82, 3ff. Zum Thema des Kapitels: Gott hindert gerade seine »Freunde« oft an großen, ihr Selbstbewußtsein stützenden und stärkenden frommen Werken und Übungen, auf daß sie einzig nur an ihm selbst ihren Halt und ihre Stütze finden, die Gott nur aus freier Güte und nicht als Lohn und Verdienst für solche Werke vergönnt – vgl. S. 134, 24ff. (BgT).

S. 82, 16 Mit »davon« ist die im voraufgehenden charakterisierte falsche Gesinnung des do-ut-des gemeint.

S. 82, 25ff. Dieses lange Kapitel, das längste der RdU und das erste von denen, die noch stärker den Charakter der Collatio im Sinne eines Lehr-Gesprächs erkennen lassen, trägt Gründe für den häufigen Empfang des Leibes des Herrn vor und entkräftet jeweils dagegen erhobene Einwände oder Gegengründe.

S. 84, 23ff. vgl. etwa 1 Kor. 15, 3; Ephes. 2, 4; 1 Petr. 3, 18: *Quia et Christus semel pro peccatis nostris mortuus est, iustus pro iniustis, ut nos offerret Deo, mortificatus quidem carne, vivificatus autem spiritu.* Karrer M.E. S. 235 Anm. 317 sagt: »Sinngemäße Zusammenfassung aus dem Hebräerbrief.«

S. 86, 26ff. Eckehart betont die Bedeutung der inneren Kommunion oder Einswerdung mit Gott, die, wie die Geburt des jungfräulichen Menschen, über Zeit und Raum geschieht (vgl. Pr. 2 S. 161, 4ff.) und daher zahllose Male am Tage erfolgen kann. Er weist allerdings dann doch auf die Bedeutung der Vorbereitung auf diese innere Kommunion durch würdigen Empfang des Sakramentes hin.

S. 87,2f. Hier läuft das Kapitel in eine regelrechte Kollazienschlußwendung aus (RdU S. 274, 6f. ... *leben der êwicheit. Âmen.*), die noch die ursprüngliche Selbständigkeit der einzelnen Kollazien erkennen läßt.

S. 87, 21ff. vgl. Pr. 28 S. 280ff. mit ihren eingehenden Ausführungen über Marthas Wirken.

S. 89, 11f. vgl. S. 350, 26f.

S. 89, 23 Es wird deutlich, daß Eckehart von einem weiblichen Wesen, wahrscheinlich von einer Nonne, spricht.

S. 90, 4ff. Über das Geben Gottes vgl. DW 1 S. 65, 5ff. und dort Anm. 3, S. 77, 17ff. und S. 78 Anm. 1 mit den dort aufgeführten Parallelen, insbesondere Pf. S. 300, 26ff.

S. 90, 21ff. Über die Notwendigkeit des Übens und Erprobens der Tugend vgl. etwa Tauler S. 180, 3f.: *Und sint sicher, es ist anders falsch, er* (d.h. der *weseliche fride*) *enkome us geůbter tugent; inwendig und uswendig můst geůbet sin.* / 30f. Über die Notwendigkeit, die Tugend in ihrem Wesen und Grunde zu erreichen, vgl. insbesondere DW 1 S. 276, 3ff.: ... *daz alle tugende in dir beslozzen sîn und wesenlîche von dir vliezen. Dû solt alle tugende durchgân und übergân und solt aleine die tugent nemen in dem grunde, dâ si ein ist mit götlîcher natûre* (vgl. a.a.O. die Anm. 2 und S. 247, 2f.).

S. 93, 14 vgl. Seuse, Bihlmeyer S. 222, 22f. (= »Büchlein der ewigen Weisheit« Kap. VI): *und wan du, der herr der natur, nit bist ein zerstörer der nature – du bist der natur ein volbringer* –... Bihlmeyer verweist in der Anm. auf Thomas, S. th. I q. 1 art. 8 ad 2 und auf das »scholastische Axiom«: *Deus non destruit naturam, sed perficit eam.* / 23f. Über das Verhältnis von Gnade und Seligkeit vgl. Pr. 22 S. 253, 34ff.

S. 94, 16f. Zu »daß der Mensch dabei gewirkt werde, als daß er wirke« vgl. etwa Ruusbroec, *Die gheestelike Brulocht* II, 4, Werken 1 S. 236, 28ff.: *Ende ‹som› houden si* (d.h. *verkeerde menschen*) *contrarie, ende segghen dat si meer loens verdienen dan andere menschen, want God werket hare werke, ende si lijden Gods werken ledichlijcke ende werden selve ghewracht.* – Zu 17f. »mitzuwirken« vgl. Pf. S. 161, 30ff.; Jostes S. 6, 22ff.: *Alz si* (d.h. die Seele) *sich alzo leuterlichen in got getragen hat, so gibt sich ir got alzo, daz er ir werch wurket in ir an erbeit, daz si sei ein mitwurcherin mit got;* Tauler S. 213, 14f.: *An dem anderen ende, do der mensche ist gekert in Got mit allem sinem gemüte, und ist ein mit wúrker mit Gotte in ime ...*

S. 94, 30f. vgl. S. 353, 21ff.; vgl. Dionysius Areopagita, De mystica Theologia c. 1 § 1 (PG 3, 997), Dionysiaca t. I p. 565ff.

S. 95, 36f. Der Rückverweis bezieht sich auf S. 57, 6ff.

S. 96, 12 ff. vgl. DW 5 S. 37, 4ff. (BgT): *sît dem mâle dem menschen allez daz, daz guot oder trœstlich oder zîtlich ist, im ze borge gelihen ist, waz hât er danne ze klagenne, sô, der ez im gelihen hât, ez wider nemen wil? Er sol gote danken, der ez im verlihen hât sô lange.*

S. 96, 34ff. vgl. S. 388, 23ff. / 36f. vgl. S. 53, 18ff.

S. 97, 10ff. vgl. S. 375, 5.

S. 97, 20ff. Zu diesem Thema vgl. Pr. 32 S. 303ff. / 22ff. Zu Diogenes – Alexander vgl. Cicero, Tuscul. V, 32 § 92: *At vero Diogenes liberius, ut Cynicus, Alexandro roganti, ut diceret, si quid opus esset, 'Nunc quidem paululum', inquit, 'a sole'. Offecerat videlicet apricanti. Et hic quidem disputare solebat, quanto regem Persarum vita fortunaque superaret: Sibi nihil deesse, illi nihil satis umquam fore; se eius voluptates non desiderare, quibus numquam satiari ille posset, suas eum consequi nullo modo posse.* Vgl. auch Seneca, De beneficiis VII, 2 §§ 3–6; »Gesta Romanorum« (hsg. von Hermann Oesterley) c. 183 (S. 589) und die S. 742 nachgewiesenen weiteren Belegstellen. / 32ff. vgl. S. 338, 30ff.; 161, 28ff.

S. 98, 19f. Gemeint ist wohl die Verzückung des Paulus in den dritten Himmel 2 Kor. 12, 2, 3, vgl. DW 1 S. 403, 1f. und die dort Anm. 1 verzeichneten Parallelstellen. Daß Eckehart tatsächlich die Vision des Paulus im Auge hat, geht wohl aus Z. 20–22 hervor. / 28ff. Zur Hingabe an Gottes Willen vgl. DW 1 S. 64, 3ff. und dort Anm. 2 sowie DW 5 S. 227, 5ff. und 283, 2ff. (RdU). / 32f. vgl. etwa Pf. S. 334, 29f.: *Got der tuo sîn bestez oder sîn argez dar zuo, er muoz uns sich geben, ez sî in arbeit oder in ungemach.*

S. 99, 12ff. vgl. S. 113, 21ff.; In Ioh. n. 78, LW 3 S. 66, 5ff. Ähnlich auch

Seuse, Bihlmeyer S. 161, 16ff. (Vita): *Ein diep hat ein heischen in ime von der bosheit siner natur, daz er stele. Da wider sprichet sin beschaidenheit: du solt es nit tůn, es ist gebrest. Giengi nu der diep im selber us und liessi sich der beschaidenheit, daz weri dú vorgend und dú edelst gelassenheit, wan er blibi in siner unschulde. Aber so er sich hier inne nit wil lassen und wil siner bossheit gnůg sin, dar na, so er wirt gevangen und siht, daz er muss erhangen werden, so kunt dú nagende gelassenheit, daz er sich in den tod gedulteklich git, wan es anders nit mag sin. Dú gelassenheit ist och gůt und machet in selig, dú vorder waz aber ungelich edelr und besser.*

S. 99, 20ff. vgl. S. 109, 3ff. / 22f. vgl. S. 111, 23f. / 35 Zur Frage Natur oder Gnade vgl. insbesondere S. 380, 11f.

DAS BUCH DER GÖTTLICHEN TRÖSTUNG (S. 101ff.)

Der Übersetzung liegt der Text meiner Neu-Ausgabe (Kleine Texte f. Vorlesungen u. Übungen, hrsg. von Kurt Aland, H. 55) Berlin 1952 zugrunde; dort auch genaue Angaben über die handschriftliche Überlieferung und die bisherigen Ausgaben. Einige Textänderungen für die Edition des BgT und des VeM im 5. Band der Gesamtausgabe der Werke Eckeharts (Kohlhammer) wurden berücksichtigt.

Die Echtheit des BgT und des Stückes VeM ist gesichert durch die »Rechtfertigungsschrift« (das »Gutachten« und die Bulle), die im Abschnitt § II 1 unter der Überschrift *Isti sunt articuli extracti de libello quem misit magister Ekardus Regine Ungarie scriptum in Theutonico. Qui libellus sic incipit: Benedictus Deus et pater domini nostri Ihesu Christi* dreizehn aus dem BgT und unmittelbar anschließend, noch unter der gleichen Überschrift, zwei aus dem VeM ausgezogene und inkriminierte Artikel verzeichnet. Außerdem bezeugt der Heidelberger Theologieprofessor Johannes Wenck für das BgT die Verfasserschaft Eckeharts dadurch, daß er das durch die RS im Artikel § II 1 art. 5 inkriminierte Textstück selbst in lateinischer Übersetzung in seiner Schrift »De ignota Litteratura«, die gegen Nikolaus v. Cues gerichtet ist, zitiert und ihm die Bemerkung vorausschickt: *Huic conclusioni alludit magister Eghardus in libro suo vulgari quem edidit pro regina Ungarie sorore ducum Austrie, quod incipit: »Benedictus Deus et pater Domini nostri Ihesu Christi, dicens: ...«* Die Angaben der RS und Wencks lassen erkennen, daß Eckehart das »Trostbuch« für die Königin Agnes von Ungarn (um 1280 bis 1364), die Tochter Albrechts I. von Habsburg, der 1308 ermordet wurde, verfaßt hat. Nach dem letzten Datierungsversuch, den G. Théry unternahm, wäre die Ermordung des Vaters der Königin im Jahre 1308 der Anlaß für den damals als Generalvikar die verwaiste böhmische Ordensprovinz führenden Meister gewesen. Nach Hammerich und Roos dagegen entstanden BgT und VeM erst um 1314. Die Datierungsfrage bedarf m. E. noch der endgültigen Klärung.

Das BgT gehört in die Tradition der »Trostbücher«, deren großes Vorbild des Boethius »Consolatio philosophiae« aus dem Beginn des 6. Jhs. ist. Der Dominikaner Johannes von Dambach (1288/89 bis 1372) hat eine Reihe von mehr oder weniger frei zitierten Exzerpten aus dem BgT Eckeharts in lateinischer Übersetzung seiner »Consolatio theologiae« eingefügt.

Das BgT ist stellenweise, zumal in den Eingangspartien, sehr spekulativ und schwer verständlich, da es sehr hohe scholastisch-mystische Gedankengänge enthält. Den bisherigen Übersetzungen lag der sehr fehlerreiche Text der Hs. Ba_2 in den Ausgaben Pfeiffers und Strauchs zugrunde und wurde auch da, wo er einwandfrei war, oft mißverstanden.

S. 102, 1 *Zum* bis 6 *Guten* = RS § II 1 art. 1 (Théry S. 157). Das Thema des Verhältnisses der sog. *perfectiones generales* des Seins, des Einen, des Wahren, des Guten, der Weisheit, der Gerechtigkeit usw. zu ihren kreatürlichen Trägern, insbesondere die Wesensbeziehung zwischen der Gerechtigkeit und dem Gerechten gehört zu den Grundthemen Eckeharts, vgl. etwa Pr. 25, 46, 27 (S. 274, 13 ff.) / 6 *und der Gute* bis 7 *Gutheit.* = RS § II 1 art. 2 (Théry S. 158) / 7 f. *Die Gutheit* bis 11 *allein.* = RS II 1 art. 3 (Théry S. 158) / 11 *Der Gute* bis 104, 4 *ist.* = RS II 1 art. 4 (Théry S. 158 bis 159).

S. 103, 21 f. Es handelt sich bei diesen Seelenkräften, die *müde, schwach und alt* werden, um die niederen Kräfte (insbesondere die Sinnenkräfte), die eng an die körperlichen Organe gebunden sind; vgl. etwa S. 140, 15 ff.; 340, 33; 397, 30 ff. / 22 ff. Über die *höchsten Kräfte der Seele* (Wille und Vernunft) vgl. etwa S. 341, 13 ff.; S. 85, 14 ff. / 32 ff. vgl. S. 185, 29 ff.

S. 104, 8 = Augustinus, En. in Ps. 36, Sermo 1 n. 3 (PL 36, 357). Vgl. auch S. 77, 18 ff. / 19 f. vgl. S. 268, 13 ff.

S. 105, 1 *Drum* bis 7 *(selbst).* = RS § II 1 art. 5 (Théry S. 161). Diese Textstelle zitiert Johannes Wenck (s. o.) in »De Ignota Litteratura« (ed. E. Vansteenberghe, Beitr. z. Gesch. d. Phil. d. Mittelalters Bd. 8 H. 6. Münster 1910, S. 24 f.) / 24 ff. vgl. S. 184, 9 ff.; 176, 6 ff.

S. 106, 6 *Mein Herz* bis 7 *ist.* = RS § II 1 art. 6 (Théry S. 161) / 16 *etwa dreißig:* Tatsächlich führt Eckehart im Verlauf des großen Mittelteils seines BgT ungefähr 30 Trostgründe auf. / 19 vgl. 128, 6 ff. Z. 19 f. ist die erste der Textstellen, die Johannes v. Dambach in seiner »Consolatio theologiae« benutzte, vgl. BgT (Quint) S. 90 Anm. 28 / 24 ff. Vgl. Augustinus, Confess. VII c. 12 n. 18 (PL 32, 743) Aristoteles, Eth. Nic. IV c. 12 (△ c. 11, 1126 a 12)

S. 107, 36 ff. = Augustinus, Confess. X c. 41 n. 66 (ed. Skutella S. 260, 7 ff.)

S. 108, 4–7 vgl. Augustinus, En. in Ps. 30, Sermo 3 n. 4 (PL 36, 250), Sermo 53 n. 6 (PL 38, 366), Sermo 105 n. 4 (PL 38, 620). S. 130, 26 ff. sind die gleichen Augustinusstellen wie hier zitiert. Vgl. auch S. 76, 29 ff. / 9 ff. vgl. S. 130, 30 ff. (als Augustinuszitat), S. 241, 27 ff. Vgl. Augustinus, Confess. 13 c. 8 (ed. Skutella S. 334, 11 f.) / 17 f. vgl. Eccli. 13, 19; vgl. auch S. 207, 10 f.; 405, 27 ff. / 18 ff. vgl. S. 220, 35.

S. 109, 3 ff. vgl. S. 99, 7 ff. / 6 ff. Der Himmel ist der »Ort« des Feuers, vgl. Aristoteles, Phys. △ c. 1 208 a 27ff.; b 8ff. Vgl. auch S. 132, 22ff. / 9f. vgl. Augustinus, De quant. an. c. 5 n. 9 (PL 32, 1040) / 19ff. vgl. S. 169, 13ff. vgl. auch S. 131, 16ff.; 136, 5ff. / 22ff. = L. Annaeus Seneca, Nat. quaest. III praef. n. 12. / 27ff. Eckehart zitiert L. Annaeus Seneca, Ep. (ad Lucilium) 107, 11 (ed. Hense, Teubner 1898, S. 499, 4ff.) im z. T. abweichenden Wortlaut, in dem Augustinus in De civ. dei l. V c. 8 (CSEL XXXX S. 221, 24ff.) die Seneca-Stelle zitiert. Eckehart hat eine Handschrift mit bei Augustinus verderbtem Eingang des Zitats benutzt.

S. 110, 6ff. Diese Schriftstelle wird von Eckehart häufig zitiert, vgl. S. 214, 23f. / 19ff. vgl. Thomas, S. theol. I q. 12 a. 9. Vgl. auch S. 146, 13ff. / 25ff. vgl. S. 324, 5ff. / 30 *Ein solcher Mensch* bis S. 111, 6 *Leid;* = RS. § II 1 art. 7 (Théry S. 162), »Gutachten« art. 27 (Pelster S. 1123), Bulle art. 14 (S. 452). Zu Z. 32ff. vgl. S. 71, 9ff. / 21ff.; 73, 15ff.; 379, 33ff.

S. 111, 11 *daß der gute Mensch* bis 12 *eintritt.* = RS. § II 1 art. 8 (Théry S. 162) / 23f. vgl. S. 99, 10f. / 25 *eigentlicheren* bis 30 *allein.* = RS. § II 1 art. 9 (Théry S. 162) / 27ff. = Augustinus, De trin. VIII c. 3 n. 4 (PL 42, 949f.) / 30 vgl. S. 105, 31ff.

S. 113, 11 vgl. S. 111, 13 bis 30 / 21 vgl. S. 98, 35ff.

S. 114, 8f. vgl. S. 132, 9ff. / 9f. vgl. S. 103, 29ff. und 105, 2ff. / 27ff. vgl. S. 62, 10ff. / 28ff. = Augustinus, En. in Ps. 30, Sermo 3 n. 11 (PL 36, 254) / 32ff. vgl. Aristoteles, De an. II t. 71 (B c. 7 418 b 26). Vgl. auch S. 264, 25ff.; 325, 30ff.; 333, 36ff.

S. 115, 9 Über diese *oberste Kraft*, die Eckehart aber an anderen Stellen *ein Etwas* in der Seele nennt, das namenlos und keine Kraft ist, vgl. etwa noch S. 210, 11ff. / 12ff. vgl. Thomas, S. theol. I II q. 3 a. 2 ad 4, q. 3 a. 4 und 5 / 15ff. vgl. Pr. 32 insbesondere S. 306, 29ff., wo eingehend über die dritte Armut im Geiste abgehandelt ist, die darin besteht, daß der Mensch *niht enhât* / 20ff. vgl. Pf. S. 219, 27ff. Vgl. auch S. 115, 32ff.; 436, 33ff.

S. 116, 10ff. vgl. S. 389, 8ff.; 205, 10ff. / 22ff. vgl. S. 369, 19 / 23f. vgl. S. 109, 6ff.

S. 117, 4ff. vgl. S. 114, 24ff. / 21ff. vgl. S. 268, 23ff.; 404, 32ff. / 24 *unser Herr* bis 36 *Weniger.* und S. 118, 4 *Und ich* bis 7 *trägt,* 12 *Und* bis 16 *Erden.* und 28 *Philippus* = RS § II 1 art. 10 (Théry S. 163). / 28ff. vgl. S. 209, 22ff.

S. 118, 4ff. vgl. S. 219, 32ff.

S. 119, 14ff. vgl. S. 106, 27ff. / 35ff. vgl. S. 373, 29ff.

S. 120, 30 *Auch* bis 121, 11 *Gesang,* und 14f. *Jenes Werk* bis 15 *lieben,* = RS § II 1 art. 11 (Théry S. 164f.).

S. 121, 7f. vgl. S. 58, 25ff. (über inneres und äußeres Werk vgl. die Abschnitte 6 und 7 der RdU) / 14ff. vgl. S. 91, 10ff. / 21ff. vgl. S. 369, 17ff.; 238, 2ff. / 30ff. vgl. S. 243, 31ff.

S. 122, 20 Eckehart spricht über die Römerbrief-Stelle wiederholt, vgl. S. 68, 5ff.; 214, 23f.

S. 123, 10 Zu *umkleideten Gottheit* vgl. etwa S. 190, 10f. / 23f. Zur Menge, bzw. Zahl in den Engeln vgl. etwa S. 229, 30ff. / 28f. *Zu Gott-Vater-Sohn-und-Heiliger-Geist* vgl. S. 120, 3f.

S. 124, 20ff. Vgl. Augustinus, De doctr. christ. tr. 3 c. 27 n. 38 (PL 34, 80).

S. 125, 9f. vgl. Bulle art. 13 (S. 451f.) / 24f. Vgl. Petrus Lombardus, Sent. I d. 9 c. 4 und die dort benannten »Testimonia sanctorum« / 34ff. vgl. S. 122, 11ff. / 35 *der gute Mensch* bis 126, 10 *willen.* = RS § II 1 art. 12 (Théry S. 165f.).

S. 126, 12 *ein guter Mensch* bis 19 *eins.* = RS II 1 art. 13 (Théry S. 166) / 19ff. vgl. S. 123, 4ff. / 21ff. bezieht sich auf die Stelle S. 144, 35ff. in der Predigt »Vom edlen Menschen«, die also schon bei der Aufzeichnung durch Eckehart hinter dem BgT folgte. Siehe BgT (Quint) S. 112 Anm. 144 / 25ff. vgl. S. 407, 3ff.; 218, 9ff.

S. 127, 8ff. vgl. S. 104, 15ff. / 14ff. vgl. S. 170, 24f.

S. 128, 3ff. Eckehart faßt hier, den Schrifttext entsprechend erweiternd, zusammen, was er im voraufgehenden ausführte: wer zum Sohn (in der Gottheit) kommen soll, muß erst selbst Sohn werden, und ist er Sohn, so ist er da, wo der Sohn ist, d. h. »in des Vaters Schoß und Herzen«. Z. 3ff. besagt also: *Darum sagt wohl der Sohn* (= Christus): *in der Gottheit Sohn* (= im Logos und damit) *im Vater, wo ich bin, da soll sein, wer* . . . / 6ff. vgl. S. 191, 28f.

S. 129, 17ff. vgl. Vitae Patrum (ed. H. Rosweyd) I Vita beati Antonii abbatis c. 9 (PL 73, 132).

S. 130, 13ff. vgl. Augustinus, Ep. 138 c. 3 n. 12 (CSEL XXXXIIII 138, 1)/ 26ff. vgl. Anm. zu S. 108, 4 bis 7, wo die beiden gleichen Augustinuszitate aufeinanderfolgen und nachgewiesen sind. / 30ff. vgl. S. 108, 9 bis 12.

S. 131, 7ff. vgl. Bernhard, In Ps. 90 sermo 17 n. 4 (PL 183, 252). / 16ff. vgl .S. 109, 19ff.

S. 132, 9ff. vgl. S. 69, 34ff.; 211, 28ff.; 260, 5ff. / 22ff. vgl. S. 109, 6ff.

S. 133, 14ff. vgl. S. 380, 3ff. / 20 *mit ihm* bis 23 *Gott ist?* ist in allen Hss. verderbt. Der kühne Gedanke, daß Gott mein Leiden ist, ist aus dem Voraufgehenden abgeleitet, wo es Z. 15ff. heißt, daß Gott *das lautere Eine ist* und *daß alles, was in ihm ist, Gott selbst ist.* Vgl. die Pred. Pf. Nr. CIV (über das Leiden), besonders Pf. S. 338, 40ff.

S. 134, 3ff. vgl. S. 80, 31ff. / 7ff. vgl. S. 121, 14ff. und 91, 10ff.

S. 135, 24ff. vgl. Augustinus, De patientia c. 9 (PL 40, 614f.) / 28ff. = Vitae Patrum (ed. H. Rosweyd) III (PL 73, 742 n. 8)

S. 136, 1ff. vgl. S. 109, 14ff. und Anm. zu S. 109, 19ff. und 31ff. / 35 Hier folgt der dritte der S. 136, 2f. angekündigten *drei Gründe.*

S. 137, 9f. vgl. S. 313, 4ff.; 343, 24ff. / 25f. vgl. Platonis Timaeus interprete Chalcidio (ed. Joh. Wrobel, Lipsiae 1876) S. 210, 26ff.

S. 138, 1ff. vgl. Augustinus, De patientia c. 3 (PL 40, 612) / 14ff. vgl. Augustinus, Confess. I c. 6 n. 10 (ed. Skutella S. 8, 4 bis 7). / 19ff. vgl. etwa

Augustinus, Confess. V c. 6 n. 10 (ed. Skutella S. 83, 20ff.) / 23ff. vgl. Augustinus, De vera religione c. 33 n. 62 (PL 34, 149) / 29ff. vgl. Augustinus, Confess. XI c. 8 n. 10 (ed. Skutella S. 270, 22ff.).

S. 139, 1ff. = L. Annaeus Seneca, Ep. 71, 24.

VOM EDLEN MENSCHEN (S. 140ff.)

Die oben S. 464 mitgeteilte Gesamtüberschrift gilt auch für die beiden Artikel des VeM und sichert die Verfasserschaft Eckeharts für diese Predigt wie für das »Trostbuch«.

Die Übersetzung folgt dem Text meiner Neu-Ausgabe in »Kleine Texte« H. 55, 1952, S. 67 bis 80, wieder unter Berücksichtigung einiger geringfügiger Änderungen für die Gesamtausgabe.

Die deutsche Predigt VeM ist in der Überlieferung wohl im wesentlichen deshalb in längerem Text als die meisten sonstigen deutschen Predigttexte erhalten, weil sie im Wortlaut zusammen mit dem BgT von Eckehart selbst schriftlich fixiert wurde. Zur Datierung (zwischen 1308 und 1314) vgl. oben S. 464. In der Aufzeichnung hat Eckehart die Predigt dem »Trostbuch« folgen lassen, wie der Vorverweis im BgT S. 126, 21ff. auf eine Stelle des VeM deutlich werden läßt.

S. 140, 11f. = Isaac Israeli, Liber de diffinitionibus (ed. I. T. Muckle, Arch. d'hist. doctr. et litt. du moyen âge 12 bis 13, 1937/38, S. 306); diese Stelle zitiert D. Gundissalinus, De divisione philosophiae (ed. L. Baur, Münster 1903) S. 7, 16ff. Vgl. auch S. 230, 35ff.; 394, 12ff.; Pf. S. 513, 31ff.; 514, 27f. / 13f. vgl. 2 Kor. 4, 16, dazu Thomas, In II ad. Cor. c. 4 lectio 5 (ed. Marietti, 1924, T. I, p. 445f.). / 15ff. vgl. S. 103, 15ff. (BgT); 245, 16ff. / 19 bis 25: Zu *alten-neuen Menschen* vgl. Röm. 6,6; Ephes. 4, 22ff. Zu *irdischen-himmlischen M.* vgl. 1 Kor. 15, 47f. Zu *feindlichen M.* vgl. Matth. 13, 28. Zum Gegensatz *knechtischen M.* gegen *Freund* vgl. Luk. 19, 13/15; Röm. 6, 17/20; Joh. 15, 15f. Zu *jungen M.* vgl. Ps. 102, 5; Joh. 21, 5; 1 Kor. 3,1. / 28ff. = Hieronymus, Comm. in Ev. Matth. III c. 18, 10 bis 11 (PL 26, 135), Gregorius M. Moral. II c. 20 n. 38 (PL 75, 574), Mechthild v. Magdeburg, »Das fließende Licht der Gottheit« (ed. Morel) S. 91: *Do sach ich den engel, dem ich bevolhen wart in dem touffe, und minen tüfel.*

S. 141, 11 Als *man in der sêle* bezeichnet Eckehart für gewöhnlich die »oberste Vernunft«, vgl. S. 235, 13.

S. 142, 5 *Keine* bis 10 *Gott.* = RS § II 1 art. 14 (Théry S. 166f.) / 14 ff. vgl. Origenes, Hom. 13 n. 4 in Genesim (PG 12, 234f.) / 19ff. vgl. Augustinus, De vera religione c. 26 n. 49 (PL 34, 143f.) / 22 Zu *Milch* vgl. etwa Hebr. 5, 12; 1 Petr. 2, 2; 1 Kor. 3, 2.

S. 143, 20 vgl. Anm. zu S. 142, 14ff.

S. 144, 10ff. vgl. Augustinus, De trin. XII c. 7 n. 10 (PL 42, 1003f.). Zu Z. 14ff. vgl. S. 210, 27ff. / 16ff. vgl. S. 245, 5ff. / 28ff. vgl. S. 231, 29ff. / 32ff. vgl. Predigt 16, insbesondere S. 224, 22ff.

S. 145, 5 *Jederart* bis 9 *Natur ist.* = RS § II 1 art. 15 (Théry S. 167), »Gutachten« art. 25 (Pelster S. 1122), Bulle art. 24 (S. 453). Zum Inhalt des Textes vgl. etwa S. 206, 20ff. / 12ff. vgl. S. 127, 32ff. / 23ff. vgl. Ambrosius Theodosius Macrobius, Commentarii in Somnium Scipionis I c. 6 n. 7 bis 10 (ed. Fr. Eyssenhardt, Bibl. Teubner 1893) p. 496, 30 bis 498, 2 / 31ff. vgl. Pf. S. 87, 13ff.

S. 146, 16f. = Aristoteles, Met. I c. 1 (A c. 1, 980 a 21); vgl. auch S. 203, 5ff. / 17ff. vgl. Thomas, S. c. gent. I c. 71; Boethius, De diff. top. l. 2 (PL 64, 1184 b) / 18ff. vgl. Augustinus, De Gen. ad litt. l. IV c. 23 n. 40 (PL 34, 312), c. 24 n. 41 (313), Pr. 8, S. 192, 35ff., Pf. S. 111, 2ff. / 32ff. Die gleiche These, wonach die Seligkeit nicht in der Schau Gottes, sondern in der bewußten Erkenntnis der Gottesschau beruht, hat Eckehart auch in seinem lateinischen Johanneskommentar (Gesamtausgabe, Lat. Werke, 3. Bd. S. 93, 6ff.) und, wie er dort sagt, ausführlicher im verlorenen »Opus quaestionum« bekämpft. Er verweist an der genannten Stelle seines Johanneskommentars auf Durandus de S. Porciano, Sent. I d. 1 q. 2, wo die These bereits behandelt und verteidigt wird.

S. 147, 3 bis 11 hat Seuse in sein »Büchlein der Wahrheit« wörtlich übernommen, vgl. K. Bihlmeyer, Heinrich Seuse, Stuttgart 1907, S. 346, 8 bis 16 / 10 Der *Ausschlag* ist *nach der natürlichen Ordnung* das Sich-nach-außen-Wenden des Geistes auf das Erkenntnisobjekt, der *Rückschlag* ist der Akt des Bewußtwerdens des ersten Aktes in der Reflexion. / 11ff. Im folgenden Vergleich, der der Verdeutlichung des Unterschieds zwischen dem Wissen um die Schau Gottes und der Schau selbst dient, entspricht dem Wissen um die Schau das einzelne konkrete Weiße, während der Schau selbst die Weiße, das Weiß-Sein entspricht. An sehr vielen Stellen seines lateinischen Werkes behandelt Eckehart das Verhältnis des *album* zur *albedo* / 23ff. und S. 148, 6: Die *andere Kraft, durch die es* (d. h. d. Auge) *erkennt, daß es sieht*, ist der *sensus communis*, vgl. Thomas, S. theol. I q. 78 a. 4 ad 2.

S. 148, 25 vgl. S. 412, 20ff. / S. 31ff. Es wird also deutlich, daß Eckehart das *et reverti* des Schrifttextes als das Bewußtwerden der Gottesschau deutet, das er zwar als notwendiges Ingredienz der Seligkeit ansieht, nicht aber als das die Seligkeit begründende Moment.

S. 149, 8ff. vgl. S. 127, 32ff.

PREDIGTEN

Der Übersetzung der ersten Gruppe von 23 Predigten liegt der Text der bisher erschienenen Lieferungen meiner Gesamtausgabe der deutschen Werke Meister Eckharts (Meister Eckhart. Die deutschen und lateinischen Werke, hrsg. im Auftrage der Deutschen Forschungsgemeinschaft. Die deutschen Werke, 1. Band: Meister Eckharts Predigten, Stuttgart-Berlin, 1936ff. = zitiert als: Quint, DW 1 S. ...) zugrunde. Diese Predigten sind als echt gesichert durch das Zeugnis der RS, des »Gutachtens«, der Bulle und durch charakteristische Übereinstimmungen mit lateinischen Werken, insbesondere mit lateinischen Sermones. Die Predigten Nr. 14 und 15 der Original-Ausgabe habe ich in meine Übersetzung nicht aufgenommen, weil ihr Text sehr mangelhaft überliefert und daher für die Übersetzung ungeeignet ist, die Nr. 16a nicht, weil von ihr nur ein kurzes Textfragment überkommen ist.

Unter den Titeln »Handschriftliche Überlieferung«, »Filiation der Hss.«, »Textkonstituierung«, »Rechtfertigungsschrift«, »Gutachten«, »Bulle«, »Textneuausgaben«, »Echtheit« habe ich a. a. O. jeweils in den Vorbemerkungen zum Text der einzelnen Predigten die erforderlichen Angaben geboten, aus denen ich hier eine knappe Auswahl gebe.

PREDIGT 1 (S. 153ff.)

= Quint DW 1 S. 3ff.

S. 153, 26f. Eckehart betont hier, daß er in der ganzen Predigt nur von guten Leuten predigen wird, aber doch nicht von vollkommenen, sondern von »Kaufleuten«, die mit Gott um den Preis ihrer guten Werke feilschen wollen, die also diese ihre guten Werke nicht »ohne Warum«, wie Eckeharts feststehender terminus technicus lautet, wirken. / 32ff. vgl. S. 170, 36ff.; 372, 29ff.

S. 154, 33ff. vgl. S. 335, 32f.; 383, 33ff.; 170, 36ff.

S. 155, 21 *mit Bindung an das eigene Ich* = DW 1 S. 11, 5 *mit eigenschaft*. Die jeweils genaue Bedeutung des Wortes *eigenschaft*, zumal in den Wendungen *mit eigenschaft, âne eig.* ist nicht leicht wiederzugeben. Mhd. *eigenschaft* = *Eigentum, Besitz*. Eckehart benutzt das Wort zur Wiedergabe des scholastischen *proprietas*, kaum aber je im exakten Sinne schon des lat. *qualitas*. Die Bestimmung *mit* oder *âne eigenschaft* zielt, soviel ich sehe, immer bei Eckehart auf das subjektive Sich-zu-eigen-Machen, auf das Für-eigen-Ansehen, auf das Betonen des oder Absehen vom persönlichen Besitz-Beziehungsverhältnis zu etwas, nicht aber auf objektive Eigenschaften (Qualitäten) des Besitztums. Vgl. S. 159, 19f. und Anm. zu S. 159, 11 bis 27 / 23/29 *Wahrheit* meint hier, wie Maria Bindschedler (S. 26, Anm. 6) richtig ausführt, »weniger ... die richtige *Erkenntnis* des Seins als ... das richtige Sein selbst«. Die *allerbeste*, bzw. *allerhöchste Wahrheit* ist das Allzeit-ledig-Sein zur Empfängnis des Sohnes aus dem Vater und zur Rückgeburt des Sohnes in den Schoß des Vaters bei der unio myštica. Vgl. S. 84, 18ff.

S. 156, 5 *Ich-Bindung* = *eigenschaft*, vgl. oben Anm. zu S. 155, 21.

S. 157, 4 *daheim*, vgl. S. 393, 34 / 14 bis 25 vgl. S. 237, 3ff.; 356, 7f.; 366, 30ff. Die Bemerkung Maria Bindschedlers (S. 27 Anm. 11), ich habe DW 1 S. 16 Anm. 1 eine Übersetzung des Satzgefüges gegeben, »die nicht« dem von mir »hergestellten Text entspricht«, ist irrig, wie wohl beim Vergleich ihrer (S. 23) und meiner Übersetzung ohne weiteres deutlich wird.

S. 158, 13 ff. Da die Seele mit dem Sohne als mit der Weisheit vereint ist, so vollzieht sich in ihr der innertrinitarische Erkenntnisprozeß, erkennt sie selbst mit dem Vater den Sohn, die Weisheit, und in ihm die Ideen, sich selbst und alle Dinge / 27 *Dann* bis 29 *allezeit.* = RS § II 4 art. 9 (Théry S. 180) und RS II art. 52 (Théry S. 258). Über den *inneren* und den *äußeren* Menschen vgl. S. 140, 13 f. und Pf. S. 488, 32 ff.

PREDIGT 2 (S. 159 ff.)

= Quint DW 1 S. 21 ff.

S. 159, 10 f. Mit *wie er war, da er noch nicht war* ist die Existenz des Menschen als Idee in Gott gemeint. Eckehart läßt sich über diese Vorexistenz des Menschen in seiner Idee in der Predigt 32 genauerhin aus, vgl. insbesondere S. 304, 34 ff. und S. 308, 6 ff. / 30 f. vgl. Pf. S. 85, 9 ff.; 392, 25.

S. 160, 20 f. vgl. oben S. 155, 19 ff. und Anm. zu S. 155, 21 / 22 ff. Eckehart vergleicht das ich-, zweck- und zeitgebundene Werk und seine Frucht mit der zum Reifen fast ein Jahr in Anspruch nehmenden ehelichen Frucht, dem Kind. Beide sind ich-, zweck- und insbesondere zeitgebunden und infolgedessen ihre Früchte nicht in jedem Augenblick und nicht in beliebiger Menge möglich. Der Erzeuger der Frucht ist in beiden Fällen nicht frei, sondern zeitgebunden. Die Frucht ist bei dem ichgebundenen Werk an das Werk gebunden, ohne das Werk nicht möglich, weil der Mensch es eben absichtsvoll gerade auf das Werk abgesehen hat und daher in der Erzielung der Früchte an das zeitliche Nacheinander der Werke gebunden ist; die Früchte können dabei nicht zahlenmäßig ins Unendliche gesteigert werden. Diese Zeit, die die Werkgebundenheit zur Erzielung der Frucht braucht und nötig macht, setzt der Prediger in eins mit dem Jahr, das die eheliche Frucht zur Reife braucht.

S. 161, 19 bis 25 = Pf. S. 397, 35 bis 40 in Traktat 3. Die Kraft, von der der Prediger in diesem Abschnitt spricht, ist die oberste Vernunft, über die Eckehart an sehr vielen Stellen handelt, insbesondere an der durch die RS inkriminierten und wiederholt von Eckehart verteidigten Stelle der Pr. 13 S. 215, 9 ff.; vgl. auch S. 185, 20 ff.; 269, 22 ff.; 336, 35 ff.; 356, 32 ff.; 373, 8 ff. / 28 ff. Ähnliche Vergleiche siehe S. 97, 19 ff.

S. 162, 9 ff. Im voraufgehenden ist ausführlich die Rede 1. vom Leiden, dessen der in der charakterisierten Kraft mit Gott geeinte Mensch fähig ist, und 2. von dem zeitlosen Nun der Ewigkeit, in dem Gott der bezeichneten Kraft der Seele innewohnt und in dem es kein zeitliches Nacheinander und demnach auch kein Altern gibt. Und nun faßt der Prediger die beiden Momente noch einmal zusammen, indem er sagt, daß es für den mit Gott in e i n e m Lichte wohnenden Menschen kein Leiden und kein Folgen, d. h.

kein zeitliches Nacheinander, sondern nur eine gleichbleibende Ewigkeit gibt. Diesem Menschen ist alles Verwundern genommen, d. h. nichts kann ihn mehr verwundern, es gibt kein Wunder mehr für ihn, u. zw. deshalb nicht, weil alle Dinge wesentlich in ihm sind, weil also nichts ihm mehr begegnen kann, was nicht wesentlich schon in ihm stünde. Deshalb kann Zukünftiges oder ein Zufall ihm nichts eintragen, einfach deshalb nicht, weil es im Nun der Ewigkeit, in dem er lebt, kein Vergangenes und kein Zukünftiges gibt. / 14ff. Die Kraft, von der im folgenden die Rede ist, ist der Wille. Vgl. S. 158, 19ff. / 36ff. vgl. S. 342, 9ff.

S. 163, 13 *Ich* bis 24 *vermag.* = RS II art. 51 (Théry S. 253). Zu S. 163, 16 *Fünklein* vgl. noch etwa S. 318, 5ff.; 229, 26; 243, 25f.; 316, 1; 197, 35 / 24ff. Es muß auffallen, daß Eckehart in der vorliegenden Predigt S. 161, 25ff. und 163, 24ff. die Geburt des Sohnes in die Kraft der Vernunft verlegt und diese oberste Vernunft, wie er sie meist nennt, mit Wendungen definiert, die er sonst der Charakterisierung des innersten Wesens vorbehält, in der er gemeinhin den Vorgang der Sohnsgeburt sich vollziehen läßt, weitab von allen Kräften. Auch an der vorliegenden Stelle spricht Eckehart ja, und hier mit besonderem Nachdruck, vom Seelenzentrum als einem Unnennbaren, sich jeder Bestimmung Entziehenden, das er aber eingangs nun doch wieder als Kraft bezeichnet (S. 163, 13). In dieser Predigt sucht er das Höchste und Letzte über die unio mystica auszusagen. Diese unio aber ist die Einigung des schlechthin einfaltigen Seelengrundes mit dem schlechthin einfaltigen, wüsten Grunde der Gottheit, jenseits von deren Entfaltung in die drei Personen, natürlich als Erfolg der Sohnsgeburt in der Seele. Diese aber als Eingang der Gottheit mit *personlîcher eigenschaft*, was nicht das Höchste und Letzte ist, mußte Eckehart hier um der Möglichkeit der Steigerung willen in die oberste Kraft, in die oberste Vernunft verlegen, wobei allerdings betont werden muß, daß nach E. auch das Wesen der Seele, der Seelengrund, das Bürglein, intelligibler Natur ist.

S. 164, 8ff. vgl. S. 342, 20ff.; 334, 24ff. / 12ff. vgl. S. 331, 14ff. / 16f. vgl. S. 163, 16f.; 278, 23f. / 5 bis 21 *darin.* = RS § II 4 art. 13 (Théry S. 183). Dieses Textstück wurde von Johannes Wenck in seiner Schrift De ignota Litteratura (siehe S. 464, BgT) unter Nennung von Eckeharts Namen (magister Eghardus) zitiert.

PREDIGT 3 (S. 165ff.)

= Quint DW 1 S. 46ff.

S. 165, 14f. vgl. den aristotelischen Satz: *simile simili cognoscitur* (Aristoteles, De anima I 2. 404b 17). / 14 bis 19 vgl. Thomas, De anima l. 1 lect. 4 (ed. Pirotta 43 bis 45). Vgl. auch S. 264, 22f. / 15f. vgl. Aristoteles, De anima III c. 8, 431b 21. Vgl. auch S. 230, 35ff. / 17ff. vgl. Liber XXIV philos. prop. XXIII in commento (ed. Baeumker S. 39, 9 bis 11) / 19f.

vgl. Thomas, S. theol. I q. 39 a. 8. Vgl. auch S. 377, 16ff.; Pf. S. 216, 14/22; 241, 8ff.; 248, 29ff. / 29f. vgl. Thomas, S. theol. I q. 89 a. 5 und 6 / 31ff. vgl. Aristoteles, Eth. Nicom. H c. 12. 1152b 24ff.

S. 166, 16ff. Zum Verhältnis von Erkenntnis und Willen und zur Frage, welches dieser beiden Vermögen das höhere sei, vgl. etwa noch S. 368, 9ff.; 385, 12ff. / 24ff. vgl. S. 352, 32ff. / 27ff. vgl. Thomas, In I. Sent. d. 3 q. 3a. 1; Albertus Magnus, In II. Sent. d. 2 a. 1 (ed. Borgnet 27, 45a). Vgl. auch etwa Pf. S. 165, 24ff.; 173, 18ff. / 35f. vgl. Pf. S. 85, 36ff.; 202, 1ff.; 226, 5ff.

S. 167, 3 vgl. Thomas, S. theol. I q. 16 a. 3. / 17 *was* bis *ist Gott.* = RS II art. 50 (Théry S. 252). Eckehart wiederholt den Satz in Z. 28. Der Zensor der RS hat den Satz übersetzt mit *omne quod est, hoc est deus* = *»alles, was ist, das ist Gott«*, und in dieser falschen Übersetzung ist sein Inhalt radikal pantheistisch, während der mhd. Wortlaut der Predigtstelle geläufige scholastische Lehre enthält. Vgl. noch etwa S. 332, 26f.; 215, 26 / 17f. Die Kräfte, die *unterhalb Gottes schweben*, sind die Intelligenzen. Vgl. Liber de causis prop. 16 (ed. Bardenhewer § 15 p. 177[20]) / 22f. vgl. S. 325, 4ff.; 330, 2f.; 401, 7. Es handelt sich um die aristotelische Lehre, nach der der Himmel inkorruptibel ist. / 35 Der Schluß der Predigt ist wohl fragmentarisch. Ob nur die Schlußwendung oder auch noch ein Stück Exegese über das Predigtthema weggefallen ist, läßt sich wohl nicht mit Sicherheit entscheiden. Inhaltlich dürfte jedoch das Thema am Schluß des überlieferten Textes erschöpft sein. Die Disposition der Predigt ist, wie oft bei Eckehart, dem Schrifttext entnommen. Nachdem die ersten beiden Hauptabschnitte über *Nunc scio* und *vere* gehandelt haben, exegesiert Eckehart im dritten großen Schlußteil, der bei S. 166, 13 mit der Wiederholung des Schriftwortes einsetzt, den zweiten Teil *quia misit dominus angelum suum*. Die Leitgedanken dieses Abschnittes sind folgende: Das Erkennen, die »Fürstin« der Seelenkräfte, dringt durch, bis es Gott »bloß findet«. Der Engel als ein im Vergleich zur Seele näheres Bild der Gottheit wird der Seele gesandt, um sie näher an das Urbild Gottes heranzubringen, sie stärker zu verähnlichen und ihr Erkennen dadurch zu überhöhen, da das Erkennen eine Funktion der Ähnlichkeit, bzw. Gleichheit mit dem Erkannten ist. Wird die Seele aber, die die Fähigkeit hat, alle Dinge zu erkennen, infolge der durch den Engel bewirkten Verähnlichung mit dem Urbilde Gottes zu dessen Erkenntnis fähig, so geht sie kraft dieses Erkennens in das Wesen Gottes ein, da göttliches Sein und Erkennen eins sind und alles, was in Gott ist oder in Gott eingeht, mit seinem Wesen eins ist. Mit den letzten Ausführungen ist das Ziel aller Eckehartischen Predigtspekulation, der Eingang der erkenntnisfähigen Seele des Menschen in den göttlichen Geist erreicht. Wesentliches kann demnach am Schluß unserer hsl. Überlieferung der Predigt nicht verlorengegangen sein.

PREDIGT 4 (S. 168ff.)

= Quint DW 1 S. 58ff.

S. 168, 6 *Die Menschen* bis 19 *nicht hast*: = RS II art. 41 (Théry S. 245). Z. 11 *Mag* bis 21 *Beste*∼ RS § II 4 art. 16 (Théry S. 184) / 6 bis 14 vgl. S. 91, 23 bis 28; 372, 16ff. / 22ff. vgl. S. 372, 21ff.; 380, 22ff.; 371, 35ff. / 33ff. vgl. S. 372, 10ff.

S. 169, 13ff. vgl. S. 336, 14ff.; 357, 24ff.; 386, 5ff.; 109, 19ff.; 131, 16ff. / 29ff. vgl. S. 73, 15ff.; S. 75, 7ff. / 31ff. vgl. S. 375, 2ff./9ff.; 89, 30f.; 174, 21f.; 350, 26ff. / 34ff. vgl. Thomas, S. theol. I q. 50 a. 3; Pf. S. 276, 31ff.; S. 90, 29ff.; 338, 25ff.

S. 170, 4ff. vgl. S. 357, 8ff. / 18 *Es* bis 23 *selbst* = RS § II 4 art. 11 B (Théry S. 181) ∼ RS II art. 42 (Théry S. 247) / 24ff. vgl. S. 127, 14ff.; 358, 19ff.; 370, 10 / 36ff. vgl. etwa S. 154, 33ff.; 227, 26ff.; 372, 29ff.; 379, 18ff.; 267, 17ff.; 211, 20ff.; 383, 33ff.; 89, 34ff.; 335, 16ff.

S. 171, 9 *Alle* bis 12 *Sein*, ∼ RS § II 4 art. 15 (Théry S. 184), »Gutachten« art. 6 (Pelster S. 1112), Bulle art. 26 S. 453 / 9 *Alle* bis 16 *allein hätte*. = RS II art. 43 (Théry S. 247). Vgl. auch RS II art. 30 (Théry S. 236); S. 205, 23; 270, 2f.; 400, 25f. / 14ff. vgl. S. 338, 22ff.; 373, 3ff.; 358, 7ff. / 19ff. vgl. S. 381, 29ff.; 97, 19ff.; 338, 30ff. / 23ff. vgl. S. 330, 16ff.; 356, 17ff. / 27ff. vgl. S. 96, 18ff.; 337, 27ff.

S. 172, 2ff. vgl. S. 385, 29ff. / 4ff. vgl. S. 161, 25ff. und eine Fülle von weiteren Parallelstellen, die ich DW 1 S. 32 Anm. 2 zusammengestellt habe. / 12 *Wo* bis 15 *Erben*. ∼ Vgl. RS § II 4 art. 1 A (Théry S. 176). Vgl. auch die Bullensätze 20, 21, 22 (S. 452f.), sowie die Artikel 18 und 19 des »Gutachtens« (Pelster S. 1117); vgl. S. 170, 36ff.; 373, 8ff. / 20ff. etwa S. 94, 32ff. / 30ff. vgl. S. 344, 10; 340, 8ff.

PREDIGT 5 (S. 174ff.)

= Quint DW 1 S. 75ff.

Über diese von mir aufgefundene Predigt vgl. meinen Aufsatz »Eine unbekannte echte Predigt Meister Eckeharts«, ZfdPh 60 (1953) S. 173 bis 192, wo auch das Verhältnis der Predigt zu Pf. Nr. 13 (= Pr. 5b) auf Grund einer vergleichenden Inhaltsanalyse klargestellt ist.

S. 174, 13 *daß der Vater bis* 21 *ihm*, ∼ RS § II 4 art. 7 A (Théry S. 179), RS II art. 24 (Théry S. 226f.), RS II art. 25 (Théry S. 228), »Gutachten« art. XXI (S. 1119), Bulle art. 11 (S. 451). Vgl. auch etwa S. 338, 7ff.; Pf. S. 158, 1ff. / 21 *denn Gott* bis 23 *Teilung* ∼ RS II art. 26 (Théry S. 228). Über das Geben Gottes vgl. noch S. 386, 25ff.; 224, 25ff.; 375, 2ff.; 89, 26ff. (RdU); Pr. Pf. Nr. XXXIX / 23 *und nicht* bis 24 *Ewigkeit*; ∼ RS II art. 27 (Théry S. 229). / 30 *Gott* bis 34 *sind*. ∼ RS II art. 28 (Théry S. 235) / 34 *Und alle* bis 175, 2 *wirke*. ∼ RS II art. 29 (Théry S. 235).

S. 175, 14ff. vgl. S. 179, 35ff. / 17ff. vgl. Augustinus, In epist. Ioh., tr. II n° 14 (PL 35, 1997) / 20ff. vgl. S. 181, 8ff.; 389, 11ff. / 28 bis 176, 2 vgl.

S. 179, 14ff.; 404, 30ff. / 35 *Alle* bis 36 *Etwas.* ∼ RS II art. 30 (Théry S. 236). Vgl. auch S. 171, 9ff.; 181, 15ff.; 325, 33.

S. 176, 2ff. vgl. S. 179, 19ff. / 6ff. vgl. S. 180, 21ff.; 384, 18f.; 371, 16ff. / 10 *so daß* bis 12 *ihn.* vgl. RS II art. 31 (Théry S. 236). Vgl. S. 180, 9ff.; 268, 27ff. / 12ff. vgl. etwa S. 184, 22ff.; 186, 24ff.; 359, 31ff. / 25 *Man* bis 29f. *gleicherweise nehmen,* = RS II art. 32 (Théry S. 237). Zu Z. 25 bis 177, 7 vgl. S. 180, 14ff.; S. 76, 19ff.; 57, 13ff.; 380, 35ff.

S. 177, 24 Der Schluß wird fragmentarisch sein, da er eine regelrechte Schlußwendung vermissen läßt. Vielleicht klang die Predigt mit einem ähnlichen Schlußsatz aus wie die Parallelpredigt 6 S. 181, 31ff.

PREDIGT 6 (S. 178ff.)

= Quint DW 1 (S. 83ff.)

Es handelt sich möglicherweise um eine Bearbeitung der durch die RS als sicher echt erwiesenen Predigt 5 auf den gleichen Schrifttext. Der gedankliche Aufbau ist in beiden Predigten der gleiche. Die Bearbeitung scheint im wesentlichen den Zweck verfolgt zu haben, die inkriminierten Stellen der ursprünglichen Predigt auszumerzen oder doch abschwächend umzuformulieren.

S. 178, 10ff. vgl. S. 174, 12ff. Vgl. Thomas, S. theol. III q. 57 a. 5 / 23ff. vgl. S. 326, 12ff. Die spezifische Gleichheit der Menschen ist nach Thomas verträglich mit einer substantiellen Ungleichheit der menschlichen Seelen, die aus der Verschiedenheit der Materie herrührt: II Sent. d. 32 q. 2 a. 3 / 24 bis 26 vgl. S. 174, 13 bis 22.

S. 179, 14f. vgl. S. 175, 28ff. / 16ff. vgl. Thomas, Suppl. q. 70 a. 3. Vgl. auch Theologia Deutsch S. 37, 42f. / 19ff. vgl. S. 176, 2ff. / 35ff. vgl. S. 175, 14ff.

S. 180, 6ff. vgl. S. 176, 12ff. / 9ff. vgl. S. 176, 9ff. / 14ff. vgl. S. 176, 25 bis 177, 7 / 21 bis 31 vgl. S. 176, 6ff.; 164, 8ff.; 342, 20ff.

S. 181, 2ff. vgl. etwa S. 434, 3ff.; 386, 18ff.; 359, 31ff.; 389, 27ff. / 15f. vgl. S. 175, 35f. / 19ff. Die hier behandelte Frage steht in engster Beziehung zu dem in Pr. 44 (S. 361ff.) gestellten Thema, das die Frage aufwirft, ob die im Zustande der Gnadenlosigkeit gewirkten guten Werke verloren sind oder nicht, bzw. ob die Frucht dieser Werke nach Wiedererlangung des Gnadenstandes wieder wirksam wird oder nicht. Ich habe ZfdPh 60 S. 183 dargelegt, daß und weshalb ich vermute, daß unser Stück ursprünglich nicht in den Zusammenhang der vorliegenden Predigt gehörte. Tauler (Vetter S. 262, 34ff.) bezieht sich auf die Ausführungen über den Willen an der obigen Stelle. Zu der hier und in Pr. 44 behandelten Meisterfrage vgl. Thomas, S. theol. III q. 89 a. 6 / 27ff. vgl. etwa S. 275, 30ff.; 427, 14ff.

PREDIGT 7 (S. 182ff.)

= Quint DW 1 S. 97ff.

Das in dieser Predigt behandelte Thema »Gerechtigkeit und Gerechter« ist eines der Grundthemen Eckeharts, das er in seinen lateinischen Schriften immer wieder aufgreift und das er im Eingang des BgT mit besonderem Nachdruck erörtert (vgl. S. 102, 1ff.).

S. 182, 6ff. Auf diese Ausführungen über den Gerechten wird Eckehart sich wahrscheinlich zurückbeziehen, wenn er S. 267, 4f. sagt: *Gelegentlich habe ich dargelegt, was ein gerechter Mensch sei;* ... In seinem Sapientia-Kommentar entwickelt E. bei der Behandlung der unserer Predigt zugrundeliegenden Textstelle weitgehend die gleichen Gedanken. / 7 Gemeint ist: Institutiones (Iustiniani) 1, 1 pr.: *Iustitia est constans et perpetua voluntas ius suum cuique tribuens.* / 8f. In diesem Satz stellt Eckehart die Programmpunkte auf, über die er im ersten Teil der Predigt, der bis S. 183, 2 reicht, handeln wird: was schuldet der Gerechte 1) Gott, 2) den Heiligen und Engeln, 3) denen im Fegefeuer, 4) dem Mitmenschen. Die Punkte 3 und 4 sind sowohl S. 182, 8f. wie S. 183, 1f. nicht deutlich auseinandergehalten. An der genau entsprechenden Stelle des Sapientia-Kommentars jedoch sind diese vier Punkte deutlich geschieden aufgeführt. / 14 *die nicht* bis 17 *Ehre,* = RS II art. 35 (Théry S. 238), »Gutachten« art. 15 (Pelster S. 1115), Bulle art. 8 (S. 451) / 20ff. vgl. S. 321, 19ff.; 394, 25ff.; 349, 9ff.

S. 183, 3ff. Im voraufgehenden hat Eckehart über das Geben des Gerechten gehandelt, im folgenden spricht er über sein Empfangen. / 10ff. vgl. S. 169, 13ff. / 21ff. vgl. S. 371, 10ff.; 383, 20ff.

S. 184, 3ff. vgl. S. 175, 17ff.; 428, 20f.; Bernhard, De praecepto et dispensatione c. 20 nr. 60 (PL 182, 892) / 9ff. vgl. S. 176, 6ff. / 23 *Gottes* bis 25 *mehr.* = RS II art. 36 (Théry S. 240). Vgl. auch etwa S. 176, 12ff. / 26ff. In diesem dritten Dispositionsabschnitt knüpft E. an den Ausdruck *bei Gott (apud deum)* des gewählten Schrifttextes schwierige Spekulationen an über den Gleichheitsbegriff, die zumal von Z. 36 an äußerst subtil werden. Predigt 25, die den gleichen Schrifttext zum Gegenstand hat, bringt parallele Ausführungen über *apud deum* im Abschnitt S. 268, 5ff., wo auch Joh. 1,1 zitiert wird (S. 268, 9f.) wie S. 184, 28 und wo Eckehart sich vielleicht im Hinblick auf die eingehenderen Ausführungen der vorliegenden Predigt sehr kurz faßt. Zu *bei* vgl. S. 199, 17f.; 268, 5ff. / 30ff. vgl. S. 389, 11ff. / 33 *So* bis 185, 10 *gut.* = RS II art. 37 (Théry S. 240f.). Über das »Gleichsein« vgl. etwa S. 319, 15ff.; 346, 7ff.

S. 185, 17 *es gebiert* bis 19 *leid.* = RS II art. 38 (Théry S. 241). Vgl. S. 161, 25ff. / 19 bis 21 und 25 bis 27 vgl. RS § II 4 art. 1 D (Théry S. 177), RS II art. 39 A (Théry S. 242), »Gutachten« art. 19 (Pelster S. 1117) Bulle art. 22 (S. 453). Zu Z. 20f. vgl. S. 337, 1ff.; 341, 28ff. / 27ff. vgl. S. 347, 33ff. / 29 *Darum* bis 34 *Unterschied.* = RS II art. 39 B (Théry S. 242). Vgl. S. 103, 32ff.; 104, 19ff. / 35 *Wir* bis 186, 2 *Leib* und 186, 5 *Was* bis 9 *gibt.* = RS

§ II 4 art. 1 E (Théry S. 177), RS II art. 39 C (Théry S. 242f.), »Gutachten« art. 20 (Pelster S. 1118), Bulle art. 10 (S. 451).

S. 186, 10ff. vgl. etwa S. 270, 22ff. / 17 *Ich dachte* bis 21 *Leben.* = RS § II 4 art. 10 (Théry S. 181), RS II art. 40 (Théry S. 244), »Gutachten« art. 16 (Pelster S. 1116), Bulle art. 9 (S. 451). Vgl. S. 386, 25ff.; 390, 1ff. / 22ff. vgl. S. 176, 12ff.; Pf. S. 158, 37ff. / 33ff. Über die Streitfrage, ob Vernunft oder Wille das höhere, beseligende Prinzip sei, handelt Eckehart an sehr vielen deutschen und lateinischen Stellen, vgl. etwa S. 393, 9ff.; 400, 11ff.; 347, 8ff.; 270, 17ff. Hier wie fast an allen übrigen Stellen gibt Eckehart der Vernunft den Vorrang vor dem Willen in bezug auf die Fähigkeit, die Einigung und Einheit des Menschen mit Gott herbeizuführen. / 36ff. vgl. S. 406, 34ff.; 435, 32ff.

S. 187, 3ff. vgl. S. 405, 32ff.; 265, 24ff.; 117, 28ff.

PREDIGT 8 (S. 188ff.)

= Quint DW 1 S. 116ff.

Eckehart bezeichnet in dieser Predigt die Barmherzigkeit Gottes in einem ganz bestimmten, hohen Sinne als das höchste Werk Gottes. Der Ort der Seele für dieses höchste Werk ist das Heimlichste und Verborgenste und liegt weit oberhalb der Seelenregion, in der die Kräfte Wille und Vernunft in ihre Akte Wollen und Erkennen ausbrechen. Im Gegensatz zu den Meistern spricht Eckehart hier nicht nur dem Willen, sondern auch der Vernunft, wiewohl sie nicht, wie der Wille, in der Erfassung Gottes an die Qualität der Gutheit gebunden ist, sondern durch alle qualitativen Bestimmungen des göttlichen Wesens durchzubrechen und es »bloß« zu nehmen vermag, das Einigungsvermögen ab, um es der Barmherzigkeit vorzubehalten.

S. 188, 8ff. Eckehart schätzt den Frieden am höchsten, wenn er das Endstadium eines Kampfes ist, eines aktiven Bemühens um den Frieden, der am Anfang noch nicht da ist. / 14ff. vgl. etwa S. 100, 4ff. / 21 Zu *himmlischer M.* vgl. S. 109, 11; 191, 16; 140, 23f.; zu Z. 22 vgl. S. 398, 34ff. / 24f. vgl. S. 242, 3f. / 25 *Mein Leib* bis 32 *äße.* = RS II art. 47 (Théry S. 249f.), ähnlich RS § II 4 art. 14 A (Théry S. 183).

S. 189, 1ff. vgl. etwa S. 103, 22ff. (BgT) / 15ff. vgl. Thomas, S. theol. I q. 21 a. 4.

S. 190, 3ff. Zum Wille(Liebe)-Vernunft-Problem vgl. S. 165, 9ff.; 166, 17ff.; 186, 33ff. / 11 Zu den Metaphern *Fell* und *Kleid* für die Attribute Gottes vgl. etwa noch S. 198, 15/19f./33ff.; 393, 23ff. / 11ff. Eckehart sagt, daß die Vernunft zwar in ihrem Erfassen Gottes nicht, wie die Liebe, an eine bestimmte Qualität Gottes gebunden ist, daß sie ihn aber auch nicht im unergründlichen Meer seines reinen Wesens zu begreifen vermag, daß sie ihn vielmehr nur ihrem Erkenntnisvermögen gemäß erkennt. Erst im höchsten Bereich der Barmherzigkeit, der Gnade, ist die Einigung mit dem Göttlichen möglich. / 18ff. Mit dem, was Eckehart hier das Heimliche und Verborgene, über die Kräfte Vernunft und Wille Erhabene nennt, meint er den Seelengrund, den Funken, über den er S. 163, 13ff. ausführlicher handelte. Vgl. auch S. 398, 20ff. / 20ff. vgl. Augustinus, De Gen. ad litt. VI c. 29 n. 40 (PL 34, 356) / 23ff. Eckehart sagt: Wenn wir schon von der Region der Seele, in der ihre Kräfte nach außen wirksam werden, nur sehr wenig wissen, so wissen wir gar nichts über das Wesen der Seele in ihrem Grunde, es sei denn, daß uns gnadenhaft übernatürliche Erkenntnis durch göttliche Barmherzigkeit verliehen werde.

PREDIGT 9 (S. 191ff.)

= Quint DW I S. 125ff.

Die kurzen, einleitenden Ausführungen handeln vom Leiden und der zu verurteilenden Bindung an die Kreatur. Daran schließt eine breitangelegte Seinsspekulation an mit dem Ziel, die Erhabenheit des metaphysischen Seins über das irdische Leben und die Einheit von Leben und Sein im göttlichen Sein darzutun. Der Schlußteil lehrt dann erst auf Grund der vorangestellten Seinsspekulation die Praxis der Heimholung der Seele, die sich im Sinnenleben an die in Gegensätzen auseinandergefallene Welt der Kreaturen verloren hat, zu einem Leben im Sein, das alle Gegensätze zur Einheit bindet, u. zw. durch das Licht der Vernunft, in dem ebenso wie im göttlichen Sein jenseits der Zeit nichts stirbt. Erst mit dieser aus der Metaphysik entwickelten Ethik rundet sich die Predigt zum Ganzen.

S. 191, 4f. Merkwürdigerweise wird das Matthäuszitat nirgends in der Predigt zum direkten Gegenstand der Ausführungen. / 15 = aristotelische Lehre / 28ff. vgl. Albertus Magnus, De gen. et corr. I tr. 1 c. 25 (ed. Borgnet IV, 366b); vgl. auch S. 128, 6ff. / 34ff. vgl. Thomas, S. theol. I q. 4 a. 2 ad 3; vgl. auch S. 170, 12ff. (und Anm. dazu).

S. 192, 12 *Gott erkennt* bis 14 *sein Sein.* = RS II art. 48 (Théry S. 250) / 14f. vgl. Liber de causis prop. 3 (ed. Bardenhewer § 3 p. 165, 26 bis 166, 3; dazu Thomas, In l. de causis lect. 3 (I S. 209); Avicenna, Met. IX c. 4 (Venetiis 1508, 104v); Thomas, S. theol. I q. 65 a. 3; q. 45 a. 5 / 26 *Ein Leben* bis 28 *gewann.* = RS II art. 49 (Théry S. 251) / 35ff. vgl. Augustinus, De gen. ad litt. l. IV c. 23 n. 40 (PL 34, 312), ebenda c. 24 n. 41 (313); vgl. auch Thomas, S. theol. I q. 58 a. 6 ad 2; S. 301, 15ff.; 146, 18ff.; 394, 19ff.

S. 193, 12 *Ich* bis 14 *könnte.* = RS II art. 49 (Théry S. 252) / 31ff. vgl. S. 325, 17ff.; 398, 30ff.

S. 194, 3ff. vgl. S. 188, 25ff., Thomas, S. theol. I q. 77 a. 8.; I, II q. 67 a. 1 ad 3 / 9ff. vgl. S. 428, 12ff.

PREDIGT 10 (S. 195ff.)

= Quint DW 1 S. 138ff.

S. 195, 9 Eckehart hat den »Liber 24 philosophorum« des Pseudo-Hermes Trismegistus im Auge (ed. Baeumker, Beitr. z. Gesch. d. Philos. d. Ma's XXV, S. 207 bis 214). Er zitiert diesen »Liber« wiederholt in seinen lateinischen Schriften. Die beiden ersten Sprüche bei Eckehart sind viel zu ungenau zitiert, als daß sie mit bestimmten Nummern der »24 Meistersprüche« in eins gesetzt werden könnten. Nur der dritte Spruch hat eine eindeutige Beziehung, u. zw. zum 20. Meisterspruch: *Deus est, qui solus suo intellectu vivit.*

S. 195, 20ff. vgl. S. 353, 19ff. / 22ff. vgl. S. 356, 12ff. / 25ff. vgl. etwa S. 329, 33; Thomas, S. theol. I q. 8 a. 2 ad 3.

S. 196, 5f. vgl. Bernhard, De diligendo Deo c. 1 n. 1 und 6 n. 16 (PL 182, 974/983f.); vgl. auch S. 407, 15ff.; 408, 30ff. / 29f. vgl. Augustinus, De trin. l. V c. 1 n. 2 (PL 42, 912) / 31 Gemeint sind wohl die baccalaurii theologiae / 32 *zehn Seinsweisen* = 10 Seinskategorien des Aristoteles. Diese 10 Prädikamente kommen Gott nicht in der Weise wie den Kreaturen, d. h. real unterschieden von der Substanz zu, wohl aber als *transientes in substantiam*, als real identisch mit der göttlichen Substanz.

S. 197, 3f. vgl. S. 215, 19ff., Thomas, De ver. q. 3 a. 2 obi. 5 / 7 *Gott* bis 9 *würde.* = RS II art. 54 (Théry S. 259), »Gutachten« art. 5 (Pelster S. 1112), Bulle art. 28, Appendix art. 2 (S. 454); vgl. auch S. 353, 10 / 19ff. vgl. S. 338, 22ff.; 350, 26ff.; 88, 34ff. / 25ff. Zur These, daß Gott reines Erkennen sei, daß ihm das Sein erst sekundär durch das Erkennen zukomme, vgl. auch S. 353, 19ff.; 408, 11ff.

S. 198, 14ff. Über *minne* und *vernünfticheit* vgl. S. 189, 33ff. und Anm. zu 190, 3/10f. / 24 Mit *dieses Licht* bezieht Eckehart sich auf das in Z. 18 erwähnte *höhere Licht* der *heiligen Meister.* / 24f. Gemeint ist wahrscheinlich der Franziskanergeneral Gonsalvus de Vallebona, der in der Quaestio, *Utrum laus dei* etc. (Lat. W., 5. Bd. S. 59ff.) gegen Eckeharts Auffassung polemisiert.

S. 199, 3f. Zur Frage, ob die Seligkeit im Erkennen oder im Wollen liege, vgl. S. 186, 33ff. / 5 ff. vgl. insbesondere S. 226, 8ff./16ff. / 12ff. Eckehart sagt, daß er es in allen seinen Predigten auf das *bîwort* abgesehen habe, daß alle seine Predigten das Grundmotiv durchziehe, wonach die Seele ihren »Ausfluß« dort nimmt, wo auch der Sohn ausfließt, wonach der Vater, indem er den Sohn, das »Wort« spricht, zugleich auch die Seele als *bîwort* ausspricht, und daß darauf der ganze Adel der Menschenseele beruht. / 31ff. vgl. S. 126, 29ff.; 367, 17ff.

S. 200, 3ff. vgl. S. 425, 18ff.; Thomas, S. theol. I q. 45 a. 7: *Utrum in creaturis sit necesse inveniri vestigium trinitatis.* / 12ff. Eckehart unterscheidet dreierlei »Wort«: 1. das hervorgebrachte, außerhalb Gottes in den Kreaturen verobjektivierte Wort, 2. das gedachte und vorgestellte menschliche Wort, 3. das im »Vater« stets innebleibende, nicht hervorgebrachte, nicht aus dem trinitarischen Zirkel austretende »Wort« als 2. Person der Gottheit. Vom menschlichen Wort ist im Gegensatz zum dritten Wort, dem Sohn in der Trinität, gesagt, daß es sowohl *bedâht* als auch *vürbrâht*, d. h. ein Wort ist, das im Intellekt als Objekt existiert, durch das ich dahin gelange, daß ich ein Bild des gedachten Gegenstandes in mich hinein bilde.

PREDIGT 11 (S. 201ff.)

= Quint DW 1 S. 159ff.

Zur Textfolge und zum Bezug der Predigt auf den hl. Germanus siehe meine Ausführungen a. a. O. S. 159ff. unter »Textkonstituierung«. Die Predigt wurde wahrscheinlich 8 Tage nach Pr. 15 der Gesamtausgabe (Quint DW 1 S. 244ff.) in Köln gehalten, siehe DW 1 S. 373.

S. 201, 4f. Eckehart übersetzt das *inventus* des Schrifttextes mit *innevunden*, um es unten S. 207, 3ff. seiner Absicht, sich über den Seelengrund auszulassen, dienstbar zu machen, eine von ihm oft geübte Praxis subjektiv interpretierender Übersetzung. / 6f. vgl. S. 230, 31ff.; Thomas, S. theol. I q. 8 a. 1 ad 2 / 10 *Sankt* bis 14 *anderes.* = RS II art. 55 (Théry S. 263) / 32ff. vgl. S. 194, 3ff.

S. 202, 12f. Eckehart wählt als Beispiel dafür, daß die Seele jeweils immer nur eine Vorstellung gegenwärtig haben könne, gerade die Engel, weil jeder einzelne Engel eine Species für sich darstellt und daher die Engel keine addier- und zählbaren Größen sind. Ihre Zusammenfassung in der Vorstellung müßte daher der Seele ganz besonders schwer fallen; sie könnte die nicht zählbare Menge der Engel immer nur unter dem Bilde eines Engels real vorstellen. / 36 *Der Mensch* bis 203, 4 *selbst.* = RS II art. 56 (Théry S. 264).

S. 203, 5ff. vgl. S. 147, 23f. / 32 Hier beginnt der zweite Teil der Predigt mit der Exegese des ersten Teils des zugrundegelegten Schrifttextes.

S. 204, 4 Unter dem *natürlichen Licht*, das weiter unten S. 205, 34ff. als *natürlicher Tag* und S. 206, 13 als *Kraft in der Seele* bezeichnet wird, ist die *vernünfticheit* zu verstehen, wie an der Vergleichsstelle S. 310, 18ff. deutlich gesagt ist. / 9 *So oft* bis 15 *Ewigkeit.* = RS II art. 57 (Théry S. 264). Zur »Jungfrauengeburt«, die zeit- und zahllos ist, vgl. S. 161, 4ff.; 396, 26ff. / 16 *Nun* bis 18 *Herzen seien.* = RS. II art. 58 (Théry S. 265) / 30 ff. vgl. S. 344, 10ff.; 370, 30ff.; 313, 10ff.; 387, 18ff.

S. 205, 6 vgl. S. 376, 10ff. / 8 *Nun* bis 10 *Unterschied.* = RS II art. 59 (Théry S. 266) / 10ff. vgl. S. 389, 10ff.; 335, 14ff. / 23 *Alle* bis *nichts.* = RS II art. 13 (Théry S. 218), II art. 46 (Théry S. 249) / 36f. vgl. S. 203, 32ff.

S. 206, 1ff. vgl. S. 138, 15ff.; 356, 14ff.; 269, 12ff. / 13ff. Die Kraft, von der hier die Rede ist, kann nichts anderes sein als das *natürliche Licht* und der *natürliche Tag*, über die der Prediger oben S. 204, 4 und S. 205, 34f. gesprochen hat: es handelt sich um die Kraft der Vernunft, von der hier wie an vielen Stellen gesagt wird, daß sie Gott nicht unter dem »Kleid« seiner inhaltlichen Attribute »gut«, »wahr« usw. nimmt, sondern ihn in seinem Grund, in seiner »Wüste«, in seiner bloßen Gottheit zu ergreifen sucht. / 20ff. vgl. S. 145, 5ff. / 28 Eckehart wird mit seinem Rückverweis einen seiner Sermone II und IV im Auge haben, die für den Dreifaltigkeitssonntag bestimmt waren. In beiden sind die innertrinitarischen Beziehungsverhältnisse genauerhin behandelt.

S. 207, 3 vgl. oben S. 201, 4f. / 10f. vgl. S. 108, 17f.; 405, 27ff.

PREDIGT 12 (S. 208ff.)

=Quint DW I 175ff.

Die Predigt wurde nach Pr. 14 und Pr. 23 in Köln gehalten; siehe Quint DW I S. 373.

S. 208, 2ff. Eckehart greift aus Lukas' Bericht über die Geburt des Johannes drei Sätze heraus und stellt sie unverbunden nebeneinander. / 5f. Die Schriftstelle, die der Prediger im Auge hat, ist wohl 1 Joh. 3, 1: *Videte qualem charitatem dedit nobis Pater, ut filii Dei nominemur et simus.* Diese Schriftstelle ist der Predigt 35 (S. 317ff.) zugrunde gelegt, in der ähnliche Äußerungen zumal über die Sohnsgeburt, über das »Nichts«, über die verschiedenen Erkenntnisarten, über das »Entdecken« und das »Bedecken« zu finden sind, wie sie in unserer Predigt vorgetragen werden. / 13ff. Über die Gnade, die nicht wirkt und in das Wesen der Seele einfließt, vgl. S. 398, 23ff. / 16 Johannes = »Gnade Gottes«, vgl. Pf. S. 584, 37f. / 22ff. vgl. S. 213, 14ff. / 26ff. vgl. Augustinus, Confess. X c. 41 und 66 (ed. Skutella S. 260, 8ff.). Die gleiche Stelle S. 107, 36ff.

S. 209, 4ff. vgl. S. 300, 35ff. / 14 *Wird* bis 16 *dir.* = RS II art. 4 (Théry S. 211) mit Abweichungen / 22ff. vgl. S. 117, 28ff.; Thomas, De ver. q. 26 a. 1.; vgl. auch S. 187, 3ff.

S. 210, 9ff. vgl. S. 411, 32ff. / 12 *eine* bis 13 *erfaßt.* und 20 *Diese Kraft* bis *Kleidhause.* = RS II art. 5 (Théry S. 212). Die Erkenntniskraft, von der Eckehart hier spricht, ist die gleiche, die er gelegentlich als »oberste Vernunft« bezeichnet. Zur Stelle und zur Metapher »Kleidhaus« vgl. S. 190, 10f. (und Anm. dazu). S. 114, 24ff. äußert Eckehart sich im BgT über die »oberste Kraft« der Seele in fast genauer Übereinstimmung mit unserer Stelle, ebenso S. 383, 11ff. / 25 *Nichts* bis 26 *hält.* = RS II art. 9 (Théry S. 215). Zur Augustinusstelle vgl. etwa De lib. arb. l. 2 c. 12 n. 33 (PL 32, 1259) / 26ff. vgl. S. 144, 14ff.

S. 211, 2 vgl. S. 409, 24 / 5 *Worin* bis 12 *irgend etwas.* vgl. RS II art. 10 (Théry S. 215) / 21 *Wer* bis 28 *strebt.* = RS II art. 11 (Théry S. 216). Vgl. S. 170, 36ff. (und Anm. dazu) / 28ff. vgl. S. 132, 9ff.

PREDIGT 13 (S. 213ff.)

= Quint DW 1 S. 190ff.

Die Predigt wurde im Benediktinerinnenkloster St. Makkabäer in Köln gehalten, u. zw. vor Pr. 23, siehe die Vorbemerkung vor den Anmerkungen zu Pr. 23 S. 490.

S. 213, 14 vgl. S. 208, 23ff. / 26 *Der Mensch* bis 31 *seien.* = RS II art. 15 A (Théry S. 219) Z. 30 *Gott* bis 31 *seien.* = RS § II 4 art. 1 B (Théry S. 176) / 31f. *so drängt* bis 214, 1 *Gottheit ... offenbare;* = RS II art. 15 B (Théry S. 220)

S. 214, 3 *Dieser* bis 5 *ist.* = RS II art. 15 C (Théry S. 221) / 7 *Solange* bis 26 *Pein.* = RS II art. 16 (Théry S. 221) / 13 *Nun sagen* bis 15 *Menschen* = RS § II 4 art. 11 C (Théry S. 181) / 23f. vgl. S. 110, 6ff.; 68, 5ff. / 23 *Ich* bis 24 *willen.* und 30 bis 215, 2 *konnte.* = RS § II 4 art. 12 (Théry S. 182) Z. 27f. und 30f. und 35 bis 215, 5 *ist.* = RS II art. 17 (Théry S. 222) / 25ff. vgl. S. 392, 30ff.

215, 7 bis 9 *kann;* = RS II art. 18 A (Théry S. 223) / 9 *etwas* bis 10 *vereint.* = RS § II 4 art. 14 B (Théry S. 183) Z. 9 *daß etwas* bis 11 *etwas gemein,* = RS II art. 18 B (Théry S. 223) / 13 bis 15 vgl. RS II art. 18 C (Théry S. 224), »Gutachten« art. 4 (Pelster S. 1111), Bulle art. 27 = Appendix art. 1 (S. 454). Ganz ähnliche Ausführungen über das »Etwas« in der Seele: S. 294, 5ff.; 302, 1ff. / 26ff. vgl. S. 167, 17ff.

S. 216, 1ff. vgl. Thomas, S. theol. I q. 64 a. 4 ad 3; I q. 112 a. 1 ad 3 / 14ff. vgl. S. 168, 22ff. / 21ff. vgl. S. 114, 32ff. / 24 *Das Auge* bis 27 *Lieben.* = RS II art. 19 (Théry S. 224) / 28 *Der Mensch* bis 32 *gleich;* = RS § II 4 art. 11 A (Théry S. 181); RS II art. 20 (Théry S. 225); vgl. S. 291, 31ff. / 32ff. Über das völlige Gelassensein ohne jede Absicht vgl. etwa noch S. 374, 34ff.; 379, 9ff.; 300, 13ff.; 56, 11ff.

PREDIGT 14 (S. 218ff.)

= Quint DW 1 S. 207ff.

Die Predigt wurde nach Pr. 23 und vor Pr. 12 in Köln gehalten, siehe die Vorbemerkung der Anmerkungen zu Pr. 23 S. 490.

S. 218, 2ff. Wie ich DW 1 S. 211 Anm. 1 sagte, dürfte der Schrifttext schwerlich von Eckehart so verkehrt zitiert worden sein, wie er im wesentlichen übereinstimmend in allen Hss. erscheint. Ich vermute, daß er ursprünglich lautete: ... *Syon und hâte bî im stânde hundert und vier und vierzic tûsent und hâten geschriben vornân an irn stirnen sînen namen und sînes vaters namen.* / 9 ff. vgl. Macrobius, Comment. in Somnium Scipionis I c. 14 n. 15 / 15f. vgl. S. 222, 14f. / 17ff. vgl. S. 222, 15ff. / 19ff. vgl. S. 265, 3ff. Eckehart sagt, daß sein Vergleich mit der Nuß, deren Schale man zerbrechen müsse, um zum Kern zu gelangen, bedeute, daß man allem Kreatürlichen »entwachsen« müsse, um zu jener »bloßen Natur« zu gelangen, »der nichts schmeckt, was außerhalb Gottes ist«; denn außerhalb dieser »bloßen Natur« weiß und hat ein Engel in seinem geschöpflichen Sein nicht mehr als *dieses Holz* (dabei wies der Prediger wohl auf das Holz der Kanzel, vgl. S. 256, 30) oder *eine Mücke.* / 28ff. vgl. S. 212, 4ff.

S. 219, 3ff. vgl. 209, 6ff. / 5ff. vgl. etwa S. 133, 18ff. / 9f. vgl. S. 268, 23ff. / 10f. Der Rückverweis bezieht sich auf S. 259, 10f. *Sankt Mariengarten (mergarden)* = das Zisterzienserinnenkloster gleichen Namens in Köln; siehe Quint DW 1 S. 373 / 26 *Gleich* bis 27 *trügerisch.* und 220, 2 *Wäre* bis 4 *Gleichsein.* = RS § II 4 art. 14 C (Théry S. 184) / 32ff. vgl. S. 118, 4ff.

S. 220, 3f. Der Text ist in der Überlieferung wohl verderbt, vgl. Quint DW 1 S. 216f. Anm. 1. Zum Text S. 219, 25 bis S. 220, 4 vgl. etwa S. 184, 36ff. und Anm. zu S. 184, 33 bis 185, 10. / 5f. Eckehart ändert den Schrifttext ab, um die folgenden Ausführungen über die »Sohnsgeburt« im Menschen sinnvoll anschließen zu können. / 9f. vgl. oben zu 219, 10f. Der Rückverweis bezieht sich auf S. 258, 13ff. / 14ff. vgl. S. 405, 5ff. / 16f. *Der himmlische* bis 18 *Geist.* = RS II art. 2 (Théry S. 209) / 20f. = Boethius, Phil. consol. II m. IX, (CSEL LXVII 63, 19). Vgl. auch S. 223, 10f. / 35ff. vgl. S. 108, 18ff.

S. 221, 5 *Eine Kraft* bis 12 *stehe.* = RS § II 4 art. 6 (Théry S. 179). Z. 5 *Eine Kraft* bis 6 *ungeschaffen* = RS II art. 3 (Théry S. 209), »Gutachten« art. 4 (Pelster S. 1111), Bulle art. 27 = Appendix art. 1 (S. 454); vgl. auch RS § II 4 art. 7 A (Théry S. 179); RS II art. 8 (Théry S. 214). Zu Z. 10ff. vgl. S. 210, 17ff.

PREDIGT 15 (S. 222f.)

= Quint DW 1 S. 223ff.

S. 222, 6f. Zu *ihren Namen* und *ihres Vaters Namen* statt *seinen N.* und *seines V. N.* vgl. S. 218, 3. / 14f. vgl. S. 218, 15f. / 15ff. vgl. S. 218, 17ff. / 16f. vgl. S. 167, 16/18

S. 223, 16 Zu »*Johannes*« = »Gnade Gottes« vgl. S. 208, 16.

PREDIGT 16 (S. 224ff.)

= Quint DW 1 S. 261ff.

S. 224, 2 bis 9 vgl. Missale ord. fratr. praed., epistula in festo S. Augustini: *Quasi stella matutina in medio nebulae: et quasi luna plena in diebus suis lucet: et quasi sol refulgens, sic iste effulsit in templo dei. Quasi arcus refulgens inter nebulas gloriae: et quasi flos rosarum in diebus vernis. Quasi lilia quae sunt in transitu aquae et quasi thus redolens in diebus aestatis. Quasi ignis effulgens: et thus ardens in igne. Quasi vas auri solidum: ornatum omni lapide pretioso. Quasi oliva pullulans: et cypressus in altitudinem se tollens.* (= Eccli. 50, 6 bis 11) / 15f. vgl. S. 292, 2ff. Die Akzidentien *(zuoval)* werden in Gott Substanz *(lûter wesen)*, vgl. Liber XXIV philos. prop. VI (ed. Bardenhewer S. 209, 11) /

17ff. vgl. S. 230, 32ff. / 25ff. Über das naturhafte Geben Gottes und das Empfangen der Seele vgl. S. 174, 22ff. / 29ff. vgl. Augustinus, De diversis quaestionibus LXXXIII q. 74 (PL 40, 85f.); Thomas, S. theol. I q. 35 a. 1 c / 34ff. Die Ausführungen über die beiden Eigenschaften des »Bildes«, die bis S. 226, 23 reichen, enthalten charakteristische Übereinstimmungen mit RS § II 4 art. 8 (Théry S. 180). Dieser Artikel stammt wahrscheinlich aus einer Parallelpredigt zur vorliegenden Predigt, von der DW 1 S. 258f. ein Textfragment abgedruckt wurde, das in einer Hs. des British Museum erhalten ist. Zu den Ausführungen über die Eigenschaften des Bildes vgl. Quint DW 1 S. 259, 1 bis 13 und die dazu aufgeführten Parallelen in der Anm. Vgl. auch S. 412, 9ff.

S. 225, 26 bis 226, 5. In diesem Textabschnitt ist das »Bild« der Seele analog dem »Bild« des Vaters, dem Sohn, wie es im voraufgehenden Textabschnitt bestimmt wurde, definiert. Im Zusammenhang der Wesensbestimmung des »Bildes«, die bei S. 224, 34 beginnt und bis 226, 23 reicht, dienen die Ausführungen über das »Bild« in der Trinität lediglich dazu, den Charakter des »Bildes« der Seele zu verdeutlichen. Diesen Zusammenhang betont Eckehart durch den Rückverweis S. 225, 30f. *wie ich vorhin sagte*, der sich auf die voraufgehenden Ausführungen über den Sohn als »Bild« des Vaters bezieht.

S. 226, 6ff. Hier folgen nun Ausführungen über die zweite der beiden S. 224, 17 angekündigten »Eigenschaften« des »Bildes«. / 18ff. vgl. S. 419, 11ff. / 23ff. Eckehart sagt: Diese Erörterungen über das Bild meine ich hier nicht im schulmäßigen (theoretischen)Sinne, sondern man kann sie zur praktischen Belehrung auf dem Predigtstuhl vortragen. Dementsprechend wendet er im folgenden die theoretischen Ausführungen über das »Bild« auf das praktische Verhalten des gerechten Menschen an. Vgl. etwa S. 139, 1ff. / 31ff. Ähnliche Hinweise auf den Ort der Predigt: S. 314, 27; 259, 10.

S. 227, 17ff. vgl. S. 267, 5ff.

S. 228, 4ff. vgl. S. 210, 27ff. / 10ff. Zur Bestimmung der obersten und der niedersten Kräfte der Seele (Z. 4ff.) vgl. etwa S. 103, 15ff. / 21ff. vgl. S. 374, 27ff.

PREDIGT 17 (S. 229ff.)

= Quint DW 1 S. 279ff.

Die Predigt stimmt in der Disposition sowie im Wortlaut im ganzen wie im einzelnen weitgehend mit dem Text des lateinischen Sermo LV, 4 auf den gleichen Schrifttext, weiterhin durch enge inhaltliche Berührung mit den Ausführungen zur gleichen Schriftstelle Joh. 12, 25 im Johanneskommentar überein. Die Disposition der Predigt ist, wie so oft, dem zugrundegelegten Schriftwort entnommen, dessen einzelne Bestandteile nacheinander exegesiert werden.

S. 229, 5 bis 9: In diesem Satz gibt Eckehart die Disposition, nach der die

Predigt gegliedert ist. / 12ff. Avicenna, De an. I c. 1 (f. 1 vb). Vgl. Aristoteles, De an. I t. 17 (A c. 1 403 b 10ff.) / 14ff. vgl. S. 166, 24ff. / 30ff. Über die Zahl in den Engeln vgl. etwa noch S. 123, 22ff. / 34ff. Über die Namenlosigkeit Gottes vgl. S. 164, 12ff.

S. 230, 3ff. Kerker der Seele ist nicht nur der Leib (und die Zeit), sondern auch die Seele selbst in der Seinsregion der niederen Seelenkräfte, die unterhalb des Intellekts liegen und durch die die Seele an den Körper gebunden und die Weite ihres Vernunftseins eingeengt wird. / 11ff. Der ganze Textabschnitt behandelt den zweiten Dispositionshauptpunkt der Predigt, das *suam* des Schrifttextes. / 18f. vgl. S. 312, 14ff. / 22ff. Hier beginnen die Ausführungen Eckeharts über den dritten Dispositionshauptpunkt der Predigt, d. h. über das *in hoc mundo* des Schrifttextes. / 31ff. vgl. S. 201, 7f. / 32f. vgl. S. 224, 19ff. / 35ff. vgl. auch S. 140, 11f.; 394, 12ff.

S. 231, 18ff. Über den Gegensatz der beiden »Welten« vgl. noch etwa S. 179, 36ff.; 273, 24f. / 21ff. vgl. Aristoteles, De an. III t. 18 (c. 5 430 a 14) / 26ff. vgl. Gregorius M., Moralia in Job 1. XX c. 32 (PL 76, 174) / 29ff. vgl. S. 144, 28ff.

S. 232, 3ff. Der Gedankengang der folgenden Ausführungen ist dieser: Die Welt, insofern sie schwach und unvollkommen ist, ist wie eine Frau. Die Seele, sofern sie mit ihren niederen Kräften dieser Welt angehört und verbunden ist, wird ebenfalls als Frau bezeichnet; vgl. etwa noch S. 245, 5ff. / 10ff. Eckehart fragt, warum der Canticum-Text die Seele, die in ihrer Bindung an die Welt durch ihre niedere Sinnesregion wie die Welt selbst als »Frau« bezeichnet wird, als schönste unter den Frauen anreden kann, und er räumt in der Antwort nun zuerst ein, daß die Engel natürlich schöner seien und weit erhaben über die Seele. Indessen – dies ist der nicht unmittelbar zum Ausdruck gebrachte Sinn des Satzes Z. 11 *Die Engel* bis *erhaben.* – die Engel, hoch über der Seele stehend, gehören nicht, wie diese, durch eine niedere Sinnesregion der Welt an, können also auch nicht in dem angegebenen Sinn als »Frauen« bezeichnet werden und demnach auch nicht als schönste unter den Frauen. Als solche kann vielmehr nur die in ihrer Sinnesregion an die Welt gebundene Seele angesehen werden in ihrem »natürlichen Licht«, d. h. in ihrer Vernunftbegabtheit, durch die sie sich vor allen Kreaturen, vor allen »Frauen« also, auszeichnet.

PREDIGT 18 (S. 233ff.)

= Quint DW I S. 294ff.

Die Predigt zeigt weitgehende Übereinstimmung in der Disposition und im Wortlaut mit dem Text des lateinischen Sermo XXXVI auf denselben Schrifttext.

S. 233, 6f. vgl. S. 235, 15ff. / 12 (Ordnung der Seele) vgl. etwa S. 368,

25ff.; 377, 23ff. / 19 Über das »Gleiche« vgl. S. 184, 36ff. und Anm. zu S. 184, 33 bis 185, 10. / 22ff. vgl. Aristoteles, De partibus animalium IV c. 5 (Δ 681 a 12ff.) / 34ff. vgl. S. 174, 13ff.

S. 234, 3ff. vgl. Thomas, S. theol. I q. 67 a. 4 / 10ff. vgl. Thomas, S. theol. I q. 110 a. 1 / 16 Der Rückverweis bezieht sich höchstwahrscheinlich auf die Stelle S. 237, 12 / 34 Die im Mittelalter geläufige Etymologie von *Naim* ist: *commotio vel fluctus*, vgl. etwa Glossa ordinaria zu Luk. 7, 11; Schönbach, Altd. Predigten II S. 161, 4ff. Eckehart bringt dieselbe Etymologie im Sermo wie auch in unserer Predigt S. 234, 34 (»Flut« = *fluctus*). Das andere Glied der Etymologie *(commotio)* ist in Z. 31 durch *ein Sohn der Taube*, d. h. die im Mittelalter geläufige Etymologie von *Bariona filius columbae* ersetzt; vgl. Pf. S. 107, 20: *Der ander nam Bariônâ daz sprichet als vil als ein sun der gnâde*, . . . Daß diese Verwechslung der beiden Etymologien in unserm Text ursprünglich ist, beweist der Umstand, daß die anschließenden Ausführungen über »Einfaltigkeit« sich sinnvoll nur auf die Etymologie *filius columbae (ein Sohn der Taube)*, nicht aber auf *commotio* (*bewegunge*) beziehen können.

S. 235, 1f. Der Rückverweis dürfte sich wohl auf Pr. 16 zurückbeziehen, u. zw. auf die Stelle S. 228, 20ff. / 10 bis 14 vgl. etwa S. 396, 6ff.; 392, 10ff. / 15ff. Über das »Lebendigwerden« der Seele durch das Sprechen Gottes vgl. S. 397, 12ff. / 24 bis 33 vgl. Aristoteles, De animalibus IX t. XX (Θ c. 6 612, XX), Albertus Magnus, De animalibus (ed. Stadtler) l. XXI tr. 1 c. 2; Konrad v. Megenberg, Das Buch der Natur, hrsg. v. Fr. Pfeiffer, 1861, S. 152, 16ff., über die Kräfte der Kräuter und der Steine: a. a. O. S. 379, 32ff. und 428, 2ff. / 33 bis 236, 2 vgl. Sermo XXXVI n. 370 f. Weitgehendere Übereinstimmung mit dem Sermo-Text als unsere vorliegende Predigt enthält der Schlußabschnitt der Pr. 19 S. 239, 25ff. Vgl. auch S. 376, 20ff.

PREDIGT 19 (S. 237ff.)

= Quint DW 1 S. 308ff.

Die Predigt ist durch inhaltliche Berührungen, zumal im Schlußabschnitt S. 239, 25ff., mit dem lateinischen Sermo XXXVI sowie mit der voraufgehenden Predigt Nr. 18 verbunden, deren Rückverweis S. 234, 16 sich wahrscheinlich auf die Stelle S. 237, 24 bezieht.

S. 237, 3 vgl. S. 356, 4ff.; Brethauer, Diss. S. 48 Anm. 1 / 3ff. vgl. S. 157, 9ff. / 7 bis 10 vgl. etwa S. 430, 8ff. / 12f. Über die Ordnung der Seele vgl. S. 233, 12 (und Anm. dazu); 377, 29ff. / 15 bis 19 vgl. S. 235, 33ff. und S. 239, 25ff. / 24ff. Auf diese Textstelle bezieht sich der Rückverweis S. 234, 16. / 30 Auf welche Predigt und Textstelle sich der Rückverweis bezieht, bleibt unklar. Über das Verhältnis von *Erkennen und Liebe* ist an vielen Stellen von Eckehart gehandelt. / 31ff. Über den Vorrang des Erkennens vor der Liebe vgl. etwa S. 198, 14ff.

S. 238, 2f. vgl. S. 121, 21ff. / 21ff. vgl. S. 383, 20ff. / 28 Der Rückverweis bezieht sich vielleicht auf S. 393, 18ff. / 36ff. Zur Frage der »Gleichheit« vgl. S. 233, 18ff.

S. 239, 10 Nicht Dionysius, sondern Johannes Damascenus, De fide orthodoxa III c. 24 (PG 94, 1089), vgl. auch Pf. S. 358, 10f.: *Dâ von sprichet Damascênus: geistlîcher liute gebet ist ein ûfstîgendiu begirde ze gote;* Tauler, Vetter S. 154, 16f. / 11ff. vgl. Liber de causis, prop. 24 (§ 23; 184, 18 bis 23). / 25 bis Schluß vgl. S. 235, 33ff.; 376, 20ff. / 25ff. vgl. Augustinus, De Gen. ad litt. IV c. 23 n. 40 (PL 34, 312).

PREDIGT 20 (S. 241ff.)

= Quint DW I S. 322ff.

Die Predigt stimmt nicht nur im zugrundeliegenden Schrifttext, sondern darüber hinaus auch in der Disposition, die wieder dem Schriftwort entnommen ist, indem dessen einzelne Bestandteile hintereinander exegisiert werden, sowie in den Einzelausführungen weitgehend mit der folgenden Predigt überein, wie ich DW I S. 323 näher ausgeführt habe. Trotzdem wird es sich nicht um e i n e Predigt in stark verschieden überliefertem Wortlaut, sondern um zwei selbständige Predigten Eckeharts auf den gleichen Schrifttext handeln. Die Predigt stimmt weiterhin im zugrundeliegenden Schrifttext sowie in einigen Einzelausführungen mit dem lateinischen Sermo VIII überein; siehe Quint DW I S. 323 unter »Echtheit«.

S. 241, 8 bis 18 vgl. S. 246, 10 bis 18 / 22 vgl. Gregorius M., Hom. in evang. II hom. 36 n. 2 (PL 76, 1267) / 21 bis 25 vgl. S. 246, 18 bis 24 / 25 vgl. Augustinus, Confess. I c. 1 (ed. Skutella S. 1, 12f.) / 27 ff. Welche Augustinusstelle gemeint ist, bleibt ungewiß, vgl. etwa Confess. XIII c. 8 (ed. Skutella S. 334, 11f.): *da mihi te, deus meus, redde mihi te.* Das gleiche Augustinus-Zitat S. 246, 24ff.; vgl. auch S. 108, 10ff. / 27 bis 242, 2 vgl. S. 246, 24 bis 29 und 247, 27 bis 28 und 246, 29 bis 33.

S. 242, 5 bis 12 vgl. S. 247, 4 bis 11 / 13f. vgl. S. 247, 29 bis 31; 250, 16f. Über die Namenlosigkeit Gottes vgl. S. 229, 34f. / 14f. vgl. Liber de causis prop. 6 (ed. Bardenhewer § 5 p. 168, 21f.), prop. 22 (§ 21 p. 183, 4) / 14 bis 243, 3 vgl. S. 247, 32 bis 248, 15 / 17 bis 20 vgl. Liber de causis prop. 8 (ed. Bardenhewer § 7 p. 170, 25ff.); vgl. auch S. 408, 27ff. / 21 bis 23 vgl. S. 247, 14 bis 16 / 30ff. vgl. S. 239, 2ff. / 35ff. vielleicht Augustinus, De trin. VIII c. 2 n. 3 (PL 42, 948); vgl. auch etwa Liber XXIV philos. prop. XXIII (ed. Baeumker S. 39, 7f.)

S. 243, 5 bis 7 vgl. S. 247, 23 bis 25 / 8ff. = Augustinus, Confess. VII c. 10 n. 16 (ed. Skutella S. 141, 7ff.); zu 243, 8 bis 13 vgl. S. 246, 34 bis 247, 4 / 13 bis 15 vgl. S. 247, 11 bis 13 / 15 bis 20 vgl. S. 247, 16 bis 23; vgl. auch S. 188, 24ff. / 23 bis 25 vgl. S. 248, 19 bis 21 / 25 bis 244, 2 vgl. S. 248, 24 bis 249, 4 (im einzelnen stark abweichend). Zum Inhalt der ganzen Stelle vgl. insbesondere die Ausführungen Eckeharts S. 221, 5ff. / 25f. Zu *Fünk-*

lein der Seele vgl. insbesondere S. 163, 16. Vgl. weiterhin die in DW 1 S. 332 Anm. 4 aufgeführten Parallelstellen. / 26 Über die Geschaffenheit bzw. Ungeschaffenheit des »Etwas in der Seele« vgl. S. 215, 9ff. / 27f. vgl. S. 392, 10ff.; Thomas, S. theol. I II q. 91 a. 2 / 28 vgl. DW 1 S. 231, 6ff. und dort Anm. 4; Pf. S. 78, 19ff. / 31ff. vgl. S. 121, 30ff. / 32ff. Von der Synteresis (vgl. Renz, die Synteresis nach dem hl. Thomas v. Aquin, BGPHMA Bd. X, 1/2, 1911) spricht Eckehart in den deutschen Werken nur an der vorliegenden Stelle, öfters dagegen in den lateinischen Schriften. Vgl. auch Thomas, Sent. II d. 39 q. 3 a. 1; Bonaventura, Sent. II d. 39 a. 2 q. 2 c.

S. 244, 3 bis 4 vgl. S. 249, 5 bis 6 / 5 bis 8 vgl. S. 249, 9 bis 12 / 8 = Aristoteles / 9 bis 11 vgl. S. 249, 14 bis 20; 198, 2ff. / 23 bis 34 vgl. S. 249, 20 bis 30 / 34ff. vgl. S. 392, 19ff.; 276, 20ff.; 396, 10ff.; Augustinus, In Joh. tr. 15 n. 19 (PL 35, 1516ff.). Der Rückverweis Z. 34f. bezieht sich wohl auf S. 392, 20f.

S. 245, 4 bis 12 vgl. S. 249, 32 bis 250, 3; 232, 9ff. Zu S. 245, 5ff. vgl. S. 144, 16ff. / 12 bis 21 vgl. S. 250, 4 bis 12. Zu S. 245, 16ff. vgl. S. 140, 15ff. / 24 bis 26 vgl. S. 250, 12 bis 14.

PREDIGT 21 (S. 246ff.)

= Quint DW 1 S. 340ff.

Siehe die Vorbemerkungen zur voraufgehenden Predigt, S. 486.

S. 246, 1 bis 24 vgl. S. 241, 1 bis 25 / 10 bis 18 vgl. S. 241, 8 bis 18 / 18ff. vgl. S. 241, 22 / 18 bis 24 vgl. S. 241, 21 bis 25 / 24ff. vgl. S. 241, 27ff. / 24 bis 29 und 247, 27 bis 28 und 246, 29 bis 33 vgl. S. 241, 27 bis 242, 2 / 34 bis 247, 4 vgl. S. 243, 8 bis 13 und Anm. zu S. 243, 8ff.

S. 247, 4 bis 11 vgl. S. 242, 5 bis 12 / 11 bis 13 vgl. S. 243, 13 bis 15 / 14 bis 16 vgl. S. 242, 21 bis 23 / 16 bis 23 vgl. S. 243, 15 bis 20 / 23 bis 25 vgl. S. 243, 5 bis 7 / 27 bis 28 vgl. S. 241, 29 bis 32 / 29 bis 31; 250, 16f. vgl. S. 242, 13f. / 32 bis 248, 15 vgl. S. 242, 14 bis 243, 3 (und Anmerkungen dazu). Zu Z. 32ff. vgl. S. 242, 17 bis 20. / 34ff. Dieser Baum-Vergleich fehlt in der Predigt 20, bzw. ist in ihr durch den Vergleich S. 247, 14ff. ersetzt, vgl. S. 242, 21ff.

S. 248, 11ff. vgl. Dionysius Areopagita, De caelesti hierarchia c. 2 § 3 (PG 3, 142) / 19f. vgl. S. 243, 23f. S. 248, 19 bis 21 vgl. S. 243, 23 bis 25 / 21 bis 249, 4 vgl. S. 243, 25 bis 244, 2. Der Rückverweis in Z. 22f. dürfte sich wohl auf S. 393, 9f. in Predigt 51 beziehen, die auch sonst enge inhaltliche Berührungen mit der vorliegenden Predigt aufweist. / 23ff. vgl. Thomas, De ver. q. 16 a. 1 / 27 Zu *Fünklein* vgl. S. 243, 25f. / 33 Zu *geschaffen* vgl. S. 243, 26 / 33f. vgl. S. 243, 27f. / 35f. vgl. S. 243, 28f. / 36 Zu *Synteresis* vgl. S. 243, 32.

S. 249, 5 bis 6 vgl. S. 244, 3 bis 4 / 9 bis 12 vgl. S. 244, 5 bis 8 / 14 = Aristoteles (vgl. S. 244, 8). S. 249, 14 bis 20 vgl. S. 244, 9 bis 11 / 20 bis

30 vgl. S. 244, 23 bis 34 / 32 bis 250, 3 vgl. S. 245, 4 bis 12. Der Rückverweis Z. 33f. bezieht sich wohl auf S. 393, 35.

S. 250, 4 bis 12 vgl. S. 245, 12 bis 21 / 12 bis 14 vgl. S. 245, 24 bis 26 / 16f. vgl. S. 242, 13f.

PREDIGT 22 (S. 251ff.)

= Quint DW I S. 353ff.

Die beiden Schrifttexte Eph. 4 und Luk. 14, 10, die der Predigt zugrunde liegen und in der Exegese von Eckehart in Form eines Zwiegespräches zwischen der Seele und Gott miteinander verbunden sind, wurden von ihm auch auf die beiden unmittelbar aufeinander folgenden lateinischen Sermone XXXVII und XXXVIII verteilt, aber auch hier durch die Schlußwendung des Sermo XXXVII *De evangelio sequitur* wenigstens äußerlich in Verbindung miteinander gebracht. Die beiden Schrifttexte finden sich aber auch bereits im Dominikaner-Missale zum 17. Sonntag post Trinitatem als Epistel-, bzw. Evangelientext zusammen. Der Text der beiden Sermones zeigt nur geringfügige und spärliche Übereinstimmungen mit dem der deutschen Predigt. Charakteristisch für Eckehart sind die weitausgesponnenen Ausführungen über den Begriff der »Einheit« im Anschluß an den Schrifttext *Unus deus*, die die ganze Predigt durchziehen und ihr zentrales Anliegen bilden, das, wie immer bei Eckehart, auf die mystische Einswerdung der Seele mit der Gottheit abzielt. Im Zusammenhang dieser Ausführungen über die »Einheit« ist die eingehende Interpretation der doppelten Negation *ein versagen des versagennes* (vgl. S. 252, 36f.) besonders markant und für Eckehart kennzeichnend, da sie auch an vielen Stellen der lateinischen Werke nachgewiesen werden kann.

S. 251, 8 Das *Wörtlein*, das hier verschwiegen wird und ein *Wandlungsmoment in sich beschließt*, d. h. den Begriff der Wandelbarkeit in sich trägt, kann nur das Wort »ist« sein, das im lateinischen Episteltext wie in der deutschen Übersetzung nicht gesetzt ist. Eine genaue gedankliche wie textliche Parallele findet sich S. 311, 29ff. / 11f. vgl. Boethius, Phil. consol. III m. IX (CSEL LXVII 63, 19): *stabilisque manens das cuncta moveri.* / 25ff. Eckehart hat S. 251, 8ff. gesagt, daß in dem Schrifttext *Unus deus* = »ein Gott« das Wörtlein »ist« (*est*) verschwiegen ist, das *ein Wandlungsmoment in sich beschließt.* Nun wendet er sich unter *Eine zweite Lehre* dem *pater omnium* = *Vater aller* zu und betont, daß dieses Wort jetzt wohl *ein Wandlungsmoment*, d. h. eine Beziehung zu anderen, dem Wechsel und der Veränderung in der Zeit unterworfenen Objekten in sich trägt, nämlich die Beziehung des Vaters zu seinen Kindern, die mit dem Begriff »Vater« notwendig gegeben ist und von der also nicht abgesehen, die nicht »verschwiegen« werden kann. / 33ff. vgl. S. 175, 28ff.

S. 252, 8ff. Eckehart sagt hier, daß er die beiden zu Anfang der Predigt nacheinander aufgeführten Schrifttexte miteinander verbindet, u. zw. in Form eines Zwiegespräches der Seele mit Gott, wobei er die Seele *Freund, steig höher hinauf* usw. sprechen und Gott ihr antworten läßt: *Ein Gott und Vater aller*. Sinn der ganzen Textstelle: Wenn es zwischen der Seele und Gott zur Einigung kommen soll, so kann das nicht durch Freundschaft, d. h. in der Region des Willens geschehen, da Freundschaft, bzw. Wille, *zwar im Werk, nicht aber im Sein* einigt. Als Freund *schlüpft Gott wohl* in den Willen, nicht aber *klimmt* er als solcher *höher hinauf* zur Einigung mit der Seele im Wesen. Das tut er vielmehr nur als *ein Gott*. Deshalb wird der Seele geantwortet: (Nicht *Freund*, sondern) *ein Gott und Vater aller*, und dementsprechend ist denn auch bei der Wiederholung des Lukastextes S. 252, 15 *Freund* durch *Ein Gott* ersetzt. / 13 Der Rückverweis dürfte sich auf die Stelle S. 189, 35f. beziehen. / 15ff. vgl. S. 330, 24ff. / 21f. vgl. S. 231, 5f. / 23f. vgl. S. 230, 3ff. / 29ff. vgl. S. 220, 25ff. / 34f. vgl. Thomas, Quodlibet X q. 1 a. 1 ad 3; Sent. I d. 24 q. 1 a. 3 ad 1. Der Ausdruck *ein Verneinen des Verneinens*, der sonst in den deutschen Werken Eckeharts nicht mehr vorkommt, entspricht dem lateinischen *negatio negationis*, der sich an vielen Stellen der lateinischen Werke findet.

S. 253, 10 Der Rückverweis bezieht sich wohl auf S. 251, 20f. / 17ff. vgl. Thomas, S. theol. I q. 112 a. 1 c / 24f. vgl. S. 190, 3ff. / 25f. vgl. S. 393, 18f.; Thomas, S. theol. I q. 54 a. 5 c / 26ff. Über die Frage des Vorrangs von Vernunft oder Wille vgl. S. 198, 14ff. / 34ff. vgl. S. 425, 22ff.

S. 254, 2ff. vgl. S. 307, 35ff. / 6ff. vgl. S. 398, 23ff. / 33ff. vgl. S. 374, 7ff.

S. 255, 4f. vgl. Aristoteles, De anima C. c. 8 431 b 21. Zum Gedanken, daß die Seele alle Kreaturen wieder in die Einheit der Gottheit als in ihren Ursprung zurückbringt, indem sie das Edelste, Lauterste und Höchste der Kreaturen in ihrer Vernunft erfaßt, vgl. etwa S. 272, 23ff.; 273, 24ff.

PREDIGT 23 (S. 256ff.)

= Quint DW 1 S. 371ff.

Die Predigt ist durch Rückverweise und inhaltliche Beziehungen mit den Predigten Nr. 11, 12, 13, 14, 24 und Quint DW 1 Nr. 14 S. 230ff. verbunden. Nach Aussage der Rückverweise von Pr. 14, S. 219, 10f. und S. 220, 9f. sowie von Pr. DW 1 Nr. 14 S. 233, 1, die sich auf S. 259, 10ff. und S. 258, 13ff. der vorliegenden Predigt beziehen, ist sie vor den Predigten 14 und DW 1 Nr. 14 im Zisterzienserinnenkloster St. Mariengarten in Köln gehalten worden. Predigt 13 dagegen ging der vorliegenden Predigt vorauf und wurde, wie der Rückverweis S. 258, 1 beweist, der sich auf S. 215, 9f. bezieht, im Benediktinerinnenkloster der Makkabäer in Köln gehalten. Zur Frage der Chronologie und Ortsbestimmung der genannten Predigten vgl. Quint DW 1 S. 371ff.

S. 256, 10 Lehmann (S. 227) übersetzt: ... *Gottes Mutter zum Weibe zu nehmen.* (! Pf. S. 285, 4 *nemen* als »nehmen« mißverstanden). / 25ff. vgl. S. 170, 4ff. / 29 vgl. S. 197, 2f. / 30 vgl. S. 258, 25ff. / 33ff. Das gleiche Predigtmärlein bringt Eckehart in seinem Johanneskommentar (In Joh. n. 683). Vgl. auch Herrands von Wildonie Reimerzählung *Diu getriu kone* (hrsg. von K. F. Kummer, Die poetischen Erzählungen des Herrand von Wildonie, Wien 1880, S. 129 bis 137, und F. H. von der Hagen, Gesamtabenteuer, Nachtr. Bd. 3, 1850, S. 713 bis 19). Die Rollen des Mannes und der Frau erscheinen bei Eckehart vertauscht gegenüber den Verserzählungen. Woher der Meister die Erzählung kannte, weiß ich nicht; vielleicht entnahm er sie einer uns unbekannten Exempel-Sammlung.

S. 257, 18f. Sowohl im römischen wie im Dominikaner-Missale sind die beiden Schriftzitate Joh. 1, 1 und Is. 9, 6 in der dritten Weihnachtsmesse aufgeführt, u. zw. leitet *In principio* das Evangelium, *Parvulus natus* den Introitus ein. / 20ff. vgl. etwa Thomas, S. c. gent. III c. 21; vgl. auch etwa S. 346, 15f. / 22ff. vgl. S. 366, 15ff. / 26ff. vgl. S. 116, 21ff.; 114, 32ff. / 34 und 258, 1: Die beiden Rückverweise beziehen sich auf die Stelle S. 215, 9ff. in Predigt 13 zurück, die im St. Makkabäer-Kloster der Benediktinerinnen in Köln gehalten wurde; siehe die Vorbemerkung zur vorliegenden Predigt. Zur anakoluthischen Satzverderbnis in Z. 34ff. vgl. DW 1 S. 380f. Anm. 3. Über den »Funken« vgl. noch etwa S. 243, 25f. (und Anm. dazu).

S. 258, 5 Mit der *Schule* der *großen Theologen* ist das studium generale der Dominikaner in Köln gemeint. / 6ff. vgl. S. 262, 27ff.; Augustinus, Super Genesim ad litteram l. II c. 5 (PL 34, 267) / 10ff. Was Eckehart in diesem Zusammenhang unter *Ungeborenheit* versteht, wird in den folgenden mit *In principio* beginnenden Ausführungen erläutert. Z. 17 *Hier* bis 18f. *unausgesprochen.* erklärt diese *Ungeborenheit* als den Zustand, in dem wir *innebleibend im ersten Beginn der ersten Lauterkeit ... geruht und geschlafen* haben, u. zw. *unausgesprochen*, bevor der Vater uns *ewiglich geboren* hat *als seinen eingeborenen Sohn*, wo wir also in der *ewigen Verborgenheit* noch nicht *Sohn* sind. Z. 19 *Aus* bis 22 *bin.* führt dann das *Ja* aus, erklärt, daß wir *Sohn* sind, insofern der *Vater* uns aus dem im voraufgehenden charakterisierten *verborgenen Dunkel* der *Ungeborenheit* geboren hat. / 16f. vgl. S. 220, 8f. in Predigt 14, an welcher Stelle sich der Prediger mit dem Rückverweis *wie ich in St. Mariengarten sagte* auf die vorliegende Stelle zurückbezieht. Unsere Predigt ist daher im Zisterzienserinnenkloster St. Mariengarten in Köln gepredigt worden. / 19ff. vgl. DW 1 S. 239, 4ff. (Predigt Nr. 14), wo der Rückverweis Z. 7f. *also as ich sprach zo mergarden* sich auf die vorliegende Stelle unserer Predigt bezieht und diese Predigt wieder als im Kölner Kloster St. Mariengarten gepredigt bezeugt. Zum Beispiel vom Echo (Z. 23ff.) vgl. etwa Aristoteles, De an. II c. 8 419 b 25. / 25ff. vgl. S. 323, 24ff.

S. 259, 3ff. vgl. Pf. S. 173, 23ff.; Thomas, S. theol. I q. 47 a. 1 c / 11ff. Auf diese Stelle bezieht sich der Rückverweis S. 219, 10f. / 12ff. vgl. DW

1 S. 233, 5ff. / 16ff. vgl. Ps. 18, 6f. / 23 vgl. Cant. 2, 8f. / 34ff. Auf diese Stelle bezieht sich wahrscheinlich der Rückverweis DW 1 S. 252, 1.

S. 260, 5ff. vgl. S. 132, 9ff. / 19ff. vgl. S. 258, 17ff. / 21f. vgl. S. 258, 16 / 22ff. vgl. Ps. 18, 6f. / 28 vgl. Hohel. 2, 8f.

Die nun folgenden Predigten 24 bis 59 habe ich aus der Ausgabe Pfeiffers ausgewählt; bei den Nrn. 53 und 54 habe ich allerdings meiner Übersetzung den Text der entsprechenden Predigt in Strauch, Paradisus anime intelligentis zugrundegelegt. Die bisherige Forschung hat die von mir ausgewählten Predigten, allerdings ohne verläßliche Untersuchungen und Gründe, als echt anerkannt. Die endgültige Entscheidung der Echtheitsfrage muß für diese Predigten der großen Gesamtausgabe vorbehalten bleiben. Was die Texte dieser Predigten betrifft, so habe ich bei der Übersetzung nicht nur die von mir in meinem Buch »Die Überlieferung der deutschen Predigten Meister Eckeharts«, Bonn 1932 jeweils unter der Überschrift »Textbesserungen« vorgetragenen Textänderungen stillschweigend berücksichtigt, sondern darüber hinaus weitere Änderungen vorgenommen unter Benutzung der gesamten mir bisher zur Verfügung stehenden handschriftlichen Überlieferung. Nur für diese letzteren Abweichungen meiner Übersetzung von den Pfeifferschen (und Strauchschen) Texten habe ich in den Anmerkungen den Herkunftsnachweis gegeben durch Angabe der Handschriften (Siglen), denen ich die Besserung entnahm. Im allgemeinen habe ich die benannten und unbenannten »Meister«-Zitate der nun folgenden Predigten nicht nachgewiesen. Diese ebenso schwierige wie umfangreiche Aufgabe muß der Gesamtausgabe vorbehalten bleiben, soweit sie überhaupt zu lösen ist.

PREDIGT 24 (S. 262ff.)

= Pfeiffer Nr. CII S. 331ff. Quint, Überlieferung S. 894 bis 896.

Die Predigt ist nur in BT überliefert. Sie wurde, wie ihr Rückverweis S. 265, 3 bezeugt, der sich auf S. 218, 19f. bezieht, nach Pr. 14 (sowie nach Pr. 23, siehe S. 490), u. zw. in Köln gehalten. Sie dürfte in BT kaum verläßlich überliefert sein, denn, wie schon Schönbach, Altd. Pred. S. 406 bemerkte, »verraeth sich« . . . »der Auszug durch die Incongruenz zwischen der vorausgeschickten Partition und ihrer Ausführung.«

S. 262, 15 vgl. S. 371, 7f. Z. 15 hat Pf. S. 331, 16 Augustinus statt Gregorius, das in Pfeiffers, soviel ich sehe, einziger Quelle BT steht und das Schulze-Maizier (S. 218) denn auch schon richtig nach BT wiederhergestellt hat, während Bernhart, D. M. S. 26 noch bei Augustinus blieb. Die

Gregorius-Stelle, auf die Eckehart sich bezieht, steht in den Moralia in Job (Migne, PL 75, 515): *quasi quidam quippe est fluvius, ut ita dixerim, planus et altus, in quo et agnus ambulet et elephas natet.* Ich fand die Stelle auch verwertet im »Registrum Multorum Auctorum« des Hugo von Trimberg V. 25f. (hsg. von Karl Langosch, German. Studien H. 235, Berlin 1942, S. 160): *Altis in gurgitibus simplex natat angnus, / Ubi forte mergitur elephas permagnus.* Langosch verweist in der Anmerkung S. 201 auf Konrad von Hirschau S. 61: *iuxta illud vulgare proverbium ubi agnus ambulat et elephans natat* und auf die oben angegebene Gregorius-Stelle. / 27ff. vgl. S. 258, 6ff.

S. 263, 20 *man alles* = Pf. S. 332, 14 *man diz allez;* vielleicht ist Lassons Konjektur: *man innerlîchez* berechtigt, siehe Quint, Überl. S. 896 zu 332, 14.

S. 264, 3 Pf. S. 332, 32 *unbillich* durch *billig* ersetzt, da *unbillich* im Zusammenhang unsinnig ist. / 9 Pf. S. 332, 37 *in dem* getilgt. Vgl. auch Quint, Überl. S. 896. / 10f. vgl. S. 258, 35ff. / 22ff. vgl. S. 165, 14f. / 25ff. vgl. S. 114, 32ff. In Z. 26 habe ich Pf. S. 333, 12 *ouch varwe*, das fraglos falsch ist, wie alle deutschen und lateinischen Parallelstellen erweisen, durch *keine F.* ersetzt. / 28 *Alles* bis 29 *eins* habe ich statt Pf. S. 333, 14f. *Diz hât ez allez mit dem ez ein ist,* dem ich keinen Sinn abgewinnen kann, konjiziert.

S. 265, 3 Der Rückverweis bezieht sich wohl auf S. 218, 19ff. / 23ff. vgl. S. 187, 3ff. / 29ff. vgl. S. 258, 25ff.; 259, 6ff. / 33 Zu *der ersten Lauterkeit* vgl. S. 257, 25; 220, 9.

S. 266, 21ff. Die gleiche Stelle 2 Makk. 7 zitiert Eckehart im BgT S. 137, 27ff. / 29ff. vgl. S. 261, 6 bis 11. Der Meister wäre also Eckehart selbst. Dann muß der Wortlaut ursprünglich gewesen sein: *Ich sprach an einer andern Stelle,* was ich für sehr wahrscheinlich halte.

PREDIGT 25 (S. 267ff.)

= Pfeiffer Nr. LIX S. 189ff. Quint, Überlieferung S. 557 bis 569.

Der Text der Predigt ist in BT erweitert durch sekundäre Zusätze. Die, wie Büttner meinte, »stark kürzende Fassung, welche Pfeiffer bietet« (S. 313), ist sicher ursprünglicher (vgl. Quint, Überl. S. 569) und wird durch meine neuen Handschriftenfunde in St. Gallen, Maihingen, Donaueschingen (Fragment), Salzburg (Fragment) bestätigt. Das Thema der Predigt, der Gerechte und die Gerechtigkeit, das er besonders eindrucksvoll im Eingang des BgT behandelte, gehört zu den Lieblingsthemen Eckeharts.

S. 267, 4ff. vgl. S. 182, 6ff., auf welche Stelle Eckehart sich zurückbeziehen dürfte. / 5ff. vgl. S. 227, 17ff. / 12 Ich habe die von mir (Überl. S. 567 zu 189, 11f.) vorgeschlagene Interpunktionsänderung zurückgenommen. / 17ff. vgl. S. 170, 36ff.

S. 268, 1ff. vgl. S. 176, 6f. / 5ff. vgl. S. 184, 26ff. / 11f. vgl. etwa S. 105, 5ff. / 13ff. vgl. S. 104, 19ff. / 19ff. vgl. S. 213, 30ff. / 23ff. vgl. S.

117, 20ff.; 219, 9ff., Isidor, Etym. XV, 5: *Sion ... sublimi, ... Hierusalem... pacifica.* / 27ff. vgl. S. 176, 9ff.

S. 269, 6 Die willkürliche Übersetzung von Eccli. 24, 14 *ante omnia creata sum* gibt Eckehart auch an anderen Stellen. Vgl. auch die ebenso absichtlich falsche Übersetzung und Deutung der Paternoster-Bitte: *fiat voluntas tua* S. 357, 25ff. / 12ff. vgl. S. 356, 14ff.; 206, 1ff.; 138, 15ff. / 14ff. Der Text bei Pfeiffer S. 190, 36f. ist wohl nicht ganz ursprünglich. / 29 bis 270, 5 fehlt in allen Handschriften mit Ausnahme von Einsiedeln 277 (E_1) und ist wohl spätere Interpolation, wie ich Quint, Überl. S. 561 und 569 zu 191, 9 bis 20 bereits bemerkt habe.

S. 270, 2f. vgl. S. 171, 9 / 7ff. vgl. S. 220, 16ff. / 6f. Änderung mit Quint, Überl. S. 562 zu 191, 29f. / 17ff. vgl. S. 186, 33ff. / 22ff. vgl. S. 186, 10ff.

PREDIGT 26 (S. 271ff.)

= Pfeiffer Nr. LVI S. 179ff. Quint, Überlieferung S. 528ff.

Die Textumstellungen, die Büttner und mit ihm Schulze-Maizier in der Predigt vornahmen, werden durch die von mir neu aufgefundenen vollständigen oder fragmentarischen Texte in Hss. aus Bibliotheken von Berlin, Donaueschingen, St. Gallen, Maihingen, Salzburg nicht bestätigt. Ich habe die hsl. Textfolge beibehalten, ohne damit entscheiden zu wollen, daß sie ursprünglich ist.

S. 271, 11ff. Vielleicht kann man zum Verständnis der Ausführungen Eckeharts heranziehen, was Platon im »Timaios« über die Entstehung der Krankheiten sagt: *Naturgemäß nämlich entstehen Fleisch und Sehnen aus Blut... Geht nun so alles in dieser Weise vor sich, dann ist Gesundheit das regelmäßige Ergebnis, während die Umkehrung Krankheit zur Folge hat. Wenn nämlich umgekehrt sich Fleisch auflöst und seine zersetzte Masse in die Adern eindringen läßt, dann entsteht im Zusammenhang mit dem Atem in den Adern eine Anhäufung von Blut, das in allen Farben schillert und alle Grade von Bitterkeit sowie von Schärfe und Salzigkeit aufweist, und allerlei Galle, Blutwasser und Schleim mit sich führt.* (Platons Dialoge Timaios und Kritias, übers. u. erläutert von Otto Apelt, Leipzig 1919, S. 126f.) / 12 *Hier* bis 13 *hätte* steht in allen hsl. Volltexten und wurde zu Unrecht von den bisherigen Übersetzern getilgt. Nach dem alten Dominikaner-Missale wurde der Evangelientext Matth. 10, 28, der unserer Predigt zugrundeliegt, In die decollationis s. Johannis baptistae (am 29. 8.) verlesen. Eckehart wird demnach die Predigt an diesem Tage gehalten und den Hinweis auf Johannes eingefügt haben. / 15ff. vgl. S. 273, 18ff. / 34ff. vgl. etwa S. 204, 30ff.

S. 272, 5ff. vgl. etwa S. 312, 14ff.; 230, 17ff. / 15f. vgl. insbesondere S. 140, 13f., wo sich breite Ausführungen über den Unterschied zwischen dem »äußern« und dem »innern Menschen« finden. / 23ff. vgl. S. 255, 4f; vgl.

auch S. 273, 24f. / 11ff. vgl. etwa S. 304, 34ff. Gemeint ist an beiden Stellen die Existenz des Menschen als Idee in der Gottheit vor seiner irdischen Geburt. / 21ff. vgl. S. 308, 25ff.

PREDIGT 27 (S. 274ff.)

= Pfeiffer Nr. LVIII S. 184ff. Quint, Überlieferung S. 547ff.

Die Predigt, die in der Hs. Einsiedeln 278 (E_2) ausdrücklich Eckehart zugeschrieben wird, zeigt, wie die meisten Predigten Eckeharts, das Aufbauprinzip einer Homilie, d. h. sie exegisiert nacheinander die einzelnen Worte des Schrifttextes, um zum Schluß das Eingehen in die Freude des Herrn als die unio mystica zu verdeutlichen.

S. 274, 13ff. vgl. S. 197, 10ff. Über das Verhältnis von »gut« und »Gutheit« handelt Eckehart besonders eingehend zu Beginn des 1. Teils seines BgT, siehe S. 102ff. / 30 Eckehart bezieht sich mit dem Rückverweis wohl auf S. 323, 23ff.

S. 275, 11ff. Das »*Kleine*« über das der *Knecht getreu gewesen ist*, wird von Eckehart im folgenden als alles das bezeichnet, was geschaffenes Sein, sei's an den Kreaturen, sei's an ihm selbst ist und das der Knecht *getreu* durch seine Vernunft *durchschritt*, um auf solche Weise alle Kreaturen und sich selbst heimzubringen in die *unergründliche Natur* der Gottheit. Vgl. S. 343, 30ff.; 400, 26ff.

S. 276, 4ff. Die hier breit mitgeteilte Begegnung zwischen Christus und der Samariterin wird von Eckehart oft berührt, vgl. etwa S. 244, 34ff.; 392, 13ff.; 396, 10ff.; 433, 15ff.

S. 278, 11ff. Im Schlußteil seiner Predigt bestimmt Eckehart *des Herrn Gut* 1) als alles Gute, soweit es in die Kreaturen zerspreitet ist, soweit die Kreaturen durch ihre Güte teilhaben an der göttlichen Gutheit 2) als die gesamten Seinsqualitäten Gottes, als sein eigenes Gutsein, soweit es unsere Vernunft secundum modum intelligendi zu erfassen und zu benennen vermag 3) als den Herrn selbst, d. h. seine »stille Wüste«, sein unnennbares und unfaßbares tiefstes göttliches Wesen, das gleichviel im actus purus eins und ununterschieden ist von seinen unter 2) genannten göttlichen Seinsqualitäten, da esse und essentia in Gott eins sind. Die gleiche Dreiteilung des *alles mein Gut*, über das der Herr seinen treuen Knecht setzen wird, findet sich in Pr. Pf. Nr. V S. 32, 19ff. Vgl. auch Jundt, Histoire du panthéisme populaire au moyen âge et au seizième siècle, Paris 1875, S. 258, 15ff. Vgl. auch Quint, Überlieferung S. 556 zu S. 188, 9f. Zu Z. 28ff. vgl. etwa noch S. 164, 16f.; 163, 16f.

S. 279, 3ff. Nachdem Eckehart im voraufgehenden den Herrn selbst als noch zu *des Herrn Gut* gehörig bezeichnet hat, setzt er nun auch *die Freude des Herrn*, in die der getreue Knecht eingehen soll, in eins mit dem Herrn selbst, der eine sich selbst verstehende, lebendige, wesenhafte, seiende Vernunft ist. Dazu vgl. etwa noch S. 195, 17f. und 197, 25ff.

PREDIGT 28 (S. 280ff.)

= Pfeiffer Nr. IX S. 47ff. Quint, Überlieferung S. 168ff.

Büttner (S. 313) bemerkt zu dieser Predigt: »Keine Nachschrift, sondern, wie S. 101 Z. 16 beweist, eine Schrift in Predigtform, ein Sermon.« Aber der Rückverweis Pf. S. 49, 27: *als ouch dâ vor geschriben ist*, auf den Büttner sich als auf sein Beweismoment stützt, ist sicher unecht: er fehlt in allen Hss. außer in St_1 (und Sa). Die Predigt ist zwar sehr lang, aber dadurch unterscheidet sie sich nicht von anderen, etwa der Predigt VeM oder der Pr. Nr. 32. Ihr Inhalt ist stellenweise sehr schwierig, um so mehr als gewiß manche Stellen in der hsl. Überlieferung schlecht, bzw. nicht unzweideutig überliefert sind. Ich habe bei meiner Übersetzung auch die von mir erst neu aufgefundenen Volltexte und Fragmente von Hss. aus St. Gallen, Karlsruhe, Maihingen, Mainz, München, Nürnberg, Sarnen und Zürich herangezogen und ausgewertet, zumal den Text der Hs. St. Gallen 1033 (G_5).

Die Predigt behandelt das Thema vom Verhältnis und Wertrang der vita contemplativa (Maria) zur vita activa (Martha). Entgegen dem objektiven Sinn des Evangeliums schreibt Eckehart Martha den höheren Rang zu gegenüber der zu den Füßen des Herrn sitzenden Maria. Diese Maria aber ist noch nicht die wahre Maria, als die sie späterhin nach dem Tode des Herrn erscheinen wird, nachdem sie, wie Martha, in der Schule des Lebens gelernt hat, die vita activa mit der vita contemplativa im tätigen Wirken fruchtbar zur Einheit zu verbinden, so wie ihre Schwester Martha es nun schon beherrscht. Siehe auch meine Ausführungen in der Einleitung oben S. 44ff.

S. 280, 30f. Pf. S. 47, 34 *daz oberste wipfellîn* ist eine der mancherlei Metaphern, mit denen Eckehart jenes Namenlose des innersten Wesens der Seele bezeichnet, das er mit Vorliebe den Seelenfunken oder das Fünklein der Seele nennt.

S. 281, 21 *aufs genaueste* = Pf. S. 48, 18 *an daz nêhste.*

S. 282, 24 Pf. S. 49, 8 *in sînen namen* abgeändert (mit G_5) zu: *in dem sîn name.*

S. 283, 3 *behindert*: Pf. S. 49, 19 *âne hindernisse* > *in h.* geändert (vgl. Quint, Überl. S. 170 zu 49, 19) / 13 Hinter *Zeit* habe ich den Rückverweis Pf. S. 49, 27 *als ouch dâ vor geschriben ist,* der in allen hsl. Texten, außer St_1 und Sa fehlt, als sicher unursprünglich getilgt (vgl. Quint, Überl. S. 170 zu 49, 27f.) / 21 Pf. S. 49, 34 *lobelîcher* verdruckt für: *lebelîcher* / 31 bis 284, 4 = Pf. S. 50, 4 bis 11 in der hsl. Überlieferung und infolgedessen auch bei Pfeiffer wohl verderbt. Ich habe versucht, das Ursprüngliche herauszulesen, bzw. zu rekonstruieren, ohne zu einiger Gewißheit gediehen zu sein.

S. 284, 2 *Da* bis 4 *Licht* steht nur in St_1 (Sa), fehlt in den anderen hsl. Texten, vgl. Quint, Überl. S. 170 zu 50, 10 bis 11. Ähnlich über die Zwei-Einheit S. 116, 9ff.; 389, 15ff. / 30 *edelsten* statt Pf. S. 50, 32 *obresten*: vgl. Quint, Überl. S. 170 / 33 *Gegenwärtigkeit*: vgl. dazu Quint, Überl. S. 176f.

zu 50, 34f. G_5 hat allerdings übereinstimmend mit Pf., St_1 und Sa: *ireshait* (!), dem ich keinen Sinn abgewinnen kann.

S. 285, 7 Pf. S. 51, 2 *drîe ein* habe ich getilgt, vgl. Quint, Überl. S. 170 zu 51, 2. Pf. 51, 1f. habe ich statt *ein persône, ... ein vater, ... ein geist* eingesetzt: *an p., ... an v., ... an g.*, siehe Quint, Überl. S. 170 / 25 *wohl* ergänzt (mit G_5) / 28 Pf. S. 51, 16 *sunder nutzes* verstehe ich nicht und ist wohl in der hsl. Überlieferung verderbt, siehe Quint, Überlieferung S. 170 zu 51, 16.

S. 286, 8 *Ein solcher Mensch* bis 9 *Martha* habe ich mit Quint, Überl. S. 171 zu 51, 28ff. abgeändert.

S. 287, 17 Pf. S. 52, 23 *her abe* mit G_5 getilgt, vgl. auch Pf. S. 52, 35 / 29ff. mit Quint, Überl. S. 171 zu 52, 31f. und 52, 32f. abgeändert.

S. 288, 7 *Die ward* bis 9 *sehr* mit Quint, Überlieferung S. 171 zu 53, 3 eingefügt / 29ff. Pf. S. 53, 17ff. mit Quint, Überl. S. 171 zu 53, 17ff. abgeändert.

PREDIGT 29 (S. 290ff.)

= Pfeiffer Nr. LXXIV S. 231ff. Quint, Überlieferung S. 645ff.

S. 290, 19ff. Über den Einfluß des Himmels auf Steine vgl. S. 235, 31ff. / 26ff. vgl. S. 398, 30ff. / 31 Der Text Pf. S. 232, 13 *Dirre geist* bis 15 *âne zal* ist offenbar stark verderbt. Ich habe die beiden Sätze ausgelassen, weil ich die Verderbnis auf Grund der handschriftlichen Überlieferung vorderhand nicht einleuchtend zu bessern weiß. Die Besserungsversuche Büttners (S. 127) und Schulze-Maiziers (S. 286) überzeugen mich nicht. Siehe auch Quint, Überlieferung S. 651 zu 232, 13f. / 34ff. vgl. etwa S. 368, 1ff.; 127, 32ff.

S. 291, 3f. vgl. etwa S. 370, 19ff.; 384, 18ff. / 6 Pf. S. 232, 22 *dirre* > *der*, vgl. Quint, Überl. S. 648 zu 232, 22 / 31f. vgl. S. 216, 28ff.

S. 292, 2ff. vgl. S. 224, 15f. / 11ff. vgl. S. 58, 21ff.; 324, 24ff. / 15ff. vgl. S. 104, 8ff. / 18f. vgl. S. 300, 28ff. (der Rückverweis S. 300, 28f. bezieht sich wohl auf die vorliegende Stelle); vgl. auch etwa noch S. 183, 36ff. / 20ff. vgl. S. 202, 18ff.

S. 293, 7ff. vgl. etwa S. 123, 16ff. / 12ff. vgl. S. 148, 19f. / 24ff. vgl. S. 203, 32ff. / 31ff. vgl. S. 377, 8ff.

S. 294, 5ff. vgl. S. 301, 34ff.; 215, 9ff.; 221, 5ff.

PREDIGT 30 (S. 295ff.)

= Pfeiffer Nr. LII S. 170f. Quint, Überlieferung S. 494ff.

S. 295, 2ff. Es handelt sich um die Epistel des Festtages der hl. Elisabeth = 19. November; daher die Hinweise der Predigt auf Elisabeth: S. 296, 34ff.; 298, 16ff. / 5ff. vgl. etwa S. 283, 31ff. / 9ff. Über die obersten und niedersten

Kräfte der Seele vgl. etwa S. 103, 15ff. und Anm. zu S. 103, 21f./22ff., S. 228, 4ff.

S. 296, 6f. habe ich Pf. S. 171, 2 *âne underscheit* mit *ohne Vermittlung* wiedergegeben, was einzig der Sinn des Ausdrucks an der vorliegenden Stelle sein kann. Vgl. etwa S. 145, 5f.: *Jederart Vermittlung ist Gott fremd* = VeM (DW 5 S. 114, 21): *Allerlei mittel ist gote vremde*, was die RS § II 1 art. 15 (Théry S. 167) wiedergibt durch: *Omnis distinctio est deo aliena.* / 19 Eckehart interpretiert im folgenden das *Consideravit* des Schrifttextes. / 21ff. vgl. etwa S. 381, 25ff.; 75, 24ff. / 24ff. Das gleiche »Exempel« findet sich im Johanneskommentar, LW, 3. Bd. S. 227, 8ff. unter Berufung auf Avicenna, De animalibus (VIII c. 4 = Aristoteles, Hist. animalium IX c. 6 (I 612 b 4 bis 10). Vgl. Handbuch d. deutschen Aberglaubens Bd. 1 Sp. 408f. über den »Seeigel«, Erasmus, Vertraute Gespräche (Colloquia Familiaria) übertr. u. eingel. von Hubert Schiel, Köln 1947, S. 554.

S. 297, 5ff. Über die drei höchsten Kräfte vgl. etwa DW 1 S. 231 Anm. 4. Über die *irascibilis* = *zürnerinne* vgl. noch S. 354, 11ff., wo sie mit der *concupiscibilis* und dem *rationale* (S. 354, 8ff.) zu den »niedersten Kräften« gerechnet wird. Dagegen ist die *zornlicheit* bei Pf. S. 78, 18, wie an der vorliegenden Stelle, mit *verstentnisse* und *wille* zur Dreiheit gebunden. Vgl. S. 350, 34ff.; 353ff. / 9 Über die Seele als Licht vgl. S. 229, 26f. (und Anm. zu S. 229, 24 bis 28) / 20ff. vgl. S. 209, 4ff.; 300, 35ff. / 30ff. vgl. Augustinus, Confess. II c. 4 n. 9 (ed. Skutella S. 30, 12ff.). Eckehart verweist auf die gleiche Augustinusstelle auch in seinem Sapientiakommentar n. 168.

S. 298, 12f. vgl. LW 4. Bd. S. 162, 11ff. und dort Anm. 7.

PREDIGT 31 (S. 299ff.)

= Pfeiffer Nr. LXXXI S. 258ff. Quint, Überlieferung S. 702ff.

Die Predigt hat inhaltliche Beziehungen zu den beiden voraufgehenden Predigten Nrn. 30, 29 und zum BgT.

S. 299, 3f. Festtag des hl. Barnabas = 11. Juni / 15ff. vgl. etwa S. 170, 25ff. / 18ff vgl. S. 170, 18 bis 23 / 26ff. vgl. S. 154, 27ff.

S. 300, 13 vgl. S. 216, 32ff. / 28ff. vgl. S. 292, 18f. (und Anm. dazu, wo gesagt ist, daß sich der vorliegende Rückverweis wohl auf die Stelle 292, 18 beziehen dürfte) / 31ff. Was Eckehart mit *mein Buch* meint, in das er das Folgende *einst* eintrug, ist vorderhand noch unklar. Die gleiche Wendung braucht er DW 1 S. 237, 8: (*dat myr also wayle behagede,*) *dat ich it in myn boich schryff.* Über die *Freiheit* des Gerechten vgl. etwa noch S. 160, 22ff., DW 1 S. 246, 5ff. / 33f. *um so näher ist er der Freiheit* hat, wie mir scheint, schon Schulze-Maizier (S. 282) richtig statt des verderbten Textes Pf. S. 260, 16 konjiziert. / 35ff. vgl. S. 209, 4ff., 297, 20ff.

S. 301, 3ff. Der inhaltliche Nachdruck liegt auf *dient.* Wie Eckehart vorher gesagt hat, ist der gerechte Mensch frei, er dient weder Gott noch den

Kreaturen, also auch nicht der Wahrheit, er ist nicht ihr Knecht, sondern ist die Wahrheit selbst. Und nun sagt er vom ungerechten Menschen das Gegenteil: er dient der Wahrheit, ob er nun wolle oder nicht, und er dient aller Welt und allen Kreaturen und ist ein Knecht der Sünde. / 12ff. vgl. etwa Pf. S. 100, 37ff. / 21ff. vgl. Tauler, Vetter S. 257, 13ff.: *Wan also schribent die meister: wenne ein núwe forme sol gewerden, so můs von not die alte gar verderben, und sprechent: wenne das kint wirt enphangen in der můter libe, zem ersten so ist ein blosse materie. Dar nach wirt der materie ein tierliche materie in gegossen, der lebet als ein tier. Dar nach, nach der vorgeordneter zit, so schôphet Got ein vernúnftige sele und gússet die in die. Denne so vergat alle die erste forme: in der solicheit die gescheftlicheit, die gedenklicheit, die grôße, die varwe. Dis můs alles gar dannan, denne ein luter blosse materie blibet do.«* / 34ff. vgl. S. 294, 5ff.

S. 302, 1ff. vgl. S. 294, 7ff.; 215, 9ff. / 2ff. vgl. S. 215, 13. Pf. S. 261, 10 *dâ niht ist* entspricht DW I S. 197, 11 *daz ist niht* (= oben S. 215, 13), vgl. auch Pf. S. 234, 39. Vielleicht ist auch an der vorliegenden Stelle (= Pf. S. 261, 10) *daz ist niht* statt *dâ niht ist* zu lesen. Ich habe denn auch »*das nichts ist*« übersetzt und zu »*kein Geschaffensein*« gezogen, wozu es fraglos gehört. / 8ff. vgl. S. 215, 17f. / 21ff. vgl. S. 185, 14ff. / 25ff. vgl. S. 354, 30ff.; 357, 26ff.

PREDIGT 32 (S. 303ff.)

= Pfeiffer Nr. LXXXVII S. 280ff. Quint, Überlieferung S. 753ff. Quint, Mystikertexte S. 33ff.

Über die in Quint, Überl. S. 754ff. benutzten Hss. hinaus habe ich weitere Hss. aus Berlin, Gaesdonk, Maihingen, München verglichen. Die Echtheit der Predigt scheint mir trotz des scheinbaren »Selbstzitats« S. 308, 25f. (siehe die Anm. dazu) gesichert. Ruusbroec bezieht sich an mehreren Stellen seiner Werke auf bestimmte Auslassungen der vorliegenden Predigt, vgl. Quint, Überlieferung S. 754 unter »Textparallelen.«

S. 303, 29 *wenn ihr könnt* ergänzt mit Bra_3 M_8 B_{14} / 34ff. vgl. S. 160, 20ff.

S. 304, 1f. = Pf. S. 280, 28f. *die sich behaldent mit eigenschaft* vgl. S. 160, 20ff. und S. 155, 21f. mit den Anmerkungen dazu / 23ff. Zur Forderung des Freiseins von jeglichem Eigenwillen vgl. insbesondere S. 110, 8ff. (BgT) / 34ff. Was im folgenden von Eckehart ausgeführt wird, betrifft die vorgeschöpfliche Existenz des Menschen als Idee im actus purus des göttlichen Seinsgrundes, in dem die Idee des einzelnen Menschen wesenseins ist mit der Gottheit, in der »ich« also auch keinen »Gott« hatte und kannte. Ganz ähnliche Ausführungen finden sich etwa S. 273, 11ff. (vgl. die Anm. zu der Stelle), S. 258, 10ff. Vgl. noch Tauler, Vetter, S. 262, 32f.

S. 305, 4ff. vgl. S. 273, 13f. Erst, nachdem die Kreaturen von Gott geschaffen waren, war Gott »Gott«, d. h. also Gott als Schöpfer und Herr der Welt. Es wird deutlich, daß »Gott« hier Relationsbegriff ist. / 19ff. *obersten*

Engel, Fliege und *Seele* sind gleich und eins als Ideen im »*Wort*« oder Sohn Gottes. / 25ff. vgl. dazu etwa S. 110, 11ff.

S. 306, 5ff. Zur Frage, ob die Seligkeit mehr im Erkennen oder in der Liebe, im Willen, liege, siehe etwa S. 184, 11ff. / 9ff. Das *Etwas in der Seele* ist der »Seelenfunken«, den Eckehart auch mit anderen Metaphern benennt, vgl. insbesondere S. 163, 13ff. und 162, 8ff., aber weiterhin auch S. 197, 35; 229, 26; 243, 25f.; 316, 1; 318, 5 / 20ff. vgl. dazu etwa S. 196, 19ff. / 29ff. vgl. S. 115, 15ff.

S. 307, 21ff. bin ich im wesentlichen dem Text der Hs. M_8 gefolgt. / 35ff. Über die Gnade vgl. insbesondere die Stelle S. 254, 2ff.

S. 308, 11ff. Über die beiden Seins- oder Geburtsweisen in der Ewigkeit und in der Zeitlichkeit vgl. Pf. S. 157, 30ff. Zu Z. 11 bis 18 vgl. Quint, Überl. S. 788 zu 283, 40ff., wo zu erkennen ist, daß der ganze Text in der hsl. Überlieferung ungleich und brüchig überkommen ist. Eins ist gewiß: daß es sich im ganzen Passus um eine kühne Ausdeutung des vorgeschöpflichen Seins des Menschen in seiner Idee handelt, das identisch ist mit Gott selbst, weshalb Eckehart ohne weiteres sagen kann, ich sei Ursache meiner selbst *nach der Weise meiner Ungeborenheit* eben in meiner »Idee«. / 25ff. vgl. S. 273, 21ff. Vgl. auch Langenberg S. 194, 35f.: *Een heilich meyster sprict: myn doerbreken is edelre dan myn wtvlieten.* Wer mit *ein großer Meister* gemeint ist, wäre noch festzustellen. Es handelt sich wahrscheinlich nicht, wie man im Hinblick auf S. 273, 21ff. meinen könnte, um ein Selbstzitat Eckeharts. Mit *Ausfließen* ist die Geburt des Menschen in die Zeitlichkeit, mit *Durchbrechen* ist die Rückkehr des Menschen auf dem Wege der *abegescheidenheit* zu Gott, u. zw. durch den dreieinigen Gott hindurch in den Urgrund, die »stille Wüste« der Gottheit gemeint. / 26f. vgl. etwa Seuse, Bihlmeyer S. 332, 9ff. (oben zu S. 305, 4ff.): *Und in disem usfluzse da hant alle kreaturen iren got gewunnen, wan da kreature sich kreature vindet, da ist si vergichtig irs schephers und ir gottes.* / 32f. vgl. S. 364, 26f.

S. 309, 8ff. vgl. etwa S. 273, 29ff., S. 132, 36ff.

PREDIGT 33 (S. 310ff.)

= Pfeiffer Nr. LXXIII S. 228ff. Quint, Überlieferung S. 639ff.

S. 310, 7 Das Fest des hl. Benedikt = 21. März / 18ff. vgl. S. 204, 4f. Über die Kraft der *vernünfticheit* vgl. insbesondere die Stelle S. 221, 5ff. / 27ff. Über das Verhältnis von Wille und Vernunft vgl. insbesondere S. 253, 24ff.; S. 190, 3ff.; S. 166, 16ff.; S. 333, 32ff.

S. 311, 2ff. Das aus der Vernunft ausfließende Licht wird Pf. S. 229, 16 *bekantnusse* genannt; es kann nichts anderes als der diskursiv schließende Verstand gemeint sein (vgl. S. 318, 7ff.), während sonst bei Eckehart mit *bekantnisse* einfach das Erkennen schlechthin gemeint ist. Vgl. zur ganzen Stelle, die Büttner ausläßt, Quint, Überlieferung S. 644f. / 10ff. Über den

Nadelspitzenvergleich vgl. etwa noch S. 343, 25ff. / 23ff. Über das Schmekken Gottes vgl. noch S. 218, 14; 230, 18ff.; 272, 5ff. / 30 vgl. S. 251, 7f. / 33f. *in dem Gott dieses Wort spricht* ergänzt mit Str_3 Ba_2 Mai_1, vgl. Quint, Überlieferung S. 640 zu 230, 2ff.

S. 312, 1ff. vgl. Dionysius Areopagita, De coelesti hierarchia c. 2 § 5 (PG 3, 144f.) / 8f. Pf. S. 230, 12f. *daz sich haltet in eim ûzluogen der sêle* dürfte wohl nicht einwandfrei überliefert sein. Die Übersetzung Büttners (S. 279): »*ja auf dem Auslug steht nach der Seele?*« halte ich für falsch. Auch ich habe allerdings *der sêle* nicht anders denn als objektiven Genitiv verstehen können. / 11ff. vgl. S. 197, 14ff. / 14ff. vgl. S. 230, 18ff., 272, 6ff. / 17ff. Über diesen Schrifttext geht die Predigt 57 S. 415ff. / 23 *verbum* ergänzt nach Quint, Überlieferung S. 642 zu 230, 24f.

S. 313, 21 vgl. etwa S. 433, 1ff.; Pf. S. 258, 16f.

PREDIGT 34 (S. 314ff.)

= Pfeiffer Nr. LX S. 192ff. Quint, Überlieferung S. 569ff.

Zu der bisher einzigen Einsiedler Hs. (E_1) und dem Basler Taulerdruck kommt eine Mainzer Hs. (Mz_2) hinzu, in der ich den Text der Predigt entdeckte und die zeigt, daß die Eröffnung des Textes in E_1, die Pfeiffer übernahm (S. 192, 5): *Meister Eckehart sprichet* eine ursprüngliche Zuweisung der Predigt ist und nicht zu ihrem Text gehört. In der Mainzer Hs. lautet die Überschrift: *Meyster Eckarts bredig ein.* Auch der Basler Taulerdruck bezeugt die Predigt ausdrücklich für Eckehart (vgl. Quint, Überlieferung S. 569 zu 192, 5), u. zw. wiederum in der Überschrift. Ich habe in meiner Übersetzung Ergänzungen und Änderungen mit Mz_2 vorgenommen.

S. 314, 4ff. vgl. S. 259, 31ff., DW I S. 233, 5ff. und dort Anm. 3 / 16ff. vgl. DW I S. 234, 11ff. und dort Anm. 3 / 20 *und immerwährenden* ergänzt mit Mz_2 (BT) in Pf. S. 193, 39 / 27ff. vgl. S. 226, 31ff.; 258, 34ff.; 259, 10ff. / 31ff. Ähnlich: S. 216, 21ff. Was Eckehart vorträgt, ist die Lehre des Aristoteles vom Wahrnehmungsakt, in dem der wahrnehmende Sinn und der Gegenstand der Wahrnehmung eins sind. Vgl. auch S. 317, 3ff.; 285, 13ff.; In Sap. n. 266: *Eodem enim prorsus fit visus actu videre et visibile actu videri . . .*; Seuse, Bihlmeyer S. 345, 14ff.: *Daz o̊ge verlúret sich in sinem gegenwúrtigen sehenne, wan es wirt eins an dem werke der gesihte mit sinem gegenwurfe, und blibet doch ietweders, daz es ist.*

S. 315, 11ff. Ähnlicher Gedanke S. 179, 5ff.; 318, 24ff. / 16 *ihnen beiden* statt Pf. S. 193, 14 *ime*, das ich als verderbt aus *in* ansehe. / 19ff. vgl. S. 163, 15ff. und Anm. zu S. 163, 13ff., sowie die Stellen über das »Etwas in der Seele«, etwa S. 215, 9ff.; 243, 25ff.; 318, 5ff. / 25 *als es Einheit hat* ergänzt mit Mz_2 BT / 35 bis 316, 20 vgl. insbesondere S. 348, 4 bis 19.

S. 316, 1ff. Über das Fünklein in der Seele vgl. die in der voraufgehenden Anmerkung aufgewiesenen Stellen, insbesondere S. 243, 25; 385, 15ff. /

2ff. vgl. insbesondere S. 206, 13ff. / 9f. *der ewigen und bei der immerwährenden* mit Mz_2BT gegen Pf. S. 193, 39 *guoter* / 16 *innerlicher* mit Mz_2 statt Pf. S. 194, 5 *einiger* / 16ff. vgl. S. 220, 20ff.

PREDIGT 35 (S. 316ff.)

=Pfeiffer Nr. VII S. 38ff. Quint, Überlieferung S. 113ff.

Zur Besserung des Pfeifferschen Textes habe ich über Quint, Überlieferung S. 113ff. hinaus die von mir entdeckten Texte von Hss. aus St. Gallen, Maihingen, Donaueschingen und Salzburg herangezogen.

S. 316, 3ff. vgl. S. 285, 13ff.; 316, 31ff. Z. 5ff. habe ich Pf. S. 38, 13 *In dem bekennen* bis 14 *bekennende* durch Konjunktur abgeändert zu: *In dem wir got bekennen und sehen, in dem bekennen wir und sehen, daz er uns machet bekennende und sehende.* Wie mir scheint, ist bei Pfeiffer (und in allen Hss.) infolge von Homöoteleuton *in dem bekennen wir und sehen* verloren gegangen. / 7f. Der Gedanke ist, daß die Luft zugleich selbst erleuchtet ist und erleuchtet. Meine Übersetzung in Quint, Überlieferung S. 122 zu 38, 15: ... *als das, was sie erleuchtet* (scil. *sich, die Luft selbst*) war wohl unzutreffend. / 19ff. Über die Sohnsgeburt vgl. etwa S. 161, 25ff.; 163, 24ff.; 172, 4ff.

S. 318, 5ff. vgl. S. 315, 19ff. / 7 Über das *»Bild« der Seele* vgl. etwa S. 243, 27; 224, 28f. / 7ff. vgl. S. 311, 2ff.: Es handelt sich um das verstandesmäßige Erkennen auf Grund sinnlicher Wahrnehmungen. Vgl. S. 311, 2ff. (und Anm. dazu) / 24ff. vgl. S. 358, 31ff.; 315, 11ff. / 28ff. vgl. etwa S. 337, 28ff.; 388, 22ff.

S. 319, 15ff. Über den Gleichheitsbegriff vgl. etwa S. 184, 26ff. / 20ff. Gottes Sein = Erkennen: vgl. etwa S. 197, 25ff.; 279, 6ff. / 30ff. vgl. S. 184, 36ff. und Anm. zu S. 184, 33ff.

S. 320, 12ff. vgl. Isidor, Etym. XV 1, 5: *Ipsa est et Sion, qua Hebraice interpretatur speculatio, eo quod in sublimi constructa sit, et de longe venientia contemplatur.* In Ioh. n. 250 (LW, 3. Bd. S. 209, 3f.): ... *quod ipse Nathanael dictus est a Christo ‚vere Israelita', quod sonat, vir videns deum'.* / 20f. vgl. S. 391, 1ff. / 22ff. vgl. S. 179, 17ff. / 33ff. vgl. S. 118, 22ff. Zu Z. 36 vgl. S. 110, 32ff.

S. 321, 14ff. vgl. etwa S. 137, 27ff. / 18ff. vgl. S. 182, 19ff. / 31ff. vgl. etwa S. 131, 19ff.; 111, 2ff.; 335, 31ff.

PREDIGT 36 (S. 323ff.)

= Pfeiffer Nr. LXIX S. 220ff. Quint, Überlieferung S. 620f.

Ich habe zur Korrektur des Pfeifferschen Textes, der nur auf dem Kölner Taulerdruck beruht, den vor mir entdeckten Text der Londoner Hs. germ. 11 (Lo_1) herangezogen. Er enthält gelegentlich Plusstücke, die ich als echt ansehe und in die Übersetzung aufgenommen habe. Der Text wird aber darüber hinaus wahrscheinlich noch besserungsbedürftig sein.

S. 323, 3 Ich habe die Eröffnung der Predigt mit Lo_1 abgeändert. Dadurch werden meine Ausführungen: Überlieferung S. 620 zu 220, 32 illusorisch. / 6 *zum ersten* mit Lo_1 ergänzt im Hinblick auf Z. 7 *zum andern.* / 13f. *und nichts* bis 15 *soll.* ergänzt mit Lo_1 / 16 *Ein Meister* bis 17 *besten Meister,* ergänzt mit Lo_1 / 18ff. vgl. S. 198, 23ff.; 199, 3ff., insbesondere S. 186, 33 / 20ff. vgl. S. 77, 18ff.; S. 201, 10ff.; DW 1 S. 239, 11ff. / 23ff. vgl. S. 274, 30ff., wo der Rückverweis Z. 30f. sich wohl auf die vorliegende Stelle bezieht. / 24ff. vgl. S. 258, 24ff.; 274, 30ff. / 28ff. vgl. S. 199, 3ff., wo ebenso stark betont ist, daß die Seligkeit weniger im So-oder-so-Sein Gottes, sondern im Erkennen dieses Soseins Gottes liegt. / 31f. habe ich Pf. S. 221, 19f. *unde minnende* mit Lo_1 getilgt. / 34 *Der Prophet* bis S. 324, 4 *nahe ist.* ergänzt mit Lo_1, ist wahrscheinlich infolge von Homöoteleuton in KT (Pf.) ausgefallen.

S. 324, 5ff. vgl. S. 110, 24ff. / 9 *Ich* bis *sagen*: ergänzt mit Lo_1 / 15 *nun* bis *ich's* ergänzt mit Lo_1 / 21ff. vgl. Pf. S. 235, 20ff. Z. 21 *Ich* bis *gesagt* ergänzt mit Lo_1 / 24ff. vgl. insbesondere S. 58, 21ff.; S. 292, 11ff.; Tauler, Vetter S. 179, 20ff. / 35ff. vgl. S. 401, 19ff.

S. 325, 4ff. vgl. S. 167, 21ff. / 6ff. vgl. S. 233, 11ff. / 17ff. vgl. S. 193, 30ff./ 30ff. vgl. S. 114, 32ff. / 32 *erkennt* mit Lo_1 gegen Pf. S. 222, 34 *siht* / 33ff. vgl. S. 175, 35ff.

S. 326, 4 *Indem* bis 5 *Dinge*, nach Lo_1 übersetzt / 6ff. vgl. etwa S. 278, 29ff. / 16ff. Ähnlicher Vergleich S. 202, 30ff. / 24f. *Gerechtigkeit und* ergänzt mit Lo_1; vgl. S. 350, 29ff. / 25ff. vgl. DW 1 S. 77, 17ff. S. 186, 17ff.; 386, 25ff.

S. 327, 8 Am Schluß der Predigt steht in Lo_1 auf dem Rande: *Dit en sal men neit lesen.* (!).

PREDIGT 37 (S. 328ff.)

= Pfeiffer Nr. XIX S. 79ff. Quint, Überlieferung S. 235ff.

Es wurden auch Textfragmente der Predigt berücksichtigt, die ich in Hss. von St. Gallen, Gent, Maihingen und Salzburg auffand.

S. 328, 7 Die vier Sinnvarianten des Schriftwortes analysiert, bzw. exegesiert Eckehart S. 330, 7ff. Seine Ausführungen sind für das Verständnis dadurch insbesondere erschwert, daß die Bedeutung des mhd. *niht* zwischen dem substantivischen das *Nichts* und *nichts* schwankt. / 9ff. vgl. S. 400, 26ff. / 15f. vgl. etwa S. 244, 21f. / 27ff. vgl. etwa S. 347, 17ff.; 402, 20ff.

S. 329, 16ff. Es handelt sich um die »oberste« Vernunft, die nicht mehr draußen *sucht*, vgl. etwa S. 345, 21f. Zu Z. 25f. vgl. noch S. 229, 22f. / 29ff. Über das Verhältnis des »Oberen« zum »Unteren« und umgekehrt vgl. insbesondere S. 218, 9ff. und die in der Anm. dazu aufgewiesenen Parallelen.

S. 329, 31ff. vgl. S. 195, 21ff.; 356, 12ff. / 33ff. vgl. S. 195, 25ff.

S. 330, 2ff. vgl. S. 167, 22f.; 326, 4f. / 5f. vgl. S. 109, 6ff. / 14ff. vgl. S. 171, 23ff. / 17ff. vgl. DW 1 S. 234, 6ff.: ... *dat etzwat gebrechafticheit is in der sonnen, dat seit ire wayl, dat sy dunkel is an eyme ende, inde des nachtes nemet ir der mant inde de sternen eren schyne, inde de driuent sy anders wair; dan schynet sy anders wair in eyn ander lant.* / 24ff. vgl. S. 252, 15ff. / 26ff. vgl. S. 343, 30ff., wo die gleiche Hohelied-Stelle in ähnlicher Weise interpretiert wird. Vielleicht meint der Rückverweis S. 330, 33 u. a. die aufgewiesene Parallele. Über das »Wenige« als die Kreaturen vgl. auch etwa S. 275, 11ff. / 36ff. vgl. S. 164, 8ff.

S. 331, 10ff. Über die Namenlosigkeit Gottes vgl. etwa noch S. 164, 12ff.; 353, 5ff.; 385, 15ff. / 26ff. Hier erläutert Eckehart den ersten Sinn des Schriftwortes, den er S. 328, 7 bis 12 formuliert hat. / 29ff. Gemeint sind die bekannten ὑπὲρ-Benennungen des Dionysius Areopagita neben seinen negativen Bestimmungen Gottes, wie sie etwa S. 355, 17ff. zu finden sind. Über das Freisein Gottes vom »dies und das« und vom »hier und dort« vgl. etwa noch S. 278, 23f.

S. 332, 2ff. vgl. S. 413, 28ff. / 13ff. Hier scheint mir Eckehart den S. 328, 12 formulierten vierten Sinn zu erläutern. / 26f. vgl. S. 167, 16f. / 34 *Fremdes* wurde von Lasson ergänzt und von Lehmann (S. 207) aufgenommen. / 35ff. vgl. S. 401, 30ff.; 412, 5f.

S. 333, 2ff. vgl. S. 167, 20f. / 8ff. vgl. S. 281, 18ff. / 24f. Es handelt sich nicht um ein Paulus-Zitat. Wahrscheinlich ist Paulus fälschlich anstelle eines ursprünglichen andern Namens getreten. Lehmann (S. 208) trifft mit *Augustinus* vielleicht das Richtige. / 25ff. vgl. S. 201, 10ff. / 32ff. Zum Verhältnis von Erkenntnis und Liebe zueinander vgl. insbesondere S. 310, 27ff. / 36ff. vgl. S. 114, 32ff.

S. 334, 10f. vgl. S. 330, 32ff.; 343, 22ff. / 24f vgl. S. 164, 8ff.; 180, 19ff.; 342, 20ff.

PREDIGT 38 (S. 335ff.)

= Pfeiffer Nr. X S. 54ff. Quint, Überlieferung S. 178ff.

Außer den Quint, Überlieferung S. 178 aufgeführten Hss. wurde noch eine Sarner Hs. und Fragmente in der Salzburger Hs. S_1 berücksichtigt. Der Pfeiffersche Text ist im ganzen verläßlich.

S. 335, 14ff. Über das Verhältnis zwischen Herrn und Knecht vgl. etwa S. 205, 10ff.; 389, 10ff. / 16ff. vgl. etwa S. 170, 36ff. / 20ff. vgl. S. 386, 5ff.; 169, 13ff. / 31ff. Über den Zorn Gottes vgl. etwa S. 321, 31ff.

S. 336, 14ff. vgl. S. 169, 13ff.; 357, 24ff. / 17ff. vgl. S. 357, 24ff. (vielleicht bezieht sich der dortige Verweis auf unsere Predigtstelle) / 25ff. vgl. DW 1 S. 246, 18ff. / 35 *mit Gottes Willen* ergänzt mit S_1. Schon Schulze-Maizier (S. 261) hat »*mit Gott*« hinzugefügt. / 36ff. vgl. insbesondere S. 185, 19ff.;

269, 22ff.; 270, 9f.; 356, 32ff. Zu Z. 36f. vgl. Quint, Überlieferung S. 181 zu 55, 23f.

S. 337, 27ff. vgl. etwa S. 171, 29ff.; 96, 18ff.; 359, 7ff. / 28ff. vgl. S. 318, 28ff.; 388, 22ff.

S. 338, 1ff. vgl. etwa S. 178, 23ff., Pf. S. 491, 32ff. / 7ff. vgl. den 11. Satz der Bulle, S. 451; Seuse, Bihlmeyer S. 356, 6ff. im »Büchlein der Wahrheit«, wo Seuse sich auf Eckehart bezieht und »*Daz wilde*« sagen läßt: *Sin rede lúhtet, daz alles, daz Christo si gegeben, daz si ŏch mir gegeben.* Pf. S. 158, 12ff.; RS II art. 27 (Théry S. 233, 3ff.) Proc. Col. II n. 68 / 16f. vgl. S. 167, 16f. / 22 vgl. S. 197, 19ff.; 350, 26ff. / 22ff. vgl. S. 171, 15ff. / 25ff. vgl. S. 202, 12ff.; 169, 34ff. / 28f. vgl. etwa Isidorus, Etym. VII, 6, 46: *Denique Moyses interpretatur sumptus ex aqua.* Ruusbroec, Vanden geesteliken Tabernakel I § 1 (Werken II S. 4, 30f.): *Moyses es alsoe vele gesproken als: die ghenomen es uten watere, ochte .j. waterman.* / 30ff. vgl. S. 171, 19ff.; 97, 19ff.; ähnlich auch S. 111, 31ff.

PREDIGT 39 (S. 340ff.)

= Pfeiffer Nr. LXXX S. 256ff. Quint, Überlieferung S. 701f.

Der von mir identifizierte Text einer Erlanger (Er) und Fragmente der Salzburger Hs. S_1 wurden verwertet, und an einer Reihe von Stellen wurde der Pfeiffersche Text über die in Quint, Überlieferung S. 701f. vorgetragenen Textbesserungen hinaus abgeändert.

S. 340, 1 Auf den gleichen Schrifttext gehen die Predigten 18 und 52. / 7ff. Über das »Etwas in der Seele« vgl. insbesondere S. 163, 13ff. (und Anm. dazu); S. 221, 5ff.; 215, 9ff. / 8ff. Über das »Sterben«, bzw. »Töten« Gottes vgl. etwa noch S. 172, 29ff.; 344, 8ff. / 14ff. Die Kraft, von der Eckehart hier spricht, ist, wie das Folgende zeigt, das *Begehren*, das *weiter reicht als alles, was man mit der Erkenntnis zu begreifen vermag* und *weiter als alle Himmel, ja als alle Engel* ... (S. 340, 21ff.) Über die »Weite« vgl. S. 343, 24ff. Die Kraft, die *noch viel weiter* ist als das Begehren (und der Verstand), ist eben das »Etwas in der Seele«, das nur ganz inadaequat als »Kraft« oder irgendwie sonst, etwa als »oberste Vernunft«, als »Fünklein«, »Burg«, »Licht« usf. bezeichnet werden kann (vgl. S. 163, 13ff.), in Wahrheit aber wie Gott »namenlos« ist (vgl. S. 164, 8ff.; 162, 24ff.; 385, 15ff.; 408, 16ff.). / 20ff. Pf. S. 257, 1 mit der Erlanger Hs. ergänzt und gebessert / 23ff. vgl. Pf. S. 165, 36ff. / 29ff. vgl. etwa S. 179, 3ff. / 33ff. vgl. etwa S. 397, 34ff.; 103, 21ff. und die Anm. dazu und zu S. 103, 22ff., wo von den Sinnenkräften, die an körperliche Organe gebunden sind, gesagt ist, daß sie »müde« und »alt« werden, während Vernunft und Wille nur in der Seele gründen und daher nicht altern (vgl. S. 341, 13ff.).

S. 341, 5ff. vgl. etwa S. 221, 10ff. / 9f. echt Eckehartisch-paradoxe Äußerung! Vgl. S. 397, 34ff. / 10 Pf. S. 257, 21 *ich* mit der Erlanger Hs. durch *si*

(= die Seele) ersetzt, vgl. S. 340, 33! / 13ff. vgl. die Anm. zu S. 340, 33ff. und S. 103, 22ff. / 16 *klar* mit der Erlanger Hs. ergänzt. / 21ff. Pf. S. 257, 31ff. mit der Erlanger Hs. gebessert. / 26 Über »*Hier*« und »*Jetzt*« vgl. etwa S. 345, 29f. / 27f. Pf. S. 257, 37ff. mit der Erlanger Hs. abgeändert. Daß die Pfeiffersche Interpunktion nicht richtig sein kann, läßt schon die Übersetzung Schulze-Maiziers (S. 200) erkennen: »*Wäre ich, so wie ich jetzt hier stehe, aus mir selbst herausgegangen ...*« / 29ff. vgl. dazu insbesondere S. 185, 19ff.; 337, 1ff. / 34f. vgl. S. 204, 30ff.; 370, 11ff.

S. 342, 1ff. vgl. insbesondere S. 159, 9ff. / 9ff. vgl. S. 162, 36ff. / 15f. vgl. S. 181, 27f. / 16ff. Hier bestimmt Eckehart die »Kraft«, die aber keine Kraft ist, sehr übereinstimmend mit S. 163, 34ff., insbesondere dort S. 164, 8ff. / 18f. Die Erlanger Hs. bietet: *Das* und entsprechend Pf. S. 258, 21 *in jm* statt *in ir*. / 20ff. vgl. S. 164, 8ff.; 334, 24ff. / 28ff. vgl. S. 203, 7ff.

PREDIGT 40 (S. 343ff.)

= Pfeiffer Nr. XLII S. 140ff. Quint, Überlieferung S. 422ff.

Die von mir entdeckten Texte, bzw. Textfragmente von Hss. aus St. Gallen, Donaueschingen, Maihingen und Salzburg wurden berücksichtigt.

S. 343, 22f. vgl. S. 334, 10f.; 330, 32ff. / 24ff. vgl. S. 311, 9ff.; 340, 14/22ff.; vgl. auch S. 137, 9ff. / 33f. Über die gleiche Canticum-Stelle vgl. S. 330, 11ff.

S. 344, 8ff. vgl. S. 204, 30ff.; 370, 30ff. und 313, 11ff. / 10 vgl. S. 172, 29f. / 11 Ich habe hinter Pf. S. 141, 36 *minnet* das Plusstück *daz ist sîn leben, unde*, das auch in der St. Galler Hs. fehlt, nicht mit Quint, Überlieferung S. 434 ergänzt. Es konnte, wie ich a. a. O. gesagt habe, leicht interpoliert werden. / 15ff. Die beiden von Eckehart gemeinten Meister sind Aristoteles (De anima II 419a 15) und Demokrit. / 31ff. vgl. etwa S. 188, 25ff.; 84, 30f.

S. 345, 3f. vgl. etwa S. 106, 30ff. / 8ff. vgl. S. 198, 2ff. / 11ff. Zum Spiegelvergleich vgl. etwa S. 199, 5ff.; 225, 2ff. / 27ff. vgl. insbesondere S. 210, 11ff.; 341, 24ff. Ich habe Pf. S. 142, 38 *sêle* mit der St. Galler Hs. getilgt. Vgl. auch S. 253, 24ff. / 33ff. vgl. S. 341, 26ff.

S. 346, 7ff. vgl. insbesondere S. 184, 29 bis 185, 10 / 15ff. vgl. etwa S. 351, 5ff.; 257, 20ff. / 15f. vgl. S. 398, 28f. / 18ff. vgl. LW 4. Bd. S. 22, 6f. / 28ff. vgl. S. 257, 32f.; In Gen. I n. 166: *deus quiescit in omni sive ab omni opere universo, quia ipse non permiscetur rebus operatis.*

S. 347, 6ff. vgl. S. 207, 3ff.; 185, 31ff. / 14ff. vgl. S. 147, 11ff. / 23 *sie* = die Kraft, von der ab S. 345, 27 die Rede ist. / 23ff. vgl. insbesondere S. 225, 26ff.; 399, 16ff.; 199, 5ff.; 224, 34ff. / 26ff. vgl. S. 399, 8ff.; Jundt S. 264, 23: *Man verstat die hitze wol ân das fúr, und die schin ân der sunne.* insbesondere LW 5. Bd. S. 44, 7ff. / 33ff. vgl. S. 185, 27ff.; 385, 36ff. / 34 *Stirbt einer:* Pf. S. 144, 26 *Dâ dû es stirbt* ist offenbar verderbt wie die hsl. Überlieferung. / 35ff. vgl. In Joh. n. 393: *pictor facit parietem album, et hoc ipso quo fit albus fit similis generaliter omnibus quae alba sunt, ipsam albedinem formaliter plus et minus participantia, ...*

S. 348, 4ff. Der Schlußabschnitt weicht in der Gruppe Str_3 Bra_2 G_5 ziemlich stark ab vom Text Pfeiffers (= E_2BT), siehe Quint, Überlieferung S. 425f. zu 144, 30ff. Zum Inhalt des Abschnittes vgl. insbesondere den Schlußabschnitt der Predigt 34 S. 315, 35 bis 316, 20, dessen Ausführungen weithin mit dem vorliegenden Text dem Sinne nach übereinstimmen. / 7 *im Grunde*: gemeint ist der göttliche Seinsgrund. Über die Beziehung des Gottesgrundes zum Seelengrunde vgl. insbesondere S. 180, 5ff./12/14 / 15. Mit *es* ist jedesmal das göttliche Sein im Grunde gemeint, wie die Vergleichsstelle S. 316, 11f. erkennen läßt. / 16 Zum Willen als *Schwester* der Vernunft vgl. etwa noch S. 166, 19, wo der Wille als *Gespiele* der Vernunft bezeichnet ist.

PREDIGT 41 (S. 349ff.)

= Pfeiffer Nr. XCI S. 299f. Quint, Überlieferung S. 822ff.

Das Textfragment der Berliner Hs. 8° 64 (= B_{15}) wurde berücksichtigt.

S. 349, 9ff. vgl. insbesondere S. 182, 19ff. und die Anm. dazu; LW 4. Bd. S. 103, 4f. und dort Anm. 3 / 18ff. vgl. etwa S. 267, 10ff.

S. 350, 5ff. vgl. etwa S. 105, 29ff. / 12ff. Über die Kreaturen, die zwar Bitterkeit, aber doch auch wieder etwas an Trost und etwas von Gott in sich tragen, vgl. insbesondere S. 346, 18ff. / 23ff. vgl. S. 346, 28f. / 26ff. vgl. S. 338, 22ff.; 174, 22ff.; 386, 25ff.; 224, 25ff.; 88, 35f.; 89, 26ff.; 375, 2ff.; 169, 26ff.; 197, 21ff. / 27ff. vgl. etwa S. 254, 33ff.; LW 4. Bd. S. 53, 8ff. / 29ff. vgl. etwa S. 326, 24ff. / 35ff. Die im folgenden gemeinten drei Kräfte der Seele sind die *concupiscibilis* (= *begerunge*), die *irascibilis* (*zornlicheit*) und die *rationalis* (= *bescheidenheit, verstendicheit*), vgl. DW 1 S. 231, 5ff. und dort Anm. 4, S. 232, 1ff. und dort Anm. 1, in der ich lateinische Parallelstellen aufgeführt habe, die die Funktionen der 3 Kräfte in Übereinstimmung mit dem vorliegenden Text bestimmen. Vgl. auch S. 354f. (und Anm. dazu); 297, 5ff.

S. 351, 5ff. vgl. etwa S. 346, 15f. / 20ff. vgl. LW 4. Bd. S. 82, 1ff.

PREDIGT 42 (S. 352ff.)

= Pfeiffer Nr. XCIX S. 317ff. Quint, Überlieferung S. 874f.

Die Predigt ist nach wie vor nur aus e i n e r Einsiedler Hs. bekannt; Büttner (S. 312) gibt fälschlich an: »aus dem Taulerdruck«, wie Spamer (PBB 34 S. 329 Anm. 3) schon vermerkte.

Die Echtheit der Predigt scheint mir gesichert durch bedeutsame inhaltliche Übereinstimmungen mit echten Eckehart-Texten, sowie mit Taulers Predigt auf den gleichen Schrifttext, Vetter Nr. 56 S. 259 bis 266, in der Tauler den »Meister« an manchen Stellen »zitiert«, ohne ihn ausdrücklich zu nennen, vgl. Quint, Textbuch zur Mystik des deutschen Mittelalters, 1952, S. 86 bis 92 und die Anmerkungen dazu S. 121 und 126.

S. 352, 4ff. vgl. Tauler, Vetter S. 350, 1ff.: *Nu ,von allem gemůte': in dem ist das ander alles beslossen, das ist und heisset das gemüte. Es wirt genant ein mosse, wan es misset das ander alles. Es git im sine forme, sine swere, sin gewicht. Es teilet al umbe und umbe. Habitus mentis.* / 18ff. vgl. etwa S. 147, 3f.; 147, 29ff.; 342, 20ff. / 21 *überseiendes Sein* = Pf. S. 318, 15 *überwesende wesen* ist ein pseudo-dionysischer Ausdruck. / 27ff. vgl. LW 4. Bd. S. 149, 4ff. und dort Anm. 3. / 32ff. vgl. S. 166, 26ff.; 392, 32ff.; In Ioh. n. 528: *Anima enim, ut dicit Avicenna circa principium libri suorum Naturalium, non est nomen naturae, sed officii, in quantum scilicet animat corpus, puta si quis dicatur artifex esse, aedificator scilicet, pictor et huiusmodi.*

S. 353, 3ff. Über die Namenlosigkeit Gottes und der Seele vgl. S. 164, 8ff.; 385, 15ff.; 408, 16ff. / 9ff. vgl. insbesondere S. 197, 7ff. / 19ff. Über die Seinslosigkeit Gottes vgl. S. 195, 20ff., insbesondere S. 197, 25ff. / 20 vgl. S. 408, 19f. / 20ff. vgl. Tauler, Vetter S. 293, 1f.: *Ein meister sprach: ,der spricht aller schonest von Gotte, der von bekenntnisse inwendiges richtůmes von Gotte kan geswigen'.* Vgl. S. 94, 21ff.

S. 354, 4ff. Über die im folgenden aufgeführten 6 Kräfte der Seele, die Eckehart hier als »oberste« und »unterste« unterscheidet, vgl. v. Bracken, M. Eckhart u. Fichte S. 616f. Anm. 279 und 281, wo gesagt ist, daß in dieser Klassifikation »lediglich die Seelenvermögen der aristotelischen Einteilung neben die oder vielmehr unter denjenigen der augustinischen Einteilung angeordnet werden, wobei sich das Verwirrende einer zweimaligen Erwähnung der Vernunft als bescheidenheit rationale und als verstendikeit intellectus ergibt.« In Anm. 281 verweist v. Bracken auf DW 1 S. 230ff. (Predigt: *Surge illuminare* = Nr. 14), die »eine weit mehr Vertrauen erweckende Klassifikation« biete. »Sie stellt nämlich die dort genannten beiden Ternare mit scharfer Trennung nebeneinander, zuerst den augustinischen, dann den aristotelischen.« Vgl. auch S. 350, 35ff. und die Anm. dazu und S. 297, 4ff. / 7ff. Die 3 *niedersten Kräfte*, die Eckehart zunächst behandelt, führt Tauler, Vetter S. 236, 26 bis 237, 12 auf als *begerliche kraft, zornliche kraft* und *vernúnftige kraft.* Eckehart behandelt sie in umgekehrter Reihenfolge. / 12ff. vgl. S. 100, 4ff. / 11f. habe ich mit Büttner (S. 146) hinter Pf. S. 319, 34 *hân* ergänzt: *ein vingerlîn, daz ist ein genüegen,* was offenbar infolge von Homöoteleuton ausgefallen ist, vgl. Quint, Überlieferung S. 875 zu 319, 34. / 21ff. Bei den folgenden *obersten Kräften* handelt es sich um den geläufigen Ternar der augustinischen Trinitätsformel: memoria (pater), intellectus (filius), voluntas (spiritus sanctus), vgl. etwa Augustinus, De trin. XII C. 11 n. 18 (PL 42, 983). Vgl. auch etwa Tauler, Vetter, S. 9, 9ff. / 30ff. vgl. die ähnliche Stelle S. 357, 26f., dazu noch etwa S. 302, 25ff.

S. 355, 15ff. vgl. insbesondere S. 331, 30ff. / 20f. Büttner (S. 147) konjizierte *vom Sein* statt Pf. S. 320, 30 *von nihte*. Ich halte die Konjektur *von ihte* (= *vom Etwas*) als Gegensatz zu *nihte* für besser.

PREDIGT 43 (S. 356ff.)

= Pfeiffer Nr. LXVI S. 206ff. Quint, Überlieferung S. 607ff.

Bei der Übersetzung habe ich den von mir identifizierten Volltext der St. Galler Hs. 1033 (G_5) sowie die Fragmente der Donaueschinger und der Salzburger Hs. berücksichtigt. Der Volltext G_5 scheint eng mit dem der St. Galler Hs 4° 972a (G_1) verwandt zu sein: beide haben das Textstück S. 356, 34 *Soll* bis 357, 23 *geringer* hinter S. 357, 27 *Paternoster* verstellt, wo es gewiß nicht an ursprünglichem Platz stehen dürfte.

In der hsl. Überlieferung ist die Disposition der Predigt nicht mehr ganz klar ersichtlich, weil die Schreiber in bezug auf die Identifizierung der einzelnen Dispositionspunkte und -unterpunkte in Verwirrung gerieten. S. 357, 27f. kündigt Eckehart zwei Sinne der im voraufgehenden interpretierten Paternosterbitte *werde Wille dein* an. Der erste Sinn dieser Bitte ist (S. 357, 28): *Schlafe in allen Dingen!*, der zweite, der jedoch in der hsl. Überlieferung nicht ausdrücklich als solcher eingeführt ist (S. 358, 1): *Mühe dich in allen Dingen!* Dieser zweite Sinn hat seinerseits in seiner speziellen Formulierung: *Schaffe deinen Nutzen in allen Dingen!* einen dreifachen Sinn. Diese drei Meinungen behandelt Eckehart in den drei Abschnitten S. 358, 3 bis 359, 25, um dann im letzten Abschnitt den tiefsten und umfassendsten Sinn des *Mühe dich in allen Dingen!*, d. h. die Abkehr von aller Mannigfaltigkeit der irdischen Dinge und die Hinkehr zur Einheit des Wesens zum Zwecke der Einigung mit ihm darzulegen.

S. 356, 3 Das Fest des hl. Dominikus = 5. August. / 4f. Schon Brethauer, Diss. S. 47 wies darauf hin, daß Eckehart das Schriftwort 2 Tim. 4, 2 in der vorliegenden deutschen Predigt in Übereinstimmung mit In Eccli. n. 69 eigenwillig interpretierend übersetzt; im lateinischen Text heißt es: *Unde apostolus Tim. 4 scribit; ‚praedica verbum'. ‚Praedica' quasi praedic, id est prius intus dic, ‚vel praedica', id est prodic vel produc extra, ut luceat coram hominibus.* In dieser Übereinstimmung sieht Brethauer mit Recht ein Echtheitskriterium für die deutsche Predigt. / 7ff. vgl. insbesondere S. 157, 14ff. / 9ff. vgl. S. 358, 19ff. / 12ff. vgl. S. 195, 22ff. / 14ff. vgl. S. 206, 1ff.; 269, 12ff.; 138, 15ff. / 20ff. vgl. etwa Pf. S. 155, 25ff.: *Swaz in der sêle aller hôhest ist, daz ist ime aller niderist, wan ez aller inwendigest ist, alse der ein sinewel dinc zesamen truken wil, sô wirt daz obrist daz niderist.*; 225, 35ff. . . . *süllen wir immer komen in den grunt gotes und in sîn innigestez, sô müezen wir zuo dem êrsten komen in unsern eigenen grunt und in unser innigestez in einer lûtern dêmüetikeit.* (vgl. Quint, Überl. S. 627 zu 225, 35f./36; 226, 1). / 30 *alles, was gegenwärtig ist* mit G_5 ergänzt (vgl. S. 269, 15f.), ist wohl infolge von Homöoteleuton in der übrigen hsl. Überlieferung verlorengegangen. / 32ff. vgl. insbesondere S. 269, 22f.; 270, 9f.; 336, 36ff.; 185, 20ff.

S. 357, 8ff. vgl. S. 170, 4ff.; 256, 25ff.; Pf. S. 18, 39ff., 104, 35ff. / 13ff. Vgl. S. 397, 12ff.; LW 4. Bd. S. 19, 6ff. und Anm. 5 / 24ff. vgl. S. 336, 14ff.; 169, 13ff.; 354, 30ff.; 391, 13ff. Eckehart macht hier den Text des Paternoster ‚*fiat voluntas tua!*' gewaltsam und willkürlich seinen eigenen Gedanken vom Ledigwerden des Menschen und seinem Aufgehen in Gott dadurch dienstbar, daß er willkürlich, dem objektiven Sinn des Textes widersprechend, übersetzt: »es werde der Wille (scil. des Menschen) zu deinem (scil. zum Willen Gottes)«, d. h.: der Mensch soll in Gott aufgehen, das »Ich« (der Mensch) soll »Er« (Gott) werden. Diese Art grammatisch willkürlicher und überraschend kühner Übersetzung im Dienste seiner kühnen Spekulation betreibt Eckehart mit Vorliebe auch sonst. Vgl. auch S. 269, 6 Anm.

S. 358, 7ff. vgl. S. 171, 15ff. / 15f. vgl. S. 356, 32ff. / 18ff. vgl. S. 170, 18ff. / 19ff. vgl. insbesondere S. 170, 25ff. / 31ff. vgl. S. 318, 24ff.

S. 359, 7ff. vgl. S. 337, 27ff. / 15ff. vgl. etwa S. 381, 18ff. / 26 habe ich entsprechend meiner in Quint, Überlieferung S. 615f. zu 209, 10 vorgetragenen Argumentierung Pf. S. 209, 19 *Daz dritte* getilgt, wiewohl es auch von der Hs G_5 geboten wird. / 27 habe ich gegen Pf. S. 209, 19ff. mit G_5 Bra_3 G_1 abgeändert (siehe Quint, Überlieferung S. 608f.) Der Sinn dieses letzten *Mühe dich in allen Dingen* ist nicht, wie Bernhart (S. 68 Anm. 2) meint: *Mühe dich um den Segen aller Dinge* (wie übersetzt), sondern: Mühe dich darum, im Mannigfaltigen der Dinge das *blôze eine* zu finden und zu fassen. Auch die von B. S. 68 Anm. 3 vorgenommene Textänderung ist unberechtigt und irrig.

S. 360, 2 Pf. S. 209, 30 *wunderlich* durch *unbillich* ersetzt, das alle Hss. bieten.

PREDIGT 44 (S. 361ff.)

= Pfeiffer Nr. XV S. 71ff. Quint, Überlieferung S. 212ff.

Über die bei Quint, Überlieferung S. 212 verzeichneten Hss. hinaus sind die von mir aufgefundenen hsl. Texte der Nürnberger Hs. cent. VI 55 (N_4) und Fragmente einer Donaueschinger (Do_1) und einer St. Galler Hs. berücksichtigt.

In N_4 und in mehreren anderen Hss. steht der Text der Predigt eingefügt in den der RdU. Schon diese Tatsache legt zum mindesten die Echtheit der Predigt nahe. Sie wird aber ausdrücklich durch hsl. Bezeugung wiederholt gesichert, zudem durch das Zeugnis Jan van Leeuwens, der ein Textstück der Eckehartischen Predigt in seine Streitschrift: *dat boexken van meester Eckaerts leere, daer hi in doelde* in polemischer Absicht eingefügt hat. Vgl. Quint, Überlieferung S. 212 zu Br_5.

S. 361, 1 bis 3 fehlt bei Pf. S. 71, 10 als Vorspruch der Predigt und habe ich aus der Nürnberger Hs. N_4 entnommen. / 4ff. In welcher Predigt Eckehart das Thema der vorliegenden Predigt angekündigt hat, ist unbekannt. Vielleicht bezieht Eckehart sich auf seine Ausführungen S. 181, 19ff., von denen allerdings, wie ich in der Anmerkung zu dieser Stelle gesagt habe, nicht klar ist, in welchen Zusammenhang sie ursprünglich gehörten. Tauler, Vetter S. 263, 1ff. bezieht sich ganz deutlich auf die genannte Stelle S. 181, 19ff., deren Wortlaut er ziemlich genau wiedergibt, eingeleitet durch die Bemerkung: *Aber ein gros edel meister sprach*, worunter er gewiß M. Eckehart versteht. / 9f. Thomas behandelt die Frage S. th. III q. 89 a. 6: *Utrum per poenitentiam subsequentem etiam opera mortua vivificentur* ... Auch er gehört zu den Meistern, gegen die Eckehart seine eigene These aufstellt und zu beweisen sucht. / 12f. *Lohnes* mit B_9 N_4 statt Pf. S. 71, 18 *lebens* (siehe Quint, Überlieferung S. 213 zu 71, 17ff.). / 17 habe ich ebenfalls (siehe zu 361, 12f.) mit B_9 N_4 *lônes* statt Pf. S. 71, 23 *lebennes* eingesetzt. / 23ff. So z. B. auch Thomas, siehe zu 361, 9f. / 26 *Meister Eckehart* fehlt in B_9 N_4!

S. 362, 27 Pf. S. 72, 26 *als balde* getilgt (siehe Quint, Überl. S. 214) / 35ff. Über das Sich-Entledigen von »Bildern«, auf daß der Mensch seinem Ursprung sich wieder nähere, vgl. insbesondere Predigt 2 S. 159, 9ff. / 7 Pf. S. 72, 40 *wizzen* mit N_4 durch *wesen* = *Sein* ersetzt, vgl. S. 362, 34 / 21 vgl. S. 362, 2 / 22 *sind*, ergänzt mit N_4 B_9 / 26f. vgl. S. 362, 33f.

S. 364, 4ff. Eckehart macht im folgenden einen scharfen Unterschied zwischen dem an sich indifferenten, nicht seinshaltigen Werk in Zeit und Raum und dem Grunde im Geiste, aus dem es fließt und das ihm Wert oder Unwert gibt. / 15 *wenngleich* bis 16 *wäre;* habe ich Pf. S. 73, 36 hinter *wêre* mit N_4 Br_5 (siehe Quint, Überl. S. 225f. zu 73, 36) ergänzt. Das Textstück dürfte infolge von Homöoteleuton in der sonstigen hsl. Überlieferung verlorengegangen sein. / 26 *Einschlag* = Pf. S. 74, 4 *înslac.* Gemeint ist, daß der Mensch einen Ruck hin zur Vereinigung mit Gott tut, ähnlich wie etwa S. 308, 33, wo ebenfalls vom Ledigwerden, vom Durchbruch und dem dadurch bewirkten Emporschnellen die Rede ist. Die den Menschen fördernde Wirkung der im Zustande der Todsünde gewirkten guten Werke war nur gehemmt, bzw. aufgehalten, wird aber im Augenblick der Wiederherstellung des Gnadenstandes ausgelöst, so daß die auf diese guten Werke verwendete Zeit nun aufgeholt wird in dem Sinne, den Eckehart im folgenden erläutert. / 35ff. Über Werk und Frucht des Werkes vgl. die allerdings anderssinnigen Ausführungen der Predigt 2, S. 160, 19ff. Vgl. S. 364, 10ff.

S. 365, 6 *und* bis *Deut* habe ich mit B_9 (siehe Quint, Überl. S. 216 zu 74, 16) und N_4 ergänzt. / 12f. *es wird doch* bis 14 *zunichte* mit N_4 ergänzt. Das Textstück, das in allen anderen Hss. und demnach auch bei Pf. S. 74, 22 fehlt, scheint mir infolge von Homöoteleuton verlorengegangen zu sein, aber inhaltlich gefordert zu werden. / 16 habe ich Pf. S. 74, 23 *geedelt* mit N_4 durch *geledigget* ersetzt, denn die Frucht der Werke, von der im voraufgehenden in extenso die Rede war (vgl. S. 364, 13ff.), besteht ja doch eben im Frei- oder Ledigwerden des Geistes.

PREDIGT 45 (S. 366ff.)

=Pfeiffer Nr. XLV S. 152ff. Quint, Überlieferung S. 441ff.

Neu aufgefundene Volltexte, bzw. Fragmente der Predigt in Hss. aus Berlin, Hamburg, Paris, Sarnen, Salzburg und Stuttgart habe ich bei der Übersetzung berücksichtigt. Die Berliner Hs. 4° 1131 (B_{12}) bietet den wichtigsten dieser Texte und verstärkt die Handschriftengruppe, die gegenüber Pfeiffer den verläßlicheren und vollständigeren Text bietet. Dieser B_7-Gruppe (siehe Quint, Überlieferung S. 450) habe ich bei der Übersetzung noch mehr Einfluß eingeräumt als schon in den Textbesserungen, die ich in Quint, Überl. S. 450ff. vortrug.

Ähnlich wie bei Predigt 43 (siehe die Bemerkungen zu Beginn der Anmerkungen zu Pr. 43) ist in der hsl. Überlieferung die Zählung der einzelnen Punkte der Disposition in Unordnung geraten und muß, auch gegenüber Pfeiffer, korrigiert werden.

S. 366, 2ff. Das Verfahren, aus verschiedenen Schrifttexten ein Zwiegespräch zwischen der Seele und Gott (der ewigen Weisheit) herzustellen, hat Eckehart auch in der Predigt 22 angewandt (siehe Anm. zu S. 252, 8ff.). / 9ff. Zur Vierzahl der Fragen und ihrer Ursprünglichkeit vgl. Quint, Überl. S. 451 zu 152, 12ff. / 13ff. vgl. S. 257, 22ff. / 18ff. Zur Textänderung gegenüber Pf. S. 152, 16ff. vgl. meine eingehenden Ausführungen Quint, Überl. S. 452ff. Zum Gedanken, daß Gott in allen Dingen Ruhe sucht, vgl. noch Pf. S. 491, 14ff. in Traktat IX, der sicher echt sein dürfte. / 31f. Der »Sohn« ist der Inbegriff der »Vorbilder«, der »Ideen« der Kreaturen, vgl. etwa S. 157, 14ff.

S. 367, 11 Zu *dritten* siehe Quint, Überl. S. 457 zu 152, 35. / 12ff. Über die Reinheit der Seele vgl. etwa S. 175, 28ff.; Pf. S. 166, 11ff.; LW 4. Bd. S. 3, 6f. und dort Anm. 4. / 15 *je lauterer* bis 16 *wird* ergänzt mit B_7 (-Gruppe); das Textstück ist wohl infolge von Homöoteleuton in den anderen Hss. verlorengegangen. / 17ff. vgl. etwa S. 199, 31ff. / 22ff. Der Prediger führt vier Äußerungen St. Anselms (v. Canterbury) darüber auf, wie die Seele zur Ruhe in Gott gelange: 1. Z. 23 *Ziehe dich* usw., 2. Z. 24 *Fliehe* usw., 3. Z. 25f. *Der Mensch* usw., 4. S. 368, 4 *die Seele solle* usw. Es kommt allerdings nicht an allen vier Stellen klar zum Ausdruck, daß der Prediger tatsächlich Anselm zitiert. Die Stelle, auf die Eckehart sich bezieht, lautet (S. Anselm, Medidatio XXI, PL 158, 814 D): *fuge paululum occupationes terrenas; absconde te modicum a tumultuosis cogitationibus, abjice nunc onerosas curas tuas et postpone laboriosas distensiones tuas. Vaca aliquantulum Deo, et requiesce aliquantulum in eo.* Punkt 3 und 4 finden, wie man sieht, im letzten Satz der Anselmstelle nur eine entfernte Entsprechung. Vgl. Quint, Überl. S. 458 zu 153, 11. Die gleiche Anselmstelle zitiert Eckehart auch S. 420, 23ff. / 27 *und aller Kasteiung, und bedarf* ergänzt mit B_7 (-Gruppe) / 29 *heimliche und* ergänzt mit B_7 (-Gruppe) / 30 *dienen* mit B_7 (-Gruppe) statt Pf. 153, 15 *gelangen.* / 31 *ja,* bis 32 *hineinlugen* ergänzt mit B_7 (-Gruppe, vgl. Quint,

Überl. S. 443 zu 153, 14ff.). Das Textstück ist wohl infolge von Homöoteleuton in der übrigen hsl. Überlieferung verlorengegangen. / 33 *und so schamhaft* ergänzt mit B_7 (-Gruppe).

S. 368, 9ff. Über die Cherubim und die Seraphim vgl. S. 238, 28f. und Anm. dazu. Isidor, Etym. VII, 5, 22f. Entgegen seiner sonstigen Wertung nennt Eckehart in der vorliegenden Predigt (S. 368, 17f.) die Liebe, nicht die Erkenntnis (vgl. etwa S. 385, 14f.; 393, 10ff.), die oberste Kraft der Seele, die die Seele in Gott zu bringen vermag. Vgl. S. 166, 16ff. (und Anm. dazu); LW 4. Bd. S. 51, 1ff. / 23f. Über die Ordnung der Seele vgl. S. 233, 12 und Anm. zu 233, 11 bis 15; 377, 15ff. / 23ff. / 26ff. vgl. S. 436, 6ff.; Tauler, Vetter S. 257, 13ff.

S. 369, 6ff. vgl. Sievers, ZfdA 15 S. 432, 56 bis 69, wo Eckehart den gleichen Vergleich bringt. / 15ff. vgl. S. 366, 15ff. / 17ff. vgl. S. 121, 21ff.; 238, 2ff. / 19 vgl. etwa S. 116, 22ff. Aristotelische Lehre.

PREDIGT 46 (S. 370ff.)

= Pfeiffer Nr. XLIII S. 145ff. Quint, Überlieferung S. 436ff.

Die Predigt ist nur spärlich überliefert. Den vollen Text Pfeiffers bietet nur die Einsiedler Hs. E_2. Im Basler Taulerdruck (BT) fehlt S. 370, 5 *Ein anderes* bis S. 371, 10 *nachfolgen*. Ich habe mich in Quint, Überlieferung S. 439f. bemüht, die Ursprünglichkeit dieses ersten Textteiles zu erweisen. Wie auch sonst öfters (vgl. z. B. Predigt 45 Anm. zu S. 366, 2ff. und Predigt 22, Anm. zu S. 252, 8ff.), wählt Eckehart für die vorliegende Predigt zwei verschiedene Schrifttexte. Diesmal ist die Bindung zwischen dem ersten (Prov. 15, 9) und dem zweiten (Matth. 5, 6) ziemlich locker, wie denn auch der Übergang in der Exegese vom ersten zum zweiten durch S. 371, 7 *Nun ein anderer Sinn* hart und unvermittelt geschieht. Während der erste Teil von der Liebe Gottes zum Gerechten handelt, hat der zweite die Gerechtigkeit selbst, dann das Verhältnis des Gerechten zur Gerechtigkeit (= Gott) und die Ethik des Gerechten, insbesondere die Willensethik des *sunder warumbe* zum Thema. Was die beiden Teile locker eint, ist einzig die Berührung im Begriff der Gerechtigkeit in den beiden ihnen zugrundeliegenden Schrifttexten.

Bei der Übersetzung habe ich den von mir entdeckten Text der Genter Hs. 2433 (Ge_4) berücksichtigt, dem allerdings am Anfang das große Textstück S. 370, 1 bis 372, 5 *ißt* und am Schluß das Stück S. 373, 31 *Ein Gleichnis* bis Schluß fehlt (vgl. Quint, Untersuchungen S. 258).

S. 370, 10f. vgl. insbesondere S. 358, 19ff.; 170, 25ff. / 11ff. vgl. etwa S. 367, 6ff.; 341, 34f.; 204, 30ff.; LW 4. Bd. S. 53, 2ff. und dort Anm. 3. / 18f. In der Augustinischen Trinitätsformel ist der Sohn die »Weisheit« (sapientia); vgl. auch S. 377, 15ff. / 23 Habe ich statt Pf. S. 145, 28 *got* konjiziert: *güete*, was einzig richtig und ursprünglich sein kann; vgl. Z. 25! / 28 habe ich die Interpunktion Pfeiffers S. 145, 31f.: ... *und in sîner minne, daz ist geben: daz gît uns sîne minne, daz* etc. abgeändert. / 30 Pf. S. 145, 34 *überworfen* scheint mir verderbt zu sein aus *überformet*, vgl. Pf. S. 148, 38 *überformieret* in der gleichen Predigt. Welche Paulus-Stelle genau gemeint ist, habe ich nicht feststellen können. / 33 ff. vgl. insbesondere S. 344, 8 ff.; 386, 28 ff.; ähnlich Pf. S. 151, 25 ff.

S. 371, 7f. vgl. S. 262, 15 ff./27 ff.; 263, 2 ff. / 10 ff. vgl. insbesondere S. 183, 21 ff.; vgl. auch S. 383, 20 ff. Der Rückverweis Z. 12 bezieht sich nach Pahncke, Diss. S. 42, auf die Stelle S. 183, 21 ff. / 13 In Gott als dem actus purus gibt es keinerlei Unterschiede und gegeneinander abgetrennte Inhalte: alles ist in ihm alles und Eines im Sein. / 15 f. vgl. Pf. S. 159, 13 f. *Jâ unt stüende diu helle an dem wege der gerehtikeit, ir wörhtet die gerehtikeit, . . .* / 20 ff. vgl. insbesondere S. 125, 19 ff.; 94, 23 ff.; 267. 17 ff.; 170, 36 ff.; 373, 8 ff. / 23 ff. vgl. S. 180, 23 ff.; 176, 6 ff. / 35 ff. vgl. S. 168, 22 ff.

S. 372, 3 ff. vgl. S. 388, 3 ff. / 6 ff. vgl. etwa S. 183, 10 ff. / 10 *liebste* mit Ge_4 statt Pfeiffer S. 147, 2 *êrste* / 10 ff. vgl. S. 168, 33 ff., wo derselbe Vergleich begegnet. / 16 ff. vgl. insbesondere S. 168, 6 bis 21 / 21 ff. vgl. S. 168, 22 ff. / 27 *und* mit Ge_4 statt Pf. S. 147, 17 *wan* / 29 ff. vgl. etwa S. 153, 32 ff.; 170, 36 ff.

S. 373, 1 *Weil* bis 2 f. *ungeschaffen* ergänzt mit Ge_4 / 3 ff. vgl. S. 171, 15 ff.; 338, 24 ff. / 7 ff. vgl. etwa S. 170, 36 ff. / 8 ff. Über die Sohnsgeburt vgl. S. 170, 36 ff.; 172, 12 ff.; LW 4. Bd. S. 22, 11 f.: *primo, quia deus, et per consequens homo divinus, non agit propter cur aut quare.* In Exod. n. 247: *proprium est deo, ut non habeat ‚quare' extra se aut praeter se. Igitur omne opus habens ‚quare', ipsum ut sic non est divinum, nec fit deo . . . ‚quare' quod alienum est deo et a deo, non deus nec divinum.* / 16 ff. vgl. S. 227, 20 ff. (auf diese Stelle bezieht Eckehart sich (?) nach der Meinung Pahnckes, Diss. S. 43). Zu Z. 18 ff. vgl. etwa S. 227, 14 ff. / 25 *das Eine* mit Ge_4 BT statt Pf. S. 148, 6 *in* / 29 ff. vgl. insbesondere S. 119, 33 ff.; In Eccli. n. 46; LW 3. Bd. S. 58, 11 ff. und die dort Anm. 6 aufgeführten Parallelen, Thomas, S. th. I q. 104 a. 1.

S. 374, 7 ff. vgl. S. 254, 33 ff.; Pf. S. 94, 37 ff. / 19 ff. vgl. LW 3. Bd. S. 201, 2 ff. / 27 ff. vgl. S. 228, 21 ff.; RS § II 4 art. 3 (Théry S. 178), II art. 44 (Théry S. 248) und die Verteidigung dieser beiden Artikel RS § III 4 art. 3 (Théry S. 200), II art. 44 (Théry S. 249), wo Eckehart sich auf Thomas, S. th. I. II q. 61 a. 5 beruft.

S. 375, 2 ff. vgl. S. 169, 32 ff.; 89, 29 ff.; 174, 22 ff.; 350, 26 ff.; 216, 32 ff. / 4 f. vgl. S. 96, 33 ff. / 9 ff. vgl. etwa S. 169, 32 ff.

PREDIGT 47 (S. 376 ff.)

= Pfeiffer Nr. XLVIII S. 159 ff. Quint, Überlieferung S. 468 ff.

Bei der Übersetzung habe ich insbesondere den von mir identifizierten fragmentarischen Text der St. Galler Hs. 1033 (G_5) berücksichtigt, der sich zur Gruppe B_7 B_8 stellt.

S. 376, 10 ff. vgl. etwa S. 205, 6 ff. / 20 ff. vgl. Pf. S. 103, 20 bis 23; vgl. auch insbesondere S. 239, 31 ff. und Anm. zu 239, 25 ff.; S. 235, 33 ff. / 25 ff.

vgl. S. 172, 8ff., worauf unsere Textstelle sich mit dem Rückverweis zurückbeziehen wird, vgl. Pahncke, Diss. S. 53.

S. 377, 9ff. vgl. LW 4. Bd. S. 32 Anm. 1. Vgl. auch S. 293, 31ff. / 12ff. vgl. Pf. S. 103, 24ff., wo ebenfalls auf Dionysius (Areopagita) verwiesen ist, dessen Engellehre in »De coelesti hierarchia« in extenso dargestellt ist. / 15ff. Über die *göttliche Ordnung* vgl. insbesondere S. 368, 23ff. (und Anm. dazu). Z. 16f. enthält die bekannte Trinitätsformel, wie sie etwa S. 165, 19f. zu finden ist (siehe die Anm. dazu); vgl. auch S. 370, 18f. / 29 Über die *Ordnung der Seele* vgl. insbesondere S. 237, 13ff. Der heidnische Meister, den Eckehart im Auge hat, ist wohl Avicenna (vgl. v. Bracken, M. Eckhart u. Fichte S. 591 Anm. 9). / 31 habe ich Pf. S. 160, 40 *minnet* bis 161, 3 *ist* mit B_6 B_7 getilgt, vgl. Quint, Überl. S. 470 zu 161, 3f. / 33 *durchleuchtet* mit B_6 B_7 statt Pf. S. 161, 5 *durchfliuzet* / 35 habe ich entgegen meiner Änderung (Quint, Überl. S. 474 zu 161, 6) mit B_6 den Plural *die obersten Kräfte* an Stelle des Singulars *die oberste Kraft* (B_7) eingesetzt.

S. 378, 5f. *In dieser Weise* = In dieser ihrer eigenen Friedensordnung. / 9 Unter den *übrigen Stücken* sind die S. 377, 13f. genannten Inhalte des *geweihten Fürstentums der Engel* gemeint, von denen *göttliche Ordnung* näher bestimmt wurde; von den übrigen aber: *göttliches Werk, göttliche Weisheit und göttliche Gleichheit oder göttliche Wahrheit* soll nur mehr *göttliche Gleichheit* kurz gestreift werden: *Nur vom letzten noch ein wenig!* Zu dieser Wendung vgl. etwa S. 231, 29. / 16ff. vgl. S. 115, 32ff.; 116, 1ff./16ff. Es ist möglich, daß Eckehart sich an der vorliegenden Stelle auf seine breiten Ausführungen über das Emporziehen durch Gleichheit und feurige Liebe an der angegebenen Stelle seines »Trostbuches« bezieht, wodurch die Echtheit der Predigt bezeugt würde. Über das Emporziehen durch Leersein vgl. etwa noch S. 115, 21f. und Pf. S. 219, 27ff. / 31 Schlußsatz mit B_6 B_7 geändert.

PREDIGT 48 (S. 379ff.)

= Pfeiffer Nr. LV S. 176ff. Quint, Überlieferung S. 515f.

Die von mir aufgefundenen Texte einer Freiburger (Fr), einer Straßburger (Str_7) und einer Genfer Hs. (Ge_4) habe ich berücksichtigt und über die in Quint, Überl. S. 525ff. vorgetragenen Textbesserungen hinaus noch weitere Änderungen vorgenommen. Im ganzen dürfte der Text gut überliefert sein.

Seine Echtheit scheint mir durch eine Reihe von inhaltlichen charakteristischen Übereinstimmungen mit gesichert echten Eckeharttexten, insbesondere mit den RdU und mit BgT, gewährleistet zu sein. Überdies bezeugen mehrere Hss. die Verfasserschaft Eckeharts ausdrücklich. In Z_1 und E_2 ist der Text als *collacie*, bzw. *collectie* bezeichnet, und W. Wackernagel, der den Text von Z_1 in »Altdeutsche Predigten und Gebete«, 1876, S. 156ff. abdruckt, überschreibt das Stück: »*Tischrede Meister Eckards*«.

S. 379, 1ff. vgl. J. Koch, Cusanus-Texte I, 1: 4 Predigten im Geiste Eckharts (Sitz. Ber. d. Heidelb. Ak. d. Wiss., Phil.-hist. Kl., 1936/7) S. 126, 8ff. und Anm. zu 8 bis 9. / 9f. vgl. Matth. 19, 29; vgl. auch S. 112, 6f.; 216, 32ff.; über die Notwendigkeit der Absichtslosigkeit vgl. insbesondere S. 375, 4ff.; 300, 13ff. / 15f. Zur Textänderung gegenüber Pf. S. 177, 6f. und zur Interpretation vgl. Quint, Überl. S. 525f. zu 177, 7. / 18ff. vgl. S. 170, 36ff.; S. 383, 33ff. / 33ff. vgl. etwa S. 110, 30ff.; 371, 35ff.

S. 380, 3ff. vgl. S. 133, 15ff.; Pf. S. 253, 16f. / 11ff. vgl. etwa S. 99, 24ff. / 14ff. vgl. etwa S. 75, 24ff. / 21ff. vgl. S. 168, 22ff.; 372, 21ff. / 35ff. Über die »Weisen« vgl. etwa S. 176, 25ff.; 180, 19ff.; 78, 10ff.

S. 381, 17ff. Über das »Gleich-Hinnehmen« vgl. etwa S. 359, 15ff. / 23ff. vgl. S. 350, 26ff.; 375, 2ff. / 26f. vgl. etwa S. 296, 21ff. / 29ff. vgl. S. 171, 19ff.

S. 382, 1ff. vgl. etwa S. 61, 21ff.

PREDIGT 49 (S. 383ff.)

= Pfeiffer Nr. XI S. 57ff. Quint, Überlieferung S. 182ff.

Die hsl. Überlieferung dieser Predigt ist im ganzen sehr einheitlich. Ich habe bei der Übersetzung über Quint, Überl. S. 182 hinaus auch eine Gaesdoncker Hs. (Ga) mit einem Volltext der Predigt, sowie Textfragmente einer Münchner und der bekannten Salzburger Hs. (S_1) berücksichtigt.

S. 383, 3f. Eckehart bringt die *lange Erzählung* in breiterer Ausführlichkeit in der Predigt 27 S. 276, 4ff. / 11ff. vgl. insbesondere die weithin übereinstimmende Stelle S. 210, 11ff. (und Anm. dazu); S. 115, 9ff. Was Eckehart an der vorliegenden Stelle *oberstes Teil der Seele* nennt (vgl. auch S. 258, 29f.; 398, 15f.), nennt er S. 210, 12 eine *edle Kraft*, S. 115, 9f. *die oberste Kraft*, nennt er andern Orts *ein Etwas* in der Seele oder *oberste Vernunft* usf. / 20ff. vgl. S. 183, 21ff.; 371, 10ff.; vgl. auch S. 199, 16ff.; 238, 21f. / 33ff. vgl. S. 170, 36ff.; 379, 18ff. Der Rückverweis geht nach Pahncke, Diss. S. 46 auf die Stelle S. 170, 36ff.

S. 384, 6ff. vgl. 388, 18ff. / 18f. vgl. etwa S. 176, 6ff.; 180, 33ff.; 291, 4ff.; 371, 23ff. Zum *âne warumbe* des Wirkens des Gerechten vgl. etwa noch S. 371, 21 und Anm. zu S. 371, 23ff. Bei der Wahrheit, Gerechtigkeit und Gutheit handelt es sich um die sog. perfectiones generales, über die Eckehart eingehend im Eingangsteil des BgT handelt, siehe S. 102, 1ff. Diese perfectiones generales sind eins in Gott, wie Eckehart etwa S. 371, 13 sagt. / 20ff. vgl. S. 183, 21ff. und S. 371, 10ff. / 25ff. vgl. die genau entsprechende Textstelle S. 388, 6ff.

S. 385, 1f. vgl. etwa S. 390, 15ff. / 3ff. vgl. S. 393, 29ff., wo Augustinus und ein heidnischer Meister (= Avicenna?) als Vertreter der Lehre genannt werden. Vgl. auch S. 144, 10ff. / 8ff. vgl. etwa S. 377, 15ff./23ff. / 12ff. Zum Rangverhältnis von Erkenntnis und Willen vgl. insbesondere S. 165, 10ff. Vgl. auch S. 368, 9ff., wo Eckehart, abweichend von der vorliegenden

Stelle, die Liebe (= den Willen) die oberste Kraft nennt. / 15ff. vgl. etwa S. 164, 8ff.; 315, 35ff. / 19f. Über den Durchbruch vgl. etwa S. 308, 25ff.; S. 273, 21ff. / 20 Über die Namenlosigkeit Gottes vgl. insbesondere S. 331, 10f. / 24ff. vgl. S. 390, 17f./26f. / 32ff. vgl. S. 185, 27ff.; 347, 33ff.

S. 386, 4ff. vgl. S. 335, 20ff.; 169, 13ff. / 11ff. vgl. etwa S. 238, 14ff.; 393, 3ff.; 394, 2f. / 18ff. vgl. S. 350, 26ff.; 186, 17ff.; vgl. auch S. 388, 6ff./33ff. / 25ff. vgl. S. 313, 18ff.; 174, 22ff.; vgl. auch S. 326, 25ff. / 28ff. vgl. S. 370, 33ff.

PREDIGT 50 (S. 387ff.)

= Pfeiffer Nr. XII S. 60ff. Quint, Überlieferung S. 186ff.

Der Text steht zu der voraufgehenden Predigt in enger inhaltlicher Beziehung und ist in der hsl. Überlieferung recht einheitlich geboten. Ich habe zur Übersetzung alle hsl. überlieferten Texte herangezogen, über Quint, Überl. S. 189f. hinaus aber keinerlei Textänderungen mehr vorgenommen.

S. 387, 2 Die *drei Wörtlein* der Schrift behandelt Eckehart diesmal hintereinander: das erste S. 388, 1 bis 389, 36, das zweite S. 390, 1 bis 391, 16, das dritte S. 391, 17ff., wie öfters auch sonst, nur mehr ganz kurz, nachdem Eckehart es schon S. 387, 12f. unter dem ersten und S. 390, 21ff. unter dem zweiten schon gestreift hat. / 16ff. vgl. S. 204, 30ff.; 313, 11ff.; 370, 30ff.; LW 4. Bd. S. 26, 1ff.; 53, 2ff. / 30ff. vgl. LW 4. Bd. S. 63, 6ff.

S. 388, 1ff. vgl. S. 60, 29ff.; 372, 3ff.; 358, 19ff.; 170, 26ff. / 6ff. vgl. S. 384, 23ff.; 386, 18ff. / 14ff. vgl. insbesondere S. 170, 18ff. / 18ff. vgl. S. 384, 6ff.; 371, 19ff. / 23ff. vgl. S. 96, 21ff.; 337, 27ff. (und Anm. dazu); S. 318, 28ff.; 319, 1ff.; 359, 7ff. / 33ff. vgl. S. 386, 18ff.; 350, 26ff.; vgl. auch S. 169, 28ff.

S. 389, 8ff. vgl. S. 116, 9ff., insbesondere S. 186, 17ff.; 205, 10ff. / 11ff. vgl. insbesondere S. 184, 30ff.; 256, 34ff.; 175, 20ff. / 16ff. vgl. etwa S. 253, 4ff.; 283, 31ff. / 18ff. vgl. Langenberg S. 198, 33ff.: *Ic heb sulke stont gespraken van enen appel, den ic hadde in mynre hant; al die wile mocht di en scouwen, ende als ic den appel geten hedde, doe en mocht die en niet meer scouwen. Want hi en was in mynre hant niet. Konste nu die mensche dat niet af geleggen, soe weer dat scouwen, dat ic den appel sach in mynre hant ende dat ic den appel geten hedde, dat weer een dinc.;* nach Pahncke, Diss. S. 58 bezieht sich der Rückverweis zu Beginn dieser Stelle auf die vorliegende Predigtstelle. Vgl. auch LW 4. Bd. S. 15, 6ff. / 27ff. vgl. S. 313, 13ff. und Anm. zu S. 313, 10ff.; 184, 23ff.; 181, 2ff. / 30ff. vgl. etwa S. 186, 17ff.

S. 390, 4ff. vgl. Sermo II, 1, LW 4. Bd. S. 5ff.: Der Sermo wurde gepredigt *In festo S. Trinitatis*, und es erscheint mir sehr wahrscheinlich, daß Eckehart sich mit dem Verweis der vorliegenden Predigt Z. 10 auf eben jenen Sermo bezieht, u. zw. insbesondere auf die Stelle LW 4. Bd. S. 8, 12ff.: *Paternitas ipsa hoc est quod filiatio. Id ipsum est potentia qua pater generat et filius generatur.*

Propter quod potentia generandi essentiam in recto significat, sicut dicunt meliores. Deus *ergo* pacis et dilectionis erit, *quia ‚hi tres unum'. Ratio, quia pater descendit in filium cum omnibus suis proprietatibus, consequenter quas est indistinctio.* / 17ff. vgl. S. 385, 24ff. / 25ff. vgl. S. 385, 24ff. / 29ff. vgl. S. 385, 14ff., auf welche Stelle sich der Rückverweis in Z. 30f. zurückbeziehen dürfte.

S. 391, 19ff. vgl. S. 357, 24ff. / 17ff. vgl. Anm. zu S. 387, 2ff.

PREDIGT 51 (S. 392ff.)

= Pfeiffer Nr. XXXI S. 109ff. Quint, Überlieferung S. 308ff.

An mehreren Stellen habe ich mit den relativ verläßlichsten Texten von B_7 und N_1 über meine früheren Textbesserungen hinaus Änderungen vorgenommen und dabei auch die inzwischen entdeckten und in meinen »Untersuchungen« bekanntgegebenen Fragmente verschiedener Hss. berücksichtigt.

S. 392, 10ff. vgl. S. 396, 12ff., wo ebenso wie S. 235, 10ff. übereinstimmende Ausführungen über das *Fünklein* als den *Mann der Seele* zu finden sind. S. 243, 26ff. ist dieses *Fünklein* ähnlich charakterisiert wie an der vorliegenden Stelle als ein *Licht* und ein *Bild göttlicher Natur*. Siehe auch die Anmerkungen zu S. 243, 26 und S. 163, 13ff. über das Fünklein; S. 225, 26ff.; 226, 1ff.; vgl. auch J. Koch, 4 Predigten im Geiste Eckeharts (siehe Anm. zu S. 379, 1ff.) S. 136, 4ff. / 14ff. vgl. S. 396, 13ff.; 350, 27. / 20ff. vgl. S. 244, 34ff., wo der Rückverweis sich wohl auf die vorliegende Predigtstelle beziehen dürfte. / 24ff. vgl. Augustinus, In Ioh. tr. 15 n. 19 (PL 35, 1516ff.) / 30ff. vgl. etwa S. 214, 25ff. / 31 *wenn* bis *scheidet* abgeändert gegen Pf. S. 109, 32 mit Quint, Überl. S. 309 zu 109, 31 / 32ff. vgl. S. 166, 26ff.; 352, 32ff. / 33f. vgl. S. 195, 27ff.

S. 393, 4 vgl. S. 235, 15f. / 9ff. Über den Vorrang der Vernunft gegenüber dem Willen vgl. S. 385, 12ff. und insbesondere S. 164, 10ff. und S. 368, 9ff. Zu Z. 13ff. vgl. insbesondere S. 166, 16ff. / 13ff. vgl. dagegen S. 190, 11ff. / 18ff. vgl. S. 238, 28f., wo der Rückverweis sich vielleicht auf die vorliegende Textstelle bezieht. Vgl. auch die Anm. zu S. 238, 29 über die Chöre der Weisheit (= Cherubim) und des Brandes (= Seraphim), ebenso Anm. zu S. 368, 9ff. / 23ff. vgl. etwa S. 210, 20 (und Anm. zu S. 210, 11ff.), S. 190, 10f. (und Anm. dazu). / 29ff. vgl. S. 385, 3ff.; 144, 10ff.; vgl. auch S. 203, 17ff. / 30 vgl. S. 385, 3ff. / 31f. *und heiligmäßiges Leben* ergänzt mit B_7 B_9 N_1 (siehe Quint, Überl. S. 310 zu 110, 24).

S. 394, 1ff. vgl. etwa S. 161, 7ff.; vgl. auch S. 386, 11ff. / 5ff. vgl. S. 385, 12ff.; 165, 10ff.; 166, 16ff. / 9ff. vgl. Pf. S. 16, 35ff.; 19, 21ff. (in Predigt Pf. Nr. III, deren Echtheit umstritten ist). Es handelt sich in dem, was Eckehart hier vorträgt, um die schwierige Lehre vom intellectus agens und intellectus possibilis, die in letzter Instanz auf Aristoteles, De anima III, zurückgeht und insbesondere durch die Araber aus- und umgebildet wurde, zumal durch Avicenna, und so an die Scholastik gelangte. Vgl. darüber etwa v. Bracken, M. Eckhart u. Fichte S. 251ff., wo eine eingehende Darstellung der Entwicklung der intellectus-agens-Lehre bis zu Dietrich v. Freiberg und zum Traktat *»von dem Schauen Gottes durch die wirkende Vernunft«* (Preger, Gesch. d. deutschen Mystik im Mittelalter Bd. II, S. 484 bis 488) geboten ist und S. 294 insbesondere unsere vorliegende Predigtstelle interpretiert wird. Vgl. auch LW 4. Bd. S. 102 Anm. 5, wo auf Thomas, S. Th. I q. 88 a. 1 hingewiesen ist. / 12ff. vgl. insbesondere S. 230, 35ff., aus der hervorgeht, daß der heidnische Meister, den Eckehart zitiert, an beiden Stellen Avicenna (Met. IX c. 7) ist. Vgl. auch noch S. 165, 15ff.; 166, 34ff. / 17ff. vgl. S. 413, 2ff.; Pf. S. 236, 2f.: . . . *daz bilde aller crêatûren, daz got in die engel gebildet hât, ê ez gebildet würde an andern crêatûren, . . .* / 19ff. vgl. S. 192, 35ff. / 23ff. vgl. S. 192, 34ff. / 25 vgl. S. 182, 19ff. / 26ff. vgl. Langenberg S. 197, 5ff.; DW 1 S. 101 Anm. 1. / 33 *und* bis *Dinge* mit B_7 N_1 (vgl. Quint, Überl. S. 310) gegen Pf. S. 111, 14. Vgl. S. 394, 13f.

PREDIGT 52 (S. 396ff.)

= Pfeiffer Nr. LXXIX S. 253ff. Quint, Überlieferung S. 692ff.

Die von mir aufgefundenen Texte der St. Galler Hs. 1033 (G_5), der Nürnberger Hs. cent. VI, 91 (N_9) und der Fragmente der Salzburger wie einer Maihinger Hs. wurden berücksichtigt. Wie ich in Quint, Überl. S. 697 bereits ausgeführt habe, ist Pfeiffer dem Basler Druck (BT) gefolgt, der lückenhaft und interpoliert zugleich ist und manchen andern Fehler aufweist, den ich in der Übersetzung zu korrigieren suchte, ohne daß ich bei der mangelhaften Gesamtüberlieferung einen einwandfreien Text hätte bieten können.

S. 396, 6ff. vgl. S. 235, 10ff. Z. 7f.: Der Satz besagt, daß wir implicite mit dem *Sohn*, der als solcher natürlich einen Vater haben muß, eben diesen Vater erfassen als den *Mann* der Seele = die Vernunft. Der *Sohn* ist, wie die Vergleichsstelle S. 235, 11f. ausdrücklich sagt, *der Wille und sind alle die Kräfte der Seele; sie sind alle eins im Innersten der Vernunft.*, und *Da nun der Mann tot ist, darum ist auch der Sohn tot* und ist die Seele *Witwe*. Vgl. auch S. 392, 10ff. Z. 9f. *darum war der Mann tot* habe ich gegenüber meiner Textbesserung (Quint, Überl. S. 697 zu 253, 27f.) aus O übernommen, wiewohl es in den übrigen Handschriften fehlt und wohl auch nicht unbedingt zum richtigen Verständnis der Textstelle erforderlich ist. / 9f. *darum war der Mann tot* ergänzt mit OH (Quint, Überl. S. 697 zu 253, 27f.), ist wohl in den übrigen Texten durch Homöoteleuton verlorengegangen. / 10ff. vgl. S. 392, 13ff.; vgl. auch S. 244, 34ff.; 276, 4ff. / 15ff. vgl. S. 383, 11ff. / 19ff. vgl. Anm. zu S. 314, 6ff. / 21ff. Zur Ergänzung gegenüber Pf. S. 254, 1f. vgl. Quint, Überl. S. 698. / 22f. vgl. etwa S. 160, 9ff. / 23 Pf. S. 254, 3 *der sun* getilgt (steht nur in BT) / 26ff. vgl. S. 204, 10ff. / 29 Pf. S. 254, 9 *ir fruht* getilgt (nur in BT) / 30 vgl. insbesondere S. 161, 4ff. / 31ff. vgl. etwa S.

237, 3 ff.; 238, 30 ff. / 33 f. *herausgekommen* (mit den Hss.) gegen Pf. S. 254, 12 *her ûz geflozzen* (BT).

S. 397, 1 *Je* bis 3 *wieder in sich*. Ergänzung, siehe Quint, Überlieferung S. 694 zu Pf. S. 254, 13 f. / 33 ff. Über die Einheit Gottes vgl. etwa S. 237, 24 ff.; 234, 16 ff. / 6 vgl. S. 157, 14 ff. *in seinem Sohn* mit N_1 G_5 (siehe Quint, Überl. S. 695 zu 254, 17 f.) / 12 ff. vgl. S. 357, 12 ff.; 235, 15 ff. / 13 *spricht* bis 14 *Macht* geändert nach Quint, Überl. S. 694 zu 254, 24 / 15 *tröstlich* steht in Gegensatz zu Z. 10 *beängstigend* / 15 ff. vgl. S. 235, 18 ff. / 16 *gibt* st. Pf. S. 254, 26 *gebirt*, vgl. Quint, Überl. S. 694 / 19 Pf. S. 254, 28 *sich* getilgt (nur in BT) / 26 Hinter *er* habe ich Pf. S. 254, 35 *in sie* getilgt, vgl. Quint, Überl. S. 694 zu 254, 35 / 28 *Man* bis *Vernunft* ergänzt nach Quint, Überl. S. 694 zu 254, 36. Zum Inhalt vgl. etwa S. 186, 31 ff. / 30 ff. vgl. S. 103, 21 f.; 340, 33 ff. / 32 *verschleißen* st. Pf. S. 254, 39 *vliesent* (= *verlieren*), siehe Quint, Überl. S. 694 zu 254, 38 f. / 32 f. Pf. S. 254, 40 *unde* bis 255, 1 *erziugen* getilgt nach Quint, Überl. S. 694 zu 254, 40 / 33 Pf. S. 255, 2 *stant ûf*!‘ bis *sêle*. getilgt (nur in BT, siehe voraufgehende Anm.) / 34 ff. vgl. S. 340, 33 ff.; 341, 9 ff.

S. 398, 5 ff. vgl. etwa S. 237, 15 ff. / 6 *einziges* mit den übrigen Hss. gegen BT OH und Pf. S. 255, 8 *einvaltic*. Vgl. Z. 10. / 12 ff. vgl. LW 4. Bd. S. 238, 8 ff. / 15 *Das aber* bis 20 *Wahrheit*. fehlt Pf. S. 255, 16 hinter *komen*., vgl. Quint, Überlieferung S. 693 zu 255, 16 f. Es fehlt in BT Str_3 G_5 und steht in OHN_1 N_9. / 20 ff. vgl. insbesondere S. 190, 18 ff. / 22 f. vgl. LW 4. Bd. S. 239, 6 f. Dazu S. 254, 8 ff. / 23 ff. vgl. insbesondere S. 208, 13 ff.; 254, 6 ff.; / 28 ff. vgl. S. 346, 15 ff. / 31 ff. Zum Umlauf des Himmels vgl. etwa noch S. 204, 2 ff.; 434, 19 ff.; 193, 31 ff.; 290, 26 f. / 33 *aber* bis *abgesehen* ergänzt mit $OHN_1N_9G_5$, vgl. Quint, Überl. S. 693 zu 255, 28 / 34 ff. vgl. etwa S. 188, 22.

S. 399, 6 f. Änderung gegenüber Pf. S. 255, 38 ff. mit Quint, Überl. S. 695/ 8 ff. vgl. S. 347, 26 ff. und Anm. dazu; S. 412, 20 f; 414, 17 f. / 14 f. geändert mit Quint, Überl. S. 659 gegen Pf. S. 256, 5 / 16 ff. vgl. insbesondere S. 347, 23 ff./29 ff.; 225, 26 ff. / 18 *so gebiert sie* ergänzt mit Str_3 G_5 / 23 ff. vgl. S. 254, 11 ff., 29 ff.; 255, 2 f. / 29 f. geändert mit Quint, Überl. S. 695 zu 256, 16.

PREDIGT 53 (S. 400 ff.)

= Strauch, Par. an. Nr. 28 S. 62 ff. (vgl. auch S. XXIV), Pfeiffer Nr. XLI S. 138 ff. Quint, Überlieferung S. 410 ff.

Über das Verhältnis der beiden Predigt-»Fassungen« zueinander vgl. Quint, Überlieferung S. 410 bis 412. Ich habe meiner Übersetzung die »Fassung« der O-Gruppe = Par. an. Nr. 28 zugrunde gelegt unter Berücksichtigung der von mir in Quint, Überl. S. 416 ff. vorgetragenen Textbesserungen, die ich durch weitere Änderungen mit B_7 N_1 vermehrte.

Die Predigt Nr. 40 S. 343ff. auf den gleichen Schrifttext enthält beachtliche Parallelstellen zur vorliegenden Predigt.

S. 400, 11ff. vgl. insbesondere S. 323, 16ff.; 186, 33ff.; 198, 23ff. Wahrscheinlich ist in Z. 12 unter dem »großen Pfaffen« der gleiche *Meister in einer andern Schule* zu verstehen, der S. 198, 24f. von Eckehart gemeint ist: Gonsalvus de Vallebona. Mit Z. 13f. *ein anderer Meister* ist nach Pahncke (Diss. S. 64f.) Herveus Natalis gemeint (?). / 14 *besser* bis 15 *vertraten*: ergänzt mit B_7 und Pf. S. 138, 17f. / 16 Mit *Gottes Wort im heiligen Evangelium* ist die in Z. 18f. folgende Schriftstelle Joh. 17, 3 gemeint. / 17f. vgl. S. 393, 23ff.; 198, 30ff. / 23f. Ganz ähnlich wie in Pr. 37 S. 328, 7ff. werden hier ebenfalls *vier Bedeutungen* des voraufgehend zitierten Schrifttextes angekündigt. In beiden Fällen lauten sie *fast alle gleich und tragen doch großen Unterschied in sich*, und in beiden Fällen handelt es sich im wesentlichen um das *Nichts*, bzw. *Kleine*, das diesen vierfachen Sinn in sich trägt. Der erste wird S. 400, 25ff. abgehandelt, der zweite 400, 30ff., der dritte S. 401, 4ff., der vierte S. 402, 12ff. Siehe Quint, Überl. S. 411. / 25f. vgl. etwa S. 275, 11ff.; 343, 22ff.; 330, 33ff.; 171, 9ff. / 26ff. vgl. S. 328, 9f.; 331, 26ff. / 28ff. vgl. S. 328, 9f. / 31f. vgl. S. 330, 7ff./33ff.

S. 401, 7ff. vgl. S. 167, 22f.; 325, 4ff.; 330, 2f. / 8 *seinen Geist und* ergänzt mit B_7 / 16f. vgl. S. 344, 19ff. und Anm. zu S. 344, 15ff. / 17ff. vgl. S. 345, 5ff.; 198, 2ff. / 18f. Par. an. S. 63, 23 *also* getilgt mit B_7 N_1 / 19ff. vgl. S. 324, 35ff. / 24 *Lichtes* und 25 *Himmel* mit B_7 N_1 statt *himmelis und lichte* (Par. an. S. 63, 25f.). / 28ff. vgl. S. 417, 18ff. / 30ff. vgl. S. 332, 35ff. / 31f. Par. an. S. 63, 30 *anderis* mit B_7 N_1 getilgt / 35ff. vgl. S. 417, 29ff.

S. 402, 3ff. vgl. S. 332, 35f. / 4ff. vgl. etwa S. 328, 31ff.; 357, 26ff.; 435, 25ff. / 13ff. vgl. etwa S. 398, 12ff. / 20ff. vgl. S. 328, 27ff.; 347, 15ff. / 35ff. vgl. S. 332, 35ff. und S. 402, 3ff.

S. 403, 2ff. vgl. S. 347, 15f. / 5ff. vgl. etwa S. 157, 14ff. / 5f. Übersetzung nach B_7 (Berlin 8^0 4).

PREDIGT 54 (S. 404ff.)

= Strauch, Par. an. Nr. 48 S. 108ff. (vgl. auch S. XXVI), Pfeiffer Nr. LXII S. 195ff. Quint, Überlieferung S. 579ff.

Meiner Übersetzung habe ich den Text Strauchs zugrunde gelegt, ihn aber an vielen Stellen mit Hilfe der Texte der Berliner Hs. B_7 und der Erlanger Hs. 575 (Er), die am dichtesten bei O zu stehen scheint, zu bessern, bzw. zu ergänzen versucht. Über das Verhältnis des Pfeifferschen Textes (= St_1), der nur mehr ein Trümmergeschiebe der Predigt darstellt, zu dem von Strauch siehe meine eingehenden Ausführungen in Quint, Überl. S. 579 bis 581, wo ich auch die Disposition der Predigt zu verdeutlichen suchte.

S. 404, 3 *Was* bis 4 *ihm*. ergänzt mit Pf. S. 195, 33 und B_7 Er / 4 *dreierlei* ergibt die Dispositions-Hauptpunkte der Predigt: 1. *die Würde des Meisters*

(S. 404, 5) 2. *das Wirken des heiligen Geistes* (S. 405, 4) 3. *das wunderbare Werk* (S. 406, 9). / 13ff. vgl. etwa S. 195, 25ff.; 329, 33ff. Der *Vater* = *Herz* der Dreifaltigkeit vgl. etwa S. 390, 6 / 19 *geschrieben* bis 20 *vollbracht hat.* mit Pf. S. 196, 6f. und B_7 Er gegen Par. an. S. 108, 15f. / 22 *Denn* mit B_7 Er gegen Par. an. S. 108, 17 *und* / 23f. Par. an. S. 108, 19f. abgeändert mit B_7 Er / 28ff. Par. an. S. 108, 22 abgeändert mit B_7 Er / 29ff. Über die fleckenlose, reine Seele vgl. etwa S. 175, 28ff.; 179, 14ff.; Pf. S. 166, 11ff. / 32ff. Par. an. S. 108, 25ff. geändert mit Pf. S. 196, 16f. und Er / 32ff. vgl. Is. 62, 1; vgl. auch S. 117, 21ff.; 268, 23ff.

S. 405, 1 Hinter *Warte* hat B_7 das Plusstück: *Also sal die sele gehoet sin über alle zurgengliche dinge*, das vielleicht echt ist, aber allen anderen überlieferten Texten fehlt. / 2 *wandelbaren* mit B_7 und Pf. S. 196, 19 gegen Par. an. S. 108, 27f. *manicvaldigin* / 4f. *in der Seele* ergänzt mit B_7 Er / 5ff. vgl. etwa S. 220, 14ff. / 10 *alle* bis *folgen* mit B_7 Er gegen Par. an. S. 108, 33 / 10 *Gott*^{2} ergänzt mit B_7 Er / 12 *folgen* bis 13 *ein.* ergänzt mit Er (B_7) / 14f. Das »göttliche Licht«, von dem hier die Rede ist, das Gott der Seele bei ihrer Schöpfung verliehen hat, ist der »Funken« der Seele, ist die »oberste Vernunft«. / 15ff. Par. an S. 109, 1 *si*^{2} getilgt mit Er. Das *Gleichnis seiner selbst* ist das »göttliche Licht«, das Gott der Seele verliehen hat und in dem sich das »Werk« Gottes vollzieht. / 17ff. vgl. Anm. zu S. 374, 19ff. / 18 *selbst* ergänzt mit B_7Er / 18 Par. an. S. 109, 4 *wan*, das Strauch fälschlich ergänzte, wieder getilgt. Keine Hs. bietet das *wan*, das den Sinn der Stelle verfälscht. Weil das Licht der Seele zu eigen gegeben worden ist, also zu ihr gehört, kann die Seele mit ihm nicht über sich selbst hinaus wirken. / 24 *aber* bis *Finsternis* konjiziert mit B_7 gegen Par. an. S. 109, 8f. und Er / 25 *sie* mit B_7Er gegen Par. an. S. 109, 10 *her* / 27f. vgl. etwa S. 220, 14ff.; 207, 10f. / 29 Par. an. S. 109, 13 *craft* getilgt mit Pf. S. 196, 37, B_7Er / 30 *der Seele* ergänzt mit Er / 32ff. vgl. S. 187, 3ff.; S. 117, 28ff.

S. 406, 1 *Je* bis *und* ergänzt mit B_7, ist wohl Par. an. S. 109, 18 und in Er infolge von Homöoteleuton ausgefallen. / 5 *der Heilige Geist* mit B_7 gegen Par. an. S. 109, 21 *der wint* (fehlt Er). / 6 f. mit B_7 gegen Par. an. S. 109, 21f. / 8ff. mit B_7Er gegen Par. an. S. 109, 23 / 14 *weil* mit B_7 / 15 Rückverweis mit B_7Er (bezieht sich auf S. 405, 13ff.) gegen Par. an. S. 109, 28f. / 15 Par. an. S. 109, 29 *ein licht* getilgt mit B_7Er / 22 *aber Hitze noch* ergänzt mit B_7Er / 23f. vgl. etwa 219, 19f.; 265, 10ff. / 26ff. vgl. S. 254, 6ff. / 32 *zu ziehen* (2 ×) mit B_7Er gegen Par. an. S. 110, 4f. zu *habit* (2 ×). / 34ff. vgl. S. 186, 26ff.

S. 407, 3ff. vgl. etwa S. 126, 25ff.; 218, 9ff. / 9f. vgl. S. 410, 5ff. / 12ff. vgl. Bernhard, De diligendo Deo c. 1 n. 1 (PL 182, 974. 983f.) nach Par. an. S. XXXI zu S. 34, 25 / 12 *ich* mit B_7Er gegen Par. an. S. 110, 16 *man* / 15ff. vgl. etwa S. 408, 30ff.; 196, 4ff. / 16ff. vgl. S. 196, 19ff. Text mit B_7Er gegen Par. an. S. 110, 17ff. / 18 vgl. S. 353, 19f.

PREDIGT 55 (S. 408ff.)

= Pfeiffer Nr. XCVII S. 312ff. Strauch, Par. an. Nr. 59 S. 125ff. (vgl. auch S. XXVIIff.). Quint, Überlieferung S. 854ff.

Meiner Übersetzung liegt der Text Pfeiffers zugrunde, den ich jedoch an vielen Stellen über die in Quint, Überl. S. 859ff. vorgetragenen Textbesserungen hinaus, zumal im Anschluß an den von mir identifizierten Text der Erlanger Hs. 575 (Er) abgeändert habe. Der Er-Text vermittelt zwischen den beiden Gruppen Str_2 B_{10} und O NvL.

Die Echtheit der Predigt, in der auffallenderweise mehrere Male Bischof Albrecht (= Albertus Magnus) zitiert wird, ist mir trotz Bedenken gegen die sonst von Eckehart gemiedene ausgesprochene Aufzählungstechnik, zumal im zweiten Teil der Predigt, doch wahrscheinlich.

S. 408, 5 *zum ersten ... zum andern* ergänzt mit Par. an. S. 125, 16/17 und Er / 7f. vgl. DW 1 S. 249, 1ff., wo in der Anm. 1 auf Aristoteles, De an. B c. 1 412 ab verwiesen ist. Vgl. auch S. 140, 9ff. Der Mensch ist ein animal rationale; vgl. etwa noch In Exod. n. 37: ... *Primo quando praedicatur diffinitio de diffinito, ut homo est animal rationale* ... / 9ff. vgl. insbesondere S. 197, 27ff. und Anm. zu S. 197, 25ff., sowie die dort zitierten lateinischen Textstellen; vgl. dazu In Gen. I n. 11: *Sed natura dei est intellectus et sibi esse est intelligere, igitur producit res in esse per intellectum.* / 16ff. vgl. etwa S. 353, 3ff. / 19 Mit dem Buch *das Licht der Lichter* (De lumine luminum) ist nach Par. an. S. XXXIX zu S. 125, 27 der Liber de causis gemeint, der unter anderen auch den Titel Lumen luminum trug. Zu Z. 19ff. vgl. etwa S. 353, 19ff. / 27ff. vgl. insbesondere S. 242, 17ff., wo in der Anm. auf den Liber de causis prop. 8 (ed. Bardenhewer § 7 p. 170, 25ff.) verwiesen ist. / 31f. vgl. etwa S. 407, 15ff.; 196, 9ff. / 32 Die von mir in Quint, Überl. S. 860 zu 313, 24 vorgeschlagene Ergänzung habe ich bei der Übersetzung nicht berücksichtigt, da sie durch Er nicht bestätigt wird. / 32f. vgl. DW 1 S. 253, 2f.

S. 409, 5 vgl. Anm. zu S. 408, 19. Der Satz S. 409, 4 *Deshalb* bis 6 *unverkennbar*, der eine Wiederholung von S. 408, 19ff. darstellt, fehlt in Er. / 7ff. vgl. etwa S. 110, 25ff. Über den Reichtum Gottes vgl. etwa v. Bracken, M. Eckhart u. Fichte S. 599 Anm. 62. / 11 *das Innerlichste* mit Er B_{10} statt Pf. S. 313, 36 (und Par. an. S. 126, 10) *in rîcheit* / 14 *der Halt der Dinge* = *daz behaltnússe der dinge* Er statt Pf. S. 313, 38 *daz begerlîchste* (vgl. Quint, Überl. S. 860). Vgl. auch Z. 33 / 16 *in alle Dinge* ergänzt mit Er B_{10}; vgl. Z. 10 / 19 *Wirkungen* mit O statt Pf. S. 314, 2 *sache*, das von allen Hss. außer O(H) geboten wird. Siehe Quint, Überl. S. 861 zu 314, 2. Der heidnische Meister ist, wie schon von Strauch, Par. an. S. 126 zu Z. 13ff. angegeben wurde, wieder der Liber de causis (§ 1). / 24 vgl. etwa S. 211, 2 / 28f. vgl. S. 273, 24f. und S. 255, 4f. / 29 *und* ergänzt mit Par. an. S. 126, 22 und mit Er B_{10} / 31 Pf. S. 314, 12 *unde* getilgt mit Par. an. S. 126, 23 und mit Er B_{10} / 33 *der Halt der Dinge* mit Er, siehe Anm. zu S. 409, 14 und Quint, Überl. S. 861 zu

314, 14 / 35 Pf. S. 314, 16 *sint* getilgt mit Par. an. S. 126, 26 / 36f. Es handelt sich nicht, wie in Par. an. S. 126, 27 (Fußnote) vermutet wird, um ein Schriftzitat, Joh. 6, 57f.?, sondern um ein Zitat aus Augustinus, Confess. VII c. 10 n. 16 (ed. Skutella S. 141, 7ff.), siehe S. 243, 9ff. und Anm. zu 243, 8ff.

S. 410, 5ff. vgl. S. 407, 9f. / 8 *so* bis *ihn* konjiziert mit Er und Par. an. S. 126, 32; vgl. auch Quint, Überl. S. 862 zu 314, 21 / 12f. vgl. S. 165, 29f. / 14 *die Vollkommenheit* mit Er / 16 mit Par. an. S. 127, 2f. B_{10}, vgl. auch Quint, Überl. S. 862 zu 314, 28f. / 17 *ihr Gutes* mit Er B_{10} gegen Pf. S. 314, 30, Par. an. S. 127, 4, vgl. auch Quint, Überl. S. 862 zu 314, 29f.

PREDIGT 56 (S. 411ff.)

= Pfeiffer Nr. XCVIII S. 314ff., Strauch, Par. an. Nr. 51 S. 113ff. (vgl. auch S. XXVII). Quint, Überlieferung S. 862ff.

Meiner Übersetzung liegt der Text von Pfeiffer zugrunde, den ich indessen über die Textbesserungen in Quint, Überl. S. 871ff. hinaus an vielen weiteren Stellen abgeändert habe, zumal im Anschluß an den Text der Hs. Gaesdonck MS 16 (Ga), der ebenso wie der Basler Taulerdruck (BT) gegenüber O (H) = Par. an. Nr. 51 den vollständigen Text der Predigt bietet und mit BT enger noch als Str_2 verwandt zu sein scheint.

S. 411, 6f. Augustinus, De disc. christ. c. 14 (PL 40, 678); In Epist. Ioannis ad Parthos tr. 3 n. 13 (PL 35, 2004): *Cathedram in coelo habet qui corda docet.* / 8ff. vgl. etwa S. 251, 33ff. / 10 *und Kümmernis* ergänzt mit Par. an. S. 113, 27 / 19f. vgl. S. 281, 14ff. / 21 *hinauf* mit Ga und Par. an. S. 114, 1 gegen Pf. S. 315, 13 / 21ff. vgl. etwa S. 219, 3ff. / 32ff. vgl. S. 210, 9ff.

S. 412, 1ff. vgl. S. 401, 35f. / 4 *denn* bis 5 *erkannt* steht in BT und Ga, doch vgl. Quint, Überlieferung S. 872 zu 315, 28. / 5f. vgl. S. 332, 30f.; 401, 30ff. / 6f. Vielleicht hat Ga das Richtigere: *god geeft sich seluen in dat hoechste deel der zielen sonder alle beelt . . .* / 9ff. Zur Textänderung gegenüber Pf. S. 315, 33ff. siehe Quint, Überl. S. 872. Ga stimmt im wesentlichen zu BT. Ich bin deshalb bei meiner Übersetzung nicht meiner früheren Textänderung, sondern dem Wortlaut von Ga gefolgt. Ich möchte jetzt annehmen, daß $OHStr_2$ den Satz Pf. S. 315, 33f. *Ich spriche* bis 34 *bilde*[2] infolge von Homöoteleuton verloren haben. Über das göttliche Bild, das in die Seele *eingedrückt* ist, und sein Verhältnis zum *Sohn* als *Bild Gottes* vgl. insbesondere S. 225, 7ff./26ff. / 20f. vgl. S. 148, 25ff.; 399, 8ff. / 21ff. vgl. S. 389, 18ff.

S. 413, 7 *allzeit* mit Ga statt Pf. S. 316, 18 *allez* / 8 *tragen die Engel* mit Ga / 17 *werden* gegen meine Textänderung: Quint, Überl. S. 873 zu 316, 27 / 21 Pf. S. 316, 30 *Dar umbe* getilgt mit OHGaBT / 22 *sie* (= die Lehre) gegen meine Änderung: Quint, Überl. S. 873 zu 316, 31 / 28ff. vgl. S. 332, 2ff.; 333, 24ff. / 33 *und unendlich* ergänzt mit Ga / 33 *hat* bis *und* ergänzt mit Ga

S. 414, 8f. vgl. etwa S. 417, 10ff.; 252, 15f. / 16f. *die Seele selbst* mit Ga statt Pf. S. 317, 18 *si* / 17f. vgl. S. 399, 9ff. Z. 18 *in die Vernunft* gegen meine Änderung: Quint, Überl. S. 873 zu 317, 19 / 23 siehe S. 412, 18f.

PREDIGT 57 (S. 415ff.)

= Pfeiffer Nr. I S. 3, 1ff. Quint, Überlieferung S. 1ff.

Bei der Übersetzung habe ich die neu aufgefundenen Volltexte, insbesondere die der Mainzer Hs. 221 (Mz_1), der Breslauer Hs. 21 (Brs_1), der Berliner Hs. 4^0 430, der Dessauer Hs. 44, der Maihinger Hss. III 1 4^0 32 und III 1 4^0 41, sowie die Fragmente einer Züricher und der Salzburger Hs. berücksichtigt und mit ihrer Hilfe über die in Quint, Überl. S. 17ff. vorgetragenen Textbesserungen hinaus noch weitere Änderungen vorgenommen.

Die Predigt ist in den meisten Hss. zusammen mit den beiden folgenden Predigten 58, 59 und der Pr. Pf. Nr. III überliefert (siehe Quint, Überl. S. 936), und ich halte trotz der Bedenken, die gegen die Echtheit geäußert wurden, die drei Predigten für echt. Die vorliegende Predigt ist in der oben genannten Berliner Hs. durch Daniel Sudermann für *Meister Eckhart* ausdrücklich bezeugt. Sie stimmt aber auch in Stil und Inhalt so weitgehend mit sicher echten Texten überein, daß ich ihre Authentizität für mehr als wahrscheinlich halte. Das gleiche gilt m. E. für die beiden folgenden Predigten, während ich die Predigt Pf. Nr. III für der Unechtheit verdächtig halte und daher aus meiner Auswahl ausgeschlossen habe.

S. 415, 1f. Eckehart interpretiert den Sapientia-Text in seinem Kommentar In Sap. n. 279ff. in Ausführungen, die sich stellenweise mit denen unserer Predigt decken oder doch berühren. / 6ff. vgl. LW 3. Bd. S. 101, 14ff. Vgl. auch Par. an. S. 9, 11 bis 17. / 12ff. vgl. S. 153, 27 / 21 Die *drei Dinge*, die Eckehart zunächst nur kurz andeutet, werden von ihm zu den drei Hauptdispositionspunkten der Predigt erhoben. Den ersten behandelt der Teil S. 416, 20ff. (= Wo geschieht die Geburt?). Der zweite beginnt bei S. 419, 20ff. (= Beitrag des Menschen zur Geburt). Der dritte behandelt S. 423, 24ff. den Nutzen der Geburt. / 30ff. vgl. S. 411, 8ff.

S. 416, 1ff. vgl. S. 432, 23ff. / 11 Zu *Gott Erleiden* vgl. etwa S. 307, 24f.; 431, 5/24 / 15ff. vgl. die ähnlichen vorbereitenden Bemerkungen in Pr. 32 S. 303ff. / 23ff. vgl. S. 415, 33f. / 30ff. vgl. etwa S. 188, 25ff.

S. 417, 2ff. vgl. In Sap. n. 284: *Et secundum hoc sciendum quod in adventu filii in mentem oportet quod omne medium sileat. Natura enim medii repugnat unioni, quam anima appetit cum deo et in deo.* / 3ff. vgl. etwa S. 427, 36ff.; Tauler, Vetter S. 238, 19ff.: *Und wenne man des gewar wirt das der herre do ist, so sol man im das werk lossen lideklichen und sol im firen, und alle krefte súllen denne swigen und im ein stille machen, und denne weren des menschen werk ein hindernissen und sine gůten gedenke.* / 10ff. vgl. etwa S. 414, 8ff. und S. 252, 15f. / 15ff. vgl. S. 401, 28ff. / 29ff. vgl. S. 401, 35ff.

S. 418, 1ff. Über dieses Frei-und-ledig-Sein von Bildern vgl. insbesondere S. 159, 9ff. / 17ff. vgl. S. 412, 6f. / 22ff. Über die Geburt des Sohnes in der Seele vgl. insbesondere S. 172, 4ff. / 25ff. vgl. etwa S. 279, 7ff. und Anm. zu S. 279, 3ff.; 195, 17f. und 197, 25ff. / 35ff. vgl. die ähnliche Frage S. 159, 11ff.

S. 419, 11ff. vgl. insbesondere S. 226, 18ff. / 13ff. vgl. S. 417, 12ff. / 17ff. vgl. S. 417, 4ff. / 27ff. Der Prediger bezieht sich zurück auf S. 415, 12ff. / 31 vgl. S. 76, 11ff.

S. 420, 3ff. Über das *Vergessen aller Dinge und ihrer Bilder* vgl. etwa noch S. 430, 7ff.; 433, 25ff.; Pf. S. 277, 27ff. / 23ff. Der Meister ist Anselm v. Canterbury, vgl. S. 367, 22ff. Die gleiche Anselmstelle zitiert Tauler, Vetter S. 244, 22f. / 26ff. vgl. etwa LW 4. Bd. S. 228, 5f. / 27ff. vgl. S. 411, 28ff.; 412, 6f.

S. 421, 7ff. = Dionysius Areopagita, De mystica theologia c. 1 (PG 3, 997), Dionysiaca I S. 567, 2ff. / 19 *ein Pferd* gegen Pf. S. 8, 10 *einen vogel*, vgl. Quint, Überl. S. 6 zu 8, 10. Vgl. auch S. 417, 23ff.

S. 423, 8ff. ähnlich S. 430, 14ff. / 12 *der* bis 13 *ist?* geändert mit Mz_1 gegen Pf. S. 9, 26f.: *diu . . . alle . . . sint . . .* / 24 Hier beginnt die Behandlung des dritten der *drei Dinge*, die S. 415, 21 angekündigt wurden. / 28 *jene Gewalt* = Z. 22f: *Gewalt . . . Gottes Söhne zu werden.*

PREDIGT 58 (S. 425ff.)

= Pfeiffer Nr. II S. 10ff. Quint, Überlieferung S. 22ff.

Siehe die Vorbemerkungen zur voraufgehenden Predigt 57, die im wesentlichen in den gleichen Hss. überliefert ist wie die vorliegende, für die die Mainzer (Mz_1) und die Berliner Hs. 4^0 430 ausfallen. Dafür steht sie in einer Eichstätter Hs. germ. 4, u. zw. in einem Text, der sich zur St_2-Gruppe stellt, während die Texte der Dessauer, Breslauer und Maihinger neu aufgefundenen Hss. ebenso deutlich zur BT-Gruppe gehören.

Die Predigt hat weitgehende Übereinstimmungen im Thema wie in der Durchführung mit Predigt 1.

S. 425, 3ff. vgl. S. 415, 21ff.; 416, 22ff. / 4ff. vgl. etwa S. 415, 9ff. / 9ff. vgl. etwa LW 4. Bd. S. 22, 6f. und dort Anm. 1, wo auf folgende Stellen verwiesen wird: S. 346, 16f.; 356, 17ff. (Hauptvergleichsstelle). / 19 vgl. S. 412, 12ff. / 22ff. Über göttliches Licht, Gnade und Seligkeit vgl. etwa S. 253, 34ff.; 413, 23ff. / 33ff. vgl. etwa S. 418, 18ff.

S. 426, 7f. Über die Frage nach dem Nutzen der Geburt vgl. S. 423, 24ff. / 8ff. vgl. S. 244, 1 / 33ff. vgl. S. 422, 19ff.

S. 427, 14ff. vgl. S. 181, 27ff. / 36ff. vgl. S. 417, 3ff.

S. 428, 3ff. vgl. S. 419, 2ff. / 12ff. vgl. etwa S. 432, 14ff.; 416, 34ff. 420, 21ff.; 194, 9ff.; 194, 7f.

S. 428, 20ff. vgl. S. 175, 17ff.; 184, 3ff. / 21ff. Es handelt sich um Archimedes, der nach der Legende 212 v. Chr. in seiner Vaterstadt Syrakus von einem römischen Soldaten getötet wurde, während er in seinem Garten über neuen Erfindungen grübelte und Zeichnungen im Sand entwarf. Vgl. Valerius Maximus VIII, 7 extern. 7; Cicero, De finibus V, 19. / 23 f. *vor Asche und rechnete*: die antiken Berichte sprechen von »Staub« (*pulvis*), in den Archimedes seine geometrischen Figuren zeichnete, die er berechnete. *und rechnete* ist wohl eine abgekürzte Bezeichnung für die Berechnung eben der in den Staub gezeichneten Figuren.

S. 429, 21 ff. vgl. S. 428, 12 ff. / 26 ff. vgl. S. 153, 8 ff./20 ff.

S. 430, 4 ff. vgl. S. 419, 36 ff.; 433, 25 ff. / 8 ff. vgl. S. 237, 6 ff.; 417, 4 ff. / 14 ff. vgl. die ähnliche Frage S. 423, 8 ff. / 21 ff. Was Eckehart hier fordert, ist die berühmte »docta ignorantia« des Nikolaus v. Cues, das »gelehrte Nichtwissen«. / 25 ff. vgl. S. 416, 11 / 33 ff. vgl. S. 436, 30 f.

S. 431, 4 ff. vgl. insbesondere S. 416, 11 / 6 ff. vgl. S . 129, 3 ff. / 17 ff. vgl etwa S. 402, 4 ff. / 23 vgl. S. 416, 11.

PREDIGT 59 (S. 432 ff.)

= Pfeiffer Nr. IV S. 24 ff. Quint, Überlieferung S. 60 ff.

Auch für diese Predigt habe ich die Breslauer, Dessauer und Maihinger neu gefundenen Texte bei der Übersetzung berücksichtigt. Die 3 genannten Hss. stehen, wie für Pr. 57 und 58 auf Seiten der BT-Gruppe.

Die Echtheit der Predigt wird in St_1 (und in der damit engstens verwandten Sarner Hs.) ausdrücklich für Eckehart bezeugt, und diese Bezeugung gilt indirekt denn auch für die beiden voraufgehenden Predigten, mit denen die vorliegende im Thema wie in den Einzelausführungen weitgehend übereinstimmt. Alle 3 Predigten zeigen überdies im Stil und im gedanklichen Gehalt charakteristische Übereinstimmungen mit gesichert echten sonstigen Texten Eckeharts.

S. 432, 12 ff. vgl. S. 428, 12 ff./35 ff. / 23 ff. vgl. S. 416, 1 ff., wo die gleiche Frage erhoben und gleich beantwortet wird. / 34 f. vgl. S. 431, 17 ff.

S. 433, 1 ff. vgl. S. 313, 21 ff.; 416, 11 / 3 f. vgl. S. 53, 19 ff.; 181, 2 ff. / 8 ff. Über das göttliche Licht, das bei der »Geburt« den Menschen erfüllt, vgl. insbesondere S. 426, 12 ff. Das *natürliche Licht* = die Vernunft, vgl. etwa S. 232, 12 f. / 11 ff. vgl. etwa S. 154, 21 ff. / 15 ff. vgl. S. 276, 4 ff. und die in der Anm. dazu aufgewiesenen Stellen. / 22 ff. ähnlich S. 190, 24 ff. / 25 ff. vgl. S. 420, 3 ff.; 430, 20 ff. und Anm. zu S. 430, 21 ff. / 30 f. vgl. S. 430, 21 ff.

S. 434, 3 ff. vgl. dazu die Anm. zu S. 394, 9 ff. über die Lehre vom intellectus agens und vom intellectus possibilis. / 19 f. vgl. etwa S. 204, 2 f.; 290, 26 ff.; 398, 31 f. / 30 *ihr* habe ich mit der Mehrzahl aller Textzeugen (vgl. Quint, Überl. S. 66 zu 26, 31) statt Pf. S. 26, 31 *dir* eingesetzt. / 35 ff. vgl. etwa S. 415, 29 ff.; 420, 21 ff.

S. 435, 18 ff. vgl. etwa S. 75, 24 ff. (RdU über den Wert der Bußübungen)/ 25 ff. vgl. S. 402, 4 ff. / 32 ff. ähnliches Zimmermann-Gleichnis S. 186, 36 ff. / 36 ff. vgl. S. 215, 27 ff.; LW 4. Bd. S. 176, 1 f.: *Unde Augustinus Super*

Genesim ad litteram dicit quod anima et similiter omnis creatura se habet ad deum sicut aer ad solem.

S. 436, 4 *dir* statt Pf. S. 27, 30 *dich*, siehe Quint, Überl. S. 64 / 6ff. vgl. S. 368, 26ff. / 19f. vgl. LW 4. Bd. S. 61, 9ff.: *Hoc est: et deus in eo, hoc est deo operire, deum intromittere, Apoc.* 3: *‚sto ad ostium et pulso'*. / 20f. vgl. etwa S. 313, 14f. / 23ff. vgl. etwa S. 84, 35ff. / 29 *und widersprach sich dabei* mit Breslau 21, Dessau 44, Maihingen III 1 4⁰ 41 gegen Pf. S. 28, 13 *unde widersprichet nû* / 30ff. vgl. S. 430, 27ff./33ff. / 33ff. vgl. S. 115, 20ff./32ff.; Tauler, Vetter S. 426, 26ff.

S. 437, 7 *davon* = vom Leersein / 14ff. vgl. etwa Pf. S. 238, 31 (mit Quint, Überl. S. 671); vgl. auch S. 155, 28ff.

S. 438, 2ff. vgl. S. 75, 24ff. (RdU-Kapitel *von der waren penitencz*), insbesondere S. 76, 22ff.

S. 439, 14ff. vgl. Pf. S. 128, 28ff./40ff.

ECKEHART-LEGENDEN

VON EINER GUTEN SCHWESTER EIN GUTES GESPRÄCH, DAS SIE MIT MEISTER ECKEHART FÜHRTE

= Pfeiffer III 69 S. 625, Spamer, Texte S. 152 bis 154. Das Stück ist in mehreren Handschriften überliefert. Meine Übersetzung folgt dem Text von Pfeiffer, den ich jedoch mit Hilfe des Spamerschen und der handschriftlichen Texte ergänzt und gebessert habe. Die Überschrift entnahm ich den beiden von mir aufgefundenen Texten der Münchener Hs. cgm 750 (M_{32}) und der Wolfenbütteler Hs 3099 (Wo_3).

S. 443, 22 *wäre* bis 23 *Tugenden* wurde von Pfeiffer wohl infolge von Homöoteleuton ausgelassen (fehlt daher auch bei Schulze-Maizier S. 399), steht in allen Hss. und also auch bei Spamer, Texte S. 153, 14f. / 28 habe ich mit Spamer, Texte S. 154, 1 und Wo_3, M_{32} *Brüdern* eingesetzt statt des sicher unursprünglichen *jungern* Pf. S. 625, 26. / 30 Pfeiffer schließt das *bîspel* mit: *Diz bîspil ist meister Eckehartes tohter genant*, was er seiner hsl. Vorlage, der Stuttgarter Hs. theol. et phil. 2⁰ 283 (St_7) entnahm.

VON DEM GUTEN MORGEN

= Pfeiffer III 67 S. 624, ist in sehr vielen Handschriften überliefert. Die Überschrift entnahm ich dem von mir aufgefundenen Text der Donaueschinger Hs. 365 (Do_3). Meine Übersetzung folgt dem Text Pfeiffers.

S. 444, 8f. vgl. S. 445, 5f. / 9f. vgl. S. 445, 1f. / 10ff. vgl. etwa Pf. S. 168, 12ff.; 356, 11f. / 26f. Über das Verhältnis zwischen äußerem und innerem Werk vgl. etwa S. 120, 30ff. und 121, 7ff.

MEISTER ECKEHART UND DER NACKTE BUBE

= Pfeiffer III 68 S. 624f., Spamer, Texte S. 143f., ist in sehr vielen Handschriften überliefert, von denen Spamer, a. a. O. einige aufführt. Meine Übersetzung folgt dem Text Pfeiffers.

S. 445, 1f. vgl. S. 444, 9f. / 5f. vgl. S. 444, 7ff. / 7ff. vgl. S. 444, 10f./15f.

MEISTER ECKEHARTS BEWIRTUNG

= Pfeiffer III 70 S. 625ff. Das Stück ist in vielen Handschriften überliefert, siehe Fr. von der Leyen, ZfdPh 38, S. 348ff. und Ad. Spamer, PBB 34 S. 407, Quint, Untersuchungen S. 69, 174. Der Text ist in der hsl. Überlieferung mit starken Schwankungen vertreten. Meine Übersetzung folgt im ganzen dem Text Pfeiffers, den ich gelegentlich mit Hilfe der sonstigen hsl. Überlieferung unter besonderer Berücksichtigung des Textes der Hs. des Kölner Stadtarchivs GB 4⁰ 32 (Kn_2) zu bessern, bzw. zu ergänzen suchte. Kn_2 steht dem Text Pfeiffers sehr nahe. Das Ganze ist ein Tischgespräch zwischen drei Gesprächspartnern: 1. dem armen Menschen, der (aus Prag in Böhmen) an den Rhein kam, dort Armut zu suchen und der Wahrheit zu leben, 2. einer Jungfrau, 3. dem Meister.

Das Gespräch ist sehr streng aufgebaut. Entsprechend dem Zweck, um dessentwillen der arme Mensch nach Köln kommt, behandelt das Thema des Dreigesprächs zuerst die »Armut« und am Schluß die »Wahrheit«, zwischendurch eine Reihe von anderen ethisch-mystischen Fragen. Alle drei Gesprächspartner sind mit Fragen und mit Antworten beteiligt, u. zw. stellt zuerst die Jungfrau 3 Fragen an den armen Menschen, die dieser jeweils durch eine dreigliedrige Antwort beantwortet (S. 445, 8 bis 446, 12). Im Anschluß an das dritte Glied der Antwort des armen Menschen stellt die Jungfrau eine Einwurffrage (S. 446, 13: »*Soll denn der Meister . . .?*«), die den Meister betrifft. Ihre Beantwortung wird nach mehreren Zwischenfragen auf Veranlassung des armen Menschen durch den Meister gegeben (S. 446, 20 *Der Meister sprach . . .*). Die Jungfrau erklärt sich durch die Antworten befriedigt. Dann stellt der arme Mensch 3 Fragen an die Jungfrau, die diese wiederum durch eine jeweils dreigliedrige Antwort zur Zufriedenheit des armen Menschen beantwortet (S. 446, 24 bis 447, 9). Der Meister erklärt die Schuldigkeit der Jungfrau vollends erfüllt (S. 447, 10 bis 12). Nun verlangt der arme Mensch, daß auch der Meister seinen Beitrag zur Gasterei beisteuere in Form von Antworten auf ihm zu stellende Fragen.

Eine Entschuldigung mit Berufung auf sein Alter läßt der arme Mensch nicht zu (S. 447, 12 bis 16). Bevor die Jungfrau wieder als Erste den Meister fragt, spendet sie ihm das Lob, seine Meisterschaft sei in Paris dreifach bewährt; der arme Mensch erklärt, einfache Bewährung in der Wahrheit sei besser als dreifache auf dem Pariser Lehrstuhl. Darauf stellt erst die Jungfrau, dann der arme Mensch je eine Frage an den Meister, auf die dieser jeweils eine dreigliedrige Antwort gibt. Schließlich richtet der Meister seinerseits eine Frage an die Jungfrau und den armen Menschen zugleich, auf die beide nacheinander antworten, wobei die Antwort des armen Menschen eine Ergänzung der Antwort der Jungfrau bedeutet. Das Gespräch endet mit einer Bestimmung des Verhältnisses des Predigers, bzw. Lehrers der Wahrheit, zu eben dieser Wahrheit. Es ist eine Ovation für Meister Eckehart und stammt wohl, wie v. d. Leyen, a. a. O. S. 356 meint, »aus dem Schülerkreis unseres Meisters« oder wurde »unter seiner unmittelbaren Einwirkung hergestellt.«

Der sehr straffe Aufbau ist in der handschriftlichen Überlieferung vielfach verunklärt, bzw. gestört. Auch Schulze-Maizier – in getreuer Nachfolge Bernharts, M. E. S. 191, auf den er sich allerdings nicht bezieht –, hat ihn dadurch beeinträchtigt, daß er gegenüber dem Text v. d. Leyens, den er seiner Übersetzung zugrunde legte, am Schluß ein Plusstück aus der Münchener Hs. cgm. 365, das v. d. Leyen mitteilte, ansetzte, während es in der Hs., allerdings, wie ich glaube, auch nicht an ursprünglicher Stelle, in den Schluß eingebaut ist. Siehe die Anm. zu S. 447, 22ff.

S. 445, 20 Den Eingang Pf. S. 625, 32 *Meister Eckehart sprichet* und alle übrigen Namennennungen Eckeharts, mit Ausnahme von S. 447, 20 habe ich mit Kn_2 und den meisten Hss. getilgt. / 25 Hinter *verkehrt* habe ich Pf. S. 625, 37 *daz mitel* bis 38 *guot* mit Kn_2 getilgt. / 28 Pf. S. 626, 2 *guotes* mit der sonstigen hsl. Überlieferung durch *gotes* bzw. *von* oder *an gote* ersetzt. / 33 habe ich Pf. S. 626, 7 *die ûzer got sint* mit Kn_2 und den übrigen Hss. getilgt.

S. 446, 3 *das* bis 4 *doch* fehlt Pf. S. 626, 10, ergänzt mit Kn_2 (und den übrigen Hss.) / 11f. habe ich Pf. S. 626, 16 *daz er kein eigen guot habe noch trage* mit Kn_2 (und der sonstigen hsl. Überlieferung) ersetzt durch: *daz er kein geistlich guot trage mit eigenschaft.* Zu *mit eigenschaft* vgl. etwa Anm. zu S. 155, 21 / 13 *beider* fehlt Pf. S. 626, 17, ergänzt mit Kn_2 / 15 Die Antwort des armen Menschen: »*Je zeitlicher usw.*« ist nicht ohne weiteres verständlich. Wie mir scheint, kann sie nur besagen, daß das Tragen des geistlichen Gutes des Predigers aus der Zelle auf den Predigtstuhl als ein Geschehen in Zeit und Raum den rein geistigen Charakter des geistigen Gutes beeinträchtigt, ins Weltlich-Materielle hineinzieht. / 16ff. Wieder ist der genaue Sinn der Auslassungen der Gesprächspartner schwer zu verstehen. Mir scheint, die Jungfrau will dem armen Menschen gegenüber, der der Fiktion nach aus Prag in Böhmen an den Rhein nach Köln kommt, zum Ausdruck bringen, daß sie den Geist dessen, was er da eben geäußert habe, wiedererkenne als den

Geist Kölns, also den Meister Eckeharts, den der arme Mensch schwerlich aus Böhmen mitgebracht haben könne. Der arme Mensch aber gibt durch ein schönes Bild von der Sonne, die sowohl in Köln wie in Prag scheine, zu verstehen, daß man den Geist Eckeharts auch in Prag in Böhmen, wo der Prediger ja doch als Vikar um 1307 geweilt hat, kenne und also auch von dort mitgebracht haben könne. Die Äußerung des Meisters in Z. 20f. »*Wer die Wahrheit usw.*« kann ich allenfalls als Erwiderung auf die des armenMenschen verstehen: daß der Meister sein geistliches Gut nicht aus der Zelle auf den Predigtstuhl tragen dürfe. Demgegenüber erklärt der Meister: für den, der die Wahrheit nicht im Innern habe, sei es eben doch erforderlich, daß er sie draußen, d. h. beim Prediger liebe, bzw. suche, der sie also auch von der Zelle auf den Predigtstuhl tragen müsse. / 24 *Er sprach* fehlt Pf. S. 626, 27, ergänzt mit Kn_2 / 31 *auserwählten* fehlt Pf. S. 626, 34, ergänzt mit v. d. Leyen, a. a. O. S. 351, 13. Z. 30 *Er* bis 31 *bewährt.* fehlt Kn_2 (Homöoteleuton).

S. 447, 15f. habe ich Pf. S. 627, 12 *dâ* mit Kn_2 durch *want* = »denn« ersetzt. Der arme Mensch will Eckehart gegenüber betonen, daß dessen Entschuldigung mit seinem Alter ihn nicht entbinde, seine Schuldigkeit in bezug auf die Kosten des Schmauses in Gestalt eines Liebeswerkes, d. h. durch Beantwortung der an ihn zu stellenden Fragen zu leisten, da die Liebe *sunder zuoval* wirke, und das kann im Zusammenhang m. E. nichts anderes heißen, als: ohne nuancierende und individualisierende Akzidenzien, ohne Ansehen der Person, des Alters usw. / 17 *Die Jungfrau* bis 21 *gesagt* habe ich an dieser Stelle ergänzt nach der Nürnberger Hs. cent. VI 46h f. 167v. Das Textstück fehlt Pf. S. 627, 12 und in allen übrigen Überlieferungstexten, außer in München cgm. 365, wie mir scheint, infolge von Homöoteleuton. In der genannten Münchner Hs. steht es an verkehrter Stelle, so daß der Kontext verderbt wurde. Schulze-Maizier (S. 411f.) hat diese Verderbnis dadurch verschlimmert, daß er den von v. d. Leyen, a. a. O. S. 357f. mitgeteilten Schluß der Münchner Hs. verkürzt hinter den echten Schluß des Ganzen setzte, statt ihn richtig einzubauen. Er hat zudem wieder einen kennzeichnenden Übersetzungsfehler gemacht, indem er *wer sein maisterschaft ainest in der warhait bewährt* wiedergab durch: *wenn einer seine Meisterschaft dereinst* (Sperrung von mir) *bewährte in der Wahrheit* (Sperrung von Sch.-M.), wo er *ainest* durch »*dereinst*« statt durch *einmal* übersetzte.

S. 448, 3ff. Die Verse stehen am Schluß des Stückes in der genannten Münchner Hs. cgm. 365.

DIE BULLE JOHANNS XXII. »*IN AGRO DOMINICO*«

vom 27. März 1329

= Denifle in: Archiv für Literatur- und Kirchengeschichte des Mittelalters 2. Bd., 1886, S. 636 bis 640. Die Beurteilung der Zuverlässigkeit oder Unzuverlässigkeit der lateinischen Wiedergabe der inkriminierten deutschen Texte ist nur auf der Grundlage einer kritischen Textausgabe der deutschen Werke Eckeharts möglich. Karrers Kritik der Bulle im Anhang seines Buches »Meister Eckehart«, München 1926, S. 273 ff. ist in ihrer Verläßlichkeit dadurch gefährdet, daß die von ihm zum Vergleich mit den lateinischen Bulle-Artikeln herangezogenen deutschen Texte noch nicht kritisch bereinigte Texte waren. Daß der lateinische Bullentext eine bewußt entstellende, bzw. verfälschende Wiedergabe der Entsprechungen in den deutschen Predigt- und Traktattexten darstelle, wird man schwerlich behaupten und beweisen können.

ZUR VORLIEGENDEN ÜBERSETZUNG

Als der Carl Hanser-Verlag mit der Bitte an mich herantrat, ihm das Manuskript einer neuen Eckehart-Übersetzung zu liefern, habe ich mich nur sehr widerstrebend bereit finden können, einer solchen Bitte zu entsprechen. Die deutschen Werke des Meisters sind erst zu einem kleinen Teil in der großen Eckehart-Ausgabe, die die Deutsche Forschungsgemeinschaft ermöglicht, in verläßlichem Text zugänglich und in ihrer Echtheit gesichert. Jede bei dem jetzigen Stand der Editionsarbeiten unternommene Übersetzung deutscher Werke Eckeharts, die sich nicht auf die in der großen kritischen Ausgabe erschienenen Texte beschränkt, muß notwendig vorläufigen und immer bis zu gewissem Grade problematischen Charakter haben.

Wenn ich trotzdem der an mich ergangenen Bitte nachgegeben habe, so insbesondere deshalb, weil das Interesse, ja die Begeisterung für den großen Mystiker ständig wächst und immer breitere Kreise erfaßt, weil dieses Interesse weit über die deutschen Grenzen hinausgreift und in zahlreichen Übersetzungen vieler Sprachen der alten wie der neuen Welt Niederschlag findet, wobei diese fremdsprachigen Übersetzungen weithin auf den bisherigen deutschen Übersetzungen fußen; insbesondere aber weil diese deutschen Übersetzungen, so verdienstlich sie sind als Bemühung, das große Geistesgut des deutschen Mystikers breiteren Kreisen zugänglich zu machen, von Fehlern und Mißverständnissen aller Art durchsetzt sind. Fast alle diese deutschen Übersetzungen, vorab die drei umfangreichsten und verbreitetsten unter ihnen von Hermann Büttner, Walter Lehmann und Friedrich Schulze-Maizier, verraten durch bezeichnende Übersetzungsfehler, daß ihre Verfasser als Nicht-Germanisten das Mittelhochdeutsche nicht genügend beherrschen und schon dadurch empfindlichen Mißverständnissen ausgesetzt sind. Einige Beispiele: Büttner S. 81: »fände eher nicht Wonne«, von Lehmann S. 165 übernommen: »... wonnigem Frieden« statt Pf. S. 26, 25: *erwünde niemer* = »würde nie ablassen«; Büttner S. 252: »Gott sehend in dessen eignem Sinn« statt Pf. S. 50, 38: ... *in sînesheit;* Büttner S. 107: »wenn ihr sie weislich sucht« (übernommen von Schulze-Maizier S. 190) statt Pf. S. 187, 36: *went ir sî wîslîche suochen* = *welnt ir* ... = »wollt ihr ...«; Büttner S. 254: »schon in diesem Leibe« statt Pf. S. 52, 22: *in disem lîbe* = »in diesem Leben«; S. 255: »die ewige Zugehörigkeit« statt Pf. S. 52, 38: *die êwige sêlde* = »d. ew. Seligkeit« (Verwechslung von mhd. *saelde* und *selde*); S. 59: »treten die Seelenkräfte ... näher« statt: Pf. S. 5, 14: *nâhent sie sich* = »nähert sie (= die Seele) sich (*nâhent* als 3. Pluralis mißverstanden und daher falsches Subjekt eingesetzt, von Lehmann S. 139 übernommen); S. 59: »eine Rose« statt Pf. S. 5, 15: *ein ros* = »ein Roß« (Fehler von Lehmann S. 139 übernommen); S. 146: »die Eingeborenheit« statt Pf. S. 320, 24: *einberekeit* = *einbærecheit* = »Einheit«; S. 171: »geht nimmer fehl« statt Pf. S. 543, 29: *geirret niemer* = »hindert nie« (Fehler von allen anderen Übersetzern übernommen); S. 176: »Gott selber blickt in ihn« statt Pf. S. 548, 37: *In ime blicket got* = »In ihm glänzt Gott« (Fehler von allen anderen Übersetzern übernommen); S. 179: »darf er sich der Stärke und des Siegs versehen« statt Pf. S. 552, 8: *er sich der sterke unde des siges warnen sol* = »er sich mit Stärke u. Sieg versehen (rüsten, wappnen) muß« (Bernhart u. Schulze-Maizier übernahmen den Fehler); S. 196: »sein Gemüt gewarnt sein lasse vor der Welt der Bilder« statt Pf. S. 568, 33f.: *daz sîn gemüete sî gewarnet vor allen den bilden* = »daß sein Gemüt gehütet (geschützt) sei gegen ...« (Fehler von Bernhart übernommen); S. 203 »... uns das nun gehörig einzuschärfen«, statt Pf. S. 575, 6: *uns diss gewarne* = »uns damit beschütze« (Fehler von allen anderen Übersetzern übernommen); S. 186: »die hat er nicht wieder losgelassen, er wirkte große Dinge mit ihnen.« statt Pf. S. 558, 38f.: *die erliez er nie, er worhte grôziu dinc mit in.* = »bei denen unterließ er es nie (denen ersparte er es nie), große Dinge mit ihnen zu wirken.« (Fehler von allen anderen Übersetzern übernommen); S. 182: »so hätten wir die Welt geschaffen, nicht er.« (!!) statt Pf. S. 555, 18: *sô hête wir elliu dinc getân, unde niht êr.* = »dann erst hätten wir alles getan und nicht eher« (Fehler von Lehmann übernommen). Schulze-Maizier übersieht häufig, daß mhd. *durch* nicht »durch«, sondern »um willen« heißt, so: S. 126: »so muß ich sein entbehren durch Gott« statt BgT Str. S. 15, 21: *so sol ich sin enberen dur got* = »... um Gottes willen«; S. 149 »sondern nur durch den und in dem« statt BgT Str. S. 31, 11: *denn dur das unt in dem* = »sondern nur um dessentwillen und in dem«. Immer wieder übersetzt er *dâ von* falsch, so etwa S. 214: »In diesem Sinne spricht der Prophet« statt: »Deshalb ...«, ebenso S. 215: »In diesem Sinne heißt es im Evangelium« statt: »Deshalb ...« Weiterhin S. 111: »damit die ihn in Frieden haben« statt RdU S. 44, 6: *das die in in frid haben* = »damit die in sich Frieden haben«; hier hat Schulze-Maizier *in* als Dativ Pluralis nicht erkannt, S. 111: »Denn mit dem nur wäre es recht bestellt, der ...« statt RdU S. 44, 20: *wann dem recht were, der* ... = »Denn, mit wem's recht bestellt wäre, der ...«; hier wurde *dem* als Relativum verkannt. S. 249: »und sucht heimlich gejagt und genagt immer mehr nach dem einen« statt Pf. S. 143, 29f.: *unde suochet heimlich unde gejaget unde gnaget iemer mê nâch dem, daz* = »und sucht heimlich und jagt und nagt immerfort danach, daß«, wobei Sch.-M. *gejaget, genaget* als Partizipia Perfekti mißverstanden hat. S. 90: »Du sollst nicht groß erwägen« statt RdU S. 29, 34: *du solt nit gross wegen* = »Du sollst nicht hoch anschlagen« (mhd. *wegen* stv. und *wegen* swv. verwechselt). Immer wieder übersetzt Sch.-M. mhd. *prüeven* mit »erproben«, wo es »erkennen« bedeutet, so etwa S. 91: »Denn eben daran soll der Mensch auch erproben, wie fern oder wie nah er Gott sei:« statt RdU S. 30, 3: ... *sol der mensch průfen, wie verr* ... = »... soll der Mensch erkennen, wie fern ...« S. 96: »wennanders des Menschen Gesinnung bei seinem Tun gerecht und göttlich ist und gut.« statt RdU S. 31ff.: *wan des menschen meinung an den wercken gerecht und gôttlich ist und gůt* = »denn nur die Gesinnung des Menschen in seinen Werken ist gerecht und göttlich und gut.«, wo Sch.-M. (und vor ihm schon Büttner und Lehmann) das mhd. *wan* in seiner Bedeutung verkannte. S. 412: »wenn einer seine Meisterschaft dereinst bewährte in der Wahrheit« statt: *wer sein maisterschaft ainest in der warhait bewärt* = »wenn einer seine Meisterschaft *nur einmal* bewährte«.

Das sind nur wenige Beispiele dafür, daß die bekanntesten Eckehart-Übersetzer das Mittelhochdeutsche nur sehr unvollkommen kennen. Die drei umfangreichsten Übersetzungen von Büttner, Lehmann und Schulze-Maizier habe ich bei meiner Übersetzung genau verglichen und manchen treffenden Ausdruck oder diese und jene gute Wendung dankbar von ihnen übernommen. Dabei bestätigte sich mir wieder, daß die älteste der drei Übersetzungen, die Hermann Büttners, die »genialischste« und schwungvollste, aber zugleich souveränste, m. a. W. willkürlichste und unverläßlichste, weil stärkst subjektiv interpretierende Übersetzung ist. Sie hat dadurch verhängnisvoll gewirkt, daß die nachfolgenden Übersetzungen fast alle, insbesondere aber diejenige von Bernhart, in stärkster Abhängigkeit zu ihr stehen und damit also viele Fehler Büttners übernehmen. Solange die jeweils voraufliegenden Übersetzungen fehlerfrei, in gutem Ausdruck und geglückten Wendungen den Originaltext wiedergeben, ist gegen die Übernahme ihres Wortlautes in die jeweils neue Übertragung nichts einzuwenden. Jedenfalls ist es kein Verdienst, einen vorgefundenen treffenden und ansprechenden Ausdruck durch einen zwar eigenen, aber weniger geglückten und befriedigenden zu ersetzen. Fragwürdig wird der Anschluß an eine bereits vorliegende Übersetzung, insbesondere an die von Büttner, erst da, wo es sich nicht nur um eine schwungvoll nachschöpferische, sondern zugleich um eine sachlich falsche Übertragung handelt. Als relativ verläßlichste, sich am engsten dem Originalwortlaut anschmiegende und damit also auch unpretenziöseste Übersetzung hat sich mir die von Lehmann erwiesen. Daß auch sie von vielen Fehlern und Mißverständnissen durchsetzt ist, läßt sich nicht leugnen, und was der Verfasser gelegentlich an grotesker Fehlleistung zu bieten vermag, zeigt er auf S. 227, wo es heißt: »(... daß der Engel sich als unwürdig ansah,) Gottes Mutter zum Weibe zu nehmen« (!!) statt Pf. S. 285, 4: *daz er gotes muoter nemen solte* = »daß er Gottes Mutter beim Namen nennen sollte«, wo mhd. *nemen* als Nebenform von *nennen* oder *nemmen* verkannt, mit *nemen* = »nehmen« verwechselt und mit »zum Weibe nehmen« übersetzt wurde.

Ich will jedoch mit dieser Kritik an den bisherigen Hauptübersetzungen das Verdienst ihrer Verfasser nicht schmälern. Erst durch ihr Bemühen ist Meister Eckehart weitesten Kreisen zugänglich gemacht worden, wenn auch sogleich hinzugefügt werden muß, daß alle drei Übersetzungen in ihren umfangreichen Einleitungen jeweils ein zwar begeistertes und begeisterndes, aber gewiß nicht unbefangenes und nicht immer vorurteilsloses

Bild von Eckeharts Mystik und ihren inneren Antrieben gegeben und dadurch irreführend gewirkt haben.

So schien es mir trotz aller Bedenken angebracht, eine neue Übersetzung zu veranstalten.

Was den Umfang betrifft, so habe ich die Zahl der bisher umfangreichsten Übersetzung von Schulze-Maizier, die 25 vollständige Predigttexte bietet, auf mehr als das Doppelte erhöht: auf 59. Aus manchen dieser Texte hat Schulze-Maizier allerdings unter der Überschrift »Ausgewählte Abschnitte« S. 359ff. längere oder kürzere Exzerpte übersetzt. Es kam mir insbesondere darauf an, solche Texte zu bieten, die in ihrer Echtheit möglichst gesichert sind und durch die in meinem Buch »Die Überlieferung der deutschen Predigten Meister Eckeharts«, Bonn 1932, vorgetragenen Textbesserungen bereits weitgehend von Fehlern bereinigt wurden. Es ergab sich von selbst, daß ich die Abteilung »Predigten« mit den schon in der großen Gesamtausgabe der Originaltexte kritisch herausgegebenen Stücken eröffnete, weil diese Predigten als absolut echt gesichert und, soweit das möglich ist, in verläßlichem Text ediert sind. Die Nummern 14 und 15 habe ich jedoch als für die Übersetzung wenig geeignet ausgeschieden.

Die übrigen Predigten habe ich der Ausgabe von Pfeiffer entnommen, bei einigen von ihnen allerdings den Text der Fassung im »Paradisus anime intelligentis« zugrundegelegt. Stillschweigend habe ich bei diesen Pfeifferschen Predigten meine a. a. O. vorgetragenen und begründeten Textänderungen berücksichtigt – wie das schon Schulze-Maizier in der zweiten Auflage seiner Übersetzung tat –, dafern ich in den Anmerkungen nicht ausdrücklich anderes vermerkt habe. Darüber hinaus wurden von mir die handschriftlich überlieferten, zumal die von mir nach 1932 aufgefundenen Texte weithin zu Rate gezogen. Mit ihrer Hilfe konnte ich zahlreiche zusätzliche Textänderungen vornehmen, von denen ich hoffe, daß sie auch für die spätere Original-Ausgabe als begründet und verläßlich beibehalten werden können. Indessen müssen diese Änderungen vorderhand noch als vorläufige und nicht als endgültige Entscheidungen gelten.

Den Predigten habe ich, wie schon Büttner, unter dem Titel »Traktate« »Die Reden der Unterweisung« »Das Büchlein der göttlichen Tröstung« mit dem nachfolgenden Stück »Vom edlen Menschen« zugefügt. Für die »Reden der Unterweisung«, für die es bisher keine kritische Textausgabe gibt, habe ich wiederum in großem Umfange die handschriftliche Überlieferung für meine Übersetzung herangezogen und ausgewertet.

Ich bin auch darin den bisherigen großen Ausgaben gefolgt, daß ich an den Schluß meiner Übersetzung einige der bekanntesten und schönsten sogenannten »Eckehart-Legenden« setzte. Und schließlich habe ich es auch für geraten gehalten, eine Übersetzung der lateinischen Bulle Papst Johanns XXII. nach dem von Denifle gebotenen lateinischen Text zu liefern, die gelegentliche Fehler, bzw. Ungenauigkeiten der Übersetzung Schulze-Maiziers (S. 413ff.) zu vermeiden sucht.

Die von mir getroffene Auswahl der deutschen Werke Eckeharts ist durchaus vorläufiger Natur und entscheidet nichts über die Echtheit, bzw. Unechtheit nicht aufgenommener sonstiger Predigt- oder Traktat-Texte der Ausgabe Pfeiffers oder anderer Veröffentlichungen. Fraglos befinden sich unter diesen Stücken weitere echte Eckehart-Texte. Indessen stellen die von mir ausgewählten Predigten und Traktate das Kontigent dar, das, soviel ich sehe, bisher durchgängig von der Eckehart-Forschung als für Eckehart relativ bestbezeugt angesehen worden ist. Ich hoffe, daß diese Auswahl als Ganzes geeignet ist und ausreicht, von Eckeharts mystischer Lehre und Verkündigung ein ebenso eindrucksvolles wie differenziertes Bild zu vermitteln. Die überwiegende Zahl der Textzitate, mit denen ich in der Einleitung Eckeharts mystische Lehre vom Gerechten zu belegen und zu beleuchten suchte, konnte ich meiner Textauswahl entnehmen.

Die Reihenfolge ist für die ersten 23 Predigten die gleiche wie die der großen Gesamtausgabe; für die übrigen habe ich kein bestimmtes Anordnungsprinzip befolgt. Gleichviel berühren sich hie und da aufeinanderfolgende Predigten in spezielleren Ausführungen und in Rückbezügen. So etwas wie einen wirklichen Predigtzyklus bilden lediglich die am Schluß stehenden drei Predigten.

Bei der Übersetzung habe ich versucht, jeweils den Gedanken Eckeharts so genau wie möglich und tunlich unter Wahrung seines Ausdrucks wiederzugeben, ohne dabei zu archaisieren. Selten habe ich einmal einen mittelhochdeutschen Ausdruck wie etwa *gebreste* da, wo es ohne Beeinträchtigung des Sinnverständnisses geschehen konnte, beibehalten. Ich versuchte auch, den Originaltexten in ihrer Satz- und Wortstellung so weit zu folgen, wie es die neuhochdeutsche Syntax ohne Gefährdung der Verständlichkeit des Inhaltes zuließ. Ich habe diesen Anschluß an die Originaltexte allerdings nirgends starr und prinzipiell durchgehalten.

Jedermann weiß, daß Übersetzen immer zugleich ein Stück Interpretation bedeutet, wenn es sich nicht um eine Interlinearversion oder Wort-für-Wort-Übersetzung handeln soll. Auch ich habe bei meinem Bestreben, möglichst dicht beim Original zu bleiben, nicht umhin gekonnt, das Verständnis erleichternde oder erst ermöglichende, kurze Zusätze in den Übersetzungstext einzufügen. Soweit es möglich war, habe ich diese Zusätze in Klammern gesetzt. Wo meine Übersetzung, um den Gedanken Eckeharts verständlich wiederzugeben, sich weiter vom Originalwortlaut entfernen mußte, wurden solche Zusätze hinfällig. In Klammern habe ich manchmal auch unter Vorwegschickung des Gleichheitszeichens (=) oder der Bemerkung »will sagen«, »d. h.« oder »d. i.« ganz knappe Erläuterungen eingefügt, die der Erleichterung des Verständnisses dienen sollen.

Dieses Verständnis der Texte ist insbesondere dadurch erschwert, daß Eckehart als scholastischer Mystiker und Magister der Universität Paris eine Reihe von Termini verwendet, die im lateinischen Wortschatz der Scholastik vorgeprägt wurden und in ihm einen bestimmten Begriffsinhalt besaßen, die aber durch die Übersetzung, bzw. Umprägung ins Mittelhochdeutsche sowie durch die spezifisch mystische Verwendung Eckeharts eine wiederum spezifisch mystische Färbung und Bedeutungsnuancierung erhielten, deren genaue Entsprechung im neuhochdeutschen Wortschatz in einem bestimmten einzelnen Terminus kaum zu finden ist, die man m. a. W. nur sehr schwer wiedergeben und nur durch mehr oder weniger nuancierend-wechselnde Wendungen dem Verständnis des modernen Lesers nahebringen kann. Dahin gehören etwa Ausdrücke wie mhd. *eigenschaft, mit eigenschaft, âne eigenschaft, mittel, âne mittel, underscheit, âne unterscheit, mit underscheit, bilde, înbilden, ûzbilden, überbilden, widerbilden, ûzluogen, înluogen, îndruk, îndrücken, glîchnisse, înhangen, înstân, zuoval, isticheit* und viele andere. Fast unübersetzbar sind von diesen Ausdrücken der Terminus *eigenschaft* und die Wendungen *mit*, bzw. *âne eigenschaft.* Ich habe mich bemüht, diesen Ausdruck durch variierende Übersetzung und Erläuterung in den Anmerkungen in der Eigenart seiner mystischen Bedeutung bei Eckehart dem Verständnis des Lesers möglichst nahezubringen. Für den Ausdruck mhd. *wesen,* durch den Eckehart sowohl das scholastisch-lateinische *esse* wie *existentia* wie aber auch *essentia* wiedergibt, wenngleich er für das letztere zur genaueren Unterscheidung auch *wesenheit, wesunge* gebraucht, habe ich fast durchgehends »Sein« verwendet, bzw. »das Sein« und habe, im Gegensatz zu den bisherigen Übersetzern, »Wesen«, bzw. »das Wesen« nur gelegentlich und zur Vermeidung von Mißverständnis gebraucht. Unter »Sein« ist durchgängig das scholastisch-lateinische *esse,* bzw. die *essentia,* d. h. das »wahre« und »wesenhafte« Sein, der spezifische Seinsgehalt von Mensch und Dingen gemeint, nicht die *existentia,* das bloße »Dasein«. Da, wo der mhd. Ausdruck *wesen* diese bloße *existentia* meint, habe ich ihn durch »Dasein« übersetzt. Ich bin mir durchaus bewußt, daß manches dafür sprechen kann, »Wesen« als Übersetzungsausdruck für mhd. *wesen* zu wählen oder »Wesen« für das scholastisch-lateinische *esse* (und *essentia,* wenn nicht dafür »Wesenheit« oder »Seinsheit« gewählt werden soll) und »Sein« für *existentia* zu verwenden. Indessen scheint mir der nhd. Ausdruck »Sein«, bzw. »das Sein« im Sinne von *esse* in der modernen philosophischen Terminologie nicht nur durchaus geläufig, sondern auch eindeutiger und weniger mißverständlich zu sein als »Wesen«, bzw. »das Wesen«, der u. a. ja doch auch konkret im Sinne von »Lebewesen« verwendet werden kann. Ich glaube nicht, daß durch meine durchgängige Verwendung von »Sein« ernstlich Mißverständnisse des gedanklichen Gehaltes der Eckehartischen Ausführungen entstehen können.

Für die Übersetzung des mhd. *güete* habe ich, wo ich es für das richtige Verständnis vonnöten hielt, einen Unterschied zwischen »Gutheit« = *bonitas* (= »Gutsein«) und »Güte« = *benignitas* = »Gütigkeit« gemacht.

Im Gegensatz zu den bisherigen Übersetzungen bietet die vorliegende den Nachweis sämtlicher Schriftzitate, auch bei den in der Gesamtausgabe noch nicht edierten Texten. Ich habe diese Nachweise immer hinter den Zitaten in Klammern dem Text eingefügt. Im allgemeinen wurden diese Angaben bei Wiederholung der gleichen Schriftstelle in ein und derselben Predigt nicht wiederholt.

Anführungs-, bzw. Redezeichen habe ich durchweg nur für Schriftzitate in einigermaßen erkennbarem Zitat-Wortlaut verwendet, nicht dagegen für nur vage Sinnzitate. Überdies habe ich solche Redezeichen im allgemeinen nur zur Abgrenzung echter direkter Rede gesetzt. Die gleichen Anführungszeichen grenzen nachgewiesene Autorenzitate in deutlichen Zitat-Wortlaut ab innerhalb der bereits in der Gesamtausgabe gedruckten kritischen Predigttexte und des Textes des BgT und VeM. Dagegen habe ich in den übrigen Texten benannte wie unbenannte Autorenzitate, bzw. »Meisterzitate«, nicht in Anführungszeichen gefaßt, da die Abgrenzung des Wortlautes solange ungewiß und fragwürdig bleibt, wie die Zitate als solche nicht nachgewiesen oder identifiziert sind.

Diese Identifizierung der Autoren-, bzw. »Meisterzitate«, soweit sie in der Gesamtausgabe bereits erfolgt oder für die dort noch nicht veröffentlichten Predigten und Traktate hie und da von mir schon für diese Übersetzung vorgenommen wurde, findet sich in den Anmerkungen, wo ich allerdings im allgemeinen nur den Fundort, nicht auch den Text der Fundstelle mitgeteilt habe. Jeweils zu Anfang der Anmerkungen zu den einzelnen Stücken habe ich angegeben, wo die mhd. Originaltexte zu finden sind, die ich meiner Übersetzung zugrundelegte. Bei den bisher noch nicht kritisch edierten Texten habe ich kurz angedeutet, welche handschriftliche Überlieferung ich bei meiner Übersetzung über die für mein Buch »Die Überlieferung der deutschen Predigten Meister Eckeharts«, 1932, benutzten Handschriften hinaus herangezogen habe. Die für diese Angaben verwendeten Handschriftensiglen sind die gleichen wie in der großen Gesamt-Ausgabe. Die Handschriften, die sie bezeichnen, sind im Abkürzungs-, bzw. Siglenverzeichnis S. 545 verzeichnet, bzw. aus dem Gesamt-Handschriftensiglenverzeichnis zu ersehen, das der ersten Lieferung der Gesamtausgabe der deutschen Werke beigegeben wurde.

Die Anmerkungen, deren Umfang und Inhalt diese Übersetzung gegen die bisherigen abhebt, sind für die ersten 23 Predigten sowie für das BgT mit dem VeM ein verkürzender, das allgemeine Interesse des gebildeten Lesers berücksichtigender Auszug aus dem umfassenden Anmerkungsapparat der großen Originalausgabe. Als Hauptzweck der Anmerkungen habe ich den Nachweis von interessanten und das Verständnis fördernden »Parallelstellen« angesehen, insbesondere wiederum von Parallelen im Bereich der von mir übersetzten Texte selbst, darüber hinaus aber auch zwischen Stellen dieser und anderer Texte, die von mir nicht aufgenommen wurden. Die Zeilenzählung am Innenrand der Übersetzung ermöglicht es, die »Parallelstellen« leicht zu identifizieren.

Bei Hinweisen auf Parallelstellen in den lateinischen Werken Eckeharts wurde sehr oft nur die Fundstelle unter Angabe des Bandes sowie der Seiten- und Zeilenzahl der Abteilung »Lateinische Werke« der Gesamtausgabe angegeben. Bei Zitaten aus bisher noch nicht edierten lateinischen Werken wurde die in der Gesamtausgabe übliche Werkbezeichnung (z. B. *In Sap.* = Sapientia-Kommentar) unter Hinzufügung der Text-Abschnittnummer (n.) vorangesetzt.

Bei den in der sog. »Rechtfertigungsschrift«, im Avignoner »Gutachten« und in der Bulle Johanns XXII. in lateinischer Übersetzung aufgeführten Exzerpten aus Original-Texten meiner Übersetzung habe ich in den Anmerkungen jeweils nur die Fundstelle in den Ausgaben der RS von Théry und des »Gutachtens« von Pelster sowie meiner Übersetzung der Bulle S. 449ff. angegeben, den lateinischen Wortlaut der Exzerpte dagegen nicht mitgeteilt. Er kann leicht in meiner Gesamtausgabe nachgelesen werden.

Meinem Schüler, Herrn Dr. Eduard Schaefer, Saarlouis, möchte ich auch an dieser Stelle wärmsten Dank sagen für seine Hilfe bei der Erstellung des Druckmanuskriptes und beim Lesen der Korrektur.

Saarbrücken, im Oktober 1955 Josef Quint

VERZEICHNIS DER ABGEKÜRZT ZITIERTEN LITERATUR

Bernhart = Josef Bernhart, Meister Eckhart. Reden der Unterweisung, übertragen u. eingeleitet, München 1922.

Bernhart, D. M. = ders., Deutsche Mystiker Bd. III: Meister Eckhart, ausgewählt u. übersetzt (Sammlung Kösel Bd. 77), Kempten u. München 1914.

BgT (Quint) = Meister Eckharts Buch der göttlichen Tröstung und Von dem edlen Menschen (Liber »Benedictus«) unter Benutzung bisher unbekannter Handschriften neu herausgegeben von Josef Quint (Kleine Texte für Vorlesungen u. Übungen, hsg. von Kurt Aland Nr. 55) Berlin 1952.

BGPhMA = Beiträge zur Geschichte der Philosophie des Mittelalters, hsg. von Cl. Baeumker.

Bindschedler = Maria Bindschedler, Meister Eckhart. Vom mystischen Leben. Eine Auswahl aus seinen deutschen Predigten. Basel o. J. (1951).

Brethauer, Diss. = Karl Brethauer, Die Sprache Meister Eckharts im »Buch der göttlichen Tröstung«, Diss. Göttingen 1931.

Bulle = Bulle Johanns XXII. *In agro dominico* vom 27. März 1329, hsg. von Heinrich Denifle in: Archiv für Literatur- und Kirchengeschichte des Mittelalters, hsg. von H. Denifle und Fr. Ehrle, 2. Bd., 1886, S. 636 bis 640. – Ich zitiere die Bulle nach meiner Übersetzung S. 359ff.

Büttner = Hermann Büttner, Meister Eckehart. Schriften, aus dem Mittelhochdeutschen übertragen u. eingeleitet, Jena o. J. (1934, Volksausgabe). Ich zitiere nach dieser Volksausgabe, die einen unrevidierten Abdruck der Texte der Ausgabe: Meister Eckeharts Schriften u. Predigten, aus dem Mittelhochdeutschen übersetzt u. herausgegeben, 2 Bde., Jena 1903 bietet.

CSEL = *Corpus scriptorum ecclesiasticorum latinorum*

Denifle = H. Denifle in: Archiv für Literatur- und

		Kirchengeschichte des Mittelalters 2. Bd., 1886.
Diederichs, Diss.	=	Ernst Diederichs, Meister Eckharts »Reden der Unterscheidung«, Diss. Halle 1912
DW	=	Meister Eckhart. Die deutschen u. lateinischen Werke, hsg. im Auftrage der Deutschen Forschungsgemeinschaft. Die deutschen Werke, hsg. von Josef Quint. DW 1 = 1. Band.
Greith	=	C. Greith, Die deutsche Mystik im Predigerorden, Freiburg 1861.
»Gutachten«	=	Franz Pelster, Ein Gutachten aus dem Eckehart-Prozeß in Avignon (Aus der Geisteswelt des Mittelalters, Studien u. Texte, Martin Grabmann zur Vollendung des 60. Lebensjahres von Freunden u. Schülern gewidmet, 1935, S. 1099–1124).
In Eccli.	=	(Eckehart) *Sermones et Lectiones super Ecclesiastici cap. 24.*
In Exod.	=	(Eckehart) *Expositio Libri Exodi.*
In Gen. I	=	(Eckehart) *Expositio Libri Genesis.*
In Gen. II	=	(Eckehart) *Liber parabolarum Genesis.*
In Ioh.	=	(Eckehart) *In Iohannis (evangelium).*
In Sap.	=	(Eckehart) *Expositio Libri Sapientiae.*
Jostes	=	Meister Eckhart und seine Jünger. Ungedruckte Texte zur Geschichte der deutschen Mystik, hsg. von Franz Jostes, Freiburg i. Schw. 1895.
Karrer, Das Göttliche	=	Otto Karrer, Das Göttliche in der Seele bei Meister Eckhart (Abhandl. z. Philosophie u. Psychologie der Religion, Heft 19), Würzburg 1928.
Langenberg	=	Rudolf Langenberg, Quellen u. Forschungen zur Geschichte der deutschen Mystik, Bonn 1902.
Lehmann	=	Walter Lehmann, Meister Eckhart (Die Klassiker der Religion, hsg. von G. Pfannmüller, 14. u. 15. Bd.) Göttingen 1919.
v. d. Leyen	=	Friedrich von der Leyen, Über einige bisher unbekannte lateinische Fassungen von Predigten Meister Eckeharts, ZfdPh 38 (1906) S. 177–197, 334–358.
LW	=	Meister Eckhart. Die deutschen u lateinischen Werke, hsg. im Auftrage der Deut-

schen Forschungsgemeinschaft. Die lateinischen Werke, hsg. von Ernst Benz, Karl Christ, Bernhard Geyer, Joseph Koch, Erich Seeberg, Konrad Weiß. – Stellen aus den lat. Werken werden mit Angabe des Werkes und der Nummer des Textabschnittes (n.), schon gedruckte Stellen unter Hinzufügung der Band-, Seiten- u. Zeilenziffer zitiert.

Pahncke, Diss. = Max Pahncke, Untersuchungen zu den deutschen Predigten Meister Eckharts, Diss. Halle 1905.

Pahncke, Kl. Beitr. = ders., Kleine Beiträge zur Eckhartphilologie (34. Jahresbericht des Gymnasiums zu Neuhaldensleben, 1909, S. 1–23).

Par an. = *Paradisus anime intelligentis*, hsg. von Philipp Strauch (Deutsche Texte des Mittelalters Bd. XXX) Berlin 1919.

PBB = Beiträge zur Geschichte der deutschen Sprache und Literatur.

Pf. = Meister Eckhart, hsg. von Franz Pfeiffer (Deutsche Mystiker des 14. Jahrhunderts Bd. II) 4. unveränderte Aufl. 1924.

PL = Migne, *Patrologia Latina*.

Quint, Mystikertexte = Josef Quint, Deutsche Mystikertexte des Mittelalters I, Bonn 1929.

Quint, Textbuch = ders., Textbuch zur Mystik des deutschen Mittelalters, Halle 1952.

Quint, Überlieferung = ders., Die Überlieferung der deutschen Predigten Meister Eckeharts, Bonn 1932.

Quint, Untersuchungen = ders., Meister Eckhart. Die deutschen u. lateinischen Werke, hsg. im Auftrage der Deutschen Forschungsgemeinschaft. Untersuchungen, 1. Bd.: Neue Handschriftenfunde zur Überlieferung Meister Eckharts und seiner Schule, Stuttgart-Berlin 1940.

RdU = Meister Eckharts Reden der Unterscheidung, hsg. von Ernst Diederichs (Kleine Texte für Vorlesungen u. Übungen, hsg. von Hans Lietzmann, Nr. 117) Bonn 1913.

RS (Rechtfertigungsschrift) = Gabriel Théry, Édition critique des pièces relatives au procès d'Eckhart contenues dans le manuscrit 33b de la bibliothèque

		de Soest (Archives d'Histoire Doctrinale et Littéraire du Moyen Age t. I, 1926, p. 129–268).
Schulze-Maizier	=	Meister Eckharts deutsche Predigten und Traktate, ausgewählt, übertragen und eingeleitet von Friedrich Schulze-Maizier, 3. Aufl. 1938.
Sermo ...	=	(Eckehart) *Sermones*.
Seuse, Bihlmeyer	=	Heinrich Seuse, Deutsche Schriften, hsg. von Karl Bihlmeyer, Stuttgart 1907.
Spamer, Diss.	=	Adolf Spamer, Über die Zersetzung und Vererbung in den deutschen Mystikertexten, Diss. Gießen 1910.
Spamer, Texte	=	ders., Texte aus der deutschen Mystik des 14. u. 15. Jahrhunderts, Jena 1912.
Tauler, Vetter	=	Die Predigten Taulers, hsg. von Ferdinand Vetter (Deutsche Texte des Mittelalters Bd. XI) Berlin 1910.
Theologia Deutsch	=	Der Franckforter (»Eyn Deutsch Theologia«) hsg. von Willo Uhl (Kleine Texte usw. Nr. 96) 1912.
VeM	=	Von dem edlen Menschen, siehe BgT.
ZfdA	=	Zeitschrift für deutsches Altertum.
ZfdPh	=	Zeitschrift für deutsche Philologie.

Eine reichhaltige Eckehart- und Mystikbibliographie findet man in dem Werk von Friedrich Wilhelm Wentzlaff-Eggebert, Deutsche Mystik zwischen Mittelalter und Neuzeit, 2. Aufl. Berlin 1947.

VERZEICHNIS DER IN DEN ANMERKUNGEN ZITIERTEN HANDSCHRIFTEN UND IHRER SIGLEN[1]

B_6	= Berlin, Preußische Staatsbibliothek	germ. 8⁰ 1084
B_7	= » » »	» 8⁰ 4
B_{14}	= » » »	» 8⁰ 329
B_{17}	= » » «	» 4⁰ 1130
Bra_2	= Braunau, C.S.R. Dr.-Eduard-Langersche	466
Bra_3	= » » Bibliothek	467
Brs_1	= Breslau, Erzbichöfliches Diözesan Archiv	21
BT	= Baseler Taulerdruck 1521	
Do_3	= Donaueschingen, Fürstlich-Fürstenbergische Hofbibliothek	365
E_1	= Einsiedeln, Stiftsbibliothek	277
E_2	= » »	278
Er	= Erlangen, Universitätsbibliothek	719
G_5	= St. Gallen, Stiftsbibliothek	1033
Kn_2	= Köln, Stadt-Archiv	G.B. 4⁰ 32
Ko	= Koblenz, Bibliothek des Kaiserin-Augusta-Gymnasiums	43
KT	= Kölner Taulerdruck 1543	
Lo_1	= London, Library of University College	germ. 11
M_8	= München, Bayerische Staatsbibliothek	cgm. 455
M_{16}	= » » »	» 4482
M_{17}	= » » »	» 218
M_{32}	= » » »	» 750
Mz_1	= Mainz, Stadtbibliothek	221
Mz_2	= » »	322
N_4	= Nürnberg, Stadtbibliothek	cent. VI 55
O	= Oxford, Bodleian Library	Laud. Misc. 479
S_1	= Salzburg, Öffentl. Studienbibliothek	V 3 H $\frac{148}{(6)}$
Sa	= Sarnen, Professorenbibl. d. Benediktinerkollegs	238 Nr. 170
St_1	= Stuttgart, Württembergische Landesbibliothek	H. B. I. Ascet. 6
St_7	= » » »	theol.philos. 2⁰283
Str_1	= Straßburg, Bibliothèque de la ville	A 98
Str_3	= » , Bibliothèque nationale et universitaire	germ. 2795 (662)
Wo_3	= Wolfenbüttel, Herzog-August-Bibliothek	3099

[1]) Siehe das »Vorläufige Verzeichnis der benutzten Handschriften und ihrer Siglen«, das der 1. Lieferung der großen Eckehart-Gesamtausgabe beigegeben wurde.

INHALT

Walter Nigg im Diogenes Verlag

Große Heilige

Von Franz von Assisi bis
Therese von Lisieux

»Walter Niggs *Große Heilige* haben in Deutschland einen immer wachsenden Kreis von Menschen angezogen, der von den Mönchen des Klosters Maria-Laach bis zu den protestantischen Theologie-Studenten reicht und noch viel weiter reichen sollte. Denn in diesen Biographien wird dem Leser die volle Wirklichkeit eines Lebens vor Augen gestellt, dessen Inhalt ein unendliches Zwiegespräch der Seele mit dem transzendenten Du Gottes war. Die nüchtern-klare Diktion Niggs rückt die mystischen Gestalten der Heiligen in die geistige Reichweite des modernen Menschen.« *Die Zeit, Hamburg*

Das Buch der Ketzer

Von Simon Magus bis Leo Tolstoi

Walter Nigg beschreibt fromme, innerlich freie Gottes- und Wahrheitssucher, die sich von der Kirche getrennt haben oder von ihr ausgestoßen und als Ketzer verschrien worden sind: Er zeigt diese Häretiker als echt religiöse Menschen, die mit ihrer unabhängigen, nur Gott verpflichteten Haltung der Gegenwart Wesentliches zu sagen haben: Simon Magus, Origines, Kaiser Julian, Meister Eckhart, John Wycliff, Johannes Hus, Martin Luther, Thomas Müntzer, Giordano Bruno, Spinoza, Pascal, Lessing, Tolstoi u.a.

»Das in seiner Darstellung großartige und in seiner Problematik erregende *Buch der Ketzer* ist mehr als ein Kapitel Kirchen- und Geistesgeschichte.«
Welt und Wort

Vom Geheimnis der Mönche

Von Bernhard von Clairvaux bis Teresa von Avila

Walter Nigg geht dem Geheimnis der großen Ordensgründer nach, erzählt aus dem Leben von Augustinus, Benedikt, Franz von Assisi, Bernhard von Clairvaux, Teresa von Avila, Ignatius von Loyola und vielen anderen mehr. Dieses Werk macht uns bekannt mit den großen Ordensgründern, die dem ewig-gleichen Getümmel einer lärmenden Welt Andacht und Inbrunst gläubiger Herzen gegenüberstellen, der Zerstreuungssucht der Vielen das Gesammelte der Wenigen.

»Was uns bei diesem künstlerisch gestalteten und doch streng wissenschaftlichen Buche erstaunt und erfreut, ist das Talent dieses Schriftstellers, der den Leser von der ersten Zeile an gefangennimmt und sein Interesse selbst bei einem so umfangreichen Buch wachzuhalten versteht.« *Neue Zürcher Zeitung*

Das mystische Dreigestirn

Meister Eckhart, Johannes Tauler,
Heinrich Seuse

»Leben und Werk dreier Mystiker werden beschrieben, d.h. für den modernen Leser in packender Weise aktualisiert; der zu Unrecht von der Inquisition verdammte Eckhart, der herausragende Straßburger Prediger Tauler und der hochpoetische Seuse. Alle drei waren zutiefst beseelt von der Suche nach Gott, von der ›Gottesfreundschaft‹, der Sehnsucht nach immer mehr Innerlichkeit. Sie blieben von Enttäuschungen und Leiden nicht verschont, weil sie sich keinem theologischen System unterwarfen, sondern aphoristisch ›ihren Gott‹ bezeugten. Wie Nigg diese Männer immer wieder in Beziehung zur modernen Literatur bringt, beweist, die unglaubliche Belesenheit und Gestaltungskraft dieses Verfassers.«
Die neue Bücherei, München

Heilige und Dichter

Von Augustinus bis
Reinhold Schneider

Walter Nigg veranschaulicht zunächst das Wesen der Heiligen an den konkreten Gestalten von Augustinus, Konrad von Konstanz, Heinrich und Kunigunde, Hildegard von Bingen, Albertus Magnus und Thomas von Aquin. Der zweite Teil ist den Dichtern gewidmet: Menschen, die dem Autor auf seinem Lebensweg persönlich begegnet sind, Menschen, die Dichtung noch als etwas Göttliches inmitten eines schweren Lebens erfuhren.

Des Pilgers Wiederkehr

Drei Variationen über ein Thema

Walter Nigg beleuchtet in diesem Werk das Thema der zeitlosen Wanderschaft am Beispiel dreier Pilgerleben: John Bunyan, Verfasser des Erbauungsbuches ›Des Pilgers Reise‹ lebte im 17. Jahrhundert in England und gehörte dem Protestantismus an, Benedikt Labre, ein französischer Heiliger des 18. Jahrhunderts und ein anonymer russische Pilger des 19. Jahrhunderts. Nigg stellt den religiösen Wanderer als eine zeitlose Erscheinung dar, der eine genuin christliche Haltung verkörpert.

Heimliche Weisheit

Mystisches Leben in der evangelischen Christenheit

Mystik als »das Gebiet am Grenzrand des Glaubens, das Gebiet, in dem die Seele Atem holt zwischen Wort und Wort« (Martin Buber) spielte in der katholischen Tradition schon immer eine wichtige Rolle. Doch wie steht es mit dem Protestantismus? Kennt auch er, neben der aufs biblische Wort ausgerichteten Lehre, mystische Strömungen? Dieser Frage ist Walter Nigg als ein wahrer Entdecker nachgegangen. Dargestellt werden u. a. folgende Mystiker des 16. bis 19. Jahrhunderts: Martin Luther, Thomas Müntzer, Valentin Weigel, Johann Arndt, Jakob Böhme, Angelus Silesius, Peter Poiret, Gottfried Arnold, Gerhard Tersteegen, Michael Hahn, Novalis.

Der christliche Narr

Über Symeon von Edessa, Jacopone da Todi, Erasmus' *Lob der Torheit*, Philipp Neri, Cervantes' *Don Quijote*, Heinrich Pestalozzi und Dostojewskijs *Idiot*

Das Menschenbild der Antike war der Weise. Salomo, Lao Tse und Konfuzius, sie alle verherrlichten den weisen Menschen. Das Christentum entthronte die Weisheit und lobte den heiligen Narren. Der christliche Narr mit seinem Hinweis auf die Übervernunft taucht immer wieder auf. An ausgewählten Beispielen zeigt Walter Nigg das dramatische und zugleich beglückende Leben christlicher Narren: Symeon von Edessa, Jacopone da Todi, Philipp Neri und Heinrich Pestalozzi. Beispielhaft in der Literatur sind Erasmus' *Lob der Torheit,* Miguel de Cervantes' *Don Quijote* und Dostojewskijs *Idiot.*

Friedrich Nietzsche

Mit einem Nachwort von Max Schoch

»Nietzsche war eine religiöse Natur, die in einer unreligiösen Zeit nicht mehr den ihr entsprechenden Ausdruck finden konnte. Je mehr man in Nietzsche eindringt, um so stärker drängt sich die religiöse Interpretation auf.« *Walter Nigg*

»Es ist in der theologischen, vor allem in der historisch-biographischen Literatur heutzutage selten geworden, daß einem Autor noch ein wirklicher Fund gelingt. Bei Nigg begegnet man solchem auf Schritt und Tritt, das ist das Große an seinen Büchern.«
Süddeutscher Rundfunk

Teresa von Avila
Die innere Burg

Herausgegeben und übersetzt von
Fritz Vogelgsang

»An Teresa darf nicht das Normalmaß gelegt werden. Sie ist ein Phänomen, wie es nicht in jedem Jahrhundert vorkommt.« *Walter Nigg*

»Teresa war mitnichten, was man sich unter einem klösterlichen Geschöpf vorstellt, weder dem Leibe noch der Seele noch dem Geiste nach, was alles auf höchste Aktivität gestellt war. Die frommen Bücher langweilten sie nicht weniger als das obligate Hersagen der Gebete. Sie wünschte, daß man von Herzen fröhlich sei und sich damit beschäftigte, die anderen zu erheitern. Und daß man sich sehr hüten solle, ›seinem Geist zu entfliehen‹, wenn man so glücklich sei, einen zu haben. Alle großen Einsiedler und Mönche waren mächtige und heroische Liebhaber der Wirklichkeit, welche die Fackel des Lebens weitergaben, nie vom Leben flüchtende Feiglinge und selbstische Visionäre. Mit Verfall quittiert die Kirche, wenn ihrem geistigen Leben die mystische Nahrung aus diesem Elan vital versagt bleibt.« *Franz Blei*

Franz von Assisi
Fioretti

Gebete, Ordensregeln, Testament, Briefe
Übersetzt von Wolfram von den Steinen und Max Kirschstein

»Der heilige Franziskus ging wie die Verzeihung Gottes durch die Welt. Ich meine, daß sein Erscheinen den Augenblick bezeichnet, da sich die Menschen nicht nur mit Gott, sondern mit der Natur und, als das Schwerste von allem, mit sich selber aussöhnen konnten... Er war nicht nur ein Humanist, sondern auch ein Humorist, besonders in dem altenglischen Sinne eines Mannes, der immer bei Humor ist, seine eigenen Wege geht und tut, was niemand anderer getan haben würde... Er war der Welt einziger wirklich aufrichtiger Demokrat.« *G.K. Chesterton*

»Gott ist lebendiger denn je, sogar die Quantentheorie hat ihn als das ›Endgültig Reale‹ zurückgerufen und es ist sogar ein franziskanischer Gott mit von Uexküll untersuchten Umweltsinteressen für Lippenblütler und Regenwürmer.« *Gottfried Benn*

»Wir spüren, daß die Weltlage entscheidende Konsumverzichte verlangen wird; wir spüren, daß die Umverteilung des Besitzes von uns auch personalisiert werden muß, in einer Haltung des Verzichtes und der inneren Freiheit vom Besitz- und Machtwillen. Für sie kennen wir außer dem Jesus von Nazareth selbst kein klareres Vorbild als Franz von Assisi.« *Walter Dirks*

»Das Vorbild Franziskus sagt mir mehr als die klassenlose Gesellschaft, die nur die Voraussetzung eines Vorbilds sein kann.« *Ludwig Marcuse*

Thomas a Kempis
Die Nachfolge Christi

Ein kernhafter Auszug aus
›De imitatione Christi‹
Nach dem lateinischen Urtext
bearbeitet und mit Anmerkungen
herausgegeben von E. A. Kernwart

Dieses Werk faßt die Grundtendenzen der mittelalterlichen Mystik zusammen. Es erschien erstmals 1470 in lateinischer Sprache und fand durch all die Jahrhunderte ungeheure Verbreitung und Resonanz. Als christliches Erbauungsbuch hat es bis heute seine Bedeutung bewahrt.

»Die *Nachfolge Christi* ist eins der vortrefflichsten Werke, die je verfaßt worden sind. Wohl dem, der nach dem Inhalte dieses Buches lebt und sich nicht damit begnügt, dasselbe bloß zu bewundern.« *Leibniz*

»...nächst der Bibel das verbreitetste Buch der Erde und von Katholiken und Protestanten gleich begierig gelesen, in alle europäischen und in zahlreiche außereuropäische Sprachen übersetzt. Es popularisiert die Lehre der großen Mystiker auf eine sehr edle, freie und kraftvolle Art.« *Egon Friedell*

»Es ist ein schlichtes Buch, jedem verständlich. Es ist ein undogmatisches Buch, mehr ein Ratgeber für die Lebensführung als eine Aussage über die transzendente Welt. Es vermittelt nicht subtile Einsichten, sondern löst Konflikte, aus denen jeder herauskommen möchte. Es polemisiert nicht nur gegen kompliziertes Wissen, auch gegen die Überschätzung jeden Könnens außer dem einzigen, das Thomas für wichtig hielt: der Kunst, mit sich ins reine zu kommen.«
Ludwig Marcuse

Ernest Renan

Das Leben Jesu

Vom Verfasser autorisierte Übertragung
aus dem Französischen

»Renans *Leben Jesu* ist eine exquisite Bijouteriearbeit. Er macht aus der Passionsgeschichte eine schimmernde Idylle, ›une délicieuse pastorale‹... Der eingeborene Sohn Gottes, tiefste Mitwisser seiner Geheimnisse und höchste Mandatar seines Willens, der die Pole der Welt vertauscht, alles umgeworfelt und das Antlitz der Erde verwandelt hat, ist bei Renan ein liebenswürdiger Wanderprediger, naiver Seelenhirte und heiterer Volksfreund... Renan war kein bloßer Vergleicher von Textbrocken und disputierender Hegelianer wie Strauß, der Verfasser jenes Stuben- und Lampenbuchs, sondern ein Orientalist im umfassendsten Sinne des Wortes: Kenner aller kleinasitischen Sprachen, Glaubensdialekte und Lebensformen, Archäolog, Geograph, Ethnograph, Folklorist, vor allem Psycholog. Und dazu kam noch seine ungeheure künstlerische Überlegenheit. Die Straußische Arbeit ist ein philologisch-dialektischer Sandhaufen, die seinige eine Porzellankostbarkeit, jene ein obstinates Pastorengebrumme, diese ein Stück Kammermusik.«
Egon Friedell

»Ich habe Renans *Leben Jesu* gelesen: es ist gut geschrieben und darin in vieler Beziehung ein Muster: das Temperament ist ergötzlich. Die Erzählung vom Tod werde ich vielleicht für Dich übersetzen.«
James Joyce an Stanislaus Joyce

»Renans *Leben Jesu* ist das köstlichste Fünfte Evangelium, man könnte es das Thomas-Evangelium nennen.« *Oscar Wilde*

Das Neue Testament

Synoptische Ausgabe
in vier Sprachen

Die Frohe Botschaft, die fast 2000 Jahre viel bewirkt hat und ein ständiges Bedürfnis nach neuen, zeitgemäßen Anpassungen weckt, hier zurückgebracht auf ihre ursprüngliche Form und ihre drei nachhaltigsten Übertragungen:

- in der griechischen Urfassung und Grundlage für alles weitere
- in der lateinischen Vulgata, als Sprache der Kirche von gewaltiger Ausstrahlung
- in der Übersetzung Martin Luthers, dem größten sprachschöpferischen Ereignis der deutschen Literatur
- in der gleicherweise bedeutsamen Version der »King James Bible« von 1611, die das heutige Englisch mitgeprägt hat.

Ein typographisches Wunderwerk aus dem Jahre MDCCCLVIII. Die vier Fassungen stehen zum Vergleich nebeneinander als übersichtliches Stück Religions-, Kultur- und vor allem Sprachgeschichte. Ein Handbuch für alle, die sich mit Literatur abgeben oder die mit dem Übersetzen zu tun haben.

Russische Heiligenlegenden

Herausgegeben und eingeleitet von Ernst Benz

Vor 1000 Jahren begann Wladimir der Heilige mit der Christianisierung Rußlands. Aus diesem Anlaß erscheint das Standardwerk von Ernst Benz zum ersten Mal in einer ungekürzten Taschenbuchausgabe.

»Dank der verdienstvollen Zusammenarbeit von fünf Fachkennern liegen hier zum ersten Male die wichtigsten russischen Heiligenlegenden in deutscher Sprache vor. Alle sind sie mit Einführungen und Kommentaren versehen, die uns zu vollerem Verständnis den historischen und geistesgeschichtlichen Hintergrund geben. Dieses Bemühen wird unterstützt durch 52 Abbildungen von Ikonen und Miniaturen, die uns durch russische Augen sehen lehren. Wer etwas von Rußland verstehen will, sollte dieses Werk lesen.«
Sigismund von Radecki/Die Furche, Wien

»Diese Leistung wirft über die Ostkirche ein ganz neues Licht und macht das Buch zukünftig für jede Beschäftigung mit dieser Kirche unentbehrlich. Diese Legendensammlung ist der ›Legenda aurea‹ würdig, in die im Mittelalter Jacobus de Voragine den unvergänglichen Legendenreichtum der westlichen Christenheit zusammengefaßt hat. Wie Zwillingsschwestern stehen die beiden Bücher nebeneinander.«
Walter Nigg/Neue Zürcher Zeitung

Andrzej Szczypiorski
Eine Messe für die Stadt Arras

Roman. Aus dem Polnischen
von Karin Wolff

»Was für ein aberwitzig phantastischer Erzähler: Der polnische Schriftsteller Andrzej Szczypiorski, bereits mit seinem Roman *Die schöne Frau Seidenman* hervorgetreten, glänzt in seinem neuen Buch *Eine Messe für die Stadt Arras* durch genaue Schilderung, sprachliche Kurzweil und philosophisch-hintergründige Anschauungen über Gott und die Welt. Arras, die Geburtsstadt Robespierres, steht im Mittelpunkt des Romans. Historisch-authentischer Aufhänger für Szczypiorskis Geschichte ist die Zeit (um 1458), in der die brabantische Stadt Arras von Hungersnot und Pest heimgesucht wird. Drei Jahre später kommt es zur berüchtigten ›Vauderie d'Arras‹, in der ›Hexen‹, ›Juden‹ und ›Andere‹ auf dem Scheiterhaufen verbrannt werden. Solange, bis David, Bischof von Utrecht, die Stadt in einer fünfstündigen Messe segnet und ihre Vergangenheit für nichtig erklärt.« *Claudia Theurer/Abendzeitung München*

»Wir sollten vorsichtiger sein, wenn wir uns über ›die besten Bücher‹ und ›die wichtigsten Autoren‹ äußern, denn es ist allzeit wahrscheinlich, daß wir die gar nicht kennen. Zum Beispiel den Roman *Eine Messe für die Stadt Arras* von Andrzej Szczypiorski.«
Ulrich Greiner/Die Zeit, Hamburg

»*Eine Messe für die Stadt Arras* ist Andrzej Szczypiorskis Hauptwerk.« *Marcel Reich-Ranicki/FAZ*

Thomas Merton

Im Einklang mit sich und der Welt

Contemplation in a World of Action

Aus dem Amerikanischen und
mit einer Einführung von Georg Tepe

Wie kann man inmitten einer aktiven, lauten Welt still in Gott versunken leben?
Thomas Merton, 1915 in Frankreich geboren, mit zwanzig Jahren Kommunist, mit dreiundzwanzig Katholik, mit sechsundzwanzig Jahren Trappistenmönch in Kentucky, Grenzgänger zwischen Buddhismus und Christentum, weltberühmt geworden durch sein Werk *Der Berg der sieben Stufen*, beschreibt in diesen Aufsätzen den Weg der Gottsuchenden im zwanzigsten Jahrhundert: Dieses Buch ist eine Schule der Einsamkeit. Ihr Lernziel: die Besinnung auf das eigene Selbst.

»Sieben Bücher veränderten Amerikas Haltung zur Religion nach 1945. Thomas Merton schrieb eines davon: *Der Berg der sieben Stufen*. Diese Geschichte von Thomas Mertons Bekehrung liest sich wie die erste aller spirituellen Autobiographien, wie die ›Confessiones‹ des Augustinus. In einer Zeit, in der eine große Zahl von jungen Menschen nach neuen Lebensformen sucht, ist diese Sammlung von Aufsätzen besonders wichtig, vor allem für diejenigen, die sich von den herkömmlichen Religionen abgestoßen fühlen.«
New York Times Book Review